Industrie-kaufleute 2

Lernfelder 6 – 9

Autoren:
Hans-Peter von den Bergen
Kai Franke
Michael Rottmeier
Gisbert Weleda

unter Mitarbeit der
Verlagsredaktion

AF799228

Cornelsen

Industrie-kaufleute 2

Verlagsredaktion: Dörte Lütvogt, Rebecca Syme
Außenredaktion: text.[Marke] Katja Müllenmeister, Hamburg
Bildredaktion: Joscha Belling, Gertha Maly
Umschlaggestaltung und Layoutkonzept: Ungermeyer
Technische Umsetzung: PER MEDIEN & MARKETING GmbH, Braunschweig

Dieses Buch wurde erstellt unter Verwendung von Materialien von Roland Budde, Oliver Dillmann, Peter Engelhardt, Christian Fritz, Bettina Glania, Sonja Hallstein, Ariane Hoffmann, Ludger Katt, Antje Kost, Antje Licht, Beate Löbs, Ute Morgenstern, Klaus Otte, Michael Piek, Roswitha Pütz, Josef Schnettler, Heike Scholz, Gabriele Sikorski, Claudia Simons-Kövér, Alfons Steffes-lai, Mandy Viering, Gudrun Vogel-Kammerer†, Insa Wenke, Ralf Wimmers, Carsten Zehm.

Sämtliche Personenbezeichnungen in diesem Band (z. B. „Schüler“, „Lehrerin“) gelten selbstverständlich für alle Geschlechter.

www.cornelsen.de

Die Webseiten Dritter, deren Internetadressen in diesem Lehrwerk angegeben sind, wurden vor Drucklegung sorgfältig geprüft. Der Verlag übernimmt keine Gewähr für die Aktualität und den Inhalt dieser Seiten oder solcher, die mit ihnen verlinkt sind. Soweit in diesem Lehrwerk Personen fotografisch abgebildet sind und ihnen von der Redaktion fiktive Namen, Berufe, Dialoge und Ähnliches zugeordnet oder diese Personen in bestimmte Kontexte gesetzt werden, dienen diese Zuordnungen und Darstellungen ausschließlich der Veranschaulichung und dem besseren Verständnis des Inhalts.

1. Auflage, 1. Druck 2025

Alle Drucke dieser Auflage sind inhaltlich unverändert und können im Unterricht nebeneinander verwendet werden.

© 2025 Cornelsen Verlag GmbH, Mecklenburgische Str. 53, 14197 Berlin

Das Werk und seine Teile sind urheberrechtlich geschützt. Jede Nutzung in anderen als den gesetzlich zugelassenen Fallen bedarf der vorherigen schriftlichen Einwilligung des Verlages. Hinweis zu §§ 60 a, 60 b UrhG: Weder das Werk noch seine Teile dürfen ohne eine solche Einwilligung an Schulen oder in Unterrichts- und Lehrmedien (§ 60 b Abs. 3 UrhG) vervielfältigt, insbesondere kopiert oder eingescannt, verbreitet oder in ein Netzwerk eingestellt oder sonst öffentlich zuganglich gemacht oder wiedergegeben werden. Dies gilt auch für Intranets von Schulen und anderen Bildungseinrichtungen.
Der Anbieter behält sich eine Nutzung der Inhalte für Text- und Data-Mining im Sinne § 44 b UrhG ausdrücklich vor.

Druck: Mohn Media Mohndruck, Gütersloh

ISBN 978-3-06-451801-8

PEFC
PEFC/04-31-1033
PEFC-zertifiziert
Dieses Produkt stammt aus nachhaltig bewirtschafteten Wäldern und kontrollierten Quellen
www.pefc.de

Vorwort

Schön, dass Sie sich für den Band **Industrie**kaufleute **2** entschieden haben!

Die Neuordnung eines klassischen Ausbildungsberufs wie den der Industriekaufleute stellt für die Autoren und die Redaktion eines Lehrbuches eine reizvolle Herausforderung dar. Es besteht die durchaus anspruchsvolle Aufgabe, die zuweilen abstrakt-formalen Festlegungen von Ausbildungsordnung und Rahmenlehrplan in für Sie als Auszubildende nachvollziehbare Sachinhalte, Ablaufbeschreibungen und Beispiele umzusetzen.

Trotz zahlreicher inhaltlicher Veränderungen setzt diese Neubearbeitung bewährte Elemente der vorherigen Industriereihe wie den jahrgangsbezogenen Zuschnitt fort, sodass nicht eine Vielzahl von Fachbüchern für den jeweiligen Fachunterrichts mitzuführen ist. So enthält dieser **zweite Band die Lernfelder 6 – 9** mit allen berufsfeldspezifischen Inhalten des zweiten Ausbildungsjahres. Bewährt hat sich auch die Ergänzung dieses Lehrbuchs durch ein entsprechendes **jahrgangsbezogenes Arbeitsbuch**. Dieses ergänzt und vertieft nicht nur die Inhalte des Lehrbuchs, sondern fördert über die Ausgestaltung in Form von Lernsituationen die eigenständige Informationssuche und die Entwicklung individueller Lösungsstrategien.

Um einen praxisnahen Einstieg herzustellen, beginnen neue Kapitel mit einer betrieblichen Ausgangssituation und vermitteln im Anschluss die zur Bearbeitung notwendigen Sachinhalte. In der Regel wird dazu das **Modellunternehmen Fly Bike Werke GmbH** verwendet, ein mittelgroßer Fahrradproduzent aus Oldenburg, Das Modellunternehmen wird im Arbeitsbuch ausführlich beschrieben. Es ist so gewählt, dass Sie sich ohne Vorkenntnisse in die Betriebsaufgaben hineinversetzen können. Die Kapitel enden mit einem Strukturüberblick sowie den **„Alles klar"-Aufgaben**, mithilfe derer Sie den eigenen Lernerfolg abschätzen können.

Im Hinblick auf eine bessere Lesbarkeit wurde auf eine genderbezogene Sprachgestaltung verzichtet, selbstverständlich sprechen personenbezogene Tätigkeitsbezeichnungen wie Schüler, Mitarbeiterin, Einkäufer etc. **immer alle Geschlechter** an.

Nun aber wünschen Autorenteam und Verlag allen Leserinnen und Lesern viel Spaß und Erfolg bei der Arbeit mit **Industrie**kaufleute **2**. Für Verbesserungsvorschläge und Fehlerhinweise sind wir immer dankbar. Schließlich soll diese Unterrichtsreihe Sie optimal bei der Erreichung Ihres Ausbildungsziels unterstützen.

Autoren und Redaktion

im Februar 2025

Inhaltsverzeichnis

Folgende Lernsituationen finden Sie im Arbeitsbuch:

LF 6 Leistungserstellung planen, steuern und kontrollieren

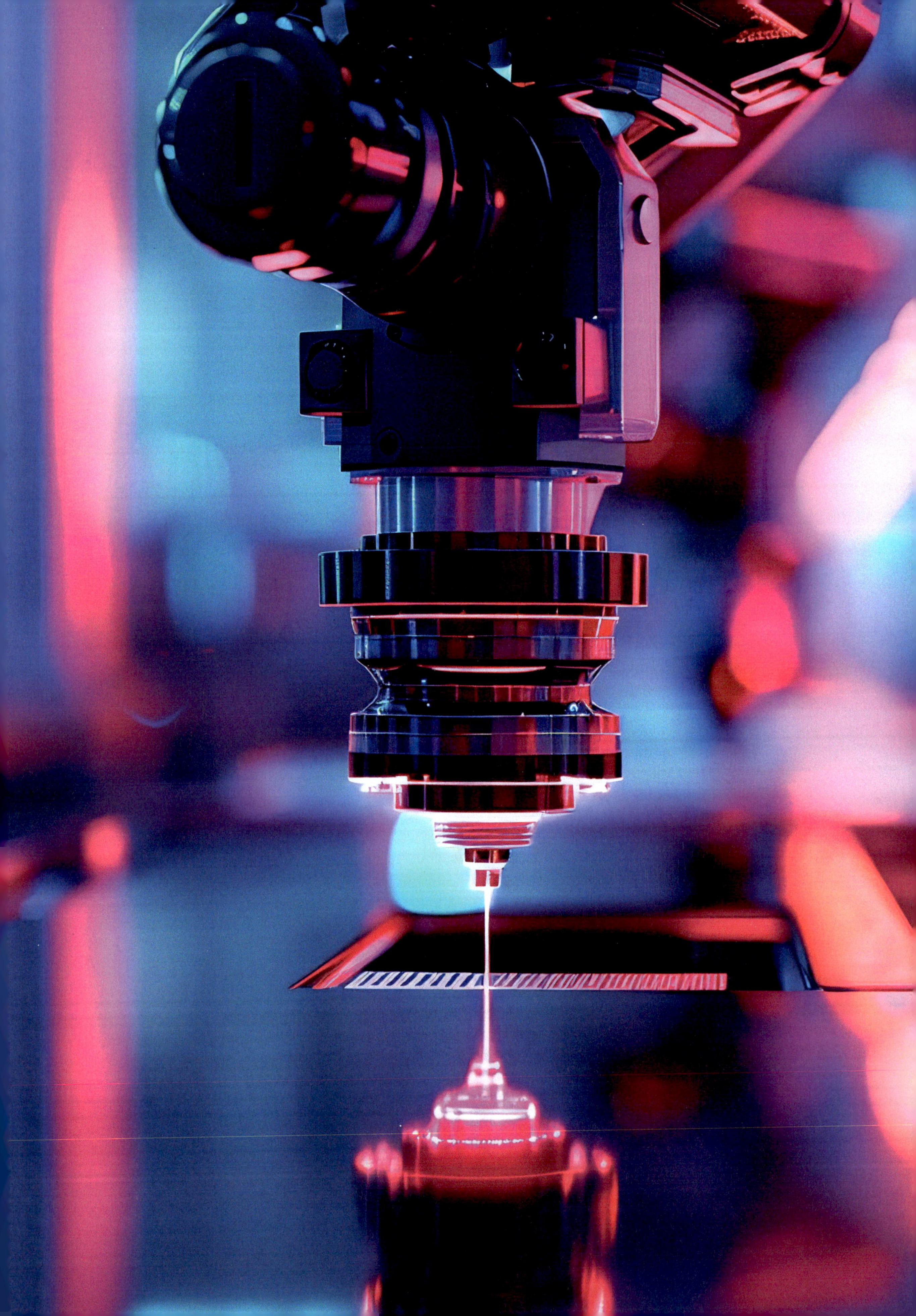

LF 6
Leistungserstellung planen, steuern und kontrollieren

1 Merkmale der industriellen Leistungserstellung

1.1 Industrielle Leistungserstellung im Wandel der Zeit

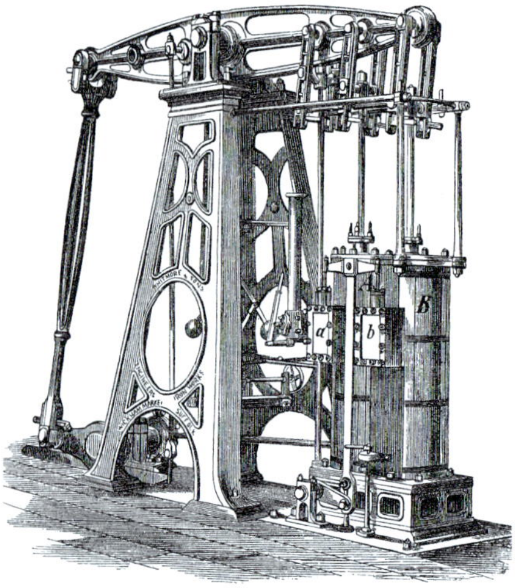

Als gegen Ende des 18. Jahrhunderts die ersten Dampfmaschinen zum Einsatz kamen, begann – zunächst in England, später dann in ganz Mitteleuropa – das **Zeitalter der industriellen Produktion**.

Der Ersatz menschlicher und tierischer Muskelkraft durch wirtschaftlich arbeitende Kraftmaschinen erlaubte es, die für ein Produkt notwendigen Einzelteile in großer Zahl und getrennt voneinander herzustellen, um sie erst anschließend zu montieren. Industrielle Leistungserstellung ist somit stets durch ein hohes Maß an personeller, zeitlicher und räumlicher **Arbeitsteilung** geprägt. Diese arbeitsteiligen Aufgaben konnten nun auch weniger qualifizierten Arbeitskräften übertragen werden. In der Folge nahm die gewerbliche Gütererzeugung zulasten des Agrarbereiches und des Handwerks rasant zu.

Die Erfindung des Elektro- sowie des Verbrennungsmotors etwa ein Jahrhundert später ermöglichte den dezentralen Einsatz von Antriebsenergie und damit die **Mechanisierung der Industrie**. Der Mensch konnte in den Fabriken von schwerer körperlicher Arbeit zunehmend befreit werden; die Fließ(band-)fertigung ließ die Fertigungszeiten und damit die Preise industriell gefertigter Produkte schnell sinken. Bisher als Luxusgüter geltende Produkte – z. B. Elektrogeräte, Kraftfahrzeuge usw. – wurden bald für jedermann erschwinglich. Die stark steigenden Einkommen der in der Industrie beschäftigten Arbeitnehmer schufen wiederum die für die industrielle Massenproduktion notwendigen Absatzmärkte.

Die Entwicklung des Computers führte dazu, dass die industrielle Produktion seit den 1970er-Jahren zunehmend durch **Automatisierung** geprägt ist: Die Mikroelektronik und neue Informations- und Kommunikationstechniken entlasten den Menschen immer mehr von stets wiederkehrenden und gleichartigen Arbeitsverrichtungen. Mensch und Maschine werden entkoppelt. Industrielle Fertigungsprozesse verlaufen mehr oder minder selbstständig, ein steuerndes Eingreifen des Menschen ist häufig nur noch im Ausnahmefall (z. B. zur Beseitigung von Störungen) notwendig.

Die Automatisierung hat zu einer tief greifenden **Veränderung der Arbeitsbedingungen** im Hinblick auf Qualifikation und Flexibilität der Arbeitnehmer geführt. Nur durch ständige Weiterqualifizierung (sogenanntes „Lifelong Learning") und Anpassung der Produktionssysteme an den technologischen Fortschritt können die Ziele der Automatisierung – **Produktivitätssteigerung** und **Flexibilisierung** – erreicht werden.

Heute wachsen die reale Welt und die virtuelle Welt immer stärker zusammen. Der Begriff **Industrie 4.0** benennt diese neue Stufe der industriellen Revolution: Stärker denn je werden Informations- und Kommunikationstechnologien – das **Internet der Dinge** (IoT), der Einsatz von **künstlicher Intelligenz** (KI) und **Big Data** – mit Automatisierungs- und Produktionstechnologien verknüpft. Das Ergebnis sind sogenannte **Cyber-Physical Systems** (CPS), in denen Maschinen, Lagersysteme, Werkstücke, Produkte und der Mensch als zentrales Element – sowohl unternehmensintern als auch unternehmensübergreifend – vernetzt werden und in Echtzeit miteinander kommunizieren können. Es entstehen **„intelligente Fabriken“**.

Industrie 4.0
die vierte Stufe der industriellen Revolution

Big Data
die Fähigkeit, sehr große Datenmengen zu speichern, zu verknüpfen und auszuwerten

Dies ermöglicht einen radikalen Wechsel bei der Gestaltung der Produktentstehungs- und Wertschöpfungskette:

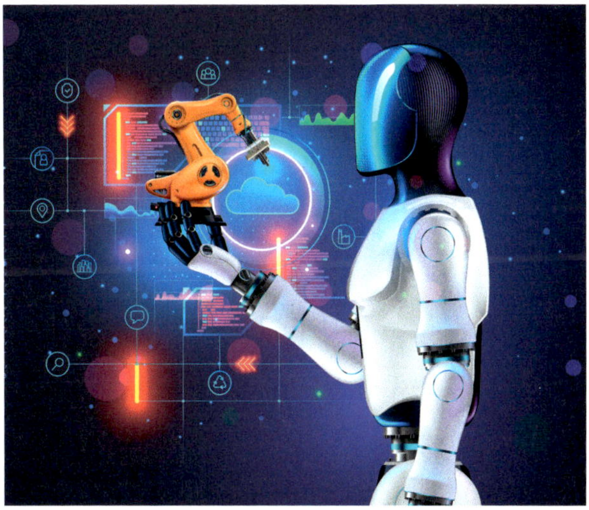

- Starre Produktionsstrukturen werden zu aktiven, autonomen und **sich selbst organisierenden Produktionseinheiten** entwickelt.
- Eine bislang zentrale Produktionsplanung und -steuerung wird durch eine **dezentrale, ereignisgesteuerte Selbstregelung** abgelöst.
- **Intelligente Produkte** sind – z. B. mit Hilfe von RFID-Transpondern – eindeutig identifizierbar, jederzeit lokalisierbar und finden alternative und an Ereignisse angepasste Wege zu ihrem Ziel.
- Starre Wertschöpfungsketten werden zu **agilen Wertschöpfungsnetzwerken**, in denen jeder Partner hoch flexibel reagieren kann.
- Die **digitale Vernetzung** über die gesamte Wertschöpfungskette ermöglicht eine flexible, kundenindividuelle und effiziente Abwicklung.
- Durch eine vorausschauende Wartung der Maschinen (**„Predictive Maintenance“**) können Ausfallzeiten minimiert und die Lebensdauer der Betriebsmittel verlängert werden.

Die **Vorteile** dieser Entwicklungsrichtungen liegen auf der Hand:
- So wird es zum einen möglich, **kleine Losgrößen** und **maßgeschneiderte Produkte** zu Herstellkosten anzubieten, die jene der Serienproduktion nicht wesentlich übersteigen.
- Zum anderen wird eine hoch flexible und schnelle, **an den individuellen Kundenwünschen ausgerichtete Marktversorgung** bei gleichzeitiger **Ressourcenschonung** möglich.
- Unternehmen können schneller auf **Marktveränderungen** reagieren und individuelle Kundenwünsche besser erfüllen.

Losgröße
→ Kap. 5.8

Industrie 4.0 eröffnet Unternehmen enorme Chancen, bringt jedoch auch große Herausforderungen mit sich. Die Einführung von Industrie 4.0 erfordert nicht nur erhebliche technologische Investitionen, sondern auch eine Anpassung der Unternehmenskultur und Arbeitsprozesse. Mitarbeiter müssen in die Lage versetzt werden, mit neuen Technologien umzugehen und ihre Fähigkeiten beständig weiterzuentwickeln.

1.2 Produktionsbegriff

Der Begriff **Produktion** taucht innerhalb der Industrie in den verschiedensten Zusammenhängen auf. Vorherrschend ist das Verständnis von Produktion als **Prozess**.

Produktion = Abteilung (organisatorische Einheit)	Produktion = Produkte (Ergebnis des Produzierens)	Produktion = Vorgang (Prozess des Produzierens)
„Herr Schneider, holen Sie doch mal die Fertigungsaufträge aus der Produktion."	„Die Öfen waren zu heiß eingestellt. Wir können die ganze Tagesproduktion auf den Müll schmeißen."	„Aufgrund eines Maschinenschadens konnte die Produktion in der Frühschicht erst um 07:15 Uhr anlaufen."

Güter
Sachgüter und Dienstleistungen

Produktion im weitesten Sinne ist jegliche Art innerbetrieblicher Transformation (Umwandlung) von **Gütern** in höherwertige Güter. Diese weite Definition des Begriffs Produktion kann nicht nur auf Industriebetriebe, sondern auch auf Banken („Bankprodukte"), Versicherungen („Versicherungsprodukte") und andere Branchen angewendet werden.

Im Folgenden wird die engere Definition des Produktionsbegriffs zugrunde gelegt

(Industrielle) **Produktion im engeren Sinne** ist die sich in Industriebetrieben vollziehende systematische und technische Umwandlung von Sachgütern in andere höherwertige Sachgüter. Diese Sachgüter können entweder im Unternehmen weiterverwendet oder an andere Unternehmen oder Konsumenten verkauft werden. Industrielle Produktion findet überwiegend in dafür geeigneten und speziell zu diesem Zweck errichteten Produktionsstätten (**Fabriken**) statt.

Fabrik
(lat.) fabricia = Werkstatt

BEISPIEL: Produktion als Umwandlungsprozess in der Fly Bike Werke GmbH:
- Die Erstellung von Sachgütern erfordert, dass Input in Form menschlicher Arbeitskraft (z. B. Techniker, Ingenieure), von Betriebsmitteln (z. B. Gebäude, Maschinen) und von Werkstoffen (z. B. Rahmen, Sättel) über die Beschaffungsmärkte ins Unternehmen gelangt.
- Das Management des Unternehmens plant, organisiert und überwacht den Leistungserstellungsprozess.
- Nicht alle produzierten Fahrräder können sofort abgesetzt werden. Je nach Marktlage müssen Produkte im Fertigwarenlager eingelagert werden, d. h., der gesamte Output lässt sich in Absatz- und Lagerprodukte einteilen.

1.3 Ziele und Aufgaben der Leistungserstellung

Der gesamte Produktionsprozess ist ein **Wertschöpfungsprozess**. Die Wertschöpfung (positive Differenz zwischen Leistungen und Kosten) besteht darin, dass die betrieblichen Leistungsfaktoren (Input) in Produkte (Output) höheren Wertes umgewandelt werden.

betriebliche Leistungsfaktoren (Produktionsfaktoren) LF 1 → Kap. 5.2.3

Der Produktionsprozess muss sowohl effektiv als auch effizient gestaltet werden. Dies bedeutet
- dass nur die Güter produziert werden, die der Kunde wünscht (**Effektivität** = „die richtigen Dinge tun"), und
- dass die Herstellung möglichst kostengünstig erfolgt (**Effizienz** = „die Dinge richtig tun").

Wesentliche Aufgaben der industriellen Leistungserstellung sind
- die Planung,
- die Durchführung und
- die Kontrolle der Herstellung von Sachgütern und ergänzenden Dienstleistungen.

Bei der Planung und Durchführung der industriellen Leistungserstellung sind stets vier Ziele zu beachten:

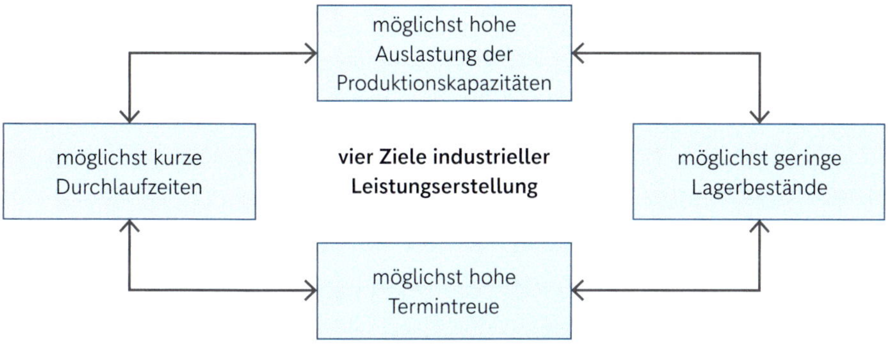

Durchlaufzeit → Kap. 5.4.1

Unglücklicherweise stehen diese vier Ziele in einem ständigen Zielkonflikt zueinander: Je besser man das eine Ziel erreicht, desto schlechter erreicht man ein anderes. Hierzu ein Beispiel: Produziert der Betrieb immer nur sehr kleine Mengen („Lose") einer Produktart, kann er diese in der Regel sofort ausliefern. Dies senkt die Lagerbestände und damit die Lagerkosten der fertigen Erzeugnisse. Gleichzeitig führen die kleinen Produktionsmengen aber zu einer schlechten Auslastung der Betriebsmittel und relativ hohen anteiligen Rüstkosten. Bei sehr großen Produktionsmengen („Losen") je Produktart passiert genau das Umgekehrte.

Losgröße → Kap. 5.8
Lagerkosten LF 7 → Kap. 2.6
Rüstkosten → Kap. 5.8

Möchte man die Betriebsmittel möglichst gut auslasten, wird es wegen der nie ganz zu vermeidenden Störungen nahezu immer zu Wartezeiten bei nachfolgenden Fertigungsaufträgen kommen. Entsprechend erhöhen sich die Durchlaufzeiten und die Termintreue leidet. Selbst modernste Software zur Planung und Steuerung der Produktionsprozesse (sogenannte Enterprise-Ressource-Planning-Systeme) kann diese Zielkonflikte lediglich mildern, aber nicht vollständig auflösen. Daher spricht man auch vom **„Dilemma der industriellen Ablaufplanung"**.

ERP-System LF 3 → Kap. 3

1.4 Dienstleistungen in der industriellen Leistungserstellung

In Ergänzung zu den von ihnen produzierten Sachgütern bieten Industriebetriebe sehr häufig auch Dienstleistungen an. Dienstleistungen sind immaterielle (nicht stoffliche) Güter, deren wesentlicher Inhalt die unmittelbare, überwiegend auch personengebundene Arbeitsleistung des Produzenten ist.

BEISPIEL: Schon bevor eine Spezialmaschine ausgeliefert wird, schult der Hersteller die Mitarbeiter des Kunden – also die späteren Nutzer – in der Benutzung der Maschine. Die dabei gewonnenen Erkenntnisse können wiederum in den Produktentwicklungsprozess einfließen.

Hier steht die Erbringung von Dienstleistungen durch den Industriebetrieb (Entwicklung einer Spezialmaschine und Mitarbeiterschulung) in einem unmittelbaren Zusammenhang mit der Erstellung des Sachgutes (Bau der Spezialmaschine). Die Produktion der Dienstleistung und deren Verbrauch fallen zudem zeitlich zusammen.

Der Einsatz technischer Hilfsmittel (EDV, Kommunikationstechnologien) erlaubt heute aber auch die Entkoppelung der Dienstleistungserstellung von deren Verbrauch, insbesondere bei produktions- oder unternehmensbezogenen Dienstleistungen. So können auch Dienstleistungen „auf Vorrat" produziert werden.

BEISPIEL: Ein Industriebetrieb lässt durch einen externen Dienstleister E-Learning-Module für seine Mitarbeiter erstellen. Die in einer Datenbank gespeicherten Lerneinheiten können durch die Mitarbeiter jederzeit und an jedem Ort, der über eine entsprechende netzfähige EDV-Ausstattung verfügt, genutzt werden, um berufliche Qualifikationen zu erwerben.

In den letzten Jahren ist die Zahl der unmittelbaren Arbeitsplätze in der Industrie in Deutschland stark zurückgegangen, während die Zahl der Arbeitsplätze im Dienstleistungssektor entsprechend anstieg. Dieser **Wandel in der Beschäftigungsstruktur** lässt aber keinesfalls den Rückschluss zu, in Deutschland finde immer weniger industrielle Produktion statt, Deutschland würde gar zu einem Dienstleistungsland, quasi einer „nachindustriellen" Gesellschaft.

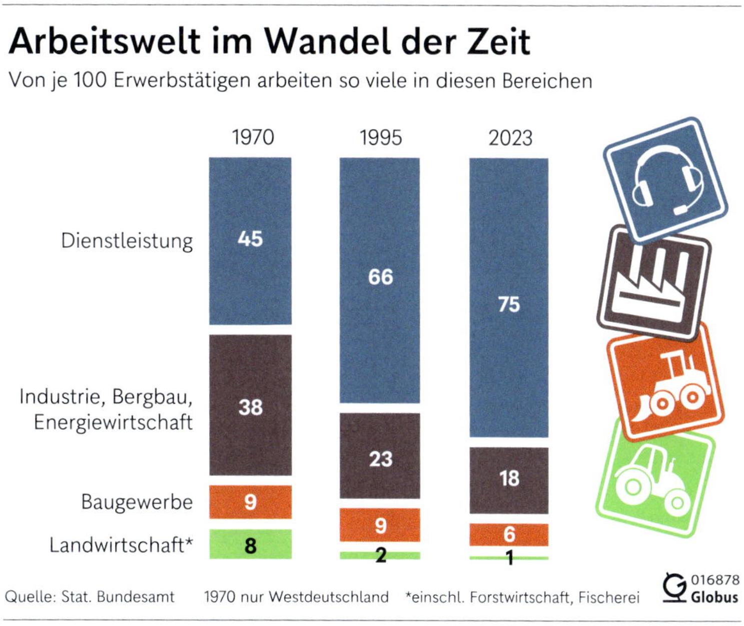

Tatsächlich ist die **Bruttowertschöpfung des produzierenden Gewerbes** (ohne Bauwirtschaft) in Deutschland im Zeitraum von 2010 bis 2019 relativ konstant gewachsen. Nach einem coronabedingten Einbruch 2020 stieg die Bruttowertschöpfung 2021/22 zunächst wieder auf das alte Niveau, seit 2023 ist sie jedoch leicht rückläufig. Eine schwache Weltkonjunktur, aber auch strukturelle Probleme wie hohe Energiekosten und der Mangel an Fachkräften wirken sich stark negativ auf die Produktion der deutschen Industrie aus (Stand: Oktober 2024; Quelle: Statistisches Bundesamt).

Die Veränderungen in der Beschäftigungsstatistik sind vornehmlich auf Rationalisierungseffekte durch die **Automatisierung** industrieller Produktion (mehr Produktionsergebnis mit weniger Beschäftigten) und eine **Verlagerung industrienaher Dienstleistungen** auf eigenständige Unternehmen zurückzuführen.

Rationalisierung
→ Kap. 9

BEISPIEL: Früher unterhielten große Industriebetriebe eigene Abteilungen für die Erforschung und Entwicklung neuer Produkte und Technologien, das Rechnungswesen, die Marktforschung, die Kundenbetreuung oder die Versandlogistik. Diese Teilprozesse werden heute sehr häufig an selbstständige industrienahe Dienstleister vergeben (sogenanntes „**Outsourcing**"), die statistisch nicht mehr der Industrie, sondern dem Dienstleistungssektor zugerechnet werden. Ohne die eigentliche industriespezifische Erstellung von Sachgütern fänden aber auch diese Dienstleistungen keinen Markt.

Der wachsenden Bedeutung industrienaher Dienstleistungen werden Industriebetriebe durch den Aufbau eines eigenen Dienstleistungsmarketings gerecht. Ziel ist es, Kundenbedürfnisse dauerhaft zu befriedigen, die Kundenzufriedenheit zu erhöhen und die eigene Marktposition zu sichern. Im Zentrum der Bemühungen muss dabei die stetige Verbesserung der **Dienstleistungsqualität** – z. B. der Service- und Beratungsqualität – stehen.

ÜBERSICHT: Merkmale industrieller Leistungserstellung

Begriff: Unter industrieller Leistungserstellung (i. e. S.) ist die systematische und technische Transformation von Sachgütern in höherwertige Güter zu verstehen.

Historische Phasen der Industrialisierung

Arbeitsteilung	**Mechanisierung**	**Automatisierung**	**Industrie 4.0**
– personell, räumlich und zeitlich	– dezentrale Versorgung mit Antriebsenergie	– Mikroelektronik und neue Informations- und Kommunikationstechniken	– Verknüpfung von Informations- und Kommunikationstechnologien mit Automatisierungs- und Produktionstechnologien

Vier Ziele der industriellen Fertigung

maximale Auslastung der vorhandenen Produktionskapazitäten	minimale Durchlaufzeiten der Aufträge in der Produktion	minimale Lagerbestände an Material und fertigen Erzeugnissen	maximale Termintreue bei der Fertigstellung der Aufträge

„Dilemma der industriellen Ablaufplanung“: Die vier Ziele stehen in einer Zielkonkurrenz zueinander. Daher lassen sie sich nicht gleichzeitig optimal erreichen.

Alles klar?

1 Kollege Roboter – für die einen ein Segen, für die anderen ein Fluch. Stellen Sie je drei Argumente für jede der beiden Positionen einander gegenüber.

2 Begründen Sie, warum in der Produktionswirtschaft mit der engeren Fassung des Produktionsbegriffs gearbeitet wird.

3 Erklären Sie die Ziele der Fertigungswirtschaft anhand eines durchgehenden Beispiels (z. B. Produktion von Schoko-Weihnachtsmännern).

4 Welche industrienahen Dienstleistungen nutzt Ihr Ausbildungsbetrieb bzw. welche bietet er an? Beschreiben Sie drei Beispiele.

5 Nennen und erläutern Sie drei Beispiele dafür, dass industrienahe Dienstleistungen den Verkauf von industriellen Sachgütern fördern, mitunter erst ermöglichen können.

6 Beschreiben Sie das „Dilemma industrieller Ablaufplanung“ anhand von drei konkreten Beispielen aus Ihrem Ausbildungsbetrieb. Beziehen Sie dabei sowohl die industrielle Leistungserstellung als auch Beschaffungs- und Absatzprozesse in Ihre Antworten mit ein.

7 Industriebetriebe stellen hochgradig komplexe Systeme dar. Sie können nur sinnvoll arbeiten, wenn alle Mitarbeiter auf die Verfolgung gemeinsamer Ziele verpflichtet werden. Erläutern Sie anhand von zwei Beispielen, dass zwischen betrieblichen Zielen und den persönlichen Zielen der Mitarbeiter Zielkonkurrenzen bestehen können.

8 Beschreiben Sie anhand von konkreten Beispielen, wie die 4. Stufe der industriellen Revolution Ihren Arbeitsalltag im Ausbildungsbetrieb beeinflusst.

2 Kernprozesse der Leistungserstellung

Die industriebetriebliche Leistungserstellung vollzieht sich stets als Umwandlung der betrieblichen Leistungsfaktoren menschliche Arbeit, Betriebsmittel, Werkstoffe sowie Dienstleistungen und Informationen (Inputfaktoren) im Rahmen eines Umwandlungsprozesses in die Produkte (Erzeugnisse, Outputfaktoren) des Betriebs. Hierbei lassen sich vier Kernprozesse unterscheiden:

betriebliche Leistungsfaktoren (Produktionsfaktoren)
LF 1 → Kap. 5.2.3

Kernprozesse der Leistungserstellung

- → Produktionsprogrammplanung
- → Produktentstehung und -entwicklung
- → Produktionsplanung und -steuerung
- → Teilefertigung und Montage

Die richtigen Produkte zu konkurrenzfähigen Preisen am Markt anzubieten ist für die langfristige Wettbewerbsfähigkeit eines Industrieunternehmens von entscheidender Wichtigkeit. Die **Planung des eigenen Produktionsprogramms** ist somit der erste Kernprozess der Leistungserstellung. Sie teilt sich auf in
- die **qualitative Programmplanung** (Festlegung des Leistungsprogramms des Betriebs nach seiner Art) und
- die **quantitative Programmplanung** (Festlegung der zu fertigenden Mengen).

Produktionsprogramm
→ Kap. 3

Die **Produktentstehung und -entwicklung** ist der zweite Kernprozess. Hier kommt den Forschern, Konstrukteuren und Designern die Aufgabe zu, funktionsfähige, fertigungsreife und kostengünstige Erzeugnisse zu entwickeln. Dabei werden Weichen gestellt, die in den folgenden Prozessen nur begrenzt beeinflusst werden können.

Produktentstehung und -entwicklung
→ Kap. 4

BEISPIEL: Gerade kleinere Konstruktionsfehler werden im Automobilbau häufig erst nach der Markteinführung neuer Modelle durch vermehrte Reklamationen der Kunden entdeckt und führen durch aufwändige Rückrufaktionen zu enormen Folgekosten.

Der Produktentstehungs- und -entwicklungsprozess liefert in Form von Konstruktionszeichnungen und Modellen, Stücklisten, Rezepturen usw. die Planungsgrundlagen für die sich anschließende Planung und Steuerung des Produktionsprozesses.

Bei der **Produktionsplanung und -steuerung** (PPS), dem dritten Kernprozess, werden
- die auszuführenden Arbeitsabläufe festgelegt,
- die einzusetzenden Betriebsmittel und Arbeitskräfte bestimmt,
- die notwendigen Bedarfe an Werkstoffen und Betriebsmittelkapazitäten ermittelt,
- die Reihenfolge der Auftragsdurchführung festgelegt und
- deren ordnungsgemäßer Ablauf sowie die Qualität der gefertigten Erzeugnisse überwacht.

Produktionsplanung und -steuerung
→ Kap. 5

So wird die Produktion der Erzeugnisse unter Berücksichtigung der Wirtschaftlichkeit vorgedacht, definiert sowie zeitlich geplant und überwacht. Diese Phase bereitet die eigentliche Fertigung, also die Teilefertigung und die Montage, vor.

Während des vierten Kernprozesses, der **Teilefertigung und Montage,** vollzieht sich der stoffliche Umwandlungsprozess der eingesetzten Rohmaterialien in Einzelteile, Zwischenprodukte und Baugruppen sowie versandfertige Enderzeugnisse. Dabei wird die geometrische Gestalt, die chemische oder physikalische Beschaffenheit oder die Oberfläche des Grundmaterials verändert.

Die Auswahl der einzusetzenden Werkstoffe und Fertigungstechnologien vollzieht sich stets im Spannungsfeld physikalisch-technologischer Anforderungen auf der einen und wirtschaftlicher Notwendigkeiten auf der anderen Seite.

BEISPIEL: Ein wegen des Einsatzes hochwertiger Werkstoffe und aufwändiger Fertigungsverfahren technisch-qualitativ perfektes Produkt wird wahrscheinlich in der Herstellung so teuer sein, dass es – wenn überhaupt – nur einen sehr kleinen Markt findet.

CIM
→ Kap. 9.3

Der durchgängige Einsatz der **EDV** in allen Teilschritten der Fertigung – vom Eingang des Kundenauftrages bis zur Auslieferung der Produkte – hat den Zeitbedarf für die Auftragsdurchführung immer weiter sinken lassen. Die vollständige EDV-Integration aller Fertigungsbereiche ist das Ziel des **Computer-Integrated Manufacturing** (CIM). Dabei geht der Trend immer stärker von der zentralen hin zu einer dezentralen Steuerung der einzelnen Arbeitsstationen, die in einem Netzwerk (einem sogenannten LAN = Local Area Network) miteinander verbunden sind.

ÜBERSICHT: Kernprozesse der Leistungserstellung

Kernprozesse der Leistungserstellung

Produktionsprogrammplanung →
- qualitative Programmplanung
- quantitative Programmplanung

Produktentstehung und -entwicklung →
- Forschung
- Konstruktion
- Design
- Erprobung

Produktionsplanung und -steuerung →
- Arbeitsplanung
- Bedarfsplanung
- Zeitplanung
- Kapazitätsplanung
- Auftragsfreigabe
- Auftragssteuerung und -überwachung
- Betriebsdatenerfassung (BDE)

Teilefertigung und Montage
- Einzelteilfertigung
- Baugruppenmontage
- Endmontage
- Qualitätssicherung

Alles klar?

1 Die Kernprozesse der Leistungserstellung weisen zahlreiche Schnittstellen zu anderen Geschäftsprozessen des Unternehmens auf. Beschreiben Sie drei solche Schnittstellen.

2 Bei der Planung der Leistungserstellung sind ständig Informationen aus den externen Märkten des Unternehmens zu berücksichtigen. Nennen Sie fünf Beispiele für solche Informationen.

3 Produktionsprogrammplanung

AB → Lernsituation 56

Lernvideo: Produktions- und Absatzprogramm

3.1 Bestimmung des Produktionsprogramms

Das Marketing eines Unternehmens legt nach den Wünschen des Marktes das **Absatzprogramm** (die Art und Menge der zu verkaufenden Produkte) fest. Aus dem Absatzprogramm werden alle weiteren Pläne abgeleitet, u. a. das **Produktionsprogramm** im engeren Sinne und das **Dienstleistungsprogramm**. Verkauft das Unternehmen nur Produkte, die es selbst herstellt, sind das Absatz- und das Produktionsprogramm gleich. Werden Produkte eingekauft, um sie weiterzuverkaufen, z. B. als Ergänzung zu den selbst hergestellten Produkten, spricht man von Handelswaren, die das Produktionsprogramm ergänzen. Im Rahmen seiner Produktionsprogrammplanung trifft ein Industriebetrieb Entscheidungen über die genaue Art und die Anzahl der von ihm selbst hergestellten Erzeugnisse.

Absatzprogramm **LF 9** → Kap. 4

Produktionsprogramm alle Güter, die vom Unternehmen selbst produziert werden

BEISPIEL: Das Produktionsprogramm der Fly Bike Werke GmbH umfasst aktuell die folgenden Produktarten:

Produktionsprogramm der Fly Bike Werke GmbH

City-Räder	Trekkingräder	Mountainbikes	Rennräder	Kinderräder	Pedelecs
Modelle – Glide – Surf	Modelle – Light – Free – Nature	Modelle – Dispo – Constitution – Unlimited	Modelle – Fast – Superfast	Modelle – Twist – Cool	Modelle – Sturm – Wind

Die **Produktionsprogrammbreite** gibt die Anzahl der von einem Unternehmen produzierten Produktarten/Produktlinien an.

BEISPIEL: Händlerbefragungen und Marktforschungsstudien haben ergeben, dass es derzeit einen Trend zu Fahrrädern gibt, die für die Bewältigung alltäglicher Wege ebenso geeignet sind wie für sportliche Aktivität. Ein Allzweckrad, das ähnlich schnell ist wie ein Rennrad – dies wünschen sich viele Kunden. Angesichts dessen hat die Fly Bike Werke GmbH beschlossen, ein Fitnessbike in ihr Produktionsprogramm aufzunehmen. Für dieses Fahrrad liegen noch keine konkreten Kundenaufträge vor, doch auf der Grundlage einer mittelfristigen Absatzplanung sollen zunächst 3 750 Stück des Fitnessbikes hergestellt werden.

Mit dem Fitnessbike produziert die Fly Bike GmbH eine neue Produktart und verbreitert somit ihr Produktionsprogramm.

Mit einer Erhöhung der Produktionsprogrammbreite sind sowohl Vorteile als auch Nachteile verbunden.

Vorteile einer Erweiterung der Programmbreite sind: Eine größere Anzahl verschiedenartiger Produktarten ermöglicht es dem Unternehmen, das Absatzrisiko breiter zu streuen, da mehr verschiedene Märkte bzw. Marktsegmente bedient werden können. Gehen Absatz und Umsatz auf einem Teilmarkt zurück, kann dies durch Absatz- und Umsatzsteigerungen auf anderen Märkten ausgeglichen werden. Dies kommt auch den Interessen der gewerblichen und privaten Endkunden entgegen, die ihre Beschaffungsprozesse lieber auf wenige Anbieter konzentrieren möchten (sog. „Einkaufsbequemlichkeit“). Ein breiteres Produktionsprogramm erlaubt es einem Hersteller außerdem, seine Gemeinkosten im Rahmen einer Mischkalkulation auf eine große Anzahl verschiedener Kostenträger zu verteilen. Und schließlich können Abfälle, die bei der Herstellung bestimmter Produkte anfallen, für die Herstellung anderer Produkte weiterverwendet oder verwertet werden (sog. „Kuppelprodukte“).

Gemeinkosten
LF 8 → Kap. 1.4 und Kap. 3

Allerdings hat jede Erweiterung der Programmbreite auch **Nachteile** zur Folge: Es entstehen zusätzliche Kosten für die Produktentwicklung sowie die vermehrte Umrüstung der vorhandenen Produktionskapazitäten. Müssen Produktionsanlagen neu geschaffen werden, steigen die Abschreibungen und andere laufende Kosten dieser Kapazitätserweiterung. Die Betriebsstrukturen werden komplexer und damit schwerer zu steuern. Aber auch die Beschaffungs- und Absatzprozesse werden komplexer, sodass deren Effektivität und Effizienz sinken. Mit mehr Lieferanten und Kunden müssen mehr verschiedenartige Verträge über mehr verschiedenartige Materialien und Produkte verhandelt, abgeschlossen und überwacht werden. Der Aufwand für Marktforschung steigt und die Zielgenauigkeit von Werbemaßnahmen nimmt ab, da für mehr verschiedene Produkte auf mehr Märkten geworben werden muss. Und schließlich nehmen die Möglichkeiten, Kostensenkungen durch Spezialisierung zu erzielen, ab. Daher entschließen sich Unternehmen nicht selten, ihre Produktionsprogrammbreite zu verringern, geben die Herstellung einzelner Produktarten auf oder verlassen bestimmte Märkte komplett.

Marktforschung
LF 9 → Kap. 2.4

Die **Produktionsprogrammtiefe** bezieht sich auf die Anzahl der Varianten und Typen, die innerhalb einer Produktart angeboten werden:
- Typen umfassen Artikel, die in bestimmten Eigenschaften übereinstimmen.
- Artikel sind kleinste, nicht mehr teilbare Einheiten eines Produktionsprogramms.

Die Bestimmung des Produktionsprogramms nach Art und Menge der herzustellenden Güter hat unter Beachtung des **erwerbswirtschaftlichen Prinzips** zu erfolgen. Optimal ist das Produktionsprogramm, wenn damit der maximale Gewinn erzielt wird. Die optimale Menge der zu produzierenden Güter unterliegt einer Vielzahl von Bedingungen:
- **Beschaffungsbedingungen:** Die zur Herstellung der Güter erforderlichen Einsatzstoffe stehen nur in begrenzten Mengen zur Verfügung.
- **Kapazitätsbedingungen:** Es können nicht mehr Güter produziert werden, als mit den vorhandenen maschinellen und personellen Ressourcen möglich ist.
- **Absatzbedingungen:** Es sollten nicht mehr Güter produziert werden, als das Unternehmen bei gegebener Nachfrage am Markt absetzen kann.

Erzeugnisstruktur
→ Kap. 4.3

Die **Fertigungstiefe** bezieht sich auf die Erzeugnisstruktur. Sie zeigt auf, wie viele Fertigungsstufen ein Erzeugnis im Betrieb durchläuft:
- **hohe Fertigungstiefe:** mehrere Fertigungsstufen von der Rohstoffgewinnung bis zur Herstellung des Fertigungserzeugnisses,
- **geringe Fertigungstiefe:** Montagebetrieb (fertige Teile werden bezogen und weiterverarbeitet).

BEISPIEL: Bei einigen Fahrradmodellen bezieht die Fly Bike Werke GmbH die zur Herstellung erforderlichen Komponenten von verschiedenen Lieferanten. Bei diesen Modellen wird nur die Montage der Komponenten zum fertigen Fahrrad durchgeführt.

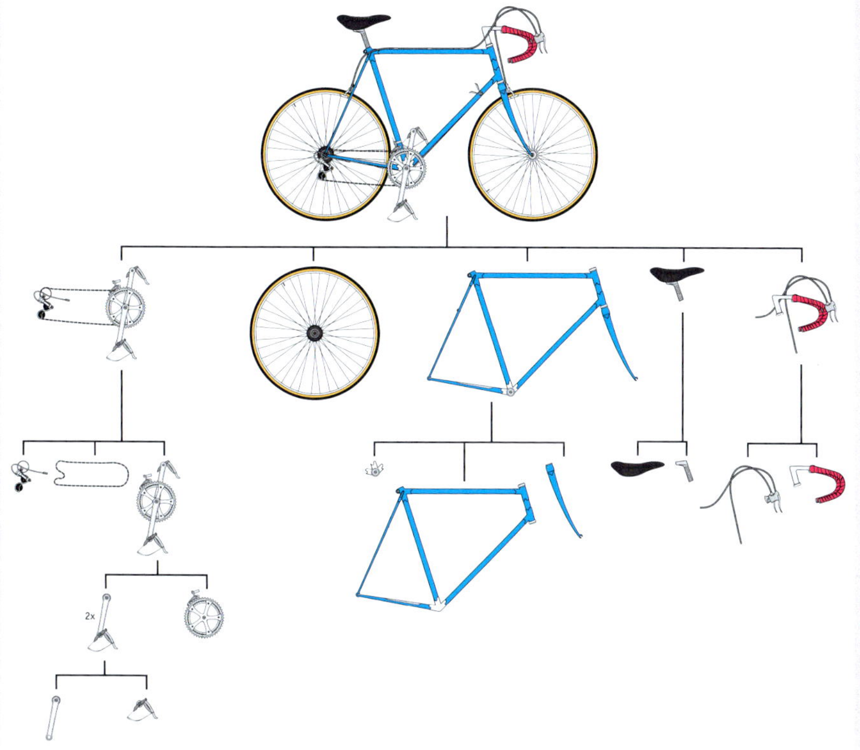

3.2 Zeitliche und mengenmäßige Abstimmung zwischen Absatz- und Produktionsprogramm

Die zeitliche und mengenmäßige Planung des Produktionsprogramms stellt insbesondere dann eine schwierige Entscheidungssituation dar, wenn die Absatzmengen im Jahresverlauf mehr oder minder stark schwanken. Bei einer **auftragsorientierten** Fertigung würde der Industriebetrieb in diesem Fall darauf warten, dass konkrete Aufträge der Kunden vorliegen, um diese dann entsprechend den bestellten Mengen zu fertigen.

Als Alternative bietet sich eine **marktorientierte** Fertigung an, bei der sich die Produktionsmengen an Absatzprognosen, also den zu erwartenden Absatzmengen, orientieren. In diesem Fall müssen Absatz und Produktion mengenmäßig und zeitlich aufeinander abgestimmt werden, damit unnötig hohe Kosten vermieden werden.

Varianten der Abstimmung zwischen Absatz- und Produktionsprogramm

Varianten	Erläuterung
Marktorientierte Fertigung (Emanzipation) x = Menge in Stück t = Zeitablauf - - - = geplanter Absatz —— = geplante Produktion /// = Lagerzugang ■ = Lagerabgang	Die marktorientierte Fertigung (auch Lagerfertigung genannt) findet sich vor allem im Konsumgüterbereich. Sie zeichnet sich dadurch aus, dass die Produktionsmengen trotz schwankender Absatzzahlen konstant gehalten werden. Man bezeichnet dies auch als zeit- und mengenmäßige Emanzipation. Auf diese Weise können möglichst alle Kundenaufträge kurzfristig aus dem Absatzwarenlager bedient werden. Dies setzt voraus, dass aufgrund von Absatzprognosen bekannt ist bzw. geschätzt werden kann, wie viele Bestellungen pro Periode anfallen. Der Absatzbereich gibt die entsprechenden Werte an den Fertigungsbereich weiter. Aus dem geschätzten Jahresabsatz wird dann das Produktionsprogramm abgeleitet. Wenn das Lager ausreichend gefüllt ist, kann der Kunde direkt beliefert werden. Nach der Auslieferung der Ware verringert sich der Lagerbestand um die Liefermenge. Aufgaben des Prozessmanagements sind hier die kontinuierliche Überwachung der Lagerbestände und der Einsatz geeigneter Bestellverfahren. Diese Form der Fertigung ermöglicht eine konstante Auslastung der Produktionsmittel und eine nahezu optimale Dimensionierung der Produktionskapazitäten. Andererseits führt die Emanzipation bei schwankenden Absatzmengen zeitweilig zu hohen Beständen im Warenlager und damit verbundenen Lagerkosten. 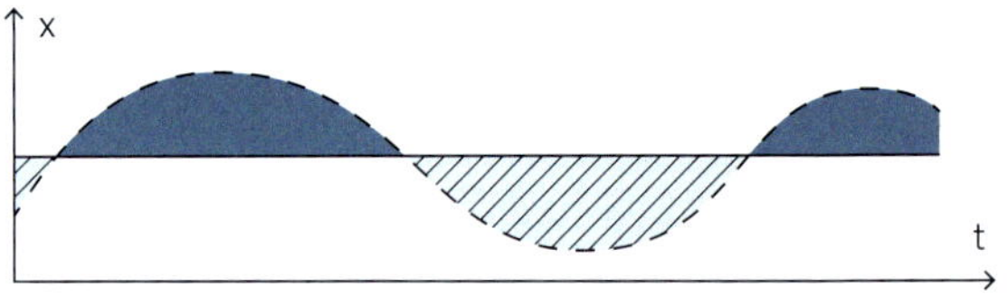
Auftragsorientierte Fertigung (Synchronisation)	Bei der auftragsorientierten Fertigung (auch Auftragsfertigung genannt) werden die Produktionsmengen synchron, also zeitlich parallel zu den Absatzmengen, geplant. Diese Form der Mengenplanung findet man vor allem im Bereich von Investitionsgütern, die auf speziellen Kundenwunsch gefertigt werden (z. B. Luxusuhren, spezialisierte Werkzeugmaschinen oder medizinische Geräte). Die Lager- und Absatzrisiken sind bei der Auftragsfertigung minimal. Auch können spezielle Kundenwünsche bestmöglich realisiert werden. Andererseits hat dies jedoch stets den Nachteil, dass mit längeren Lieferzeiten entsprechend den verfügbaren Produktionskapazitäten zu rechnen ist. Hier bietet sich das Verfahren des Simultaneous Engineering an, bei dem Entwicklungs- und Konstruktionsarbeiten auf der einen und die eigentliche Herstellung auf der anderen Seite weitgehend parallel ablaufen. Eine sehr intensive Einbindung des Kunden in alle Planungsarbeiten ist dabei unverzichtbar. 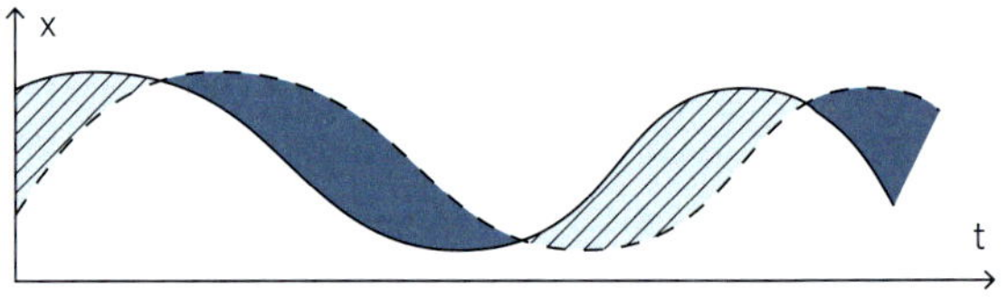
Programmfertigung (partielle Synchronisation)	Die Programmfertigung ist eine Mischform aus markt- und auftragsorientierter Fertigung. So weit wie möglich werden ständig benötigte Standardteile auf Lager vorrätig gehalten und kundenauftragsabhängige Teile erst dann bestellt, wenn sie benötigt werden. Die Programmfertigung ist verbreitet bei hochwertigen und langlebigen Konsumgütern (z. B. Pkw, Segelyachten oder Wohnmöbel und Einbauküchen von Markenherstellern), wo Produkte entsprechend den unterschiedlichen Kundenwünschen (z. B. Ausstattung, Farbe) auf Basis standardisierter Baugruppen gefertigt werden können. 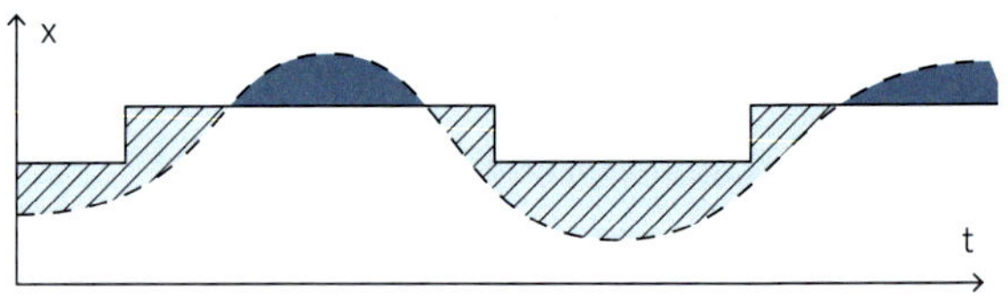

Alles klar?

1 Das Produktionsprogramm eines Backwarenherstellers lässt sich der nachstehenden Übersicht entnehmen:

Kekse	Kuchen	Chips
– Butterkekse – Biskuits – Mürbegebäck – Waffeln – Eiswaffeln	– Sandkuchen – Stollen – Tortenböden	– gesalzene Chips – Paprikachips – fettreduzierte Chips – Chips extra scharf

a Erläutern Sie am Beispiel dieses Produktionsprogramms die folgenden Begriffe:
- Produktionsprogrammbreite
- Produktionsprogrammtiefe
- Fertigungstiefe

b Beschreiben Sie zwei Vor- und zwei Nachteile, die für das Unternehmen mit einem breiten Produktionsprogramm verbunden sind.

2 Die zeitliche und mengenmäßige Abstimmung zwischen der Produktion und dem Absatz eines Industriebetriebes ergibt sich aus der nachstehenden Grafik:

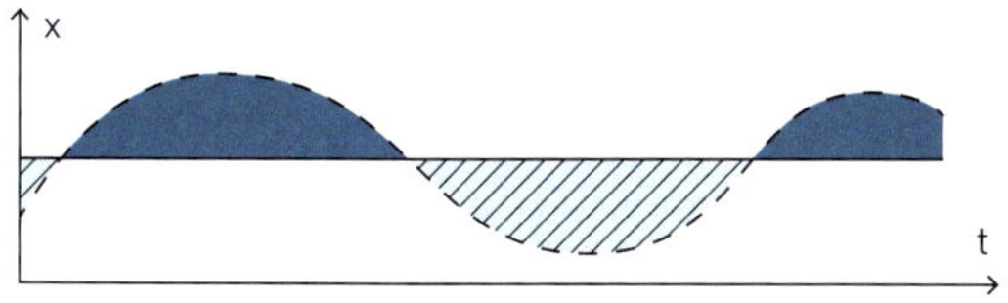

a Erläutern Sie den Zusammenhang, der zwischen Produktion und Absatz in einer derartigen Situation vorliegt.

b Beschreiben Sie die Folgen, die sich aus einer derartigen Situation für die Kosten des Betriebes ergeben.

3 Ein Unternehmen stellt in einstufiger Fertigung ein Produkt her, dessen Nachfrage saisonalen Schwankungen unterliegt. Für das nächste Jahr (6 Perioden zu je 2 Monaten) hat man die folgende Nachfrageprognose erstellt:

Perioden	Nachfrage je Periode (prognostizierte Einheiten)
1	30
2	120
3	90
4	60
5	30
6	30

a Übertragen Sie die obige Tabelle in ein Excel-Arbeitsblatt. Stellen Sie die Nachfrage und die kumulierte Nachfrage in einem Diagramm dar. Formatieren Sie das Diagramm (Achsenbeschriftung, Diagrammtyp, Legende, Farben).

b Die Produktionsmenge soll mengen- und zeitmäßig im Rahmen der Auftragsfertigung an die prognostizierte Absatzmenge angepasst werden. Erstellen Sie dafür das entsprechende Schaubild.

c Wenn die Produktionsmengen zeitlich an die schwankenden Absatzmengen angepasst werden sollen, so entstehen Probleme hinsichtlich der Kapazitätsauslastung. Beschreiben Sie ein mögliches Problem.

AB → Lernsituation 57

4 Produktentstehungs- und -entwicklungsprozess

4.1 Forschung und Entwicklung

Forschung und Entwicklung sind die klassischen Aufgabengebiete von Wissenschaftler/-innen und Techniker/-innen. Mit diesen Tätigkeitsfeldern ist ein hohes Maß an Kreativität verbunden, denn hier wird die Basis für innovative Produkte und Produktionsverfahren gelegt. Forschungs- und Entwicklungsmaßnahmen sind Investitionen in die Zukunft, vor allem in rohstoffarmen Ländern wie Deutschland. Aus diesem Grund ist die Politik aufgefordert, die erforderlichen Infrastrukturmaßnahmen zu ergreifen bzw. die Ansiedlung entsprechender Unternehmen zu fördern.

Forschungs- und Entwicklungsmaßnahmen

Aufgabengebiete	Schwerpunkte
Grundlagenforschung	Ziel: Gewinnung neuer wissenschaftlicher Erkenntnisse, die zunächst nicht für den praktischen Einsatz gedacht sind (z. B. Möglichkeiten der Kernfusion, Untersuchung der Supraleitungsfähigkeit von Werkstoffen beim absoluten Nullpunkt) Träger: Forschungsinstitutionen (z. B. Fraunhofer-Gesellschaft), technisch-wissenschaftliche Hochschulen (z. B. RWTH Aachen)
Angewandte Forschung	Ziel: Nutzung bereits vorhandener wissenschaftlicher Erkenntnisse, um neue Lösungen für technische Problemstellungen zu finden (z. B. Erhöhung der Wirksamkeit von Medikamenten durch schrittweise Abgabe der Wirkstoffe in den Blutkreislauf) Träger: unternehmenseigene Forschungsabteilungen (z. B. bei der Bayer AG), überbetriebliche Forschungsabteilungen (z. B. Forschungslabors der Baustoffindustrie)
Neuentwicklung	Ziel: Nutzung neuer Erkenntnisse / bisher nicht genutzter Erkenntnisse aus Grundlagenforschung und angewandter Forschung, um neue Produkte oder Prozesse herzustellen bzw. zu gestalten (z. B. Entwicklung besonders leichter E-Bike-Akkus für sportlich ambitionierte Mountainbike-Fahrer) Träger: unternehmenseigene Entwicklungslabors
Weiterentwicklung	Ziel: Nutzung bisher bereits eingesetzter Erkenntnisse, um Produkte bzw. Prozesse zu verbessern (z. B. Verbesserung der Windschlüpfrigkeit von Autokarosserien durch Testen von Rundungen im Windkanal) Träger: unternehmenseigene Entwicklungslabors

4.2 Der Produktentstehungs- und -entwicklungsprozess mit seinen Teilprozessen

Die Entstehung und Entwicklung eines neuen Produkts ist ein unternehmensübergreifender Geschäftsprozess mit mehreren Teilprozessen.

Produktentstehungs- und -entwicklungsprozess

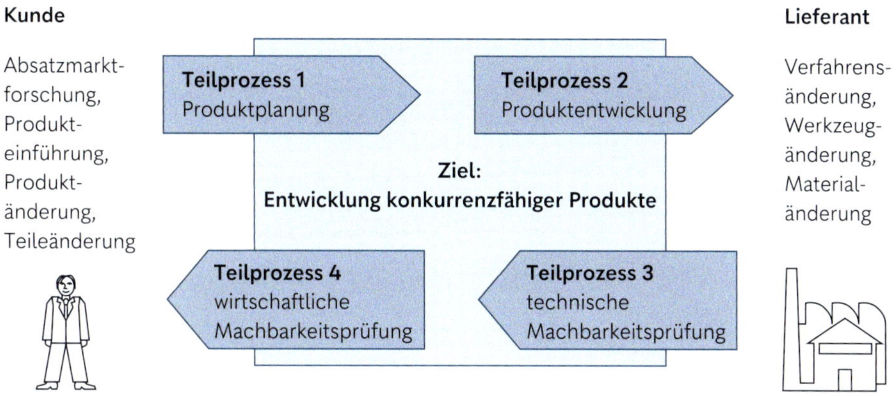

Die **Produktplanung** hat in einer frühen Phase die Aufgabe, die vom Kunden geforderten Produkt- und Qualitätsmerkmale festzulegen. Hierfür erfolgt ein Abgleich zwischen Markterfordernissen (z. B. Verfügbarkeit eines Produktes in spätestens zwei Jahren) und grundlegender technischer sowie wirtschaftlicher Machbarkeit.

An die Produktplanung schließt sich die **Produktentwicklung** (im engeren Sinne) an. Zu den Teilaufgaben der Entwicklung zählen die **Konstruktion**, das **Design** und die **Erprobung** des neuen Produktes. Während sich die Konstruktion eher auf den technisch-geometrischen Aufbau bezieht, geht es beim Design um die Form- und Farbgebung industrieller Erzeugnisse. Schrittweise werden die technischen Spezifikationen definiert und Problemlösungen gesucht. Zunehmende Bedeutung gewinnen auch Fragen des späteren Recyclings und der Demontage von Produkten.

Produktentwicklung
Entwicklung eines Produktes von der Idee bis zum verkaufsfähigen (serienreifen) Erzeugnis

Konstruktion
→ Kap. 4.3

Aus den bisherigen Teilprozessen ergeben sich verschiedene Lösungsalternativen. Nun muss im Rahmen einer **technischen Machbarkeitsprüfung** getestet werden, ob sich diese mit den betrieblichen Fertigungsverfahren bzw. über die Inanspruchnahme von Subunternehmern auch verwirklichen lassen. Dies zu prüfen, ist die Aufgabe der Versuchsabteilung. Sie plant Versuche, führt sie anschließend durch, baut Prototypen und gibt als Arbeitsergebnis die Meldung an die Leiter Technik/Betriebswirtschaft, ob ein Produkt unter den gegebenen Bedingungen (z. B. Marktreife innerhalb eines Jahres) gefertigt werden kann oder nicht.

An die technische schließt sich die **wirtschaftliche Machbarkeitsprüfung** an. Es wird analysiert, ob die technisch machbaren Produkte auch innerhalb eines absehbaren Zeitraums am Markt einführbar sind und letztlich zu Gewinnen führen.

Als Querschnittsaufgaben fallen Qualitätssicherung und Änderungsmanagement an. Die Sicherstellung der Produkt- und Prozessqualität wird mit dem Begriff **Qualitätssicherung** umschrieben. Das **Änderungsmanagement** deckt die unterschiedlichen Änderungsaufgaben im Rahmen der Produkteinführung bis hin zum Produktauslauf ab. Es managt die fertigungsbegleitende Verwaltung aller benötigten Teile und Komponenten sowie Verfahrens- und Werkzeugänderungen. Zu diesem Zweck werden Normen, Arbeitspläne, technische Spezifikationen, Stücklisten usw. zentral gespeichert und allen beteiligten Stellen zur Verfügung gestellt.

Teilprozesse der Produktentstehung und -entwicklung

Teilprozess	Kernfrage
Produktplanung	Welche neuen Produkte wünscht der Kunde?
Produktentwicklung	Wie lassen sich die Kundenwünsche in ein neues Produkt umsetzen?
Technische Machbarkeitsprüfung	Lassen sich alle Lösungsalternativen technisch realisieren?
Wirtschaftliche Machbarkeitsprüfung	Sind die technisch machbaren Lösungen wirtschaftlich zu vertreten?
Qualitätssicherung	Wie kann ich die Produkt- und Prozessqualität laufend überwachen?
Änderungsmanagement	Welche Anforderungen stellen Änderungen bei Teilen, Komponenten, Verfahren und Werkzeugen?

Nicht jedes Unternehmen kann den gesamten Produktentstehungs- und -entwicklungsprozess in Eigenregie durchführen. Deshalb müssen **interne und externe Dienstleister** einbezogen werden. Externe Dienstleister sind z. B. Spezialisten für die Fertigung von Komponenten und Werkzeugen. Interne Dienstleister sind u. a. die Beschaffungsabteilung und der Fertigungsbereich.

4.3 Die Produktkonstruktion

CAD
Computer-Aided Design, also rechnergestütztes Konstruieren

Eine wichtige Teilaufgabe der Produktentwicklung ist die Konstruktion. Der Konstrukteur stellt das Produkt in Form einer technischen Zeichnung und/oder eines dreidimensionalen Modelles dar. Bei der Erstellung von 3D-Modellen nutzen Konstrukteure **CAD**-Programme. Diese ermöglichen eine sehr realitätsnahe Darstellung des späteren Produkts und unterstützen das menschliche Vorstellungsvermögen. CAD-Programme können auf alle in den Datenbanken des Unternehmens gespeicherte Konstruktionen zurückgreifen und diese nutzen. Insbesondere Weiterentwicklungen können mit CAD-Programmen schnell und kostengünstig erstellt werden. Außerdem können die Daten der 3D-Modelle unmittelbar für die Steuerung der Maschinen in der anschließenden Produktion genutzt werden.

Produktkonstruktion mithilfe von CAD

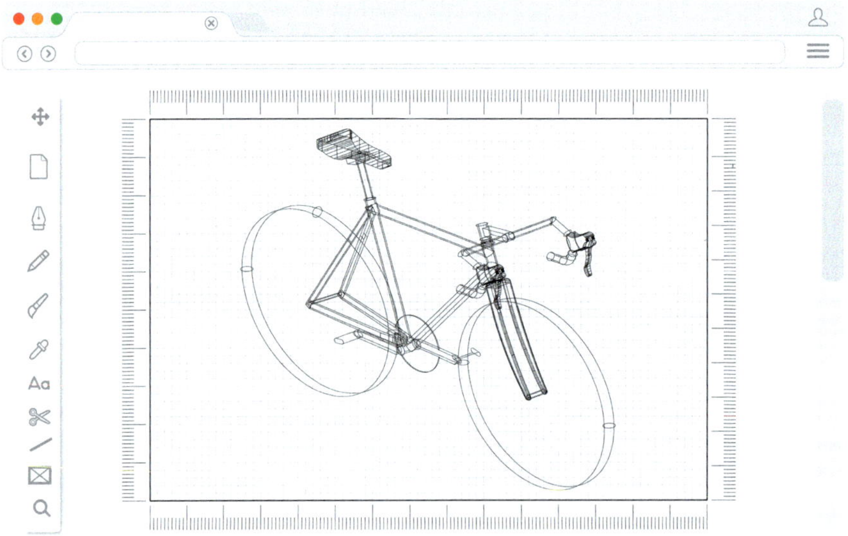

Der Konstrukteur definiert die exakten Funktionen des neuen Produkts. Außerdem legt er alle Maße mit zulässigen Toleranzbereichen und die zu verwendenden Werkstoffe fest. Die Konstruktion mündet in die Festlegung der Erzeugnisstruktur.

Die **Erzeugnisstruktur** ist der logische Aufbau bzw. die logische Struktur eines Erzeugnisses, bestehend aus Baugruppen, Einzelteilen und Werkstoffen. Die Darstellung der Erzeugnisstruktur erfolgt typischerweise in Form eines Strukturbaums. Dabei bildet das fertige Erzeugnis die Spitze des Strukturbaumes, während die zugekauften Rohstoffe, Einzelteile und Baugruppen gleichsam seine Wurzeln sind.

BEISPIEL: Erzeugnisstruktur eines Fahrrads

Erzeugnisstruktur eines Fahrrads

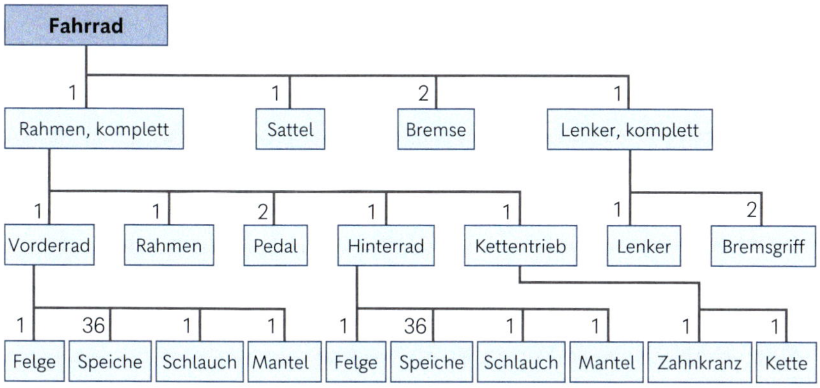

Auf der Grundlage der Erzeugnisstruktur können unterschiedliche Arten von Stücklisten erstellt werden.

Arten von Stücklisten

Strukturstückliste

Erzeugnis: Fahrrad

Fertigungsstufen			Baugruppen/Teile	Menge
1			Rahmen komplett	1
	2		Vorderrad	1
		3	Felge	1
		3	Speiche	36
		3	Schlauch	1
		3	Mantel	1
	2		Rahmen	1
	2		Pedal	1
	2		Hinterrad	1
		3	Felge	1
		3	Speiche	36
		3	Schlauch	1
		3	Mantel	1
	2		Kettentrieb	1
		3	Zahnkranz	1
		3	Kette	1
1			Sattel	1
1			Bremse	1
1			Lenker komplett	1
	2		Lenker	1
	2		Bremsgriff	2

Mengen(übersichts)stückliste

Erzeugnis: Fahrrad

Position	Baugruppen/Teile	Menge
1	Rahmen komplett	1
2	Lenker komplett	1
3	Vorderrad	1
4	Hinterrad	1
5	Kettentrieb	1
6	Sattel	1
7	Bremse	2
8	Rahmen	1
9	Pedal	2
10	Lenker	1
11	Bremsgriff	2
12	Felge	2
13	Speiche	72
14	Schlauch	2
15	Mantel	2
16	Zahnkranz	1
17	Kette	1

Baukastenstücklisten

Erzeugnis: Fahrrad

Position	Baugruppen/Teile	Menge
1	Rahmen komplett	1
2	Lenker komplett	1
3	Sattel	1
4	Bremse	1

Baugruppe: Rahmen komplett

Position	Baugruppen/Teile	Menge
1	Vorderrad	1
2	Hinterrad	1
3	Kettentrieb	1
4	Rahmen	1
5	Pedale	1

Baugruppe: Vorderrad

Position	Teile	Menge
1	Felge	1
2	Speiche	36
3	Schlauch	1
4	Mantel	1

Baugruppe: Hinterrad

Position	Teile	Menge
1	Felge	1
2	Speiche	36
3	Schlauch	1
4	Mantel	1

Baugruppe: Kettentrieb

Position	Teile	Menge
1	Zahnkranz	1
2	Kette	1

Gegenüber der bildhaft angelegten Erzeugnisgliederung enthält eine Stückliste die formalisierte Darstellung des Erzeugnisses in Worten und Zahlen. Mengenübersichtsstücklisten enthalten lediglich die Art und Menge der verschiedenen Einzelteile und Baugruppen, die für die Herstellung der Enderzeugnisse benötigt werden. Struktur- und Baukastenstücklisten informieren zudem über den Aufbau des Produktes. Ein Erzeugnis kann aus mehreren Baugruppen und weiteren Einzelteilen bestehen, wobei sich die Baugruppen aus verschiedenen Unterbaugruppen und Teilen zusammensetzen.

Grundformen der Stückliste

Mengenstückliste	– Aufzählung der nötigen Mengen aller Teile und Baugruppen für ein Produkt – Struktur nicht erkennbar – dient als Grundlage bei der Materialbeschaffung
Strukturstückliste	– vollständiger Ausweis aller Teile und Baugruppen sowie der Struktur – dient als Grundlage der Mengen- und Terminplanung
Baukastenstückliste	– zeigt nur den Aufbau einer Baugruppe – Gesamtaufbau des Produktes nicht erkennbar – beim Baukastenprinzip wichtig

4.4 Rechtsschutz von Erzeugnissen und Fertigungsverfahren

Forschungs- und Entwicklungskosten „rentieren" sich nur dann für ein Unternehmen, wenn sichergestellt werden kann, dass die daraus resultierenden Produkte und Produktionsverfahren von anderen Unternehmen nicht unrechtmäßig genutzt werden.

Deutsches Patent- und Markenamt (DPMA) München: **www.dpma.de**

Europäisches Patentamt (European Patent Office) München: **www.epo.org**

BEISPIEL: Ein Unternehmen aus der Branche Informationstechnik entwickelt ein völlig neues Verfahren der Datenspeicherung, das gegenüber den bisherigen Verfahren zu einer wesentlich höheren Speicherdichte führt. Es reicht das neue Herstellungsverfahren zur Patentierung beim Europäischen Patentamt in München ein.

Gewerbliche Nutzungsrechte

Patent	geregelt im Patentgesetz (PatG)
Gebrauchsmuster	geregelt im Gebrauchsmustergesetz (GebrMG)
eingetragenes Design	geregelt im Designgesetz (DesignG)
Markenzeichen	geregelt im Markengesetz (MarkenG)
Gütezeichen	geregelt durch DIN-Normen, ISO-Normen usw.

Ein **Patent** gewährt seinem Erfinder das alleinige Recht zur Nutzung seiner patentierten Erfindung (Produkt oder Herstellungsverfahren). Mit der Patenterteilung wird es Dritten (z. B. Konkurrenzunternehmen) verboten, die Erfindung gewerblich zu verwerten. Sie dürfen Erzeugnisse, die auf der patentierten Erfindung beruhen, weder herstellen noch anbieten, in den Verkehr bringen, gebrauchen oder einführen.

Voraussetzungen für die Erteilung eines Patents sind:
- Neuheit, d. h. etwas, was noch nicht zum derzeitigen Stand der Technik zählt,
- erfinderische Tätigkeit (= Lösung eines technischen Problems),
- gewerbliche Verwertbarkeit.

Geschützt ist dabei die Erfindung, also die Art und Weise, wie ein technisches Problem gelöst wird. Die konkrete Erscheinungsform des Produktes (Größe, Aussehen etc.) spielt keine Rolle. Die Schutzdauer eines Patents beträgt 20 Jahre; für die Anmeldung, die Prüfung und die Gewährung des Patentrechtschutzes sind Gebühren fällig.

Mit einem **Gebrauchsmuster** können ebenfalls technische Erfindungen, aber keine Anwendungsverfahren und keine biotechnologischen Erfindungen geschützt werden. Wie ein Patent muss auch ein Gebrauchsmuster neu, erfinderisch und gewerblich anwendbar sein. Diese Voraussetzungen werden bei Eintragungen vom Patentamt allerdings nicht nachgeprüft. Ein Gebrauchsmuster ist ein reines Registrierrecht, das schnell und zu relativ geringen Kosten erlangt werden kann.

Ob die Schutzvoraussetzungen tatsächlich vorliegen, prüft das Patentamt erst, wenn jemand mit der Behauptung, dass das Gebrauchsmuster zu Unrecht bestehe, ein Löschungsverfahren oder einen Verletzungsprozess beantragt. Die Schutzdauer für Gebrauchsmuster beträgt drei Jahre. Sie kann gegen Gebühr um weitere drei Jahre und dann noch zweimal um zwei Jahre verlängert werden. Die Höchstschutzdauer beträgt somit zehn Jahre.

Ein **eingetragenes Design** (bis 2013 als „Geschmacksmuster“ bezeichnet) schützt die ästhetische Form sowie die Farbgebung eines Musters (zweidimensional) oder eines Modells (dreidimensional). Im Gegensatz zum Patent ist bei einem eingetragenen Design das konkrete Design geschützt. Die Kosten sind geringer, da das Prüfverfahren einfacher und der Rechtsschutz schneller erreichbar ist. Das eingetragene Design wird für fünf Jahre geschützt (verlängerbar um bis zu 20 Jahre auf eine Gesamtdauer von maximal 25 Jahren).

Unter einer **Marke** (engl. „brand“) versteht man ein Kennzeichen, das gewerblich genutzt wird, um Produkte oder Dienstleistungen voneinander unterscheiden zu können (z. B. Logo des Betriebssystems Windows). Marken spielen bei der Vermarktung von Produkten eine sehr große Rolle. Ihr Wert kann leicht viele Millionen Euro bzw. US-Dollar betragen. Entsprechend wichtig ist ein effektiver Schutz vor Nachahmung. Auch eine Marke ist beim Patent- und Markenamt im Markenregister einzutragen, um sie vor unberechtigter Nutzung durch andere zu schützen. Die Schutzwirkung beträgt zunächst zehn Jahre und kann im Anschluss daran für jeweils zehn weitere Jahre verlängert werden.

Gütezeichen sichern dem Konsumenten zu, dass eine bestimmte Mindestqualität der Erzeugnisse sichergestellt wird, und spielen vor allem bei der Gemeinschaftswerbung eine wichtige Rolle. Gütezeichen sind im Regelfall Branchen- oder Verbandszeichen. Sie werden von Lieferanten gleichartiger Waren geschaffen und beruhen auf freiwilligen Vereinbarungen.

Bei allen gewerblichen Schutzrechten besteht die Gefahr der unberechtigten Nutzung durch Dritte. Bei Fälschungen hilft auch die strenge Gesetzeslage nicht immer weiter. Denn das betroffene Unternehmen muss von der Verletzung seines Rechts Kenntnis erhalten und die Rechtsdurchsetzung ist mit hohen Kosten verbunden.

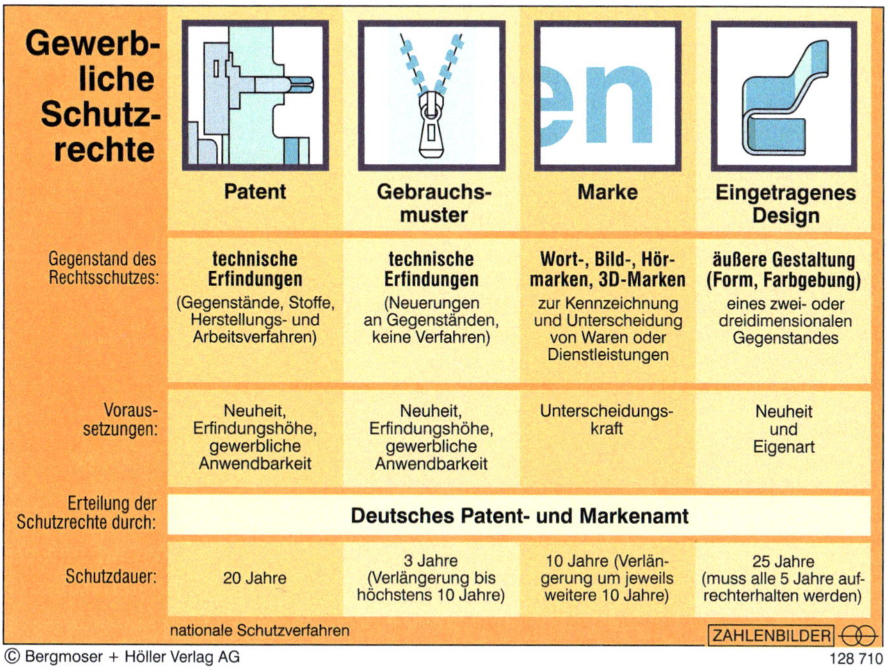

Gewerbliche Schutzrechte	Patent	Gebrauchsmuster	Marke	Eingetragenes Design
Gegenstand des Rechtsschutzes:	**technische Erfindungen** (Gegenstände, Stoffe, Herstellungs- und Arbeitsverfahren)	**technische Erfindungen** (Neuerungen an Gegenständen, keine Verfahren)	**Wort-, Bild-, Hörmarken, 3D-Marken** zur Kennzeichnung und Unterscheidung von Waren oder Dienstleistungen	**äußere Gestaltung (Form, Farbgebung)** eines zwei- oder dreidimensionalen Gegenstandes
Voraussetzungen:	Neuheit, Erfindungshöhe, gewerbliche Anwendbarkeit	Neuheit, Erfindungshöhe, gewerbliche Anwendbarkeit	Unterscheidungskraft	Neuheit und Eigenart
Erteilung der Schutzrechte durch:	**Deutsches Patent- und Markenamt**			
Schutzdauer:	20 Jahre	3 Jahre (Verlängerung bis höchstens 10 Jahre)	10 Jahre (Verlängerung um jeweils weitere 10 Jahre)	25 Jahre (muss alle 5 Jahre aufrechterhalten werden)

nationale Schutzverfahren

ZAHLENBILDER

© Bergmoser + Höller Verlag AG

128 710

4.5 Umweltschutz in der Produktion

BEISPIEL: Die von der Fly Bike Werke GmbH eingekauften Rahmen und Gabeln werden in der Lackiererei entweder zuerst grundiert und anschließend nass lackiert oder mit Pulverlack beschichtet. Mit Ausnahme der Pulverfarben werden hochexplosive Verdünnungsmittel verarbeitet, die als gesundheitsschädlich und auch umweltbelastend gelten.

Die Geschäftsleitung der Fly Bike Werke GmbH ist sich aber der besonderen Verantwortung bewusst, die sie im Rahmen des Umweltmanagements hat. Der produktionsintegrierte Umweltschutz hat für die Fly Bike Werke GmbH eine besondere Bedeutung.

Produktionsintegrierter (dem Vorsorgeprinzip verpflichteter) Umweltschutz (**PIUS**) umfasst den gesamten Prozess der Leistungserstellung und -verwertung, vom Rohstoffeinsatz über die Produktion bis hin zur Entsorgung nicht mehr nutzbarer Produkte.

PIUS Info-Portal:
www.pius-info.de

Ausgewählte Beispiele zu PIUS

Weniger Abwasser	Geschlossene Wasserkreisläufe – Aufbereitung des Abwassers am Produktionsort – Rückführung von Prozesswässern zur Mehrfachnutzung – Vermeidung und Verminderung von wasserbelastenden Chemikalien
Weniger Abfall	Effizienzsteigerung durch Stoffmanagement – Verwertung von Reststoffen am Produktionsort – Einsatz von schadstoffarmen Ausgangsmaterialien – Herstellung von langlebigen und wiederverwertbaren Produkten – verstärkter Einsatz von Mehrwegsystemen – neue Logistikstrukturen
Weniger Luftbelastung	Innovative immissionsarme Produktionsverfahren – Energieeinsparung durch Kraft-Wärme-Kopplung – Nutzung von Abwärme – Einsatz regenerativer Energien – Rückführung von Emissionen (z. B. Abwärme) in den Produktionskreislauf – Verwendung schadstoffarmer Brennstoffe – Umstellung auf E-Mobilität
Weniger Rohstoffverbrauch	Entwicklung von ressourcenschonenden Technologien – Nutzung von Sekundärrohstoffen (= Rohstoffen aus recyceltem Material) – Verwendung von erneuerbaren Rohstoffen – Verringerung des Energieeinsatzes bei Herstellung und Nutzung – Rückführung von Emissionen (z. B. Abwärme) in den Produktionskreislauf – Kooperation von Unternehmen entlang der Wertschöpfungskette zur Schließung von Stoffkreisläufen (z. B. Wiederverwendung von Mehrwegpackungen)

Recycling
LF 7 → Kap. 4.3

Im Rahmen des Umweltschutzes hat das **Recycling** einen besonderen Stellenwert. Zielsetzung des Recyclings ist die Einführung der Kreislaufwirtschaft durch Aufbereitung von Abfällen, Ausschuss und gebrauchten Produkten sowie deren Rückführung in den Produktionsprozess.

Recycling in der Fertigungswirtschaft

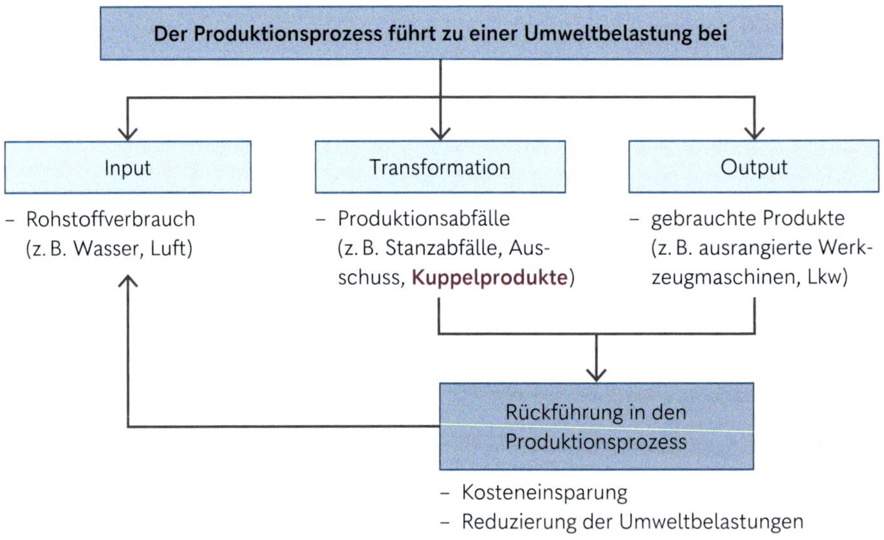

Kuppelprodukt
Produkt, das im Produktionsprozess stets gleichzeitig mit dem Hauptprodukt entsteht. Z. B. fallen bei der Verarbeitung frischer Hühnereier stets Eiweiß und Eigelb für die Lebensmittelindustrie und Eierschalen für die Düngemittelherstellung an.

ÜBERSICHT: Produktentstehungs- und -entwicklungsprozess

Rahmenbedingung:

Forschung und Entwicklung
- Grundlagenforschung
- angewandte Forschung
- Neuentwicklung
- Weiterentwicklung

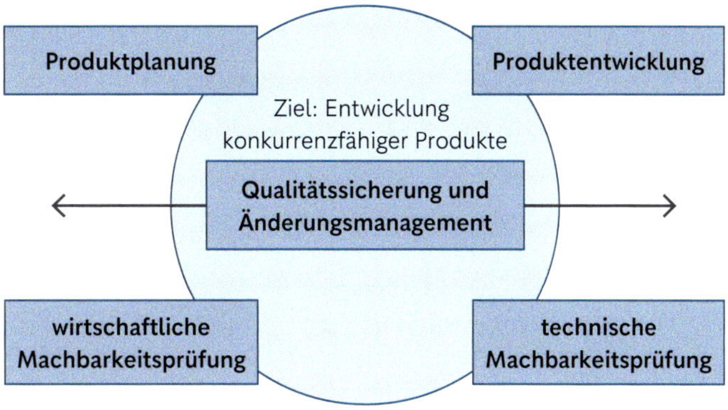

Rahmenbedingung:

Umweltmanagement
- produktionsintegrierter Umweltschutz

Rahmenbedingung: **Rechtsschutz von Erzeugnissen und Fertigungsverfahren**
- Patente
- Gebrauchsmuster
- eingetragenes Design
- Marke
- Gütezeichen

Alles klar?

1 Ordnen Sie die folgenden Begriffe den nebenstehenden Definitionen zu.

1 Produktion
2 Geschäftsprozess
3 Kernprozess
4 Qualitätssicherung
5 Produktionsprogramm
6 Produktplanung
7 Programmbreite
8 Programmtiefe
9 Mengen(übersichts)stückliste

a Art und Menge der von einem Unternehmen selbst hergestellten Güter
b Laufende Überwachung der Produkt- und Prozessqualität
c Anzahl der Varianten der verschiedenen Produktarten
d Innerbetriebliche Transformation (Umwandlung) von Gütern in höherwertige Güter
e Anzahl der verschiedenartigen Produkte in einem Produktionsprogramm
f Betriebliche Abläufe, die sich in einer gewissen Regelmäßigkeit wiederholen
g Festlegung der vom Kunden geforderten Produkt- und Qualitätsmerkmale
h Prozesse, die unmittelbar zur betrieblichen Wertschöpfung beitragen
i Aufzählung der benötigten Teile und Baugruppen für ein Produkt

2 Beschreiben Sie – am Beispiel der Entwicklung eines Fitnessbikes – die einzelnen Phasen der Produktentwicklung.

3 Ein Industriebetrieb stellt das Endprodukt E1 gemäß nachfolgender Erzeugnisstruktur her.

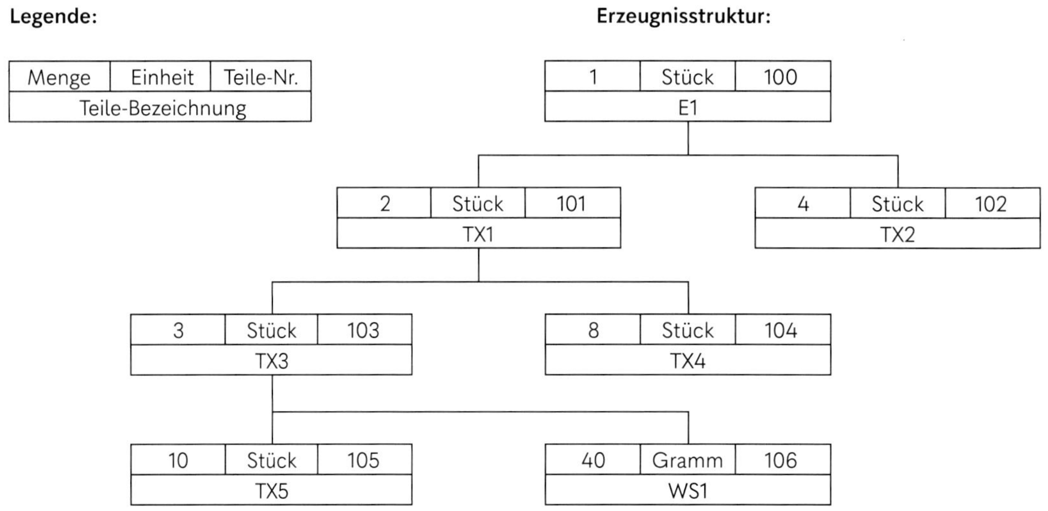

a Welche der Elemente sind Baugruppen, Einzelteile oder Werkstoffe?

b Erstellen Sie eine Mengenübersichtsstückliste, eine Strukturstückliste und eine Baukastenstückliste nach eigener Wahl für das Enderzeugnis E1.

c Nennen Sie zu jeder Stücklistenart einen betrieblichen Verwendungszweck.

4 In der Geschäftsleitung eines Textilherstellers wird diskutiert, ob man für einen neu entwickelten Stoff ein Patent, einen Gebrauchsmusterschutz oder einen Schutz des Designs beantragen soll.

a Formulieren Sie eine Empfehlung an die Geschäftsleitung, welches der drei Schutzrechte am besten geeignet wäre. Begründen Sie Ihre Empfehlung mit zwei Argumenten.

b Erläutern Sie zwei bedeutsame Vorteile, die das Unternehmen durch ein solches Schutzrecht hätte.

c Benennen Sie drei Voraussetzungen, die für die Erteilung eines Patentes erfüllt sein müssten.

5 Welchen Schaden verursacht die Produktpiraterie? Beschreiben Sie die Konsequenzen aus der Perspektive von herstellenden Unternehmen und Verbrauchern.

6 Recherchieren Sie den Unterschied zwischen Immissionen und Emissionen.

7 Recherchieren Sie, welche Maßnahmen zum produktionsintegrierten Umweltschutz Ihr Ausbildungsbetrieb ergriffen hat.

5 Produktionsplanung und -steuerung

5.1 Teilprozesse der Produktionsplanung und -steuerung

Produktionsplanung und -steuerung bilden zusammen den dritten Kernprozess der Leistungserstellung.

Teilprozesse der Produktionsplanung:

- Jede Produktionsplanung beginnt mit der Planung des sogenannten **Primärbedarfs**, d. h. des Bedarfs an verkaufsfähigen Erzeugnissen.
- An die Ermittlung des Primärbedarfs schließt sich die **Teilebedarfsplanung** (Ermittlung des **Sekundärbedarfs**) an. Hierbei wird der Materialbedarf ermittelt, der zur Realisierung des Produktionsprogramms einer bestimmten Planungsperiode erforderlich ist. Geprüft wird außerdem, ob die erforderlichen Teile auch im Lager vorrätig bzw. welche Teile in welcher Menge und eventuell zu welchem Termin vom Einkauf zu beschaffen sind.
- Bei der **Terminplanung** wird z. B. ermittelt, wann spätestens mit der Produktion begonnen werden muss, um einen Kundenauftrag termingerecht zu erfüllen.
- Im Rahmen der **Kapazitätsplanung** wird festgestellt, ob die im Unternehmen vorhandenen Kapazitäten (z. B. Personal- und Betriebsmittelkapazitäten) ausreichen, um den Auftrag termingerecht erfüllen zu können.
- Stehen alle erforderlichen Produktionsfaktoren im Unternehmen bereit, kann der **Auftrag** für die Fertigung **freigegeben** werden.

Primärbedarf
Bedarf an Endprodukten

Sekundärbedarf
Bedarf an Einzelteilen für die Fertigung des Primärbedarfs

Terminplanung
→ Kap. 5.4

Kapazitätsplanung
→ Kap. 5.5

Freigabe von Aufträgen
→ Kap. 5.6

Teilprozesse der Produktionssteuerung:

Die Produktionssteuerung umfasst das Veranlassen, Überwachen und Sichern der Aufgabendurchführung hinsichtlich Menge, Termin, Qualität und Kosten. Alle Vorgaben der Produktionsplanung müssen dabei eingehalten werden.

- So müssen alle Arbeitsvorgänge im Sinne der Termin- und Kapazitätsplanung (z. B. **Maschinenbelegungsplanung**) pünktlich anfangen und auch pünktlich enden, damit der Auftragstermin eingehalten wird.
- Aufgabengebiete der **Betriebsdatenerfassung** (**BDE**) sind z. B. die Lager- und Materialflusssteuerung einschließlich der Mengenerfassungen, die Arbeitsfortschritterfassung einschließlich der Zeiterfassung für die zu bearbeitenden Fertigungsaufträge und die Terminüberwachung.
- Im Rahmen der **Kontrolle** erfolgt z. B. die Qualitätssteuerung mit der Mengenerfassung nach „guten“ und „schlechten“ Teilen, die Erfassung der Daten für die Kostenrechnung als sogenannte Ist-Rechnung sowie für eine Gegenüberstellung von Ist- und Soll-Kosten zur Ermittlung der Kostenabweichungen.

Belegung von Maschinen
→ Kap. 5.7

Betriebsdatenerfassung
→ Kap. 5.9

5.2 Primärbedarf ermitteln

AB → Lernsituation 58

Der Primärbedarf ist der zu produzierende Bedarf an Endprodukten, verkaufsfähigen Baugruppen und Einzelteilen sowie Handelswaren und Ersatzteilen. Ziel der Primärbedarfsplanung ist es, den mengenmäßigen Bedarf für alle Produkte des Unternehmens für einen längeren Zeitraum (ein bis zwei Jahre) grob festzulegen.

Die Ermittlung des Primärbedarfs (Bruttoprimärbedarf) erfolgt auf der Grundlage einer Absatzprognose und/oder der bereits von Kunden erteilten Aufträge für den Planungshorizont.

Die Unsicherheit der **Absatzprogrammplanung** besteht darin, dass bei der Ermittlung des Primärbedarfs, z. B. für den Planungszeitraum eines Jahres, zu Beginn des Jahres noch nicht genügend Aufträge zur Auslastung der vorhandenen Kapazität vorliegen. Der vorhandene Auftragsbestand reicht vielleicht sogar nur für die nächsten drei Monate.

Es muss also eine **Vorhersage** darüber erfolgen, wie hoch der Absatz von Produkten für das nächste Jahr voraussichtlich sein wird. Diese Prognose ist unter Umständen mit erheblichen Unsicherheiten belastet, die mit der Länge des Planungszeitraumes anwachsen.

BEISPIEL: Frau Gerland, die Leiterin des Vertriebs der Fly Bike Werke GmbH, ist dafür zuständig, die Absatzprognose zu erstellen. Sie ist sich ihrer Verantwortung für das gesamte Unternehmensgeschehen bewusst, denn auf den von ihr vorausgesagten Absatzzahlen bauen alle weiteren Planungen auf, z. B. die gesamte **Materialbedarfsplanung**.

- Liegen die prognostizierten Absatzzahlen zu hoch, so werden eventuell von Herrn Thüne, dem Leiter des Einkaufs, Materialmengen beschafft, die überhaupt nicht benötigt werden. Die Bindung finanzieller Mittel in dieser Höhe wäre dann nicht erforderlich gewesen, die Lagerhaltungskosten belasten die Kalkulation der Erzeugnisse.
- Liegen die prognostizierten Zahlen dagegen zu niedrig, können eventuell eingehende Kundenaufträge nicht zu den gewünschten Terminen erfüllt werden und die Kunden „wandern“ zur Konkurrenz ab.

Das Produktionsprogramm setzt sich also aus **prognostizierten** und **erteilten Aufträgen** zusammen. Für die erteilten Aufträge liegen z. B. bereits abgeschlossene Verträge vor, die prognostizierten Aufträge dagegen müssen erst ermittelt werden. Basis derartiger Prognosen sind Absatzzahlen aus zurückliegenden Perioden sowie Anfragen und bereits unterbreitete Angebote.

Produktionsprogrammplanung

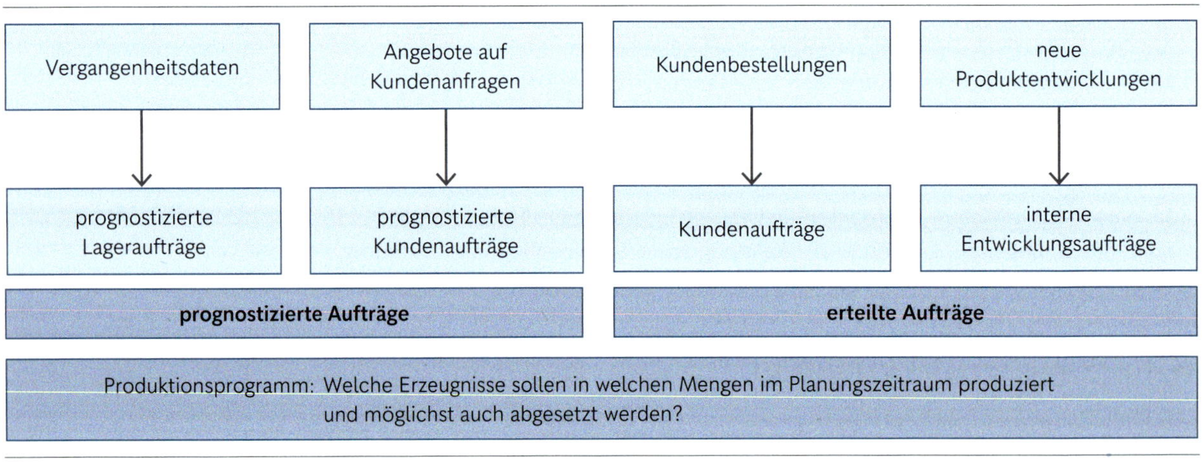

5.3 Sekundärbedarf ermitteln

AB → Lernsituation 58

Damit das Produktionsprogramm eines Unternehmens auch realisiert werden kann, muss der Sekundärbedarf ermittelt werden: Dies ist die Menge von untergeordneten Baugruppen, Einzelteilen, Rohmaterialien sowie Hilfs- und Betriebsstoffen, die zur Herstellung des Primärbedarfs benötigt wird. Der Sekundärbedarf lässt sich entweder programmorientiert oder verbrauchsorientiert ermitteln.

5.3.1 Programmorientierte Disposition

Die programmorientierte Disposition wird auch als plan- oder bedarfsgesteuerte Disposition bezeichnet. Ziel ist die exakte Bestimmung des Materialbedarfs nach Menge und Termin, d. h. die Ermittlung des Sekundärbedarfs bei bekanntem Primärbedarf. Hierbei spielen Planvorgaben aus der Fertigung und dem Vertrieb eine zentrale Rolle. Die programmorientierte Disposition ist sinnvoll, wenn der Materialbedarf auf Basis mittel- oder langfristiger Verbrauchsperioden ermittelt werden kann.

Berechnung des Sekundärbedarfs

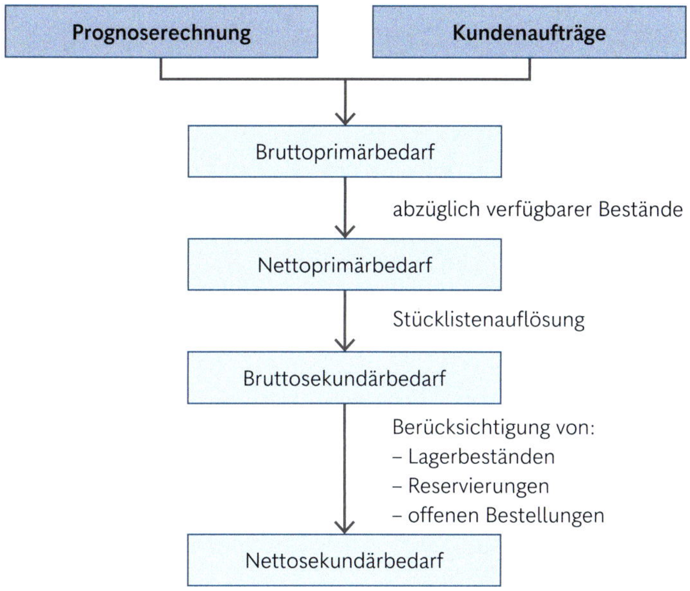

Der Sekundärbedarf wird bei diesem Verfahren über die einzelnen Erzeugnisse des Produktionsprogramms berechnet. Dazu werden die Mengenangabe zu den einzelnen Komponenten des Erzeugnisses (Stücklisten) und der entsprechende Strukturaufbau (Erzeugnisstruktur) benötigt.

Sekundärbedarf = Primärbedarf · Bedarf je Erzeugniseinheit gemäß Stückliste

Als **Bruttosekundärbedarf** wird der Bedarf an Rohstoffen, Zwischenteilen und Baugruppen zur Produktion des Primärbedarfs bezeichnet. Werden davon die Materialbestände des Lagers, Reservierungen (vorgemerkte Mengen) und noch offene Bestellungen abgezogen, erhält man den **Nettosekundärbedarf**. Das folgende Beispiel soll die Brutto-Netto-Bedarfsrechnung verdeutlichen.

BEISPIEL: Für das Modell Trekking *Light* soll eine terminierte Brutto-Netto-Bedarfsrechnung für die Komponente „Sattel" durchgeführt werden. Der Primärbedarf ergibt sich aus der Absatzprognose für das Jahr 20X1.

Primärbedarf auf der Grundlage der Absatzprognose (Trekking *Light*, in Stück)

	Jan.	Febr.	März	Apr.	Mai	Juni	Juli	Aug.	Sept.	Okt.	Nov.	Dez.	insg.
20X1	217	367	517	517	433	300	217	133	167	250	306	328	3 752

Die Erzeugnisstruktur ist dem folgenden Schaubild zu entnehmen. Es zeigt den Strukturaufbau des Fahrrads in verkürzter Form und stellt nur die letzte Stufe vor der Endmontage dar. Alle Komponenten, außer dem Rahmen, werden fremdbezogen.

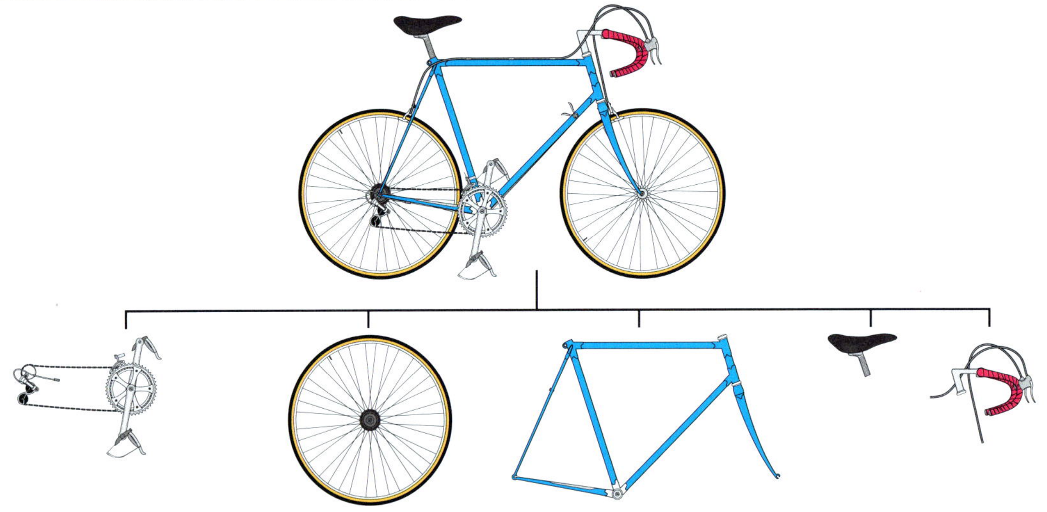

Lagerbestandsdatei

Artikel 7020	Sattel Trek TR-Sattelset D Gel „soft" mit Elastometer-Federung, Sattelstütze
Lagerbestand lt. Inventur	800 Stück
Sicherheitsbestand	500 Stück
offene Bestellungen	– Februar: 500 Stück – April: 600 Stück – Juni: 400 Stück – Oktober: 300 Stück
Reservierungen	– Februar: 400 Stück – März: 800 Stück – Juni: 600 Stück – August: 400 Stück
Vorlaufverschiebung	– 1 Monat

- Zur Absicherung gegen Terminverzögerungen des Lieferanten bzw. unvorhergesehene Abweichungen im Verbrauch: **Sicherheitsbestand** von 500 Sätteln.
- **Offene Bestellungen** berücksichtigen im Planungszeitraum bereits an Lieferanten erteilte Bestellungen.
- **Reservierungen** beziehen sich auf Bedarfsmengen für andere Modelle des Unternehmens, die dieselben Komponenten zur Herstellung verwenden.

- Die Fertigungsmaterialien sollen nicht nur in den tatsächlich benötigten Mengen (Nettosekundärbedarf), sondern auch zum richtigen Zeitpunkt bereitgestellt werden. Bei der zeitlichen Planung der Materialbedarfe ist nämlich zu bedenken, dass die Materialien vor Beginn der jeweiligen Fertigungsschritte beschafft und bereitgestellt werden müssen. Den zeitlichen Vorlauf, um den die Materialien entsprechend ihrer Stellung in der Erzeugnisstruktur vorgezogen beschafft werden müssen, bezeichnet man als **Vorlaufverschiebung**. So muss z. B. der Sattel einen entsprechenden Zeitraum früher beschafft und auch die Endmontagezeit muss einbezogen werden, damit die Trekkingräder zum gewünschten Zeitpunkt an die Kunden ausgeliefert werden können.

Terminierte Nettosekundärbedarfsrechnung: Artikel: 7020 Sattel Trek TR-Sattelset D; Zusatzbedarf: 0 %

Artikel (Stück)/Periode	Jan	Feb	Mrz	Apr	Mai	Jun	Jul	Aug	Sep	Okt	Nov	Dez
Primärbedarf	217	367	517	517	433	300	217	133	167	250	306	328
Brutto-Sekundärbedarf	217	367	517	517	433	300	217	133	167	250	306	328
effektiver Lagerbestand	800	583	316	-1 001	-918	-1 351	-1 851	-2 068	-2 601	-2 768	-2 718	-3 024
+ Bestellbestand	0	500	0	600	0	400	0	0	0	300	0	0
– Reservierungen	0	400	800	0	0	600	0	400	0	0	0	0
– Sicherheitsbestand	500	500	500	500	500	500	500	500	500	500	500	500
= Dispobestand	300	183	-984	-901	-1 418	-2 051	-2 351	-2 968	-3 101	-2 968	-3 218	-3 524
Netto-Sekundärbedarf	-83	184	1 501	1 418	1 851	2 351	2 568	3 101	3 268	3 218	3 524	3 852
geplante Lagerentnahme	217	767	1 317	517	433	900	217	533	167	250	306	328
Vorlaufverschiebung	767	1 317	517	433	900	217	533	167	250	306	328	0

Wichtige Anmerkungen:
- Bei allen Beständen und Bedarfen handelt es sich um **Plandaten**. Daher können die effektiven und disponierbaren Bestände auch negative Werte annehmen.
- Ein negativer Nettosekundärbedarf zeigt an, dass noch genug Material verfügbar ist, um den Bruttosekundärbedarf zu decken.

Der Nettosekundärbedarf ist die Menge an Sätteln, die unter Berücksichtigung der Vorlaufzeit vom Einkauf beschafft werden muss, um die Produktion des Primärbedarfs in den einzelnen Monaten sicherzustellen. Ein negativer Nettobedarf bedeutet, dass keine Bestellung ausgelöst werden muss. Die erforderlichen Bestellmengen könnten unter wirtschaftlichen Gesichtspunkten zu sogenannten optimalen Bestellmengen zusammengefasst werden.

Eine andere Möglichkeit, den Sekundärbedarf im Rahmen der programmorientierten Bedarfsermittlung zu ermitteln, ist die Nutzung eines Teileverwendungsnachweises. Ein **Teileverwendungsnachweis** gibt an, in welchen Erzeugnissen oder übergeordneten Baugruppen ein Einzelteil oder eine Baugruppe wie oft verwendet wird. Er stellt die Stückliste in einer anderen Sortierfolge dar und beantwortet somit die Frage: In welchem Erzeugnis bzw. welcher Gruppe ist eine untergeordnete Gruppe oder ein Einzelteil enthalten?

Ein Teileverwendungsnachweis ergibt sich, wenn man die Erzeugnisstruktur „von unten nach oben“ verfolgt.

BEISPIEL: Mengenverwendungsnachweis für das Einzelteil „Speiche“, aufzählend:

Lfd. Nr.	Menge	Erzeugnis/Baugruppe
1	36	Vorderrad
2	36	Hinterrad
3	72	Rahmen, komplett
4	72	Fahrrad

Mithilfe von Teileverwendungsnachweisen kann sehr schnell festgestellt werden, welche Erzeugnisse oder übergeordneten Baugruppen von einer Änderung oder von Liefer- und Produktionsstörungen eines Teiles betroffen sind.

BEISPIEL: Anhand des gesamten Strukturaufbaus eines Fahrrads wird ersichtlich, welchen Rechenaufwand eine Materialdisposition für das gesamte Absatz- und Produktionsprogramm der Fly Bike Werke GmbH erfordern würde, wenn man sich im Unternehmen nicht auf ein modernes EDV-System stützen könnte.

Bei kompletter Eigenfertigung aller Komponenten würde die Erzeugnisgliederung fünf Stufen (einschließlich der Stufe des Fertigerzeugnisses) umfassen. Eine terminierte Nettobedarfsrechnung wäre entsprechend tief zu gliedern, unter Berücksichtigung der erforderlichen Vorlaufverschiebungen.

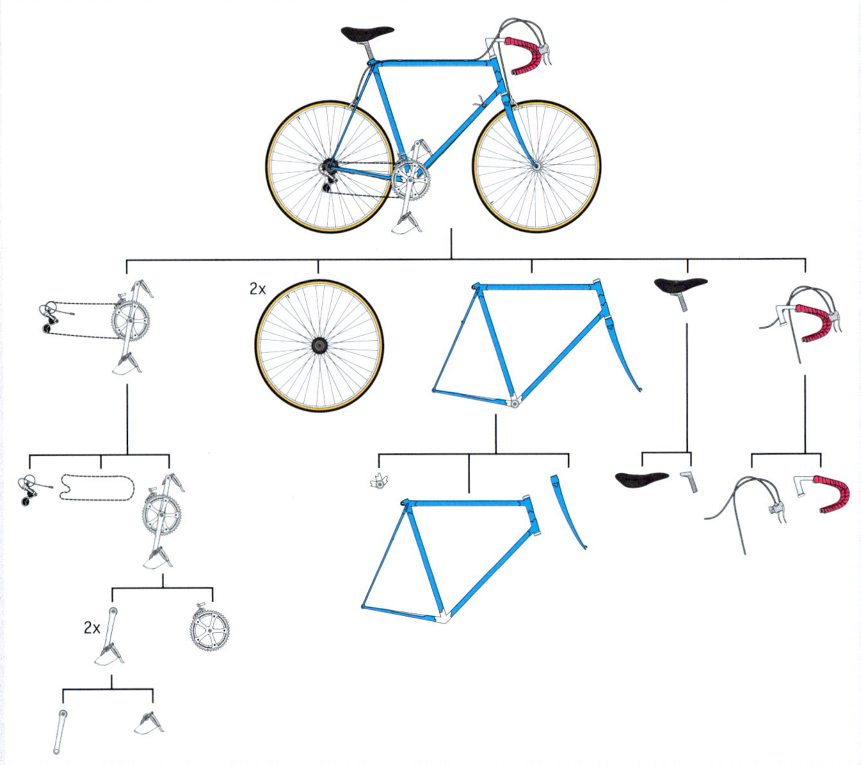

5.3.2 Verbrauchsgesteuerte Disposition

Die verbrauchsgesteuerte Disposition basiert auf den Verbrauchswerten der Vergangenheit. Besonders gut geeignet sind hierfür konstante, trendförmige oder saisonale Vergangenheitsverläufe. Weniger geeignet sind unregelmäßige und unstetige Verläufe.

Der Vorteil der verbrauchsgesteuerten Disposition liegt in einem geringen Dispositionsaufwand, wobei Unsicherheiten durch Sicherheitsbestände kompensiert werden können. Die **Voraussetzungen** für den erfolgreichen Einsatz sind eine stets aktuelle und korrekte Lagerbestandsfortschreibung und eine enge Kopplung zwischen Disposition und Lagerbestandsführung.

Verbrauchsgesteuerte Disposition

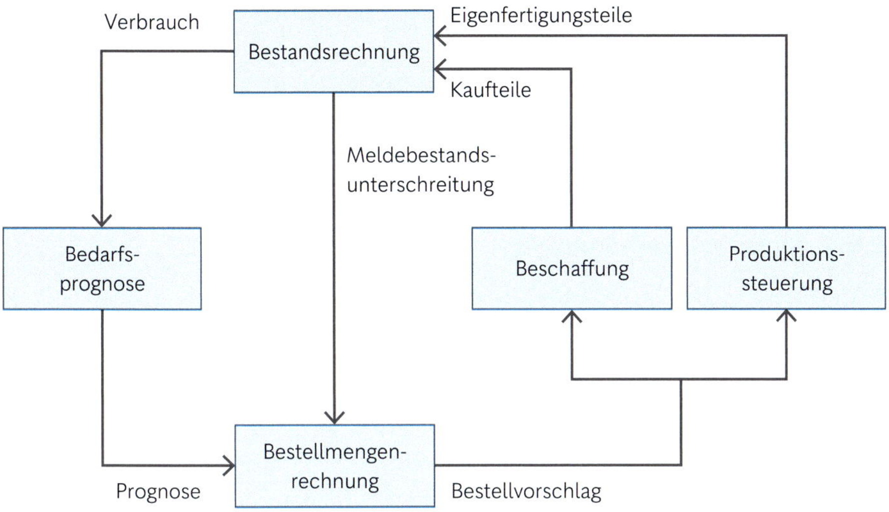

Bei der verbrauchsgesteuerten Disposition wird zwischen dem Bestellpunkt- und dem Bestellrhythmusverfahren unterschieden. Beim **Bestellpunktverfahren** wird für jedes Material ein sogenannter Meldebestand festgelegt. Wenn durch den Verbrauch des Materials in der Fertigung der tatsächliche Lagerbestand diesen Meldebestand erreicht oder unterschreitet, muss das Material nachbestellt werden. Beim **Bestellrhythmusverfahren** (Terminsteuerung) wird hingegen in regelmäßigen, festgelegten Zeitabständen der Bestand kontrolliert und ggf. beim Lieferanten bestellt.

Bestellpunktverfahren
LF 4 → Kap. 1.5.1

Bestellrhythmusverfahren
LF 4 → Kap. 1.5.2

Das Bestellrhythmusverfahren hat gegenüber dem Bestellpunktverfahren den Vorteil, dass sehr schnell erkannt wird, ob z. B. ein bestimmter Rohstoff schon längere Zeit keine Bewegungen aufweist und damit eventuell als sogenannter „Lagerhüter" aus dem Lager herausgenommen werden muss.

Sinnvollerweise werden sogenannte **C-Güter** (Verbrauchsmaterial) verbrauchsgesteuert disponiert, z. B. beim Trekkingrad die im Kleinteileset enthaltenen Muttern, Unterlegscheiben und Schrauben. A-Güter hingegen werden programmorientiert disponiert. Für die Disposition von B-Teilen kommen prinzipiell beide Verfahren zum Einsatz.

ABC-Analyse
LF 4 → Kap. 1.3.2

Disposition ABC-Teile

A-Teile	Basis: Stücklistenauflösung	programmorientierte Disposition
B-Teile	nach Zweckmäßigkeit	beide Verfahren
C-Teile	Basis: Prognoserechnung oder Schätzung	verbrauchsgesteuerte Disposition

AB → Lernsituation 59

5.4 Termine planen

An die Primär- und Teilebedarfsplanung schließt sich die Terminplanung an. Hier sind vor allem zwei Fragen zu klären:
- **Produktion:** Wann muss mit der Produktion spätestens begonnen werden, damit die fertigen Erzeugnisse pünktlich an den Kunden ausgeliefert werden können?
- **Beschaffung der Sekundärteile:** Wann müssen die Komponenten beim Lieferanten bestellt werden, damit sie pünktlich zur Produktion bereitstehen?

5.4.1 Durchlaufterminierung

Produktionsprozesse in Industriebetrieben bestehen zumeist aus zahlreichen verschiedenen Produktionsschritten, die als Arbeitsgänge bezeichnet werden. Im Rahmen der **Durchlaufterminierung** werden die benötigten Zeiten für die einzelnen Arbeitsgänge und den gesamten Produktionsprozess bestimmt. So erhält jeder Produktionsauftrag eine Planzeit, in der er fertiggestellt werden soll, die sogenannte **Durchlaufzeit**. Auf Basis der Durchlaufzeiten können die **Termine** bestimmt werden, zu denen die herzustellenden Erzeugnisse geliefert werden können.

Durchlaufzeit
Zeitspanne, die bei der Fertigung eines Produkts zwischen dem Beginn des ersten Arbeitsgangs und dem Ende des letzten Arbeitsgangs verstreicht

Für die Terminplanung bei selbst gefertigten Teilen wird die Durchlaufzeit der Fertigung benötigt und bei Kaufteilen die **Wiederbeschaffungszeit**.

Die **Durchlaufzeit** umfasst Auftrags- und Übergangszeiten:
- Die **Auftragszeit** ist die zur Erledigung der eigentlichen Arbeitsaufgaben benötigte Zeit und umfasst Rüst- und Ausführungszeiten. In der Rüstzeit ist die Zeit enthalten, die der Vorbereitung der auftragsgemäß auszuführenden Arbeit, insbesondere der Betriebs- und Hilfsmittel, und deren Rückversetzung in den ursprünglichen Zustand dient. Die Rüstzeit wird in der Regel einmal je Auftrag (oder Teilauftrag) benötigt. Die Ausführungszeit ist die Zeit, die für die Arbeit an allen Einheiten (z. B. Stücken) des Auftrags insgesamt vorzugeben ist.
- Die **Übergangszeit** wird für den Übergang von einem Arbeitsplatz zum folgenden Arbeitsplatz angesetzt (Summe aus Liege- und Transportzeit).

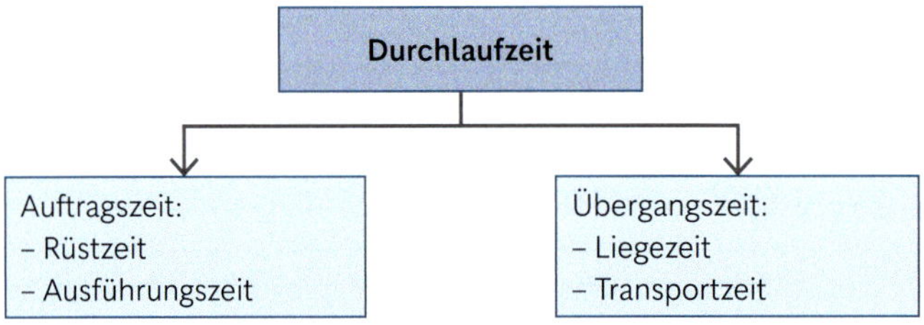

Die **Wiederbeschaffungszeit** umfasst die Zeitspanne vom Erkennen des Bedarfs im Lager bzw. in der verbrauchenden Stelle und dem Eintreffen der beschafften Teile im Lager bzw. bei der verbrauchenden Stelle.

Ein **Arbeitsplan** ist die Auflistung der zur Fertigung eines Teils/Produkts notwendigen Arbeitsgänge, ihrer Reihenfolge, der beanspruchten Betriebsmittel, der benötigten Zeit und des notwendigen Materials.

Ein Arbeitsplan muss folgende Informationen enthalten:
- Was ist zu fertigen? (Angaben zum Produkt)
- Wo ist zu fertigen? (Angaben zur Werkstatt bzw. Bearbeitungsmaschine)
- Wie ist zu fertigen? (Angaben zur Reihenfolge der auszuführenden Arbeitsgänge)
- Womit ist zu fertigen? (Angaben zu den zu verwendenden Werkzeugen)

Fertigungslos
Menge gleichartiger Produkte, die ohne Unterbrechung hintereinander gefertigt werden
→ Kap. 5.8

BEISPIEL: Für das neu in das Produktionsprogramm aufgenommene Fitnessbike der Fly Bike Werke GmbH wird ein Arbeitsplan erstellt.

Arbeitsplan

Fitnessbike (**Fertigungslos**: 100 Stück je 1 Arbeitstag = 8 Stunden)

Arbeitsgang	Maschine/Werkstatt	Lohnsatz je Std. in €	Rüstzeit + Transportzeit in Min.	Ausführungszeit in Min. je Stück	Gesamtauftragszeit	
					Min.	Std.
1. Gabeln richten und reinigen	Rohbau	14,50	8	4,72	480	8
2. Rahmen richten und reinigen	Rohbau	14,50	8	9,52	960	16
3. Gabeln grundieren und nass lackieren	Lackiererei	14,50	150	8,10	960	16
4. Rahmen grundieren und nass lackieren	Lackiererei	14,50	150	8,10	960	16
5. Vormontage der Rahmen-Gabel-Baugruppe	Vormontage	14,50	13	14,27	1440	24
6. Vormontage Lenker	Lenkervormontage	14,50	4	4,76	480	8
7. Vormontage Baugruppen (Sattel, Schutzblech, Gepäckträger)	Teilevormontage	14,50	13	9,47	960	16
8. Einspeichen, Zentrieren und Bereifen der hinteren und vorderen Laufräder	Laufradmontage	14,50	18	19,02	1920	32
9. Montage der Baugruppen und Teile zum Endprodukt	Endmontage	14,50	22	23,78	2400	40
10. Kontrolle der Fahrräder	Qualitätskontrolle	14,50	8	4,72	480	8
Summe					11040	184

Die Gesamtauftragszeit beträgt 184 Stunden (23 Arbeitstage zu 8 Stunden).

Im Fristenplan werden noch keine konkreten Kalenderdaten und Termine angegeben.

Unter Verwendung der im Arbeitsplan enthaltenen Daten, das heißt Arbeitsgänge und Zeiten, wird der **Fristenplan** (in Form eines Balkendiagramms) erstellt. Der Fristenplan gibt einen Überblick über die Reihenfolge, die Zeitdauer und den Beginn der einzelnen Fertigungsvorgänge eines Produkts.

BEISPIEL: Fristenplan der Fly Bike Werke GmbH für die Fertigung des Fitness-Bikes der Fly Bike Werke GmbH

Fristenplan

Nr.	Arbeitstag / Arbeitsgang	1	2	3	4	5	6	7	8	9	10	11	12	13	14	15	16	17	18	19	20	21	22	23
1.	Gabeln richten und reinigen	■																						
2.	Rahmen richten und reinigen		■	■																				
3.	Gabeln grundieren und nass lackieren				■	■																		
4.	Rahmen grundieren und nass lackieren						■	■																
5.	Vormontage der Rahmen-Gabel-Baugruppe								■	■	■													
6.	Vormontage Lenker											■												
7.	Vormontage Baugruppen (Sattel, Schutzblech, Gepäckträger)												■	■										
8.	Einspeichen, Zentrieren und Bereifen der hinteren und vorderen Laufräder														■	■	■	■						
9.	Montage der Baugruppen und Teile zum Endprodukt																		■	■	■	■	■	
10.	Kontrolle der Fahrräder																							■

Nach der Planung der Durchlaufzeiten entsteht durch das Einsetzen konkreter Termine die **Termingrobplanung**. Da die verfügbaren Produktionskapazitäten und ihre Auslastung noch nicht berücksichtigt wurden, ist dieser Plan noch nicht endgültig.

Bevor der Termingrobplan erstellt wird, sollten Überlegungen darüber angestellt werden, auf welche Weise die **Durchlaufzeit reduziert** werden kann. Eine Möglichkeit besteht in der „Überlappung", also der Gleichzeitigkeit von Arbeitsgängen. Durch das „Überlappen" kann die Durchlaufzeit beispielsweise von 23 Tagen auf 13 Tage reduziert werden.

BEISPIEL: Fristenplan der Fly Bike Werke GmbH für das Fitnessbike mit Überlappung von Arbeitsgängen. Die Durchlaufzeit kann allerdings nur verkürzt werden, wenn im Rohbau und in der Lackiererei entsprechend freie Kapazitäten zur Verfügung stehen.

Nr.	Arbeitstag / Arbeitsgang	1	2	3	4	5	6	7	8	9	10	11	12	13
1.	Gabeln richten und reinigen	■												
2.	Rahmen richten und reinigen	■	■											
3.	Gabeln grundieren und nass lackieren		■	■										
4.	Rahmen grundieren und nass lackieren			■	■									
5.	Vormontage der Rahmen-Gabel-Baugruppe					■	■	■						
6.	Vormontage Lenker	■												
7.	Vormontage Baugruppen (Sattel, Schutzblech, Gepäckträger)	■	■											
8.	Einspeichen, Zentrieren und Bereifen der hinteren und vorderen Laufräder	■	■	■	■									
9.	Montage der Baugruppen und Teile zum Endprodukt								■	■	■	■	■	
10.	Kontrolle der Fahrräder													■

Eine weitere Möglichkeit der **Durchlaufzeitreduzierung** ergibt sich durch das **Splitten** von Aufträgen.

Splitting eines Fertigungsauftrages

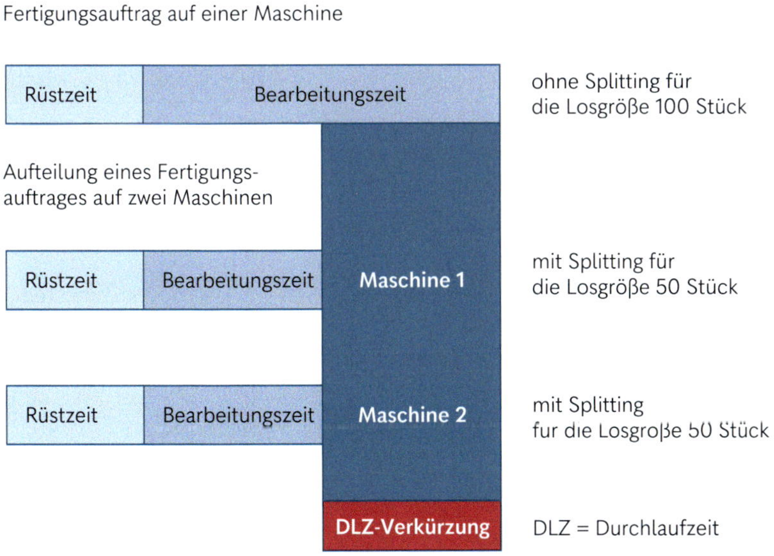

KW	Mo	Di	Mi	Do	Fr
22			1	2	3
23	6	7	8	9	10
24	13	14	15	16	17
25	20	21	22	23	24
26	27	28	29	30	

Betriebskalender Juni

Bei der Aufstellung des Termingrobplanes geht man von konkreten Terminen und unbegrenzten Kapazitäten aus. Bei der Terminierung orientiert man sich am Betriebskalender, der alle Arbeitstage eines Jahres enthält.

Die Terminierung kann als Vorwärtsterminierung oder als Rückwärtsterminierung durchgeführt werden.

5.4.2 Vorwärtsterminierung

Mithilfe der Vorwärtsterminierung lässt sich von einem Ist-Zeitpunkt in die Zukunft planen: Ausgehend vom Termin der Auftragserteilung werden die frühesten Start- und Endtermine von Vorgängen berechnet.

BEISPIEL: Starttermin für den Auftrag zur Fertigung der 100 Fitnessbikes soll der 06.06. sein. Im Rahmen der Termingrobplanung wurde eine Durchlaufzeit von 13 Arbeitstagen ermittelt. Mit dem Ende des 13. Kalendertages, also dem 22.06., soll der Fertigungsprozess abgeschlossen sein. Am 23.06. kann dann das Fahrrad zur Auslieferung zur Verfügung stehen.

Nr.	**Arbeitstag** / **Arbeitsgänge**	**6**	**7**	**8**	**9**	**10**	**13**	**14**	**15**	**16**	**17**	**20**	**21**	**22**	**23**
1.	Gabeln richten und reinigen	■													
2.	Rahmen richten und reinigen	■	■												
3.	Gabeln grundieren und nass lackieren		■	■											
4.	Rahmen grundieren und nass lackieren			■	■										
5.	Vormontage der Rahmen-Gabel-Baugruppe					■	■	■							
6.	Vormontage Lenker	■													
7.	Vormontage Baugruppen (Sattel, Schutzblech, Gepäckträger)	■	■												
8.	Einspeichen, Zentrieren und Bereifen der hinteren und vorderen Laufräder	■	■	■	■										
9.	Montage der Baugruppen und Teile zum Endprodukt								■	■	■	■	■		
10.	Kontrolle der Fahrräder													■	

Vorwärtsterminierung →

5.4.3 Rückwärtsterminierung

Die Rückwärtsterminierung ist eine Terminierungsart, die ausgehend von einem bestimmten Endtermin (Soll-Endzeitpunkt) den spätesten Starttermin von Vorgängen berechnet.

BEISPIEL: Im Rahmen einer Rückwärtsterminierung soll nun der spätestmögliche Starttermin für die auszuführenden Arbeitsgänge ermittelt werden:

Nr.	Arbeitstag / Arbeitsgänge	6	7	8	9	10	13	14	15	16	17	20	21	22	23
1.	Gabeln richten und reinigen		■												
2.	Rahmen richten und reinigen	■	■												
3.	Gabeln grundieren und nass lackieren			■	■										
4.	Rahmen grundieren und nass lackieren			■	■										
5.	Vormontage der Rahmen-Gabel-Baugruppe					■	■	■							
6.	Vormontage Lenker							■							
7.	Vormontage Baugruppen (Sattel, Schutzblech, Gepäckträger)						■	■							
8.	Einspeichen, Zentrieren und Bereifen der hinteren und vorderen Laufräder				■	■	■	■							
9.	Montage der Baugruppen und Teile zum Endprodukt								■	■	■	■	■		
10.	Kontrolle der Fahrräder													■	

← **Rückwärtsterminierung**

In der Praxis wird vorwiegend die Rückwärtsterminierung genutzt, da man möglichst geringe Bestände an Fertigerzeugnissen im Lager halten will (Minimierung der Lagerkosten). Auf diese Weise werden Kapitalbindungskosten und Lagerrisiken möglichst gering gehalten.

Lagerkosten
LF 7 → Kap. 2.6

5.4.4 Netzplantechnik als Methode der Terminplanung

Die Netzplantechnik ist ein Hilfsmittel zum Analysieren, Beschreiben, Planen, Kontrollieren und Steuern von Projektabläufen und den bestehenden Abhängigkeiten. Dabei werden Zeit, Kosten und Ressourcen berücksichtigt.

Netzplantechnik
= DIN 69900

In einem **Netzplan** werden alle Vorgänge eines Projektes mit ihren Abhängigkeiten und Reihenfolgen grafisch dargestellt.

Für die Erstellung eines Netzplans braucht man eine **Vorgangsliste**. Die Vorgangsliste enthält alle Vorgangsbezeichnungen in chronologischer Reihenfolge und die jeweilige Vorgangsdauer. Zu jedem Vorgang werden außerdem die direkt vorausgehenden und die direkt nachfolgenden Vorgänge angegeben.

BEISPIEL: Für die Produktion des Fitnessbikes der Fly Bike Werke GmbH wurde die folgende Vorgangsliste erstellt. Die Dauer der einzelnen Vorgänge bezieht sich auf die Produktion einer Kleinserie von 100 Fahrrädern. Neben der reinen Produktionszeit wurden in dieser Liste auch die Arbeitsgänge für „Konstruktion und Entwicklung" sowie „Materialdisposition und Einkauf" berücksichtigt. Die für Konstruktion und Entwicklung veranschlagte Zeit ist relativ kurz, da die Fly Bike Werke GmbH sich hier auf ihre Erfahrungen bei der Herstellung der anderen Fahrradfabrikate stützen kann.

Nr.	Vorgangsbezeichnung	Vorausgehende Vorgänge	Nachfolgende Vorgänge	Dauer in Tagen
1	Konstruktion und Entwicklung des Produkts	–	2	10
2	Materialdisposition und Einkauf	1	3, 4, 8, 9, 10	14
3	Gabeln richten und reinigen	2	5	1
4	Rahmen richten und reinigen	2	6	2
5	Gabeln grundieren und nass lackieren	3	7	2
6	Rahmen grundieren und nass lackieren	4	7	2
7	Vormontage der Rahmen-Gabel-Baugruppe	5, 6	11	3
8	Vormontage Lenker	2	11	1
9	Vormontage Baugruppen (Sattel, Schutzblech, Gepäckträger)	2	11	2
10	Einspeichen, Zentrieren und Bereifen der hinteren und vorderen Laufräder	2	11	4
11	Montage der Baugruppen und Teile zum Endprodukt	7, 8, 9, 10	12	5
12	Kontrolle der Fahrräder	11	-	1

Anhand der Vorgangsliste, die in diesem Fall zwölf Vorgänge umfasst, wird ein Netzplan mit zwölf **Vorgangsknoten** erstellt. Die **Anordnungsbeziehungen** zwischen den Vorgangsknoten werden mit Pfeilen dargestellt:

Anordnung der Vorgangsknoten (Ausschnitt)

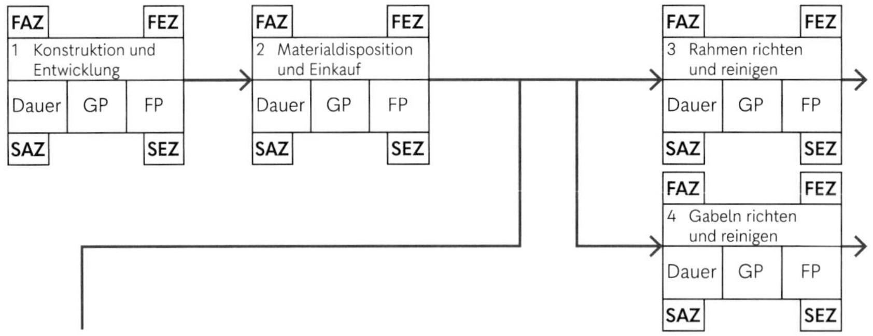

Jeder Vorgangsknoten enthält eine Reihe von Informationen zu dem jeweiligen Vorgang. Die Nummer, die Bezeichnung und die Dauer des Vorgangs sind Informationen aus der Vorgangsliste. Alle weiteren Informationen werden bei der Erstellung des Netzplanes errechnet.

Vorgangsknoten

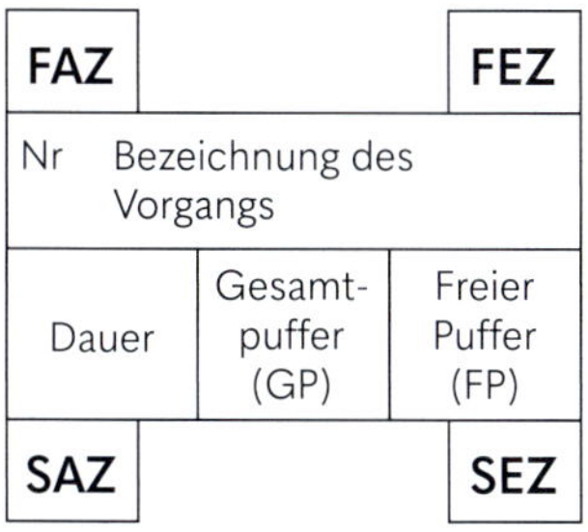

FAZ: frühester Anfangszeitpunkt
SAZ: spätester Anfangszeitpunkt
FEZ: frühester Endzeitpunkt
SEZ: spätester Endzeitpunkt
Gesamtpuffer (GP): maximal mögliche Verschiebung/Verlängerung des Vorgangs ohne Einfluss auf das Projektende
Freier Puffer (FP): maximal mögliche Verschiebung/Verlängerung des Vorgangs ohne Einfluss auf die benachbarten Vorgänge

Für alle Vorgänge werden zunächst die **frühesten Anfangszeitpunkte (FAZ)** und die **frühesten Endzeitpunkte (FEZ)** ermittelt. Dies geschieht mit einer **Vorwärtsrechnung**: Der früheste Anfangszeitpunkt (FAZ) des ersten Vorgangs ist der Zeitpunkt 0. Zu diesem FAZ wird die Dauer (im Beispiel: 10 Tage) addiert. Damit enthält man den frühesten Endzeitpunkt (FEZ) des Vorgangs. Dies ist zugleich der früheste Anfangszeitpunkt (FAZ) des Nachfolgers.

FAZ + Dauer = FEZ (= FAZ des Nachfolgers)

Vorwärtsterminierung (Ausschnitt)

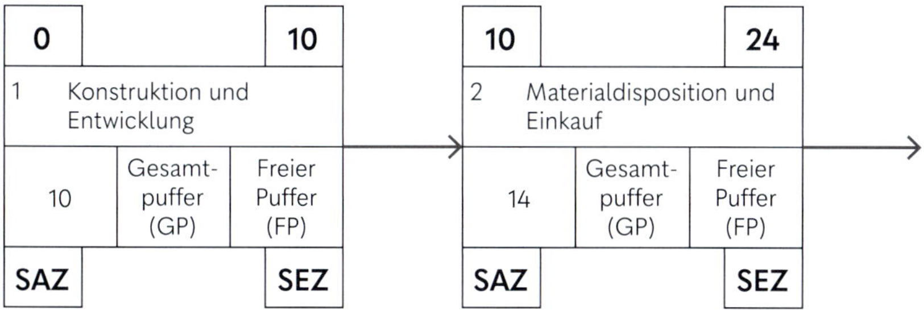

Wenn ein Nachfolger mehrere Vorgänger mit unterschiedlichen FEZ hat, dann ist der späteste FEZ (also die größte Zahl) der FAZ des Nachfolgers.

Die Vorwärtsrechnung wird bis zum letzten Vorgang fortgesetzt. Mit dem FEZ des letzten Vorgangs (z. B. 37) hat man zugleich die **Dauer des gesamten Projekts** (hier: 37 Tage) ermittelt.

Vom Projektende ausgehend können nun die **spätesten Endzeitpunkte (SEZ)** und die **spätesten Anfangszeitpunkte (SAZ)** aller Vorgänge errechnet werden. Dies geschieht mit einer **Rückwärtsrechnung**: Das errechnete Projektende ist zugleich der späteste Endzeitpunkt (SEZ) des letzten Vorgangs. Von diesem SEZ wird die Dauer (im Beispiel: 1 Tag) subtrahiert. Damit enthält man den spätesten Anfangszeitpunkt (SAZ). Dies ist zugleich der späteste Endzeitpunkt (SEZ) des Vorgängers.

SEZ – Dauer = SAZ (= SEZ des Vorgängers)

Rückwärtsterminierung (Ausschnitt)

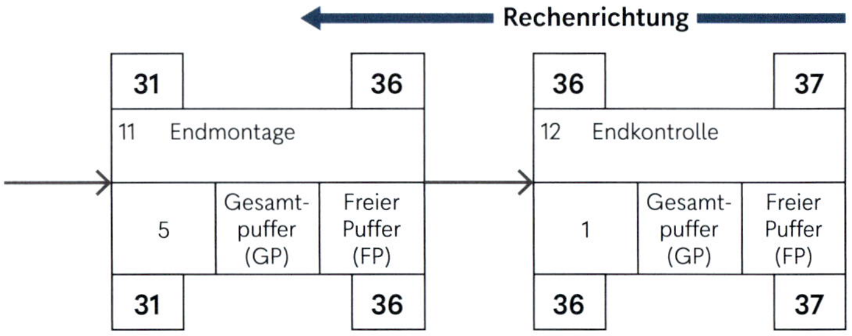

Wenn ein Vorgang mehrere Nachfolger mit unterschiedlichen SAZ hat, dann ist der früheste SAZ (also die kleinste Zahl) der SEZ des Vorgängers.

Bei den Vorgängen 11 und 12 im Beispiel fällt auf: Der früheste Endzeitpunkt ist zugleich der späteste Endzeitpunkt, und der früheste Anfangszeitpunkt ist zugleich der späteste Anfangszeitpunkt. Dies bedeutet, dass es hier keine zeitlichen Spielräume für Verzögerungen, also keinen **Puffer** gibt. Jede Verschiebung oder Verlängerung dieser Vorgänge würde zu einer Verschiebung des Projektendes führen. Der **Gesamtpuffer (GP)** ist also 0.

GP = SEZ – FEZ = SAZ – FAZ

Jede Verschiebung oder Verlängerung von Vorgang 11 würde auch sofort zu einer Verschiebung von Vorgang 12 führen. Der **freie Puffer (FP)** ist damit ebenfalls 0.

FP = FAZ (Nachfolger) – FEZ (Vorgänger)

Rückwärtsterminierung (Ausschnitt)

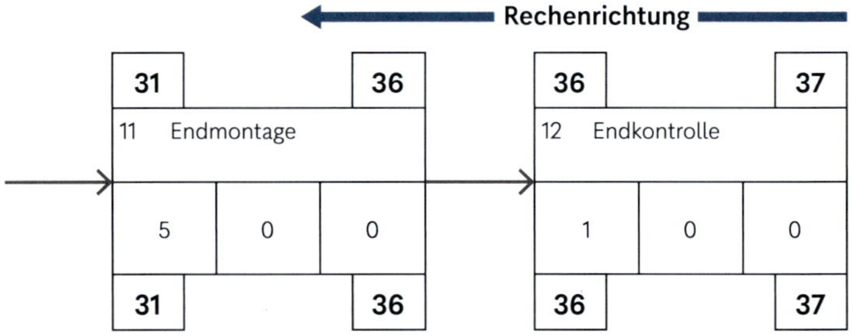

Vorgänge, bei denen sich jede Verzögerung unmittelbar auf den Projektendtermin auswirkt, werden auch als **kritische Vorgänge** bezeichnet. Eine Kette solcher Vorgänge wird als **kritischer Pfad** bezeichnet. Für jeden Vorgang auf dem kritischen Pfad gilt: GP = 0.

Der vollständige Netzplan für die Produktion des neuen Fitnessbikes der Fly Bike Werke GmbH enthält mehrere Vorgänge mit GP = 0. Diese Vorgänge, die den kritischen Pfad des Projekts bilden, sind blau markiert.

Netzplan für das Fitnessbike der Fly Bike Werke GmbH

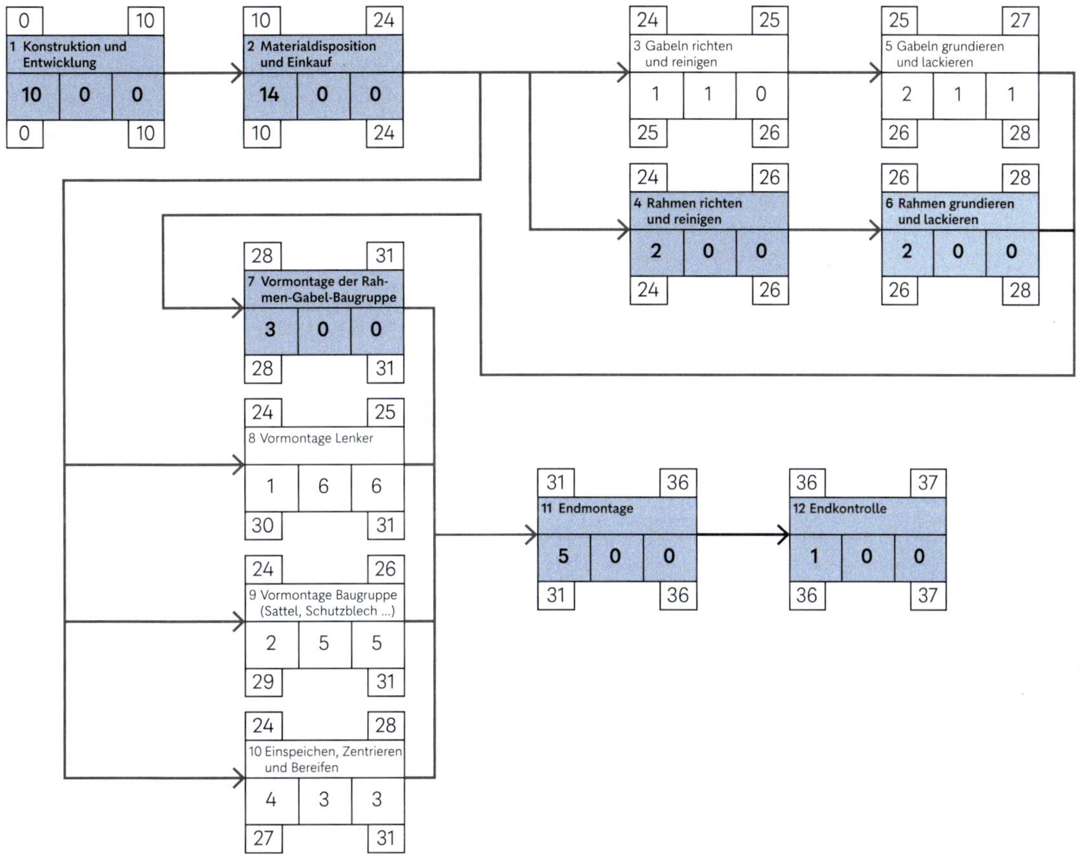

Der Netzplan zeigt aber auch einige Vorgangsknoten mit Gesamtpuffer bzw. freiem Puffer. Ein Beispiel ist Vorgang 8 (Vormontage Lenker).

BEISPIEL: Bei Vorgang 8 (Vormontage Lenker) beträgt sowohl der Gesamtpuffer als auch der freie Puffer 6 Tage:
GP = SEZ – FEZ = 31 – 25 = SAZ – FAZ = 30 – 24 = 6
FP = FAZ (Vorgang 11) – FEZ (Vorgang 8) = 31 – 25 = 6

Vorteile der Netzplantechnik:
- Sie zeigt anschaulich die Abhängigkeiten in einem Projekt.
- Sie zwingt zur Systematik bei der Analyse der Projektzusammenhänge.
- Sie weist aus, wo Zeitreserven vorhanden sind bzw. wo sie fehlen.

Nachteile der Netzplantechnik:
- Sie kann bei zu vielen Details einen hohen Kontrollaufwand erfordern.
- Bei umfangreichen Projekten wird ein Netzplan schnell unübersichtlich.

AB → Lernsituation 60

5.5 Kapazitäten planen

Kapazität
das Leistungsvermögen einer technischen oder wirtschaftlichen Einheit pro Zeiteinheit

Im Rahmen der Kapazitätsplanung muss die Frage geklärt werden, ob ausreichend **Kapazitäten** (Maschinen und Mitarbeiter) vorhanden sind, um die Produktion zu realisieren.

Die Durchlaufzeit eines Fertigungsauftrages hängt eng mit der verfügbaren Kapazität zusammen. Die kürzeste Durchlaufzeit lässt sich bei freier Kapazität realisieren. Hier liegt die Durchlaufzeit nahe der reinen Bearbeitungszeit. Bei Überlastung der Fertigung hingegen ist die Kapazität begrenzt und es entstehen Wartezeiten (Engpässe). Zur Ermittlung des Kapazitätsbedarfs muss **für jeden Fertigungsauftrag** die erforderliche Kapazität **an jedem Arbeitsplatz** für die entsprechende Planperiode ermittelt werden. Die Ergebnisse sind zu addieren. Besteht eine Differenz zwischen der benötigten Kapazität (Kapazitätsnachfrage) und der verfügbaren Kapazität (Kapazitätsangebot), so müssen Anpassungsmaßnahmen ergriffen werden.

Aufgaben der Termin- und Kapazitätsplanung

Vorwärtsterminierung und Rückwärtsterminierung → Kap. 5.4.1

Zeitliche Kapazitätsplanung (Kapazitätsterminierung)
Vorwärts- oder rückwärtsterminiert werden die Betriebsmittel mit den bereits erstellten Fertigungsaufträgen belegt. Es ergibt sich somit die geplante Kapazitätsauslastung.

↓

Belastungsübersichten erstellen
Die geplante Beanspruchung eines Fertigungsbereiches wird für den Planungszeitraum grafisch dargestellt.

↓

Kapazitätsabgleich
Die geplante Nutzung der Kapazitäten wird mit dem tatsächlichen Kapazitätsangebot abgeglichen.

Arbeits- und Terminplan → Kap. 5.4.1

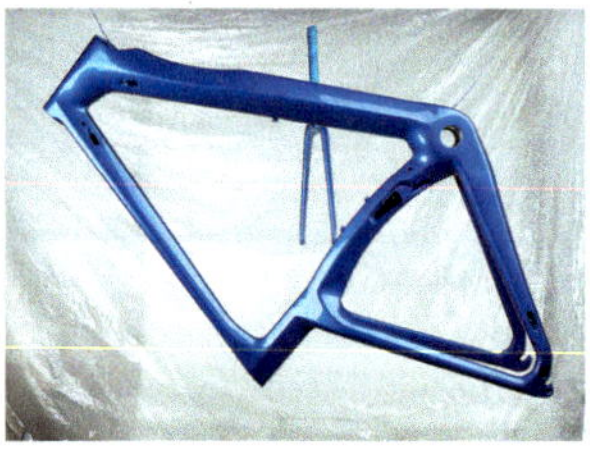

BEISPIEL: Zur Durchführung des Fertigungsauftrags für die 100 Fitnessbikes werden laut Arbeitsplan die folgenden Werkstätten bzw. Arbeitsplätze beansprucht: Rohbau, Lackiererei, Vormontage, Laufradmontage, Endmontage und Qualitätskontrolle. Der Zeitpunkt der Beanspruchung ergibt sich aus dem Terminplan, die Dauer der Beanspruchung aus dem Arbeitsplan. Die verfügbare Kapazität (Kapazitätsangebot) muss mit der Kapazitätsnachfrage abgeglichen werden, die sich durch den Fertigungsauftrag ergibt.

Laut Terminplan sollen die Arbeitsgänge 1 (Gabeln richten und reinigen) und 2 (Rahmen richten und reinigen) am 06.06. starten. Für Arbeitsgang 1 sind 8 Stunden erforderlich, für Arbeitsgang 2 werden 16 Stunden benötigt (siehe S. 47). Es ergibt sich also eine Kapazitätsnachfrage von insgesamt 24 Stunden. Diese muss mit der verfügbaren Kapazität des Fertigungsbereichs Rohbau abgeglichen werden.

Die folgende Belastungsübersicht zeigt, inwieweit der Bereich Rohbau bereits mit anderen Fertigungsaufträgen belastet ist.

Belastungsübersicht (Fertigungsbereich Rohbau)

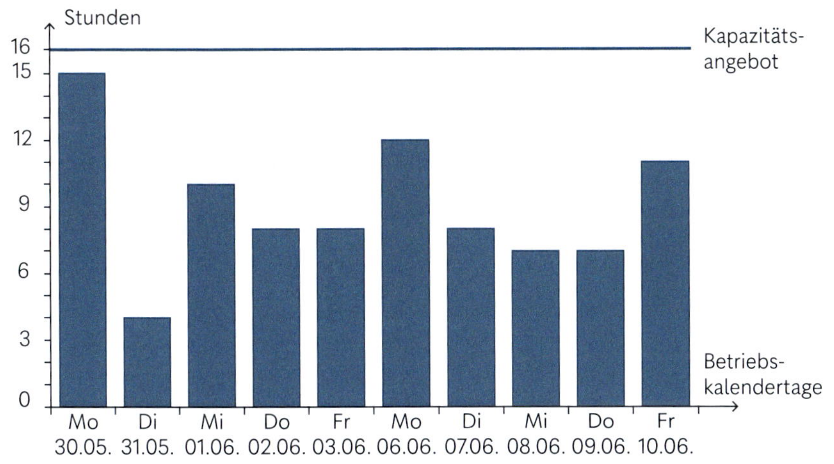

Kapazitätsnachfrage:
24 Std. insgsamt:
- Arbeitsgang 1: 8 Std.
- Arbeitsgang 2: 16 Std.

Am 06.06. stehen nur noch maximal 4 Std. zur Verfügung.

Aus der Belastungsübersicht ist zu sehen, dass der Fertigungsbereich Rohbau teilweise schon mit anderen Fertigungsaufträgen belastet ist. Soll am 06.06., dem spätesten Starttermin, mit der Fertigung der 100 Fitnessbikes begonnen werden, so reicht das verbleibende Kapazitätsangebot nicht aus, um die Arbeitsgänge 1 und 2 (Zeitbedarf: 24 Std.) an drei Tagen auszuführen.

Am Montag, dem 06.06., stehen im Rohbau z. B. nur noch vier Stunden, am Dienstag acht Stunden und am Mittwoch neun Stunden freie Kapazität zur Verfügung.

Eine Nachverlagerung des Auftragstermins würde dazu führen, dass die Fahrräder nicht am 22.06. zur Lieferung an den Kunden bereitstünden. Es könnte eine Kapazitätsanpassung in der Weise erfolgen, dass entweder eine Vorverlegung des Auftragstermins auf Donnerstag, den 02.06., erfolgt oder Überstunden bzw. Doppelschichten geplant werden.

Zusätzlich zu der bereits erfolgten Termingrobplanung ist damit eine **Terminfeinplanung** durchgeführt worden.

Auf der Basis einer stunden- bis minutengenauen Zeiteinteilung erfolgt als nächster Schritt die Planung der **Maschinenbelegung** durch die einzelnen Aufträge. Zu beachten sind dabei der Rüst- und Betriebszustand der Arbeitssysteme und die Verfügbarkeit von Werkzeugen, Transportmitteln usw. Die Feinplanung ist die Nahtstelle zwischen der Planung und der Durchführung der Produktion.

Maschinenbelegung
→ Kap. 5.7

BEISPIEL: Aufgrund des Kapazitätsengpasses im Fertigungsbereich Rohbau der Fly Bike Werke GmbH wird der Beginn der Arbeitsschritte 1 und 2 auf den 02.06. vorverlegt, damit die fertigen Erzeugnisse wie geplant am 22.06. zur Lieferung an den Kunden bereitstehen.

24 Std. Rohbau werden verteilt:

02.06	8 Std.	vorgezogen
03.06.	8 Std.	vorgezogen
06.06.	4 Std.	
07.06.	4 Std.	
∑	24 Std.	

Belastungsübersicht (Fertigungsbereich Rohbau)

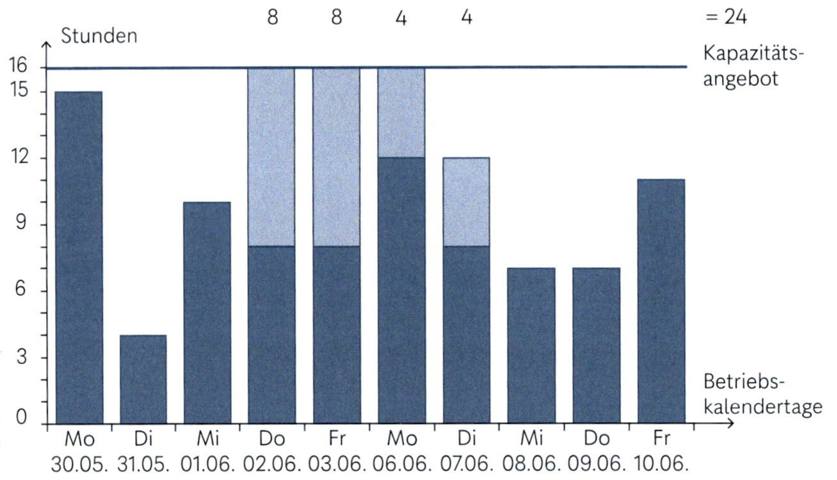

5.6 Aufträge freigeben

Fertigungsaufträge sind spezifische Anweisungen zur Produktion von Sachgütern. Sie enthalten Informationen über die zu produzierenden Artikel, Mengen, Materialien und den Zeitrahmen. Zur Erfassung und Verwaltung von Fertigungsaufträgen beinhalten moderne ERP-Systeme entsprechende Module. Das in Deutschland marktführende SAP S/4HANA enthält z. B. das Modul SAP PP (Production Planning). Hier werden alle relevanten Prozesse zur Planung und Steuerung der Produktion abgebildet.

Den Fertigungsauftrag anlegen und freigeben

Nachdem der Bedarf an Fertigungsmaterial und Fertigungskapazitäten geplant wurde, kann der Fertigungsauftrag angelegt werden. Hierfür sind alle notwendigen Informationen einzugeben, wie z. B. die Materialnummer, das Werk, die Menge und das Produktionsdatum. Es ist wichtig, die Stücklisten und Arbeitspläne zu berücksichtigen, die die benötigten Materialien und die einzelnen Arbeitsschritte definieren.

Durch die Freigabe des zuvor angelegten Fertigungsauftrags kann dann der Produktionsvorgang ausgelöst werden. Der Fertigungsauftrag ähnelt einem Arbeitsplan, enthält aber neben den auszuführenden Arbeitsvorgängen auch die konkreten Anfangszeitpunkte der einzelnen Arbeitsgänge.

Mit der Auftragsfreigabe prüft das System die Verfügbarkeit von Materialien und Fertigungskapazitäten. Reserviertes Material wird freigegeben und ggf. eine neue Bestellanforderung generiert.

Die Steuerung des Fertigungsauftrages erfolgt durch die Überwachung des Auftragsstatus, der Materialverfügbarkeit und der Kapazitäten. ERP-Systeme bieten zudem auch Funktionen zur Nachverfolgung von Fortschritten und zur Anpassung von Aufträgen, falls es zu Verzögerungen oder Änderungen kommt.

Fertigungsauftrag im ERP-System

Fertigungsauftrag anlegen: Vorgangsübersicht

Auftrag	4000001	Werk	0001	Art	PP01
Material	901000	201 Trekking Light		Menge	170

Vorgangsübersicht

Vorg.	Start	Start	Arbeits...	Werk	Art	Kurztext Vorgang
0010	20.03.20XX	06:00:00	300255	0001	PP01	Endmontage
0020	23.03.20XX	14:00:00	310310	0001	PP01	Qualitätskontrolle
0030	27.03.20XX	10:00:00	350375	0001	PP01	Verpackung

Materialentnahme aus dem Lager

Das für die Endmontage der Räder benötigte Material wird nach der Freigabe des Fertigungsauftrages aus dem Lager entnommen (siehe: „Lagerort“), im Warenwirtschaftssystem erfasst und an den Montagearbeitsplatz (siehe: „Werk“) transportiert. Die innerbetriebliche Materiallogistik nach dem Kanban-Prinzip stellt sicher, dass das Material genau zum Zeitpunkt des Bedarfs und genau in der richtigen Menge am Arbeitsplatz verfügbar ist.

Kanban-Prinzip
LF 7 → Kap. 1.3.4

Durch einen Eintrag im Feld „Menge“ und Speichern der Eingabe wird der Bestand des Materials im Lager entsprechend verringert (siehe: „Bestand“) und der Wert auf den Auftrag gebucht. Eine vorhandene Reservierung im Lager wird automatisch abgebaut.

Materialentnahme im ERP-System

Material	Bezeichnung	Menge	ME	Werk	Lagerort	Bestand
2220	Antrieb	170	ST	0001	1570	1.360
3020	Bereifung	340	ST	0001	1585	22.489
1020	Rahmen	170	ST	0001	1690	87
7020	Sattel	170	ST	0001	1050	349
5020	Lenkung	170	ST	0001	2620	1.450

ERP-Systeme bieten verschiedene Reporting-Tools, um die Effizienz der Fertigung zu analysieren. So können Berichte über Produktionskosten, Durchlaufzeiten und Materialverbrauch erstellt werden.

Die Erfassung und Steuerung von Fertigungsaufträgen ist ein komplexer, aber gut strukturierter Prozess, der eine enge Zusammenarbeit zwischen verschiedenen Abteilungen des Industriebetriebes erfordert.

AB → Lernsituation 60

5.7 Maschinen belegen

In Betrieben mit verschiedenartigen Produkten werden typischerweise mehrere Produktionsaufträge gleichzeitig auf unterschiedlichen Maschinen gefertigt. Die einzelnen Produktionsaufträge müssen den Maschinen in der richtigen Reihenfolge und für die richtige Zeitdauer zugewiesen werden. Dies bezeichnet man als **Maschinenbelegung**. Hierzu benutzt man meistens die sogenannte Balkendiagramm-Technik.

Stehen hinreichende Kapazitäten zur Verfügung, können die vorhandenen Betriebsmittel mit den geplanten Fertigungsaufträgen belegt werden. Der Erfolg der Maschinenbelegungsplanung ist abhängig von der **Losgröße** des zu fertigenden Produkts, der geplanten Produktionsreihenfolge und der Einhaltung der Auftragstermine.

Losgröße (= Fertigungslos) Menge gleichartiger Produkte, die ohne Unterbrechung hintereinander gefertigt werden → Kap. 5.8

Aufgabe der Maschinenbelegungsplanung ist es, die Maschinenauslastung zu optimieren, indem z. B. Rüstzeiten minimiert und Leerlauf- bzw. Wartezeiten an den Maschinen vermieden werden. **Maschinenbelegungstafeln** sind Balkendiagramme, die mit einer Zeitleiste ausgestattet und nach Wochentagen eingeteilt sind.

BEISPIEL: Auf drei Maschinen A, B, C sind fünf Aufträge zur Herstellung einer bestimmten Zahl von Fahrrädern zu bearbeiten, die alle die Reihenfolge A, B, C einhalten müssen. Es handelt sich um die Maschinen Rohbau (A), Lackiererei (B) und Vormontage (C). Die Aufträge benötigen an den Maschinen die folgenden Zeiten (Angaben in Stunden):

Maschine / Auftrag	A	B	C
1	8	4	6
2	3	7	2
3	5	2	6
4	1	8	3
5	6	0	5

Ein mögliches Verfahren zur Optimierung der Maschinenauslastung ist die Regel der kürzesten Anfangs- und Endzeiten: Es wird der Auftrag zuerst bearbeitet, der die kürzeste Zeit auf der ersten Maschine hat, und der Auftrag zuletzt, der die kürzeste Zeit auf der letzten Maschine hat. Wenn die Regel immer wieder auf die verbleibenden Aufträge angewandt wird, dann sind die Aufträge in der folgenden Reihenfolge zu bearbeiten: 4, 3, 1, 5, 2.

Die Gesamtlaufzeit (Zykluszeit) beträgt bei dieser Reihenfolge 32 Stunden. Das nachstehende Schaubild zeigt die Maschinenbelegung nach der Regel der kürzesten Anfangs- und Endzeiten in der grafischen Form des Balkendiagramms. Die weißen Flächen stellen Leerzeiten (Lz.) dar bzw. Zeiten, in denen die Maschinen für andere Aufträge genutzt werden können. Zur planerischen Unterstützung und zur besseren Veranschaulichung benutzen Betriebe häufig Maschinenbelegungstafeln:

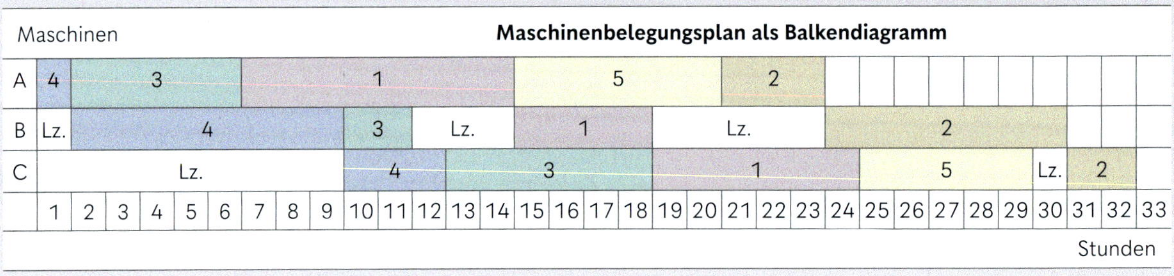

5.8 Die optimale Losgröße ermitteln

AB → Lernsituation 60

Die Wünsche der Kunden werden immer vielfältiger. Nur wer immer mehr verschiedene Produkte in unterschiedlichen Varianten anbieten kann, ist langfristig erfolgreich.

Die Menge des gleichen Produkts, die ohne Unterbrechung des Produktionsprozesses hintereinander hergestellt werden kann, die sogenannte **Losgröße**, wird also tendenziell immer kleiner. Das führt allerdings für den Hersteller der Produkte zu verschiedenen Problemen.

Denn beim Wechsel von einer Produktart oder -variante auf eine andere müssen die Maschinen **umgerüstet** (= auf das neue Produkt umgestellt) werden. Dadurch entstehen **Rüstkosten**, z. B. in Form von Lohnkosten für den Mitarbeiter, der diesen Umrüstvorgang vornimmt, und in Form von Stillstandskosten, da mit der Maschine während des Rüstvorgangs nicht produziert werden kann. Diese Kosten treten je Fertigungslos einmal auf, sie sind unabhängig davon, wie viel Stück je Los gefertigt werden (Auflagenhöhe). Man bezeichnet sie deshalb auch als **auflagenfixe Kosten**.

Damit diese Kosten möglichst gering gehalten werden, ist es sinnvoll, die Umstellung der Produktionsanlage nicht zu häufig vorzunehmen und die Zahl der Fertigungslose möglichst gering zu halten bzw. die Auflagenhöhe möglichst groß zu planen.

Können die halb fertigen Erzeugnisse nicht direkt weiterbearbeitet oder die fertigen Produkte nicht sofort abgesetzt werden, müssen sie zunächst gelagert werden. Die auf diese Weise anfallenden Kosten der Lagerhaltung (z. B. Kosten für das Lagerpersonal oder Raumkosten) und die Zinskosten für das in den Vorräten gebundene Kapital müssen neben den Rüstkosten berücksichtigt werden. Die **Lagerkosten** sind auflagenvariabel, sie sind also von der Losgröße abhängig.

Lagerkosten
LF 7 → Kap. 2.6

Rüstkosten und Lagerkosten verlaufen in Abhängigkeit von der Zahl der Lose entgegengerichtet, das heißt, eine große Anzahl von Losen führt zu hohen Rüstkosten, aber zu geringen Lagerkosten.

BEISPIEL: In der Fly Bike Werke GmbH werden Stahlrahmen robotergeschweißt, aber auch teilweise im Handschweißverfahren hergestellt. Das Produktionsprogramm des Unternehmens umfasst 14 verschiedene Fahrradmodelle. Für jedes Modell und für jede Modellvariante werden unterschiedliche Rahmen benötigt, die alle mithilfe derselben Roboter gefertigt werden. Wird die Fertigung von einem Modell auf ein anderes umgestellt, muss auch die Fertigungsanlage umgerüstet werden.

Für das Trekkingrad Modell *Light* soll die optimale Losgröße ermittelt werden. Aus der Primärbedarfsplanung ist bekannt, dass 3600 Stück dieses Modells im Jahr 20X2 abgesetzt wurden. Wir gehen davon aus, dass diese Menge im Jahr 20X2 auch tatsächlich produziert worden ist. Die Herstellkosten für den Rahmen betragen 50,00 €.

Von der Controlling-Abteilung ist ermittelt worden, dass Rüstkosten in Höhe von 250,00 € zu berücksichtigen sind. Von dieser Abteilung wird außerdem ein Lagerhaltungskostensatz in Höhe von 20 % vorgegeben (Lagerkostensatz = 12 %, Zinskosten = 8 %). Damit stehen alle Daten zur Verfügung, um die optimale Losgröße zu ermitteln.

Lagerhaltungskostensatz
LF 7 → Kap. 2.6

Zinskosten
LF 7 → Kap. 2.6

1	2	3	4	5	6	7	8
Lose	**Losgröße = Auflagenhöhe in Stück**	**Rüstkosten in €**	**Durchschnittlicher Lagerbestand in Stück**	**Durchschnittlicher Lagerbestandswert in €**	**Lagerkosten in €**	**Gesamtkosten in €**	**Kosten/Stück in € (aufgerundet)**
	3 600/ Spalte 1	250 · Spalte 1	Spalte 2/2	Spalte 4 · 50,00 €	20 % von Spalte 5	Spalte 3 + Spalte 6	Spalte 7/ 3.600
1	3 600	250,00	1 800	90.000,00	18.000,00	18.250,00	5,07
2	1 800	500,00	900	45.000,00	9.000,00	9.500,00	2,64
3	1 200	750,00	600	30.000,00	6.000,00	6.750,00	1,88
4	900	1.000,00	450	22.500,00	4.500,00	5.500,00	1,53
5	720	1.250,00	360	18.000,00	3.600,00	4.850,00	1,35
6	600	1.500,00	300	15.000,00	3.000,00	4.500,00	1,25
7	514	1.750,00	257	12.857,14	2.571,43	4.321,43	1,20
8	450	2.000,00	225	11.250,00	2.250,00	4.250,00	1,18
9	400	2.250,00	200	10.000,00	2.000,00	4.250,00	1,18
10	360	2.500,00	180	9.000,00	1.800,00	4.300,00	1,19
11	327	2.750,00	164	8.181,82	1.500,00	4.386,36	1,22

In Spalte 1 wird die Zahl der alternativ zu wählenden Lose eingegeben. Dividiert man die Jahresproduktionsmenge von 3 600 Stück durch die Losanzahl, so ergibt sich in Spalte 2 die jeweilige **Auflagenhöhe**.

Die **Rüstkosten** in Spalte 3 werden ermittelt, indem die auflagenfixen Kosten in Höhe von 250,00 € mit der jeweiligen Loszahl multipliziert werden.

Der **durchschnittliche Lagerbestand** in Spalte 4 wird als einfacher Durchschnittswert zwischen Lageranfangsbestand und Lagerendbestand berechnet. Es wird davon ausgegangen, dass der Lagerbestand auf null sinkt, bevor aus der Fertigung eine Auffüllung des Lagers stattfindet (in der Höhe abhängig von der jeweiligen Losgröße). Der durchschnittliche Lagerbestand ergibt sich also, indem man die jeweilige Losgröße durch 2 dividiert.

Multipliziert man den jeweiligen durchschnittlichen Lagerbestand mit den Herstellkosten für einen Rahmen in Höhe von 50,00 €, so ergeben sich die **durchschnittlichen Lagerbestandswerte** (Spalte 5).

Für die **Lagerkosten** wird ein Lagerhaltungskostensatz von 20 %, bezogen auf die jeweiligen durchschnittlichen Lagerbestandswerte, in Ansatz gebracht (Spalte 6).

Die **Gesamtkosten** in Spalte 7 errechnen sich aus der Summe der Werte aus den Spalten 3 und 6. Werden die jeweiligen Gesamtkosten durch die Jahresproduktionsmenge von 3 600 Stück geteilt, so erhält man die **Gesamtkosten je Stück** (Spalte 8).

Ergebnis: Das Minimum der Gesamtkosten je Stück liegt zwischen einer Losgröße von 450 und 400 Stück bzw. einer Losanzahl zwischen 8 und 9.

Das tabellarische Ergebnis kann mithilfe der **Andler'schen Losgrößenformel** genauer bestimmt werden:

$$\text{Optimale Losgröße} = \sqrt{\frac{200 \cdot \text{auflagenfixe Kosten} \cdot \text{Jahresproduktionsmenge}}{\text{Herstellkosten/Stück} \cdot \text{Lagerhaltungskostensatz}}}$$

$$= \sqrt{\frac{200 \cdot 250 \cdot 3.600}{50{,}00 \cdot 20}} = 424{,}26$$

Wird die Jahresproduktionsmenge durch die optimale Losgröße dividiert, so erhält man die Anzahl der Lose, die zu fertigen ist, um die Gesamtkosten pro Stück zu minimieren:

$$\text{Losanzahl} = \frac{3\,600}{424{,}26} = 8{,}49 \text{ Lose}$$

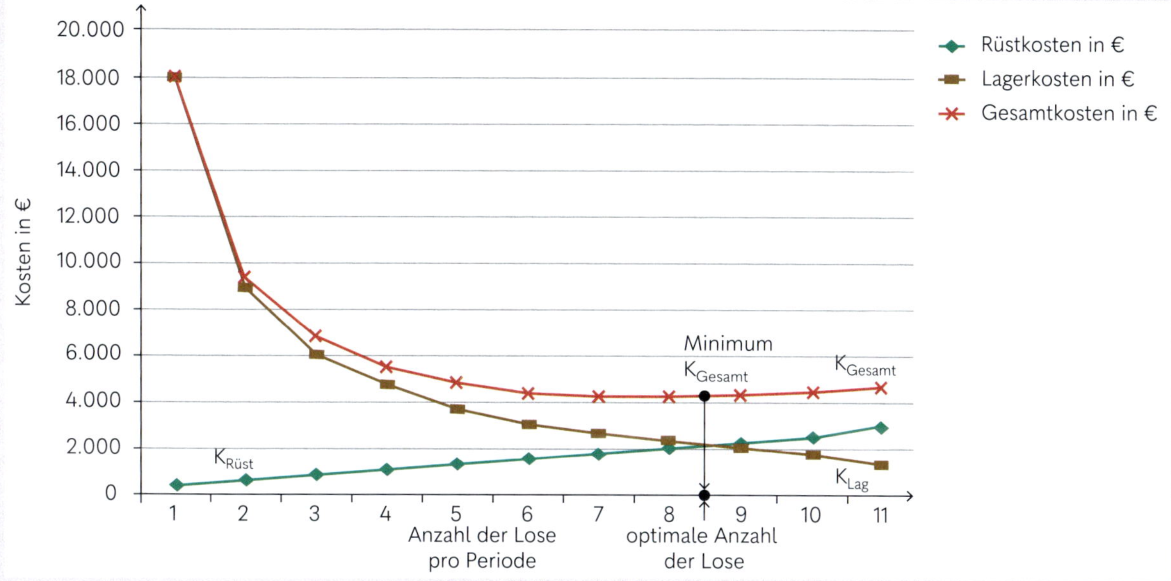

In der betrieblichen Praxis wird auf die Fertigung der optimalen Losgröße häufig verzichtet. Dies hat verschiedene Ursachen:

- Der Jahresbedarf an Fertigerzeugnissen beruht auf mit Unsicherheiten behafteten Prognosen.
- Der Marktzins unterliegt im zeitlichen Ablauf eines Jahres Schwankungen, sodass der Lagerhaltungskostensatz verändert werden müsste.
- Die Lagerkapazitäten sind durch die Festlegung eines Höchstbestandes häufig begrenzt, sodass es bei Fertigung der optimalen Losgröße zu Engpässen bei der Lagerhaltung kommen könnte.

5.9 Betriebsdaten erfassen

AB → Lernsituation 60

Im Laufe des Produktionsprozesses fallen permanent wichtige Daten an, z. B. produzierte Mengen, benötigte Fertigungszeiten, Lagerbewegungen, Stillstands- oder Transportzeiten u. v. m. Aufgabe der **Betriebsdatenerfassung** ist es, diese Daten am Ort ihrer Entstehung, z. B. an einer Fertigungsmaschine, zu erfassen und an den Ort ihrer weiteren Verarbeitung, z. B. das Lohnbüro, weiterzuleiten. Mit der Betriebsdatenerfassung werden also sämtliche Materialbewegungen sowie die Anfangs- und Endzeiten von Arbeitsgängen für spätere Analysen fortlaufend erfasst.

Traditionell nutzte man hierzu eine Vielzahl unterschiedlicher Belege, z. B. Materialentnahmescheine, um Materialbewegungen zu protokollieren. Heute werden die Betriebsdaten aber meist mithilfe von **Betriebsdatenerfassungsstationen (BDE-Terminals)** digital erfasst, über Datenleitungen oder Datenfunk an BDE-Leitrechner übertragen und schließlich zur weiteren maschinellen Verarbeitung in Datenbanken abgespeichert.

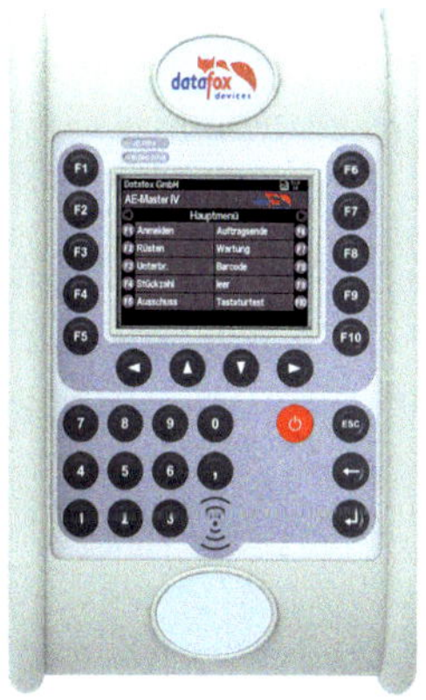

BDE-Terminal

BDE-Buchung

An den BDE-Terminals ziehen die Produktionsmitarbeiter ihre Chipkarte durch eine Leseeinheit und geben dann die Betriebsdaten ein. Computergesteuerte (CNC-)Fertigungsautomaten sind sogar stets mit automatisierten Messeinrichtungen zur Erfassung und Weiterleitung der Betriebsdaten ausgestattet. In der nebenstehenden Abbildung ist eine BDE-Buchung zum Abschluss des Arbeitsganges „Endmontage“ zu sehen. Laut BDE-Buchung ist die Endmontage planmäßig verlaufen. Die Buchung führte der Mitarbeiter Frank Guse durch. Die erfassten Daten werden von der BDE-Software in die ERP-Software zurückgegeben. Dieser Vorgang heißt **Rückmeldung**. Die Rückmeldungen stellen die Ist-Situation der Produktion dar. Man unterscheidet folgende Rückmeldungsarten:

1. **Rückmeldungen „Material“:** Bei dieser Rückmeldung dokumentiert man die vom Lager entnommenen Sekundärteile (z. B. Sättel, Lenker) und die auf Lager genommenen Fertigteile (Trekking-Räder).

2. **Rückmeldungen „Arbeitszeiten“:** Diese Rückmeldungsart dokumentiert die tatsächlichen Start- und Endtermine der Arbeitsgänge.

BEISPIEL: Die Nordrad GmbH Rostock hat bei der Fly Bike Werke GmbH 170 Trekkingräder *Light* bestellt. Zum Abschluss wurde der Produktionsauftrag als „fertig“ gemeldet. Damit sind die vom Kunden gewünschten Erzeugnisse in ausreichender Menge am Lager.

Marit Glaner, Mitarbeiterin in der Produktion, kann sich jederzeit im ERP-System über den Stand der Produktionsaufträge und deren Fertigstellung informieren. Nach der Fertigmeldung des Produktionsauftrages führt Frau Glaner einen Soll-Ist-Vergleich durch, um die Einhaltung der Plandaten zu prüfen. Zur Analyse nutzt sie die Fertigungsauftragsstatistik, die vom ERP-System fortlaufend mitgeführt wird. Die Kalkulation prüft den Fertigungsauftrag bis zu den Herstellkosten. Zugrunde liegen die absoluten Kosten und die Zuschlagssätze der Fly Bike Werke GmbH laut BAB (Materialeinzelkosten: 116,00 €/Stück, Materialgemeinkosten: 6,65 %, Fertigungseinzelkosten: 20,00 €/Stunde, Fertigungsgemeinkosten: 560 % gemittelt).

BAB
Betriebsabrechnungsbogen
LF 8 → Kap. 3.2.4

Frau Glaner prüft den Soll-Ist-Vergleich und stellt fest, dass es während der Produktion keine Abweichungen gegeben hat. Die Werte der Ist-Spalte stellen das Resultat der BDE-Rückmeldungen dar.

Fertigungsauftragsstatistik

Allgemein

	Soll-Kosten	Ist-Kosten	Abweichung %	Abweichung €
Materialeinzelkosten	19.720,00	19.720,00	0	0,00
Materialgemeinkosten	1.311,38	1.311,38	0	0,00
Fertigungseinzelkosten	2.445,00	2.445,00	0	0,00
Fertigungsgemeinkosten	13.692,00	13.692,00	0	0,00
Herstellkosten	37.168,38	37.168,38	0	0,00
Kapazitätsbedarf (Min.)	7335	7335	0	

Nach der Fertigmeldung des Auftrags kann die Ware nun termingerecht mit den entsprechenden Versandpapieren an den Kunden verschickt werden. Dieser Vorgang wird von Sabine Ganser, Mitarbeiterin im Vertrieb, ausgelöst. Die Versandpapiere und die anschließende Rechnungserstellung (Fakturierung) realisiert sie mithilfe des ERP-Systems.

ÜBERSICHT: Produktionsplanung und -steuerung

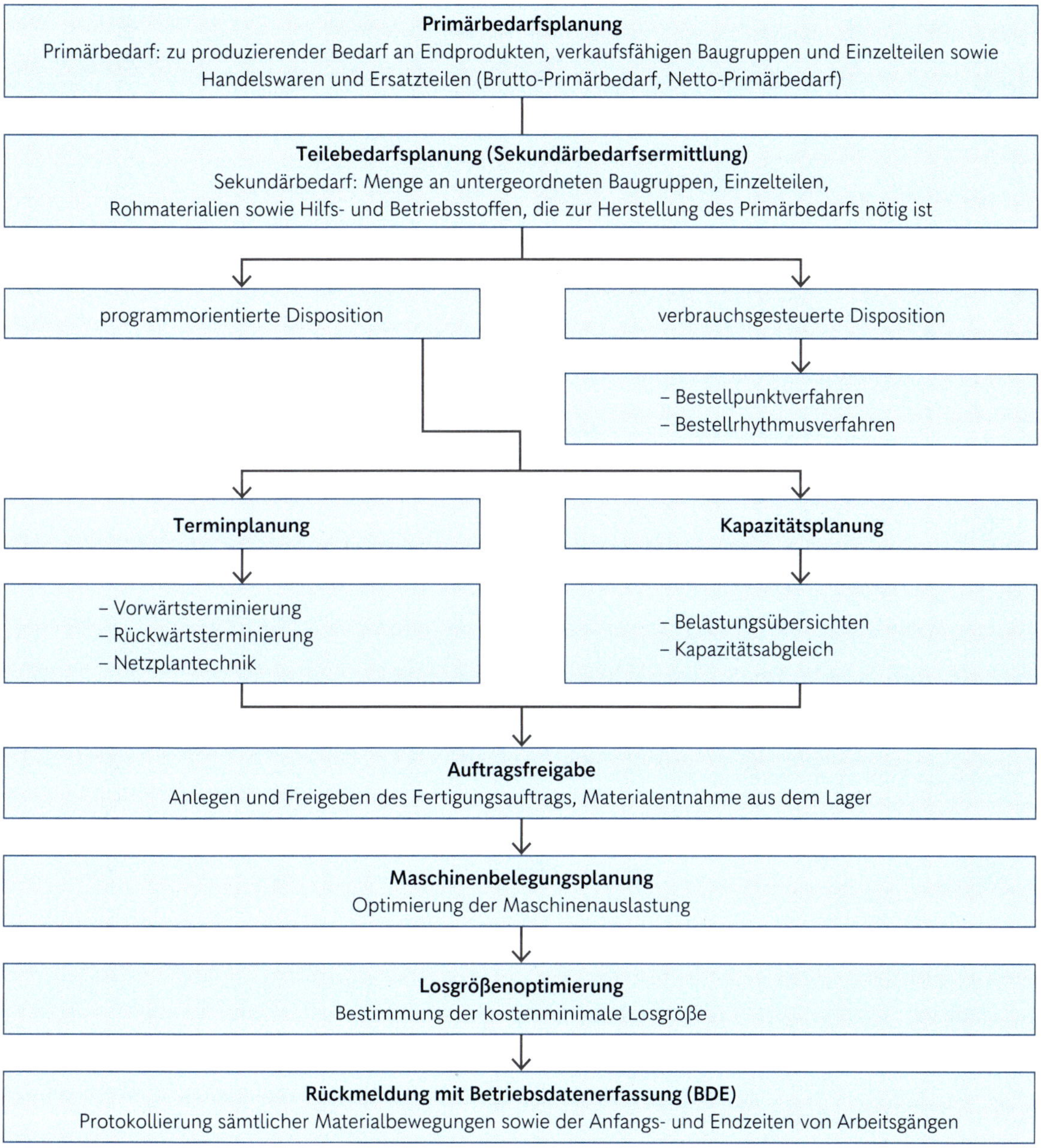

Alles klar?

1 Aus der Komponentenliste des Modells Trekking *Light* sind folgende Teile zu entnehmen:

Set-Nr. Fly Bike	**Komponenten-gruppen**	**Damen Trek TR**	**Teile**	**Anbieter**	**Einstandspreis geplant in €**
3020	**Bereifung**	Trek TR-Bereifung	Felgenband, grau, 2 St. Reifen, TR-All Terrain, 2 St. Schlauch mit Ventil, 2 St.	Continent Schwalle	7,40

Die Lagerbestandsrechnung gibt die folgenden Informationen:

	Lagerbestand	**Bestellbestand**	**Vormerkbestand**	**Sicherheitsbestand**
Reifen	160	100	120	100
Schlauch	140	120	180	100

Berechnen Sie den Nettosekundärbedarf für Reifen und Schläuche für einen Auftrag über 170 Trekking-Fahrräder.

2 Die Büromaschinen-AG stellt leistungsfähige Kopierer her, die sie vorwiegend an den Fachhandel und an Unternehmen verkauft. Die Entwicklung der Absatzzahlen des letzten Jahres ergibt sich aus der nachstehenden Tabelle. Das Unternehmen will den Primärbedarf für das Jahr 20X2 ermitteln.

Absatz von Kopierautomaten im Jahr 20X1 (in Tausend Stück)

Jan.	Febr.	März	Apr.	Mai	Juni	Juli	Aug.	Sept.	Okt.	Nov.	Dez.
20	19	17	21	24	23	27	25	28	31	33	37

a Wie ist der Primärbedarf definiert?
b Warum sollte das Unternehmen den Primärbedarf des Folgejahres möglichst genau ermitteln?
c Beschreiben Sie drei externe Faktoren, die Einfluss auf den Primärbedarf des nächsten Jahres haben können.

3 Der durchschnittliche Verbrauch einer Kleinteile-Art (z. B. Schrauben) beträgt pro Tag 800 Stück, die Beschaffungszeit soll acht Tage betragen und es soll ein Sicherheitsbestand von drei Tagen eingeplant werden. Der derzeitige Lagerbestand beträgt 12 000 Stück.
a Berechnen Sie die Höhe des Meldebestandes.
b Erstellen Sie auf der Grundlage der Berechnung eine Grafik, aus der das Grundmodell der verbrauchsorientierten Materialdisposition ersichtlich wird.
c Erläutern Sie zwei Gründe für die Berücksichtigung eines Sicherheitsbestandes.
d Um den Meldebestand berechnen zu können, benötigt man den durchschnittlichen Verbrauch. Welches Problem ergibt sich durch die Verwendung von einfachen Durchschnittswerten?

4 Ein Hersteller von Werkzeugmaschinen benötigt von dem Teil M3278 (Verschraubung) folgenden Bruttobedarf:

Periode	1	2	3
Bruttobedarf	400	800	700

Hinzu kommen in jeder Periode 15 % Zusatzbedarf für Ausschuss/Ersatzbedarf. Der Lagerbestand beträgt momentan (Periode 1) 1 500 Stück. Davon sind in der Periode 1 für den Auftrag Nr. 741-1R 550 Stück reserviert. In Periode 3 sind für den Auftrag Nr. 329-3R 350 Stück reserviert. Weitere Reservierungen sind in den drei Perioden nicht vorhanden. Aus Fertigungsaufträgen sind in den Perioden 2 und 3 jeweils 200 Stück, aus Bestellungen in der Periode 1 und 2 jeweils 100 Stück Zugang fest zu erwarten. In jeder Periode ist aus Sicherheitsgründen ein nicht anzutastender Mindestbestand (= eiserne Reserve) von 100 Stück am Lager zu halten. Aus lager- und liefertechnischen Gründen ist eine Vorlaufverschiebung von einer Periode zu berücksichtigen.

a Erläutern Sie, was man unter einer Vorlaufverschiebung versteht.

b Berechnen Sie den Nettobedarf der drei Perioden unter Berücksichtigung der erforderlichen Vorlaufverschiebung.

c Wie wirkt sich die Berücksichtigung bzw. das Halten eines Mindestbestandes auf den Nettobedarf aus?

5 In der Durchlaufterminierung werden die zeitlichen Zusammenhänge der einzelnen Arbeitsgänge der Fertigung dargestellt. Sie wird ihre Aufgabe umso besser erfüllen, je genauer die Durchlaufzeiten festgelegt und eingehalten werden.

a Erläutern Sie die folgenden Durchlaufzeitkomponenten:
- Rüstzeit
- Ausführungs- bzw. Bearbeitungszeit
- Übergangszeit

b Entscheiden Sie für jede der drei Zeiten aus a), ob sie mengenabhängig sind.

6 Ein Werkzeugmaschinenunternehmen produziert u. a. Metallringe. Für eine Metallringfertigung soll der Terminplan aufgestellt werden. Dazu liegt folgende Vorgangsliste vor:

Arbeitsplatz	**Arbeitsgang**	**Dauer in Tagen**
Gießerei	Formgießen	1
Schleiferei	Vor- und Fertigschleifen	2
Dreherei	Innen ausdrehen	2
Fräserei	Seite fräsen	1
Dreherei	Außen feinst drehen	1
Phosphatierung	Phosphatieren	1
Packerei	Verpacken	1

a Zeichnen Sie anhand der Vorgangsliste ein rückwärtsterminiertes Balkendiagramm. Beachten Sie dabei, dass die Metallringe am elften Tag abgeliefert werden müssen.

b Welches Problem wird auftreten, wenn die Metallringe schon am achten Tag ausgeliefert werden sollen? Begründen Sie Ihre Antwort mithilfe des in a) erstellten Balkendiagramms.

c Die Terminierung wäre auch als Vorwärtsterminierung möglich gewesen. Unterscheiden Sie die beiden Terminierungsarten Vorwärts- und Rückwärtsterminierung und beurteilen Sie diese kurz.

7 In der untenstehenden Abbildung sehen Sie einen Ausschnitt aus einem Netzplan für die Fertigung eines Stahlrohrtisches.

a Erläutern Sie, was man unter einem Netzplan versteht.

b Nennen Sie die Schritte, die für die Erstellung eines Netzplanes nötig sind.

c Im untenstehenden Netzplan ist die Darstellungsform der Vorgangsknoten anders als in Kap. 5.4.4. Interpretieren Sie die sechs Zahlen, die in der zweiten und dritten Zeile der Vorgangsknoten notiert sind.

d Erläutern Sie, wie die Zahlen in der zweiten und dritten Zeile der Vorgangsknoten ermittelt werden.

e Ermitteln Sie die Zeit, um ein Querrohr (400006) produzieren. Dabei ist zu unterstellen, dass der Vierkantstahl (400010) noch nicht hergestellt ist.

f Erläutern Sie, was man im Rahmen des Netzplanes unter einem kritischen Pfad versteht.

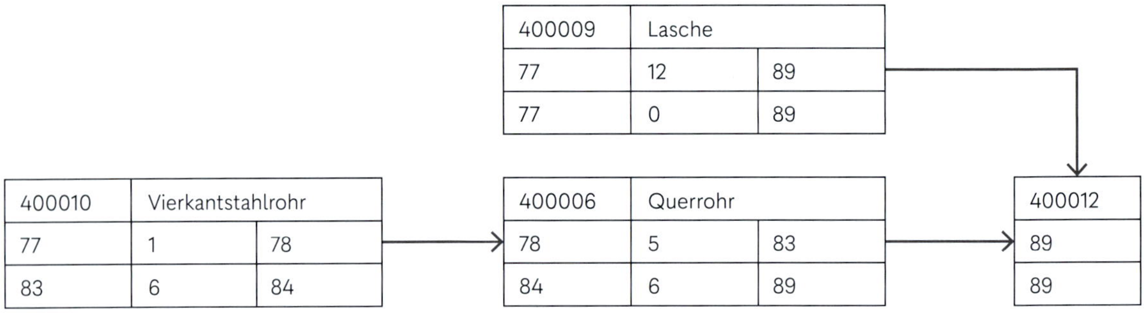

8 Sie arbeiten in der Rotkohl AG, einem rheinischen Hersteller hochwertiger Konserven. Die Verpackungsabteilung ist mit mehreren Universalaggregaten ausgestattet, da bei einem Sortenwechsel (z. B. zwischen dem Verpacken von Kohl bzw. Rüben) eine Umrüstung erforderlich ist. Der Jahresbedarf an zu verpackenden Rotkohlkonserven beträgt 25 000 Dosen. Für einen Rüstvorgang entstehen Kosten in Höhe von 16.800,00 €. Für die Lagerung von 1 000 Dosen entstehen dem Unternehmen jährlich 3.000,00 € Lager- und Zinskosten.

Anzahl der Lose	Losgröße in Stück	Rüstkosten in €	Lager-/Zinsk. in €	Gesamtkosten
1				
2				
3				
4				
5				

Muster!
Bitte übertragen

a Ermitteln Sie auf der Basis der oben stehenden Tabelle die optimale Losgröße.

b Stellen Sie die Ergebnisse aus a) in Form einer Grafik dar; die X-Achse enthält die Anzahl der Lose, die Y-Achse die angefallenen Kosten.

c Berechnen Sie die optimale Losgröße mithilfe der Andler'schen Losgrößenformel (Herstellkosten/Stück = 0,7168 €).

d Von welchen Annahmen geht die klassische Losgrößenformel aus?

e Nennen und erläutern Sie drei mögliche Gründe, die die Rotkohl AG veranlassen könnten, von der optimalen Losgröße abzuweichen.

9 Bei einem Hersteller von Bettwäsche ist die Produktion von 2 000 Bettbezügen Modell „Shining Star" zu planen.

a Ermitteln Sie anhand des nachfolgenden Arbeitsplanes die Belegzeiten und die Auftragszeit in Minuten und Stunden.

Arbeitsplan Nr. 500-20.01-02.08			**Datum**: 10.03.20XX		**Blatt**: 1 von 1	
Benennung: Bettbezüge „Shining Star"				Losgröße: 2 000 Stück		
AVG	**Arbeitsvorgang**	**Arbeitsplatz**	**Rüstzeit (Min)**	**Stückzeit (Min)**	**Belegzeit (Min)**	**Belegzeit (Std)**
10	auf Breite schneiden	Zuschneidetisch 1	20	0,08		
20	auf Länge schneiden	Zuschneidetisch 2	30	0,105		
30	Saum nähen	Nähmaschine 1	50	0,065		
40	Umschlag nähen	Nähmaschine 2	30	0,075		
	Auftragszeit gesamt					

b Bestimmen Sie anhand des untenstehenden Balkendiagramms **vorwärtsterminiert** den frühesten Fertigungstermin in Stunden. Beachten Sie dabei, dass die Arbeitsvorgänge stets nur nacheinander ausgeführt werden.

c Bestimmen Sie anhand des unterstehenden Balkendiagramms **rückwärtsterminiert** den spätesten Anfangstermin in Stunden. Gehen Sie dabei davon aus, dass der Fertigungsauftrag spätestens nach 3 Werktagen (zu je 8 Arbeitsstunden) fertiggestellt sein muss.

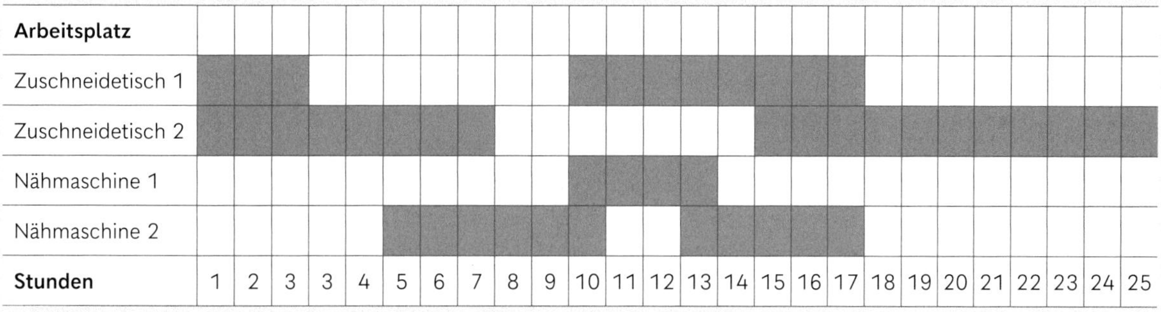

= bereits eingelastete Fertigungsaufträge

d Beschreiben Sie zwei grundsätzliche Vorteile der rückwärtsterminierten Planungsmethode gegenüber der vorwärtsterminierten.

e Angenommen, an den Zuschneidetischen stünden keine ausreichenden Kapazitäten mehr zur Verfügung, um die Bettbezüge zu fertigen. Beschreiben Sie zwei kurzfristige Möglichkeiten.

f Nach Auswertung der tatsächlich benötigten Auftragszeit stellen Sie fest, dass die am Nähplatz 1 eingesetzte Mitarbeiterin die Zeitvorgabe ständig überschritten hat. Erläutern Sie zwei mögliche Ursachen für diese Zeitüberschreitungen.

AB → Lernsituation 61

6 Fertigungsverfahren

Um Fertigungsprozesse sinnvoll planen, steuern und kontrollieren zu können, sind neben einer Vielzahl von Arbeitsplätzen die für die Fertigung benötigten Betriebsmittel in Form von Gebäuden, Maschinen und Werkzeugen so zu organisieren, dass eine „funktionierende Fabrik“ entsteht.

BEISPIEL: Ein Fahrrad der Fly Bike Werke GmbH durchläuft in der Fertigung die folgenden Arbeitsschritte:

In der **Rohfertigung** werden für die Herstellung von Rahmen und Gabeln Rohre aus Stahl oder Aluminium mithilfe vollautomatisierter Anlagen geschnitten. Rahmen und Gabeln werden robotergeschweißt, aber auch teilweise im Handschweißverfahren hergestellt. Daneben gibt es Rahmen und Gabeln, die im Lötofen gefertigt werden. Neben diesen eigengefertigten Komponenten werden auch komplette Rahmen und Gabeln als Kaufteile fremdbezogen.

In der **Richterei** erfolgt das Richten der Rahmen und Gabeln manuell auf einer Werkbank oder einem Richtautomaten (Anlöten/Vorbereiten der Rahmen abhängig von Lackiervariante, Oberflächenvorbehandlung der Rahmen/Gabeln). Die Kaufrahmen und -gabeln werden direkt in der Lackierabteilung eingesetzt.

In der **Lackierung** wird eine drei- oder vierfache Beschichtung der Rahmen vorgenommen. Die Grund-, Deck- und Klarlacke werden mit elektrostatischen Hochrotationszerstäubern automatisiert aufgebracht. Effektlackierungen müssen relativ aufwändig per Hand erfolgen.

Die **Vormontage** umfasst verschiedene Arbeitsstationen:
- Alle Rahmen/Gabeln werden mit Dekoren (nass) versehen. Teilweise werden Dekore unter Klarlack eingesetzt.
- Die lackierten Rahmen/Gabeln werden in maschinell unterstützter Handarbeit zusammengebaut (Rahmen und Gabelbau inklusive Steuersätze/Innenantriebe/Beleuchtung).
- Die Komponenten (Lenker, Lenkergriffe, Schalt-, Bremshebel usw.) werden zu einer Baugruppe zusammengebaut (Handarbeit).
- In der Spannerei erfolgt der Zusammenbau der Laufräder in den Arbeitsschritten Einwerfen (Handarbeit), Nippeln (maschinell unterstützte Handarbeit), Zentrieren (Zentrierroboter), Bereifen (Bereifungsrutschen, Gruppenarbeit).

Die **Endmontage** findet an Montagebändern statt. Die Baugruppen/Anbauteile werden bandweise bereitgestellt und am Band in maschinell unterstützter Handarbeit (Elektro-, Luftschrauber) zusammengebaut. Zum Teil werden Montagebänder mit automatischer Rückführung der Montagewagen eingesetzt.

Verpackung: Kundenabhängig werden die Fahrräder in Kartons gestülpt oder in Folie verpackt.

In der Fly Bike Werke GmbH kommen verschiedene Anlagen und Fertigungsverfahren zum Einsatz: An technischen Anlagen und Maschinen werden u. a. Rohrschneideanlagen, Universalroboter, Werkbänke, Schleifmaschinen, Schweißmaschinen, Montagebänder und Lackierautomaten eingesetzt. An Fertigungsverfahren finden sich z. B. Fließ- bzw. Gruppenfertigung, Werkstattfertigung, Serienfertigung und Einzelfertigung.

Arbeitsschritte in der Fertigung der Fly Bike Werke GmbH

Rohfertigung: vollautomatisierte Rohrschneideanlage

Rohfertigung: Rahmen schweißen (Schweißroboter)

Rahmenrohbau

Richterei: Nachbearbeitung des Rahmenrohbaus (fräsen)

Ein Los von Rahmen vor der Lackierung

Klarlackiererei (vollautomatisierte Lackieranlage)

Rahmen und Schutzbleche in der Abdunstzone

Rahmen dekorieren

Anordnung der Rahmen für die Montage

Vormontage: Steuerkopfschalen eindrücken

Vormontage: Sättel montieren

Endmontage: Kettengarnitur montieren

Fertig montierte E-Bikes bereit zur Endkontrolle

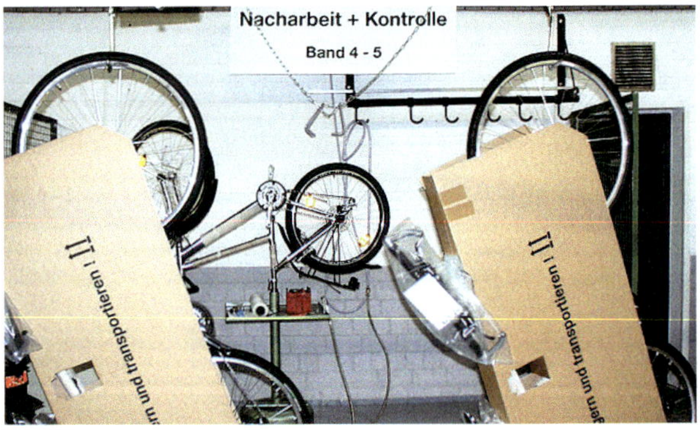

Kettentransportsystem mit verpackten Fahrrädern

6.1 Organisationstypen der Fertigung

Werkstatt-, Fließ- und Gruppenfertigung gehören zu den sogenannten Organisationstypen der Fertigung. Die Unterscheidung nach dem Organisationstyp erfolgt unter dem Gesichtspunkt der **Anordnung der Betriebsmittel** im Fertigungsprozess. Diese kann sich am Verrichtungsprinzip oder am Objektprinzip orientieren.

Organisationstypen der Fertigung

Anordnung der Produktionsfaktoren	Werkstattfertigung	Gruppenfertigung	Fließfertigung
	Verrichtungsorientierung	Objektorientierung	
Charakteristisches Merkmal	räumliche Zusammenfassung von Betriebsmitteln gleicher oder ähnlicher Verrichtung	räumliche Zusammenfassung verschiedener Betriebsmittel zu Funktionsgruppen (Möglichkeit der Anwendung neuer Formen der Arbeitsstrukturierung, z. B. teilautonome Gruppen)	Anordnung der Betriebsmittel und Arbeitsplätze nach der Arbeitsgangfolge (kontinuierlicher Fertigungsfluss wird durch die zeitliche Abstimmung der Arbeitstakte erreicht)
Typischer Anwendungsbereich	Werkzeugmaschinenbau	wie bei der Werkstatt- und Fließfertigung	Konsumgüter- und Kraftfahrzeugindustrie

6.1.1 Werkstattfertigung

Die Werkstattfertigung ist nach dem **Verrichtungsprinzip** organisiert. Dies bedeutet, dass Maschinen, die gleichartige Arbeiten verrichten, zu organisatorischen Einheiten zusammengefasst werden. Die Standorte der Maschinen bestimmen den Fertigungsablauf.

Die Schweißerei oder die Lackiererei sind Beispiele für diesen Organisationstyp. Da die Arbeitsgänge bei der Werkstattfertigung zeitlich nicht genau aufeinander abgestimmt werden können, sind **Lager** für Rohmaterial, Halbfertig- und Fertigerzeugnisse nötig.

Lagerhaltung
LF 7 → Kap. 2

Die Fertigung erfolgt gemäß der im Arbeitsplan aufgeführten Reihenfolge, wobei die Werkstücke auftragsweise von Werkstatt zu Werkstatt transportiert werden müssen. Wegen der fehlenden Abstimmung der Bearbeitungs- und Transportzeiten kann es zu **Wartezeiten** vor den Maschinen und zu hohen Werkstattbeständen kommen.

Arbeitsplan
→ Kap. 5.4.1

Trotz hoher Aufwendungen für Planung und Steuerung können also **lange Durchlaufzeiten** und eine unbefriedigende Termintreue entstehen. Aus Wettbewerbsgründen müssen Unternehmen zunehmend Lieferzeiten reduzieren und kurze Durchlaufzeiten realisieren. Der Kostendruck zwingt Unternehmen dazu, niedrige Umlaufbestände und damit möglichst wenig Kapital im Fertigungsprozess zu binden. Deshalb findet die Werkstattfertigung nur noch Anwendung bei der **Einzel-** oder **Kleinserienfertigung**, wo es auf hohe Flexibilität in der Fertigungstechnologie ankommt.

Durchlaufzeit
→ Kap. 5.4.1

Einzel-/Kleinserienfertigung
→ Kap. 6.2

Materialfluss in Abhängigkeit von der Organisationsstruktur der Fertigung

Zur Fertigung der Produkte P1, P2 und P3 ist die Reihenfolge der auszuführenden Arbeitsgänge in folgender Weise festgelegt:
- P1: Sägen – Drehen – Lackieren – Montieren
- P2: Sägen – Fräsen – Schleifen – Galvanisieren
- P3: Drehen – Lackieren – Montieren

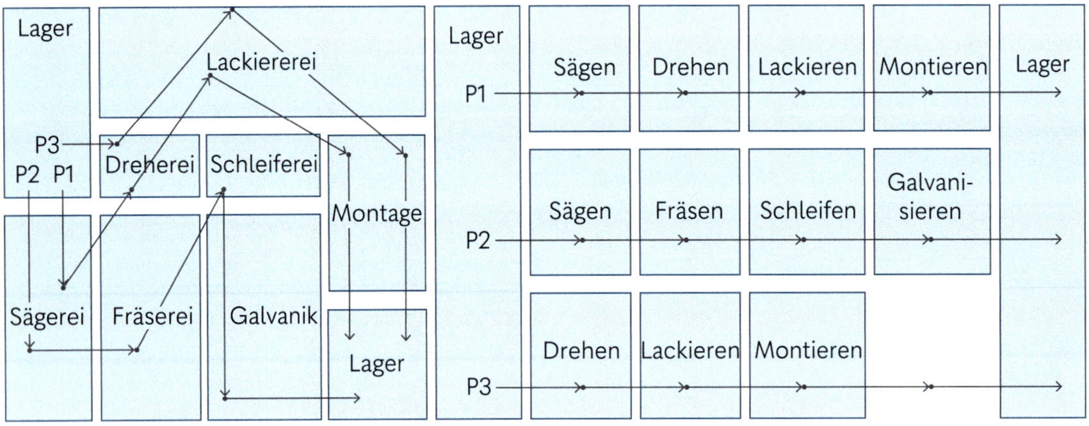

6.1.2 Fließfertigung

Die Fließfertigung ist nach dem **Objektprinzip** organisiert. Die Betriebsmittel/Maschinen werden nach der Reihenfolge der Arbeitsgänge angeordnet, die sich aus dem Arbeitsplan für das zu bearbeitende Objekt (Produkt) ergeben. Aufgrund ihrer hohen Produktivität ist die Fließfertigung der mit weitem Abstand häufigste Organisationstyp industrieller Fertigung. Das Gesetz der Massenproduktion, also die Verteilung auflagefixer Kosten auf eine große Anzahl von Produkten, und die Gewinnung von Rationalisierungsvorteilen durch Arbeitsteilung lassen sich hier optimal verwirklichen.

Degression auflagenfixer Kosten
→ Kap. 7

Rationalisierung
→ Kap. 9

Können die Arbeitnehmer ihr Arbeitstempo selbst bestimmen, spricht man von **Reihenfertigung**. Die zeitlich nicht vollständig aufeinander abgestimmten Teilprozesse an den einzelnen Arbeitsplätzen werden dabei durch Pufferlager aufgefangen.

Zahlreiche Produktionsprozesse in der chemischen oder pharmazeutischen Industrie, aber auch in der Lebensmittel- und Getränkeherstellung dürfen aus verfahrenstechnischen Gründen nicht unterbrochen werden. Ein Stillstand des Prozesses vor seiner Beendigung würde häufig das komplette Fertigungslos unbrauchbar machen. Man bezeichnet diese Form der Fließfertigung daher als **Zwangslauffertigung**.

Unter dem maßgeblichen Einfluss des US-amerikanischen Ingenieurs F. W. Taylor (1856–1915) entstand zu Beginn des 20. Jahrhunderts in den Schlachthöfen und Automobilwerken Chicagos die **Fließbandfertigung**. Bei der Fließbandfertigung werden die Werkstücke mittels Fließbändern von einer Arbeitsstation zur nächsten transportiert. Die Arbeit wird dabei so aufgeteilt, dass an jeder Station nur wenige einfache Arbeitsschritte durchgeführt werden müssen, die auch von angelernten Arbeitern effektiv ausgeführt werden können.

Fließfertigung in der Automobilindustrie: Ford-Werke in Köln-Niehl, 1930er-Jahre und Volkswagenwerk Wolfsburg, 2010

Ihre im Vergleich zur Werkstattfertigung geringe Anpassungsfähigkeit an Marktveränderungen ist eine zentrale Schwachstelle der Fließfertigung. Ein kompletter Modellwechsel ist für Pkw-Hersteller mit Umrüstkosten im mehrstelligen Millionenbereich und einem mehrmonatigen Stillstand der Produktion verbunden.

Hinzu kommen die wegen ihrer Monotonie als „**inhuman**“ empfundenen Arbeitsbedingungen am Fließband. Neben einer hohen **Fluktuation** aufgrund von Verschleißerkrankungen und Frustration stellen Qualitätsmängel ein zentrales Problem der Fließbandfertigung dar. Wegen ihrer langen Durchlaufzeiten und hohen Stückkosten ist die Werkstattfertigung aber in der Regel keine echte Alternative.

inhuman
(lat.) unmenschlich, nicht menschenwürdig

Fluktuation
(lat.) Schwankung, Wechsel; hier der Abgang von Mitarbeitern

6.1.3 Gruppenfertigung

Das Konzept der Gruppenfertigung durch Einrichtung sogenannter **Fertigungsinseln** versucht, die jeweiligen Vorteile beider Organisationstypen zu verbinden und gleichzeitig deren Nachteile zu vermeiden. Dabei wird folgendermaßen verfahren: Werkstücke, die auf den gleichen Betriebsmitteln gefertigt werden können, werden zu Erzeugnisfamilien gebündelt. So entstehen Gruppen von Erzeugnissen mit gleichartigen Bearbeitungsabläufen (z. B. robotergeschweißte Standardrahmen aus Stahlrohr und handgeschweißte Spezialrahmen aus Aluminium).

Sodann sind die entsprechenden Betriebsmittel zur möglichst vollständigen Bearbeitung einer Erzeugnisfamilie nach dem Objektprinzip räumlich und organisatorisch zusammenzufassen. Auf diese Weise erhält man jeweils eine Fertigungsinsel je Erzeugnisfamilie. Die CNC-gesteuerten Betriebsmittel weisen eine hohe Flexibilität bei gleichzeitig hoher Produktivität auf. Innerhalb der Fertigungsinsel erfolgt der Transport der Werkstücke nach dem Flussprinzip, sodass die Teile an einem Ort in einem Zuge komplett bearbeitet werden können.

CNC-Maschinen
→ Kap. 6.3

autonom
(gr.) selbstbestimmt

Den Mitarbeitern der Fertigungsinsel werden möglichst alle den Ablauf vor Ort betreffenden Aufgaben übertragen, z. B. aus den Bereichen Arbeitsplanung, Terminsteuerung oder Qualitätssicherung. Die Mitarbeitenden handeln als weitgehend **autonome** Arbeitsgruppen, die Planungs-, Entscheidungs- und Kontrollaufgaben innerhalb vorgegebener Rahmenbedingungen selbstständig wahrnehmen. Damit die Vorteile des übersichtlichen Zusammenwirkens erhalten bleiben können, umfassen die Gruppen etwa sechs bis acht Personen. Um die Fertigungsinsel bei Ausfällen, z. B. durch Krankheit oder Urlaub, funktionsfähig halten zu können, müssen die Mitglieder der Gruppe jeweils mehrere verschiedene Aufgaben innerhalb des gesamten Aufgabenspektrums beherrschen. Die für die Fließfertigung typische starre Arbeitsteilung ist aufzugeben.

6.1.4 Baustellenfertigung

In Betrieben der Bauwirtschaft und des Großanlagenbaus ist die Baustellenfertigung anzutreffen. Dabei müssen sämtliche Produktionsfaktoren (Betriebsmittel, Materialien und Arbeitskräfte) an den Ort gebracht werden, an dem das Produkt (Wohn- oder Geschäftsgebäude, Brücke, Fabrikhalle, Kraftwerk usw.) seine spätere Verwendung finden soll. Um sowohl die Baukosten als auch die Erstellungszeiten zu senken, wird häufig mit vorgefertigten Bauteilen gearbeitet, die nach einem Baukastensystem zusammengeführt werden.

6.2 Produktionstypen der Fertigung (Fertigungstypen)

Lernvideo: Produktionstypen

Unter dem Gesichtspunkt der Wiederholung gleicher oder ähnlicher Erzeugnisse wird zwischen Einzel-, Serien-, Sorten- und Chargen- und Massenfertigung unterschieden.

Produktionstypen der Fertigung

	Einzelfertigung	Serienfertigung	Sortenfertigung	Chargenfertigung	Massenfertigung
Charakteristisches Merkmal	– Erstellung eines einzelnen Produkts – direkte Ausrichtung auf Kundenwünsche	– Produktion einer begrenzten Zahl identischer Erzeugnisse – Problem hoher Rüstkosten	– Produktion mehrerer Varianten eines Grundprodukts – verschiedene Ausgangmaterialien für verschiedene Sorten	– Produktion mehrerer Chargen (Charge = Füllmenge eines Produktionsvorganges) – häufig Qualitätsunterschiede zwischen den Chargen	– Produktion von Standardprodukten – Produktionsprozess nach festgelegtem Standardablauf
Typischer Anwendungsbereich	– Anlagenbau – Werkzeugmaschinenbau – Kreuzfahrtschiffe	– Elektrogeräte – Automobile	– Bekleidungsindustrie – Getränkeindustrie – Konservenherstellung	– keramische Industrie – Stahlindustrie – chemische Industrie	– Lebensmittelindustrie – Schrauben

Bei der **Einzelfertigung** wird ein ganz bestimmtes Erzeugnis in genau dieser Art nur ein einziges Mal gefertigt.

Bei der **Serienfertigung** werden mehrere Produktarten oder Varianten eines Grundtyps in unterschiedlichen Mengen gefertigt. Die Produktarten und -varianten unterscheiden sich konstruktiv deutlich voneinander. Die Serienfertigung ist der am weitesten verbreitete Produktionstyp in der Industrie.

Bei der Umstellung von einer Serie auf eine andere muss der Fertigungsprozess unterbrochen werden, um die Betriebsmittel umzurüsten. So müssen häufig die an einer Maschine zum Einsatz kommenden Werkzeuge gewechselt und die Maschineneinstellungen verändert werden. Die Fertigung der verschiedenen Fahrradmodelle bei der Fly Bike Werke GmbH ist hierfür ein gutes Beispiel.

Bei der **Sortenfertigung** werden aus dem gleichen Rohstoff verschiedene Ausprägungen (Sorten) des gleichen Produkts gefertigt (z. B. Stahlprofile, Zementsorten). Die Erzeugnisse sind eng miteinander verwandt und unterscheiden sich nur in Merkmalen wie z. B. Größe, Farbe und Design. Die verschiedenen Sorten werden in der gleichen Fertigungsfolge und auf denselben Maschinen hergestellt, sodass nur geringe Umrüstungen erforderlich sind. In der Lebensmittelindustrie werden z. B. unterschiedliche Sorten durch die Verwendung unterschiedlicher Rezepturen erzielt.

Bei der **Chargenfertigung** z. B. in Stahlwerken, Spinnereien oder bei Tapetenproduzenten treten regelmäßig ungewollte Qualitätsunterschiede zwischen den verschiedenen Produktionsmengen (Chargen) gleicher Produkte auf. Verantwortlich für diese Abweichungen sind zum einen nicht zu vermeidende Qualitätsunterschiede der zumeist natürlichen Rohstoffe (Eisenerz, Rohkaffee usw.), zum anderen lassen sich die Produktionsprozesse häufig nicht vollständig kontrollieren.

Absolut gleiche Produktqualität kann daher immer nur für die Produkte einer Charge garantiert werden, sodass diese Produkte stets mit einer Chargennummer zu versehen sind. Weiterhin ist bei der Herstellung und Lagerung auf eine sorgfältige Trennung der Chargen und eine Vermeidung von dann unverkäuflichen Restposten zu achten.

Von **Massenfertigung** spricht man, wenn Standardprodukte in grundsätzlich unbegrenzter Menge hergestellt werden. Da die Produkte und Herstellungsprozesse wenig Veränderungen erfahren, können kurze Durchlaufzeiten und wenig Stillstandszeiten für Umrüstungen erreicht werden. Das Material kann maschinell transportiert werden und die Steuerung bezieht sich nur noch auf die Reihenfolge. Zu beachten ist, dass die Fertigungsanlagen nach dem Fließprinzip nicht zu lang werden, weil sonst die Gefahr des Ausfalls der gesamten Fertigungsanlage zunimmt, wenn nur ein Arbeitssystem ausfällt. Eine solche Kettenreaktion ist unerwünscht und kann durch gesteuerte Puffer vermieden werden.

6.3 Flexibilisierung der Fertigungsstrukturen

Die Wettbewerbssituation hat sich in den letzten Jahrzehnten für viele Unternehmen drastisch verschärft. Die Kunden verlangen zunehmend, dass sie zwischen „individuellen“ Ausstattungsvarianten eines Produktes wählen können. Das Produktsortiment muss in immer kürzeren Abständen aktualisiert und an die veränderten Kundenwünsche angepasst werden. Die zunehmende **Variantenvielfalt** hat zur Folge, dass
- sich auch die **Teilevielfalt** erhöht und damit sowohl Materialdisposition als auch Lagerhaltung komplexer werden,
- die auszuführenden **Arbeitsgänge** zahlreicher und die Steuerung der Fertigung komplexer werden,
- immer geringere **Losgrößen** produziert werden müssen.

Losgröße
→ Kap. 5.8

Variantenvielfalt und Fertigungsstrukturen

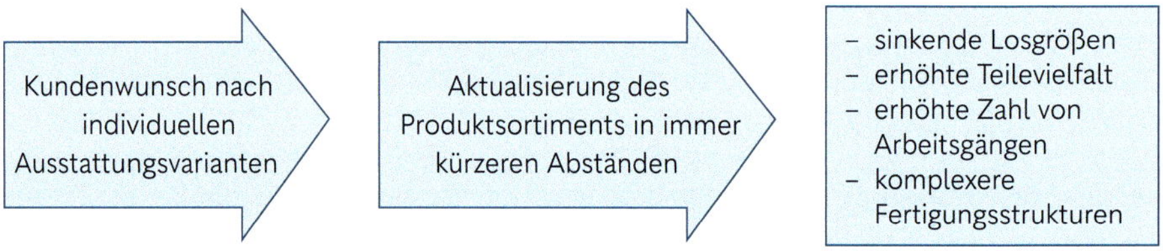

Eine **Flexibilisierung** der Fertigungsstrukturen soll eine Umstellung der Produktionsanlagen zu möglichst geringen Kosten bewirken. Die Flexibilität ist abhängig von der Wahl des Organisationstyps. Bei einer **objektorientierten** Fertigungsorganisation ermöglicht die starre Produktionsstruktur nur einen Weg im Ablauf des Materialflusses. Bei der **verrichtungsorientierten** Fertigungsorganisation hingegen bieten sich unterschiedliche Wege für die einzelnen Produktvarianten an.

Objekt- und Verrichtungsorientierung
→ Kap. 6.1

Bei der Entwicklung und Vermarktung neuer Erzeugnisse ist es empfehlenswert, sich nicht nur an den bestehenden Fertigungseinrichtungen zu orientieren, sondern auch über **neue Strukturen und Technologien** in der Fertigung nachzudenken. Am besten tut man das, wenn man zusammen mit der Produktentwicklung die Weichen für neue Erzeugnisse stellt.

Am weitesten vorangeschritten erscheint der Wunsch nach maximaler Flexibilisierung bei der Einrichtung von **flexiblen Fertigungssystemen** (FFS). Dies sind hochkomplexe Maschinensysteme, die zunächst aus einer Reihe sich ergänzender oder ggf. auch ersetzender **CNC-Maschinen** gebildet werden. Ergänzt werden diese um ein sämtliche Arbeitsstationen verbindendes, gleichfalls automatisiertes Transportsystem. Den Werkzeugwechsel übernehmen Roboter, die die notwendigen Werkzeuge den aufgabenspezifisch bestückten Werkzeugmagazinen an den Bearbeitungsstationen entnehmen. Datenbankbasierte Informationssysteme koordinieren sämtliche Operationen und überwachen den Fertigungsablauf. Die besondere Stärke flexibler Fertigungssysteme liegt in der Vielfalt von Aufgaben, die sie in stetigem Wechsel parallel oder nacheinander wahrnehmen können. So lassen sich auch kleinste Serien zu minimalen Kosten realisieren.

CNC-Maschinen
programmierbare bzw. von Rechnern gesteuerte Maschinen (CNC = computerized numerical control)

Ansätze zur stärkeren Flexibilisierung und Kostenersparnis in der Fertigung:
- Die Probleme, die bei der Einzelfertigung z. B. im Hinblick auf relativ geringe Rationalisierungsmöglichkeiten auftreten, können durch den Einsatz flexibler Fertigungssysteme gemildert werden. Wenn die Automatisierung so weit geht, dass auch der Materialfluss zwischen den Maschinen rechnergesteuert abläuft (über CNC-Maschinen), kann man im System Puffer auf- und abbauen und beim Ausfall einer Maschine eine Ersatzmaschine einsetzen.
- Um der Komplexität der Produktion entgegenzuwirken, wird in vielen Unternehmen versucht, bereits in der Produktentwicklung die **Verwendung von Standard-/Gleichteilen** einzuplanen und die Konstruktion zu vereinfachen. Darüber hinaus setzt die Variantenbildung erst auf einer sehr späten Produktionsstufe ein und die Zahl der Varianten wird begrenzt. Einheitliche Produktionsprozesse (z. B. **Fließ- und Fließbandfertigung**) werden entkoppelt und unterschiedliche Organisationsformen der Fertigung neben- bzw. nacheinander eingesetzt.
- Bei der **Fertigungstiefenoptimierung** löst der beste Lieferant für Einzelteile oder Aggregate die Eigenfertigung ab. Dies führt zur Konzentration der Fertigung auf die Kernteile, die die Funktionalität und die Akzeptanz des Produktes ausmachen.

Rationalisierung
→ Kap. 9

ÜBERSICHT: Fertigungsverfahren

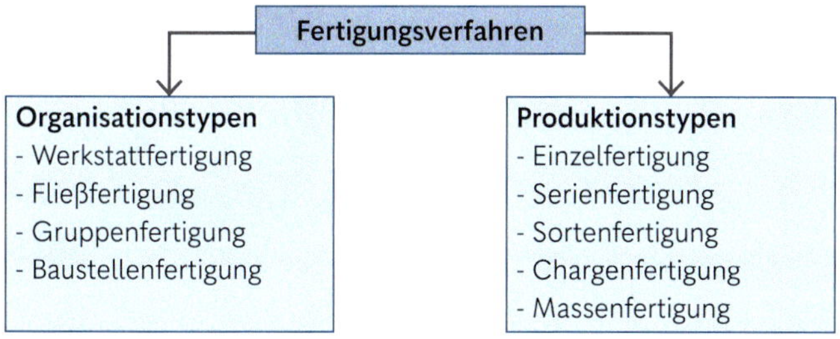

Alles klar?

1 Die industrielle Produktion verläuft in der Realität äußerst vielseitig. Nennen Sie die zwei Gesichtspunkte, unter denen verschiedene Typen der Produktionsprozessgestaltung unterschieden werden können.

2 Unterscheiden Sie die Produktionstypen Serien- und Sortenfertigung. Führen Sie jeweils ein Beispiel an.

3 Erläutern Sie den Unterschied zwischen Werkstatt- und Fließfertigung. Beurteilen Sie beide Organisationstypen.

4 Stellen Sie für die folgenden Beispiele fest, welcher Produktions- und welcher Organisationstyp vorliegt:

a In einem Elektrizitätswerk wird stets das gleiche Produkt in unbegrenzter Menge hergestellt.

b In einer Maßschneiderei fertigt man Anzüge nach Kundenwunsch.

c In einem Automobilwerk werden unterschiedliche Autos (Klein- und Mittelklassewagen, Bullis) am Band mit fester Zeitvorgabe montiert.

d In einem Blechwalzwerk stellt man verschieden starke Bleche auf einer Walzstraße her. Aus technischen Gründen darf der Produktionsprozess während der Herstellung eines Fertigungsloses nicht unterbrochen werden.

e In einer Maschinenfabrik werden verschiedene Werkzeugmaschinen auf einer Produktionsstraße mit Stauräumen hergestellt. Aufgrund der Stauräume besteht kein Zeitzwang.

5 Stark standardisierte und sich häufig wiederholende Arbeitsprozesse, z. B. bei der Fließbandfertigung, werden von den Mitarbeitern häufig als sehr monoton (eintönig) erlebt.

a Beschreiben Sie vier negative Folgen, die sich aus der Eintönigkeit von Arbeitsprozessen ergeben können.

b Erläutern Sie zwei wirksame Maßnahmen gegen Monotonie am Arbeitsplatz.

6 Ein Hersteller von hochwertigen Wälz- und Kugellagern für die Kraftfahrzeug- und Maschinenbauindustrie stellt seine Produkte bislang in Werkstättenfertigung her. Beständig steigende Herstellkosten haben die Wettbewerbsposition des Herstellers jedoch immer mehr verschlechtert. Daher denkt die Unternehmensleitung über eine Umstellung auf Gruppenfertigung nach.

a Beschreiben Sie, wie sich eine Gruppenfertigung (Inselfertigung) von einer reinen Werkstättenfertigung unterscheidet.

b Formulieren Sie zwei Argumente dafür, dass eine Umstellung auf Gruppenfertigung langfristig sinkende Herstellkosten ermöglichen kann.

c Beschreiben Sie zwei Risiken, die mit einer solchen Umstellung der Fertigungsorganisation verbunden wären.

7 Kosten und betriebliche Leistungserstellung

AB → Lernsituation 62

Bei der betrieblichen Leistungserstellung entstehen durch den Verbrauch von Produktionsfaktoren Kosten. **Kosten** sind sachzielbezogene und bewertete Güterverbräuche eines Unternehmens in einer Rechnungsperiode. Aufgabe der **Kosten- und Leistungsrechnung** ist es, diese präzise zu ermitteln.

Kosten- und Leistungsrechnung
LF 8

Auf dem mengenmäßigen Faktoreinsatz baut die Ermittlung der entstandenen Kosten auf. Aus dem Produkt von Menge und Preis der eingesetzten Produktionsfaktoren ergibt sich der kostenorientierte Wert eines Produktes. So können z. B. Material- und Fertigungskosten ermittelt werden.

Den Kosten werden die Leistungen gegenübergestellt. **Leistungen** sind sachzielbezogene und bewertete Gütererstellungen eines Unternehmens in einer Rechnungsperiode. Sie umfassen die Menge der in einer Abrechnungsperiode hergestellten Produkte bzw. Dienstleistungen, die ebenfalls mit entsprechenden Preisen bewertet werden. Die in einer Abrechnungsperiode verkauften Leistungen sind die sogenannten Umsatzerlöse. Der nicht verkaufte Teil geht ins Lager für Fertigerzeugnisse (Lagerleistungen). Auch diese Mengen müssen mit entsprechenden Preisen bewertet werden.

Leistungen = Umsatzerlöse + Lagerleistungen

Durch Gegenüberstellung von Kosten und Leistungen einer Abrechnungsperiode kann das sogenannte **Betriebsergebnis** ermittelt werden:

Betriebsergebnis = Leistungen – Kosten
Betriebsergebnis = $x \cdot p - x \cdot k$

x = Stück
p = Verkaufspreis
k = Stückkosten

BEISPIEL: Für das Modell Trekking *Light* setzt sich im Jahr 20XX das Betriebsergebnis aus folgenden Zahlen zusammen:

Leistungen (Umsatzerlöse)	628.425,00 €
– Kosten	739.323,00 €
= Betriebsergebnis	– 110.898,00 €

Lagerleistungen für das Modell Trekking *Light* wurden 20XX nicht erbracht. Per Saldo liegt eine Bestandsminderung an fertigen und unfertigen Erzeugnissen dieses Modells in Höhe von 46.656 € vor, die in den Kosten berücksichtigt wurde.

Für das Modell Trekking *Light* ist im Jahr 20XX ein negatives Betriebsergebnis erwirtschaftet worden. Im Rahmen einer Analyse von Kosten und Leistungen für dieses Modell müsste festgestellt werden, wo im Detail die Gründe für dieses Ergebnis zu suchen sind.

Erwerbswirtschaftlich ausgerichtete Betriebe wie die Fly Bike Werke GmbH orientieren sich am Prinzip der **Gewinnmaximierung**. Dazu müssen sie wirtschaftlich handeln, indem sie für die Herstellung einer bestimmten Produktmenge versuchen, die kostenminimale Kombination an Produktionsfaktoren (Faktorkombination) zu wählen (**Minimalprinzip**). Dies erfolgt nicht nur für ein Produkt des Unternehmens, sondern für die gesamte Produktpalette. Ob ein Unternehmen seine Produkte effizient herstellt, ist an der Kennzahl der **Wirtschaftlichkeit** zu ersehen:

Minimal- und Maximalprinzip
→ Kap. 9

$$\text{Wirtschaftlichkeit} = \frac{\text{Leistungen}}{\text{Kosten}}$$

BEISPIEL: Bezogen auf die vorliegenden Zahlen, ergibt sich für das Modell Trekking *Light* folgende Kosten-Wirtschaftlichkeit:

$$\text{Wirtschaftlichkeit} = \frac{628.425{,}00\,€}{739.323{,}00\,€} \approx 0{,}85$$

Bei einem positiven Betriebsergebnis liegt die Kosten-Wirtschaftlichkeit über 1 (> 1). Bei einem negativen Betriebsergebnis liegt die Kosten-Wirtschaftlichkeit unter 1 (< 1).

Als **Kosteneinflussgrößen** werden unterschiedliche Faktoren bezeichnet, die einen Einfluss auf die Höhe und die Veränderung der Kosten haben. Hierzu zählen z. B. die Betriebsgröße, das Fertigungsprogramm, die Organisation des Fertigungsablaufs und die Menge der hergestellten Produkte. Alle Kosteneinflussgrößen lassen sich letztlich auf die drei Hauptbestimmungsfaktoren Faktorpreise, Faktorqualität und Faktorproportionen (Mengenverhältnis der Faktoren zueinander) zurückführen.

Eine wichtige Kosteneinflussgröße ist der sogenannte **Beschäftigungsgrad**. Der Beschäftigungsgrad ist die Kapazitätsauslastung in einem bestimmten Zeitraum.

$$\text{Beschäftigungsgrad (Kapazitätsauslastung)} = \frac{\text{tatsächlich genutzte Kapazität} \cdot 100}{\text{vorhandene Kapazität (optimale Kapazität)}}$$

Es lassen sich verschiedene Kapazitätsarten unterscheiden:
- Die **Maximalkapazität** bezeichnet die technisch gesehen höchstmögliche Leistung. Sie wird auch technische Kapazität genannt.
- Die **Optimalkapazität** liegt im Regelfall unter der Maximalkapazität und bezeichnet die Inanspruchnahme, bei der der Wirkungsgrad der Leistung am wirtschaftlichsten ist. Sie wird auch wirtschaftliche oder optimale Kapazität genannt.

Kosten, die vom Beschäftigungsgrad abhängig sind, werden als **variable Kosten** bezeichnet. Diese Kosten steigen bei steigenden Produktionsmengen und sinken bei rückläufigen Produktionsmengen. Kosten, die vom Beschäftigungsgrad unabhängig sind (z. B. Mieten, Gehälter, Abschreibungen), werden hingegen als **fixe Kosten** bezeichnet.

Die Fixkosten lassen sich in Nutz- und Leerkosten unterteilen:

Fixkosten = Nutzkosten + Leerkosten

Nutzkosten sind die Kosten der genutzten Kapazität. **Leerkosten** sind die Kosten der nicht genutzten Kapazität. Je höher der Beschäftigungsgrad ist, desto höher ist der Anteil der Nutzkosten, je niedriger der Beschäftigungsgrad ist, desto höher ist der Anteil der Leerkosten.

Aus den folgenden Grafiken ist zu sehen, dass der Beschäftigungsgrad zwar keinen Einfluss auf die fixen Gesamtkosten hat, aber einen großen Einfluss auf die Fixkosten pro Stück.

Gesamt- und Stückkostenverläufe

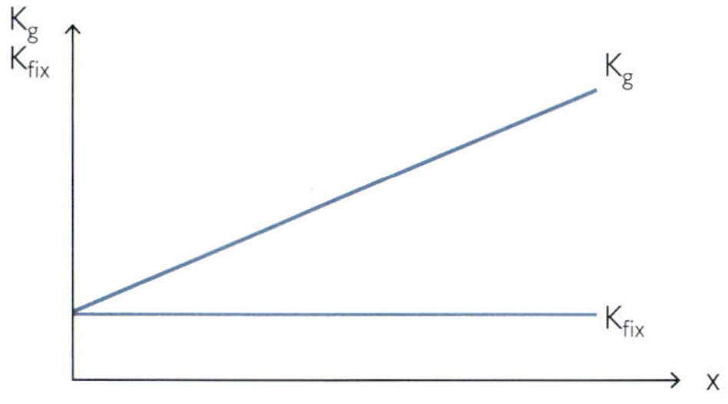

Gesamtkostenverlauf: $K_g = K_{fix} + x \cdot k_{var}$

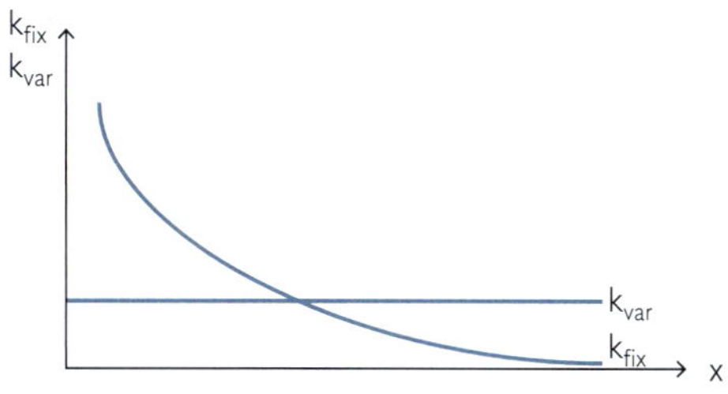

Stückkostenverlauf: $k = K_g : x$

Die Grafik zu den Stückkostenverläufen zeigt: Je größer die produzierte Menge ist, desto geringer sind die Fixkosten pro Stück. Dieses Sinken der Fixkosten pro Stück mit zunehmender Beschäftigung wird als **Fixkostendegression** (auch: Beschäftigungsdegression) bezeichnet.

Eine ähnliche Form von Degression gibt es bei den auflagenfixen Kosten. **Auflagenfixe Kosten** sind Kosten, die entstehen, wenn im Rahmen der Serienfertigung eine Produktionsanlage von einem Produkt auf ein anderes umgestellt wird. Auflagenfixe Kosten treten also einmal je Fertigungslos auf und sind unabhängig von der Losgröße. Je größer das Los, desto geringer sind die auflagenfixen Kosten pro Stück. Dieses Sinken der auflagenfixen Kosten pro Stück mit zunehmender Losgröße wird als **Auflagendegression** bezeichnet.

auflagenfixe Kosten
→ Kap. 5.8

Losgröße
→ Kap. 5.8

Auflagendegression

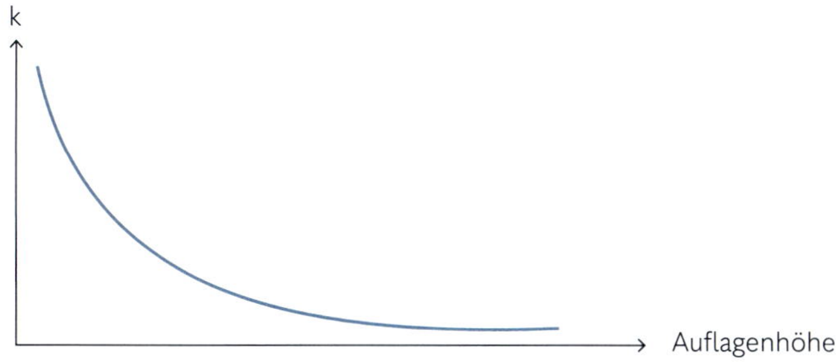

Stückkostenverlauf: $k = K/x$

Wenn ein Produkt nicht wirtschaftlich ist (also ein negatives Betriebsergebnis erwirtschaftet), kann es sein, dass es trotzdem im Produktions- und Absatzprogramm verbleibt. Denn möglicherweise leistet das Produkt einen Beitrag zur Deckung der Fixkosten, auf den das Unternehmen nicht verzichten möchte. Dieser sogenannte **Deckungsbeitrag** ist die Differenz zwischen den Umsatzerlösen und den variablen Kosten eines Produktes.

Deckungsbeitrag = Umsatzlöse – variable Kosten

Deckungsbeitrag
LF 8 → Kap. 4.1

Man kann den Deckungsbeitrag der Gesamtmenge eines Produktes (DB), aber auch den Deckungsbeitrag pro Stück (db) berechnen.

BEISPIEL: Der **Deckungsbeitrag/Stück (db)** des Modells Trekking *Light* ergibt sich aus folgender Rechnung:

Barverkaufspreis netto	418,95 €/Stück	(bei durchschn. 30 % Wiederverkäuferrabatt)
– variable Stückkosten	390,42 €/Stück	
= Stückdeckungsbeitrag	28,53 €/Stück	

Jedes verkaufte Trekking-Rad *Light* trägt also mit 28,53 € zur Deckung der fixen Kosten bei. Das reicht offensichtlich aus, um das Modell weiterhin im Produktions- und Absatzprogramm zu halten, obwohl es ein negatives Betriebsergebnis erwirtschaftet.

Der **Gesamtdeckungsbeitrag (DB)** des Modells ergibt sich aus dem Produkt des Deckungsbeitrags/Stück (db) und dem Absatz in der zu betrachtenden Periode. Im Jahr 20XX wurde das Modell Trekking *Light* 1 500-mal verkauft.

Der Gesamtdeckungsbeitrag (DB) beträgt 1 500 Stück · 28,53 €/Stück = 42.795,00 €.

Break-even-Point

LF 8 → Kap. 4.1

Auf längere Sicht muss ein Unternehmen jedoch kostendeckend wirtschaften und auch Gewinne erzielen. Somit ist es wichtig zu wissen, ab welcher Absatzmenge ein Produkt variable wie fixe Kosten vollständig deckt bzw. die Schwelle für die Erzielung eines Gewinns erreicht. Diese sogenannte **kritische Menge** wird auch als **Break-even-Point** oder **Gewinnschwelle** bezeichnet.

Ermittlung der kritischen Menge x:

Gesamterlöse = Gesamtkosten

$$\text{Preis} \cdot x = \text{fixe Kosten} + \text{variable Kosten} \cdot x$$

Alternativer Rechenweg:

$$x = \frac{\text{fixe Kosten}}{\text{Deckungsbeitrag je Stück}}$$

BEISPIEL: Die fixen Kosten für das Modell Trekking *Light* betragen 153.693,00 €.
Die kritische Menge lässt sich also folgendermaßen ermitteln:
Gesamterlöse = Gesamtkosten

$$418{,}95\,€ \cdot x = 153.693{,}00\,€ + 390{,}42\,€ \cdot x$$
$$28{,}53\,€ \cdot x = 153.693{,}00\,€$$
$$x = 5\,387{,}07$$

Der alternative Rechnungsweg ist, dass die fixen Kosten direkt durch den Deckungsbeitrag/Stück des Produkts dividiert werden:

$$x = \frac{153.693{,}00\,€}{28{,}53\,€} = 5\,387{,}07$$

Ab einem Absatz von 5 388 Stück kann die Fly Bike GmbH mit dem Modell Trekking *Light* also einen Gewinn erwirtschaften.

Das Verhältnis von fixen und variablen Kosten hat Einfluss darauf, wie gut Betriebe sich **an Beschäftigungsschwankungen anpassen** können. Für Betriebe mit einem hohen Anteil an variablen Kosten ist dies leichter als für Betriebe mit einem hohen Anteil an fixen Kosten. Doch auch bei hohen Fixkosten haben Betriebe verschiedene Möglichkeiten, auf Beschäftigungsschwankungen zu reagieren:

- **Zeitliche Anpassung:** z. B. Überstunden bzw. Abbau von Überstunden, Kurzarbeit
- **Intensitätsmäßige Anpassung:** z. B. Steigerung oder Reduktion der Fertigungsgeschwindigkeit
- **Quantitative Anpassung:** Kauf oder Verkauf von Maschinen, Entlassung oder Neueinstellung von Arbeitskräften

Eine mögliche Form der quantitativen Anpassung kann darin bestehen, die Fertigungstiefe für ein Produkt zu reduzieren und bestimmte Bauteile nicht mehr selbst herzustellen (**Eigenfertigung**), sondern sie zu kaufen (**Fremdbezug**). Wird ein Bauteil fremdbezogen, fallen nur variable Kosten (Bezugspreis · x) und keine Fixkosten an. Bei geringen Stückzahlen kann der Fremdbezug also deutlich günstiger als die Eigenfertigung sein. Bei hohen Stückzahlen ist es hingegen umgekehrt. Wichtig ist auch hier, die **kritische Menge** zu ermitteln.

Fertigungstiefe
→ Kap. 3.1

Eigenfertigung oder Fremdbezug (Make or Buy)
LF 8 → Kap. 4.5

Ermittlung der kritischen Menge x:

Gesamtkosten der Eigenfertigung = Gesamtkosten des Fremdbezugs
fixe Kosten + variable Herstellkosten · x = Bezugspreis · x

Unterhalb der kritischen Menge ist der Fremdbezug günstiger, oberhalb ist die Eigenfertigung günstiger.

ÜBERSICHT: Kosten und betriebliche Leistungserstellung

Kosten und Leistungserstellung: wichtige Kennzahlen		
Betriebsergebnis = Leistungen – Kosten	**Wirtschaftlichkeit =** $\frac{\text{Leistungen}}{\text{Kosten}}$	**Beschäftigungsgrad (Kapazitätsauslastung) =** $\frac{\text{genutzte Kapazität} \cdot 100}{\text{vorhandene Kapazität}}$
Deckungsbeitrag (DB) = Umsatzerlöse – variable Selbstkosten	**Deckungsbeitrag je Stück (db) =** Verkaufspreis – variable Selbstkosten je Stück	**Gewinnschwelle (kritische Menge) =** $\frac{\text{fixe Kosten}}{\text{Deckungsbeitrag je Stück}}$

Alles klar?

1 Die Frischluft AG hat sich auf die Herstellung von Klimageräten spezialisiert. Mit den Geräten hat sie bisher vor allem Arztpraxen, medizinische Massagepraxen und Rechtsanwaltskanzleien ausgestattet. Zunehmend werden die Geräte auch von Privathaushalten abgenommen. Dem Unternehmen ist eine Fortentwicklung seines bisher produzierten Klimagerätes gelungen, das ihm Marktvorteile verschafft.

Die Geschäftsleitung ruft die Abteilungsleiter zu einer Lagebesprechung zusammen. Auf die günstige Situation soll mit Investitionen in den Bau einer neuen Produktionsanlage reagiert werden, auf der ausschließlich das neu entwickelte Produkt hergestellt werden soll. Drei Produktionsverfahren mit einer jeweiligen Kapazität von 10 000 Geräten pro Jahr stehen zur Auswahl:

Verfahren 1: Die fixen Kosten betragen 0,75 Mio. € (jährlich), die variablen Kosten je Stück 1.750,00 €.

Verfahren 2: Fixe Kosten fallen in Höhe von 2 Mio. € (jährlich) an, die variablen Kosten je Stück betragen 1.500,00 €.

Verfahren 3: Mit diesem Verfahren würde die Fertigung automatisiert. Die fixen Kosten betragen 4,95 Mio. € (jährlich), die variablen Kosten je Stück nur noch 1.100,00 €.

a Stellen Sie rechnerisch fest, ab welcher Produktionsmenge mit Verfahren 3 kostengünstiger als mit Verfahren 2 gearbeitet werden kann.

b Erstellen Sie eine Grafik, in der der Gesamtkostenverlauf der drei Verfahren dargestellt wird.

c Der Verkaufsleiter berichtet, dass er aufgrund von Markterkundungen in den nächsten fünf Jahren mit der folgenden Absatzentwicklung für das neu entwickelte Gerät rechnet (Zahlen in Tausend):

X1	X2	X3	X4	X5
5	7	9	10	10

Voraussetzung für diese Entwicklung ist, dass der technische Vorsprung gehalten werden kann. Der Marktpreis für ein Klimagerät soll 2.500,00 € betragen. Ermitteln Sie das Betriebsergebnis in den einzelnen Jahren unter Einsatz von Produktionsverfahren 3.

2 Die monatliche Gesamtkapazität eines Industriebetriebes für ein bestimmtes Produkt liegt bei 50 000 Stück. Bei einer Kapazitätsauslastung von 80 % betrugen die Gesamtkosten 1.625.000,00 €.

Um das Verhältnis von fixen und variablen Kosten zu bestimmen, wurde eine weitere Kostenanalyse bei einer Auslastung von 70 % durchgeführt. Dabei betrugen die Gesamtkosten 1.500.000,00 €.

Der Verkaufspreis des Produktes liegt bei 45,00 €/Stück.

a Ermitteln Sie die variablen Stückkosten und die fixen Gesamtkosten.

b Bestimmen Sie zunächst zeichnerisch die Gewinnschwelle für das beschriebene Produkt.

c Ermitteln Sie nun auch rechnerisch die kritische Menge.

d Erläutern Sie zwei mögliche Gründe, warum das Industrieunternehmen auch unterhalb der Gewinnschwelle kurzfristig weiterproduziert.

3 Kostenarten

a Aus der Buchhaltung der WEMA GmbH – eines Herstellers von Tischen – sind folgende Kostenarten zu entnehmen: Gehälter, Materialkosten, Energiegrundgebühren, Telefongesprächsgebühren, Versicherungen, Miete. Prüfen Sie, ob es sich bei den genannten Kostenarten um fixe oder variable Kosten handelt.

b Die betriebswirtschaftliche Auswertung für die abgelaufenen zwei Monate ergeben bei der WEMA GmbH folgende Daten:

	Monat 1	**Monat 2**
Kapazität (Tische/Monat)	11 200	11 200
Preis (€/Tisch)	180,00 €	180,00 €
Beschäftigungsgrad (%)	85 %	72 %
Gesamtkosten €	752.160,00 €	667.712,00 €

Ermitteln Sie für die Geschäftsleitung die nachfolgenden Größen:

ba die Anzahl der tatsächlich hergestellten Tische in den beiden Monaten,

bb die Erlöse (E) der beiden Monate; dabei ist zu unterstellen, dass die gemäß Beschäftigungsgrad produzierten Mengen auch verkauft wurden,

bc die jeweiligen Monatsgewinne,

bd die gesamten Stückkosten für jeden Monat (k),

be die variablen Stückkosten (k_{var}),

bf die Fixkostenanteile (K_{fix}) an den Gesamtkosten pro Monat.

c Unterscheiden Sie zwischen Stückkosten und Gesamtkosten.

4 Die Krause GmbH, ein Zulieferbetrieb der Automobilindustrie, fertigt verschiedene Kunststoffteile und Baugruppen aus Kunststoff. Die Kunststoffteile werden einheitlich in Fließfertigung hergestellt, die komplexen Baugruppen werden gemäß den Kundenvorgaben in Gruppenfertigung zusammengebaut.

a Erläutern Sie die wichtigsten organisatorischen Merkmale, nach denen der Fertigungsablauf der Kunststoffteile und der Baugruppen gestaltet ist.

b Erläutern Sie je einen Vorteil für die beteiligten Arbeitnehmer und für die Krause GmbH, der mit dem Einsatz der Gruppenfertigung verbunden ist.

c Auf einer Spritzgussmaschine können in einer Stunde maximal 1 500 Stück gefertigt werden. Zurzeit werden im Durchschnitt 1 300 Stück produziert. Die Maschine läuft 300 Stunden im Monat. Die fixen Kosten der Maschine betragen 20.000,00 € im Monat. Der Materialverbrauch verursacht 0,10 € pro Stück, der Arbeitslohn pro Stück 0,02 €. Das Stück wird zu 0,19 € verkauft.

ca Wie viel % beträgt der Beschäftigungsgrad?

cb Wie viel € betragen die Kosten pro Stück, wie viel € die Gesamtkosten an diesem Arbeitsplatz pro Monat?

cc Wie viel € betragen die Gesamtkosten pro Stück an diesem Arbeitsplatz bei einem Beschäftigungsgrad von 70 %?

cd Erläutern Sie an diesem Beispiel die Fixkostendegression.

AB → Lernsituation 63

8 Qualitätsmanagement

8.1 Qualitätssicherung

Normung
Vereinheitlichung von Formen, Größen und Qualitäten von Einzelteilen und einfachen Erzeugnissen

DIN
Deutsches Institut für Normung:
www.din.de

Traditionelle Verfahren der Qualitätssicherung orientieren sich insbesondere an mess- und prüfbaren physikalischen Merkmalen von Produkten. Mithilfe von Mess- und Prüfvorrichtungen wird die Beschaffenheit des Produktes ermittelt und mit vorab definierten Vorgaben verglichen. Bei der Definition dieser Qualitätsmerkmale wird gern auf technische Normen zurückgegriffen.

In diesem traditionellen Sinne kann Qualität als die Erfüllung technischer Vorgaben („**Normgerechtigkeit**") verstanden werden (vgl. DIN 1319).

BEISPIEL: Technische Qualitätsmerkmale einer verzinkten Sechskantschraube mit Schaft nach DIN 931

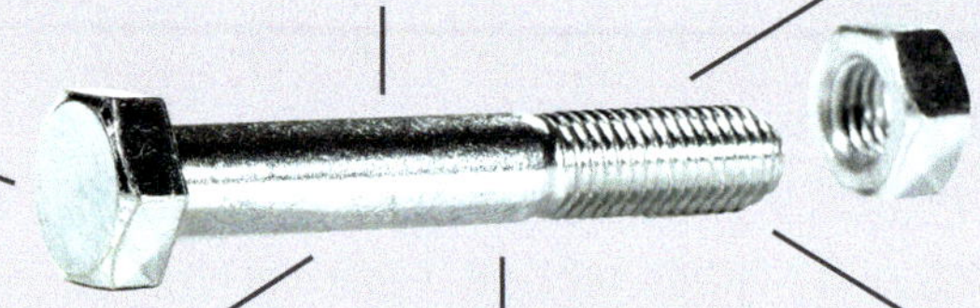

Elemente eines Prüfplans nach DIN 1319

Prüfungsmethode	Prüfer	Prüfungsumfang	Prüfungszeitpunkt	Prüfungsort
– **manuelle** Kontrolle – **automatische** Kontrolle	– **Eigen**kontrolle (Werkerselbstkontrolle) – **Fremd**kontrolle	– **Stichproben**kontrolle – **Voll**kontrolle	– **Eingangs**kontrolle – **Zwischen**kontrolle – **End**kontrolle	– am **Arbeitsplatz** – an einer **Prüfstelle** – beim **Lieferanten**

Wirtschaftlich betrachtet stehen den Kosten der Qualitätsprüfung die Kosten entgegen, die als Folge von Qualitätsmängeln entstehen können:

- **Prüfkosten:** Die Qualitätsprüfung verursacht Personalkosten für den Einsatz der Prüfer sowie zahlreiche Sachkosten wie z. B. Kosten der Prüfmittel oder auch der Zerstörung der geprüften Erzeugnisse im Prüfprozess.
- **Fehlerkosten:** Qualitätsmängel verursachen Kosten für die Nacharbeit, für Ausschuss nicht mehr verwendbarer Produkte sowie Kosten für Garantie- und Gewährleistungen.
- **Fehlerverhütungskosten**: Kosten der Planung und von Maßnahmen zur Verbesserung der Qualität wie z. B. Personalschulungen, Verwendung hochwertiger Materialien, regelmäßige Wartung der maschinellen Anlagen usw.

BEISPIEL: Die Fly Bike Werke GmbH möchte eine hohe Produktqualität erreichen, um die Kosten schlechter Qualität (Fehlerkosten) zu minimieren. Der Anteil der mit Qualitätsmängeln ausgelieferten Fahrrädern soll möglichst klein sein. Dies erfordert allerdings hohe Ausgaben für eine intensive Qualitätsprüfung und umfangreiche Anstrengungen zur Optimierung der Produktionsprozesse (Fehlerverhütungskosten).

Ein ganzheitliches Qualitätsverständnis bezieht zahlreiche weitere Dimensionen in seine Definition von Qualität mit ein. Neben der Normgerechtigkeit spielen der Gebrauchsnutzen für den Kunden, die Ausstattung und Zuverlässigkeit des Produktes, seine Haltbarkeit und Ästhetik und nicht zuletzt das Serviceangebot rund um das Produkt eine wichtige Rolle.

Qualität definiert sich anwenderorientiert als die Erfüllung der Kundenwünsche, sodass alle Funktionsbereiche des Unternehmens an der Sicherung von Qualität beteiligt sind.

Oft fügen sich die Qualitätsanforderungen zu einem nicht mehr genau zu differenzierenden Gesamtbild. Es entsteht ein **Qualitätsimage**, das für die Vermarktung des Produktes von großer Bedeutung ist.

Aus betriebswirtschaftlicher Sicht spielen neben technischen Anforderungen und der Erfüllung von Kundenwünschen allerdings auch ökonomische Aspekte eine große Rolle. Erst durch zuverlässige Prozesse kann Qualität entstehen („Prozessqualität"). Und schließlich muss das Produkt Markterfolg haben, was nur bei einem vom Kunden akzeptierten Preis-Leistungsverhältnis gelingen kann.

Betriebswirtschaftliche Sichtweisen von Qualität

Betriebswirtschaftliche Sichtweisen von Qualität

- **Prozessorientierung:** Qualität entsteht in zuverlässigen Prozessen.
- **Kundenorientierung:** Qualität ist die Erfüllung von Kundenwünschen.
- **Marktorientierung:** Qualität bedeutet ein akzeptables Preis-Leistungsverhältnis.
- **Produktorientierung:** Qualität ist messbar.

Die gleichzeitige Berücksichtigung aller dieser Aspekte erfordert ein unternehmensweites Qualitätsmanagement, das alle Funktionsbereiche, alle Prozesse und alle Mitarbeiter mit einbezieht.

8.2 Total-Quality-Management

BEISPIEL: In den letzten Jahren drängen immer mehr asiatische Fahrradproduzenten mit Billigprodukten auf den deutschen Fahrradmarkt. Diese sind im Vergleich zu den Produkten der Fly Bike Werke GmbH erheblich preiswerter. Die Geschäftsführung des Unternehmens macht sich Gedanken darüber, wie der eigene Marktanteil gehalten und eventuell ausgebaut werden kann. Um zuverlässige Daten zu erhalten, wird ein Marktforschungsinstitut mit der Durchführung einer Kundenbefragung beauftragt.

Wesentliches Ergebnis dieser Studie ist, dass die Produkte der Fly Bike Werke GmbH qualitativ bedeutend hochwertiger sind als die ausländischen Fahrräder. Die Kundenzufriedenheit sinkt sowohl bei einem „Zuwenig" an Qualität als auch indirekt (über den Preis) bei einem „Zuviel" an Qualität. Es wird beschlossen, den Qualitätsgesichtspunkt in zukünftigen Werbekampagnen verstärkt in den Vordergrund zu stellen. Leitmotto: „Qualität hat ihren angemessenen Preis!"

Die Globalisierung führt dazu, dass sich nationale Produkte in ihrer Qualität in immer stärkerem Maße mit internationalen Produkten messen lassen müssen.

Ursprünglich wurde der Qualitätsbegriff vor allem mit dem der Qualitätskontrolle gleichgesetzt, d. h. der Qualitätsprüfung nach Abschluss der Produktfertigung. Nach modernem Verständnis hingegen durchzieht die Qualitätsforderung alle Funktionen eines Unternehmens und umfasst somit sämtliche Stationen im Lebenszyklus eines Produktes. Die Qualität eines Gutes hängt sowohl von der technischen Beschaffenheit als auch von den Anforderungen bzw. Ansprüchen an die Nutzung ab. Damit wird Qualität zu einem **subjektiven Begriff**.

Qualität orientiert sich also an den Wünschen und Vorstellungen der Kunden, nicht etwa der Produzenten. Für diese umfassende kundenbezogene Sicht der Qualitätssicherung hat sich der Begriff Total-Quality-Management (TQM) herausgebildet: **Total-Quality-Management (TQM)** ist ein Qualitätsmanagement, das sich durch alle Bereiche eines Unternehmens zieht und ein Mitwirken aller Mitarbeiter verlangt.

TQM beinhaltet drei Dimensionen, die sich in der folgenden Reihenfolge herausgebildet haben:
- **Ergebniskontrolle:** Mess- und Prüfvorgänge sollen herausfinden, ob das bezogene bzw. hergestellte Produkt den technischen und funktionalen Vorgaben und Wünschen des Kunden entspricht. Ist dies nicht der Fall, so muss nachgearbeitet bzw. über Garantieleistungen Ersatz beschafft werden. Beides führt zu einer Erhöhung der Kosten, d. h. zu einem verringerten Gewinn.
- **Total-Quality-Control (TQC):** Qualität muss nicht nur laufend nachträglich festgestellt, sondern „proaktiv“ von vornherein und fertigungssynchron „hineinproduziert“ werden. Dieses Konzept der Fehlervermeidung bezeichnet man als „Null-Fehler-Strategie“. Diese soll prozessbegleitend erfolgen durch Wareneingangskontrollen in der Beschaffung, Kontrolle der einzelnen Arbeitsschritte (durch spezielle Qualitätsbeauftragte ebenso wie durch jeden Mitarbeiter) in der Produktion und im Absatz.
- **Total-Quality-Management (TQM):** Neben TQC soll ein umfassendes Qualitätsbewusstsein aller Mitarbeiter auf allen Unternehmensebenen erreicht werden, im Rechnungswesen beispielsweise gemessen an der Anzahl der Fehlbuchungen, im Vertrieb an der Anzahl der Kundenreklamationen. Im Idealfall ist jeder Mitarbeiter für die Ergebnisse seiner Arbeit verantwortlich und muss Abweichungen zwischen der geforderten und der erreichten Qualität vertreten und letztlich auch abstellen können.

Konsequenzen des TQM

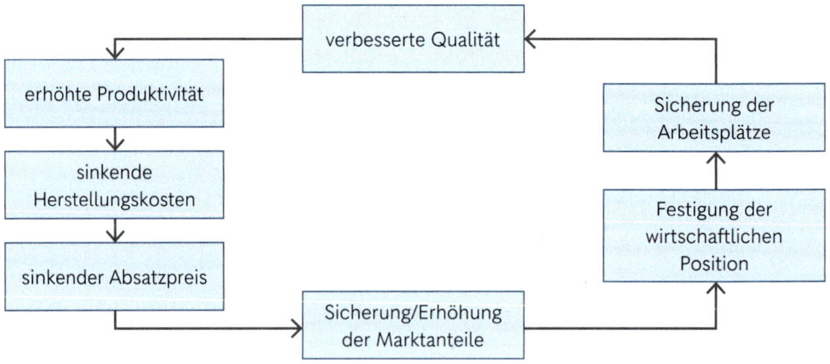

TQM geht von der Überlegung aus, dass der (interne und externe) Kunde die Messlatte für die zu erbringende Leistung setzt. 1987 veröffentlichte die International Organization for Standardization (ISO) die **Normenreihe ISO 9000–9004**, die unverändert vom Deutschen Institut für Normung (DIN) übernommen wurde. Sie umfasst weitgehend branchenneutral und sehr allgemein Regeln für den Aufbau von Qualitätssicherungssystemen, die den Prinzipien von TQC und TQM entsprechen. Aufbau, Anwendung und Dokumentation eines Qualitätssicherungssystems werden durch ein entsprechendes Zertifikat nachgewiesen; dieses eignet sich sehr gut als Verkaufsargument für Werbezwecke und Öffentlichkeitsarbeit.

Normung nach DIN und ISO
→ Kap. 9.2

DIN ISO 9000er-Serie

Kernnorm	Inhalt
DIN EN ISO 9000	Beinhaltet allgemeine Zielsetzungen und Begriffe für Qualitätsmanagementsysteme sowie Anleitungen zu deren Darstellung.
DIN EN ISO 9001	Beinhaltet Grundsätze des Qualitätsmanagementsystems. Wichtig: Der Umfang der Qualitätssicherung und deren Nachweis beziehen sich auf **alle Leistungsprozesse** (Entwicklung, Konstruktion, Teilefertigung, Montage, Instandhaltung und Service).
DIN EN ISO 9002	Diese Normen werden seit dem Jahr 2003 nicht mehr angewendet. (Ausnahme: DIN EN ISO 9003 wird in der Medizintechnik noch gelegentlich verwendet.)
DIN EN ISO 9003	
DIN EN ISO 9004	Die Norm enthält weitergehende unverbindliche Empfehlungen zur Einrichtung eines Qualitätsmanagementsystems.

Alles klar?

1 Die Qualitätsprüfung muss untersuchen, ob die Eigenschaften eines Produktes mit den Anforderungen des Kunden übereinstimmen.
- a Begründen Sie, warum bei Fertigungsprozessen neben einer Endkontrolle auch immer wieder Zwischenkontrollen notwendig sind.
- b Begründen Sie, warum eine Qualitätsprüfung am Arbeitsplatz meistens kostengünstiger ist als eine Prüfung an einem separaten Prüfplatz.
- c Erläutern Sie, warum moderne TQM-Konzepte eine Qualitätskontrolle durch den mit der Aufgabe betrauten Mitarbeiter (sog. „Werkerselbstkontrolle") einer Fremdprüfung durch eine dritte Person vorziehen.

2 Die Fehlerquote ist der prozentuale Anteil fehlerhafter Produkte an der Fertigungsmenge.
- a Beschreiben Sie, wie die Fehlerquote mit den Fehlerverhütungskosten und den Fehlerfolgekosten zusammenhängt.
- b Begründen Sie, warum das Ziel einer Fehlerquote von 0 % wirtschaftlich nicht in jedem Fall sinnvoll ist.
- c Beschreiben Sie drei Maßnahmen, die in Ihrem Ausbildungsbetrieb ergriffen werden, um Fehler zu verhüten.

3 Die meisten Industriebetriebe sind nach mindestens einem, manche sogar nach mehreren Qualitätsstandards zertifiziert.
- a Wofür steht die Abkürzung DIN EN ISO 9001?
- b Beschreiben Sie, welcher Nutzen den relativ hohen Kosten einer Zertifizierung entgegensteht.

4 Im Rahmen einer Qualitätsprüfung wurden fehlerhafte Produkte identifiziert und aussortiert. Beschreiben Sie, was mit den fehlerhaften Produkten weiterhin geschehen sollte.

9 Rationalisierung

BEISPIEL: Da die Fly Bike Werke GmbH ihre Marktanteile ausbauen will, müssen beträchtliche Anstrengungen unternommen werden, um sich gegen die Konkurrenz behaupten zu können. Dies zwingt die Produktionsleiterin, Frau Rother, zur Ausschöpfung aller Rationalisierungsmöglichkeiten. Dadurch sollen insbesondere die hohen Lohnkosten in der Fertigung aufgefangen werden. Die Fertigungskosten stellen den zweithöchsten Kostenanteil an den Selbstkosten zur Herstellung eines Fahrrades dar.

Rational handeln im ursprünglichen Sinne bedeutet vernünftig handeln. Im Wesentlichen ist damit das ökonomische Prinzip angesprochen. Es existiert in zwei Ausprägungen, dem **Minimal-** und dem **Maximalprinzip**.

Minimalprinzip
Der Mitteleinsatz zum Erreichen eines bestimmten Ziels soll möglichst klein sein.

Maximalprinzip
Mit einem bestimmten Mitteleinsatz soll das maximale Ziel erreicht werden.

BEISPIEL: Die Fly Bike Werke GmbH möchte 1000 Fahrräder des Modells City *Glide* mit einem möglichst geringen Material-, Personal- und Finanzaufwand produzieren. Hier wird nach dem Minimalprinzip verfahren, d. h., ein gegebener Output (hier: Fahrräder) ist mit einem möglichst geringen Input (hier: Material-, Personal- und Finanzaufwand) zu erreichen. Wenn mit einem gegebenen Input ein möglichst hoher Output erreicht werden soll, liegt das Maximalprinzip vor.
Häufig hört man folgende Aussage: „Erreiche einen möglichst hohen Output mit einem möglichst niedrigen Input." Schön wär's, aber wenn dies ginge, müsste es möglich sein, die Weltbevölkerung mithilfe der Ernte aus einem Blumentopf zu versorgen. Fazit: Eine der Größen – Input oder Output – muss gegeben sein, die jeweils andere Größe wird gesucht.

Rationalisierung umfasst alle technischen und organisatorischen Maßnahmen in einem Betrieb, die dazu beitragen, die betriebliche Leistung mengenmäßig zu steigern, qualitativ zu verbessern, die Kosten zu senken und humanere Arbeitsbedingungen zu schaffen.

Käufermarkt
Markt, auf dem das Angebot die Nachfrage übersteigt, sodass die Nachfrager eine größere Verhandlungsmacht als die Anbieter haben

Ziele der Rationalisierung

Erhöhung der Produktivität und Wirtschaftlichkeit	Betriebsmittel, Werkstoffe und menschliche Arbeitskraft sollen möglichst ergiebig eingesetzt werden. Aufgrund der **Käufermärkte** (und der Steuerung des Unternehmens über die Absatzzahlen!) herrscht im Produktionsbereich vor allem das Minimalprinzip vor.
Verbesserung der Qualität der Erzeugnisse	Diese Zielsetzung lässt sich ebenfalls aus der Situation der Käufermärkte ableiten. Produkte (und auch Dienstleistungen) werden nur dann vom Kunden (aus dem Konsumgüter- ebenso wie aus dem Investitionsgüterbereich) erworben, wenn sie fehlerfrei funktionieren, den gesetzlichen Vorschriften entsprechen und zugleich einen Nutzen stiften.
Humanisierung der Arbeitsbedingungen	Hierunter versteht man die bestmögliche, menschengerechte und menschenwürdige Gestaltung der Arbeitsbedingungen. Diese Zielsetzung gewinnt gerade in Zeiten des Fachkräftemangels an Bedeutung.

9.1 Ansatzpunkte für Rationalisierungsmaßnahmen

Alle Rationalisierungsmaßnahmen gehen von folgender Grundüberlegung aus: Ein einzelner Arbeitnehmer ist nicht mehr in der Lage, alle anfallenden Aufgaben zu erledigen. Zum einen nehmen die qualitativen Anforderungen zu, zum anderen sind die zu produzierenden Erzeugnisse innerhalb eines engen Zeitfensters herzustellen. Dadurch ist es erforderlich, die auszuführenden Arbeiten in Form von **Arbeitsteilung** zu erledigen.

Arbeitsteilung
allgemein: Zerlegung von Aufgaben in Teilaufgaben, die dann von verschiedenen Wirtschaftseinheiten (Personen, Abteilungen, Betrieben, Regionen usw.) mit entsprechender Spezialisierung erledigt werden

Bei der Arbeitsteilung lassen sich zwei Grundformen unterscheiden:
- **Arbeitsteilung als Mengenteilung** liegt vor, wenn der Umfang einer Aufgabe so groß wird, dass sie von den bisher dafür eingesetzten Arbeitskräften nicht oder nicht mehr rechtzeitig erledigt werden kann. Dies erfordert den Einsatz zusätzlicher Arbeitskräfte.
- **Arbeitsteilung als Artteilung** liegt vor, wenn eine Arbeitsaufgabe in Teilaufgaben zerlegt wird. Dadurch sinken die Einarbeitungszeiten bei Neueinstellungen und die Umstellung auf ständig neue Arbeitsgänge entfällt.

Die Ansatzpunkte für Rationalisierungsmaßnahmen umfassen sowohl Einzelmaßnahmen als auch ganzheitliche und organisatorische Maßnahmen.

9.2 Einzelmaßnahmen

Einzelmaßnahmen der Rationalisierung knüpfen an die Erzeugnisse bzw. die Fertigungsverfahren an. Hierzu zählen Normung, Typung, das Baukastensystem, Spezialisierung und Rationalisierungsinvestitionen.

Normen des DIN und der ISO: **www.din.de, www.iso.org**

Unter **Normung** versteht man die Vereinheitlichung von Einzelteilen, Fertigungsmaterial, Werkzeugen oder einfachen Erzeugnissen. Die Festlegung von Normen erfolgt national durch das Deutsche Institut für Normung **(DIN)** in Zusammenarbeit mit den jeweiligen Fachnormenausschüssen (FNA) und international durch die International Organization for Standardization **(ISO)**. Alle Normteile erhalten ein DIN-Zeichen und eine DIN-Nummer. Bezüglich ihres Inhalts unterscheidet man zwischen
- **Sicherheitsnormen** (zur Abwendung von Gefahren, z. B. das CE-Zeichen),
- **Qualitätsnormen** (Festlegung wesentlicher Produkteigenschaften, z. B. Härtegrad von Werkzeugen),
- **Maßnormen** (um den Austausch bzw. die Kombination von Teilen zu gewährleisten, z. B. Steckergrößen bei Elektroteilen) und
- **Verständigungsnormen** (sie ermöglichen die eindeutige und schnelle Verständigung).

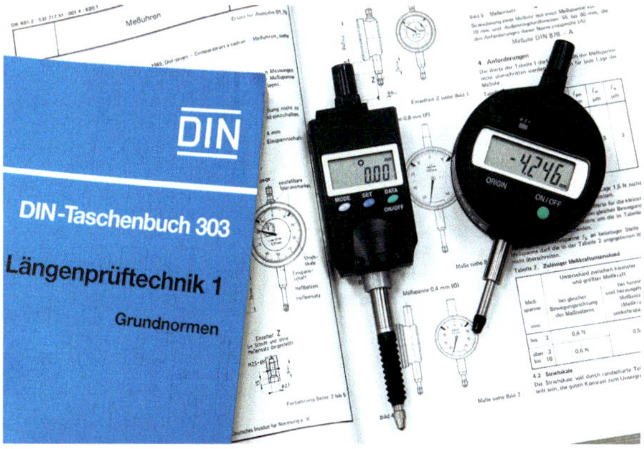

Als **Typung** bezeichnet man die Vereinheitlichung von Enderzeugnissen. Erst durch die Typung lassen sich (Stück-)kostensenkende Effekte der Serien- und Massenfertigung nutzen. Gründe dafür sind z. B., dass die Vereinheitlichung hinsichtlich Art, Größe und Ausführung den Einsatz von Spezialmaschinen ermöglicht und die Umstellzeiten beim Wechsel der Produktion von einem Gut zum anderen verringert.

Die Kombination von Normung und Typung bei mehrteiligen, komplexen Baugruppen (z. B. Industrieschränken, Motoren) bezeichnet man als **Baukastensystem**. Durch das Baukastensystem wird der Fertigungsbetrieb in die Lage versetzt, individuelle Kundenwünsche zu befriedigen, ohne die Produktionsverfahren aufwendig umstellen zu müssen.

Produktionsprogrammbreite → Kap. 3.1

Spezialisierung ist die Beschränkung auf die Herstellung von nur einem oder wenigen Produkten. Sie erfolgt bei der Festlegung der Produktionsprogammbreite.

BEISPIEL: Welche Einzelmaßnahmen gibt es bei der Fly Bike Werke GmbH? Im Bereich der Konstruktion und Entwicklung werden u. a. genormte Schrauben und Muttern verwendet. Für den Konstrukteur bedeutet dies, dass er auf die Ergebnisse anderer Konstrukteure zurückgreifen kann und sich seine Entwicklungsarbeit dadurch beschleunigt. In der Montage werden vereinheitlichte Werkzeuge verwendet, z. B. Vierkantschlüssel und Sechskantschrauben. Zugekaufte Artikel, wie Fahrradbekleidung, genügen hohen Qualitätsanforderungen, die durch Prüfsiegel dokumentiert sind. Da die Qualitätsmerkmale bei Schrauben, Muttern und Spezialwerkzeugen bekannt sind, kann auf eine aufwendige Beschaffungsmarktforschung verzichtet werden. Ein Wechsel von einem Lieferanten zu einem anderen wird erleichtert, wenn beide die gleichen Normteile verwenden. Durch die Vereinheitlichung von Endprodukten sinken die Produktions- und Lagerkosten, was zu einer Verringerung des Lagerrisikos führt. Die Kalkulation wird genauer. Die Werbung wird effektiver, da diese die Qualität der gefertigten und bezogenen Markenartikel betont.

Beschaffungsmarktforschung
LF 4 → Kap. 2.1.1
Lagerhaltung
LF 7 → Kap. 2
Werbung
LF 9 → Kap. 7.1

Eine **Rationalisierungsinvestition** ist eine Investition in eine neue Produktionsanlage, die wirtschaftlicher arbeitet als die bisherige. Wenn für eine Rationalisierungsinvestition verschiedene Maschinen infrage kommen, ist die Frage zu klären, welche Produktionsanlage ab welcher Produktionsmenge kostengünstiger ist.

BEISPIEL: In einem Unternehmen stellt sich die Frage, welche der beiden folgenden Anlagen zur Herstellung eines Spezialwerkzeuges eingesetzt werden soll. Als Entscheidungsgrundlage liegen folgende Daten vor:

Produktionsanlage	**1**	**2**
Fixkosten pro Jahr	80.000,00 €	120.000,00 €
variable Stückkosten	5,00 €	1,00 €

Pro Geschäftsjahr lassen sich 20 000 Einheiten absetzen. Bei welcher Produktionsmenge x sind beide Produktionsverfahren gleich teuer?

Die Lösung ergibt sich durch Gleichsetzung der beiden Kostenfunktionen (80.000 + 5 x = 120.000 + x) und Auflösung der Gleichung nach x. Als Ergebnis erhalten wir 10 000 Einheiten. Damit ist die Produktionskapazität zu 50 % ausgelastet (10 000 : 20 000 = 0,5 = 50 %).

Liegt die Produktion unter 10 000 Einheiten, ist Produktionsanlage 1 kostengünstiger, liegt sie über 10 000 Einheiten, ist Produktionsanlage 2 kostengünstiger.

9.3 Ganzheitliche Rationalisierungsmaßnahmen

Ganzheitliche Rationalisierungskonzepte beziehen sich auf die Produktionsverfahren und deren Abbildung durch rechnergestützte Modelle. Zu den wichtigsten Ansätzen zählen das Computer-Integrated Manufacturing (CIM) sowie das Just-in-time-Konzept (JIT) in Verbindung mit dezentraler Produktionsplanung und -steuerung wie beim Kanban-System.

Just-in-time-Konzept
LF 4 → Kap. 1.5.3
Kanban-System
LF 7 → Kap. 1.3.4

Das **Computer-Integrated Manufacturing (CIM)** ist ein unternehmensweiter EDV-Ansatz für alle Prozesse im gesamten Beschaffungs-, Produktions- und Absatzbereich. Es steht für computerintegrierte Produktion und setzt sich aus den Basiskomponenten Grunddatenverwaltung, Produktionsplanung und -steuerung (PPS) sowie den verschiedenen Computer-Aided-Techniken (CA-Techniken) zusammen.

- Im Rahmen der **Grunddatenverwaltung** geht es primär um die Erfassung von Stammdaten. Dazu zählen u. a. die verschiedenen Formen der Stücklisten, Arbeitspläne, Konstruktions- und Geometriedaten, Betriebsmittel, Werkzeuge, Lieferantenverzeichnisse usw. Durch die zentrale Verwaltung und Speicherung der Stammdaten lassen sich Redundanzen (Doppelungen) sowie Fehleingaben bei der Pflege dieser Daten weitgehend verhindern.

Stücklisten,
→ Kap. 4.2
Arbeitsplan,
→ Kap. 5.4.1

- **PPS-Systeme** sind EDV-Systeme, die durch geeignete Informationssammlung sowie -aufbereitung und -bereitstellung den Produktionsplanungs- und -steuerungsprozess unterstützen und damit eine mengen-, termin- und kapazitätsgerechte Fertigungsorganisation gewährleisten sollen. PPS-Systeme decken dabei die betriebswirtschaftliche Seite der Produktionsautomatisierung ab.
- Durch die **CA-Techniken** wird die technische Seite der Produktionsautomatisierung abgedeckt. Sie steuern den Betrieb von numerisch gesteuerten Maschinen und Transporteinrichtungen für Wareneingang, Lager, Fertigung und Versand. **CAD-Systeme** (Computer-Aided Design) bieten EDV-Unterstützung im Konstruktions- und Entwurfsbereich, beispielsweise durch computerunterstütztes technisches Zeichnen, Normteilbibliotheken, Zeichnungsverwaltung und automatische Stücklistengenerierung. Mithilfe von **CAE** (Computer-Aided Engineering) werden Computersimulationen ermöglicht. Die Planung von Arbeitsabläufen und -terminen erfolgt im Rahmen des **CAP** (Computer-Aided Planning).
- **CAM** (Computer-Aided Manufacturing) steuert und überwacht den Einsatz der im Fertigungsprozess eingesetzten Betriebsmittel.
- **CAQ-Systeme** (Computer-Aided Quality-Assurance) schließlich unterstützen die Qualitätskontrolle beispielsweise durch Stichprobenauswahl, Entwicklung von Prüfverfahren und Messdatenauswertung.

CAD
computerunterstütztes Zeichnen

CAE
computerunterstützte Entwicklung

CAP
computerunterstützte Arbeitsplanung

CAM
computerunterstützte Fertigung

BEISPIEL: Im Rahmen des CAP werden u. a. Programme für numerisch gesteuerte Werkzeugmaschinen (CNC-Maschinen) erstellt. Die Programmierung setzt zunächst verbale Formulierungen in Entscheidungstabellen um. In diesen werden Bedingungen und Maßnahmen als Wenn-dann-Beziehung verknüpft.

Auf der Maschine 7612 soll ein Werkstück gefertigt werden. Folgende Werte sind dabei zu beachten: „Fertige ein Werkstück auf der Maschine 7612, wenn die Höhe kleiner als 3, die Breite kleiner als 20 und die Länge kleiner als 50 ist. In diesem Fall ist das Ausgangsmaterial A zu verwenden." Diese Formulierung wird anschließend von dem zuständigen Mitarbeiter der Arbeitsplanung in eine Entscheidungstabelle umgesetzt.

	Regel 1	Regel 2	Regel 3	Regel 4
Höhe	< 3	< 6	≥ 3	≥ 6
Breite	< 20	≥ 20		
Länge	< 50	< 50	< 50	≥ 50
Ausgangsmaterial	A	B	C	D
Werkzeugmaschine	7612	7613	7614	7615

Nun liegen alle notwendigen Angaben vor, um die CNC-Werkzeugmaschinen zu programmieren. Ein CNC-Programm enthält alle technologischen und geometrischen Informationen, um das Werkzeug herstellen zu können. Die Programmierung kann per Hand oder durch spezielle Programmiersprachen erfolgen.

Werden die genannten Systeme (Grunddatenverwaltung, PPS, CA-Techniken) rechnergestützt integriert und mit weiteren Systemen gekoppelt, z. B. der Außendienststeuerung (z. B. Tourenplanung von Vertretern), der Unternehmensplanung (z. B. Management-Informationssysteme) oder dem Rechnungswesen (z. B. Finanzbuchhaltungssysteme), so entsteht daraus ein **unternehmensweites CIM-System**.

Ziel eines solchen Systems ist die durchgängige EDV-Unterstützung aller betrieblichen Abläufe, beginnend bei der Konstruktion und Produktentwicklung über die Materialwirtschaft, Logistik, Arbeitsvorbereitung, Produktion bis zum Marketing und Vertrieb. Diese Funktionen sind eingebettet in die unternehmensweite strategische Planung, in die Finanzplanung und in das Rechnungswesen.

Das Y-CIM-Modell

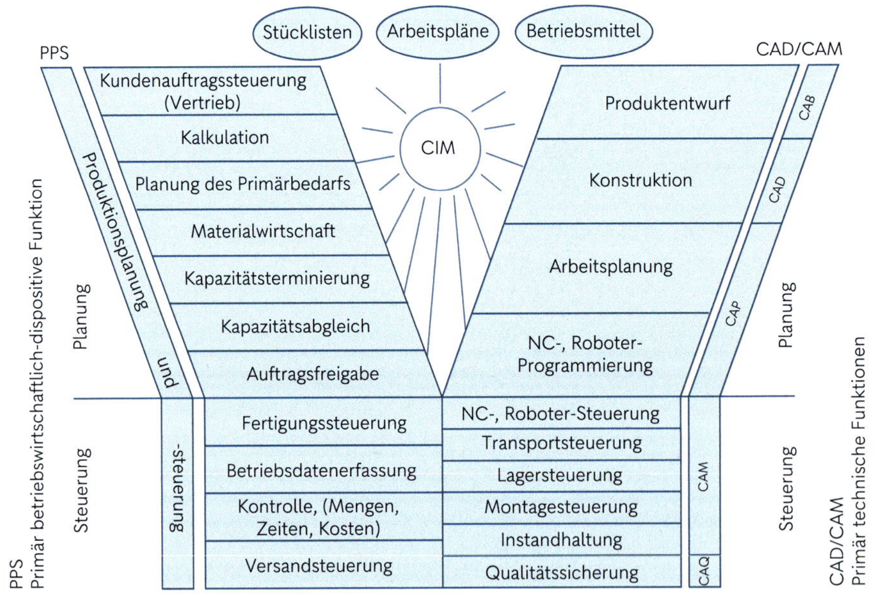

Nach: Scheer, August-Wilhelm; Sander, Jörg: PPS-Trainer, Berlin 1997

9.4 Moderne Organisationsformen: Lean Management

Lean Management ist ein Ansatz, der in der Mitte des 20. Jahrhunderts zunächst von dem japanischen Automobilhersteller Toyota praktiziert wurde. Es ist ein „schlankes" Management in dem Sinne, dass die Zahl der Hierarchieebenen und der administrativen Stellen in einem Unternehmen möglichst gering ist und alle für die Wertschöpfung nötigen Aktivitäten optimal aufeinander abgestimmt sind.

Als Unternehmensphilosophie hat Lean Management wesentlichen Einfluss auf den Erfolg eines Unternehmens. Ausgangspunkt der Lean-Management-Bewegung war eine Untersuchung des US-amerikanischen Massachusetts Institute of Technology (MIT), das Anfang der 1990er-Jahre Unternehmen der Automobilindustrie in 14 Ländern miteinander verglich.

Die japanischen (und koreanischen) Autoproduzenten unterschieden sich in folgenden Punkten von entsprechenden europäischen und amerikanischen Unternehmen: höhere Produktqualität, höherer Anteil von Gruppenarbeit, niedrigere Lagerbestände, kürzere Lieferzyklen, niedrigere Fertigungskosten, flexibleres Eingehen auf Kundenwünsche und flachere Hierarchien.

Als Grundprinzipien des Lean Managements kristallisierten sich drei Gesichtspunkte heraus:
- das **Kaizen-Prinzip**, das in allen Unternehmensbereichen, also nicht nur in der Fertigung, permanente Veränderungen in kleinen Schritten anstrebt (Kai = Wandel, zen = das Gute),
- das Prinzip des **Total-Quality-Managements**, das eine absolute Fehlerfreiheit bei der Durchführung aller Unternehmensprozesse, verbunden mit einer weitgehenden Mitarbeiterqualifizierung, fordert,
- das **Just-in-time-Prinzip**, das auf einer produktionssynchronen und kostengünstigeren Materialbeschaffung sowie einem schnellen Fertigungsfluss basiert.

Total-Quality-Management
→ Kap. 8.2

Just-in-time-Konzept
LF 4 → Kap. 1.5.3

9.5 Sonstige Ansätze

Weitere Rationalisierungsmöglichkeiten ergeben sich durch die Nutzung moderner Informations- und Kommunikationstechniken. Von Bedeutung sind u. a. die Robotik und das Rapid Prototyping.

Industrieroboter sollen Mitarbeiter von Arbeiten entlasten, die monoton sind, in einer belastenden Arbeitsumgebung durchgeführt werden müssen oder aufgrund ihrer Schwere zu gesundheitlichen Schäden führen. Sie übernehmen z. B. Montage oder Lackierarbeiten. Industrieroboter erfordern eine komplexe Steuerung, die sich nur durch leistungsfähige Prozessoren realisieren lässt. Ihr Anteil hat vor allem in den Industrieländern stark zugenommen, fast die Hälfte aller Roboter wird in Japan eingesetzt.

Beim **Rapid Prototyping** (schnelle Vormusterherstellung) werden Modellwerkstücke aus 3D-CAD-Modellen hergestellt. Im Unterschied zu der Herstellung von Werkstücken, die auf der Basis von CNC-Maschinen gefertigt werden, bestehen die Modelle aus sehr vielen dünnen Schichten. Rapid Prototyping setzt man bei folgenden Modellen ein: Designmodelle, Ergonomiemodelle, Funktionsmodelle, Gussmodelle, Musterwerkstücke.

9.6 Nachteilige Auswirkungen der Rationalisierung

Rationalisierungsmaßnahmen führen zweifelsohne zu einer kostengünstigeren Produktion und tragen damit zu einer Erhöhung der Wirtschaftlichkeit und Rentabilität bei. Trotzdem wird die Rationalisierung nicht nur als vorteilhaft betrachtet.

Karikatur von Markus Grolik

Moderne Fertigungsverfahren führen zu einem **Personalabbau** vor allem bei den gering qualifizierten Hilfskräften. Daraus folgt, dass alle Arbeitskräfte im Fertigungsbereich ständig **fortgebildet werden** müssen, um mit neuen technologischen Anforderungen Schritt halten zu können. Dies setzt eine hohe Lernbereitschaft und ein steigendes Maß an Flexibilität, verbunden mit der Fähigkeit, in Teams zu arbeiten, voraus. Dieser Trend setzt sich auch in der Büroarbeit durch, wo die dort Beschäftigten vor allem beim Einsatz von EDV-Systemen zusätzliche Kenntnisse benötigen.

Allerdings können sogenannte **Rationalisierungsschutzabkommen** die negativen Folgen von Rationalisierungsmaßnahmen für die Arbeitnehmer abmildern. Dies sind Vereinbarungen, die zwischen Arbeitgebern und Gewerkschaften – meist in der Form von Tarifverträgen – geschlossen werden. Sie können z. B. enthalten:
- Informationsverpflichtungen gegenüber Betriebs- und Personalrat
- Regelungen zur (vorübergehenden) Sicherung des sozialen Besitzstands (z. B. Bereitstellung zumutbarer neuer Arbeitsplätze bei Umgruppierungen)
- Bestimmungen über die Erschwerung der Kündigung

Rationalisierungsmaßnahmen verlangen einen hohen Kapitaleinsatz, den nicht jedes Unternehmen verkraftet. Dadurch wächst die **Gefahr wirtschaftlicher Konzentration**, da nur so die enormen Investitionen aufgebracht werden können. Die Konzentration kann den wirtschaftlichen Wettbewerb einschränken, wenn nicht entsprechende rechtliche Beschränkungen ergriffen werden.

Hohe Produktionszahlen setzen voraus, dass die gefertigten Erzeugnisse auch abgesetzt werden, was nur durch den verstärkten Einsatz von Werbemaßnahmen erreicht werden kann. Verbraucherschützer fürchten hier eine **Manipulation der Verbraucher**, da Bedürfnisse künstlich erzeugt werden.

9.7 Produktionscontrolling

BEISPIEL: Der Controller eines Industriebetriebs gibt dem Produktionsleiter ein Budget in Höhe von 5 Mio. € für das laufende Quartal vor (Planung). Am Ende dieses Zeitraums stellt er fest, dass insgesamt 5,5 Mio. € Kosten angefallen sind (Kontrolle). Diese Soll-Ist-Abweichung ist u. a. auf den ungeplanten Anfall von Überstunden sowie die Verteuerung von Zulieferteilen zurückzuführen. Für das nächste Quartal wird das Budget auf 5,3 Mio. € erhöht, in diesem Betrag ist die Verteuerung der Zulieferteile in Höhe von 0,3 Mio. € bereits einkalkuliert. Das Produktionsmanagement hat zusätzliche fertigungssynchrone Qualitätssicherungsmaßnahmen beschlossen, um Überstunden weitestgehend zu vermeiden.

Produktionscontrolling umfasst die Planung, Steuerung und Kontrolle von Produktionsprozessen. Controllingmaßnahmen im Fertigungsbereich lassen sich z. B. mithilfe einer Reihe von Kennzahlen durchführen.

Kennzahlen für das Controlling im Fertigungsbereich

Fragestellung	Kennzahlen (Auswahl)
Welche produktionstechnischen Anforderungen müssen berücksichtigt werden?	– Durchlaufzeit (insgesamt) – Zusammensetzung der Durchlaufzeit (Arbeit, Transport, Lagerung usw.) – Anzahl der herzustellenden Varianten – Anzahl der Auftragseingänge pro Zeiteinheit – Kapazität der Betriebsmittel (insgesamt/pro Zeiteinheit)
Wurden die Arbeitskräfte und das Material produktiv eingesetzt?	– Arbeitsproduktivität – Materialproduktivität – Betriebsmittelproduktivität
Wie hoch ist die Rentabilität des gebundenen Kapitals?	– Lagerkapazitätsauslastung – Höhe der Nutz- bzw. Leerkosten – Verbrauchs- und Beschäftigungsabweichung
Welche Ausschusskosten sind entstanden?	– Höhe der Ausschusskosten (insgesamt) – Ausschusskosten für Material-, Arbeits-, Konstruktionsfehler usw. – Verhältnis der Ausschusskosten zu den gesamten Produktionskosten
Welche Kosten entstanden für Qualitätssicherungsmaßnahmen?	– Fehlerverhütungskosten – Prüfkosten – Fehlerkosten – Verhältnis der Kosten für Qualitätssicherungsmaßnahmen zu den gesamten Produktionskosten
Sind Kosten für Betriebsunterbrechungen und -störungen entstanden?	– Stillstandskosten (laufend, einmalig) – Wiederanlaufkosten – Stillsetzungskosten – Verhältnis der Summe der Kosten für Betriebsunterbrechungen und -störungen zu den gesamten Produktionskosten

Im Rahmen von Management-Informationssystemen (MIS) werden einzelne Kennzahlen zu Kennzahlenpyramiden verknüpft. Dies hat den Vorteil, dass Veränderungen einer Kennzahl in ihrer Auswirkung auf andere Kennzahlen in einen sachlogischen Zusammenhang gebracht werden können.

ÜBERSICHT: Rationalisierung

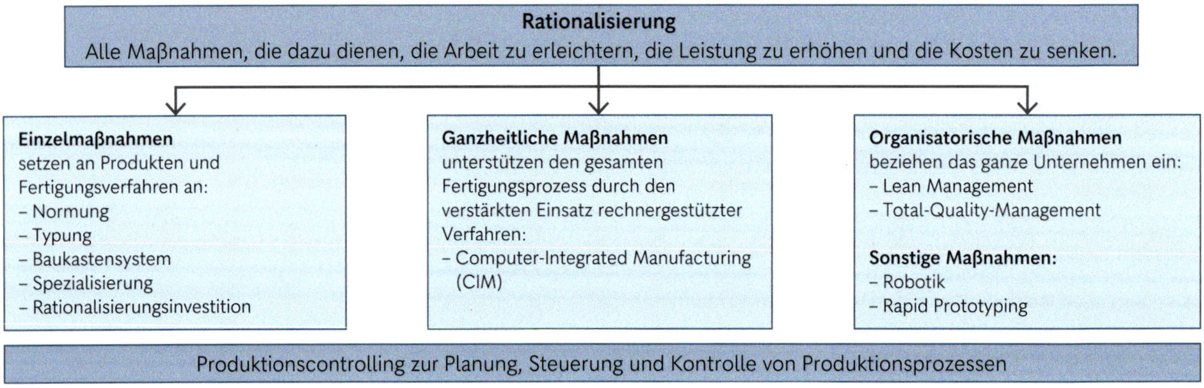

Alles klar?

1 Um welche Form der Rationalisierung handelt es sich?

a In einem Automobilunternehmen werden für alle Modelle nur sechs verschiedene Automotoren verwendet.

b Die International Organization for Standardization erarbeitet Richtlinien für die Abmessung von Schrauben, Nägeln und Muttern.

c Eine Möbelfabrik montiert Küchenschränke aus vorgefertigten Elementen für Schubladen, Türen usw.

d Alle in der Fertigung benötigten Werkstoffe, Stücklisten und Arbeitsverfahren usw. werden rechnergestützt verwaltet.

2 Die Meyer AG, Berlin, fertigt Transformatoren. Die monatlichen Fixkosten belaufen sich auf 2 Mio. €., die variablen Kosten auf 25.000,00 € je Fertigungseinheit. Eine Unternehmensberatung empfiehlt, das gegenwärtige Produktionsverfahren durch ein moderneres zu ersetzen. Die fixen Kosten des neuen liegen um 25 % über denen des gegenwärtigen Verfahrens, während sich die variablen Kosten des moderneren auf nur noch 80 % des veralteten Verfahrens belaufen.

a Welche Gründe sprechen für den Ersatz der alten Anlage durch eine modernere Variante?

b Lohnt sich rechnerisch der Ersatz der alten durch die neue Anlage bei einer monatlichen Produktions- und Absatzmenge von

ba 80 Stück,

bb 120 Stück?

c Ermitteln Sie die Produktions- und Absatzmenge, bei der beide Verfahren gleich teuer sind.

3 Die Betriebsergebnisrechnung einer Bierbrauerei weist für die letzten drei Jahre folgende Werte aus:

	Jahr 1	Jahr 2	Jahr 3
Produktionsmenge in Hektolitern	860 500	915 700	935 900
Leistungen in €	94.655.000,00	109.884.000,00	107.628.500,00
Kosten in €	73.142.500,00	77.834.500,00	84.231.000,00

a Berechnen Sie für alle drei Jahre die Wirtschaftlichkeitskennzahl.

b Vom 1. zum 2. Jahr haben sich die Selbstkosten der Brauerei je Hektoliter Bier nicht verändert. Formulieren Sie eine Vermutung, worauf die Veränderung der Wirtschaftlichkeit dann zurückzuführen sein könnte.

c Welche Gründe könnte es für die Veränderung der Wirtschaftlichkeit vom 2. zum 3. Jahr gegeben haben?

d Die Geschäftsleitung der Brauerei rechnet damit, den Bierabsatz in den kommenden Jahren auf durchschnittlich 1 Mio. Hektoliter steigern zu können. Dazu wäre eine Erweiterung der eigenen Brau- und Abfüllkapazitäten erforderlich. Man geht davon aus, dass die Selbstkosten dann 85,00 € je Hektoliter betragen würden. Berechnen Sie, ob sich die Wirtschaftlichkeit der Brauerei gegenüber dem 3. Jahr verbessern würde. Gehen Sie dabei von konstanten Verkaufspreisen aus.

LF 7
Logistik- und Lagerprozesse koordinieren, umsetzen und überwachen

AB → Lernsituation 64

1 Logistik als Unternehmensaufgabe

1.1 Aufgaben und Ziele der Logistik

Um Wettbewerbsvorteile gegenüber der Konkurrenz zu erlangen und die eigene langfristige Existenz am Markt zu sichern, müssen Unternehmen darauf achten, dass ihre Produkte sich an den Kundenbedürfnissen orientieren. Hierzu leisten alle betrieblichen Prozesse – von der Beschaffung, über die Produktion bis hin zum Absatz – einen wichtigen Beitrag.

Der Informationsfluss verläuft vom Kunden zum Unternehmen, der Materialfluss entgegengesetzt vom Unternehmen zum Kunden.

Die Grundlage für einen reibungslosen Ablauf dieser Prozesse sind Informationen: Es muss z. B. bekannt sein, welches Material in der Produktion benötigt wird, damit es dorthin gebracht werden kann. Die betrieblichen **Informations**- und **Materialflüsse** müssen also geplant, gesteuert, koordiniert und kontrolliert werden. All dies gehört zu den Aufgaben der **Logistik**. Ohne eine funktionierende Logistik drohen z. B. Lieferverspätungen, Produktionsstillstände oder sogar Vertragsstrafen und Umsatzeinbußen, wenn Lieferverpflichtungen nicht erfüllt werden können.

Diese Aspekte werden als die 7-R-Regel („die 7 Richtigen") bezeichnet. Der Empfängerbezug geht auf den Supply-Chain-Management-Gedanken zurück. Bei den Empfängern kann es sich um sowohl interne (z. B. die Produktionsabteilung) als auch externe Empfänger (z. B. Kunden) handeln.

Die Logistik gewährleistet, dass die **richtige Ware** in der **richtigen Menge** und in der **richtigen Qualität**, am **richtigen Ort** und zur **richtigen Zeit** sowie für den **richtigen Empfänger** mit den **richtigen Kosten** zur Verfügung steht.

Materialflusskosten sind Kosten für z. B. Kurztransporte oder Zwischenlagerungen.

Handlingkosten entstehen bei der Übergabe von Waren zwischen einem Transport- und/oder Lagerprozess oder zwischen verschiedenen Transportmitteln (z. B. vom Lkw auf die Eisenbahn).

Die Qualität des Logistikservice wird durch die Lieferzeit und -flexibilität, Lieferqualität und die bereitgestellten Informationen bestimmt. Zu den Logistikkosten zählen alle **Materialflusskosten**, Lager- und Transportkosten sowie die **Kosten für das Handling** der Materialien.

Zu den grundlegenden **Zielen** der Logistik gehört eine stetige Verbesserung des Logistikservice bei gleichzeitiger Senkung der Kosten. Konkret bedeutet dies:
- **Zuverlässigkeit:** Teilprozesse wie Transport, Lagerung, Bereitstellung, Beschaffung und Vertrieb müssen sichergestellt werden.
- **Effizienz:** Teilprozesse müssen gesteuert, kontrolliert und organisiert werden, um Verbesserungspotenziale wie z. B. Einsparung von Kapital oder Zeit zu nutzen.
- **Anpassungsfähigkeit:** Teilprozesse müssen flexibilisiert werden, um auf (Markt-) Veränderungen reagieren zu können.
- **Nachhaltigkeit:** Teilprozesse müssen umweltorientiert gestaltet werden.

Für die einzelnen betrieblichen Teilprozesse ergeben sich damit folgende Ziele:

Ziele der Logistik

Beschaffung	– Nutzung von Preisvorteilen – hohe Versorgungssicherheit
Lager	– niedrige Lagerbestände – kurze Durchlaufzeiten und Transportwege – Entlastung der Mitarbeitenden – kostensparende Lagerung – optimale Ausnutzung der Lagerfläche – kurze Kommissionierzeiten – geringe Verpackungskosten
Distribution	– Sicherstellung einer hohen Qualität – hohe Lieferbereitschaft – Bereitstellung eines vielfältigen Sortiments

Durchlaufzeit
LF 6 → Kap. 5.4.1

Kommissionierung
→ Kap. 2.3.4

Betrachtet man die einzelnen Ziele für sich, erscheint es oftmals sehr einfach, sie zu erreichen. Jedoch gibt es verschiedene Arten von Wechselwirkungen zwischen den Zielen. So kann das Erreichen eines Zieles das Erreichen eines anderen Zieles begünstigen. In diesem Fall spricht man von **harmonierenden Zielen** bzw. einer **Zielharmonie**. Das Erreichen eines Zieles kann das Erreichen eines anderen Zieles aber auch erschweren. In diesem Fall spricht man von **konkurrierenden Zielen** bzw. einem **Zielkonflikt**.

Harmonierende Ziele sind z. B. eine flexible Lagerflächennutzung einerseits und niedrige Lagerhaltungskosten anderseits.

BEISPIEL: Bei der Fly Bike Werke GmbH ist das Lager chaotisch organisiert. Freie Lagerplätze können flexibel für die aktuell vorhandene Lagerware verwendet werden. Damit wird das Lager optimal genutzt und die dadurch entstehenden Lagerkosten werden reduziert.

chaotische Lagerhaltung
(Freiplatzsystem)
→ Kap. 2.5

Konkurrierende Ziele sind z. B. die jederzeitige Lieferfähigkeit einerseits und niedrige Lagerhaltungskosten andererseits.

BEISPIEL: Damit die Fly Bike Werke GmbH jederzeit alle im Sortiment geführten Produkte ausliefern kann, müssen diese im Lager vorgehalten werden. Sie beanspruchen damit Lagerfläche und erhöhen das im Lager gebundene Kapital. Dadurch steigen die Lagerhaltungskosten.

Lagerhaltungskosten
→ Kap. 2.6

1.2 Logistikkonzept

In allen Bereichen eines Unternehmens finden sich logistische Prozesse. Orientiert man sich an den typischen Phasen der Leistungserstellung, so ergeben sich folgende Teilbereiche der Logistik:

Transport, Umschlag und Lagerung von Waren finden sich in allen Logistikteilbereichen wieder. Sie werden auch als **TUL-Prozess** bezeichnet. Als Umschlag wird der Wechsel des Transportmittels oder -weges bezeichnet, z. B. wenn die Ware nach der Anlieferung vom Lkw in das automatisierte Lager übernommen wird.

- **Beschaffungslogistik**: Beschaffung der für die Produktion notwendigen Materialien sowie der Handelswaren für den Absatz.
- **Lagerlogistik**: Aufbewahrung und Verwaltung der Materialien und (halb-)fertigen Erzeugnisse vor, während und nach der Produktion.
- **Produktionslogistik**: Transport, Lagerung und Verwaltung halbfertiger Erzeugnisse im Kernbereich der Produktion.
- **Distributions**- bzw. **Absatzlogistik**: Verteilung der Erzeugnisse aus dem Vertriebslager an die Abnehmer (Kunden).
- **Entsorgungslogistik**: Rücknahme von Abfällen und deren Recycling oder Entsorgung.

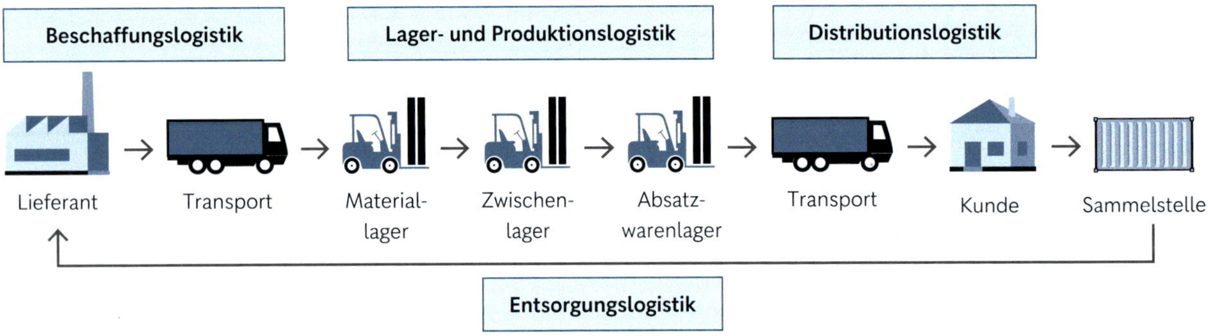

BEISPIEL: Die Fly Bike Werke GmbH plant für die nächste Fahrradsaison ein neues Mountainbike mit mehr Geländegang und Fahrvergnügen. Die technischen Entwürfe und Planungsskizzen sind bereits angefertigt. Für einen pünktlichen Verkaufsstart in den Läden muss das erforderliche Produktionsmaterial beschafft werden. Die Produktion muss anlaufen und die fertigen Fahrräder müssen bis zum Verkauf zwischengelagert werden. Hierfür ist eine fundierte zeitliche Planung nötig. Auch die erforderlichen Mengen und Transportzeiten müssen im Vorfeld geplant werden. Eine schlechte Planung kann zu einer verspäteten Produktion und im schlimmsten Fall zu einem verspäteten Marktstart führen. Dies kann sich insbesondere bei bereits begonnenen Marketingaktivitäten ungünstig auf den erhofften Absatz auswirken.

Unternehmen sind bestrebt, die einzelnen Teilbereiche der Logistik mit Blick auf Zeit, Ressourcen und Kosten zu optimieren. Hierfür werden sämtliche Teilbereiche in einem **Logistikkonzept** vereint. Dieses bildet die gesamte **Logistikkette** ab, die sich aus einer internen und externen logistischen Kette zusammensetzt.

Die **interne logistische Kette** orientiert sich am innerbetrieblichen Ablauf und den dort erforderlichen Informationen sowie deren Austausch. Betrachtet man beispielsweise die Absatzlogistik, sind u. a. folgende Informationen erforderlich:
- Zu welchem Zeitpunkt benötigt der Vertrieb die gewünschten Waren?
- Wann müssen die Waren über die Beschaffung eingekauft werden?
- Welche Waren können in welcher Menge abgesetzt werden?

BEISPIEL: Die Außendienstmitarbeiter der Fly Bike Werke GmbH informieren den Absatz über eine steigende Nachfrage nach E-Bikes. Über eine angepasste Produktionsplanung können die erforderlichen Materialien beschafft werden.

Der Einsatz von Datenverarbeitungssystemen und entsprechender ERP-Software erleichtert heutzutage den Zugriff auf diese Informationen. Zudem erleichtert er die Verknüpfung der Informationen aus unterschiedlichen Bereichen. Die vorhandenen Informationsflüsse lassen sich auf diese Weise automatisieren. Dadurch können Warenflüsse im Unternehmen besser gesteuert werden.

ERP-System (Enterprise Ressource Planning System)
LF 3 → Kap. 3

Bei der **externen logistischen Kette** geht man über die Unternehmensgrenzen hinaus und berücksichtigt die dem Unternehmen vorgelagerte Beschaffung sowie den nachgelagerten Absatz. Dadurch rückt ein größerer Teil der Wertschöpfungskette in den Fokus, beginnend bei der Primärproduktion (Rohstoffgewinnung) bis hin zum Groß- und Einzelhandel sowie dem Endverbraucher.

In Zeiten der Globalisierung erstreckt sich die Wertschöpfungskette und damit auch die logistische Kette oft auf verschiedene Länder. Dies hat unterschiedliche Gründe:
- **Ressourcenverteilung**: Viele in den Industrieländern nachgefragte Güter bestehen aus Rohstoffen, die entweder ausschließlich oder deutlich preiswerter in anderen Ländern angebaut oder abgebaut werden können (z. B. Kaffee).
- **Arbeitskosten**: In Entwicklungsländern lassen sich viele Güter (z. B. Bekleidung) deutlich preiswerter produzieren als in Industrieländern.
- **Technologie**: Hoch entwickelte Technologien zur Produktion von Investitionsgütern bestimmen den Produktionsstandort, da sie nicht in allen Ländern zur Verfügung stehen.
- **Importkosten**: In verschiedenen Ländern können Einfuhrzölle umgangen werden, wenn zumindest die Endmontage im Abnehmerland durchgeführt wird.

Für global verteilte Logistikketten müssen oftmals externe Logistikdienstleister für den eigentlichen Warenfluss eingebunden werden. Zur Koordination setzen Unternehmen u. a. auf E-Business, mit dem alle Geschäftsprozesse über das Internet oder Intranet abgewickelt werden können. Damit lassen sich alle betrieblichen Funktionsbereiche wie Marketing, Vertrieb und Service, Beschaffung, Lagerung und Logistik einbinden. E-Business findet zwischen Unternehmen und Endverbrauchern (B2C), Unternehmen (B2B), Endverbrauchern und öffentlichen Einrichtungen (C2A) oder Unternehmen und öffentlichen Einrichtungen (B2A) statt.

B2C
= Business-to-Consumer
B2B
= Business-to-Business
C2A
= Consumer-to-Administration
B2A
= Business-to-Administration

Abwicklung von Geschäftsprozessen im Rahmen des E-Business

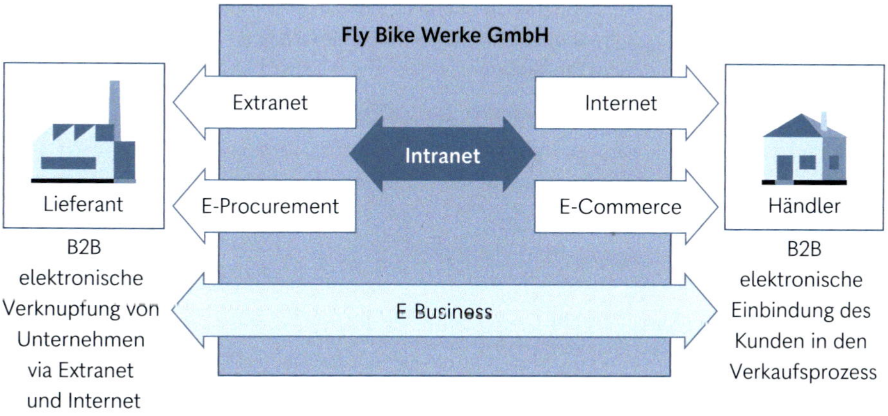

Extranet
Erweiterung des Intranets, so dass auch externe Benutzer wie z. B. Lieferanten darauf zugreifen können

E-Procurement
elektronische Abwicklung von Beschaffungsvorgängen

E-Commerce
Handelsprozesse im weiten Feld des E-Business

1.3 Optimierung der Logistik

Zu den Transportkosten zählen alle durch den Transport verursachten Kosten, wie z. B. für Personal, Transportmittel, Instandhaltung, Energie, Versicherung.

Bei einer Optimierung der Logistik geht es zunächst darum, Kosten in den einzelnen Teilprozessen einzusparen, z. B. in der Lagerhaltung oder beim Transport von Waren. Darüber hinaus soll der Warendurchfluss effizienter und damit schneller werden. Auf diese Weise kann die Kundenzufriedenheit erhöht werden.

1.3.1 Beschaffungs- und Distributionslogistik

Die **Beschaffungslogistik** kümmert sich um die Bereitstellung der benötigten Roh-, Hilfs-, Betriebsstoffe, Vorprodukte (Fremdbauteile) sowie der Handelswaren. Dabei sollen günstige Beschaffungspreise erzielt werden, z. B. durch Rabatte. Solche Preise lassen sich oftmals nur durch größere Beschaffungsmengen erzielen, die neben den Vorteilen einer Vorratshaltung aber auch zu höheren Lagerhaltungskosten führen.

Lagerhaltungskosten → Kap. 2.6

Ähnliche Überlegungen gelten für die **Distributionslogistik**, die grundsätzlich eine hohe Lieferbereitschaft gewährleisten soll. Eine hohe Versorgungssicherheit ist aber ebenfalls mit entsprechenden Kosten verbunden.

Für eine Optimierung haben sich in der Praxis verschiedene Methoden etabliert, u. a.:
- Just-in-time-Beschaffung
- E-Procurement
- Outsourcing
- Supply-Chain-Management
- **Quick Response**
- **Cross-Docking**

Just-in-time-Beschaffung
LF 4 → Kap. 1.5.3
E-Procurement
LF 4 → Kap. 2.5
Outsourcing
→ Kap. 1.3.2
Supply-Chain-Management
→ Kap. 1.3.3

Quick Response
Aktuelle Marktdaten über Warenbestände werden vom Händler sehr schnell an Großhändler und Produzenten gemeldet. Dies ermöglicht eine Beschleunigung des Warendurchlaufs.

Cross-Docking
Warenlieferungen verschiedener Hersteller werden (vorkommissioniert) in einem Umschlagslager angeliefert und ohne Zwischenlagerung für den jeweiligen Kunden zum Weitertransport zusammengestellt.

1.3.2 Outsourcing

In Industrieunternehmen gibt es eine Vielzahl von Prozessen, die alle gesteuert und koordiniert werden müssen. Für das Unternehmen wäre es aber sinnvoll, sich auf seine Kerngeschäftsprozesse zu konzentrieren, d. h. auf die Leistungserstellung und den Absatz. Andere unterstützende Prozesse können durch Outsourcing auf andere Unternehmen ausgelagert werden.

Gründe für Outsourcing

Trendentwicklung	- Konzentration auf Kernkompetenz des Unternehmens - Umwandlung fixer Kosten in variable Kosten - **Lean Production**
Reduktion von Komplexität	- Vereinfachung betrieblicher Abläufe durch Konzentration auf weniger Aufgaben - Reduktion des Steuerungsaufwands
Wirtschaftlichkeit	- logistisches Know-how ist teuer (Personal) - Vermeidung ungünstiger Kostenstrukturen

Lean Production
auch: „schlanke Produktion", bei der es um die Schonung und effiziente Verwendung von Ressourcen (z. B. Material, Zeit) geht

Durch Auslagerung einzelner Prozesse kann die Komplexität bei der Herstellung reduziert werden. Damit hat das Unternehmen die Möglichkeit, flexibel auf Veränderungen am Absatzmarkt zu reagieren, und muss lediglich passende Logistikanbieter auswählen.

Logistikdienstleister können den Materialfluss oftmals effizienter steuern und wichtige Abstimmungs- und Koordinierungsaufgaben übernehmen. Ihre Spezialisierung, ihr damit erworbenes Know-how und der Einsatz moderner Technologien machen das Outsourcing für produzierende Unternehmen attraktiv. Die eingekauften Leistungen werden dadurch kostengünstiger.

Allerdings steigt damit auch die Abhängigkeit der produzierenden Unternehmen von den Logistikanbietern. Werden externe Leistungen schlecht oder nicht wie vereinbart erbracht, wirkt sich dies auf das eigene Unternehmen aus und kann sowohl den Absatz als auch die Kundenzufriedenheit beeinträchtigen.

1.3.3 Supply-Chain-Management

In Industrieunternehmen nimmt die Wertschöpfungstiefe immer stärker ab, sodass sich Produktions- und Innovationsprozesse auf immer mehr Unternehmen verteilen. Dadurch hängt die Wettbewerbsfähigkeit eines Unternehmens nicht mehr ausschließlich von der eigenen internen Leistungsfähigkeit ab, sondern in immer stärkerem Maße auch von der Leistungsfähigkeit der Lieferanten.

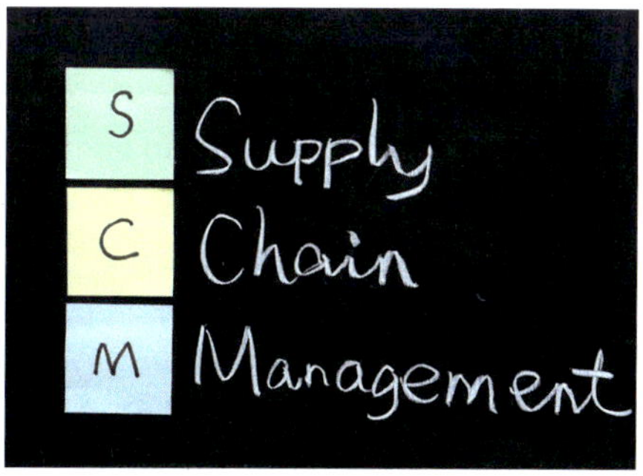

Unternehmen schließen sich daher zusammen und werden Teil global tätiger Logistik- und Produktionsnetzwerke. Dies führt zu steigenden Anforderungen an die Kooperation und Koordination mit anderen Netzwerkpartnern. Das Supply-Chain-Management ist ein unternehmensübergreifendes Konzept, das die Unternehmen hierbei unterstützt. Es umfasst die integrierte und simultane Planung von Material- und Informationsflüssen über die Unternehmensgrenzen hinweg.

Berücksichtigt man zusätzlich die Verantwortung der Hersteller für ihre Produkte, so umfasst das Supply-Chain-Management auch die Entsorgungslogistik.

Das Supply-Chain-Management betrachtet alle Prozesse im gesamten Netzwerk, sodass die Gesamtleistung verbessert werden kann. Diese Verbesserung lässt sich z. B. durch folgende Teilziele erreichen:

Diese umfassende Betrachtung beinhaltet damit auch die im **Lieferkettengesetz** verankerte unternehmerische Verantwortung für die Einhaltung von Menschenrechten in globalen Lieferketten. Wichtig ist dabei u. a. der Schutz vor Kinderarbeit, Recht auf faire Löhne und Umweltschutz.

Teilziele des Supply-Chain-Management

Optimierung der Materialflüsse	**Optimierung der Informationsflüsse**
– Verkürzung der Produktentwicklungszeit – Reduktion der Lagerbestände – Vermeidung von Zwischenlagerungen – Gewährleistung einer ständigen Lieferbereitschaft durch verlässliche Partner	– Verkürzung der Durchlaufzeiten – Verbesserung des zwischenbetrieblichen Informationsflusses – schnelle Reaktionsfähigkeit bei Veränderungen – Synchronisierung der Informationsflüsse
Qualitätsziele	
Erhöhung der Kundenzufriedenheit bei gleichzeitiger Minimierung der Fehler- und Prüfkosten – verbesserter Kundenservice (Pünktlichkeit, Vollständigkeit, Unversehrtheit)	

Die Grundlage für ein erfolgreiches Supply-Chain-Management sind u. a.:
- eine unternehmensübergreifende Zusammenarbeit schon bei Forschung und Entwicklung,
- Kapazitätsanpassungen aller beteiligten Unternehmen,
- die unternehmensübergreifende Verbindung von Informationsflüssen über geeignete ERP-Schnittstellen,
- die Einhaltung von vereinbarten Qualitätsstandards.

Bei einem erfolgreichen Supply-Chain-Management ergeben sich für die Unternehmen folgende Wettbewerbsvorteile:
- Verbesserung der Rentabilität,
- Sicherung der Wettbewerbsfähigkeit,
- Vorhandensein unternehmensübergreifender Notfallkonzepte für Störungen,
- Transparenz über Abläufe und Kennzahlen,
- Kostenreduktion durch geringe Lagerbestände und Liegezeiten,
- Steigerung der Flexibilität durch kurze Reaktionszeiten in der Versorgungskette,
- Befriedigung der Kundennachfrage durch verbesserte Liefertreue.

Notfallkonzepte für Störungen: Nur so können Informationen bei Störungen oder anderen Problemen schnell ausgetauscht und evtl. durch andere Unternehmen aufgefangen werden.

1.3.4 Produktionslogistik

In der **Produktion** können die dort vorhandenen logistischen Teilprozesse nach dem **Push-Prinzip** oder dem **Pull-Prinzip** organisiert werden. Es handelt sich dabei um zwei unterschiedliche Formen der Produktionssteuerung.

Push-Prinzip
Beim Push-Prinzip basiert die Produktion auf prognostizierten Absatzzahlen. Damit findet eine Vorausproduktion ohne konkreten Bedarf statt. Die hergestellten Waren werden anschließend in den Handel gebracht, um an Endkunden verkauft zu werden. Der Hersteller „schiebt" („push") somit seine Produkte in den Markt. Geeignete Werbemaßnahmen sollen das Produkt bekannt machen und Kaufanreize setzen.

BEISPIEL: Die Fly Bike Werke GmbH entwirft ein neues Kindertandemfahrrad. Nach Anlaufen der Produktion wird jedem Vertragshändler eine bestimmte Anzahl dieser Fahrräder geliefert. Parallel dazu laufen entsprechende Marketingmaßnahmen, um das Produkt bekannt zu machen und damit Umsatz zu generieren.

Vor- und Nachteile des Push-Prinzips

Vorteile	- geringere Stückkosten durch größere Produktionsmengen - optimale Ausnutzung betrieblicher Ressourcen (Personal, Maschinen) - jederzeitige Lieferfähigkeit durch entsprechende Lagervorräte
Nachteile	- Notwendigkeit, die Produktionsmenge zu schätzen - Gefahr, dass Nachfrageveränderungen und Trends den Mengenprognosen entgegenlaufen - mögliche Überproduktion durch ungenaue Prognosen - Gefahr hoher Lagerbestände, die zu hoher Kapitalbindung führen - nur geringe Berücksichtigung konkreter Kundenwünsche

Pull-Prinzip

Beim Pull-Prinzip beginnt die Produktion erst aufgrund eines konkreten Bedarfs, der z. B. von den Händlern gemeldet wird oder aus einem Kundenauftrag stammt. Das Unternehmen hat also keine zentrale Produktionsplanung. In der Beschaffung nutzen hier viele Unternehmen das Just-in-time-Verfahren.

Ein Bedarf lässt sich z. B. über die aktuellen Verkaufszahlen feststellen, die heutzutage elektronisch über Barcodes oder EAN-Codes erfasst werden können.

BEISPIEL: Ein Händler ordert bei der Fly Bike GmbH eine größere Menge an Mountainbikes, die nur teilweise aus dem Lagerbestand geliefert werden können. Die Bestellung führt dazu, dass in der Produktion das Mountainbike nachproduziert wird.

Vor- und Nachteile des Pull-Prinzips

Vorteile	- Vermeidung von Überproduktion und hohen Lagerbeständen durch bedarfsorientierte Produktion - Reduktion der Lagerhaltungskosten durch geringere Produktionsmengen - Möglichkeit, auf veränderte Absatztrends flexibel zu reagieren - geeignet für Serienfertigungen mit hoher Stückzahl und wenigen Varianten
Nachteile	- Gefahr, dass eine zu starke Nachfrageorientierung das Sortiment einschränkt - keine Kostenvorteile bei kleinen Produktionsmengen - schwierige Umsetzung bei Einzelfertigung, großer Sortimentsbreite oder großen Produktionsmengen

Serienfertigung
LF 6 → Kap. 6.2

Kanban

Die Kanban-Methode, die eine Ausprägungsform des Pull-Prinzips ist, wurde Mitte des 20. Jahrhunderts bei einem Automobilhersteller in Japan entwickelt. Zielsetzungen waren eine bessere Produktivität und Lieferbereitschaft, ohne dabei kostenintensive Lagerbestände aufzubauen.

Mithilfe eines Kanban (japanisch für „Karte" oder „Beleg") fordert die Produktion das erforderliche Material an. Dieses wird z. B. aus einem Zwischenlager zusammen mit dem Kanban weitergeleitet. Ist das Material verbraucht, geht das Kanban zurück, um wieder neues Material anzufordern. Dabei wird Material nur in der erforderlichen Menge und zur benötigten Zeit angefordert. Um Störungen im Ablauf zu vermeiden, muss das eingesetzte Material mangelfrei sein.

Das Kanban-Prinzip lässt sich nicht nur in der Produktion, sondern auch in anderen Unternehmensbereichen einsetzen, z. B. bei der Beschaffung.

Vor- und Nachteile des Kanban-Systems

Vorteile	- Reduktion der Durchlaufzeiten - Senkung der Bestände im Lager und damit der Lagerhaltungskosten - Verminderung von Ausschuss und Abfällen - Vereinfachung der Arbeitsablauforganisation - Flexibilisierung der Produktion hinsichtlich wechselnder Kundenanforderungen
Nachteile	- durch Reduktion der Lagerhaltungskosten und Just-in-time-Beschaffung geringere Preissenkungsspielräume in der Beschaffung - zunehmende Zahl von Transporten, da diese bedarfsorientiert ausgelöst werden; infolgedessen Verdichtung des Straßenverkehrs

Durchlaufzeit
LF 6 → Kap. 5.4.1

Rüstzeit
LF 6 → Kap. 5.4.1

Für eine erfolgreiche Umsetzung des Kanban-Systems müssen verschiedene **Voraussetzungen** erfüllt sein, u. a.:
- flexibel nutzbare Produktionsmittel (z. B. Maschinen),
- kurze Rüstzeiten,
- fehlerfreie Produktion,
- Akzeptanz von Leerlauf bei Mitarbeitenden und Anlagen,
- Analyse der Ursachen von Störungen und deren schnelle Beseitigung.

ÜBERSICHT: Logistik als Unternehmensaufgabe

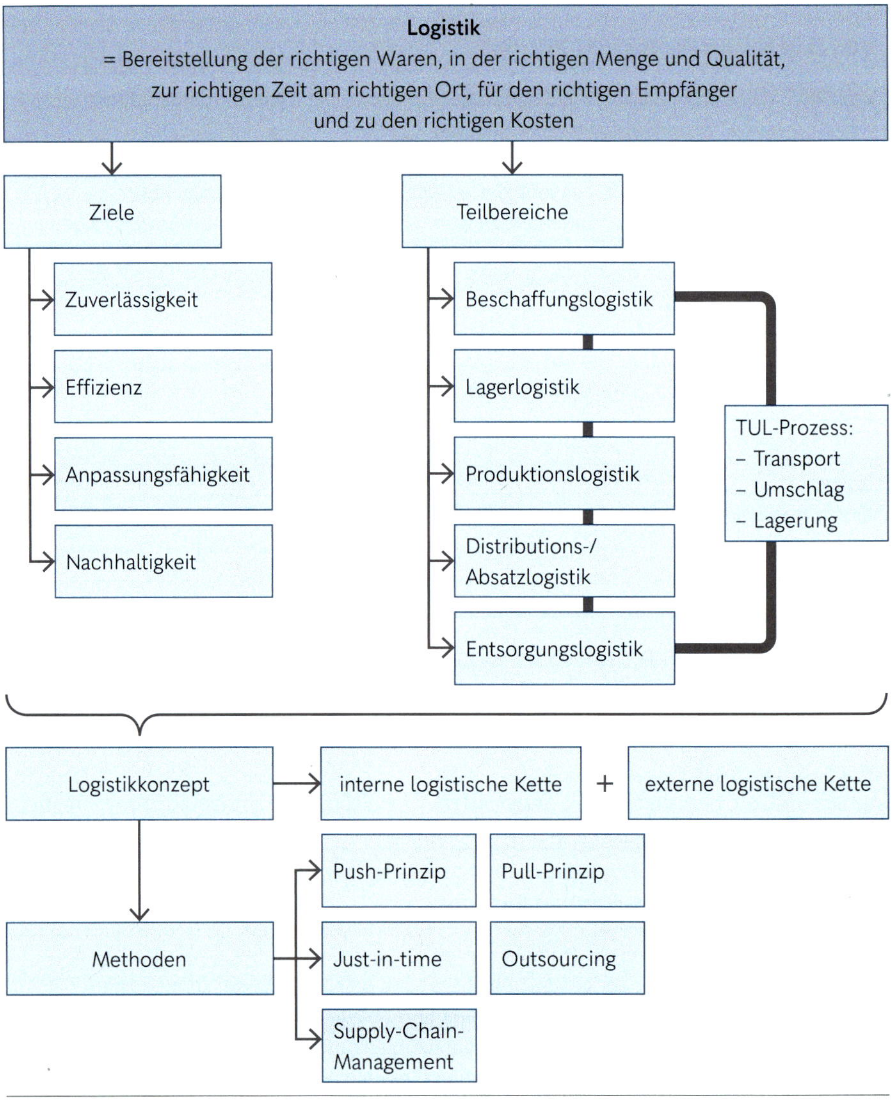

Alles klar?

1 Beschreiben Sie die grundlegenden Aufgaben von Logistik.

2 Erläutern Sie die Bedeutung von Informations- und Materialflüssen in der Logistik.

3 Logistik beinhaltet Logistikservice einerseits, Logistikkosten andererseits. Beschreiben Sie beide Teilaspekte.

4 Beschreiben Sie verschiedene logistische Ziele jeweils anhand eines Beispiels.

5 Unterscheiden Sie einzelne Teilbereiche der Logistik, die sich an der betrieblichen Leistungserstellung orientieren.

6 Erläutern Sie die Bedeutung des TUL-Prozesses.

7 Beschreiben Sie die interne logistische Kette anhand eines Beispiels.

8 Beschreiben Sie die externe logistische Kette anhand eines Beispiels.

9 Beschreiben Sie den Aufbau der Logistik in Ihrem Ausbildungsunternehmen.

10 Erläutern Sie die Bedeutung einer ERP-Software, die im Bereich der Logistik eingesetzt wird.

11 Beschreiben Sie gängige Verfahren, um Optimierungen in der Beschaffung bzw. Distribution zu erreichen.

12 Outsourcing ist in vielen Unternehmen gängig.
- a Erläutern Sie das Prinzip des Outsourcings.
- b Beschreiben Sie mögliche Vorteile, die damit erreicht werden können.
- c Recherchieren Sie in Ihrem Ausbildungsunternehmen, welche Prozesse dort outgesourct sind.

13 Beschreiben Sie das Konzept des Supply-Chain-Managements.

14 Erläutern Sie, welche grundlegenden Ziele mit einem Supply-Chain-Management erreicht werden sollen.

15 Unterscheiden Sie das Push- und das Pull-Prinzip anhand eines Beispiels.

16 Erläutern Sie das Kanban-Verfahren.

17 Recherchieren Sie in Ihrem Ausbildungsunternehmen, ob dort das Push- und/oder Pull-Prinzip zum Einsatz kommt.

18 Diskutieren Sie die Vorteilhaftigkeit des Kanban-Verfahrens im Plenum.

AB → Lernsituation 65

2 Güter und Materialien lagern

2.1 Grundlagen der Lagerhaltung

Der Begriff **Lagerlogistik** bezeichnet alle unternehmerischen Tätigkeiten im Bereich der Lagerhaltung. Er umfasst sowohl das Lagern als auch das Verwalten der im Unternehmen vorhandenen Güter und Materialien.

Lagerlogistik: Das Lagern und Verwalten von Gütern und Materialien für ...		
... die Produktion	Roh- und Hilfsstoffe	z. B. Metallbleche, Klebstoffe usw.
	Vorprodukte (Fremdbauteile)	z. B. Sättel, Reifen usw.
... den Absatz	Handelswaren	z. B. Reparatursets für Fahrräder, Erste-Hilfe-Sets usw.
... den Betrieb von Anlagen und Maschinen	Betriebsstoffe	z. B. Öl, Schmier- und Treibstoffe usw.

Im industriellen Herstellungsprozess entstehen zudem halbfertige Erzeugnisse, die zwischen den einzelnen Fertigungsschritten ebenfalls gelagert werden.

BEISPIEL: Die Produktion der Fahrräder ist bei der Fly Bike Werke GmbH in mehrere Produktionsschritte unterteilt: Zunächst werden die Rahmen hergestellt. Lenker und Sattel werden danach montiert. Zwischen diesen Montageschritten werden die halbfertigen Fahrräder jeweils zwischengelagert.

Bei der Lagerung müssen unterschiedliche Anforderungen berücksichtigt werden. So sind die Güter und Materialien sicher (z. B. Vermeidung von Unfällen und Schutz vor Diebstahl) und so zu lagern, dass sie bei Bedarf jederzeit zugänglich sind. Darüber hinaus muss die gelagerte Ware auch vor unerwünschten Veränderungen geschützt sein, z. B. vor Verrosten oder Schäden durch Nässe.

2.2 Aufgaben und Funktionen der Lagerhaltung

BEISPIEL: Die Lagermitarbeiter der Fly Bike Werke GmbH sind heute gut beschäftigt: Vorhin traf eine Lieferung mit Fahrradreifen ein, die entladen und geprüft werden muss. Die Produktion hat mehrere Materialanforderungen gestellt und im Absatzlager müssen Lieferungen für den Versand zusammengestellt werden.

Prozesse im Lager
→ Kap. 2.3

Die Lagerhaltung erfüllt eine Vielzahl unterschiedlicher **Aufgaben**:
- Annahme von Material und Durchführung der Wareneingangskontrolle (Qualitätskontrolle) nach Anlieferung,
- Erfassung der Zu- und Abgänge in der Lagerbuchführung,
- Bereitstellen von Material und von Absatzgütern,
- Auswertung der Lagerbewegungen mithilfe von Kennzahlen,
- Optimierung der Lagerbestände unter betriebswirtschaftlichen Gesichtspunkten,
- optimierte Nutzung der vorhandenen Lagerflächen,
- Ausführung allgemeiner Verwaltungsaufgaben.

Das Aufbewahren der vorhandenen Materialien und Güter ist eine grundlegende Funktion eines Lagers. Daneben erfüllt ein Lager noch weitere Funktionen:

- **Zeitüberbrückungsfunktion**: Beschaffung, Produktion und Absatz lassen sich im Regelfall weder zeitlich noch mengenmäßig vollständig aufeinander abstimmen, d. h. synchronisieren. Für die Produktion sichert das Lager einen kontinuierlichen Materialnachschub, sodass Stillstände vermieden werden können. Halbfertige Erzeugnisse können bis zu ihrer Weiterverwendung zwischengelagert werden. Das Absatzlager sichert eine ständige Lieferbereitschaft, auch wenn der konkrete Absatz asynchron zur Produktion verläuft.
- **Sicherungsfunktion**: Sicherheitsbestände im Lager überbrücken nicht prognostizierbare Liefer- und Bedarfsschwankungen, die z. B. durch Transportstörungen, verlängerte Lieferzeiten, Streiks oder ungeplante Mehrverbräuche entstehen können.
- **Spekulationsfunktion**: Beschaffungspreise können Schwankungen unterliegen. Deshalb ist es ratsam, bei günstigen Preisen größere Mengen einzukaufen und diese einzulagern. Bei größeren Mengen gewähren Lieferanten häufig auch Mengenrabatte. Allerdings führen höhere Lagerbestände zu steigenden Lagerhaltungskosten.
- **Veredelungsfunktion**: Manche Erzeugnisse (z. B. Käse, Wein) werden nach ihrer Herstellung für eine gewisse Zeit eingelagert, um einen Reifungsprozess zu durchlaufen. Diese Einlagerung führt zu einer Qualitäts- und Wertsteigerung.

Käse reift bei der Lagerung (Veredelungsfunktion).

- **Umformungsfunktion**: Halbfertige Erzeugnisse werden zwischengelagert, wenn sie nach einem Produktionsschritt z. B. abkühlen oder aushärten müssen. Auch das Umfüllen, Vermischen oder Sortieren von Erzeugnissen in verkaufsfähige Verpackungseinheiten ist Teil dieser Funktion.
- **Entsorgungsfunktion**: Materialreste und andere nicht mehr benötigte Materialien wie z. B. Ölrückstände werden gesammelt und einer fachgerechten Entsorgung zugeführt.

Entsorgungslogistik
→ Kap. 4

2.3 Teilprozesse und Tätigkeiten im Lager

Die vielfältigen Aufgaben und die damit verbundenen Tätigkeiten im Lager lassen sich folgenden Kernbereichen zuordnen:

Ein Warenwirtschaftssystem unterstützt die einzelnen (Teil-)Prozesse und stellt die notwendigen Informationen bereit.

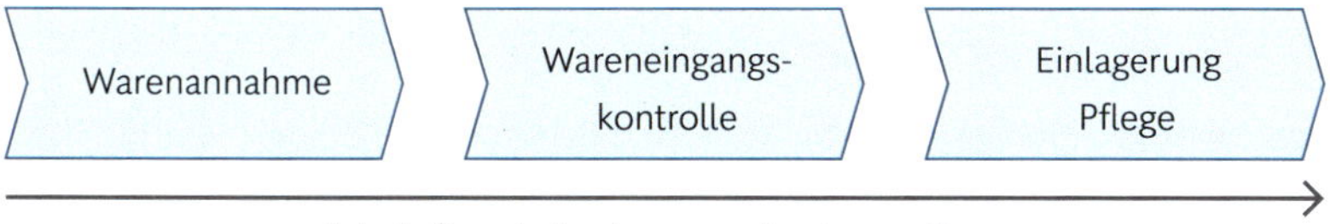

Arbeitsfluss bei ankommenden Lagergütern

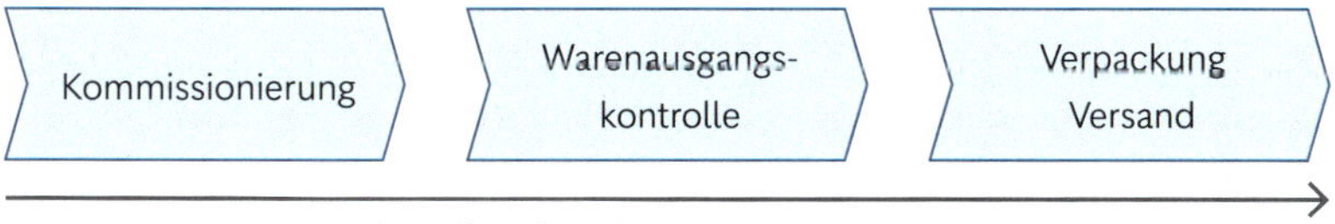

Arbeitsfluss bei abgehenden Lagergütern

2.3.1 Warenannahme

Das Warenwirtschaftssystem bietet den Lagermitarbeitern einen Überblick über ausstehende Warenlieferungen. Bei Anlieferung der Ware wird zunächst geprüft, ob die Ware überhaupt bestellt wurde und für das Unternehmen bestimmt ist. Anhand der Warenbegleitpapiere (z. B. Lieferschein, Frachtbrief) wird die Anzahl der Packstücke kontrolliert. Außerdem wird die Ware auf äußerlich erkennbare Schäden (Mängel) geprüft.

Warenbegleitpapiere → Kap. 3.2.1

Schäden oder Mengenabweichungen werden auf dem Warenbegleitpapier dokumentiert und vom Fahrer bzw. Frachtführer mit Unterschrift bestätigt. Zur besseren Dokumentation sollten die Schäden fotografiert werden. Im Extremfall sollte die Annahme der Ware verweigert werden.

Der Warenzugang wird mit einem **Wareneingangsschein**, heute zunehmend in digitaler Form dokumentiert. Dabei werden Angaben u. a. über den Lieferanten, die Artikelnummer, Warenbezeichnung, Menge, laufende Nummer des Wareneingangs, Datum und Uhrzeit sowie Lagerplatz erfasst. Mithilfe dieser Daten kann ein Abgleich mit der Bestellung und später eine Rechnungsprüfung vorgenommen werden.

Über vernetzte Systeme können z. B. Barcodes der Waren gescannt und direkt ins System übertragen werden.

2.3.2 Wareneingangskontrolle

Nach Erhalt der Ware wird diese einer genaueren Prüfung unterzogen, insbesondere um versteckte Mängel zu entdecken. Dabei werden u. a. die folgenden Aspekte geprüft:
- Vorhandensein sichtbarer Mängel,
- Übereinstimmung zwischen gelieferter und bestellter Ware,
- Übereinstimmung zwischen gelieferter und bestellter Menge.

Kontrolle der Ware LF 4 → Kap. 2.3

Werden Mängel festgestellt, werden diese dokumentiert und im Rahmen einer Mängelrüge beim Lieferanten angezeigt. Nur so kann das Unternehmen die gesetzlichen Rechte z. B. auf Nacherfüllung oder Rücktritt vom Kaufvertrag geltend machen.

mangelhafte Lieferung LF 4 → Kap. 3.2

2.3.3 Einlagerung und Pflege der Ware

Für jede Ware braucht es einen passenden Lagerplatz. Bei einem Festplatzsystem ist ein vorher festgelegter Lagerplatz aus einem Lagerplan zu ersehen. Bei der alternativen chaotischen Lagerhaltung wird ein aktuell freier Lagerplatz ausgewählt und in der Lagerverwaltungssoftware hinterlegt.

Lagerorganisation → Kap. 2.5

Bei der Einlagerung müssen die Wareneigenschaften berücksichtigt werden. Wertvolle Waren müssen diebstahlsicher, empfindliche Waren z. B. vor Nässe, Schmutz geschützt gelagert werden. Schwere Waren sollten in Bodennähe gelagert werden, um sowohl ihre Handhabung zu erleichtern als auch die Unfallgefahren zu reduzieren. Auch die Häufigkeit des Lagerzugriffs sollte bei der Einlagerung beachtet werden, da sie sich auf Wege und Zugriffszeiten auswirkt.

Zur Pflege von Lagerwaren gehört eine regelmäßige Kontrolle, insbesondere wenn sich die Lagerung auf die Qualität oder den Wert der Waren auswirken kann. Dabei spielen z. B. die Temperatur, Feuchtigkeit, Helligkeit im Lager eine Rolle. Nur durch eine entsprechende Kontrolle können Bestandsverluste und die dadurch entstehenden Kosten vermieden werden.

BEISPIEL: Für die E-Bikes verwendet die Fly Bike Werke GmbH hochwertige Akkus. Ihre Lagerung muss trocken, vor Sonneneinstrahlung geschützt und innerhalb bestimmter Temperaturgrenzen erfolgen. Die Lagermitarbeiter überprüfen diese Rahmenbedingungen daher regelmäßig, um Beschädigungen zu vermeiden.

2.3.4 Kommissionierung

Als Kommissionierung bezeichnet man die Warenentnahme aus dem Lager. Diese erfolgt aufgrund eines konkreten Kundenauftrags oder einer internen Materialanforderung der Produktion. Auf einem **Pickzettel**, auch Pickliste genannt, werden alle benötigten Waren mit Angabe der Artikelnummer, Menge und Lagerplatz aufgeführt.

Heutzutage werden solche Picklisten elektronisch, z. B. über Handheld-Geräte bereitgestellt.

Bei der Kommissionierung sind verschiedene Grade der Automatisierung möglich:
- **Manuelle Kommissionierung:** Hier müssen die Mitarbeitenden zum jeweiligen Lagerplatz gehen und dort die benötigte Ware entnehmen. Deshalb spricht man von einer **Mann-zu-Ware-** oder **Person-zu-Ware-Kommissionierung.**
- **Halbautomatische Kommissionierung:** Hier transportiert das System die Ware zu einem Mitarbeiter, der sich um die weitere Bearbeitung kümmert. Deshalb spricht man von einer **Ware-zu-Mann-** oder **Ware-zu-Person-Kommissionierung**. Das System stellt entweder direkt die benötigte Menge oder einen Lagerbehälter bereit, aus dem der Mitarbeiter die Ware entnimmt.
- **Vollautomatische Kommissionierung:** Hier wird die Ware vollautomatisch und ohne Beteiligung von Mitarbeitenden aus dem Lagerplatz entnommen und für den Versand weiterbearbeitet.

manuelle Kommissionierung

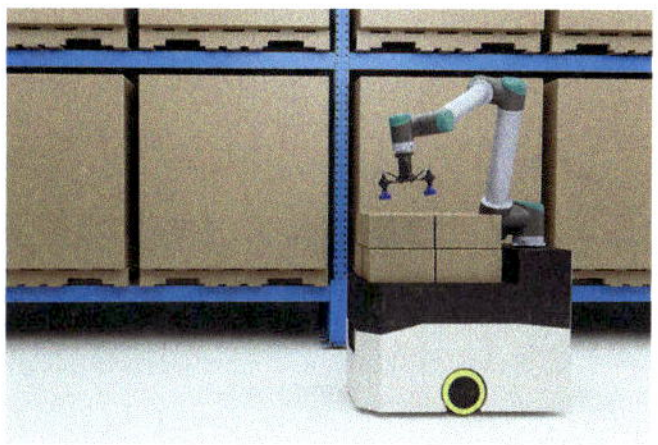
automatische Kommissionierung

Bei einer **einstufigen Kommissionierung** werden die Aufträge nacheinander abgearbeitet. Aus dem Lager werden nur die Waren entnommen, die für den aktuell bearbeiteten Auftrag benötigt werden. Dabei wird zwischen paralleler und serieller Kommissionierung unterschieden:
- Bei der **parallelen Kommissionierung** entnehmen mehrere Mitarbeitende gleichzeitig die angeforderten Waren aus dem Lager. Dabei ist jede Person nur für einen Teil des Lagers zuständig, sodass sich die Wegstrecken und Durchlaufzeiten reduzieren. An einer Sammelstelle werden alle Waren auftragsbezogen zusammengestellt.
- Bei der **seriellen Kommissionierung** entnehmen die Mitarbeitenden nacheinander die benötigten Waren aus dem Lager. Der letzte Kommissionierer vervollständigt dann den Auftrag.

Die einstufige Kommissionierung wird auch als auftragsbezogene Kommissionierung bezeichnet.

Bei einer **zwei-** oder **mehrstufigen Kommissionierung** werden mehrere Aufträge zusammengefasst. Die benötigten Waren werden in einem Vorgang aus dem Lager entnommen. An einem Sammelplatz werden die Waren dann den einzelnen Aufträgen zugeordnet. Die Kommissionierung verläuft so schneller und effizienter, da jeder Lagerplatz nur einmal aufgesucht werden muss und die Durchlaufzeiten sich verkürzen.

Die zwei- bzw. mehrstufige Kommissionierung wird auch als auftragslose oder serienorientierte parallele Kommissionierung oder Batch-Kommissionierung oder „Two-stage order-picking“ bezeichnet.

Bei der Kommissionierung unterstützen verschiedene **Hilfsmittel** die Mitarbeitenden:

- **Pick-by-Paper**: Mithilfe eines Pickzettels wird die Ware am Lagerplatz entnommen.
- **Pick-by-Voice**: Über ein mobiles Datenerfassungsgerät (MDE) mit angeschlossenem Headset kann der Mitarbeiter mittels Spracherkennung und -ausgabe die Ware kommissionieren. Dabei hat er beide Hände frei. Störgeräusche im Hintergrund können die Kommunikation mit dem System aber beeinflussen.
- **Pick-by-Light**: Am Lagerplatz werden die zu entnehmenden Waren durch Lichtsignale und Angabe der Menge hervorgehoben. Die Entnahme wird über eine Quittiertaste, z. B. am Regal bestätigt. Die Einrichtung solcher Systeme ist mit hohen Installations- und Wartungskosten verbunden.
- **Pick-by-Terminal**: Im Lager vorhandene Terminals (z. B. stationär oder am Gabelstapler) zeigen die benötigte Ware und den Lagerplatz an. Über (Hand-) Scanner kann die Warenentnahme fehlerfrei erfasst werden.
- **Pick-by-MDE** bzw. **-Scan**: Ein mobiles Datenerfassungsgerät zeigt die Pickliste an. Die Entnahme der Ware wird über eine Eingabe per Display oder Tastatur oder über den Scan eines Barcodes bzw. RFID-Chips erfasst.
- **Pick-by-Vision**: Für die Kommissionierung werden alle erforderlichen Informationen in einer **Datenbrille** angezeigt. Die Entnahme wird wie bei Pick-by-Voice sprachgesteuert erfasst.
- **Pick-by-Point®**: Das Verfahren ähnelt dem Pick-by-Light. Allerdings zeigt ein installierter Laser die Warenposition an. Verbaute Sensoren erfassen die Warenentnahme und können zudem bei fehlerhafter Entnahme warnen.

Wenn die Kommissionierung vollautomatisch durch den Einsatz von Robotern und ähnlichen Lagereinrichtungen erfolgt, spricht man von **Pick-by-Robot**.

Mit einer **Datenbrille** kann die Realität um virtuell erzeugte 3D-Elemente (Schrift, Bilder usw.) ergänzt werden.

Pick-by-Paper

Pick-by-Voice

Pick-by-Scan

Pick-by-Vision

Pick-by-Robot

Um die hier beschriebenen Kommissionierverfahren nutzen zu können, müssen die Waren bzw. Lagerfächer digital gekennzeichnet sein. Hierbei können EAN-Codes, QR-Codes oder RFID-Chips zum Einsatz kommen.

Ein RFID-Chip enthält Informationen (z. B. Artikelnummer), die kontaktlos zwischen dem Chip und einem Lesegerät ausgetauscht werden können.

Codes für die digitale Kennzeichnung von Waren

EAN = European Article Number (ist heute international gebräuchlich)	QR-Code = Quick Response Code	RFID = Radio Frequency Identification

Mithilfe einer modernen, EDV-gestützten Lagerverwaltung können die Kommissionieraufträge so geplant werden, dass die Mitarbeitenden hierfür möglichst wenig Zeit und Wegstrecken benötigen. So kann ihre Kommissionierleistung, d. h. die Anzahl der zu kommissionierenden Waren in einer bestimmten Zeit, erhöht werden.

Bestandteile der Kommissionierzeit

Basiszeit	Zeit für organisatorische Tätigkeiten vor und nach der Kommissionierung, z. B. Annahme des Auftrags, Bearbeiten der Entnahmebelege, Bereitstellung technischer Hilfsmittel (z. B. MDE) usw.
Wegzeit	Zeit für die Strecke, die für einen konkreten Kommissioniervorgang zurückgelegt werden muss
Greifzeit	Zeit für die Entnahme der Ware am Lagerplatz und ihr Verwahren in einem (Transport-)Behälter
Totzeit	unproduktive, aber unvermeidliche Zeit für Tätigkeiten wie z. B. Lagerplatzsuche, Vergleichen, Zählen, Kontrollieren und Quittieren bei Warenentnahme
Verteilzeit	unproduktive Zeit für Tätigkeiten, die nicht mit der Kommissionierung zusammenhängen, wie z. B. Pause, Wartezeit auf Hilfsmittel usw.

Greifzeit: auch als Entnahme- bzw. Pickzeit bezeichnet

Totzeit: auch als Nebenzeit bezeichnet

2.3.5 Warenausgangskontrolle

Nach der Kommissionierung wird geprüft, ob die Ware in Art und Menge mit dem Auftrag übereinstimmt und den Qualitätsanforderungen entspricht, also mangelfrei ist. Dadurch lässt sich die Reklamationshäufigkeit verringern und die Kundenzufriedenheit steigern.

Ergibt die Prüfung, dass keine Mängel zu verzeichnen sind, kann die Ware verpackt und schließlich versendet werden.

2.3.6 Warenverpackung und -versand

Kartons haben eine Schutz- und Lagerfunktion.

Für die Lagerung wie auch den Versand der Ware hat die Verpackung eine wesentliche Bedeutung. Dabei können unterschiedliche **Packmittel** wie z. B. Kartonagen, Plastik, Glas, Stoff usw. zum Einsatz kommen. Die Wahl der Packmittel hängt von der Art der Ware und von der Funktion ab, die die Verpackung erfüllen soll:

- **Schutzfunktion:** Grundsätzlich dient die Verpackung dazu, die Ware gegen negative Einflüsse aus der Umwelt, z. B. Nässe, Staub, Licht usw. zu schützen. Je nach Art der Ware werden z. B. Kartons, Schachteln, Trays, Flaschen u. v. m. verwendet.
- **Lagerfunktion:** Wird die Ware gelagert, erfüllt die Verpackung auch eine wichtige Funktion bei der Lagerhaltung. So ermöglichen z. B. Kartons, dass die Ware gestapelt werden kann.
- **Transportfunktion:** Beim Warentransport schützt die Verpackung die Ware vor Transportschäden. Hierzu tragen Pack- und Polstermittel wie z. B. Luftpolsterfolie und Schaumteile bei.
- **Marketingfunktion:** Neben diesen grundlegenden Funktionen erfüllt die Verpackung einer Ware auch eine Marketingfunktion. Eine attraktiv gestaltete Verpackung kann die Kaufentscheidung des Endverbrauchers positiv beeinflussen und im besten Fall einen Wiedererkennungseffekt schaffen.

Luftpolsterfolie hat eine Transportfunktion.

Eine schöne Verpackung hat eine Marketingfunktion.

Je nach Zweck der Verpackung ist zwischen Verkaufs-, Um- und Transportverpackungen zu unterscheiden:

- Die **Verkaufsverpackung** ist die Verpackung, in der die Ware an den Endverbraucher abgegeben wird.
- Die **Umverpackung** ist eine zusätzliche Verpackung um die Verkaufsverpackung (z. B. eine Schachtel, in die ein Parfümflakon verpackt ist).
- Die **Transportverpackung** ist die Verpackung, in der die Ware transportiert wird, z. B. ein Karton.

Wiederverwendbare Packmittel sind z. B. Europaletten, Gitterboxen, Getränkeflaschen.

Außerdem unterscheidet man zwischen Einweg- und Mehrwegverpackungen. **Einwegverpackungen** werden nach einmaligem Gebrauch entsorgt. **Mehrwegverpackungen** werden mehrfach verwendet, sind also deutlich umweltschonender. Die Rückgabe der Packmittel wird in der Regel durch direkten Austausch oder ein Pfandsystem sichergestellt.

Ziele des Verpackungsgesetzes: § 1 VerpackG

Pflichten der Hersteller und Händler: § 15 VerpackG

Die rechtliche Grundlage für den Umgang mit Verpackungen bildet das Verpackungsgesetz (VerpackG). Dessen Zielsetzung ist, die Menge der Verpackungen zu verringern und den Anteil der Mehrwegverpackungen zu erhöhen. Außerdem werden Hersteller und Händler verpflichtet, Transport- und Umverpackungen zurückzunehmen und sie einer Wiederverwendung oder Verwertung zuzuführen.

Zum **Versand** wird die Ware zusammen mit den Warenbegleitpapieren (z. B. Lieferschein) verpackt. Kleinere Pakete werden mit einem Versandetikett versehen und einem Logistikdienstleister übergeben. Größere Warenausgänge werden auf Paletten zusammengestellt und auf entsprechende Transportmittel (z. B. Lkw) verladen.

2.4 Lager planen

2.4.1 Lagerarten

Bei der Planung und Realisierung eines Lagers ist vieles zu bedenken: z. B. der Zweck, den das Lager erfüllen soll, die Art der gelagerten Güter und Materialien, die Nutzungsintensität (Häufigkeit und Menge einer Entnahme), der Standort, die Einrichtung usw. All diese Aspekte haben Auswirkungen auf die Kosten des Lagers.

Von maßgeblicher Bedeutung ist die erforderliche **Lagerfläche**. Hierbei unterscheidet man zwischen der
- **Bruttolagerfläche**, die die Fläche des gesamten Lagers umfasst, und der
- **Nettolagerfläche**, die sich nach Abzug der Sozialflächen (Bereiche für Mitarbeitende, z. B. Aufenthaltsraum) und Verkehrsflächen (Bereiche für Wege innerhalb des Lagers) von der Bruttofläche ergibt.

Auch beim Raumvolumen eines Lagers kann zwischen Brutto- und Nettoraumvolumen unterschieden werden. Vom Raumvolumen hängt es ab, bis in welche Höhe Ware gelagert werden kann.

Je nach Unternehmensbereich lassen sich Lager nach dem **Zweck** unterscheiden. Im **Beschaffungsbereich** gibt es z. B.:
- Wareneingangslager zur Aufnahme der gelieferten Güter und Materialien,
- Werkstofflager zur Einlagerung von Roh-, Hilfs- und Betriebsstoffen sowie Vorprodukten,
- Handelswarenlager für Waren, die unverändert weiterveräußert werden sollen,
- Ersatzteillager für Reparaturwerkzeuge und -material,
- Büromateriallager für alle in der Verwaltung benötigten Materialien.

Das Handelswarenlager in der Beschaffung kann auch mit dem Fertigwarenlager im Absatzbereich verbunden werden, da die Waren im Regelfall nicht verändert werden.

Im **Produktionsbereich** unterscheidet man:
- Handlager für Materialien, die direkt am Arbeitsplatz benötigt werden,
- Zwischenlager für halbfertige Erzeugnisse bis zu deren Verwendung im nächsten Produktionsschritt,
- Werkzeuglager für Werkzeuge, die am jeweiligen Arbeitsplatz benötigt werden.

Im **Absatzbereich** unterscheidet man:
- Fertigwarenlager für die fertigen und verkaufsfähigen Produkte,
- Versandlager, wo die Waren für den Versand vorbereitet werden.

Nach der **geografischen Lage (Standort)** eines Lagers unterscheidet man zwischen zentralen und dezentralen Lagern:
- Ein **zentrales Lager** befindet sich an nur einem Ort. Dort werden alle Güter und Materialien des Unternehmens gelagert. Das Lager sollte daher eine gute Verkehrsanbindung zum Unternehmen und/oder zu seinen Kunden aufweisen.
- **Dezentrale Lager** werden an mehreren verschiedenen Orten unterhalten. Auf diese Weise können die Wege z. B. zu Kunden verkürzt werden.
- Bei einer **gemischten Lagerung** betreibt das Unternehmen sowohl ein zentrales als auch mehrere dezentrale Lager.

Die Nutzungsintensität (Häufigkeit und Menge einer Entnahme) kann die Wahl des Standortes wesentlich beeinflussen.

Als **Konsignationslager** wird ein Lager bezeichnet, dass sich in der Nähe oder direkt in den Geschäftsräumen des Kunden befindet. Der Kunde kann dadurch jederzeit schnell mit Waren versorgt werden. Bis zur Entnahme durch den Kunden gehört die Ware dem Lieferanten. Dieses Lager kann zentral oder dezentral sein.

Stapellager

Hochregallager

Ausgehend von der **Bauart** eines Lagers unterscheidet man folgende Arten:
- **Freiluft**- oder **offene Lager** befinden sich im Freien. Sie weisen keine Umbauung (Wände, Dach) oder lediglich eine Umzäunung auf. Daher sind sie für Waren geeignet, die unempfindlich gegenüber der Witterung und wenig diebstahlgefährdet sind. **Halb geschlossene Lager** schützen die Waren teilweise: z. B. vor der Witterung durch eine Überdachung, vor Diebstahl durch eine Umzäunung. Ein **geschlossenes Lager** schützt die Lagerware vollständig vor äußeren Einflüssen.
- Bei den geschlossenen Lagern unterscheidet man zwischen **eingeschossigen Lagern** (bei einer Höhe bis 7 m als Flachlager bezeichnet) und **mehrgeschossigen Lagern**. In mehrgeschossigen Lagern (Etagenlagern) gibt es mehrere übereinander liegende Ebenen, die durch Treppen oder Aufzüge verbunden sind.
- Von einem **Stapellager** spricht man, wenn die Waren auf Paletten übereinander gestapelt werden. **Hochregallager** sind mit hohen Regalen und oft mit automatisierten Regalförderanlagen ausgestattet. Sie sind mehr als 12 m hoch.

2.4.2 Lagersysteme und -einrichtungen

Lagerorganisation
→ Kap. 2.5

Als **Umschlagsleistung** betrachtet man das Auslagern vorhandener und das Einlagern neuer Ware innerhalb einer bestimmten Zeitspanne.

Unter dem **Lagersystem** versteht man die Ausstattung eines Lagers sowie dessen Organisation. Das Lagersystem sollte so gestaltet werden, dass schnell auf die Lagerware zugegriffen werden kann und nur kurze Transportwege und -zeiten erforderlich sind. Gleichzeitig sollten eine hohe **Umschlagsleistung** und eine effiziente Ressourcennutzung (z. B. Personal) möglich sein.

Bei der **Lagereinrichtung** (auch: Lagertechnik) stehen dem Unternehmen verschiedene Optionen zur Auswahl:
- Bei der **Bodenlagerung** wird auf eine Lagereinrichtung verzichtet. Die Ware wird stattdessen direkt auf dem Boden gelagert. Dabei kann sie nebeneinander in Blöcken oder Reihen und/oder übereinander gestapelt werden.
- Bei der **Regallagerung** werden verschiedene Arten von Regalen verwendet, die fest installiert sind. Hierbei wird zwischen einer statischen und einer dynamischen Lagerung unterschieden. Bei der **statischen Lagerung** wird die Ware zwischen Ein- und Auslagerung nicht mehr bewegt. Bei der **dynamischen Lagerung** kommt es zwischen Ein- und Auslagerung zu einer Bewegung der Ware: Entweder bewegt die Ware sich innerhalb des Regals oder das Regal selbst bewegt sich. Dabei kann die Ware z. B. an die Entnahmeposition im Regal rutschen.

Automatisierung und Kommissionierung
- manuell: „Person-zu-Ware“
- automatisiert: „Ware-zu-Person“

→ Kap. 2.3.4

Die Technologisierung hält auch im Lager zunehmend Einzug. Bei einer **teil**- oder **vollautomatisierten** Lagerhaltung werden einzelne oder auch alle Arbeitsschritte durch Maschinen übernommen. Für die Lagermitarbeiter stellt diese Entwicklung einerseits eine Erleichterung dar, geht andererseits aber auch mit der Gefahr des Arbeitsplatzverlustes einher. Für das Unternehmen ist ein höherer Grad der Automatisierung mit entsprechenden Investitionskosten verbunden.

2.4.3 Eigen- oder Fremdlager

AB → Lernsituation 66

Lernvideo: Eigen- und Fremdlager

Ein **Eigenlager** ist ein Lager, das vom Unternehmen selbst betrieben und verwaltet wird. Es befindet sich häufig auf dem Geschäftsgelände oder in dessen unmittelbarer Nähe. Dem Unternehmen entstehen Investitionskosten für das Gebäude und die erforderliche Ausstattung. Hinzu kommen die laufenden Kosten für das eingesetzte Personal, Strom, Versicherungen usw. Doch ein Eigenlager bietet auch verschiedene Vorteile, z. B.:
- Das Unternehmen kann das Lager nach eigenen Vorstellungen und Erfordernissen gestalten und organisieren. Veränderungen bei der Organisation sind jederzeit möglich.
- Vor allem bei räumlicher Nähe lässt sich das Lager leichter in die betrieblichen Abläufe integrieren.
- Das Lager wird nur durch eigene (weisungsgebundene) Mitarbeiter betreten und verwaltet.

Bei einem **Fremdlager** handelt es sich um Räumlichkeiten, die bei einem anderen Unternehmen (= Lagerhalter) angemietet werden. Kosten entstehen hier nur für die Einlagerung der Ware. Im Regelfall sind die Kosten also geringer als bei einem Eigenlager.

Lagerhalter → Kap. 2.4.4

Vor- und Nachteile eines Fremdlagers

Vorteile	- Die Nutzung erfolgt auf Zeit. - Der Lagerflächenbedarf kann durch Anpassung des Mietvertrages flexibel gedeckt werden. - Es entstehen keine Kosten für eigenes Lagerpersonal. Auch andere fixe Lagerkosten entfallen. - Gegen Entgelt können weitere Dienstleistungen wie z. B. Lagerbuchhaltung, Bestandskontrolle, Kommissionierung genutzt werden. - Die Spezialisierung des Lagerhalters bringt zusätzliches Know-how.
Nachteile	- Das einlagernde Unternehmen hat weniger Kontrolle über die tatsächlichen Lagerprozesse. - Das Lagerpersonal ist dem einlagernden Unternehmen gegenüber nicht weisungsgebunden. - Während der Laufzeit des Mietvertrags besteht eine Bindung an diesen.

Dem Lagerhalter entstehen fixe Kosten für Personal, Gebäude, Energie, Ausstattung usw. Diese kalkuliert er in den Lagerpreis mit ein. Zudem trägt er das Investitionsrisiko.

In einem Fremdlager sind verschiedene Arten von Lagerung möglich:
- Bei einer **Trennungslagerung** enthält ein Lagerplatz nur die Waren eines Unternehmens. Die Waren sind also getrennt von den Waren anderer Unternehmen.
- Bei einer **Sammellagerung** werden gleichartige Waren von mehreren Unternehmen gemeinsam gelagert. Jedes Unternehmen erhält ein Miteigentum nach Bruchteilen am Gesamtbestand. Dadurch wird die Lagerung kostengünstiger.
- Bei einer **Mietlagerung** mietet das Unternehmen lediglich den Lagerraum an und ist für alles weitere selbst zuständig und verantwortlich.

Variable Kosten hängen von der jeweils benötigten Lagerfläche ab. Fixe Kosten sind davon unabhängig.

Eine **Entscheidung** zwischen Eigen- oder Fremdlager kann mithilfe eines **Kostenvergleichs** getroffen werden. Dabei betrachtet man die variablen und fixen Kosten sowie die Gesamtkosten für die benötigte Lagerfläche. Steht die Lagerfläche noch nicht fest oder kann variieren, ist die Berechnung der sogenannten **kritischen Lagerfläche** sinnvoll. Dabei handelt es sich um die Lagerfläche, bei der die Gesamtkosten von Eigen- und Fremdlager gleich hoch sind.

Als Grundlage für eine Entscheidung kann auch die kritische Lagermenge anstelle der Lagerfläche ermittelt werden. Das Vorgehen dabei ist identisch.

BEISPIEL: Durch eine stetig steigende Nachfrage nach E-Bikes benötigt die Fly Bike Werke GmbH zusätzliche Lagerfläche. In unmittelbarer Nähe zum Stammsitz ist ein Lagergebäude für monatlich 3.500,00 € zur Miete verfügbar. Für anfallende Mietnebenkosten müssen 2,80 € je m^2 berücksichtigt werden. Zusätzlich müsste ein weiterer Fachlagerist eingestellt werden, für den ein Gehalt von 2.150,00 € sowie Sozialversicherungsabgaben von 436,00 € anfallen. Eine Gebäude- und Warenversicherung schlägt mit 150,00 € monatlich zu Buche. Als Verbrauchskosten für Strom, Büromaterial, Kommunikation usw. muss mit 5,20 € je m^2 gerechnet werden.

Ein alternatives Angebot eines Lagerhalters beinhaltet einen Pauschalpreis von 22,50 € je m^2 Lagerfläche. In diesem Preis sind grundlegende Lagerverwaltungstätigkeiten enthalten

Berechnung der Kosten für ein Eigenlager

Fixe Kosten (in €)		**Variable Kosten (in €)**	
Miete	3.500,00	Verbrauchskosten	5,20
Gehalt	2.150,00	Mietnebenkosten	2,80
Sozialversicherung	436,00		
Versicherung	150,00		
Summe	6.236,00	Summe pro m^2	8,00

Kostenvergleich zwischen Eigen- und Fremdlager

Fläche in m^2 (= x)	**Kosten für Eigenlager (in €)**	**Kosten für Fremdlager (in €)**
	$= 6.236,00 + 8,00 \cdot x$	$= 22,50 \cdot x$
0	6.236,00	0,00
50	6.636,00	1.125,00
100	7.036,00	2.250,00
150	7.436,00	3.375,00
200	7.836,00	4.500,00
250	8.236,00	5.625,00
300	8.636,00	6.750,00
350	9.036,00	7.875,00
400	9.436,00	9.000,00
450	9.836,00	10.125,00
500	10.236,00	11.250,00

Die grafische Darstellung der Kostenverläufe von Eigen- und Fremdlager zeigt den Schnittpunkt der beiden Kurven, also die Quadratmeterzahl, wo die Gesamtkosten von Eigen- und Fremdlager gleich sind. Dies ist die sogenannte „kritische Lagerfläche".

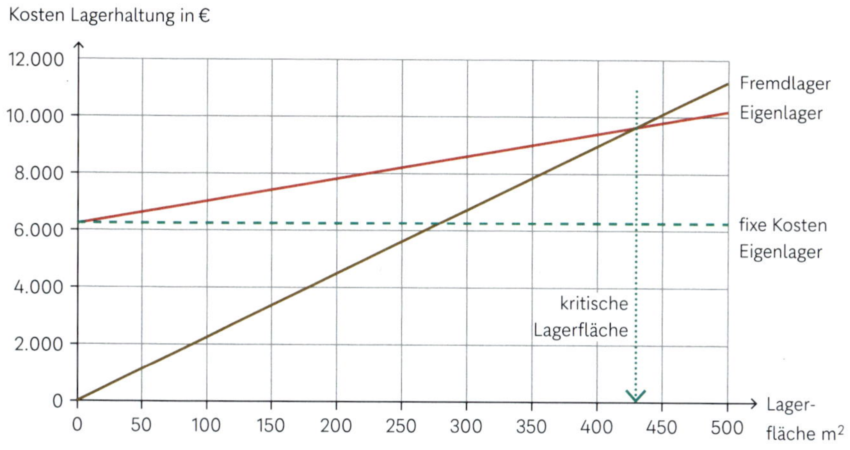

Mathematisch kann die kritische Lagerfläche folgendermaßen berechnet werden:

Kosten Eigenlager = Kosten Fremdlager

(fixe Kosten + variable Kosten) = variable Kosten Fremdlager

$$6.236{,}00 + 8{,}00 \cdot x = 22{,}50 \cdot x$$

$$6.236{,}00 = (22{,}50 - 8{,}00) \cdot x$$

$$\frac{6.236{,}00}{14{,}50} = x$$

$$x = 430{,}07\ m^2$$

Erst ab einem Flächenbedarf von 430 m² ist das Eigenlager kostengünstiger.

Für ein Unternehmen spielen die Kosten eine wesentliche Rolle. Darüber hinaus sollten aber noch weitere Überlegungen in die Entscheidung einfließen, z. B.: Ist das nötige Know-how für die Lagerung der Waren vorhanden? Möchte man von einem Lagerhalter abhängig sein? Kann man die benötigte Lagerfläche selbst bereitstellen? Wie können das Lager und die damit verbundenen Informationsflüsse am besten in die anderen betrieblichen Prozesse integriert werden?

Auch die soziale Verantwortung kann gegen ein Fremdlager sprechen. Dies ist besonders dann der Fall, wenn es für die vorhandenen Lagermitarbeiter keine alternative Einsatzmöglichkeit im Unternehmen gibt.

2.4.4 Lagerhalter

Für die Anmietung eines Fremdlagers wird ein **Lagervertrag** zwischen dem Unternehmen als Einlagerer und einem Lagerhalter geschlossen. Dieser regelt die gegenseitigen Rechte und Pflichten. Er enthält außerdem eine Vereinbarung über die zu erbringenden Leistungen des Lagerhalters und die dadurch entstehenden Kosten.

§ 467 f. HGB, § 471 ff. HGB

Rechte und Pflichten des Lagerhalters nach HGB

Rechte des Lagerhalters	Pflichten des Lagerhalters
- Zahlung der vereinbarten Vergütung durch den Einlagerer - Zahlung der erforderlichen Auslagen durch den Einlagerer - Aushändigung von Begleitpapieren und Auskunft über die Ware (z. B. Lageranforderungen, Gefahrstoffe) - Kündigung des Lagervertrages - Pfandrecht an der Lagerware	- sachgerechte Einlagerung der Ware - Herausgabe der Ware gegen Rückgabe des Lagerscheins - Information des Einlagerers bei Gefahr des Verderbs oder Beschädigung der Ware - Haftung für Verlust oder Beschädigung der Ware, falls der Lagerhalter dies zu verschulden hat - Versicherung der Lagerware auf Wunsch des Einlagerers

Nach Erhalt der Ware stellt der Lagerhalter einen **Lagerempfangs**- oder **Lagerschein** aus. Damit bestätigt er, die darin genannte Ware zur Einlagerung erhalten zu haben (Beweisurkunde).

§ 475c HGB Lagerschein
(1) Über die Verpflichtung zur Auslieferung des Gutes kann von dem Lagerhalter, nachdem er das Gut erhalten hat, ein Lagerschein ausgestellt werden, der die folgenden Angaben enthalten soll:
1. Ort und Tag der Ausstellung des Lagerscheins;
2. Name und Anschrift des Einlagerers;
3. Name und Anschrift des Lagerhalters;
4. Ort und Tag der Einlagerung;
5. die übliche Bezeichnung der Art des Gutes und die Art der Verpackung, bei gefährlichen Gütern ihre nach den Gefahrgutvorschriften vorgesehene, sonst ihre allgemein anerkannte Bezeichnung;
6. Anzahl, Zeichen und Nummern der Packstücke;
7. Rohgewicht oder die anders angegebene Menge des Gutes;
8. im Falle der Sammellagerung einen Vermerk hierüber.

(2) In den Lagerschein können weitere Angaben eingetragen werden, die der Lagerhalter für zweckmäßig hält.
(3) Der Lagerschein ist vom Lagerhalter zu unterzeichnen. Eine Nachbildung der eigenhändigen Unterschrift durch Druck oder Stempel genügt.

Der Lagerschein ist ein **Warenwertpapier**. Das bedeutet, dass der Lagerhalter gegen Vorlage dieses Scheins die darin beschriebene Ware aushändigen muss. Der Einlagerer kann somit sehr einfach über die Ware verfügen und sie z. B. weiterverkaufen. Bei einem Weiterverkauf erhält der Käufer nach Bezahlung den Lagerschein und kann von da an über die Ware verfügen, ohne dass diese physisch bewegt werden muss. Ein Lagerschein kann daher auch als Kreditsicherheit (Pfandrecht an Waren) verwendet werden.

Es gibt verschiedene Arten von Lagerscheinen:
- **Inhaberpapier:** Jeder Besitzer des Lagescheins kann über die Ware verfügen.
- **Orderpapier:** Nur der namentlich genannte Besitzer des Lagerscheins ist verfügungsberechtigt. Eine Weitergabe ist nur durch einen Übertragungsvermerk möglich.
- **Namenspapier:** Nur der namentlich genannte Besitzer ist verfügungsberechtigt. Eine Weitergabe ist nur durch Abtretung der Rechte und Übergabe des Lagerscheins möglich.

2.5 Lager organisieren

Bei der **Lagerorganisation** geht es darum, die Aufgaben und Arbeitsabläufe sowie die Verwendung der verfügbaren Lagerfläche so festzulegen, dass eine reibungslose Nutzung des Lagers gewährleistet ist.

Hierbei müssen bestimmte **Grundsätze** beachtet werden:
- **Sauberkeit und Ordnung**: Transportwege, Einrichtungen und Hilfsmittel im Lager müssen sauber und ordentlich sein, um Unfälle, Verletzungen und eine Beeinträchtigung der Lagergüter zu vermeiden.
- **Geräumigkeit**: Es braucht genügend Platz, um die Waren ein- und auslagern zu können, ohne dass die Waren oder andere Lagergüter beschädigt oder die Mitarbeitenden gefährdet werden.
- **Übersichtlichkeit**: Es braucht sinnvoll gekennzeichnete Lagerplätze, um die Lagergüter einzulagern und sie wieder aufzufinden.
- **Sachgerechte Lagerung der Waren:** Die Waren müssen sicher und stabil sowie gemäß ihrer Wareneigenschaften geschützt (z. B. vor Nässe) gelagert werden.
- **Sicherheit:** Bei der Verrichtung ihrer Tätigkeiten müssen die Mitarbeitenden vor Gefahren geschützt sein. Auch die eingelagerte Ware oder das Lager selbst sind vor Unfällen, Brand und Diebstahl zu schützen.

Hier sind auch Bereiche für Wege, Arbeitsplätze usw. mit zu berücksichtigen.

Ein übersichtliches Lager wird in einzelne Bereiche, sogenannte **Lagerzonen**, unterteilt. Die Lagerzonen können unterschiedliche Aufgaben erfüllen: z. B. den Wareneingang (Lade- und Entladezone) mit entsprechender Eingangskontrolle, das **Umpacken**, die eigentliche Lagerung, die Kommissionierung und der Versand der Waren. Neben dieser organisatorischen Unterteilung können Lagerzonen aber auch für bestimmte Waren oder Kunden eingerichtet werden.

Beim **Umpacken** werden die Waren aus ihrer bisherigen Verpackung entnommen und ggf. neu zusammengestellt und wieder verpackt.

BEISPIEL: Das Beschaffungslager bei der Fly Bike Werke GmbH teilt sich in Lagerzonen für Vorprodukte wie z. B. Reifen, Sättel sowie Roh- und Hilfsstoffe auf. Die Lagerzonen im Distributionslager orientieren sich hingegen an der geografischen Lage der Kunden wie z. B. Mittel- und Süddeutschland.

Im Regelfall wird eine Lagerzone in einzelne **Lagerplätze** unterteilt. Dies kann entweder eine freie Fläche sein oder es ist eine entsprechende Lagereinrichtung (z. B. Regale) zur Aufbewahrung der Ware vorhanden.

Auf welchem Lagerplatz eine Ware gelagert wird, legt ein **Lagerplan** fest. Hierbei stehen dem Unternehmen zwei unterschiedliche Vorgehensweisen zur Wahl.

Beim **Festplatzsystem** wird jeder Warenart ein Lagerplatz **fest zugeordnet**. Zur Unterscheidung und zum Wiederauffinden erhält jeder Lagerplatz eine eindeutige Lageradresse. Für eine leichtere Handhabung werden die Lagergüter mit Barcodes versehen, sodass die Ein- und Auslagerung mithilfe eines Barcodelesers vorgenommen werden kann.

Vor- und Nachteile des Festplatzsystems

Vorteile	Nachteile
– Ein fester Lagerplatz gewährleistet eine hohe Übersicht im Lager. – Durch einen fest zugeordneten Lagerplatz reduziert sich die Suchzeit. – Für kleine Lager ist keine digitale Lagerplatzverwaltung erforderlich. – Waren können nach ihrer Art gruppiert eingelagert werden. – Der vorhandene Lagerbestand einer Ware kann schnell ermittelt werden. – Der Lagerverwaltungsaufwand wird verringert.	– Der Flächenbedarf ist hoch, da die maximale Einlagerungsmenge berücksichtigt werden muss. – Die Lagereinrichtung muss an den jeweiligen Platzbedarf der Ware fest angepasst werden. – Bei schwankenden Lagerbeständen ergibt sich eine ungleiche Lagerplatzausnutzung. – Freie Flächen können nicht flexibel genutzt werden. – Veränderungen der Lagerplatzzuordnung sind aufwendig. – Es ist schwieriger, die Laufwege für die Mitarbeitenden zu optimieren.

Das **Freiplatzsystem** sieht eine **freie Zuordnung** zwischen der Ware und der jeweils verfügbaren Lagerfläche vor. Es wird somit immer der Platz belegt, der im jeweiligen Moment gerade zur Einlagerung vorhanden ist. Diese Art der Lagerplatzvergabe wird auch als **chaotische Lagerhaltung** bezeichnet.

Vor- und Nachteile der chaotischen Lagerhaltung (Freiplatzsystem)

Vorteile	Nachteile
– Die vorhandene Lagerfläche wird optimal genutzt, da für jede Ware der jeweils passende Lagerplatz ausgewählt werden kann. – Freie Flächen können flexibel genutzt werden. – Die Verwendung der Lagerplätze kann schnell an Veränderungen angepasst werden. – Das Auffinden freier Lagerflächen und eingelagerter Ware wird durch EDV unterstützt. – Die Vergabe von Lagerplätzen und die Laufwege für die Mitarbeitenden können nach mathematischen Gesichtspunkten optimiert werden.	– Die Lagerplätze müssen anhand einer Lagerplatznummer eindeutig unterschieden werden können. – Das Einlagern und Wiederauffinden der Ware erfordert die Verwendung eines EDV-Systems. – Die Lagerdaten müssen im EDV-System verlässlich gepflegt werden. – Bei einem Ausfall der EDV ist ein Auffinden der Lagerware nur erschwert möglich. – Es sind höhere Investitionskosten für eine passende Lagerverwaltungssoftware nötig.

Die einzelnen Lagerplätze werden mit eindeutigen **Lagerplatznummern** gekennzeichnet. Diese setzen sich oftmals aus der Lagerzone, einer Regalnummer und -etage und einem konkreten Stellplatz für die Ware zusammen.

BEISPIEL: Die Akkus für die E-Bikes der Fly Bike Werke GmbH werden in der Lagerzone B und dort in den Regalen 2 bis 3 aufbewahrt. Für das neue Kinder-E-Bike wird der benötigte Akku in der dritten Regaletage gelagert. In der Lagerverwaltungssoftware ist hierfür die Lagerplatznummer B-02-03 hinterlegt. Mithilfe dieser Nummer kann der Lagermitarbeiter den richtigen Akku entnehmen.

Unternehmen lagern von einer Warenart häufig größere Mengen ein. Für diese Fälle muss festgelegt werden, in welcher Reihenfolge die Waren wieder entnommen werden. Dabei lassen sich u. a. die folgenden Strategien verfolgen:
- **First in – first out** (**FIFO**): Die zuerst eingelagerten und damit älteren Waren werden auch zuerst aus dem Lager entnommen und verbraucht. Dies ist besonders bei Waren sinnvoll, die altern, verderben oder unbrauchbar werden können.
- **Last in – first out** (**LIFO**): Die zuletzt eingelagerten und damit jüngsten Waren werden zuerst aus dem Lager entnommen und verbraucht. Dieses Vorgehen empfiehlt sich bei Waren, die keinem Alterungsprozess unterliegen.
- **Highest in – first out** (**HIFO**): Zunächst werden die Waren mit dem höchsten Wert verbraucht. Im Lager verbleiben dann die kostengünstigeren Waren, sodass der Lagerwert sinkt.

Bei verderblichen Waren oder solchen mit einem Haltbarkeitsdatum wird häufig die **First expired – first out (FEFO)**-Methode als Abwandlung von FIFO angewendet.

Der Lagerwert hat Auswirkungen auf die Bilanzierung. **LF 10**

Die jeweilige Strategie muss vor der Einlagerung festgelegt sein. Die Waren müssen dann so eingelagert werden, dass sie wie beabsichtigt entnommen werden können, ohne dass andere Waren vorher umgelagert werden müssen. Eine passende Lagerausstattung kann dieses Vorgehen unterstützen.

Durchlaufregale unterstützen z. B. das FIFO-Prinzip, indem die Ware an die Entnahmestelle durchrutscht.

2.6 Lagerkennzahlen ermitteln

AB → Lernsituation 67

Lernvideo: Lagerkennzahlen

Dem Unternehmen entstehen neben den Investitionskosten für das Lager auch **Lagerkosten** für die laufende Nutzung.

Lagerkosten

Bereich	Beispiele
Gebäude	Abschreibungen, Miete, Instandhaltung, Heizung, Strom, Wasser, Versicherung (z. B. Gebäude-, Brandschutzversicherung), Reinigung
Ausstattung	Abschreibungen, Leasingraten, Instandhaltung und Wartung, Strom, Öl
Personal	Löhne, Gehälter, Sozialabgaben, Kosten für Weiterbildung, Sondervergütungen (z. B. Weihnachts-, Urlaubsgeld), Zulagen und Zuschläge (z. B. für Nachtarbeit)
Lagerware	Kosten für Verderb, Verschleiß, Schwund, unsachgemäße Handhabung, Versicherungen (z. B. Brand, Diebstahl)
Verbrauchsmaterial	Verpackungsmaterial, Büromaterial, Kommunikation

Die Kosten für das Gebäude bezeichnet man als **Raumkosten**.

Für die Beschaffung der Lagerware wird **Kapital** benötigt. Dieses Kapital ist im Lager **gebunden**, kann also nicht zinsbringend bei einer Bank angelegt werden. Berücksichtigt man zu den Lagerkosten auch diese entgangenen Zinsen, so erhält man die **Lagerhaltungskosten**.

Die Kosten für das gebundene Kapital werden als **Kapitalkosten** bezeichnet.

Fixe Kosten sind z. B. Abschreibungen, Versicherungen, Miete, Personalkosten.

Variable Kosten sind z. B. Kosten für Strom, Öl, warenabhängige Versicherungen, Verpackungsmaterial.

Einige dieser Lagerhaltungskosten fallen unabhängig von der eingelagerten Warenmenge oder dem Warenwert an. Sie sind grundsätzlich konstant und somit **fix**. Andere Kosten hängen von der Menge oder dem Wert ab. Hierbei handelt es sich um **variable Kosten**.

Wie in anderen Unternehmensbereichen auch, müssen die anfallenden Kosten im Lager regelmäßig festgestellt und mit Budgetvorgaben und vereinbarten Zielen verglichen werden. Bei Abweichungen müssen entsprechende Maßnahmen ergriffen werden. All dies ist Aufgabe des **Bestands**- bzw. **Logistikcontrollings**.

Unternehmen ermitteln hierfür verschiedene **Lagerkennzahlen**. Mit ihrer Hilfe lassen sich betriebsinterne Vergleiche mit früheren Jahren oder mit Branchenwerten vornehmen. Die so gewonnenen Erkenntnisse können dann in der Zeit- und Mengenplanung der Beschaffung umgesetzt werden und sich auf die Lagerhaltung auswirken.

Kennzahlen für das Beschaffungswesen LF 4 → Kap. 1.5.1

Meldebestand = Mindestbestand + (Tagesverbrauch · Lieferzeit)

Bestellmenge = Höchstbestand – Mindestbestand

alternativ: Ermittlung der optimalen Bestellmenge LF 4 → Kap. 1.4

Kennzahlen für das Beschaffungswesen

- Der **Mindestbestand** (Sicherheitsreserve, eiserner Bestand) sollte nur in Notfällen (z. B. ausbleibende oder verzögerte Lieferung) unterschritten werden. Er dient dazu, Kunden auch bei unvorhergesehenen Störungen beliefern zu können.
- Bei Erreichen des **Meldebestandes** wird neue Ware beim Lieferanten bestellt. Diese Kennzahl muss so gewählt werden, dass bis zum Eintreffen der Lieferung der Mindestbestand nicht unterschritten wird.
- Der **Höchstbestand** ist die Warenmenge, die maximal eingelagert werden kann oder aus wirtschaftlichen Gründen eingelagert werden soll.
- Die **Bestellmenge** wird so gewählt, dass die eintreffende Lieferung das Lager bis maximal zum Höchstbestand wieder auffüllt.

Durchschnittlicher Lagerbestand

Der durchschnittliche Lagerbestand ist die Menge, die sich in einem bestimmten Zeitraum durchschnittlich im Lager befand. Diese Kennzahl sagt also etwas über das im Lager gebundene Kapital aus. Zudem können Aussagen über die Auslastung des Lagers und mögliche Einsparpotenziale getroffen werden.

Je nach Betrachtungszeitraum (z. B. Monat, Quartal, Jahr) und den verfügbaren Lagerdaten stehen unterschiedliche Formeln zur Auswahl:

JAB = Jahresanfangsbestand
JEB = Jahresendbestand

MEB = monatlicher Endbestand

BeM = Bestellmenge
MiB = Mindestbestand

Formeln für den durchschnittlichen Lagerbestand

Formel	Erläuterung
$\frac{\text{JAB} + \text{JEB}}{2}$	Hier werden nur die Bestände am Jahresanfang und -ende betrachtet. Schwankungen der Lagerbestände während des Jahres bleiben unberücksichtigt. Dies reduziert die Aussagekraft der Kennzahl deutlich.
$\frac{\text{JAB} + 12 \cdot \text{MEB}}{13}$	Hier werden der Bestand am Jahresanfang und die monatlichen Endbestände betrachtet. Dadurch werden Bestandsschwankungen stärker berücksichtigt. Allerdings können größere Lagerzu- oder -abgänge kurz vor Monatsende die Aussagekraft verfälschen.
$\frac{\text{BeM}}{2} + \text{MiB}$	Liegen konstante Lagerabgänge und Bestellmengen vor, so hat diese Betrachtung die höchste Aussagekraft.

BEISPIEL: Für das Kinderfahrrad *Twist* lag der Anfangsbestand im vergangenen Kalenderjahr bei 35 Stück. Im Jahresverlauf ergaben sich folgende monatliche Endbestände:

Januar 28	Februar 25	März 20	April 16	Mai 11	Juni 30
Juli 29	August 21	September 17	Oktober 12	November 20	Dezember 18

Betrachtet man nur den Jahresanfangs- und -endbestand, erhält man als durchschnittlichen Lagerbestand:

$$\frac{(35 + 18)}{2} = 26{,}5 \rightarrow 27\,\text{Stück}$$

Ein genaueres Ergebnis erhält man bei Verwendung der monatlichen Endbestände:

$$\frac{(35 + 28 + 25 + 20 + 16 + 11 + 30 + 29 + 21 + 17 + 12 + 20 + 18)}{13} = 21{,}7 \rightarrow 22\,\text{Stück}$$

Durchschnittlicher Lagerwert

Zur Berechnung des durchschnittlich im Lager gebundenen Kapitals werden die Einstands- bzw. Herstellkosten der Waren berücksichtigt. Je konstanter diese Werte sind, umso aussagekräftiger ist das Ergebnis.

durchschnittlicher Lagerwert = durchschnittlich gebundenes Kapital

Ø Lagerwert = Ø Lagerbestand · Einstands- bzw. Herstellungskosten je Stück

BEISPIEL: Das Kinderfahrrad *Twist* kostet in der Herstellung 225,00 €. Ausgehend von einem durchschnittlichen Lagerbestand von 22 Stück erhält man folgende Kapitalbindung:
22 · 225,00 € = 4.950,00 €

Umschlagshäufigkeit

Die Umschlagshäufigkeit gibt an, wie oft eine Ware innerhalb eines bestimmten Zeitraums (meist ein Jahr) verkauft wird. Hierzu verwendet man den Jahresverbrauch der Ware, d. h. die im betrachteten Zeitraum vorhandenen Lagerabgänge bzw. Verkäufe. Die Umschlagshäufigkeit kann sowohl auf Mengen- als auch Wertbasis ermittelt werden:

$$\text{Umschlagshäufigkeit} = \frac{\text{Jahresverbrauch in Stück}}{\text{Ø Lagerbestand in Stück}} \quad \text{oder} \quad \frac{\text{Jahresverbrauch in €}}{\text{Ø Lagerbestand in €}}$$

Eine hohe Umschlagshäufigkeit bedeutet, dass die Waren schnell verkauft werden und damit nur für kurze Zeit im Lager verweilen. Das eingesetzte Kapital wird damit für kürzere Zeit gebunden, was zu einer Senkung der Lagerhaltungskosten führen kann. Gleichzeitig steigen die Umsätze des Unternehmens.

Bei einer niedrigen Umschlagshäufigkeit verbleiben die Waren längere Zeit im Lager und werden seltener verkauft.

BEISPIEL: Beim Kinderrad *Twist* gab es im betrachteten Kalenderjahr die folgenden Lagerabgänge:

Januar 7	Februar 3	März 5	April 4	Mai 5	Juni 6
Juli 1	August 8	September 4	Oktober 5	November 7	Dezember 2

Der Jahresverbrauch ist die Summe der Lagerabgänge:
7 + 3 + 5 + 4 + 5 + 6 + 1 + 8 + 4 + 5 + 7 + 2 = 57 Stück

Die Umschlagshäufigkeit liegt damit bei:

$$\frac{57}{22} = 2{,}6$$

Der durchschnittliche Lagerbestand hat sich im betrachteten Zeitraum nur 2,6-mal verkauft. Dies bedeutet, dass das Kapital lange Zeit im Lager gebunden war.

Hinweis: Im Juni wurden 25 Stück und im November 15 Stück produziert.

Durchschnittliche Lagerdauer

Die durchschnittliche Lagerdauer ist eine Kennzahl, die Auskunft über die genaue Verweildauer der Ware im Lager gibt. Sie ist die Ergänzung zur Umschlagshäufigkeit.

$$\text{Ø Lagerdauer} = \frac{\text{360 Tage}}{\text{Umschlagshäufigkeit}}$$

Alternativ kann die **Lagerreichweite** in Tagen berechnet werden. Diese Kennzahl gibt Auskunft über die Versorgungssicherheit eines Produkts.

$$\text{Lagerreichweite} = \frac{\text{Ø Lagerbestand}}{\text{Tagesverbrauch}}$$

BEISPIEL: Bei einer Umschlagshäufigkeit von 2,6 ergibt sich für das Kinderfahrrad *Twist* folgende durchschnittliche Lagerdauer:

$$\frac{\text{360 Tage}}{2{,}6} = 138{,}5 \rightarrow \text{139 Tage}$$

Der Zusammenhang zwischen Umschlagshäufigkeit, durchschnittlicher Lagerdauer und Kapitalbindung lässt sich folgendermaßen darstellen:

Umschlagshäufigkeit	Ø Lagerdauer	Kapitalbindung
hoch	gering	gering
gering	hoch	hoch

Grundsätzlich ist jedes Unternehmen bestrebt, eine möglichst geringe Kapitalbindung zu erreichen – gemäß dem Motto: „Das Kapital soll arbeiten, Umsatz generieren und nicht im Lager liegen.“ Lässt sich dies nicht erreichen, so sollte über alternative Kapitalanlageformen, z. B. bei einer Bank nachgedacht werden.

Lagerzinssatz und Lagerzinsen

kalkulatorische Zinsen
LF 8 → Kap. 1.7.2

Durch die Kapitalbindung im Lager entgehen dem Unternehmen Zinsen, die es mit einer alternativen Kapitalanlage hätte erzielen können. Diese entgangenen Zinsen müssen als Kosten berücksichtigt werden. Grundlage für die Errechnung der Lagerzinsen ist der marktübliche Jahreszinssatz (auch: Marktzinssatz), der zunächst in einen Lagerzinssatz umgewandelt werden muss.

$$\text{Lagerzinssatz} = \frac{\text{Jahreszinssatz bzw. Marktzinssatz}}{\text{Umschlagshäufigkeit}} \quad \text{oder} \quad \frac{\text{Jahreszinssatz} \cdot \varnothing\ \text{Lagerdauer}}{\text{360 Tage}}$$

Unter Berücksichtigung der Kapitalbindung, d. h. des durchschnittlichen Lagerbestands in Euro, werden in einem weiteren Schritt die Lagerzinsen berechnet:

$$\text{Lagerzinsen} = \frac{\text{Wert des } \varnothing \text{ Lagerbestandes} \cdot \text{Lagerzinssatz}}{100}$$

BEISPIEL: Am Markt könnte die Fly Bike Werke GmbH derzeit Kapitalanlagen zu einem jährlichen Zinssatz von 8,5 % realisieren. Aufgrund der aktuellen Kapitalbindung im Lager ergibt sich dieser Lagerzinssatz:

$$\frac{8{,}5\ \%}{2{,}6} = 3{,}3\ \%$$

Somit muss die Fly Bike Werke GmbH mit folgenden Lagerzinsen kalkulieren:

$$\frac{(22 \cdot 225{,}00\ €) \cdot 3{,}3}{100} = 163{,}35\ €$$

Liegen die Waren lange im Lager, ist die Umschlagshäufigkeit gering und die durchschnittliche Lagerdauer hoch. Dadurch steigen die zu berücksichtigenden Lagerzinsen.

Lagerhaltungskostensatz

Die Lagerkosten entstehen für alle Waren im Lager und meist unabhängig von der jeweils vorhandenen Menge. Mithilfe des Lagerhaltungskostensatzes können für einzelne Waren die Lagerkosten einschließlich der angefallenen Lagerzinsen ermittelt werden.

$$\text{Lagerkostensatz} = \frac{\text{Lagerkosten} \cdot 100}{\varnothing\ \text{Lagerwert}}$$

$$\text{Lagerhaltungskostensatz} = \text{Lagerkostensatz} + \text{Lagerzinssatz}$$

$$\text{Lagerhaltungskosten je Ware} = \frac{\text{Warenwert} \cdot \text{Lagerhaltungskostensatz}}{100}$$

Warenwert
= Einstands- oder
Herstellungspreis

BEISPIEL: Für den betrachteten Zeitraum sind bei der Fly Bike Werke GmbH Lagerkosten in Höhe von 55.000,00 € entstanden. Davon entfallen 5 % auf die Kinderfahrräder *Twist*.
Als Lagerkostensatz ergibt sich damit:

$$\frac{(55.000{,}00 \cdot 0{,}05 \cdot 100)}{4.950{,}00} = 55{,}6\ \%$$

Für den Lagerhaltungskostensatz ergibt sich dann:
55,6 % + 3,3 % = 58,9 %

Für das Kinderfahrrad *Twist* ergeben sich damit Lagerhaltungskosten in Höhe von:

$$\frac{225{,}00 \cdot 58{,}9}{100} = 132{,}53\ €$$

Lagernutzungsgrad

Die für ein Lager anfallenden Kosten sind nur dann gerechtfertigt, wenn das Lager auch weitgehend ausgelastet ist. Der Lagernutzungsgrad ist eine Kennzahl, die Auskunft über die Auslastung des Lagers gibt.

$$\text{Lagernutzungsgrad} = \frac{\text{belegte Lagerfläche in m}^2 \cdot 100}{\text{gesamte Lagerfläche in m}^2}$$

BEISPIEL: Die Lagerfläche bei der Fly Bike Werke GmbH beträgt etwa 1850 m².
Laut Lagerverwaltung sind aktuell 1225 m² belegt. Daraus ergibt sich der folgende Lagernutzungsgrad:

$$\frac{(1\,225 \cdot 100)}{1\,850} = 66{,}2\,\%$$

Das Lager ist nur zu etwa zwei Dritteln belegt und bietet noch viel freie Fläche für weitere Warenzugänge. Dies heißt: Ein erheblicher Teil des Lagers steht leer und wird nicht optimal genutzt, obwohl hierfür Lagerkosten entstehen.

Ansatzpunkte für eine Senkung der Lagerkosten

Verschiedene Logistikkonzepte wie z. B. das Pull-Prinzip oder eine Just-in-time-Beschaffung können das Unternehmen bei der Kostensenkung unterstützen.

Das Unternehmen wird bemüht sein, die anfallenden Lager- bzw. Lagerhaltungskosten zu reduzieren, indem es die Lagerprozesse optimiert. Der durchschnittliche Lagerbestand ist hierbei eine zentrale Größe. Folgende Grafik zeigt mögliche Ansatzpunkte für eine Kostensenkung.

Bestellmenge und Lagerkennzahlen

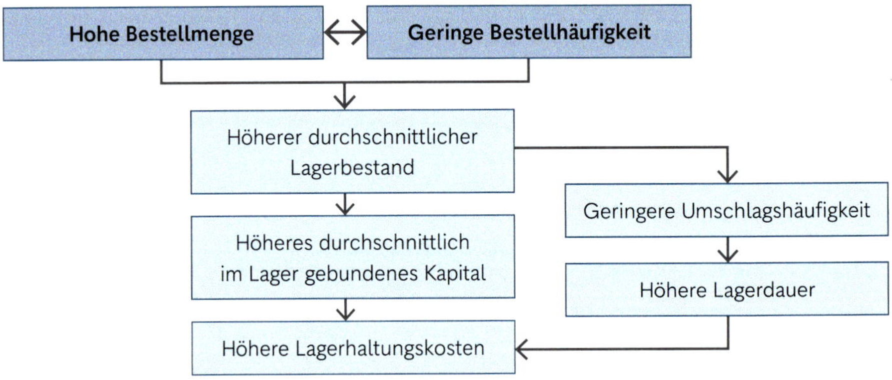

Hier kann auch eine **ABC-Analyse** wertvolle Erkenntnisse liefern. LF 4 → 1.3.2

Waren mit einer geringen Umschlagshäufigkeit können leicht identifiziert werden. Handelt es sich bei diesen „Lagerhütern" um Absatzprodukte, sollten sie frühzeitig aus dem Sortiment genommen und Restbestände über Sonderverkäufe abgesetzt werden. Lässt das Produkt noch ein Absatzpotenzial erkennen, so sollten entsprechende Marketingaktivitäten für eine Absatzsteigerung geplant und durchgeführt werden. Bei Gütern oder Materialien aus dem Beschaffungsbereich sollte über ein angepasstes Bestellverhalten nachgedacht und die Vorratshaltung reduziert werden.

Gelingt es, die Lagerbestände dauerhaft zu senken, können auch damit verbundene Risiken wie z. B. Schwund, Diebstahl sowie der Umfang anfallender Lagerverwaltungstätigkeiten reduziert werden. Dies führt wiederum zu einer Kostensenkung.

ÜBERSICHT: Lagerlogistik

Lagerfunktionen	– Zeitüberbrückung – Sicherung – Spekulation – Veredelung – Umformung – Entsorgung
Lagerprozesse	– Warenannahme – Eingangskontrolle – Einlagerung und Pflege – Kommissionierung – Ausgangskontrolle – Verpackung und Versand
Lagerarten	– Einteilung nach Zweck, Standort, Bauart – Kostenentscheidung zwischen Eigen- und Fremdlager
Lagerorganisation	– Grundsätze: • Sauberkeit und Ordnung • Geräumigkeit • Übersichtlichkeit • sachgerechte Lagerung • Sicherheit – Das Lager wird in Lagerzonen unterteilt; diese werden wiederum in Lagerplätze unterteilt. Zur eindeutigen Kennzeichnung werden Lagerplatznummern vergeben.
Kennzahlen	Durchschnittlicher Lagerbestand = $\frac{\text{Jahresanfangsbestand + 12 Monatsendbestände}}{13}$ oder $\frac{\text{Anfangsbestand + Endbestand}}{2}$
	Durchschnittlicher Lagerwert (durchschnittlich gebundenes Kapital) = durchschnittlicher Lagerbestand · Einstands- bzw. Herstellungskosten je Stück
	Umschlagshäufigkeit = $\frac{\text{Jahresverbrauch in Stück}}{\text{durchschnittlicher Lagerbestand}}$ oder $\frac{\text{Jahresverbrauch in €}}{\text{durchschnittlicher Lagerwert}}$
	Durchschnittliche Lagerdauer = $\frac{\text{360 Tage}}{\text{Umschlagshäufigkeit}}$
	Lagerzinssatz = $\frac{\text{Marktzinssatz}}{\text{Umschlagshäufigkeit}}$ oder $\frac{\text{Marktzinssatz} \cdot \text{durchschnittliche Lagerdauer}}{\text{360 Tage}}$
	Lagerzinsen = $\frac{\text{Wert des durchschnittlichen Lagerbestands} \cdot \text{Lagerzinssatz}}{100}$
	Lagerkostensatz = $\frac{\text{Lagerkosten} \cdot 100}{\text{durchschnittlicher Lagerwert}}$
	Lagerhaltungskostensatz = Lagerkostensatz + Lagerzinssatz
	Lagerhaltungskosten je Ware = $\frac{\text{Warenwert} \cdot \text{Lagerhaltungskostensatz}}{100}$
	Lagernutzungsgrad = $\frac{\text{belegte Lagerfläche in m}^2 \cdot 100}{\text{gesamte Lagerfläche in m}^2}$

Alles klar?

1 Erläutern Sie den Begriff der Lagerlogistik.

2 Unterscheiden Sie verschiedene Güter, mit denen in der Lagerlogistik gearbeitet wird.

3 Beschreiben Sie verschiedene Aufgaben, die die Lagerhaltung wahrnimmt.

4 Erläutern Sie die unterschiedlichen Funktionen, die ein Lager erfüllt.

5 Untergliedern Sie den Material- bzw. Güterfluss von der Anlieferung bis hin zum Absatz in seine wesentlichen Phasen.

6 Vergleichen Sie diese Phasen mit der Organisation des Warenflusses in Ihrem Ausbildungsunternehmen.

7 Beschreiben Sie die wesentlichen Tätigkeiten im Rahmen der Warenannahme.

8 Erläutern Sie die Notwendigkeit einer Wareneingangskontrolle und gehen Sie auf die wesentlichen Prüfaspekte ein.

9 Beschreiben Sie die Rolle der Wareneinlagerung und Pflege im Rahmen der Lagerlogistik.

10 Erläutern Sie den Begriff der Kommissionierung.

11 Unterscheiden Sie die ein- und mehrstufige Kommissionierung anhand eines Beispiels.

12 Beschreiben Sie verschiedene Hilfsmittel zur Unterstützung eines Kommissioniervorgangs.

13 Beschreiben Sie, welche Hilfsmittel bei der Kommissionierung in Ihrem Ausbildungsunternehmen zum Einsatz kommen.

14 Erläutern Sie, was man unter einem EAN-Code versteht, und beschreiben Sie, wo Ihnen dieser im privaten oder beruflichen Alltag begegnet.

15 Erläutern Sie, was man unter einem QR-Code versteht.

16 Erläutern Sie die Wirkungsweise eines RFID-Chips.

17 Beschreiben Sie den Einfluss der Kommissionierzeit auf die Lagerhaltung aus wirtschaftlicher Sicht.

18 Erläutern Sie die Bedeutsamkeit einer Warenausgangskontrolle für das Unternehmen.

19 Beschreiben Sie verschiedene Funktionen einer Warenverpackung.

20 Unterscheiden Sie verschiedene Verpackungstypen nach ihrem Zweck.

21 Beschreiben Sie den Einfluss von Mehrwegverpackungen auf die Lagerhaltung aus wirtschaftlicher Sicht.

22 Unterscheiden Sie verschiedene Lager der Beschaffung, Produktion und des Absatzes.

23 Unterscheiden Sie dezentrale und zentrale Lager voneinander.

24 Begründen Sie, wann ein Freiluftlager und wann ein geschlossenes Lager vorteilhafter ist.

25 Beschreiben Sie, welche Lagerarten es in Ihrem Ausbildungsunternehmen gibt.

26 Erläutern Sie Vor- und Nachteile einer vollautomatisierten Lagerhaltung.

27 Unterscheiden Sie Eigen- und Fremdlager voneinander.

28 Begründen Sie, in welchen Fällen ein Eigenlager vorteilhafter ist.

29 Beschreiben Sie mögliche Situationen, in denen ein Fremdlager für ein Unternehmen sinnvoller ist.

30 Unterscheiden Sie Trennungs-, Sammel- und Mietlagerung voneinander.

31 Beschreiben Sie das Vorgehen bei der Ermittlung der kritischen Lagerfläche.

32 Erläutern Sie, was man unter einem Lagerhalter versteht.

33 Beschreiben Sie, welche grundsätzlichen Rechte und Pflichten sich aus einem Lagervertrag für beide Seiten ergeben.

34 Beschreiben Sie die Bedeutung eines Lagerscheins.

35 Lagerscheine können als Inhaber-, Order- oder Namenspapier ausgestellt werden. Unterscheiden Sie diese Arten voneinander.

36 Beschreiben Sie wesentliche Grundsätze für die Führung eines Lagers.

37 Beschreiben Sie, wie die vorhandene Lagerfläche sinnvollerweise unterteilt werden kann.

38 Erläutern Sie das Festplatzsystem.

39 Erläutern Sie die chaotische Lagerhaltung.

40 Die Lagerentnahme kann nach unterschiedlichen Prinzipien organisiert werden. Grenzen Sie das FIFO-, LIFO- und HIFO-Verfahren voneinander ab.

41 Erläutern Sie anhand passender Beispiele die Zusammensetzung der Lagerkosten.

42 Grenzen Sie Lager- und Lagerhaltungskosten voneinander ab.

43 Erläutern Sie, welche Aufgabe die Kennzahlen Mindest-, Melde- und Höchstbestand im Rahmen der Lagerhaltung haben.

44 Beschreiben Sie, welche Aussage mithilfe der folgenden Kennzahlen getroffen werden kann:
- a durchschnittlicher Lagerbestand
- b Umschlagshäufigkeit
- c Lagerzinsen

AB → Lernsituation 68

3 Güter und Materialien transportieren

3.1 Transportlogistik als Wettbewerbsvorteil

Zur Transportlogistik gehören alle Vorgänge und Tätigkeiten, die beim Transportieren von Gütern und Materialien anfallen. Darunter fallen z. B. die Warenanlieferung, der innerbetriebliche Transport zwischen Lager und Produktion sowie die Auslieferung zum Kunden.

Die Transportlogistik umfasst damit die folgenden Aufgabenbereiche:
- **administrative Aufgaben**, d. h. die Planung des Personaleinsatzes und die Verwaltung der Transportmittel,
- **dispositive Aufgaben**, d. h. die Steuerung und Koordinierung der Transporte und Routen,
- **operative Aufgaben**, d. h. die Auswahl der Hilfsmittel (z. B. Gabelstapler zum Beladen), Verkehrswege (z. B. Straße, Schiene) und Art des Datenaustauschs (z. B. Internet).

Zu den zentralen **Zielen** der Transportlogistik zählt die Senkung der anfallenden Kosten bei einer gleichzeitigen Verbesserung der angebotenen Transportleistung. Dies kann z. B. durch eine effiziente Be- und Entladung der Transportmittel oder eine hohe Auslastung erreicht werden. Unternehmen setzen zudem auch externe Logistikdienstleister (z. B. Spediteure) ein. Diese können durch ihre Spezialisierung und das dadurch gewonnene Know-how Transportleistungen oft deutlich kostengünstiger anbieten als das Unternehmen selbst.

Viele Unternehmen beliefern heutzutage nicht nur nationale, sondern auch global agierende Kunden. An die Transportlogistik werden dadurch zusätzliche Erwartungen und Ansprüche gestellt, wie z. B. eine Belieferung über Landesgrenzen hinweg. Dadurch entstehen immer stärker verzweigte Waren- und Informationsflüsse, die zunehmend auch intransparenter für das einzelne Unternehmen werden. Dies bringt zusätzliche Herausforderungen für die Logistik mit sich.

Käufermarkt
Nachfrage < Angebot

Ein kundenorientierter und termingerechter Transport stellt damit einen wesentlichen Wettbewerbsvorteil für das Unternehmen dar. Dies wird umso wichtiger, je gesättigter die Märkte (= **Käufermärkte**) sind.

3.2 Transporte durchführen

Unternehmen setzen verschiedene **Transportmittel** ein, um Waren zwischen verschiedenen Orten hin und her zu bewegen, wie z. B. Lkws, Gabelstapler oder Förderbänder. Eine solche Beförderung findet sowohl innerhalb des Unternehmens statt (z. B. zwischen Lager und Produktion) als auch außerhalb (d. h. von den Lieferanten zum Unternehmen und vom Unternehmen zu den Kunden).

Verpackung der Ware
→ Kap. 2.3.6

Werden die Waren über eine längere Strecke befördert, müssen sie dafür transportfähig verpackt werden. Hierfür eignen sich z. B. Paletten, Boxen, Fässer oder Container. Auch beim innerbetrieblichen Transport ist eine geeignete Verpackung wichtig.

3.2.1 Außerbetrieblicher Transport

Für Transporte außerhalb des Unternehmens steht eine Vielzahl von Transportmitteln (Verkehrsmitteln) zur Auswahl.

Verkehrsmittel für den außerbetrieblichen Transport

Verkehrsträger	Verkehrsweg	Verkehrsmittel
Straßengüterverkehr	Straßen	Lkw
Schienengüterverkehr	Schienen	Eisenbahn
Binnenschifffahrt	Flüsse, Kanäle, Seen	Binnenschiff
Seeschifffahrt	Meere	Seeschiff
Luftfrachtverkehr	Luftkorridore	Flugzeug

Unter einem Verkehrsträger versteht man die Branche des jeweiligen Verkehrsweges.

Die Wahl eines Verkehrsmittels muss das Unternehmen entsprechend abwägen.

Vor- und Nachteile der Verkehrsträger

Verkehrsträger	Vorteile	Nachteile
Straßengüterverkehr	- gut ausgebautes Verkehrsnetz - hohe Flexibilität, da meist jegliche Waren transportiert werden können - relativ hohe Transportgeschwindigkeit - zeitliche Unabhängigkeit, da Straßen i. d. R. jederzeit genutzt werden können - relativ kostengünstig	- hohe Umweltbelastung - hohe Unfallgefahr besonders bei gefährlichen Gütern - geringe Zuverlässigkeit der Transportzeiten z. B. durch Stau, Witterung, Unfälle - gesetzliche Beschränkungen hinsichtlich Transportgröße und -gewicht bei Lkws
Schienengüterverkehr	- große Mengen transportierbar - gut kalkulierbare Transportzeiten - relativ hohe Transportgeschwindigkeit - sicheres Verkehrsmittel besonders bei gefährlichen Gütern - umweltfreundliches Transportmittel	- geringe Flexibilität aufgrund fester Fahrpläne und Schienenstrecken - Umladen der Ware am Bahnhof notwendig - zusätzliche Kosten für Transport zum/vom Bahnhof
Schifffahrt	- große Mengen transportierbar - relativ kostengünstig - gute Umweltverträglichkeit aufgrund der größeren Transportmengen und eines geringeren Energieverbrauchs - teils gut ausgebautes Wasserstraßennetz mit Anbindung an Seehäfen	- lange Transportzeiten - geringe Zuverlässigkeit der Transportzeiten wegen Witterungseinflüssen - Umladen der Ware notwendig - zusätzliche Kosten für Transport zum/vom Hafen - eingeschränktes Wasserstraßennetz - bei Unfällen durch hohe Lademasse Gefahr von Umweltkatastrophen - Verlust von Ware bei gefährlicher Wetterlage auf hoher See
Luftfahrt	- hohe Transportgeschwindigkeit - sicheres Verkehrsmittel - gut ausgebautes Flugstreckennetz	- hohe Kosten - schlechte Umweltverträglichkeit durch extrem hohen Energieverbrauch und hohe CO_2-Emissionen - Umladen der Ware erforderlich - zusätzliche Kosten für Transport zum/vom Flughafen

Für kleinere Sendungen haben sich sogenannte **KEP-Dienstleister**, d. h. Kurier-, Express- und Paketdienstleister, am Markt etabliert. Sie unterscheiden sich im Wesentlichen durch ihre Leistungen:

- **Kurierdienste** befördern Waren direkt vom Versender zum Empfänger. Sie bieten ihre Dienste meist regional oder sogar nur innerstädtisch an. Am Kundenwunsch ausgerichtet erfolgt der Transport sehr flexibel, schnell und oftmals per Fahrrad, Motorrad, Pkw oder Kleintransporter.
- **Expressdienste** transportieren die Waren besonders schnell und häufig mit garantierten Auslieferungszeiten.
- **Paketdienste** befördern mehrere Waren gemeinsam und liefern diese an unterschiedliche Empfänger aus. Die Waren können auf dem Transportweg mehrmals umgeschlagen, d. h. umgeladen werden. Paketdienste garantieren im Regelfall keine zugesicherte Lieferzeit.

Beim **Transporttracking** (auch: Sendungsverfolgung) kann die aktuelle Position und Zustellung der Ware in Echtzeit verfolgt werden.

Vor- und Nachteile von KEP-Dienstleistern

Vorteile	Nachteile
– direkter Transport vom Versender zum Empfänger – Lieferung auch an entlegene Orte – relativ sichere Transportzeiten je nach Dienstleister – häufig **Transporttracking** möglich	– unterschiedliches Leistungsangebot, was Auswahl erschweren kann – Kosten je Sendung – begrenzte Transportkapazität – schlechte Umweltverträglichkeit bei Einsatz von motorbetriebenen Transportmitteln

Bei einem **Direktverkehr** kommt nur ein Verkehrsmittel zum Einsatz, wobei auch hier z. B. zwischen mehreren Lkw umgeladen werden kann.

Beim Warentransport werden oft mehrere Verkehrswege nacheinander genutzt. Dabei wird die Ware teils mehrfach umgeladen, z. B. vom Lkw auf die Schiene und wieder zurück. Wenn mindestens zwei verschiedene Verkehrswege genutzt werden, spricht man von **multimodalem Verkehr**.

Damit die Ware zur richtigen Zeit am richtigen Ort für den jeweiligen Weitertransport bereitsteht, ist eine zeitliche Abstimmung der Verkehrsmittel erforderlich.

BEISPIEL: Die Fly Bike Werke GmbH liefert ihre Fahrräder per Eisenbahn nach Süddeutschland. Nach dem Umladen auf Lkw werden die Fahrräder an die einzelnen Fachhändler ausgeliefert.

Ein Unternehmen, das im internationalen Verkehr einen multimodalen Transport organisiert, wird als „Multimodal Transport Operator“ (MTO) bzw. „Combined Transport Operator“ (CTO) bezeichnet. Es ist vergleichbar mit einem Spediteur (→ Kap. 3.2.2).

Beim multimodalen Verkehr unterteilt sich der Transport in Teilstrecken, die als Vorlauf, Hauptlauf und Nachlauf bezeichnet werden. Der **Hauptlauf** ist die Strecke des Haupttransportmittels (z. B. Eisenbahn, Schiff, Flugzeug) von der ersten bis zur letzten Umladung. Der **Vorlauf** ist der Weg vom Versender bis zur ersten Umladung, der **Nachlauf** von der letzten Umladung bis zum Empfänger. Beim Hauptlauf werden häufig Warentransporte von mehreren Versendern und/oder an mehrere Empfänger zusammengefasst.

Multimodaler Verkehrsweg

Im Regelfall werden Waren zusammen mit **Transportdokumenten** (z. B. Frachtbrief, Lieferschein) versendet. Bei einem internationalen Transport sind weitere Dokumente erforderlich, die u. a. die Verfügungsmöglichkeiten über die Waren regeln können. Dabei lassen sich Warenbegleit- und -wertpapiere unterscheiden:

- **Warenbegleitpapiere** werden zusammen mit der Ware versendet und enthalten Informationen zur Warenmenge und -qualität. Sie gewährleisten damit einen reibungslosen Transport. Typische Dokumente sind u. a. Frachtbriefe, Handels-, Konsulats- und Zoll**faktura**, Packlisten, **Ursprungszeugnisse**.
- **Warenwertpapiere** verbriefen ein Recht an der Ware (Eigentum) und ermöglichen dem rechtmäßigen Inhaber daher, über die Ware zu verfügen. Hierzu zählen u. a. Konnossemente, Ladescheine.

Faktura
Rechnung

Das **Ursprungszeugnis** bescheinigt die Warenherkunft.

Warenwertpapiere können als Inhaber-, Order- oder Namenspapiere ausgestellt werden.
→ Kap. 2.4.4

Wichtige Dokumente im **nationalen Güterverkehr** sind Lieferschein, Frachtbrief und Ladeschein:

- Ein **Lieferschein** wird vom Unternehmen ausgestellt und enthält wesentliche Informationen zur gelieferten Ware, wie z. B. Menge, Artikelnummer, Beschreibung, Preis, Daten zur Sendungsverfolgung. Für den Käufer stellt er damit eine wichtige Kontrollmöglichkeit dar.
- Einen **Frachtbrief** muss der Auftraggeber (Unternehmen oder **Spediteur**) auf Verlangen des **Frachtführers** ausstellen. Dieser enthält, ähnlich zum Lieferschein, Angaben zur Warenart, -menge, dem Be- und Entladeort, dem Auftraggeber, dem Empfänger. Der Frachtbrief weist zudem den Abschluss eines Frachtvertrages nach und quittiert den Erhalt der Ware durch den Empfänger.
- Bei der Binnenschifffahrt kann der Auftraggeber (Absender der Ware) die Ausstellung eines **Ladescheins** vom Frachtführer verlangen. Er bestätigt damit, die Ware erhalten und diese auf das Transportmittel verladen zu haben. Gleichzeitig verpflichtet er sich wie beim Frachtbrief, die Ware nur an den benannten Empfänger oder Inhaber des Ladescheins auszuhändigen. Die Inhalte entsprechen denen des Frachtbriefes.

Der **Spediteur** organisiert den Warentransport, muss ihn aber nicht selbst durchführen. Der **Frachtführer** führt den Transport tatsächlich durch.
→ Kap. 3.2.2

In der Seeschifffahrt tritt an die Stelle des Ladescheins das Konnossement.

Im **internationalen Güterverkehr** sind weitere Dokumente erforderlich:

Wichtige Dokumente im internationalen Güterverkehr

Verkehrsweg	Dokument
Straße	**CMR**-Frachtbrief
Eisenbahn	**CIM**-Frachtbrief
See	Konnossement (= Bill of Lading) Seefrachtbrief (= Sea Waybill)
Luft	Luftfrachtbrief (= Air Waybill)

CMR
= **C**onvention relative au contrat de transport international de **M**archandises par **R**oute (Vereinbarung über internationalen Straßengüterverkehr)

CIM
= **C**onvention **I**nternational concernant le transport des **M**archandises par chemin de fer (Vereinbarung über internationalen Eisenbahngüterverkehr)

Das **Konnossement** wird nach Abschluss eines Frachtvertrages ausgestellt. Durch Vorlage des Dokuments kann der berechtigte Inhaber über die Ware verfügen und ihre Herausgabe verlangen. Dadurch kann das Konnossement auch zur Abwicklung von sicheren Zahlungen oder als Kreditsicherheit verwendet werden.

3.2.2 Eigen- oder Fremdtransport

Die Waren können durch das Unternehmen selbst oder einen externen Logistikdienstleister transportiert werden. Die Wahl hängt hauptsächlich von den Kosten ab.

Eigentransport
Verfügt das Unternehmen über eigene Lkw, so kann es im Rahmen des **Werkverkehrs** die Warentransporte der Beschaffung und/oder Distribution selbst übernehmen. Für einen solchen Werkverkehr darf nur eigenes Personal eingesetzt werden. Werkverkehr ist grundsätzlich nicht erlaubnispflichtig, muss aber beim Bundesamt für Güterverkehr angemeldet werden.

Lernvideos:
Eigen- und Fremdtransport 1
Eigen- und Fremdtransport 2

Für Verkehrskontrollen sollte der Fahrer neben den gängigen Papieren im Straßenverkehr (Führerschein, Zulassungsbescheinigung Teil 1) auch eine Kopie der Anmeldebescheinigung mitführen.

Vor- und Nachteile des Eigentransports

Vorteile	Nachteile
– eigenes Personal, durch das mehr Kundennähe und Kundenservice entsteht – Just-in-time-Belieferung der Kunden möglich, da der Werkverkehr flexibel zur Verfügung steht – keine umfangreichen Dokumente für die Transportgüter erforderlich – Lkw als kostengünstiger Werbeträger einsetzbar	– Leerfahrten, insbesondere bei der Rückfahrt zum Unternehmen – Kosten für Transportmittel, Personal sowie Unterhalt für Lkw – Umweltverschmutzung durch das Transportmittel – Transport- und Versicherungsrisiko beim Unternehmen – Abschreibungskosten für Lkw

Fremdtransport
Für einen Warentransport stehen auch verschiedene externe Transporthelfer zur Auswahl. Dabei sind insbesondere der Spediteur und der Frachtführer von Bedeutung.

Übernimmt der Spediteur den Transport selbst, so spricht man von **Selbsteintritt**.

Ein **Spediteur** organisiert den Warentransport vom Versender bis zum Empfänger und wählt die geeigneten Transportmittel und -wege aus. Sofern er den Transport nicht selbst ausführt, bezieht er weitere Transporthelfer (z. B. Frachtführer) mit ein. Zwischen dem Unternehmen als Auftraggeber (Versender) und dem Spediteur wird ein Speditionsvertrag geschlossen, der alle Rechte und Pflichten regelt.

§ 453 HGB Speditionsvertrag
(1) Durch den Speditionsvertrag wird der Spediteur verpflichtet, die Versendung des Gutes zu besorgen.
(2) Der Versender wird verpflichtet, die vereinbarte Vergütung zu zahlen.
[...]

§ 454 HGB Besorgung der Versendung
(1) Die Pflicht, die Versendung zu besorgen, umfasst die Organisation der Beförderung, insbesondere
1. die Bestimmung des Beförderungsmittels und des Beförderungsweges,

2. die Auswahl ausführender Unternehmer, den Abschluss der für die Versendung erforderlichen Fracht-, Lager- und Speditionsverträge sowie die Erteilung von Informationen und Weisungen an die ausführenden Unternehmer und
3. die Sicherung von Schadensersatzansprüchen des Versenders.

(2) Zu den Pflichten des Spediteurs zählt ferner [...] die Versicherung und Verpackung des Gutes, seine Kennzeichnung und die Zollbehandlung. Der Spediteur schuldet jedoch nur den Abschluss der zur Erbringung dieser Leistungen erforderlichen Verträge, wenn sich dies aus der Vereinbarung ergibt.
(3) Der Spediteur schließt die erforderlichen Verträge im eigenen Namen oder, sofern er hierzu bevollmächtigt ist, im Namen des Versenders ab.
(4) Der Spediteur hat bei Erfüllung seiner Pflichten das Interesse des Versenders wahrzunehmen und dessen Weisungen zu befolgen.

Wird die Ware beschädigt, während sie sich in der Obhut des Spediteurs oder eines seiner **Erfüllungsgehilfen** befindet, so haftet er hierfür. Folglich steht der Spediteur einem großen Haftungsrisiko gegenüber, das er grundsätzlich vertraglich nicht ausschließen kann. Allerdings kann die Haftungshöhe gemäß den Allgemeinen Deutschen Spediteurbedingungen (ADSp) begrenzt werden.

Als **Erfüllungsgehilfe** gilt jede Person, die mit Wissen und Wollen des Spediteurs bestimmte Tätigkeiten für ihn ausführt, wie z. B. Angestellte.

Sofern der Spediteur den Transport nicht selbst ausführt, wird der eigentliche Transport der Waren von einem gewerblichen **Frachtführer** durchgeführt. Dieser schließt mit dem Spediteur (= **Absender**) oder dem Versender einen Frachtvertrag.

Als **Absender** bezeichnet man die Person, die die Ware tatsächlich zum Transport abschickt und damit Auftraggeber im Frachtvertrag ist. Dies kann ein Spediteur oder das Unternehmen selbst sein.

§ 407 HGB Frachtvertrag
(1) Durch den Frachtvertrag wird der Frachtführer verpflichtet, das Gut zum Bestimmungsort zu befördern und dort an den Empfänger abzuliefern.
(2) Der Absender wird verpflichtet, die vereinbarte Fracht zu zahlen.
[...]

Der Frachtführer haftet für entstandene Schäden an der Ware (z. B. Verlust oder Beschädigung) sowie bei Verspätungsschäden, d. h., wenn eine vereinbarte Lieferfrist nicht eingehalten wurde.

Die Haftung erstreckt sich auch auf Vermögensschäden, d. h. einen geldwerten Nachteil, der dem Vertragspartner aufgrund der Verletzung vertraglicher Verpflichtungen entsteht.

Der Frachtführer ist zudem für eine betriebssichere Verladung der Ware verantwortlich. Die Ware muss so verladen sein, dass sie beim Transport keine Gefahr für andere Verkehrsteilnehmer darstellt, z. B. durch Herunterfallen. Mit dem Be- und Entladen kann der Frachtführer andere Personen beauftragen.

Für die Suche eines geeigneten Transporthelfers, kann das Unternehmen auf **Frachtbörsen** im Internet zurückgreifen. Auf diesen Online-Plattformen bieten sowohl Frachtführer ihre freien Ladekapazitäten als auch Unternehmen noch offene Transportaufträge an. Wie bei einem Schwarzen Brett können Interessierte in Kontakt treten und die Bedingungen und Konditionen für einen Transport verhandeln. Alternativ können in einer Auktion Transportaufträge oder -kapazität versteigert werden.

auch: Frachten- oder Laderaumbörse

Entscheidung zwischen Eigen- und Fremdtransport

Die Entscheidung zwischen Eigen- und Fremdtransport muss sorgsam abgewogen werden. Neben Aspekten wie z. B. Flexibilität, Haftung, Kundenkontakt, Umweltschutz o. Ä. sind vor allem die Kosten ein wichtiges Kriterium.

BEISPIEL: Bei der Fly Bike Werke GmbH werden regionale Transporte mit dem Werkverkehr durchgeführt. Die Gesamtstrecke aller Fahrten im letzten Jahr betrug 40 000 km. Für den werkseigenen Lkw beträgt die jährliche Abschreibung 17.500,00 €. Für Versicherung und Steuern müssen jährlich 3.500,00 € berücksichtigt werden. Der festangestellte Mitarbeiter erhält ein Jahresentgelt von 33.000,00 €; zuzüglich fallen Lohnnebenkosten in Höhe von 6.930,00 € an. Die variablen Kosten (Treibstoffe, Öl, Reparaturen, Reifen) liegen derzeit bei 1,60 € pro gefahrenem Kilometer.

Fremdtransporte werden zu einem durchschnittlichen Preis von 3,25 € je km angeboten.

Durch einen Kostenvergleich kann die günstigere Variante ermittelt werden.

BEISPIEL: Beim Werkverkehr der Fly Bike Werke GmbH entstehen die folgenden Fixkosten:
17.500,00 € + 3.500,00 € + 33.000,00 € + 6.930,00 € = 60.930,00 €

Für eine Strecke von 40 000 km im Jahr ergeben sich die folgenden Gesamtkosten:
60.930,00 € + 40 000 · 1,60 € = 124.930,00 €

Im Vergleich zum Fremdverkehr (40 000 · 3,25 € = 130.000,00 €) ist der Eigenverkehr für diese Strecke günstiger.

Verändert sich die zurückgelegte Strecke, kann die **kritische Wegstrecke**, also die **Entfernung in km** ermittelt werden, ab der der Eigentransport kostengünstiger ist.

BEISPIEL: Für die Fly Bike Werke GmbH lässt sich die kritische Wegstrecke x folgendermaßen ermitteln:

Kosten Eigentransport = Kosten Fremdtransport

$$60.930{,}00 + 1{,}60 \cdot x = 3{,}25 \cdot x$$
$$x = 36\,927{,}3 \text{ km}$$

Werden auch künftig etwa 40 000 km jährlich zurückgelegt, lohnt sich ein Umstieg auf Fremdtransport nicht, da der Werkverkehr ab ca. 37 000 km kostengünstiger ist.

Das Grundprinzip entspricht dem Vorgehen bei der Ermittlung der kritischen Lagerfläche.
→ Kap. 2.4.3

Nutzwertanalyse
LF 4 → Kap. 2.2.5

Eine ergänzende Herangehensweise stellt die **Nutzwertanalyse** dar. Mit ihrer Hilfe werden qualitative Kriterien (z. B. Flexibilität, Haftung, Kundenkontakt, Umweltschutz) zur Entscheidungsfindung mit einbezogen. Auch soziale Aspekte können bei der Entscheidung eine Rolle spielen: Das Beibehalten des Werkverkehrs kann z. B. auch deshalb sinnvoll sein, wenn für die dort eingesetzten Mitarbeitenden keine andere Verwendung möglich ist.

3.2.3 Innerbetrieblicher Transport

Beim Transport von Gütern und Materialien auf dem Betriebsgelände kommen z. B. Kleintransporter oder Lkw zum Einsatz. An oder zwischen den Arbeitsplätzen werden Materialien oftmals händisch zum jeweiligen Einsatzort transportiert. Dabei kann das Gewicht oder das Material selbst auf Dauer jedoch gesundheitsschädlich sein. Deshalb empfiehlt sich ein **Handtransport** nur ausnahmsweise und unter Beachtung empfohlener Hebe- und Tragetechniken.

Empfohlen wird das Heben oder Tragen u. a. mit zwei Händen, nah am Körper und bei festem Stand. Schwere Gegenstände sollten mindestens zu zweit bewegt werden.

Viele Unternehmen verfügen über **Transportsysteme**, mit denen besonders schwere Lasten z. B. innerhalb des Lagers einfach und ohne gesundheitliche Schäden für die Mitarbeitenden transportiert werden können. Unterschieden werden dabei:
- die kontinuierliche Beförderung von Materialien auf einem festgelegten Weg, z. B. Transportbänder, Sortieranlagen,
- die bedarfsgemäße Beförderung von Materialien in vertikaler (z. B. Gabelstapler, Hebebühnen, Lastenaufzüge, Kräne) und/oder horizontaler Richtung (z. B. Hubwagen, Hand- oder Sackkarren, Gabelstapler).

Der Einsatz von **fahrerlosen Transportsystemen** ist heutzutage weit verbreitet. Diese Transportmittel kommen ohne Einsatz von Personal aus. Sie bewegen sich nur mithilfe einer optischen Führung oder von Magnetpunkten am Boden, mittels Laserführung oder ähnlichen Techniken in einer Lagerhalle. Sie sind mit Sensoren, Kameras und besonderen Bremssystemen ausgestattet. Damit können sie akustische und/oder optische Signale geben, um Zusammenstöße mit anderen Transportmitteln, der Ausstattung oder den Mitarbeitenden zu vermeiden.

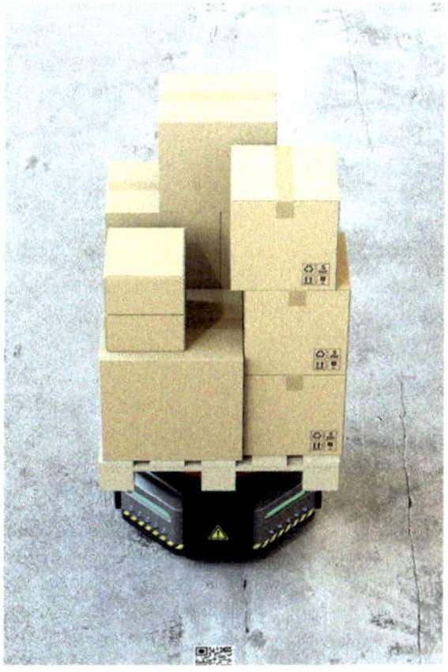

Trotz hoher anfänglicher Investitionskosten sind solche Systeme langfristig zeit- und kostensparender. Zudem entlasten sie Mitarbeitende von reinen Transportaufgaben.

Die zunehmende Digitalisierung führt zu einer ständigen Weiterentwicklung solcher Systeme. Bei **vernetzten Transportmitteln** werden Daten wie z. B. der Standort oder die Geschwindigkeit in Echtzeit erfasst. Dies ermöglicht eine bessere Steuerung der Abläufe. **Autonome Systeme** treffen zudem eigene Entscheidungen, z. B. über den zu wählenden Verkehrsweg innerhalb des Unternehmens. Hierzu sammeln sie eine Vielzahl von Daten und werten diese u. a. mit künstlicher Intelligenz aus.

BEISPIEL: Die Fly Bike Werke GmbH testet derzeit, wie sich vernetzte und autonome Systeme in der Produktion einsetzen lassen. Dazu meldet das Produktionssystem, wenn Erzeugnisse bereit für die Zwischenlagerung sind. Die Transportsoftware entscheidet dann eigenständig, welcher Weg genommen werden soll, vor allem, wenn die verfügbaren Verkehrswege durch andere Nutzungen stark frequentiert sind.

Systeme dieser Art erfordern den Einsatz entsprechender Software, die Daten u. a. für die Navigation, Wegeplanung, Auslastung usw. bereitstellt und damit die Transporte kollisionsfrei steuert.

Eine Optimierung des innerbetrieblichen Transports ist möglich, indem der Materialfluss verbessert wird. Dieser wird von den einzelnen Transportvorgängen, einer möglichen (Zwischen-)Lagerung oder einem Umschlag, der Be- und Verarbeitung des Materials und den dabei anfallenden Verwaltungstätigkeiten beeinflusst. Eine optimierte **Planung** und **Steuerung des Materialflusses** kann die Durchlaufzeiten und mögliche Fehlerraten (sowie die dadurch entstehenden Kosten) reduzieren und damit die Effizienz der Transportlogistik erhöhen.

BEISPIEL: Bei der Fly Bike Werke GmbH soll die Transportlogistik verbessert werden, indem die Anzahl der erforderlichen Transportmittel auf die minimal erforderliche Anzahl begrenzt wird. Dadurch sollen Kosten eingespart werden. Durch eine genaue Analyse des Materialflusses können die zeitlichen Abläufe besser erfasst und koordiniert werden. So können die Transportmittel laufend im Einsatz sein, ohne dass z. B. fertig produzierte Ware auf den Abtransport ins Lager warten muss.

ÜBERSICHT: Transportlogistik

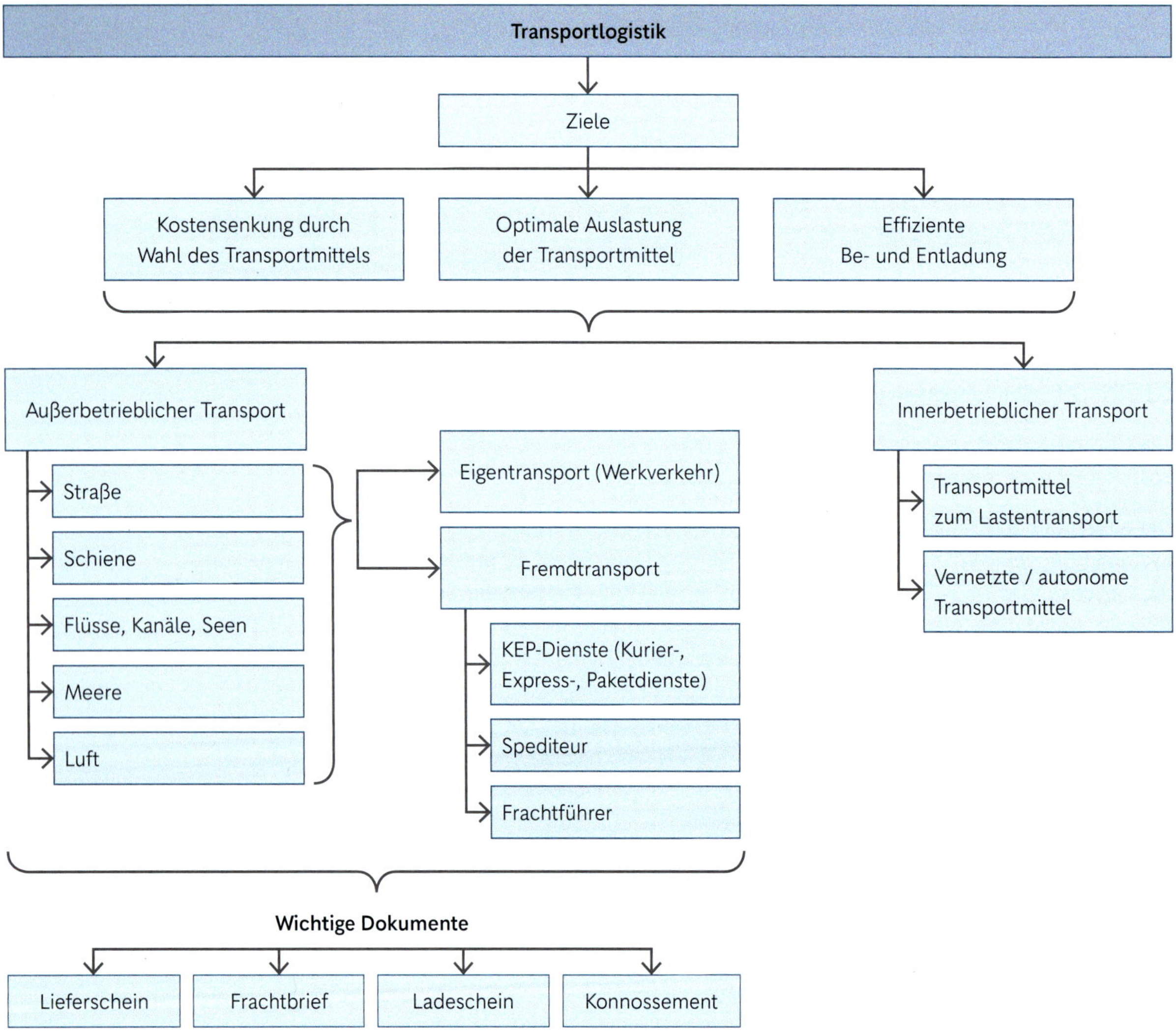

Alles klar?

1 Beschreiben Sie die grundlegenden Aufgaben der Transportlogistik.

2 Erläutern Sie das Ziel einer optimierten Transportlogistik.

3 Nennen Sie verschiedene Verkehrswege, die im Bereich des außerbetrieblichen Transports zur Wahl stehen.

4 Nennen Sie Beispiele für Güter, für deren Transport die verschiedenen Verkehrsträger jeweils in Frage kommen.

5 Recherchieren Sie, welche Verkehrsmittel Ihr Ausbildungsunternehmen beim Transport hauptsächlich einsetzt. Welche Gründe kann es hierfür geben?

6 Erläutern Sie die Bedeutung von KEP-Diensten für die Transportlogistik.

7 Beschreiben Sie anhand eines Beispiels, was man unter multimodalem Verkehr versteht.

8 Erläutern Sie die Bedeutung der folgenden Transportdokumente:
- a Lieferschein
- b Frachtbrief

9 Erläutern Sie, was man unter einem Konnossement versteht und wann es zum Einsatz kommt.

10 Erläutern Sie anhand eines Beispiels, was man unter Warenwertpapieren versteht.

11 Recherchieren Sie, welche Transportdokumente in Ihrem Ausbildungsunternehmen häufig genutzt werden.

12 Beschreiben Sie den Werkverkehr anhand eines Beispiels.

13 Beschreiben Sie den Fremdtransport anhand eines Beispiels.

14 Unterscheiden Sie Spediteur und Frachtführer voneinander.

15 Für die Entscheidung zwischen Eigen- und Fremdtransport wird die kritische Wegstrecke errechnet.
- a Erläutern Sie das Vorgehen zur Berechnung der kritischen Wegstrecke.
- b Erläutern Sie die Bedeutung der kritischen Wegstrecke für das Unternehmen.

16 Diskutieren Sie in der Gruppe, welche Argumente trotz Kostenvorteilen des Fremdtransports für den Werkverkehr sprechen können.

17 Beschreiben Sie, wie innerbetriebliche Transporte in Ihrem Ausbildungsunternehmen organisiert sind.

18 Beschreiben Sie verschiedene Transportmittel, die für den innerbetrieblichen Transport zum Einsatz kommen können.

19 Erläutern Sie, welche Bedeutung vernetzte bzw. autonome Transportmittel heutzutage haben.

20 Recherchieren Sie, wie stark der innerbetriebliche Transport in Ihrem Ausbildungsunternehmen bereits technologisiert ist. Falls dies noch nicht der Fall ist, erkunden Sie auch mögliche Gründe hierfür.

AB → Lernsituation 69

4 Güter und Materialien entsorgen

4.1 Entsorgung als betriebliche Aufgabe

Industrieunternehmen sind oftmals sehr energieintensiv. Hier können moderne Formen der Energiegewinnung wie Solar-, Wasser- oder Windkraft einen bedeutenden Beitrag leisten.

Heutzutage streben Unternehmen aus Gründen der Nachhaltigkeit und des Umweltschutzes einen sorgsamen Umgang mit Ressourcen an. Beispielsweise versuchen sie, nur diejenigen Materialien zu beschaffen, die auch tatsächlich benötigt werden, und eine Überproduktion zu vermeiden. Auch aus Kostengründen ist ein schonender Umgang mit Ressourcen erstrebenswert.

Im industriellen Bereich lässt es sich trotz moderner Fertigungsverfahren aber kaum vermeiden, dass Materialreste anfallen. Aufgabe der **Entsorgungslogistik** ist es, diese Materialien zu sammeln und wiederzuverwerten oder zu entsorgen.

Bei **Ausschuss** handelt es sich um hergestellte Produkte, die nicht wie geplant verwendet werden können, z. B. ein verbogener Fahrradrahmen.

In manchen Unternehmen entstehen auch **Sonderabfälle**, also gefährliche Abfälle, die zum Schutz der Umwelt eine besondere Entsorgung erfordern.

Folgende Materialreste, auch Entsorgungsgüter genannt, können im Produktionsprozess anfallen:
- **Abfälle**, die nicht weiter verwendet bzw. verwertet werden (können), z. B. Restbleche nach dem Ausstanzen von Fahrradteilen, Lackreste nach dem Lackieren der Fahrradgestelle;
- **verwertbare Abfälle**, die recycelt und damit erneut im Produktionsprozess verwendet werden können, z. B. Metallspäne zum Einschmelzen und Neugewinnen von Blechen.

Hinzu kommen **Verpackungsmaterialen**, die für den Transport zum Einsatz kommen. Hierbei handelt es sich häufig um Einwegverpackungen, die nur auf dem Wege des Recyclings einer Wiederverwertung zugeführt werden können.

Im Rahmen der Entsorgungslogistik verfolgen Unternehmen verschiedene Ziele:

Ziele der Entsorgungslogistik

Ökonomische Ziele	- die Kosten der Entsorgungslogistik minimieren - eine gute Entsorgungslogistik realisieren, um Kundenzufriedenheit zu gewährleisten
Ökologische Ziele	- Ressourcen bewusst auswählen - Ressourceneinsatz reduzieren und am Bedarf ausrichten - Beeinträchtigungen der Umwelt verringern - Produktions- und sonstige Abfälle vermeiden bzw. verringern - Abfälle fachgerecht (getrennt) der weiteren Verwendung, Verwertung oder Beseitigung zuführen

Inwieweit die ökonomischen Ziele erreicht werden, lässt sich z. B. anhand der **relativen Entsorgungskosten** überprüfen. Dabei geht es um den Anteil der Entsorgungskosten an den gesamten Kosten der Unternehmenslogistik. Im Jahresvergleich lässt diese Zahl Aussagen über die Entwicklung und mögliche Kosteneinsparungen zu.

$$\text{relative Entsorgungskosten} = \frac{\text{Kosten der Entsorgungslogistik} \cdot 100}{\text{gesamte Logistikkosten}}$$

Inwieweit die ökologischen Ziele erreicht wurden, lässt sich u. a. anhand der **Wiederverwertungsquote** überprüfen. Dies ist der Anteil der recycelten Abfälle an der jeweiligen Gesamtmenge des Abfalls:

$$\text{Wiederverwertungsquote} = \frac{\text{wiederverwerteter Abfall} \cdot 100}{\text{gesamter Abfall}}$$

4.2 Rechtliche Rahmenbedingungen der Entsorgung

In den letzten Jahrzehnten haben wachsende Umweltprobleme und ein gestiegenes Umweltbewusstsein der Verbraucher dazu geführt, dass Umweltaspekte zunehmend Eingang in die europäische sowie nationale Gesetzgebung gefunden haben.

In Deutschland ist der Umweltschutz seit 1994 als Staatsziel im Grundgesetz verankert:

Art. 20a des Grundgesetzes für die Bundesrepublik Deutschland
Der Staat schützt auch in Verantwortung für die künftigen Generationen die natürlichen Lebensgrundlagen und die Tiere im Rahmen der verfassungsmäßigen Ordnung durch die Gesetzgebung und nach Maßgabe von Gesetz und Recht durch die vollziehende Gewalt und die Rechtsprechung.

Darauf aufbauend decken Einzelgesetze unterschiedliche Umweltbereiche (Boden, Wasser, Luft) und weitere Teilbereiche (z. B. Kernenergie) ab. Im Wesentlichen gliedert sich das Umweltrecht in die Bereiche Bodenschutz-, Wasserschutz-, Immissionsschutz-, Abfall-, Chemikalien- und Naturschutzrecht.

Ergänzend gibt es noch verschiedene Normen wie das Umweltvölkerrecht, Umweltschadensrecht oder das Umweltstrafrecht.

Die Leitlinien für die betriebliche Entsorgung gibt das **Kreislaufwirtschaftsgesetz** (KrWG) als zentrales Bundesgesetz für das Abfallrecht vor.

§ 1 Abs. 1 KrWG
Zweck des Gesetzes ist es, die Kreislaufwirtschaft zur Schonung der natürlichen Ressourcen zu fördern und den Schutz von Mensch und Umwelt bei der Erzeugung und Bewirtschaftung von Abfällen sicherzustellen.

Daneben existieren weitere Gesetze, Verordnungen und Verwaltungsvorschriften, die sich in EU-, Bundes-, Länder- und Kommunalrecht untergliedern.

Die Verordnung über das Europäische Abfallverzeichnis (AVV) klassifiziert eine Vielzahl von Abfällen und stuft ihre Gefährlichkeit nach dem Kreislaufwirtschaftsgesetz ein.

Beispiele für weitere Rechtsgrundlagen

Bundesebene	Nachweisverordnung über die Abfallbeseitigung, Abfallbeauftragtenverordnung
Landesebene	Bayerisches Abfallwirtschafts- und Altlastengesetz, Verordnung über den Abfallentsorgungsplan, Vollzug des Abfallbeseitigungsgesetzes
Kommunale Ebene	Abfallsatzung der Stadt München

4.3 Betriebliches Abfallwirtschaftskonzept

Vor dem Hintergrund der gesetzlichen Bestimmungen und des Umweltschutzgedankens braucht jedes Unternehmen ein Konzept, wie mit betrieblichen Abfällen umgegangen werden soll.

Die Grundlage hierfür ist die fünfstufige Prinzipienhierarchie, die das Kreislaufwirtschaftsgesetz (§ 6 KrWG) für den Umgang mit Abfällen vorsieht:

Prinzipienhierarchie des Kreislaufwirtschaftsgesetzes

Abfälle sind ...

1. möglichst zu vermeiden

Falls nicht möglich

2. zur Wieder- bzw. Weiterverwendung vorzubereiten

Falls nicht möglich

3. zu recyceln (zur Gewinnung von Sekundärrohstoffen zu nutzen)

Falls nicht möglich

4. anderweitig zu verwerten (z. B. zur Energiegewinnung zu verbrennen)

Falls nicht möglich

5. zu beseitigen (z. B. durch Deponieren)

Vermeidung

Wiederverwendung

Verwertung

Der Grundsatz jeder betrieblichen Abfallwirtschaft ist also, Abfälle so weit wie möglich zu vermeiden. Ist dies nicht möglich, ist eine Wiederverwendung (z. B. die mehrmalige Nutzung von Mehrwegverpackungen) die zweitbeste Option. Ist dies nicht möglich, sollten die Abfälle stofflich verwertet (recycelt) oder, wenn dies nicht möglich ist, anderweitig verwertet werden. Sofern auch dies nicht möglich ist, müssen die Abfälle beseitigt (z. B. deponiert) werden.

Laut § 7 KrWG hat die Verwertung (das Recycling) von Abfällen zwar Vorrang vor der Beseitigung. Dieser Vorrang entfällt aber, wenn die Beseitigung umweltverträglicher als eine Verwertung ist.

Abfallvermeidung

Lassen sich Abfälle im Unternehmen vermeiden, lassen sich Kosten einsparen und werden der Umwelt keine Schäden zugefügt. Das Vermeiden von Abfällen hat daher die höchste Priorität.

Die Abfallvermeidung beinhaltet einen quantitativen und einen qualitativen Aspekt:
- Der **quantitative Aspekt** zielt auf die Senkung der Abfallmenge durch entsprechende Vermeidungsstrategien, z. B. durch anlageninterne Kreislaufführung, abfallarme und langlebige Produkte, geringe Verpackungsmengen.
- Der **qualitative Aspekt** beruht auf dem Austausch (der Substitution) von Materialien durch ökonomisch und ökologisch bessere Alternativen. Dadurch lässt sich die Schädlichkeit des Abfalls verringern oder vermeiden. Auch auf diese Weise wird dem Ziel des Kreislaufwirtschaftsgesetzes Rechnung getragen.

Konzepte der Abfallvermeidung sind anfänglich meist mit höheren Kosten verbunden, die sich im Laufe der Zeit amortisieren müssen. Daher ist eine langfristige und vorausschauende Planung wichtig.

BEISPIEL: Die Fly Bike Werke GmbH achtet seit Längerem darauf, Material nur von Lieferanten zu beziehen, die auf unnötige Um- und Plastikverpackungen verzichten.

Abfallverwertung

Entstehen Abfälle, die nicht vermeidbar und auch nicht wiederverwendbar sind, müssen diese – sofern es dem Unternehmen technisch und wirtschaftlich zumutbar ist – stofflich oder energetisch verwertet werden.

- Durch die **stoffliche Verwertung (Recycling)** lassen sich Rohstoffe aus Abfällen wiedergewinnen und weiter aufbereiten.
- Bei der **energetischen Verwertung** werden Abfälle als Ersatzbrennstoff verwendet und liefern somit Energie. Zur Einhaltung der geltenden Umweltschutzvorschriften müssen Verbrennungsanlagen hohe Auflagen (z. B. Filteranlagen) erfüllen.

Recycling von Altmetallen

Für eine Verwertung müssen die Abfälle oftmals vorbehandelt werden, z. B. gepresst, gebündelt, geklärt oder in Einzelbestandteile getrennt werden. Daran anschließend können Wertstoffe oder Energie aus den Abfällen gewonnen werden.

Zur Realisierung von Recycling benötigen Unternehmen entsprechende technische Anlagen. Dadurch entstehen Kosten für die Investition wie auch für die laufende Nutzung, z. B. für Personal, Lagerung der Abfälle, Aufbereitung.

BEISPIEL: Nicht mehr einsetzbare Kartonagen werden bei der Fly Bike Werke GmbH gesammelt und regelmäßig der Papierverwertung übergeben, die daraus wichtige Rohstoffe zurückgewinnt.

Müllverbrennungsanlage

Abfallbeseitigung

Nicht verwertbare Abfälle müssen gemäß den Bestimmungen des Kreislaufwirtschaftsgesetzes so beseitigt werden, dass das Wohl der Allgemeinheit dadurch nicht beeinträchtigt wird. Hierzu können sie entweder durch das Unternehmen selbst oder durch öffentlich-rechtliche Entsorgungsträger (z. B. Stadt, Landkreis) und die von ihnen eingerichteten Sammelstellen beseitigt werden. Daraufhin werden sie z. B. auf speziellen Deponien dauerhaft abgelagert.

BEISPIEL: Maschinenöle werden bei der Fly Bike Werke GmbH mehrfach gefiltert und wieder eingesetzt, bis dies technisch nicht mehr sinnvoll ist. Danach werden sie über Spezialunternehmen entsorgt.

ÜBERSICHT: Entsorgungslogistik

Rechtliche Rahmenbedingungen der Entsorgung	Prinzipienhierarchie des KrWG
– Artikel 20a GG – Kreislaufwirtschaftsgesetz (KrWG) – Einzelgesetze, Verordnungen, Verwaltungsvorschriften • für Bodenschutz, Wasserschutz, Immissionsschutz u. a. • auf EU-, Bundes-, Landes- und kommunaler Ebene	1. Vermeidung 2. Wieder- oder Weiterverwendung 3. stoffliche Verwertung (Recycling) 4. anderweitige Verwertung (z. B. energetische Verwertung durch Verbrennung) 5. Beseitigung (z. B. durch Deponieren)

Alles klar?

1 Beschreiben Sie die Aufgabe der Entsorgungslogistik.

2 Unterscheiden Sie verwertbare von nicht verwertbaren Abfällen.

3 Erläutern Sie die Bedeutung verwertbarer Abfälle für ein Unternehmen aus Sicht der Nachhaltigkeit.

4 Beschreiben Sie zwei wesentliche ökonomische und ökologische Ziele der Entsorgungslogistik.

5 Beschreiben Sie, wie ein Unternehmen die Erreichung ökonomischer Ziele im Bereich der Entsorgungslogistik überprüfen kann.

6 Beschreiben Sie, wie ein Unternehmen die Erreichung ökologischer Ziele in der Entsorgungslogistik überprüfen kann.

7 Beschreiben Sie den Grundgedanken des Grundgesetzes, der die betriebliche Entsorgungslogistik maßgeblich beeinflusst.

8 Beschreiben Sie die Bedeutung des Kreislaufwirtschaftsgesetzes für die Entsorgungslogistik.

9 Welche Komponenten umfasst ein betriebliches Abfallwirtschaftskonzept?

10 Erläutern Sie, was unter Abfallvermeidung im betrieblichen Kontext verstanden wird.

11 Erläutern Sie die Abfallverwertung für ein Unternehmen.

12 Erläutern Sie den Aspekt der Abfallbeseitigung im Rahmen der betrieblichen Entsorgungslogistik.

5 Sicherheit und Nachhaltigkeit in der Logistik

AB → Lernsituation 70

Tätigkeiten in der Logistik können mit unterschiedlichen Gefahren verbunden sein. Dies sind z. B. Gefahren für die Gesundheit der Mitarbeitenden, für die Umwelt oder auch für die sensiblen Daten, mit denen in der Logistik gearbeitet wird.

Aufgrund verschiedener Gesetze und Verordnungen sind Unternehmen verpflichtet, Maßnahmen gegen diese Gefahren zu ergreifen. Insbesondere gilt es,
- einen verantwortungsvollen Umgang mit gefährlichen Materialien und Gütern zu pflegen,
- die Gesundheit und Sicherheit der Mitarbeitenden zu gewährleisten,
- die Umwelt möglichst wenig zu belasten,
- sensible Daten vor unbefugtem Zugriff und Missbrauch zu schützen.

Dafür müssen Handlungsempfehlungen festgelegt und die Mitarbeitenden regelmäßig geschult werden.

5.1 Gesetzliche Vorgaben für Gefahrstoffe

Als **Gefahrstoffe** werden alle Materialien (fest, flüssig, gasförmig) bezeichnet, die aufgrund ihrer gefährlichen Eigenschaften gesundheitliche Schäden beim Menschen verursachen können oder eine Gefahr für die Umwelt sind. Für diese Stoffe gilt eine Kennzeichnungspflicht mit Warnsymbolen.

Bei der Entsorgung gefährlicher Abfälle (Sondermüll) handelt es sich nicht immer um Gefahrstoffe.

Arten von Gefahrstoffen

	explosiv		gesundheitsschädlich / krebserregend
	entzündlich		gesundheitsschädlich / reizend
	giftig		ätzend / reizend
	gefährlich für die Umwelt		komprimierte Gase

Gefahrguttransport

Als **Gefahrgut** werden Stoffe bezeichnet, die während des Transports gefährlich sein können, z. B. bei Unfällen. Hierzu zählen u. a. die Gefahrstoffe. Ihre Kennzeichnung dient somit auch zur Information von Helfern in Notfällen (z. B. Feuerwehr).

Der Gesetzgeber hat für eine sichere Verwendung und Lagerung solcher Stoffe ein **Gefahrstoffrecht** sowie ein **Gefahrgutrecht** für den Transport und die transportbedingte Zwischenlagerung geschaffen.

Eine der zentralen gesetzlichen Grundlagen bildet das **Chemikaliengesetz** (ChemG).

§ 1 ChemG
Zweck des Gesetzes ist es, den Menschen und die Umwelt vor schädlichen Einwirkungen gefährlicher Stoffe und Gemische zu schützen, insbesondere sie erkennbar zu machen, sie abzuwenden und ihrem Entstehen vorzubeugen.

Das Chemikaliengesetz definiert wesentliche Begriffe, wie z. B. Stoff oder Gemisch. Darüber hinaus überführt es verschiedene europäische Verordnungen in nationales Recht.

Dieses Chemikaliengesetz wird durch verschiedene Verordnungen ergänzt. Die **Gefahrstoffverordnung** (GefStoffV) dient dem Arbeitsschutz in Deutschland. Ihre Anforderungen werden durch die **Technischen Regeln für Gefahrstoffe** (TRGS) konkretisiert. Daraus leitet sich eine Reihe von Pflichten für den Arbeitgeber ab, z. B.:

- Gestaltung eines sicheren Arbeitsplatzes, der an die Gefahrstoffe und den Umgang damit angepasst ist,
- Prüfung von Materialien und Gütern, ob es sich dabei um Gefahrstoffe handelt,
- Erstellung eines Gefahrstoffverzeichnisses, das über die vorhandenen Gefahrstoffe informiert,
- Kennzeichnung der vorhandenen Gefahrstoffe mit entsprechenden Warnhinweisen,
- sachgerechte Verpackung und Lagerung der Gefahrstoffe,
- regelmäßige Unterweisung der Mitarbeitenden im Umgang mit Gefahrstoffen,
- verpflichtende Vorsorgeuntersuchung der Mitarbeitenden durch einen Arbeits- bzw. Betriebsarzt je nach Gefahrstoff,
- Nachweis einer vorhandenen **Sachkunde** im Umgang mit Gefahrstoffen,
- wenn möglich: Austausch von Gefahrstoffen durch ungefährlichere Ersatzstoffe.

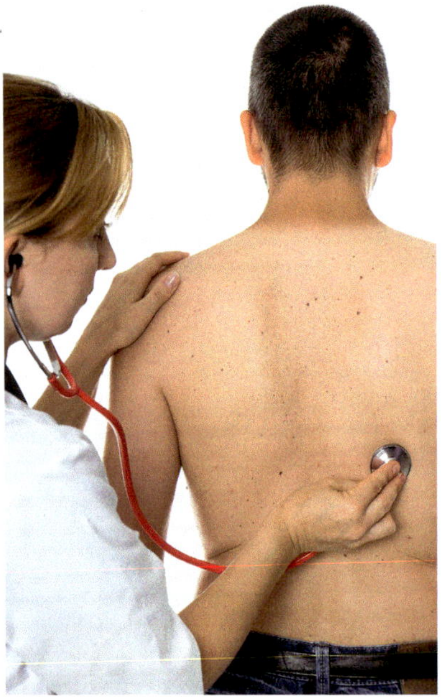

Vorsorgeuntersuchung

Als **sachkundig** gilt jemand, der an einem behördlich anerkannten Lehrgang zur Vermittlung praktischer und theoretischer Kenntnisse und Fertigkeiten im Umgang mit Gefahrstoffen teilgenommen hat.

5.2 Gesetzliche Vorgaben zur Sicherheit

Der Begriff Sicherheit lässt sich von zwei Seiten betrachten: Zum einen geht es um den **Schutz der Mitarbeitenden** (**Arbeitsschutz**) vor gesundheitlichen Gefahren und Unfällen bei der Ausübung ihrer Tätigkeit. Zum anderen soll auch die **Ware** z. B. vor Diebstahl, kriminellen oder terroristischen Handlungen **geschützt** werden.

Arbeitsschutz
LF 1 → Kap. 3.5
Oftmals wird auch von **Arbeitssicherheit** gesprochen. Damit ist die gefahrfreie Ausübung der beruflichen Tätigkeiten gemeint.

Zum Arbeitsschutz gehört auch, die Ausstattung und betrieblichen Abläufe so zu gestalten, dass sie den menschlichen Bedürfnissen entsprechen (**Ergonomie**).

Ergonomie
LF 1 → Kap. 3.5

BEISPIEL: In den Verwaltungsbüros der Fly Bike Werke GmbH sind alle Arbeitsplätze ergonomisch gestaltet, d. h. sie verfügen über höhenverstellbare Tische, auf die Sitzhaltung ausgerichtete Bürostühle usw. Im Lager stehen Hebevorrichtungen bereit, damit schwere Waren rückenschonend aus den Regalen entnommen werden können.

Die Grundlage des Arbeitsschutzes bilden verschiedene Gesetze und Verordnungen: Arbeitsschutzgesetz (ArbSchG), Arbeitssicherheitsgesetz (ASiG), Arbeitsstättenverordnung (ArbStättV), Gefahrstoffverordnung (GefStoffV), Betriebssicherheitsverordnung (BetrSichV) usw.

Im **Lager** sind die Mitarbeitenden Gefahrstoffen, elektrischen (z. B. defekte Stromleitungen, Kurzschlüsse) und mechanischen Gefahrenquellen (z. B. herunterfallende Lagerware, instabile oder scharfkantige Regale) ausgesetzt. Das Unternehmen kann u. a. durch folgende Maßnahmen zur Unfallvermeidung beitragen:
- Einsatz regelmäßig geprüfter Regalsysteme, die trag- und standfest sind;
- sachgerechte Aufbewahrung von Gütern und Materialien, um z. B. ein Herausfallen oder Auslaufen flüssiger Waren zu vermeiden;
- Kennzeichnung gefährlicher Materialien und Maschinen;
- Bereitstellung ausreichender Verkehrswege, um einen unfallfreien Transport zu gewährleisten und Schäden an anderer Lagerware zu vermeiden;
- Bereitstellung von persönlicher Schutzausrüstung für die Mitarbeitenden, z. B. Arbeitskleidung, Helm, Handschuhe, Warnweste;
- Vermeidung von Brandquellen und Bereitstellen von Feuerlöschern;
- Lärmschutz sowie ausreichende Beleuchtung und Belüftung von Lagerräumen;
- Erarbeitung und Bereitstellung von Arbeits- und Betriebsanweisungen zum Arbeitsschutz sowie regelmäßige Schulung der Mitarbeitenden.

Prüfung eines Regals

Auch für Fluchtwege muss ausreichend Platz vorhanden sein.

Eine entsprechende Bodenbeschaffung sollte auf allen Wegen ein Stürzen oder Ausrutschen verhindern.

Außerdem müssen für Unfälle entsprechende **Zuständigkeiten** festgelegt werden. Hierfür gibt es verschiedene **Ansprechpartner** im Unternehmen: Ersthelfer, Sicherheitsbeauftragte, Fachkräfte für Arbeitssicherheit, Betriebsarzt usw.
- **Ersthelfer** leiten Sofortmaßnahmen ein, verständigen den Notruf und leisten Erste Hilfe.
- **Sicherheitsbeauftragte** unterstützen bei der Umsetzung von Maßnahmen zur Unfallvermeidung und des Gesundheitsschutzes, z. B. beim Erkennen von Gefahren.
- **Fachkräfte für Arbeitssicherheit** beraten die Unternehmensführung bezüglich Maßnahmen der Arbeitssicherheit, Unfallverhütung und Ergonomie.

Sicherung der Ladung

Auch beim **Transport** von Waren muss das Unternehmen Sorge dafür tragen, dass weder die Mitarbeitenden noch das Transportgut oder das Transportmittel zu Schaden kommen. Eine sichere und störungsfreie Arbeitsumgebung wird u. a. erreicht durch:

- Einsatz moderner Transportmittel und deren regelmäßige Wartung,
- Schulung der Mitarbeitenden zur gefahrfreien Nutzung der Transportmittel, z. B. Sicherung und Maximalgewicht der Ladung, Einhaltung von Ruhepausen,
- Schulung der Mitarbeitenden zu einer sicheren Teilnahme am Straßenverkehr durch Einhaltung geltender Regelungen und Vorschriften, z. B. sicheres witterungsgemäßes Verhalten bei Schneefall.

5.3 Nachhaltigkeit

Erderwärmung und Artensterben bedrohen die Lebensgrundlagen der Menschen. Angesichts dessen sind Umwelt- und Klimaschutz auch für Unternehmen zu einem zentralen Thema geworden. Es gilt, die betrieblichen Prozesse umweltschonender zu gestalten, einen nachhaltigen Umgang mit Ressourcen zu pflegen, passende (z. B. langlebige und reparierbare) Produkte zu entwickeln, Abfälle zu vermeiden und Emissionen so weit wie möglich zu verringern.

Nachhaltigkeit
LF 4 → Kap. 1.6

Von **Nachhaltigkeit** (auch: nachhaltige Entwicklung) spricht man dann, wenn die gegenwärtigen Bedürfnisse der Menschen in einer Art und Weise befriedigt werden können, dass künftige Generationen dadurch nicht benachteiligt werden. Dabei lassen sich folgende Aspekte unterscheiden:

- **Wirtschaftliche Effizienz**: Es ist so zu wirtschaften, dass auch kommenden Generationen ein Leben in Wohlstand möglich ist. Entscheidungen und Handlungen dürfen nicht auf eine kurzfristige Gewinnmaximierung abzielen, sondern sollten langfristig ausgerichtet sein.
- **Ökologische Tragfähigkeit**: Ressourcen müssen so genutzt werden, dass sie sich wieder regenerieren können und auch künftig zur Verfügung stehen. Zur ökologischen Nachhaltigkeit gehören z. B. Vermeidung von Raubbau an der Natur, Verringerung bzw. Vermeidung von Plastikabfällen, Vermeidung von Emissionen, Maßnahmen zum Artenschutz.
- **Soziale Gerechtigkeit**: Maßnahmen dürfen nicht zu Spannungen oder Konflikten in der Gesellschaft führen. Stattdessen sollten Armut und Ausbeutung bekämpft werden, wozu z. B. eine faire Bezahlung der Mitarbeitenden gehört. Auch sollte der eigene Wohlstand nicht auf Kosten ärmerer Länder gesichert werden.

Drei-Säulen-Modell der nachhaltigen Entwicklung

Damit ein Unternehmen nachhaltig agieren kann, müssen alle Teilprozesse einen Beitrag dazu leisten. Für eine erfolgreiche Umsetzung sind folgende Herausforderungen zu bewältigen:
- Daten zu Emissionen (z. B. beim Straßengüterverkehr) müssen verlässlich vorhanden sein und transparent gemacht werden. Nur so kann eine Veränderung herbeigeführt werden.
- Prozesse werden nachhaltiger, wenn vor- und nachgelagerte Stellen (Lieferanten und Kunden) mit einbezogen werden.
- Es müssen langfristige Ziele gesetzt werden, die auch tatsächlich zu einer nachhaltigen Umweltorientierung führen

Eine nachhaltige Logistik wird auch als **grüne Logistik** bezeichnet. Viele Unternehmen berechnen inzwischen ihren **Corporate Carbon Footprint (CCF)**, also den **CO_2-Fußabdruck**, den das Unternehmen u. a. im Rahmen der logistischen Prozesse verursacht. Ziel ist es, diesen Fußabdruck zu verringern und damit die Umweltbelastung, die durch das Unternehmen hervorgerufen wird, zu vermindern.

CO_2-Fußabdruck
Gesamtmenge der Treibhausgas-Emissionen, die eine Organisation (oder eine Bevölkerungsgruppe, ein Land, ein Individuum usw.) in einem bestimmten Zeitraum direkt oder indirekt verursacht. Die Emissionen werden zumeist in Kilogramm bzw. Tonnen CO_2-Äquivalenten (kg CO_{2e} bzw. t CO_{2e}) gemessen. „CO_2-Äquivalente" sind eine Maßeinheit, mit der die Klimawirkung unterschiedlicher Treibhausgase (neben CO_2 z. B. Methan und Lachgas) vereinheitlicht werden kann.

Eine Alternative zum Carbon Footprint ist die Erstellung einer **Ökobilanz** des Unternehmens. Dabei werden unterschiedliche Umweltauswirkungen, wie z. B. der Verbrauch von Ressourcen, die Emissionen in die Luft, den Boden oder das Wasser ermittelt.

Maßnahmen im Bereich grüner Logistik

Lagerlogistik	Transportlogistik
- Nutzung umweltfreundlich erzeugter Energie, z. B. durch Solar- oder Windkraft - Vermeidung von Abfällen und unnötigen Verpackungsmaterialien - Entsorgung von Abfällen getrennt nach ihren Bestandteilen - Reduktion von Lagerflächen auf das benötigte Maß	- Verwendung von Elektroantrieben zur Vermeidung von Emissionen (z. B. Feinstaub, Lärm) - Planung von Transporttouren ohne Leerfahrten und unnötige Strecken - Nutzung umweltfreundlicher Transportmittel, z. B. Eisenbahn statt Lkw - langfristiger Einsatz von Transportmitteln, damit ihre Entsorgung die Umwelt nicht belastet

Auch der Staat leistet einen Beitrag zur Nachhaltigkeit, indem er durch Steuern und Abgaben (z. B. Energiesteuer, Mautgebühren), Emissionslizenzen (z. B. CO_2-Zertifikate), Preisanreize o. Ä. umweltschonendes Handeln fördert. Aus den Einnahmen, die dem Staat daraus entstehen, kann die Beseitigung von Umweltschäden refinanziert werden.

Politische Entscheidungen wie z. B. ein kontinuierlich steigender CO_2-Preis schaffen Anreize dafür, dass umweltschädliche Transportmittel durch umweltfreundlichere ersetzt werden.

5.4 Datenschutz und Datensicherheit

BEISPIEL: In der Versandabteilung haben die Mitarbeitenden der Fly Bike Werke GmbH nicht nur Einblick in betriebliche Daten wie z. B. vorhandene Umsätze, sondern auch in kundenbezogene Informationen wie Name, Adresse usw.

In den einzelnen Logistikbereichen werden unterschiedliche Daten zur Erledigung der Aufgaben verarbeitet. Diese Daten – seien es Lieferantendaten, personenbezogene Kundendaten oder betriebsinterne Informationen – sollten grundsätzlich nicht an unberechtigte Personen gelangen. Daher gilt es, ein besonderes Augenmerk auf den **Datenschutz** und die **Datensicherheit** zu legen.

Datenschutz und Datensicherheit
LF 3 → Kap. 3.1

Zum Schutz personenbezogener Daten finden sich u. a. im Bundesdatenschutzgesetz (BDSG) sowie der Datenschutzgrundverordnung (DSGVO) relevante Regelungen. Zudem muss das Unternehmen geeignete Maßnahmen ergreifen, um Daten vor Verlust, Manipulation oder missbräuchlichem Zugriff zu schützen. Hierzu gehören technische (z. B. Alarmsicherung, Brandschutz der Server), organisatorische (z. B. Zutrittskontrolle, Anfertigung von Datensicherungen) und programmtechnische Vorkehrungen (z. B. Passwortvergabe).

ÜBERSICHT: Sicherheit und Nachhaltigkeit

Gefahrstoffe	– Gefahrstoffe, die zu Schäden beim Menschen oder der Umwelt führen können, müssen gekennzeichnet werden. – Gesetzliche Grundlagen für den Umgang mit Gefahrstoffen sind u. a. das Chemikaliengesetz (ChemG), die Gefahrstoffverordnung (GefStoffV) und die Technischen Regeln für Gefahrstoffe (TRGS). – Arbeitsabläufe müssen Schutz vor Gefahrstoffen bieten.
Arbeitsschutz	– Arbeitsschutz ist der Schutz der Arbeitnehmer/-innen vor gesundheitlichen Gefahren bei der Ausübung ihrer Tätigkeit am Arbeitsplatz. – Gesetzliche Grundlagen sind u. a.: Arbeitsschutzgesetz (ArbSchG), Arbeitssicherheitsgesetz (ASiG), Arbeitsstättenverordnung (ArbStättV), Gefahrstoffverordnung (GefStoffV), Betriebssicherheitsverordnung (BetrSichV). – Wichtige Ansprechpartner sind: Ersthelfer, Sicherheitsbeauftragte, Fachkräfte für Arbeitssicherheit.
Nachhaltigkeit	– Nachhaltigkeit hat eine ökologische, eine ökonomische und eine soziale Dimension. – Um nachhaltig zu handeln, muss das Unternehmen Maßnahmen ergreifen, die • wirtschaftlich effizient, • ökologisch tragfähig und • sozial gerecht sind.
Datenschutz und -sicherheit	– Das Bundesdatenschutzgesetz (BDSG) sowie die Datenschutzgrundverordnung (DSGVO) regeln den Schutz personenbezogener Daten und deren Verwendung. – Bei der Datensicherheit geht es um den technischen, organisatorischen und programmtechnischen Schutz der Daten vor Verlust, Manipulation oder missbräuchlicher Verwendung.

Alles klar?

1 Erläutern Sie, was man unter einem Gefahrstoff versteht.

2 Unterscheiden Sie verschiedene Gefahrstoffe hinsichtlich der damit verbundenen Risiken.

3 Erläutern Sie anhand eines Beispiels, was man unter einem Gefahrgut versteht.

4 Recherchieren Sie, ob und, falls ja, welche Gefahrstoffe in Ihrem Ausbildungsunternehmen zum Einsatz kommen.

5 Begründen Sie die Notwendigkeit, Gefahrstoffe ausreichend zu kennzeichnen.

6 Nennen Sie die wesentlichen gesetzlichen Grundlagen, die den Umgang mit gefährlichen Stoffen in Unternehmen festlegen.

7 Beschreiben Sie wesentliche Vorschriften des Arbeitgebers zum Schutz der Mitarbeitenden vor Gefahrstoffen.

8 Erläutern Sie das grundsätzliche Anliegen des betrieblichen Arbeitsschutzes.

9 Nennen Sie verschiedene gesetzliche Grundlagen für den betrieblichen Arbeitsschutz.

10 Erläutern Sie, welchen Beitrag Ergonomie zum betrieblichen Arbeitsschutz leisten kann.

11 Beschreiben Sie verschiedene Maßnahmen zur Arbeitssicherheit in einem Lager.

12 Im Rahmen des Arbeitsschutzes müssen verschiedene Ansprechpartner im Unternehmen vorhanden sein.
- a Grenzen Sie die wesentlichen Ansprechpartner voneinander ab.
- b Recherchieren Sie, wer in Ihrem Ausbildungsunternehmen diese Aufgaben wahrnimmt.
- c Begründen Sie, weshalb es sinnvoll ist, solche Ansprechpartner im Unternehmen zu haben.

13 Beschreiben Sie, welche Unterweisungen Sie hinsichtlich des Arbeitsschutzes in Ihrem Ausbildungsunternehmen erhalten haben.

14 Welchen Stellenwert hat Nachhaltigkeit in Unternehmen?

15 Beschreiben Sie die drei Dimensionen der Nachhaltigkeit.

16 Diskutieren Sie in der Gruppe,
- a welche Wechselwirkungen zwischen diesen Dimensionen vorhanden sein können,
- b wie man mögliche Konflikte lösen könnte.

17 Eine nachhaltige Logistik wird als grüne Logistik bezeichnet.
- a Erläutern Sie den Begriff der grünen Logistik.
- b Beschreiben Sie, welchen Beitrag zur grünen Logistik die Unternehmen im Bereich des Lagers bzw. des Transports leisten können.

18 Erläutern Sie, wie staatliche Maßnahmen zur Nachhaltigkeit die betrieblichen Entscheidungen im Bereich der Logistik beeinflussen können.

19 Beschreiben Sie die Bedeutung von Datenschutz und -sicherheit im Bereich der Logistik.

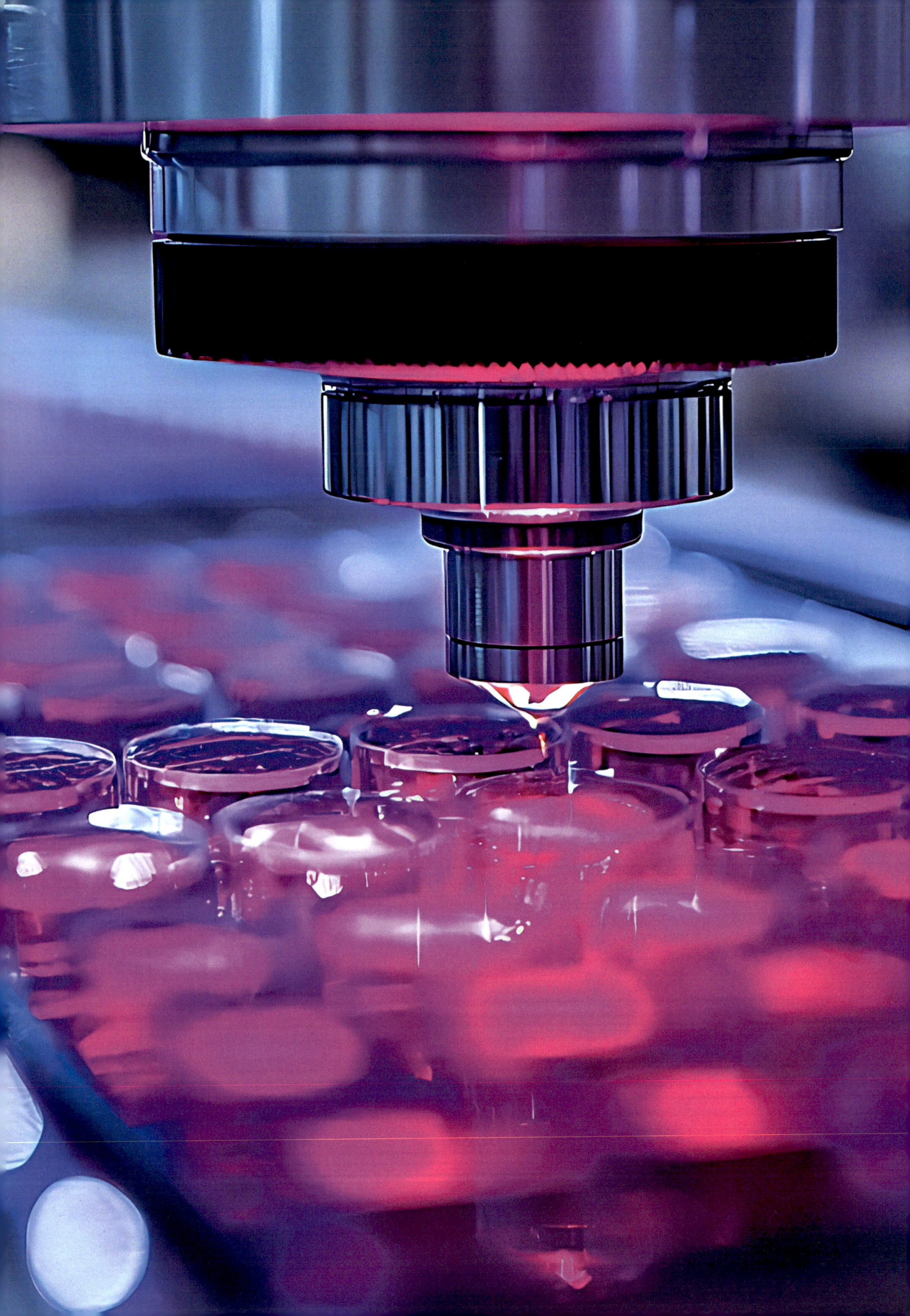

LF 8

Kosten- und Leistungsrechnung zur Vorbereitung unternehmerischer Entscheidungen durchführen

AB → Lernsituation 71

1 Aufgaben und Grundbegriffe der Kosten- und Leistungsrechnung

Abkürzung für die Fly Bike Werke GmbH: FBW GmbH

BEISPIEL: Laut Erfolgsrechnung hat die Fly Bike Werke GmbH (FBW GmbH) im letzten Geschäftsjahr einen Gesamtgewinn in Höhe von 150.000,00 € erzielt. Die Geschäftsführung möchte in Zukunft noch bessere Ergebnisse erzielen. Voraussetzung dafür ist, dass sich die Leistungen des Unternehmens im Vergleich zu den Kosten weiterhin positiv entwickeln. Neben der Erfolgsrechnung der Finanzbuchhaltung ist deshalb eine Kosten- und Leistungsrechnung in einer Betriebsbuchhaltung notwendig.

In der **Finanzbuchhaltung** werden alle Geschäftsvorfälle des Unternehmens nach handels- und steuerrechtlichen Vorschriften erfasst. Nach Abschluss der Erfolgskonten über das Gewinn- und Verlustkonto wird dort das **Gesamtergebnis** des Unternehmens ermittelt.

In der **Betriebsbuchhaltung**, die weitgehend von handels- und steuerrechtlichen Vorschriften unbeeinflusst bleibt, kann nach betriebsindividuellen Vorgaben das **Betriebsergebnis** ermittelt werden. In der Kosten- und Leistungsrechnung der FBW GmbH werden keine „Buchungen" vorgenommen, sondern sie wird in tabellarischer Form erstellt.

Abgrenzung Gesamtergebnis und Betriebsergebnis

Finanzbuchhaltung	Betriebsbuchhaltung
Basis für das Gesamtergebnis: Aufwendungen und Erträge Erträge > Aufwendungen = Gesamtgewinn Erträge < Aufwendungen = Gesamtverlust	Basis für das Betriebsergebnis: Kosten und Leistungen Leistungen > Kosten = Betriebsgewinn Leistungen < Kosten = Betriebsverlust

1.1 Kosten und Leistungen

Kosten sind sachzielbezogene, ordentliche und bewertete Güterverbräuche eines Unternehmens in einer Rechnungsperiode. **Leistungen** sind sachzielbezogene, ordentliche und bewertete Gütererstellungen eines Unternehmens in einer Rechnungsperiode.

BEISPIEL: Sachziele der FBW GmbH sind z. B. die Produktion von Fahrrädern, der Handel mit Fahrradbekleidung, Fahrradzubehör und Fahrradanhängern sowie die Vermittlung von Fahrradreisen.

Bei einer weiten Fassung des Begriffs „Güterverbrauch“ handelt es sich um den Verzehr von Sachen, Dienstleistungen und Rechten. Bei einer weiten Fassung des Begriffs „Gütererstellungen“ handelt es sich um die Verwirklichung der industriellen Grundfunktionen.

Güterverzehr und Gütererstellung

sachzielbezogener Güterverzehr

↓

Beispiele: Kosten für
- Materialverbrauch
- Nutzung von Betriebsmitteln (Abschreibungen)
- Personal (Löhne, Gehälter usw.)

→

betriebliche Funktionen eines Industrieunternehmens
- Beschaffung
- Produktion
- Absatz

→

sachzielbezogene Gütererstellung

↓

Beispiele: Leistungen für
- Absatzleistungen (z. B. Verkauf von Erzeugnissen)
- Lagerleistungen
- aktivierte Eigenleistungen

1.2 Aufbau der Kosten- und Leistungsrechnung

Die Kosten- und Leistungsrechnung besteht aus drei Teilen:

Kriterien	Kostenrechnung	Leistungsrechnung
Welche?	Kostenartenrechnung: Welche Kosten sind angefallen und wie verhalten sie sich? Durchführung: Abgrenzungsrechnung (Ergebnistabelle)	Leistungsartenrechnung: Welche Leistungen sind angefallen?
Wo?	Kostenstellenrechnung: Wo sind die Kosten angefallen? Durchführung: Betriebsabrechnungsbogen (BAB)	Leistungsstellenrechnung: Wo sind die Leistungen angefallen?
Wofür?	Kostenträgerrechnung: Wofür sind die Kosten angefallen? Durchführung: Kalkulation	Leistungsträgerrechnung: Wofür sind die Leistungen angefallen?

Die Kostenrechnung soll folgende Fragen beantworten:
- Welche Kosten sind dem Unternehmen im Einzelnen entstanden? (Kostenartenrechnung)
- Wo sind die Kosten entstanden? (Kostenstellenrechnung)
- Wofür sind die Kosten entstanden? (Kostenträgerrechnung)

Hinweis: In AkA-Prüfungen wird die Durchführung der Leistungsrechnung nicht geprüft.

Kostenartenrechnung
→ Kap. 1.7

Kostenartenrechnung

Neben dem **Materialeinsatz** (Verbrauch von Werkstoffen) sind bei der Kostenartenrechnung insbesondere folgende Kostenarten zu nennen: Personalkosten, Mieten, Steuern, Energie, Werbe- und Reisekosten, Abschreibungen usw. Darüber hinaus werden **kalkulatorische Kosten** ermittelt, die Aufwendungen der Finanzbuchhaltung für die Kosten- und Leistungsrechnung betragsmäßig ändern (Anderskosten) oder zusätzlich zu Aufwendungen der Finanzbuchhaltung (Zusatzkosten) ermittelt werden.

kalkulatorische Kosten
→ Kap. 1.7.2

Als **Leistungsarten** gelten insbesondere die Umsatzerlöse für eigene Erzeugnisse und für Waren sowie die Lagerleistungen (z. B. Mehrbestand an Erzeugnissen).

Ziel der Kostenartenrechnung ist die Ermittlung des Betriebsergebnisses durch den Vergleich von Leistungen und Kosten.

Kostenstellenrechnung
→ Kap. 3.2

Kostenstellenrechnung

Bei der Kostenstellenrechnung sind die Kostenstellen als Entstehungsort der Kosten angesprochen, die zumeist den Grundfunktionen der Industrie (Material, Fertigung, Verwaltung, Vertrieb) entsprechen. In der Praxis wird häufig eine Vielzahl von Kostenstellen eingerichtet. Für die Entstehung und die Höhe der Kosten ist ein bestimmter Mitarbeiter (z. B. Kostenstellenleitung, Abteilungsleiter) verantwortlich.

Ziel der Kostenstellenrechnung ist die Kontrolle der Entstehung und der Höhe der Kosten für jede Kostenstelle.

Kostenträgerrechnung
→ Kap. 3.3–3.4

Kostenträgerrechnung

Kosten entstehen immer für einen Kostenträger, das ist ein bestimmtes Erzeugnis, ein Auftrag oder ein Kunde. **Ziel der Kostenträgerrechnung** ist die Bereitstellung von Daten für die Kalkulation (Preis- und Gewinnermittlung).

Überprüfung der Wirtschaftlichkeit
→ Kap. 2.4

Im Ergebnis überprüft die Kosten- und Leistungsrechnung die **Wirtschaftlichkeit** des Betriebs und dient damit als die Informationsquelle für viele unternehmerische Entscheidungen (z. B. Personal, Produktionsprogramm, Investitionsvorhaben usw.).

ÜBERSICHT: Die drei Teile der Kostenrechnung

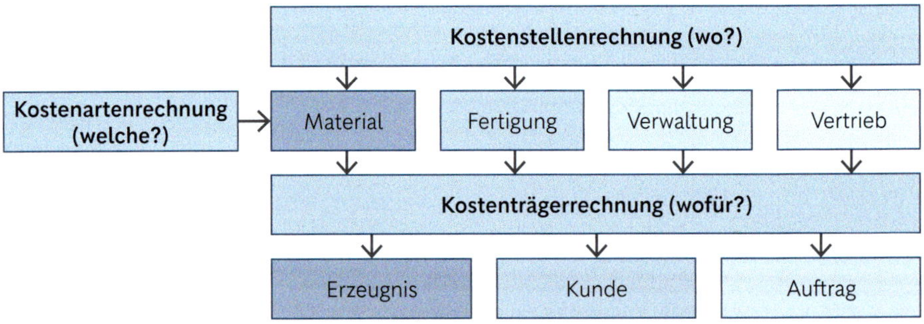

1.3 Zeitbezug der Kosten- und Leistungsrechnung

Da die Kosten- und Leistungsrechnung nur die Gültigkeit von einer Rechnungsperiode (zumeist ein Monat) besitzt, müssen Kosten und Leistungen, die mehrere Perioden betreffen, zeitlich abgegrenzt werden.

Istkostenrechnung (vergangenheitsorientiert): Sie erfasst den tatsächlichen Werteverzehr des unmittelbar letzten Abrechnungszeitraums.

BEISPIEL:
Aufgrund der unterschiedlichen Anzahl von Beschäftigten im Versand eines Industrieunternehmens – sogenannte „538-€-Jobs“ (2024) – haben sich die Personalkosten (Istkosten) in den Monaten Januar bis Mai unterschiedlich entwickelt (siehe Grafik). Im Mai sind Personalkosten in Höhe von nur 17.200,00 € entstanden.

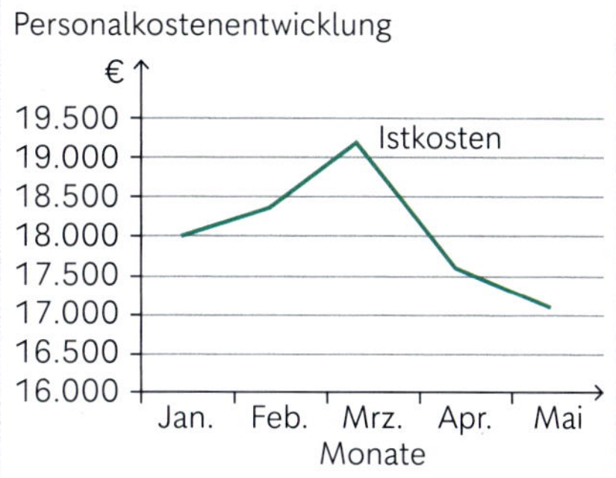

Normalkostenrechnung (vergangenheitsorientiert): Hier werden die Durchschnittswerte mehrerer vergangener Rechnungsperioden gebildet. Durch diesen Ansatz sollen Besonderheiten einzelner Rechnungsperioden geglättet werden.

BEISPIEL:
Im Durchschnitt der letzten fünf Monate sind Personalkosten in Höhe von 18.080,00 € je Monat entstanden.

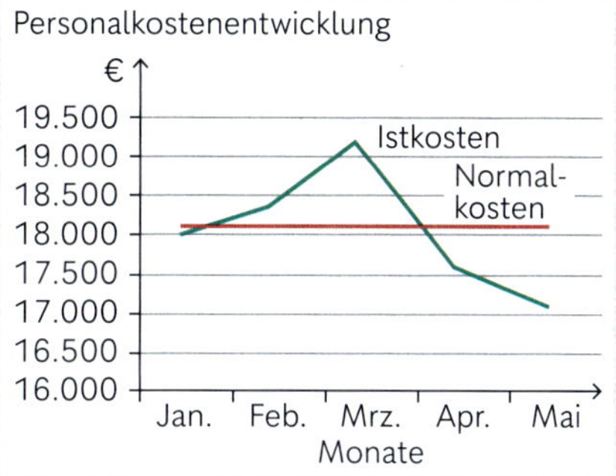

Plankostenrechnung (zukunftsorientiert): Über eine Wertefortschreibung in die Zukunft oder durch Kostenanalysen werden Plangrößen entwickelt, die für eine sinnvolle Kontrolle mit den Istkosten verglichen werden.

BEISPIEL:
In der Kostenplanung wurde für die Monate Februar bis April die Einsparung einer „538-€-Kraft“ (2024) berücksichtigt.

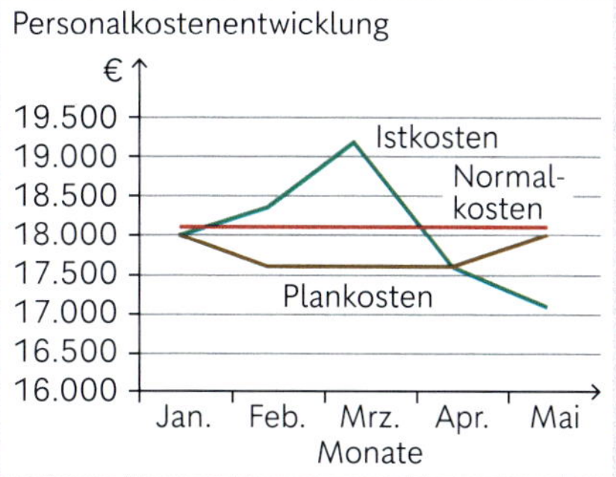

Kontrollgröße	Vergleichsgröße	Kontrollinstrument	Beurteilung
Normalkosten-rechnung →	Istkosten-rechnung →	Normal-Ist-Vergleich	Wenig aussagefähig: Ein Vergleich zwischen früheren und aktuellen Fehlentwicklungen lässt keinen Rückschluss auf die Ursachen von innerbetrieblichen Unwirtschaftlichkeiten zu.
Plankosten-rechnung →	Istkosten-rechnung →	Soll-Ist-Vergleich	Aussagefähig: Über in die Zukunft gerichtete Kosten- und Abweichungsanalysen können Ursachen für Fehlentwicklungen erfasst und innerbetriebliche Unwirtschaftlichkeiten abgestellt werden.

1.4 Zurechenbarkeit der Kosten auf die Kostenträger

Nicht alle Kosten können ohne Weiteres einem bestimmten Kostenträger zugeordnet werden. Man unterscheidet zwischen **Einzelkosten** und **Gemeinkosten**.

Kostenart	Zurechenbarkeit auf die Kostenträger	Beispiele
Einzelkosten	sind direkt zurechenbar und werden direkt zugerechnet	Anschaffungskosten (Bezugspreise) für einen Rohstoff können dem Kostenträger (z. B. Erzeugnis) direkt zugerechnet werden.
Sondereinzelkosten	sind direkt zurechenbar und werden direkt zugerechnet	– in der Fertigung z. B. Spezialwerkzeuge, Modelle – im Vertrieb z. B. Spezialverpackungen, Vertriebsprovisionen
echte Gemeinkosten	sind nicht direkt zurechenbar	Gehalt einer Sekretärin des Geschäftsführers
unechte Gemeinkosten	sind direkt zurechenbar, werden aber z. B. aus Gründen der Wirtschaftlichkeit nicht direkt zugerechnet	Geringe Bezugskosten bei einer Sammelbestellung für Hilfsstoffe werden den jeweiligen Kostenträgern (unterschiedlichen Erzeugnissen) nicht zugeordnet.

Betriebsabrechnungsbogen
→ Kap. 3.2.4

Echte und unechte Gemeinkosten werden Kostenträgern über prozentuale Zuschlagssätze zugerechnet, die auf die Einzelkosten aufgeschlagen werden. Diese Verteilung der Gemeinkosten erfolgt mithilfe eines Betriebsabrechnungsbogens.

ÜBERSICHT: Wichtige Kostenarten

Kostenart	Erklärung
Materialkosten	Verbrauch von Rohstoffen, fremdbezogenen Fertigteilen oder Hilfsstoffen
Personalkosten	Fertigungslöhne (z. B. Stück- oder Zeitakkord) werden bezahlt, wenn Arbeiter direkt mit der Herstellung eines Erzeugnisses beschäftigt sind.
	Gehälter werden am Ende eines Zeitraums (z. B. Monat) an Angestellte unabhängig von ihrer erbrachten Leistung gezahlt.
Abschreibungen	Abschreibungen erfassen den Wertverlust von Vermögensgegenständen.
Energiekosten	Energiekosten werden zwar nicht Bestandteil eines Produkts. Aber sie werden benötigt, um z. B. Produktionsmaschinen zu betreiben (z. B. Öl) oder Räume zu heizen (z. B. Strom).

1.5 Abhängigkeit der Kosten von der Beschäftigung

Nicht alle Kosten fallen während einer Abrechnungsperiode immer in derselben Höhe an. In Abhängigkeit von der Beschäftigung (Produktionsmenge) steigen oder sinken aber nur bestimmte Kosten. In der Deckungsbeitragsrechnung werden diese Kostenveränderungen aufgezeigt und für preispolitische Maßnahmen aktiv genutzt. Man unterscheidet hier zwischen fixen und variablen Kosten.

Deckungsbeitragsrechnung
→ Kap. 4

Fixe Kosten: Innerhalb der Rechnungsperiode hat das Unternehmen auf diese Kosten keinen Einfluss. Sie fallen in konstanter Höhe auf jeden Fall an, unabhängig davon, ob und wie viele Erzeugnisse produziert werden. Deshalb werden sie auch als beschäftigungsunabhängige Kosten bezeichnet. Beispiele sind Gehälter, Abschreibungen und Mieten.

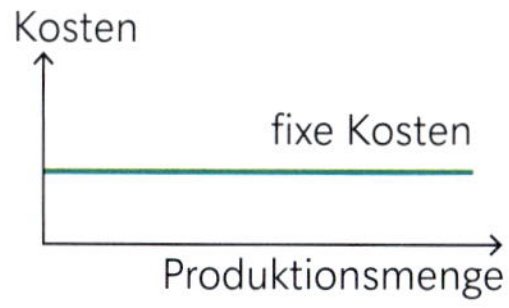

Sprungfixe Kosten: Sie steigen oder fallen nur dann, wenn z. B. in einer Abrechnungsperiode die Kapazität erhöht oder gesenkt wird.

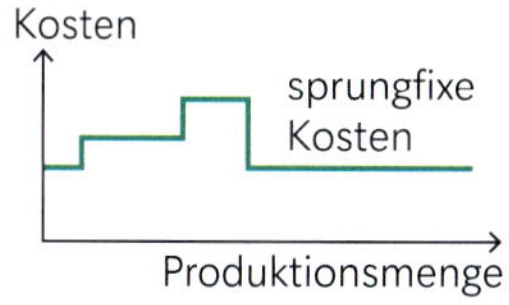

BEISPIELE: Das kann der Kauf eines neuen Fahrzeugs oder die Stilllegung einer Verpackungsmaschine sein, die jeweils die Kostenart Abschreibungen verändern.

Variable Kosten: Sie steigen oder sinken mit der Produktionsmenge (Beschäftigung). Deshalb werden sie auch als beschäftigungsabhängige Kosten bezeichnet.

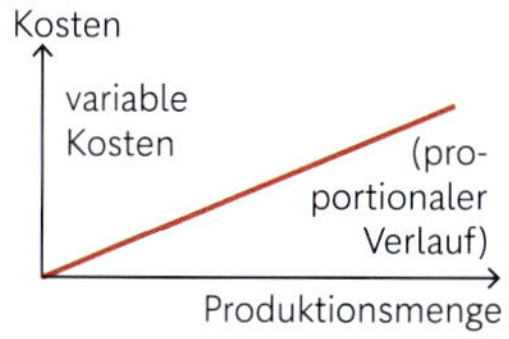

BEISPIEL: Verbrauch von Rohstoffen und Fremdbauteilen

Nicht alle variablen Kosten haben einen proportionalen Verlauf (gleichmäßige Kostensteigerung in Abhängigkeit von der Produktionsmenge). Auch überproportionale Kostenverläufe (z. B. erhöhte Lohnkostensteigerungen bei Überstunden) oder unterproportionale Kostenverläufe (z. B. Einsparungen beim Verpackungsmaterial bei steigenden Produktionsmengen) sind möglich.

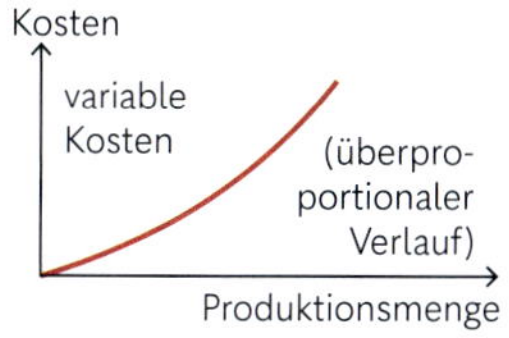

Mischkosten: Viele Kostenarten haben sowohl fixe als auch variable Bestandteile.

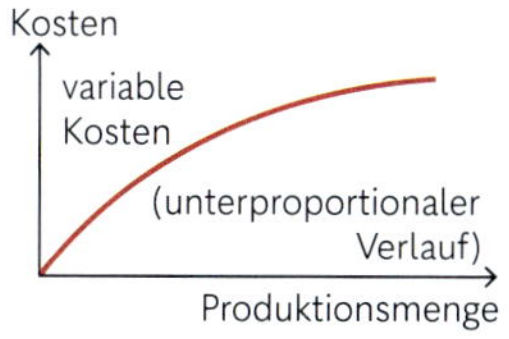

BEISPIEL: Bei Energiekosten sind z. B. die Zähler- oder Bereitstellungskosten fix. Die Kosten für den Energieverbrauch selbst sind dagegen variabel.

Stückkosten: Betrachtet man nicht die Gesamtkosten des Unternehmens, sondern die Kosten je Stück, so zeigt die unten stehende Grafik den Kostenverlauf. Während die variablen (proportionalen) Stückkosten bei steigender Produktionsmenge konstant bleiben, sinken die fixen Kosten je Stück kontinuierlich ab. Diese Fixkostendegression ermöglicht bei hohen Produktionsmengen steigende Gewinne.

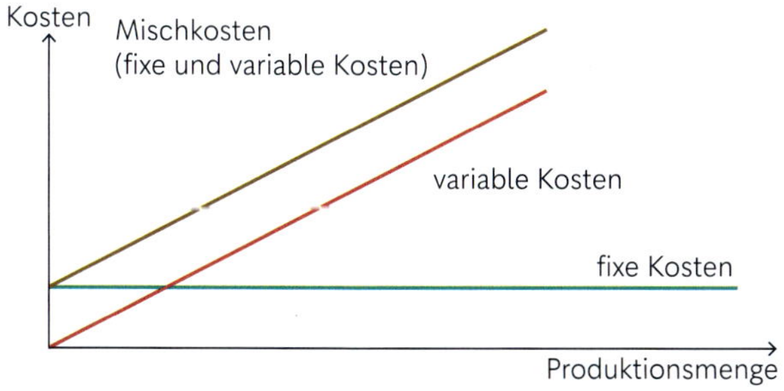

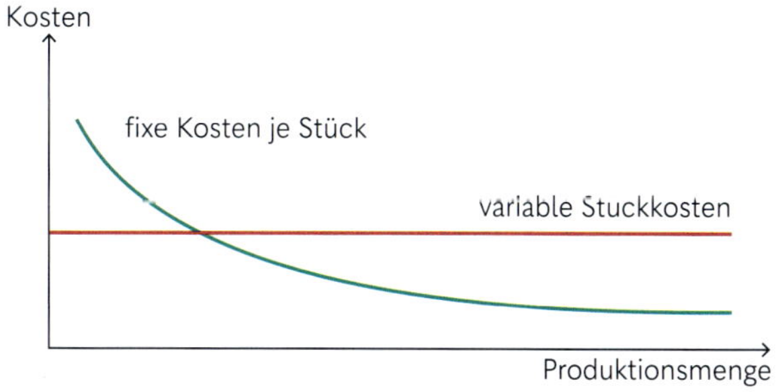

Da den Unternehmen normalerweise sowohl fixe als auch variable Kosten entstehen, setzen sich die Gesamtkosten zusammen aus den fixen Gesamtkosten (als unveränderlicher Kostenblock für einen bestimmten Zeitraum) plus den variablen Stückkosten, multipliziert mit der Anzahl der produzierten Menge (Leistungseinheiten), oder mathematisch ausgedrückt:

KG = Gesamtkosten
KF = fixe Gesamtkosten
kv = variable Stückkosten
x = gefahrene km (= Leistungseinheit in diesem Beispiel)

$$KG(x) = KF + kv \cdot x$$

BEISPIEL: Für einen betrieblich genutzten Pkw betragen die fixen Kosten 3.000,00 € pro Jahr und die variablen Kosten je km 0,10 €. Es ergeben sich folgende Gesamtkosten und Kosten pro km für diesen Pkw.

km	Gesamtkosten in €/Jahr			Kosten je km in €		
	KG	KF	KV	kg	kf	kv
0	3.000,00	3.000,00	0,00	–	–	–
1 000	3.100,00	3.000,00	100,00	3,10	3,00	0,10
2 500	3.250,00	3.000,00	250,00	1,30	1,20	0,10
5 000	3.500,00	3.000,00	500,00	0,70	0,60	0,10
7 500	3.750,00	3.000,00	750,00	0,50	0,40	0,10
10 000	4.000,00	3.000,00	1.000,00	0,40	0,30	0,10
15 000	4.500,00	3.000,00	1.500,00	0,30	0,20	0,10
20 000	5.000,00	3.000,00	2.000,00	0,25	0,15	0,10

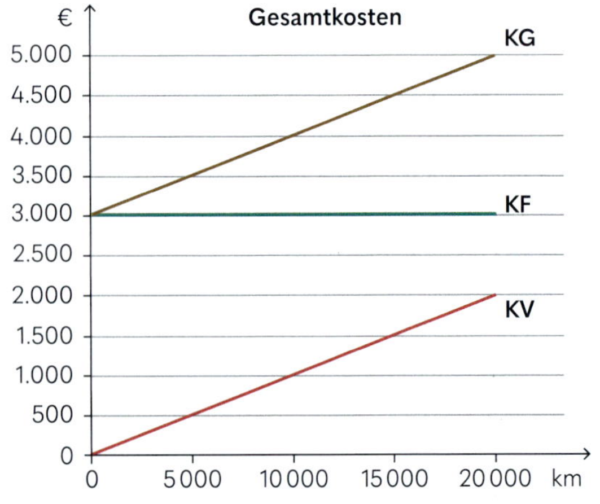

Legende Gesamtkosten (Großbuchstaben):
KG = Gesamtkostenfunktion
KF = fixe Gesamtkosten
KV = variable Gesamtkosten

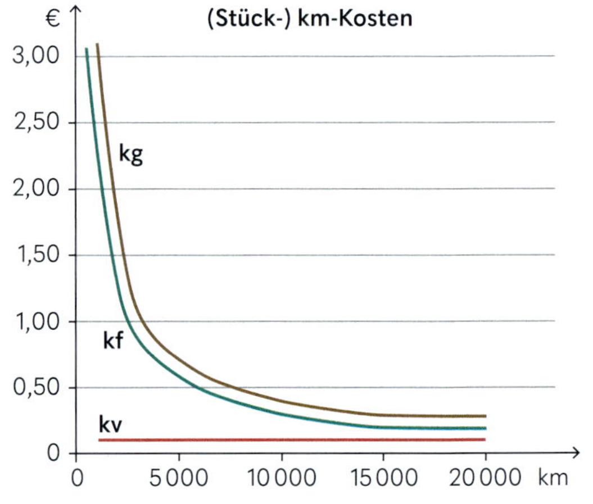

Legende Stückkosten (Kleinbuchstaben):
kg = gesamte Kosten je km
kf = fixe Kosten der Zeiteinheit (Jahr)
kv = variable Kosten je km

1.6 Leistungsarten

BEISPIEL: Die FBW GmbH hat laut Gewinn- und Verlustrechnung im abgelaufenen Geschäftsjahr Gesamterträge in Höhe von 7.006.655,85 € und Gesamtaufwendungen in Höhe von 6.856.655,85 € erzielt.

Die FBW GmbH hat damit einen Gesamtgewinn von 150.000,00 € erzielt. Trotzdem könnte das Unternehmen bei der Verfolgung seiner Sachziele verlustbringend gearbeitet haben, wenn z. B. der in der Finanzbuchhaltung ausgewiesene Gewinn aus dem Ertrag eines Grundstücksverkaufs oder aus Aktiengewinnen stammt. Welche Erträge auf die eigene Leistungskraft des Unternehmens zurückzuführen sind und welche der Aufwendungen zur Erzielung dieser Erträge notwendig waren, muss durch eine Untersuchung der **Erfolgsquellen** geklärt werden.

Unternehmenserfolg (Gesamtergebnis)

eigene Leistungskraft (Betriebsergebnis)	sonstige Erträge (neutrales Ergebnis)
Merkmale: - sachzielbezogen und - ordentlich und - periodenbezogen	Merkmale: - betriebsfremd oder - betrieblich außerordentlich oder - periodenfremd

Die in der Finanzbuchhaltung gebuchten Erträge entsprechen den Leistungen in der Betriebsbuchhaltung nur dann, wenn sie den Merkmalen sachzielbezogen, ordentlich **und** periodenbezogen genügen.

Betriebsfremde Erträge sind das Ergebnis der Verfolgung von Nebenzielen. Zweck dieser Erträge ist das Erwirtschaften zusätzlicher Gewinne und/oder die Streuung des Risikos (Diversifikation).

BEISPIEL: Es gehört nicht zu den eigentlichen Aufgaben (Sachziel) eines Industriebetriebs, Gebäude zu vermieten. Bei einer Wohnungsverwaltungsgesellschaft dagegen sind Mieterträge sachzielbezogen und zählen dort zum Betriebsergebnis.

Betrieblich außerordentliche Erträge sind zwar betriebsbedingt, fallen aber unregelmäßig, unvorhersehbar und/oder in außergewöhnlicher Höhe an.

BEISPIEL: Erlöse aus dem Abgang von Gegenständen des Anlagevermögens (z. B. einer betrieblich genutzten Maschine).

Periodenfremde Erträge sind betriebsbedingt, können aber dem abgelaufenen Abrechnungszeitraum nicht zugeordnet werden. Sie resultieren meist aus zu hoch angesetzten Aufwendungen vergangener Perioden.

BEISPIEL: Rückerstattung von gezahlten Aufwandssteuern aus Vorperioden (z. B. Kfz- oder Grundsteuern).

Diese sogenannten **neutralen Erträge** dokumentieren nicht die eigene Leistungskraft des Unternehmens und gehören daher nicht in das Betriebsergebnis.

Abgrenzung von Erträgen und Leistungen

Finanzbuchhaltung

Erträge		
neutraler Ertrag (Ertrag, nicht zugleich Leistung) Merkmale: – betriebsfremd – betrieblich außerordentlich – periodenfremd (Erträge, denen keine Leistungen gegenüberstehen)	**Zweckertrag** (Ertrag, zugleich Leistung)	
	Grundleistung (Leistung, zugleich Ertrag)	**Zusatzleistung** (Leistungen, denen keine Erträge gegenüberstehen) **kalkulatorische Leistungen** (Leistung, nicht zugleich Ertrag)
	Leistungen Merkmale: sachzielbezogen, ordentlich, periodenbezogen	

Betriebsbuchhaltung

Zweckerträge/Grundleistungen resultieren aus der Arbeit eines Industriebetriebs. Sie entsprechen dem Betriebszweck und setzen sich zusammen aus:
- Absatzleistungen (Umsatzerlösen),
- Lagerleistungen (Bestandserhöhungen im Lager) bei unfertigen oder fertigen Erzeugnissen,
- aktivierten Eigenleistungen (selbst erstellte Vermögensgegenstände),
- Privatentnahmen von Gegenständen oder Leistungen (nur für persönlich haftende Gesellschafter).

Betriebsergebnis
→ Kap. 1, Seite 162

Neben den Zweckerträgen kann ein Industriebetrieb auch noch neutrale Erträge erwirtschaften, die entweder in keinem Zusammenhang zu den Sachzielen des Unternehmens stehen oder unvorhersehbar waren oder in anderen Rechnungsperioden entstanden sind. Neutrale Erträge werden in der Finanzbuchhaltung gebucht, würden aber das Betriebsergebnis verfälschen.

1.7 Kostenarten

Die Abgrenzung der Kostenarten von den in der Finanzbuchhaltung erfassten Aufwendungen erfolgt – ebenso wie die Abgrenzung von Erträgen und Leistungen – nach den Merkmalen sachzielbezogen, ordentlich und periodenbezogen.

1.7.1 Grundkosten

Dienen die in der Finanzbuchhaltung gebuchten Aufwendungen dem eigentlichen Betriebszweck, so bezeichnet man sie als Zweckaufwand bzw. Grundkosten (Aufwand zugleich Kosten). Dies gilt z. B. für die auf dem Konto 6200 Löhne gebuchten Aufwendungen.

Abgrenzung von Aufwand und Kosten

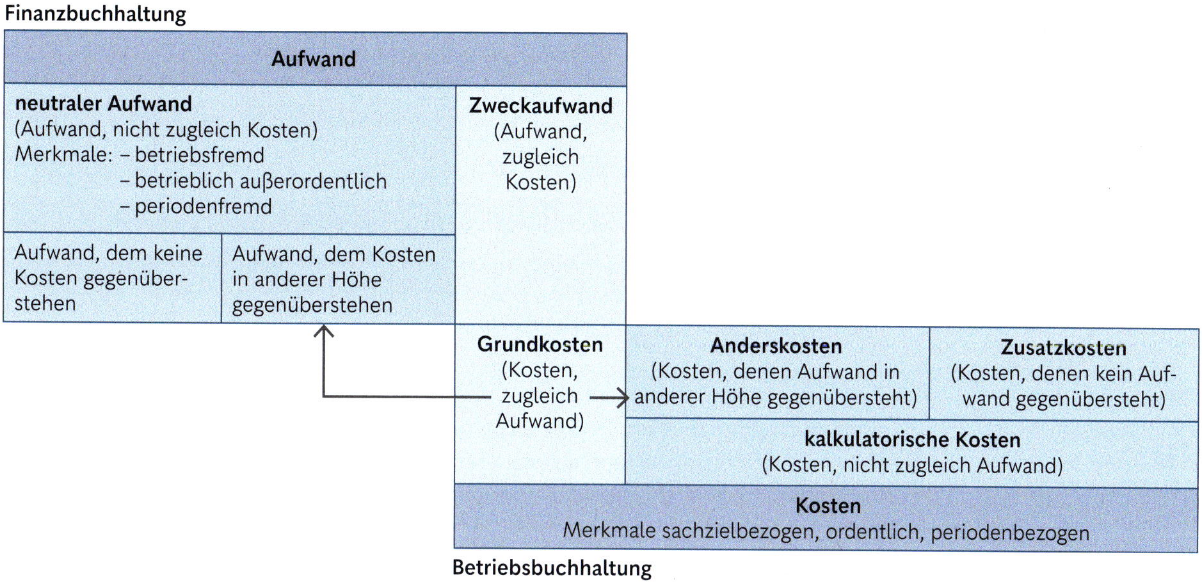

Neben dem Zweckaufwand existieren in der Finanzbuchhaltung noch andere Aufwendungen, die in keinem Zusammenhang mit den eigentlichen Aufgaben eines Industriebetriebs stehen oder unvorhersehbar waren oder in anderen Rechnungsperioden entstanden sind. Diese sogenannten **neutralen Aufwendungen** werden als Werteverzehr in der Finanzbuchhaltung gebucht, würden aber das Betriebsergebnis und die Preisermittlung verfälschen.

Neutrale Aufwendungen

betriebsfremde Aufwendungen	z. B. Spenden oder Instandhaltungsaufwendungen für ein vermietetes (nicht betrieblich genutztes) Gebäude, da die Vermietung nicht zum Sachziel eines Industriebetriebs gehört
betrieblich außerordentliche Aufwendungen	z. B. Verluste aus Schadensfällen wie Schwund, Diebstahl, Verderb, Kassenmanko
periodenfremde Aufwendungen	z. B. Steuernachzahlungen für die vorangegangene Rechnungsperiode, für die keine ausreichenden Rückstellungen gebildet wurden

1.7.2 Kalkulatorische Kosten

Neben den Grundkosten werden in der Betriebsbuchhaltung die kalkulatorischen Kosten berücksichtigt. Kalkulatorische Kosten lassen sich nicht auf Ausgaben zurückführen. Ihnen stehen in der Finanzbuchhaltung Aufwendungen entweder in anderer Höhe gegenüber (**Anderskosten**) oder ihnen stehen überhaupt keine Aufwendungen in der Finanzbuchhaltung gegenüber (**Zusatzkosten**).

kostenorientierte Preisgestaltung
LF 9 → Kap. 5.2.1

Problem: Hohe Kosten führen zu hohen Preisen! Das gilt für alle Kostenarten.

Kalkulatorische Kosten müssen für die kostenorientierte Preisermittlung berücksichtigt werden, damit der Unternehmer seine Tätigkeit, seine Risikobereitschaft und sein Eigenkapital vergütet bekommt und die Substanz des Unternehmens erhalten bleibt. Nur betriebswirtschaftlich sinnvoll begründbare Kosten dürfen dabei angesetzt werden.

Kalkulatorische Abschreibungen

BEISPIEL: Die FBW GmbH hat in der Vergangenheit festgestellt, dass die in der Finanzbuchhaltung erfassten Abschreibungen auf den Fuhrpark nicht ausgereicht haben, um die Fahrzeuge nach Ablauf der Nutzungsdauer zu ersetzen. Die Preise waren meist gestiegen, sodass zur Finanzierung zusätzliche Mittel benötigt wurden.

lineare Abschreibung auf Sachanlagen
LF 5 → Kap. 8.3–8.4

Zweck der in der Finanzbuchhaltung erfassten Abschreibungen von Vermögensgegenständen ist eine über die Verringerung des Gewinns erreichte Senkung der Einkommen- bzw. Ertragsteuern und ein sicherer Einblick in die Ertrags- und Vermögenslage des Unternehmens. Das Handels- und das Steuerrecht beschränken Abschreibungsbeträge in ihrer Höhe dadurch, dass maximal nur von den Anschaffungskosten und – im Steuerrecht – nur nach der betriebsgewöhnlichen Nutzungsdauer (Steuerrecht) abgeschrieben werden darf. Dem stehen in der Betriebsbuchhaltung kalkulatorische Abschreibungen gegenüber, die an **keinerlei Gesetze gebunden** sind. Hier könnte theoretisch ein Gegenstand sofort im Jahr der Anschaffung voll abgeschrieben werden. Dies wird in der Praxis wohl kaum geschehen, da diese Kosten in der Kalkulation den Verkaufspreis in die Höhe treiben würden.

Um die Substanz des Unternehmens real zu erhalten, orientiert man sich im Rahmen der Kosten- und Leistungsrechnung an der tatsächlichen Wertminderung im eigenen Betrieb (Realität). Damit beim Ersatz des Gegenstands keine Finanzierungslücke entsteht, wird von **Wiederbeschaffungswerten** und nach der betriebsindividuellen Nutzungsdauer abgeschrieben. Wiederbeschaffungswerte sind die Preise, die gezahlt werden müssen, wenn der Gegenstand nach Ablauf der Nutzungsdauer ersetzt werden muss. Diese können höher (z. B. durch Inflation) oder niedriger (z. B. durch technischen Fortschritt) sein als der ursprünglich gezahlte Anschaffungspreis. Die **betriebsindividuelle Nutzungsdauer** kann von der betriebsgewöhnlichen Nutzungsdauer abweichen. Eine kürzere betriebsindividuelle Nutzungsdauer kann z. B. auf den technischen Fortschritt oder den weniger sorgfältigen Umgang mit betrieblichen Gegenständen zurückzuführen sein.

BEISPIEL: Der Kauf eines Pkws hat Anschaffungskosten in Höhe von 36.000,00 € verursacht. Laut AfA-Tabelle beträgt die betriebsgewöhnliche Nutzungsdauer sechs Jahre. Die FBW GmbH rechnet abweichend von diesen Vorgaben aufgrund betrieblicher Erfahrungen mit einer betriebsindividuellen Nutzungsdauer von nur fünf Jahren und schätzt die Wiederbeschaffungskosten für ein vergleichbares Fahrzeug auf 42.000,00 €.

Bei linearer Abschreibung ergibt sich folgender **bilanzieller Abschreibungsbetrag**:

$$\text{bilanzmäßiger Abschreibungsbetrag} = \frac{\text{Anschaffungskosten}}{\text{betriebsgewöhnliche Nutzungsdauer}} = \frac{36.000{,}00\,€}{6\text{ Jahre}} = 6.000{,}00\,€/\text{Jahr}$$

Da eine gleichmäßige Nutzung unterstellt wird, ergibt sich folgender **kalkulatorischer Abschreibungsbetrag**:

$$\text{kalkulatorischer Abschreibungsbetrag} = \frac{\text{Wiederbeschaffungskosten}}{\text{betriebsindividuelle Nutzungsdauer}} = \frac{42.000{,}00\,€}{5\text{ Jahre}} = 8.400{,}00\,€/\text{Jahr}$$

Bei kostendeckenden Preisen stehen dem Betrieb nach Ablauf der betriebsindividuellen Nutzungsdauer von fünf Jahren 42.000,00 € zur Ersatzinvestition zur Verfügung. Dem Unternehmen entsteht beim Kauf eines neuen Fahrzeugs bei Ansparung der verdienten Abschreibungen keine Finanzierungslücke.

Problematisch ist dabei immer die realitätsnahe Ermittlung der Wiederbeschaffungskosten. Schätzungen erfolgen auf Basis unternehmensspezifischer Erfahrungen, mathematischer Hochrechnungen oder im Nachhinein durch die jährliche Feststellung der aktuellen Preise mit anschließender Berechnung des kalkulatorischen Abschreibungsbetrags für das abgelaufene Jahr.

Die FBW GmbH berücksichtigen in ihrer KLR keine Restwerte.

Abschreibungen werden also in der Kostenrechnung anders berechnet als in der Finanzbuchhaltung. Sie werden deshalb auch **Anderskosten** genannt.

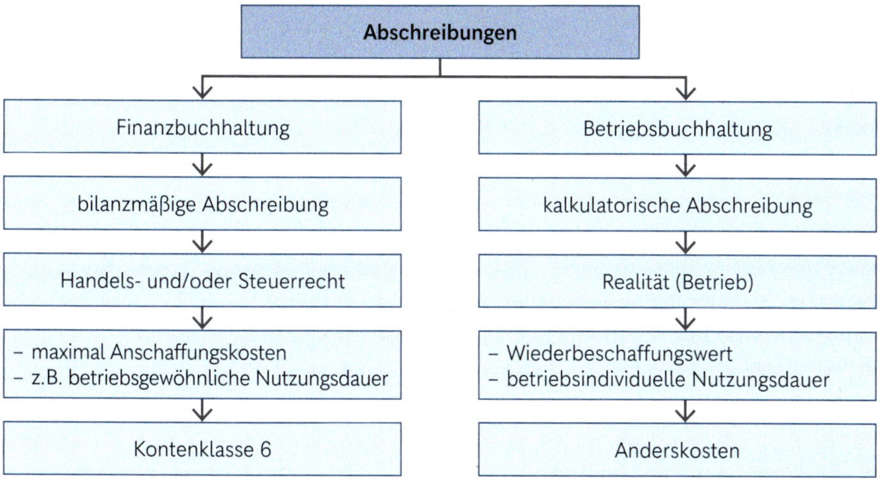

Kalkulatorischer Unternehmerlohn

Die Unternehmensleitungen von **Kapitalgesellschaften** (z. B. Geschäftsführer einer GmbH) erhalten für ihre Tätigkeit Gehälter, die in der Finanzbuchhaltung als Zweckaufwand gebucht werden und so als Grundkosten in die Kosten- und Leistungsrechnung eingehen. Die Eigentümer (z. B. Aktionäre einer AG) haben oft nur einen rechtlichen Anspruch auf eine (Teil-)Gewinnausschüttung.

GmbH
LF 1 → Kap. 10.3.2

AG
LF 1 → Kap. 10.3.1

Personengesellschaft
LF 1 → Kap. 10.2

Der Einzelunternehmer und die in der Geschäftsführung tätigen Vollhafter einer **Personengesellschaft** können sich kein Gehalt in Form von Personalkosten zahlen. Sie müssen vom Gewinn leben. Damit der Unternehmer für seine Tätigkeit ein entsprechendes Entgelt beziehen kann, muss er es in die Preise einkalkulieren. Durch die Berücksichtigung dieses kalkulatorischen Unternehmerlohns entstehen echte Zusatzkosten, denen keine Aufwendungen in der Finanzbuchhaltung gegenüberstehen.

Hinsichtlich der Höhe des Unternehmerlohns könnte sich der Unternehmer an einer vergleichbaren Unternehmensgröße der gleichen Branche und an einer vergleichbaren Tätigkeit (Management) einer Kapitalgesellschaft orientieren. Eine Berechnung des Unternehmerlohns auf dieser Basis kann jedoch nur ansatzweise erfolgen, da sich die Höhe der Gehälter auch durch Angebot und Nachfrage ergibt und nicht nur aufgrund von Vergleichswerten festgelegt werden kann.

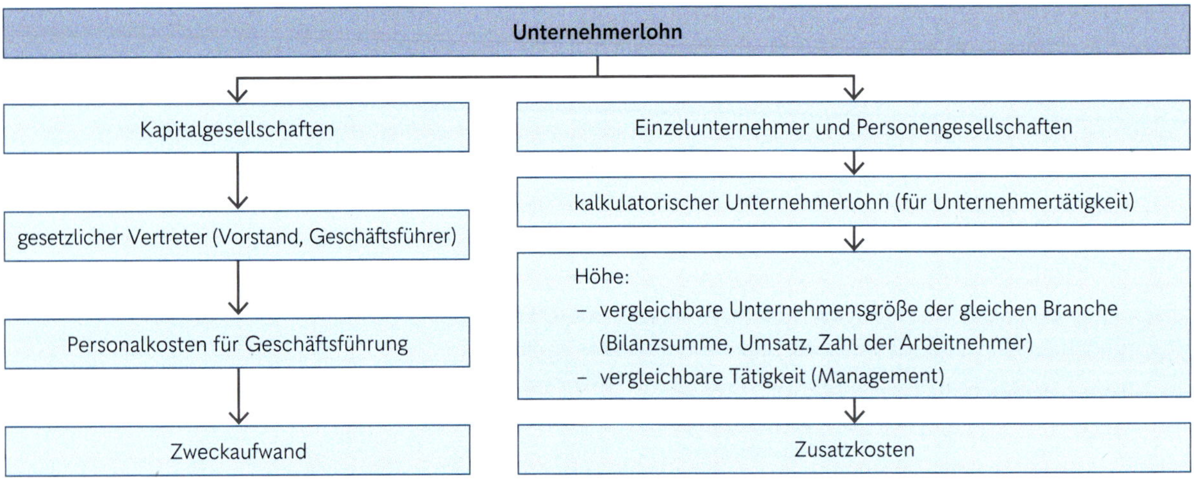

Kalkulatorische Zinsen

In der Finanzbuchhaltung werden nur die für das Fremdkapital tatsächlich gezahlten Zinsen erfasst. Für die Überlassung von Eigenkapital kann der Eigentümer jedoch ebenfalls eine Verzinsung erwarten. Deshalb wird in der Kosten- und Leistungsrechnung das **betriebsnotwendige** Kapital (Eigen- und Fremdkapital) verzinst. Ausgangspunkt der Berechnung ist das **betriebsnotwendige Vermögen**, wobei beim Anlagevermögen die Restwerte nach kalkulatorischer Abschreibung anzusetzen sind.

betriebsnotwendig
dauernd dem Betriebszweck dienend

Berechnung des betriebsnotwendigen Kapitals

	Gesamtvermögen (Anlagevermögen + Umlaufvermögen)
–	nicht betriebsnotwendiges Anlagevermögen (z. B. vermietete Gebäude, stillgelegte Anlagen)
–	überhöhtes Umlaufvermögen (z. B. Wertpapiere zur Spekulation)
=	betriebsnotwendiges Vermögen
–	zinsfreies Fremdkapital (Anzahlungen von Kunden, ggf. Verbindlichkeiten a. L. L.)[1]
=	betriebsnotwendiges Kapital

[1] ohne Skontoabzugsmöglichkeit

Als anzusetzender Zinssatz gilt der aktuelle Marktzinssatz für langfristige Kapitalanlagen. Beträgt das betriebsnotwendige Kapital z. B. 3.000.000,00 € und der Marktzinssatz zurzeit 7 %, so ergeben sich die kalkulatorischen Zinsen pro Monat wie folgt:

$$\text{kalkulatorische Zinsen} = \frac{\text{betriebsnotwendiges Kapital} \cdot 30}{360} \cdot \text{Marktzinssatz} = \frac{3.000.000 \cdot 7 \cdot 30}{100 \cdot 360} = 17.500{,}00\ €$$

Kalkulatorische Zinsen sind damit **sowohl Anderskosten** (Anteil auf das zinspflichtige Fremdkapital) **als auch Zusatzkosten** (Anteil auf das Eigenkapital).

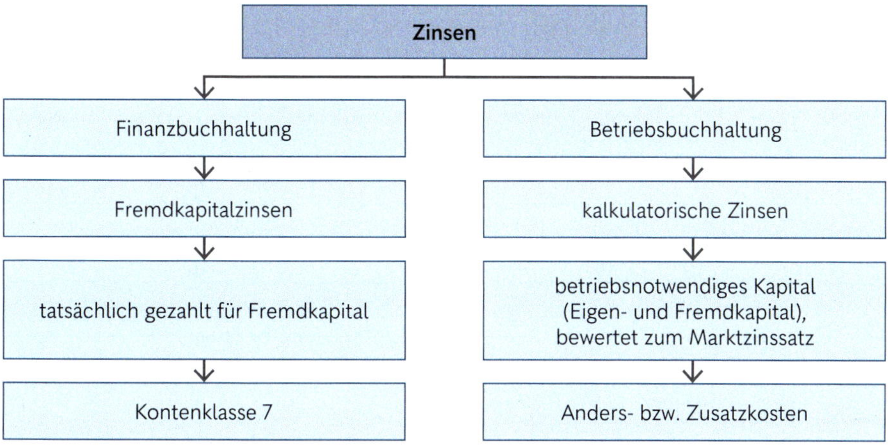

Kalkulatorische Wagnisse

Die unternehmerische Tätigkeit beinhaltet vielfache **Wagnisse**. Einzelne „Problemfelder“ eines Unternehmens (**Einzelwagnisse**) sind zumindest vom Grundsatz her vorhersehbar und können bei Vorliegen entsprechender Erfahrungswerte berechnet werden. Manche Risiken können alternativ durch Versicherungen abgedeckt werden, wenn die Prämien auf Dauer kostengünstiger sind. Das allgemeine unternehmerische Risiko (Verluste im normalen Geschäftsablauf, Insolvenz) ist dagegen nicht kalkulierbar, dafür erhalten die Unternehmensinhaber – wenn alles wie geplant abläuft – den erhofften Gewinn. **Allgemeine Wagnisse** werden in der Betriebsbuchhaltung nicht erfasst.

Wagnisse
unternehmerische Risiken

Einzelwagnis (Beispiele)	**Erläuterung**
Beständewagnis	Schwund, Diebstahl, Verderb, Überalterung oder Zerstörung von Werkstoff- oder Erzeugnisbeständen
Gewährleistungswagnis	nicht oder nicht mehr auf Hersteller oder Lieferer abwälzbare Gewährleistungsforderungen von Kunden, ggf. auch ohne rechtlichen Anspruch (Kulanz)
Vertriebswagnis	Zielverkäufe führen zu keinen oder nur geringeren Einzahlungen, z. B. Forderungsausfälle durch Insolvenz von Kunden, Wechselkursänderungen beim Export.
Anlagenwagnis	Schäden an Anlagegütern, z. B. Totalschaden eines fast neuen Lkws, Maschinenschaden

Die Verrechnung kalkulatorischer Einzelwagnisse ermöglicht Preiskalkulationen, die für einen bestimmten Abrechnungszeitraum konstant sind. Dabei ist die Berechnung schwierig. Oft werden Durchschnittssätze der in der Vergangenheit eingetretenen Verluste ermittelt und gleichmäßig in die Zukunft fortgeschrieben.

BEISPIEL: In den letzten fünf Jahren betrugen die Forderungsausfälle im Durchschnitt 1,0 % der jeweiligen Forderungssummen. Bei geplanten Zielverkäufen im Folgejahr in Höhe von 850.000,00 € kann mit diesem Erfahrungswert ein möglicher Forderungsausfall von 8.500,00 € für die Kostenrechnung ermittelt werden.

Konkret eingetretene Wagnisse (z. B. tatsächliche Forderungsverluste oder Diebstähle) werden in der Finanzbuchhaltung erfasst. Kalkulatorische Wagnisse sind damit wie die Abschreibungen **Anderskosten**.

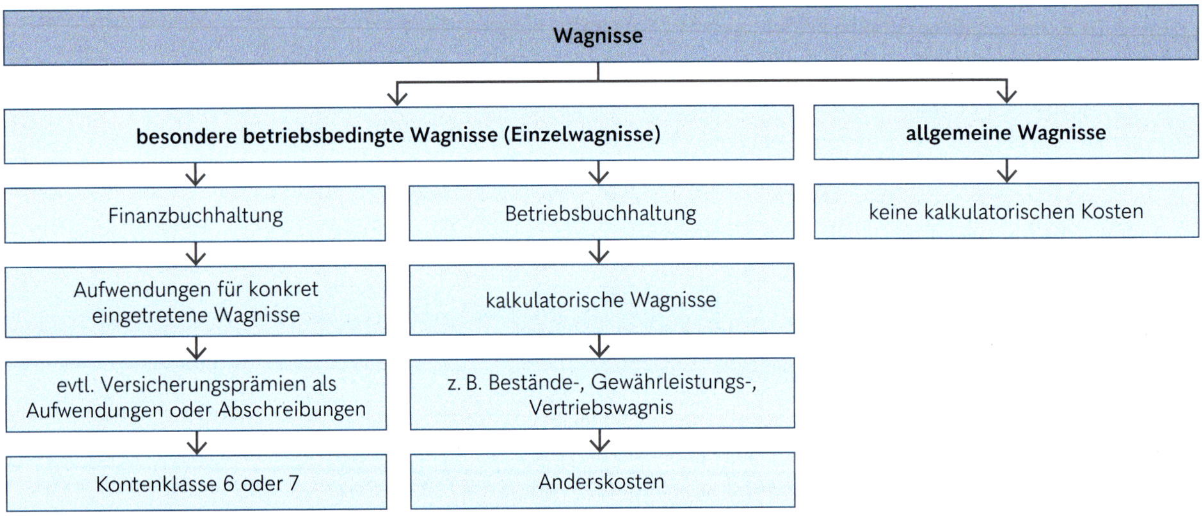

Kalkulatorische Miete

Nicht alle Unternehmen setzen eine kalkulatorische Miete für betrieblich genutztes Unternehmenseigentum an Gebäuden und Grundstücken an. Durch den Ansatz einer kalkulatorischen Miete können ungleichmäßig anfallende Aufwendungen (z. B. für eine Dachreparatur) in der Kosten- und Leistungsrechnung zum Teil vermieden werden. Sie wird i. d. R. in Höhe der ortsüblichen Miete oder als betriebsindividuelle Kostenmiete (Durchschnittswert der Kosten vergangener Rechnungsperioden) angesetzt.

BEISPIEL: Die durchschnittlichen Kosten für die betriebseigenen Gebäude betragen je Monat 12.000,00 €. Für vergleichbare Gebäude müsste eine ortsübliche Miete von 20.000,00 € bezahlt werden, die als kalkulatorische Miete angesetzt werden kann (Anderskosten).

Stellt bei einem Einzelunternehmen oder einer Personengesellschaft ein Inhaber dem Unternehmen kostenlos ein Grundstück oder Räume zur Verfügung, so sind die darauf entfallenden kalkulatorischen Mietkosten aus Sicht des Unternehmens Zusatzkosten, da in der Finanzbuchhaltung keine Zahlungen erfasst werden.

Alles klar?

1 Welche der nachfolgenden Aussagen gelten nur für die Finanzbuchhaltung?

a Die Ermittlung des Betriebsergebnisses erfolgt nach betriebsindividuellen Vorgaben.

b Das Betriebsergebnis wird zumeist in tabellarischer Form ermittelt.

c Es werden alle Geschäftsvorfälle eines Unternehmens nach handels- und steuerrechtlichen Vorgaben erfasst.

d Nach Abschluss der Erfolgskonten wird in der Gewinn- und Verlustrechnung das Gesamtergebnis ermittelt.

2 Welche der folgenden Wörter sind für eine Definition des Kostenbegriffs notwendig?

a sachzielbezogen

b bewertet

c betriebsfremd

d Güterverbrauch

e ordentlich

f Gütererstellung

g einer Abrechnungsperiode

3 Was ist Aufgabe der Kostenstellenrechnung?

a Sie ermittelt die Art und die Höhe der relevanten Kosten.

b Sie ermittelt und kontrolliert die Höhe der Kosten am Ort ihres Entstehens.

c Sie stellt alle Daten für die Preisermittlung zur Verfügung.

d Sie ermöglicht die Verfolgung der Preisentwicklung in der Vergangenheit.

4 Welche Datenbasis benötigt die Plankostenrechnung?

a tatsächliche Kosten je Kostenart der letzten Abrechnungsperiode

b erwartete Kosten je Kostenart der zukünftigen Abrechnungsperiode

c durchschnittliche Kosten je Kostenart vergangener Abrechnungsperioden

d Kostenveränderungen je Kostenart vergangener Abrechnungsperioden

e höchste und niedrigste Werte je Kostenart vergangener Abrechnungsperioden

5 Welche dieser Kosten sind Einzelkosten?

a Gehälter der Geschäftsleitung

b Energiekosten für das Verwaltungsgebäude

c Mietkosten für Parkplätze

d Bezugspreise für Wareneinkäufe

e Abschreibungen auf den Fuhrpark

6 Der Anschaffungspreis eines zusätzlichen Lkw für den Warentransport erhöht die monatlichen kalkulatorischen Abschreibungen um 1.200,00 €. Wie nennt man diese Veränderung der Abschreibungen in Abhängigkeit von der Beschäftigung?

a fixe Kosten

b sprungfixe Kosten

c variable Kosten

7 Ein Industrieunternehmen besitzt ein Mehrfamilienwohnhaus, dessen Wohnungen zum Marktpreis an Mitarbeiter vermietet werden. Wie sind die monatlichen Mietzahlungen in der Kosten- und Leistungsrechnung zu berücksichtigen?

a periodenfremder Ertrag

b betriebsfremder Ertrag

c außerordentlicher Ertrag

d Leistung

e Kosten

8 Stellen Sie fest, ob die folgenden betrieblichen Sachverhalte einer KG

1 dem Zweckaufwand/Grundkosten,

2 den Anderskosten,

3 den echten Zusatzkosten,

4 dem betriebsfremden Aufwand,

5 dem betrieblich außerordentlichen Aufwand,

6 dem periodenfremden Aufwand zurechenbar sind oder ob sie

7 den Begriffen 1 bis 6 nicht zurechenbar sind.

a Reparatur an einem Betriebs-Pkw

b Mietwert der betrieblich genutzten Räume

c Totalschaden eines Pkw durch selbst verschuldeten Unfall

d Barentnahme eines Komplementärs

e Kassenmanko

f Großreparatur einer Maschine (Generalüberholung)

g Steuernachzahlung für das vergangene Jahr

h Unternehmerlohn

i Diebstahl von Erzeugnissen

j Abschreibung vom Wiederbeschaffungswert

9 Welche der folgenden Kosten **a** bis **j** der Fly Bike Werke GmbH sind
1 Einzelkosten,
2 echte Gemeinkosten,
3 unechte Gemeinkosten,
4 fixe Kosten,
5 variable Kosten,
6 Mischkosten?

Mehrfachnennungen sind möglich.
- a Energiekosten, z. B. für die Heizung der Verwaltungsräume
- b Mietkosten, z. B. für angemietete Lagerräume für fremdbezogene Fertigteile (z. B. Gangschaltungen)
- c Kontoführungskosten, z. B. für das Bankkonto bei der Bank 3000 Oldenburg
- d Telefonkosten, z. B. für Gespräche des Verkaufsleiters Süd/Ost, Herrn Baumann, mit Kunden
- e Verbrauch von Rohstoffen, z. B. Rohre für die Herstellung von Fahrradrahmen
- f Abschreibungen, z. B. zur Feststellung der Wertminderung der Produktionsmaschine durch Verschleiß, auf der mehrere Modelle gefertigt werden
- g Akkordlöhne, z. B. als Leistungsentgelt für die Endmontage (z. B. für das Zusammensetzen der Komponenten zur Herstellung eines Mountainbikes)
- h Hilfsstoffkosten, z. B. der Verbrauch von Lötzinn zur Herstellung der Fahrradrahmen
- i Verbrauch von Betriebsstoffen, z. B. Verbrauch von Schmieröl bei einer Maschine, auf der alle Fahrradmodelle gefertigt werden
- j Personalkosten, z. B. das Gehalt der EDV-Beauftragten Frau Lai (Verwaltung)

10 Sie sollen die kalkulatorische Abschreibung für einen neuen Geschäftswagen ermitteln. Welche Daten benötigen Sie für Ihre Berechnungen, wenn eine gleichmäßige Nutzung unterstellt wird?
- a Anschaffungskosten
- b Listenpreis
- c Wiederbeschaffungskosten
- d betriebsgewöhnliche Nutzungsdauer
- e betriebsindividuelle Nutzungsdauer
- f von einem Sachverständigen geschätzte Nutzungsdauer

11 Welche Aussagen zum kalkulatorischen Unternehmerlohn sind richtig?
- a Alle Unternehmen berechnen für die Geschäftsleitung einen Unternehmerlohn.
- b Der Unternehmerlohn wird als echte Zusatzkosten in die Verkaufspreise der Waren einkalkuliert.
- c Gesellschafter einer GmbH haben immer einen Anspruch auf einen Unternehmerlohn.
- d Nur Einzelunternehmer und vollhaftende Gesellschafter einer Personengesellschaft, die Managementaufgaben in ihren Unternehmen wahrnehmen, können einen Unternehmerlohn berechnen.
- e Den Unternehmerlohn bezahlen letztlich die Kunden des Unternehmens.

12 Welcher Fehler ist in nachfolgender Berechnung zu erkennen?
Gesamtvermögen – nicht betriebsnotwendiges Anlagevermögen – überhöhtes Umlaufvermögen
= betriebsnotwendiges Kapital

13 Welches der nachfolgenden Wagnisse ist nicht kalkulierbar?
- a Beständewagnis
- b Gewährleistungswagnis
- c allgemeines Unternehmenswagnis
- d Vertriebswagnis
- e Anlagenwagnis

2 Abgrenzungsrechnung (Ergebnistabelle)

AB → Lernsituation 72

2.1 Zweck der Abgrenzungsrechnung

In der **Finanzbuchhaltung**, dem sogenannten Rechnungskreis I, wird in der Gewinn- und Verlustrechnung das Gesamtergebnis durch die Gegenüberstellung von Aufwendungen und Erträgen ermittelt. Für die Kosten- und Leistungsrechnung werden diese Daten in die Ergebnistabelle übernommen. Dort werden in einem Rechnungskreis II alle betriebsfremden und betrieblich außerordentlichen (einschließlich periodenfremden) Aufwendungen und Erträge abgegrenzt und kostenrechnerische Korrekturen vorgenommen. Übrig bleiben die Kosten und Leistungen als Basis für die Ermittlung des Betriebsergebnisses und für die Vollkostenrechnung.

Die **Finanzbuchhaltung** wird auch als Geschäftsbuchhaltung bezeichnet.

Soll — **GuV-Konto der Fly Bike Werke GmbH Monat Mai 20XX** — **Haben**

6000	Aufwendungen für Rohstoffe	35.800,00	5000	Umsatzerlöse für eigene Erzeugnisse	651.636,00
6010	Aufwendungen für Fremdbauteile	238.885,00	5200	Bestandsveränderungen	3.473,00
6020	Aufwendungen für Hilfsstoffe	9.305,00	5400	Nebenerlöse (Mieterträge)	2.000,00
6030	Aufwendungen für Betriebsstoffe	4.200,00	5410	Erlöse aus Anlagenabgängen	4.200,00
6040	Verpackungsmaterial	2.503,00	5490	Periodenfremde Erträge	7.200,00
6050	Energie	12.450,00	5710	Zinserträge	1.200,00
6150	Vertriebsprovisionen	10.055,00			
6160	Fremdinstandhaltung	15.600,00			
6200	Löhne	46.296,00			
6300	Gehälter	84.200,00			
6400	Soziale Abgaben	29.361,60			
6520	Abschreibungen auf Sachanlagen	23.520,00			
6700	Mieten, Pachten	8.000,00			
6710	Leasing	5.454,50			
68XX	Aufwendungen für Kommunikation	25.580,00			
6900	Versicherungsbeiträge	3.350,00			
6930	Verluste aus Schadensfällen	22.000,00			
6979	Anlagenabgänge	1.500,00			
7510	Zinsaufwendungen	13.960,00			
7600	Außerordentliche Aufwendungen	24.000,00			
70/77	Steuern	10.600,00			
3400	Jahresüberschuss (Gewinn)	43.088,90			
		669.709,00			669.709,00

Ausgehend vom GuV-Konto ist eine zweistufige Abgrenzung notwendig:

Rechnungskreis I	Rechnungkreis II		
Erfolgsbereich	**Abgrenzungsbereich**		**Kosten- und Leistungsbereich**
Geschäftsbuchführung Kontenklassen 5, 6, 7	Unternehmensbezogene Abgrenzung[1]	Betriebsbezogene Abgrenzung[2]	Kosten- und Leistungsarten
Gesamtergebnis	**Neutrales Ergebnis**		**Betriebsergebnis**

1) Unternehmensbezogene Abgrenzung: betriebsfremde Aufwendungen und Erträge.

2) Betriebsbezogene Abgrenzung: kosten- und leistungsrechnerische Korrekturen (außerordentliche betriebsbezogene Aufwendungen und Erträge, Verrechnungskorrekturen, sonstige Abgrenzungen).

Die Abgrenzung erfolgt tabellarisch in der Ergebnistabelle:

Abgrenzungsrechnung (Ergebnistabelle)

		Rechnungskreis I		**Rechnungskreis II**					
Aufwands- und Ertragspositionen		Geschäftsbuchhaltung		Unternehmensbezogene Abgrenzung		Betriebsbezogene Abgrenzung		Kosten- und Leistungsarten	
Konto-Nr.	Kontenbezeichnung	1 Aufwendungen	2 Erträge	3 Aufwendungen	4 Erträge	5 Aufwendungen	6 Erträge	7 Kosten	8 Leistungen
	Ergebnisse	Gesamtergebnis (Unternehmensergebnis)		Ergebnis der unternehmensbezogenen Abgrenzung		Ergebnis der betriebsbezogenen Abgrenzung		Betriebsergebnis	
				Neutrales Ergebnis					

Nach der unternehmensbezogenen und der betriebsbezogenen Abgrenzung zeigen sich in den Spalten 7 und 8 der Ergebnistabelle die Erfolgsquellen (Kosten- und Leistungsarten) des Betriebs und damit die eigene Leistungskraft im Betriebsergebnis. Alle neutralen Aufwendungen und Erträge sind zuvor aus dem Erfolgsbereich der Geschäftsbuchhaltung „herausgenommen" (abgegrenzt) worden. Der Abgrenzungsbereich wirkt wie zwei nacheinander geschaltete Filter.

Unternehmens- und betriebsbezogene Abgrenzung

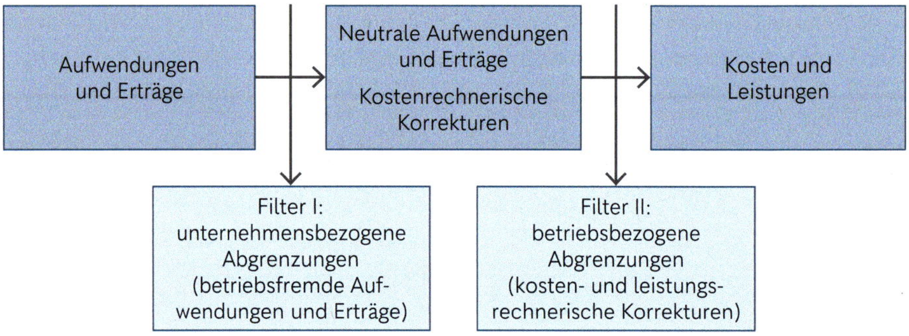

Gesamtergebnis = neutrales Ergebnis + Betriebsergebnis

Ergebnisermittlung

	Ergebnis der unternehmensbezogenen Abgrenzung
+	Ergebnis der betriebsbezogenen Abgrenzung
=	neutrales Ergebnis
+	Betriebsergebnis (Leistungen – Kosten)
=	**Gesamtergebnis** (Erträge – Aufwendungen gemäß GuV-Rechnung)

Die Summe aus Betriebsergebnis und neutralem Ergebnis ergibt in einer Rückrechnung wieder das **Gesamtergebnis**.

Ergebnistabelle der Fly Bike Werke GmbH für den Abrechnungsmonat Mai

Geschäftsbuchhaltung der Fly Bike Werke GmbH				Unternehmensbezogene Abgrenzung		Betriebsbezogene Abgrenzung		Kosten- und Leistungsarten	
Konto-Nr.	Kontenbezeichnungen	1 Aufwendungen	2 Erträge	3 Aufwendungen	4 Erträge	5 Aufwendungen	6 Erträge	7 Kosten	8 Leistungen
5000	Umsatzerlöse für eigene Erzeugnisse		651.636						651.636
5200	Bestandsveränderungen		3.473						3.473
5400	Nebenerlöse (Mieterträge)		2.000		2.000				
5410	Erlöse aus Anlagenabgängen		4.200				4.200		
5490	Periodenfremde Erträge		7.200				7.200		
5710	Zinserträge		1.200		1.200				
6000	Aufwendungen für Rohstoffe	35.800				35.800	34.090	34.090	
6010	Aufwendungen für Fremdbauteile	238.885						238.885	
6020	Aufwendungen für Hilfsstoffe	9.305						9.305	
6030	Aufwendungen für Betriebsstoffe	4.200						4.200	
6040	Verpackungsmaterial	2.503						2.503	
6050	Energie	12.450		200				12.250	
6150	Vertriebsprovisionen	10.055						10.055	
6160	Fremdinstandhaltung	15.600		300				15.300	
6200	Löhne	46.296						46.296	
6300	Gehälter	84.200						84.200	
6400	Soziale Abgaben	29.362						29.362	
6520	Abschreibungen auf Sachanlagen	23.520				23.520			
6700	Mieten, Pachten	8.000						8.000	
6710	Leasing	5.455						5.455	
68XX	Aufwendungen für Kommunikation	25.580		80				25.500	
6900	Versicherungsbeiträge	3.350		20				3.330	
6930	Verluste aus Schadensfällen	22.000				22.000			
6979	Anlagenabgänge	1.500				1.500			
7510	Zinsaufwendungen	13.960				13.960			
7600	Außerordentliche Aufwendungen	24.000				24.000			
70/77	Steuern	10.600		9.540				1.060	
	Kalkulatorische Abschreibungen						25.000	25.000	
	Kalkulatorische Zinsen						22.500	22.500	
	Kalkulatorische Wagnisse						12.000	12.000	
	Summen	626.620	669.709	10.140	3.200	120.780	104.990	589.290	655.109
	Salden (Gewinn oder Verlust)	43.089			6.940		15.790	65.819	
	Ergebnisse	Gesamtergebnis		Ergebnis der unternehmensbezogenen Abgrenzung		Ergebnis der betriebsbezogenen Abgrenzung		Betriebsergebnis	
				Neutrales Ergebnis					

Hinweis: Die Spaltensummen und Salden (Gewinn oder Verlust) am Ende der Tabelle können Rundungsdifferenzen enthalten, da die Beträge aus der GuV hier auf ganzzahlige Werte gerundet wurden (ganzzahlige Darstellung).

Ermittlung des Gesamtergebnisses der FBW GmbH (Abrechnungsmonat Mai)

	Ergebnis der unternehmensbezogenen Abgrenzung	−6.940,00 €	Verlust
+	Ergebnis der betriebsbezogenen Abgrenzung	−15.790,00 €	Verlust
=	neutrales Ergebnis	−22.730,00 €	Verlust
+	Betriebsergebnis	+ 65.818,90 €	Gewinn
=	Gesamtergebnis	+ 43.088,90 €	Gewinn

2.2 Unternehmensbezogene Abgrenzung

BEISPIEL:
Die Fly Bike Werke GmbH erzielt Mieterträge in Höhe von 2.000,00 € für die Vermietung einer Büroeinheit in Oldenburg. Diesen Einnahmen stehen Energie-, Instandhaltungs- wie auch Kosten für Kommunikation und Versicherungen für das Mietobjekt gegenüber.

Bei der unternehmensbezogenen Abgrenzung werden in den Spalten 3 und 4 alle Erträge und Aufwendungen abgegrenzt (herausgefiltert), die **betriebsfremd** sind. Sie stammen aus Erfolgsquellen, die nichts mit dem Sachziel eines Industrieunternehmens zu tun haben – man nennt sie auch **nicht betriebsbezogene** Erträge und Aufwendungen.

Abgrenzung der betriebsfremden Aufwendungen und Erträge der Fly Bike Werke GmbH

Geschäftsbuchhaltung der Fly Bike Werke GmbH				Unternehmensbezogene Abgrenzung		Betriebsbezogene Abgrenzung		Kosten- und Leistungsarten	
Konto-Nr.	Kontenbezeichnungen	1 Aufwendungen	2 Erträge	3 Aufwendungen	4 Erträge	5 Aufwendungen	6 Erträge	7 Kosten	8 Leistungen
5400	Nebenerlöse (Mieterträge)		2.000		2.000				
5710	Zinserträge		1.200		1.200				
6050	Energie	12.450		200				12.250	
6160	Fremdinstandhaltung	15.600		300				15.300	
68XX	Aufwendungen für Kommunikation	25.580		80				25.500	
6900	Versicherungsbeiträge	3.350		20				3.330	
70/77	Steuern	10.600		9.540				1.060	

Hinweis: ganzzahlige Darstellung; gerundet

Leistungen (Spalte 8) = Erträge (Spalte 2) – Erträge (Spalte 4+6)

Kosten (Spalte 7) = Aufwendungen (Spalte 1) – Aufwendungen (Spalte 3+5)

Für ein Industrieunternehmen sind **Mieterträge und Zinserträge** keine Leistungen, die auf das Sachziel bezogen sind. Beide Konten werden daher für Industrieunternehmen in voller Höhe abgegrenzt. Für ein Wohnungsbauunternehmen dagegen sind Mieterträge auch Leistungen (dies gilt auch für Zinserträge einer Bank).

Die Konten der **Kontenklasse 6** aus vorangegangenem Beispiel der Fly Bike Werke GmbH haben natürlich alle auch etwas mit dem Sachziel zu tun. Eine Abgrenzung ist aber für Teilbeträge trotzdem notwendig, da sie für das vermietete Objekt aufgewendet wurden. Hier muss in der Kosten- und Leistungsrechnung noch mal genau analysiert werden (Buchungsbelege und spezielle Anweisungen), wofür in der Finanzbuchhaltung entsprechende Aufwendungen tatsächlich entstanden sind. Den Mieteinnahmen in Höhe von 2.000,00 € stehen in der Kontenklasse 6 (Konten 6050 bis 6900) Aufwendungen in Höhe von 600,00 €, darunter für Energie (200,00 €), Reparaturen (300,00 €), Vermietungsanzeige (80,00 €) und Versicherungsbeiträge (20,00 €), gegenüber. Damit wird auch aus der Vermietung noch ein Gewinn in Höhe von 1.400,00 € erzielt.

Die Position **70/77 Steuern** enthält in der **Kontengruppe 77** (Steuern vom Einkommen und Ertrag) die Konten 7700 Gewerbeertragsteuer und 7710 Körperschaftsteuer. Diese gewinnabhängigen Steuern werden handelsrechtlich als Aufwand und steuerrechtlich als nicht abzugsfähige Betriebsausgaben angesehen. Es ist betriebswirtschaftlich umstritten, ob diese Steuern Kostencharakter haben. Häufig wird empfohlen, diese Steuern als „betriebsfremd“ abzugrenzen. Allerdings erwartet die AKA-Nürnberg in ihren Prüfungen für Industriekaufleute, dass zumindest die Gewerbeertragsteuer als betrieblicher Aufwand = Kosten betrachtet wird. Die Steuern der **Kontengruppe 70**, z. B. Kfz-Steuer oder Grundsteuer, gelten immer als Kosten, wenn sie für betriebliche Zwecke entrichtet werden. Die Fly Bike Werke GmbH grenzt in ihrer Ergebnistabelle Steuern in Höhe von 9.540,00 € als betriebsfremd ab.

Aus Sicht eines Industriebetriebs gilt in der Regel (Beispiele):

Erträge = Leistungen	Erträge = betriebsfremde Erträge
5000 Umsatzerlöse für eigene Erzeugnisse 5100 Umsatzerlöse für Waren 5200 Erhöhung des Bestands an unfertigen oder fertigen Erzeugnissen 5300 Aktivierte Eigenleistungen	5400 Nebenerlöse (z. B. Mieterträge) 5600 Erträge aus anderen Finanzanlagen 5710 Zinserträge

Hinweis: Eine **Verminderung** des Bestands an unfertigen oder fertigen Erzeugnissen wird entsprechend als Kosten erfasst.

Bei **allen Aufwandsarten** können ggf. Teilbeträge auch betriebsfremd verursacht sein – Zusatzinformationen (z. B. in Aufgabenstellungen) sind notwendig. Grundsätzlich gilt aber, dass hinsichtlich der Kostenwirksamkeit von Aufwendungen aus der GuV-Rechnung zuerst noch weitere Abgrenzungen notwendig sind.

2.3 Betriebsbezogene Abgrenzung

Die betriebsbezogene Abgrenzung (Spalte 5 und 6 der Ergebnistabelle) erfolgt in zwei Schritten. Zuerst werden die außerordentlichen Erträge und Aufwendungen abgegrenzt, anschließend werden kostenrechnerische Korrekturen vorgenommen.

Abgrenzung der außerordentlichen Aufwendungen und Erträge

Geschäftsbuchhaltung der Fly Bike Werke GmbH				Unternehmensbezogene Abgrenzung		Betriebsbezogene Abgrenzung		Kosten- und Leistungsarten	
Konto-Nr.	Kontenbezeichnungen	1 Aufwendungen	2 Erträge	3 Aufwendungen	4 Erträge	5 Aufwendungen	6 Erträge	7 Kosten	8 Leistungen
5410	Erlöse aus Anlagenabgängen		4.200				4.200		
5490	Periodenfremde Erträge		7.200				7.200		
6979	Anlagenabgänge	1.500				1.500			
7600	Außerordentliche Aufwendungen	24.000				24.000			

Hinweis: ganzzahlige Darstellung; gerundet

Im Sinne der Kosten- und Leistungsrechnung sind außerordentliche Aufwendungen und Erträge zwar sachzielbezogen, fallen aber einmalig, selten oder in ungewöhnlicher Höhe an. Aufwendungen und Erträge, die periodenfremd sind oder die beim Verkauf von Vermögensgegenständen (z. B. gebrauchte Sachanlagen wie Fahrzeuge) von Zeit zu Zeit anfallen, gelten ebenfalls als außerordentlich. Erläuterungen:

- Konto 5410 Erlöse aus Anlagenabgängen: Dieser Erlös (Nettoverkaufspreis) ist beim Verkauf eines gebrauchten Lkw entstanden.
- Konto 5490 Periodenfremde Erträge: Dieser Ertrag entstand durch eine verspätete Kundenzahlung (7.200,00 €) auf eine als uneinbringlich abgeschriebene Forderung.
- Konto 6979 Anlagenabgänge: Dieser Aufwand ist beim Verkauf eines gebrauchten Lkw entstanden (Buchwert).
- Konto 7600 Außerordentliche Aufwendungen: Dieser ungewöhnliche Aufwand in Höhe von 24.000,00 € ist durch Entsorgungskosten für Importwaren, die mit Schadstoffen belastet waren, entstanden.

Verrechnungspreise

Häufig haben auch stark schwankende Einstandspreise auf den Werkstoffmärkten nichts mit der Leistungskraft des Unternehmens zu tun und würden das Betriebsergebnis verfälschen. Sie können zum Zwecke der Kostenrechnung „geglättet" werden, indem man statt der tatsächlich gezahlten Einstandspreise Durchschnittswerte der Vergangenheit oder geplante Preise (Verrechnungspreise) ermittelt und diese entsprechend ansetzt. Für die FBW GmbH ist dies bei den Rohstoffen (insbes. Stahl- und Aluminiumrohre und -bleche) üblich. Obwohl in diesem Abrechnungsmonat der Stahlpreis für die produzierten Fahrräder nur geringfügig gestiegen ist, wird im Konto 6000 Aufwendungen für Rohstoffe der tatsächlich bezahlte Einstandspreis der Finanzbuchhaltung, hier 35.800,00 €, in Spalte 5 „herausgenommen". Als Kosten wird dann in der Spalte 7 der Rohstoffaufwand zu Verrechnungspreisen, hier 34.090,00 €, angesetzt.

Konto 6000
Aufw. f. Rohstoffe
→ Tabelle auf Seite 185

Kostenrechnerische Korrekturen im Rahmen der betriebsbezogenen Abgrenzung

Geschäftsbuchhaltung der Fly Bike Werke GmbH				Unternehmensbezogene Abgrenzung		Betriebsbezogene Abgrenzung		Kosten- und Leistungsarten	
Konto-Nr.	Kontenbezeichnungen	1 Aufwendungen	2 Erträge	3 Aufwendungen	4 Erträge	5 Aufwendungen	6 Erträge	7 Kosten	8 Leistungen
6000	Aufwendungen für Rohstoffe	35.800				35.800	34.090	34.090	
6520	Abschreibungen auf Sachanlagen	23.520				23.520			
6930	Verluste aus Schadensfällen	22.000				22.000			
7510	Zinsaufwendungen	13.960				13.960			
	Kalkulatorische Abschreibungen						25.000	25.000	
	Kalkulatorische Zinsen						22.500	22.500	
	Kalkulatorische Wagnisse						12.000	12.000	

Hinweis: ganzzahlige Darstellung; gerundet

Diese kostenrechnerische Korrektur wird mit einem zusätzlichen Eintrag in der Spalte 6 (Erträge aus kostenrechnerischen Korrekturen) wieder ausgeglichen. Dadurch hat die Korrektur auf das Gesamtergebnis keinen Einfluss, sondern beeinflusst nur das Betriebsergebnis und das neutrale Ergebnis. Dieser ergebnistechnische Ausgleich ist bei jeder kostenrechnerischen Korrektur vorzunehmen.

Kostenverteilung innerhalb der Abrechnungsperioden

Die Ergebnistabelle wird in der Regel monatlich aufgestellt. Bestimmte Kosten fallen aber nicht regelmäßig monatlich, sondern nur zu bestimmten Zeitpunkten (z. B. einmal im Jahr) an. Diese Kosten müssen in der Ergebnistabelle als Durchschnittswerte gleichmäßig auf die Abrechnungsmonate verteilt werden. Dies gilt für Urlaubs- und Sonderzahlungen (z. B. Urlaubsgeld, Weihnachtsgratifikation) an das Personal, aber auch z. B. für Steuern, Beiträge und Versicherungsprämien, die ggf. nur quartalsmäßig oder jährlich gezahlt werden.

Derartige Quartals- oder Jahreswerte werden bei den entsprechenden Kostenarten (oder als eigenständige Kostenart) in einer Vorverrechnung mit ihrem Monatswert in die Ergebnistabelle zusätzlich eingefügt (Spalte 7 = Kosten; Gegenrechnung in Spalte 6) und im Monat der tatsächlichen Kostenzahlung z. B. mit 11/12 des Jahreswertes in Spalte 5 abgegrenzt.

Kalkulatorische Kosten

Kalkulatorische Kosten werden immer in Spalte 7 eingefügt und in Spalte 6 gegengerechnet. Bei Anderskosten müssen die entsprechenden Aufwendungen aus der Geschäftsbuchhaltung in Spalte 5 eliminiert (herausgerechnet) werden.

Die gebuchten Aufwendungen auf den Konten 6520 Abschreibungen auf Sachanlagen, 6930 Verluste aus Schadensfällen und 7510 Zinsaufwendungen werden so vollständig durch kalkulatorische Werte (kalkulatorische Abschreibungen, Wagnisse und Zinsen = Anderskosten) ersetzt.

2.4 Auswertung in der Ergebnistabelle

Geschäftsbuchhaltung der Fly Bike Werke GmbH				Unternehmensbezogene Abgrenzung		Betriebsbezogene Abgrenzung		Kosten- und Leistungsarten	
Konto-Nr.	Kontenbezeichnungen	1 Aufwendungen	2 Erträge	3 Aufwendungen	4 Erträge	5 Aufwendungen	6 Erträge	7 Kosten	8 Leistungen
	Summen	626.620	669.709	10.140	3.200	120.780	104.990	589.290	655.109
	Salden (Gewinn oder Verlust)	43.089			6.940		15.790	65.819	
	Ergebnisse	Gesamtergebnis		Ergebnis der unternehmensbezogenen Abgrenzung		Ergebnis der betriebsbezogenen Abgrenzung		Betriebsergebnis	
				Neutrales Ergebnis					

Hinweis: ganzzahlige Darstellung; gerundet

Einem Gesamtgewinn von 43.088,90 € steht ein Betriebsgewinn von 65.818,90 € gegenüber. Das Betriebsergebnis wird also durch Verluste im Rahmen des neutralen Ergebnisses belastet. Ermittelt man das Verhältnis von Aufwendungen und Erträgen (Wirtschaftlichkeit des Unternehmens), zeigt sich folgendes Ergebnis:

$$\text{Wirtschaftlichkeit des Unternehmens} = \frac{\text{Erträge}}{\text{Aufwendungen}} = \frac{669.709{,}00\,€}{626.620{,}10\,€} = 1{,}0688$$

Das Verhältnis von Leistungen und Kosten (Wirtschaftlichkeit des Betriebs) muss besser sein, da das Betriebsergebnis das Gesamtergebnis überschreitet:

$$\text{Wirtschaftlichkeit des Betriebs} = \frac{\text{Leistungen}}{\text{Kosten}} = \frac{655.109{,}00\,€}{589.290{,}10\,€} = 1{,}1117$$

Weitere Auswertungen auf Monatsbasis der Fly Bike Werke GmbH

Verzinsung des eingesetzten Eigenkapitals	Eigenkapitalrentabilität des Unternehmens	$\frac{\text{Gesamtgewinn} \cdot 100\,\%}{\text{eingesetztes Eigenkapital}} = \frac{43.088{,}90\,€ \cdot 100\,\%}{700.000{,}00\,€} = 6{,}16\,\%$
	Eigenkapitalrentabilität des Betriebes	$\frac{\text{Betriebsgewinn} \cdot 100\,\%}{\text{eingesetztes Eigenkapital}} = \frac{65.818{,}90\,€ \cdot 100\,\%}{700.000{,}00\,€} = 9{,}40\,\%$
Umsatzrentabilität	Umsatzrentabilität des Unternehmens	$\frac{\text{Gesamtgewinn} \cdot 100\,\%}{\text{Umsatzerlöse}} = \frac{43.088{,}90 \cdot 100\,\%}{651.636{,}00\,€} = 6{,}61\,\%$
	Umsatzrentabilität des Betriebes	$\frac{\text{Betriebsgewinn} \cdot 100\,\%}{\text{Umsatzerlöse}} = \frac{65.818{,}90\,€ \cdot 100\,\%}{651.636{,}00\,€} = 10{,}10\,\%$

Auch hier zeigt sich, dass die FBW GmbH bei der Verfolgung ihres Sachziels (Betriebsergebnis) erfolgreicher ist als das Gesamtunternehmen (Gesamtergebnis). Die monatlichen Ergebnisse der Abgrenzungsrechnung (Kosten- und Leistungsarten) sind die Grundlage aller nachfolgenden Berechnungen und Entscheidungen im Rahmen der Kosten- und Leistungsrechnung, die von Istkosten der Vergangenheit ausgehen.

Alles klar?

1 Welche der nachfolgenden Aussagen gelten für den Rechnungskreis I?

a Im Rechnungskreis I wird die unternehmensbezogene Abgrenzung der betriebsfremden Aufwendungen und Erträge vorgenommen.

b Im Rechnungskreis I werden die Werte der Kosten- und Leistungsarten ermittelt.

c Im Rechnungskreis I werden die Abschlusswerte der Erfolgskonten und das Gesamtergebnis dargestellt.

d Im Rechnungskreis I werden das neutrale und das Betriebsergebnis ermittelt.

2 Welche der nachfolgenden Erträge müssen in der Ergebnistabelle unternehmensbezogen (Spalte 4) abgegrenzt werden?

a außerordentliche Erträge

b Erträge aus dem Abgang von Sachanlagen

c periodenfremde Erträge

d betriebsfremde Erträge

3 Welche der nachfolgenden Aufwendungen müssen in der Ergebnistabelle betriebsbezogen (Spalte 5) abgegrenzt werden?

a außerordentliche Aufwendungen

b Verluste aus dem Abgang von Sachanlagen

c betriebsfremde Aufwendungen

d periodenfremde Aufwendungen

4 Welche Aussage zur Ergebnistabelle ist falsch?

a Kalkulatorische Kosten werden immer in Spalte 7 (Kosten) eingefügt und in Spalte 6 gegengerechnet.

b Verrechnungspreise für Materialeinsätze sind bei schwankenden Einstandspreisen sinnvoll.

c Jährlich einmalig anfallende Kosten werden in der monatlichen Ergebnistabelle nicht berücksichtigt.

d Das Betriebsergebnis wird als Differenz der Summen der Spalte 8 und 7 ermittelt.

5 Berechnen Sie das Gesamtergebnis:

Ergebnis der unternehmensbezogenen Abgrenzung	+22.000,00 €
Ergebnis der betriebsbezogenen Abgrenzung	−12.000,00 €
Betriebsergebnis	+114.000,00 €

6 Ein Industriebetrieb (Unternehmensform: GmbH) hat laut Finanzbuchhaltung im abgelaufenen Geschäftsjahr folgende Werte ermittelt:

Soll	Gewinn- und Verlustkonto				Haben
60XX	Materialaufwand	1.500.000,00	5000	UE für eigene Erzeugnisse	2.500.000,00
6140	Frachten und Fremdlager	37.500,00	5400	Erträge aus Vermietung	48.000,00
6150	Vertriebsprovisionen	41.000,00	5410	Erlöse aus Anlagenabgängen	12.000,00
6160	Fremdinstandhaltung	18.000,00	5710	Zinserträge	3.600,00
62–64	Personalaufwendungen	535.000,00			
6520	Abschreibungen auf Sachanlagen	80.000,00			
68XX	Aufwendungen für Kommunikation	13.000,00			
6870	Werbung	50.100,00			
6900	Versicherungen	7.500,00			
6979	Anlagenabgänge	30.000,00			
70/77	Steuern	24.000,00			
7510	Zinsaufwendungen	75.000,00			
3000	Eigenkapital	152.500,00			
		2.563.600,00			2.563.600,00

Eigenkapital am Anfang der Rechnungsperiode: 500.000,00 €.
Für die Abgrenzungsrechnung stehen folgende Informationen zur Verfügung (ansonsten müssen aufgrund des Sachverstands eigene Entscheidungen gefällt werden):

1) Erträge		
5410	12.000,00 €	Betriebliche Gegenstände wurden gebraucht verkauft (Nettoverkaufserlöse).
5710	2.400,00 €	Verzinsung aus Wertpapieren
	1.200,00 €	Verzugszinsen von Kunden
2) Aufwendungen		
6160	6.000,00 €	für Reparaturen an vermieteten Gebäuden
	12.000,00 €	für betriebliche Gegenstände (aber für diesen Posten wurden kalkulatorische Mieten angesetzt)
6300	6.000,00 €	Entgelt für Hausmeister des vermieteten Gebäudes
6520	24.000,00 €	entfallen auf das vermietete Gebäude
	56.000,00 €	bilanzmäßige Absetzung für Abnutzung (hierfür wurden kalkulatorische Abschreibungen gebildet)
68XX	500,00 €	Büroaufwendungen für das vermietete Gebäude
6870	100,00 €	Anzeige (Vermietung) für das betriebsfremde Gebäude
6900	2.500,00 €	wurden für das vermietete Gebäude entrichtet
	5.000,00 €	entfallen auf betrieblich genutzte Gebäude (in der Kosten- und Leistungsrechnung wurde eine kalkulatorische Miete ermittelt)
6979	30.000,00 €	Betriebliche Gegenstände wurden gebraucht verkauft (Buchwerte).
70/77	4.000,00 €	Grundsteuern für vermietetes Gebäude, Rest absetzbare Betriebsausgaben
7510	15.000,00 €	Zinsen für Grundschuld des vermieteten Gebäudes, Rest tatsächlich gezahlte Zinsen für Fremdkapital (in der Betriebsbuchhaltung wurden für betriebsnotwendiges Kapital kalkulatorische Zinsen und für Grundschuldzinsen kalkulatorische Mieten angesetzt)
3) Kalkulatorische Kosten		
	60.000,00 €	kalkulatorische Abschreibungen
	90.000,00 €	kalkulatorische Zinsen
	36.000,00 €	kalkulatorische Wagnisse
	24.000,00 €	kalkulatorische Miete

a Erstellen Sie eine Ergebnistabelle und ermitteln Sie
  aa das Gesamtergebnis,
  ab das neutrale Ergebnis,
  ac das Betriebsergebnis.
b Erläutern und beurteilen Sie die Ergebnisse.
c Beurteilen Sie die Ertragslage des Betriebs und des Gesamtunternehmens mithilfe der Kennzahlen
  ca Eigenkapitalrentabilität,
  cb Umsatzrentabilität,
  cc Wirtschaftlichkeit (Leistungen/Kosten).

3 Vollkostenrechnung

Lernvideo: Vollkostenrechnung

3.1 Zweck und Vorgehen der Vollkostenrechnung

Bei der Vollkostenrechnung werden alle Kosten des Betriebs auf die Kostenträger überwälzt. Die Ergebnisse der Abgrenzungsrechnung werden unverändert und ohne Aufteilung in fixe und variable Kosten als Basis für darauf aufbauende Berechnungen übernommen. Alle Entscheidungen hinsichtlich der Kostenart und Höhe wurden vorab in der Abgrenzungsrechnung getroffen.

Auszug aus der Ergebnistabelle (Beispiel): Leistungs- und Kostenarten der Fly Bike Werke GmbH im Abrechnungsmonat Mai 20XX

Leistungs- und Kostenarten	7 Kosten	8 Leistungen
Umsatzerlöse für eigene Erzeugnisse		651.636,00 €
Bestandsveränderungen		3.473,00 €
Aufwendungen für Rohstoffe	34.090,00 €	
Aufwendungen für Fremdbauteile	238.885,00 €	
Aufwendungen für Hilfsstoffe	9.305,00 €	
Aufwendungen für Betriebsstoffe	4.200,00 €	
Verpackungsmaterial	2.503,00 €	
Energie	12.250,00 €	
Fremdinstandhaltung	15.300,00 €	
Vertriebsprovisionen	10.055,00 €	
Löhne	46.296,00 €	
Gehälter	84.200,00 €	
Soziale Abgaben	29.361,60 €	
Mieten, Pachten	8.000,00 €	
Leasing	5.454,50 €	
Aufwendungen für Kommunikation	25.500,00 €	
Versicherungsbeiträge	3.330,00 €	
Steuern	1.060,00 €	
Kalkulatorische Abschreibungen	25.000,00 €	
Kalkulatorische Zinsen	22.500,00 €	
Kalkulatorische Wagnisse	12.000,00 €	
Summen	**589.290,10 €**	**655.109,00 €**

Bei der Gesamtbetrachtung von Leistungen und Kosten ergeben sich folgende Zusammenhänge für die Kalkulationen auf Basis dieses Abrechnungszeitraums (siehe nachfolgende Seite).

Leistungen und Kosten auf Basis des Abrechnungszeitraums

	Fertigungsmaterial (Aufwendungen für Rohstoffe und Fremdbauteile)	272.975,00 €
+	Fertigungslöhne (inkl. Anteil an den sozialen Abgaben)	50.832,60 €
+	Sondereinzelkosten (Vertriebsprovisionen)	10.055,00 €
=	Summe Einzelkosten	333.862,60 €
+	Gemeinkosten (alle anderen Kostenarten)	255.427,50 €
=	Selbstkosten der Abrechnungsperiode	589.290,10 €
+	Minderbestand unfertige Erzeugnisse	3.925,00 €
–	Mehrbestand fertige Erzeugnisse	7.398,00 €
+	Betriebsergebnis (Gewinn)	65.818,90 €
=	Leistungen (Umsatzerlöse für eigene Erzeugnisse)	651.636,00 €

Für die Kostenrechnung ist es notwendig zu wissen, wie sich die Einzelkosten auf die Kostenträger verteilen. Die FBW GmbH hat in diesem Abrechnungsmonat nur zwei Fahrradmodelle produziert. Die Einzelkosten können über Materialentnahmescheine den Kostenträgern (Erzeugnissen, hier Fahrrädern) verursachungsgerecht zugeordnet werden. Wie in der Abgrenzungsrechnung der FBW GmbH für diesen Abrechnungsmonat ersichtlich ist, sind in diesem Monat keine weiteren Leistungen erbracht worden.

Produzierte und abgesetzte Erzeugnisse	**Trekkingräder**	**Mountainbikes**
Produktionsmenge	1 200 Stück	1 000 Stück
Absatzmenge	1 200 Stück	970 Stück
Bestandsveränderungen unfertige und fertige Erzeugnisse	Bestandsminderung unfertige Erzeugnisse 150 Rahmen = 3.925,00 €	Bestandsmehrung fertige Erzeugnisse 30 Fahrräder = 7.398,00 €
Umsatzerlöse	251.370,00 €	400.266,00 €
Ø Nettoverkaufspreise je Stück (nach Rabatt u. Skontoabzug)	209,48 €	412,65 €
Materialeinzelkosten (Rohstoffverbrauch und Fremdbauteile)	139.200,00 €	133.775,00 €
Fertigungslöhne Produktionsstufe I (Rahmen- und Gabelbau)	5.958,40 €	4.655,00 €
Fertigungslöhne Produktionsstufe II (Endmontage)	21.599,20 €	18.620,00 €
Sondereinzelkosten des Vertriebs	3.771,00 €	6.284,00 €
Gemeinkosten der Abrechnungsperiode (für beide Erzeugnisse)	255.427,50 €	

Um den Erfolg der jeweiligen Fahrradtypen ermitteln zu können, müssen die Gemeinkosten möglichst „gerecht" auf beide Erzeugnisse aufgeteilt werden. Dafür benötigt die FBW GmbH die Kostenstellenrechnung, die darüber hinaus auch ermöglicht, die Kostenverursachung in den Betriebsbereichen zu überwachen.

3.2 Kostenstellenrechnung

AB → Lernsituation 73

3.2.1 Ziele der Kostenstellenrechnung

BEISPIEL: Vor einigen Jahren hatte die Fly Bike Werke GmbH durch die Verfolgung des eigentlichen Betriebszwecks einen Verlust in Höhe von 40.125,00 € erwirtschaftet. Dies widersprach vollkommen den Zielen, die sich das Unternehmen gesetzt hatte. Grundsätzlich ergeben sich folgende Möglichkeiten, das Betriebsergebnis positiv zu beeinflussen:

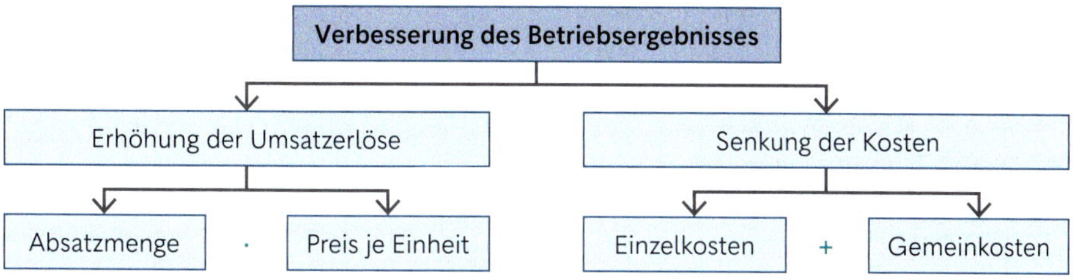

Da Preissteigerungen am Markt aufgrund der Konkurrenzbedingungen und der relativ starken Stellung der Kunden nicht möglich waren, sollten die Kosten gesenkt werden. Die Zulieferer ließen keine Preissenkungen bei den Bezugspreisen zu und eine Senkung der Fertigungslöhne erschien aussichtslos, sodass der Einfluss auf die Einzelkosten gering war. Deshalb sollten die Gemeinkosten gesenkt werden. Seitdem ist eine regelmäßige Kontrolle der Gemeinkosten unerlässlich.

Es ergeben sich folgende **Ziele**, die ein Unternehmen mit der Kostenstellenrechnung verfolgt:
- Controlling der Kostenstellen (Soll-Ist-Vergleich): Erhöhte Verbräuche von Energie usw. sollen erkannt, die Gründe dafür analysiert und gegebenenfalls Einsparungsmaßnahmen eingeleitet werden.
- Ermittlung der Gemeinkosten-Zuschlagssätze, um die Höhe der Selbstkosten für die Herstellung eines Produkts bestimmen zu können
- Ermittlung des Betriebsergebnisses
- Ermittlung von Basisdaten für die anderen Entscheidungsrechnungen, z. B. für zukünftige Investitionen

3.2.2 Grundsätze der Kostenstellenbildung

Um die Kosten an den Orten ihrer Entstehung kontrollieren und beeinflussen zu können, bedarf es der Unterteilung des Gesamtbetriebs (Kostenfeld) in abgegrenzte Teilbereiche (Kostenstellen). Nur durch die Schaffung selbstständiger Verantwortungsbereiche können die Verantwortlichen (Kostenstellenleiter) für Kostenabweichungen zur Rechenschaft gezogen werden. Die Anzahl der zu bildenden Kostenstellen ist von folgenden Überlegungen abhängig: Unternehmensgröße, Branche, Sortiment, organisatorische Gliederung des Unternehmens, angestrebte Kalkulationsgenauigkeit, angestrebte Kontrollmöglichkeiten, verursachende Kosten.

Einteilungskriterien des gesamten Kostenfeldes könnten sein:
- Verantwortungsbereiche
- betriebliche (betriebswirtschaftliche) Grundfunktionen
- räumliche Einheiten
- kostenrechnerische Gesichtspunkte

Kostenfeld und Kostenstelle				
Gesamtbetrieb				**= Kostenfeld**
Material	Fertigung	Verwaltung	Vertrieb	= Bildung von Kostenstellen nach betrieblichen Grundfunktionen

Kostenstellen

Material	Fertigung	Verwaltung	Vertrieb
- Bestellwesen - Rechnungsprüfung - Beschaffungsplanung - Terminüberwachung - Beschaffungs-marketing - Materiallager	Kostenstellenbildung in Abhängigkeit von der Anordnung der Betriebsmittel und der Arbeitsplätze nach gleichartigen Tätigkeiten, nach dem Arbeitsablauf oder von Arbeitsgruppen. Bildung von Hilfskostenstellen, z. B. Arbeitsvorbereitung, Zwischenlager, Reparaturwerkstatt usw.	- Unternehmensleitung - Personalabteilung - Finanzwesen - Rechnungswesen	- Marktforschung - Werbung - Auftragsbearbeitung - Verkauf nach Erzeugnisgruppen oder nach räumlichen Gesichtspunkten - Absatzmarketing - Absatzlager

Tätigen einzelne Kostenstellen Leistungen (Funktionen wie z. B. Kantine, EDV, Fuhrpark usw.), die mehreren bzw. allen anderen Kostenstellen zugutekommen, werden **allgemeine Kostenstellen** eingerichtet. Diese Kosten werden auf alle Hilfs- und Hauptkostenstellen umgelegt. (Im unteren Schaubild werden die Kosten der allgemeinen Kostenstelle Controlling (0) auf alle weiteren Hilfs- und Hauptkostenstellen umgelegt, die diese Kosten verursacht haben.)

Im Rahmen des Fertigungsprozesses fallen Gemeinkosten an, die nicht einer einzigen Fertigungshauptstelle zugerechnet werden können. **Hilfskostenstellen** erfassen Gemeinkosten, die durch Unterstützungsleistungen, wie z. B. die Konstruktion oder die Qualitätssicherung, entstanden sind. Die durch diese Kostenstellen erbrachten Vorleistungen werden dann über Verteilungsschlüssel auf die Hauptkostenstellen (**Endkostenstellen**) umgelegt.

	Allgemeine Kostenstellen				**Hilfskostenstellen erbringen Vorleistungen für Hauptkostenstellen (z. B. für die Fertigung).**			**Endkostenstellen/Hauptkostenstellen**				
	Controlling	Zentralsekretariat	Instandhaltung	EDV	Konstruktion	Arbeitsvorbereitung	Qualitätssicherung	Material	Fertigung I	Fertigung II	Verwaltung	Vertrieb
	(0)	(1)	(2)	(3)	(4)	(5)	(6)	(7)	(8)	(9)	(10)	(11)
a)	└	→ x	→ x	→ x	→ x	→ x	→ x	→ x	→ x	→ x	→ x	→ x
b)					└	┴	┴		→ x	→ x		

Verteilungshinweise:
a) z. B. Verteilung der Kosten des Controllings auf alle Kostenstellen, die Kosten verursacht haben
b) z. B. Verteilung der Kosten der Hilfskostenstellen (4), (5) und (6) auf die Kostenstellen (8) und (9), die Kosten verursacht haben

3.2.3 Ermittlung der Verteilungsgrundlagen

BEISPIEL: Das Energieunternehmen EVO (Energieversorgung Oldenburg) bucht die Pauschale für die Heiz- und Warmwasserkosten der Fly Bike Werke GmbH für die letzten zwei Monate in Höhe von 7.200,00 € ab. Diese Kosten lassen sich nicht verursachungsgerecht den Kostenträgern (z. B. Mountainbike-Modell *Unlimited*) zuordnen. Wie können Gemeinkosten verteilt und kontrolliert werden?

Die eigentliche Problematik der Kostenstellenrechnung ist die Ermittlung einer möglichst verursachungsgemäßen Verteilungsgrundlage und der Verteilungsschlüssel. Können Gemeinkosten den Kostenstellen direkt (eindeutig) aufgrund von Belegen, besonderen Aufzeichnungen oder Messeinrichtungen zugerechnet werden, spricht man von Kostenstelleneinzelkosten. **Verteilungsprobleme** bereiten die Gemeinkosten, die den einzelnen Kostenstellen nicht direkt (eindeutig) zugerechnet werden können. So können z. B. aus wirtschaftlichen Gründen nicht für jede Kostenstelle Messeinrichtungen (z. B. Zähler) installiert werden.

Verteilungsprobleme und Verteilungsmöglichkeiten

Gemeinkostenarten	Verteilungsmöglichkeiten (direkt/indirekt)
Heizkosten	Räume nach m^2 oder m^3, Verdunstungssystem an den Heizkörpern
Warmwasserkosten	Zähler nach m^3
Stromkosten	Zähler nach kWh
Treibstoffkosten	Zähler nach gefahrenen Kilometern
Unfallversicherung	Anzahl der Arbeitnehmer der einzelnen Kostenstellen bzw. Unfallhäufigkeit in der Vergangenheit
Gehaltskosten	Anzahl der Angestellten nach Gehaltslisten
Instandhaltungskosten	angefallene Reparaturen nach Eingangsrechnungen
Kfz-Steuer	Zähler nach gefahrenen Kilometern

3.2.4 Durchführung der Kostenstellenrechnung mithilfe des Betriebsabrechnungsbogens (BAB)

Die Kostenstellenrechnung verteilt die Gemeinkosten in statistisch-tabellarischer Form mithilfe des **Betriebsabrechnungsbogens (BAB)** auf die einzelnen Kostenstellen. Man unterscheidet dabei zwischen **direkt zurechenbaren** (z. B. durch Belege) und **indirekt zurechenbaren** Gemeinkosten (z. B. Umlage durch Schlüssel). Die Aufstellung des BAB erfolgt meist kurzfristig, z. B. monatlich, um dem Ziel einer regelmäßigen Kontrolle der einzelnen Kostenarten in den einzelnen Kostenstellen (z. B. Soll-Ist-Vergleich) nachkommen zu können und wirkungsvoll Einfluss auf Abweichungen zu nehmen, welche durch Preis-, Beschäftigungs- oder/und Verbrauchsschwankungen hervorgerufen sein könnten. Daneben zeigt die kurzfristige Ermittlung des Betriebsergebnisses, ob das geplante Jahresergebnis durch die aktuelle Strategie erreicht werden kann oder nicht.

Einstufiger BAB

Die FBW GmbH verwenden einen einstufigen BAB mit zwei Fertigungshauptkostenstellen. Der Kostenstelle Fertigung I werden alle Gemeinkosten zugeordnet, die im Rahmen des Gabel- und Rahmenbaus anfallen. Der Kostenstelle Fertigung II werden alle Kosten zugeordnet, die mit der Endmontage der Fahrräder in Verbindung stehen.

(1) Direkte Kostenverteilung über Materialentnahmescheine

	Kostenstellen	Hauptkostenstellen (Angaben in €)				
		Material	Fertigung I	Fertigung II	Verwaltung	Vertrieb
Gemeinkostenarten	**Gesamt (€)**	(1)	(2)	(3)	(4)	(5)
Aufwendungen für Hilfsstoffe	9.305,00		1.861,00	7.444,00		

Beispiel zu (1): Die Aufwendungen für Hilfsstoffe sind Kostenstelleneinzelkosten, sie werden auf Basis von Materialentnahmescheinen den Kostenstellen der Fertigung (I oder II) zugeordnet.

(2) Verteilung über Schlüsselgrößen

	Kostenstellen	Hauptkostenstellen (Angaben in €)				
		Material	Fertigung I	Fertigung II	Verwaltung	Vertrieb
Gemeinkostenarten	**Gesamt (€)**	(1)	(2)	(3)	(4)	(5)
Mieten, Pachten	8.000,00	400,00	1.600,00	4.800,00	480,00	720,00

Beispiel zu (2): Die Gemeinkostenart „Mieten, Pachten" wird über m² abgerechnet.

Verteilungsschlüssel (m²)					
Material	Fertigung I	Fertigung II	Verwaltung	Vertrieb	Summe
(1)	(2)	(3)	(4)	(5)	
50 m²	200 m²	600 m²	60 m²	90 m²	1 000 m²

Bei insgesamt 8.000,00 € Mietkosten für eine angemietete Lagerhalle von 1 000 m² ergibt sich ein Mietpreis von 8,00 € je m², d. h. z. B. für die Hauptkostenstelle Fertigung I, dass sie 1.600,00 € Mietkosten „übernehmen" muss (200 m² · 8,00 €/m²).

Auf Basis der Quadratmeterzahl könnte ein „gekürzter" Verteilungsschlüssel auch 5, 20, 60, 6, 9 (Anteile, Wert je Anteil = 80,00 €) lauten; da die Summe des Schlüssels 100 ergäbe, könnte man den Schlüssel in diesem Fall auch in Form von Prozentsätzen ausdrücken (1 % ≙ 80,00 €).

(3) Verteilung über Prozentsätze

	Kostenstellen	Hauptkostenstellen (Angaben in €)				
		Material	Fertigung I	Fertigung II	Verwaltung	Vertrieb
Gemeinkostenarten	**Gesamt (€)**	(1)	(2)	(3)	(4)	(5)
Aufwendungen f. Kommunikation	25.500,00	1.530,00	6.120,00	7.395,00	3.060,00	7.395,00

Beispiel zu (3): Die Gemeinkostenart Aufwendungen für Kommunikation wird direkt über Prozentsätze verteilt. Die Kostenstellenleiter haben zuvor diesem Verteilungsschlüssel zugestimmt, der auf Verbrauchsanalysen der Vergangenheit beruht und als nach wie vor „gültig" angesehen wird. Von den insgesamt 25.500,00 € Kommunikationskosten muss laut nachfolgendem Verteilungsschlüssel z. B. der Vertrieb 7.395,00 € tragen (25.500,00 € · 29 %).

Verteilungsschlüssel (Prozentsätze)					
Material	**Fertigung I**	**Fertigung II**	**Verwaltung**	**Vertrieb**	**Summe**
(1)	(2)	(3)	(4)	(5)	
6 %	24 %	29 %	12 %	29 %	100 %

(4) Weitere Schlüsselbildungen auch über **Hilfsgrößen**, z. B. die kalkulatorischen Restwerte der genutzten Anlagegüter für die Verteilung der kalkulatorischen Abschreibungen, sind möglich.

	Kostenstellen	**Hauptkostenstellen (Angaben in €)**				
		Material	**Fertigung I**	**Fertigung II**	**Verwaltung**	**Vertrieb**
Gemeinkostenarten	**Gesamt (€)**	(1)	(2)	(3)	(4)	(5)
Kalkulatorische Abschreibungen	25.000,00	1.250,00	11.250,00	8.750,00	1.250,00	2.500,00

Beispiel zu (4): Betragen die kalkulatorischen Restwerte der Anlagen, die die jeweiligen Kostenstellen nutzen, 750.000,00 €, so können diese als Verteilungsschlüssel für die Gemeinkostenart kalkulatorische Abschreibungen dienen. Bei Abschreibungen in Höhe von insgesamt 25.000,00 € beträgt der zuzurechnende Abschreibungswert für die Abteilung Material 1.250,00 € (25.000,00 € : 750.000,00 € · 37.500,00 €).

Verteilungsschlüssel (kalkulatorische Restwerte)					
Material	**Fertigung I**	**Fertigung II**	**Verwaltung**	**Vertrieb**	**Summe**
(1)	(2)	(3)	(4)	(5)	
37.500,00 €	337.500,00 €	262.500,00 €	37.500,00 €	75.000,00 €	750.000,00 €

Berechnung der Zuschlagssätze (für BAB auf Seite 196)

Materialgemeinkostenzuschlagssatz	$\frac{\text{Materialgemeinkosten} \cdot 100\,\%}{\text{Fertigungsmaterial}} = \frac{35.487{,}00\,€ \cdot 100\,\%}{272.975{,}00\,€} = 13{,}0\,\%$
Fertigungsgemeinkostenzuschlagssatz Fertigungsstufe I	$\frac{\text{Fertigungsgemeinkosten I} \cdot 100\,\%}{\text{Fertigungslöhne I}} = \frac{45.638{,}00\,€ \cdot 100\,\%}{10.613{,}40\,€} = 430{,}0\,\%$
Fertigungsgemeinkostenzuschlagssatz Fertigungsstufe II	$\frac{\text{Fertigungsgemeinkosten II} \cdot 100\,\%}{\text{Fertigungslöhne II}} = \frac{112.613{,}50\,€ \cdot 100\,\%}{40.219{,}20\,€} = 280{,}0\,\%$
Verwaltungsgemeinkostenzuschlagssatz	$\frac{\text{Verwaltungsgemeinkosten} \cdot 100\,\%}{\text{Herstellkosten des Umsatzes}} = \frac{33.414{,}65\,€ \cdot 100\,\%}{514.073{,}10\,€} = 6{,}5\,\%$
Vertriebsgemeinkostenzuschlagssatz	$\frac{\text{Vertriebsgemeinkosten} \cdot 100\,\%}{\text{Herstellkosten des Umsatzes}} = \frac{28.274{,}35\,€ \cdot 100\,\%}{514.073{,}10\,€} = 5{,}5\,\%$

Vollständiger Betriebsabrechnungsbogen (BAB) der FBW GmbH (Abrechnungsmonat Mai 20XX)

Kostenstellen		Hauptkostenstellen (Angaben in €)				
		Material	**Fertigung I**	**Fertigung II**	**Verwaltung**	**Vertrieb**
Gemeinkostenarten	**Gesamt (€)**	(1)	(2)	(3)	(4)	(5)
Aufwendungen für Hilfsstoffe	9.305,00		1.861,00	7.444,00		
Aufwendungen für Betriebsstoffe	4.200,00		756,00	3.444,00		
Verpackungsmaterial	2.503,00					2.503,00
Energie	12.250,00	1.225,00	2.450,00	7.350,00	490,00	735,00
Fremdinstandhaltung	15.300,00	1.530,00	2.295,00	6.885,00	3.060,00	1.530,00
Hilfslöhne	4.800,00		1.200,00	2.400,00		1.200,00
Gehälter	84.200,00	16.840,00	8.420,00	42.100,00	12.630,00	4.210,00
Soziale Abgaben	20.025,00	4.005,00	2.002,50	10.012,50	3.003,75	1.001,25
Mieten, Pachten	8.000,00	400,00	1.600,00	4.800,00	480,00	720,00
Leasing	5.454,50	2.846,00	511,00	360,50	1.230,00	507,00
Aufwendungen f. Kommunikation	25.500,00	1.530,00	6.120,00	7.395,00	3.060,00	7.395,00
Versicherungsbeiträge	3.330,00	999,00	166,50	166,50	1.098,90	899,10
Steuern	1.060,00	212,00	106,00	106,00	212,00	424,00
Kalkulatorische Abschreibungen	25.000,00	1.250,00	11.250,00	8.750,00	1.250,00	2.500,00
Kalkulatorische Zinsen	22.500,00	2.250,00	4.500,00	9.000,00	4.500,00	2.250,00
Kalkulatorische Wagnisse	12.000,00	2.400,00	2.400,00	2.400,00	2.400,00	2.400,00
Summe Gemeinkosten	255.427,50	35.487,00	45.638,00	112.613,50	33.414,65	28.274,35
Einzelkosten (Zuschlagsgrundlagen)		Fertigungsmaterial	Fertigungslöhne I	Fertigungslöhne II	Herstellkosten des Umsatzes	
Einzelkosten		272.975,00	10.613,40	40.219,20	514.073,10	514.073,10
Zuschlagssätze		Materialgemeinkostenzuschlag	Fertigungsgemeinkostenzuschlag I	Fertigungsgemeinkostenzuschlag II	Verwaltungsgemeinkostenzuschlag	Vertriebsgemeinkostenzuschlag
(Gemeinkosten in % der Einzelkosten)		13,0 %	430,0 %	280,0 %	6,5 %	5,5 %

Kostenart	Verteilungsgrundlage/ Art des Verteilungs-schlüssels	Verteilungsschlüssel					
		Material	Fertigung I	Fertigung II	Verwaltung	Vertrieb	Summe
		(1)	(2)	(3)	(4)	(5)	
Aufwendungen für Hilfsstoffe	Materialentnahmescheine (in €)	0,00	1.861,00	7.444,00	0,00	0,00	9.305,00
Aufwendungen für Betriebsstoffe	Materialentnahmescheine (in €)	0,00	756,00	3.444,00	0,00	0,00	4.200,00
Verpackungsmaterial	nur Vertrieb (in %)	0	0	0	0	100	100
Energie	kWh (in %)	10	20	60	4	6	100
Fremdinstandhaltung	Eingangsrechnungen (in €)	1.530,00	2.295,00	6.885,00	3.060,00	1.530,00	15.300,00
Hilfslöhne	Lohnlisten (in €)	0,00	1.200,00	2.400,00	0,00	1.200,00	4.800,00
Gehälter	Gehaltslisten (in €)	16.840,00	8.420,00	42.100,00	12.630,00	4.210,00	84.200,00
Soziale Abgaben (gerundete Werte)	Gehaltslisten (in €)	4.005,00	2.002,50	10.012,50	3.003,75	1.001,25	20.025,00
Mieten, Pachten	m^2	50	200	600	60	90	1000
Leasing	Eingangsrechnungen (in €)	2.846,00	511,00	360,50	1.230,00	507,00	5.454,50
Aufwendungen f. Kommunikation	Prozentsätze (in %)	6	24	29	12	29	100
Versicherungsbeiträge	Prozentsätze (in %)	30	5	5	33	27	100
Steuern	Anteile	2	1	1	2	4	10
Kalkulatorische Abschreibungen	kalkulatorische Restwerte (in €)	37.500,00	337.500,00	262.500,00	37.500,00	75.000,00	750.000,00
Kalkulatorische Zinsen	betriebsnotwendiges Kapital (in %)	10	20	40	20	10	100
Kalkulatorische Wagnisse	Prozentsätze (in %)	20	20	20	20	20	100

Hinweis: Die prozentualen Verteilungsschlüssel und Anteile (siehe Spalte 2) basieren auf Erfahrungswerten der Fly Bike Werke GmbH.

Berechnung der Herstellkosten des Umsatzes

	Fertigungsmaterial	272.975,00 €
+	Materialgemeinkosten	35.487,00 €
=	**Materialkosten**	**308.462,00 €**
	Fertigungslöhne I und II	50.832,60 €
+	Fertigungsgemeinkosten I und II	158.251,50 €
=	**Fertigungskosten**	**209.084,10 €**
	Materialkosten	308.462,00 €
+	Fertigungskosten	209.084,10 €
=	Herstellkosten der Abrechnungsperiode (Erzeugung)	517.546,10 €
+	Minderbestand unfertige Erzeugnisse	3.925,00 €
=	Herstellkosten der Fertigung	521.471,10 €
–	Mehrbestand fertige Erzeugnisse	7.398,00 €
=	**Herstellkosten des Umsatzes**	**514.073,10 €**

Herstellkosten des Umsatzes
Sind keine Bestandsveränderungen bei unfertigen oder fertigen Erzeugnissen zu beachten, sind die Herstellkosten der Abrechnungsperiode gleich denen des Umsatzes.

Die im BAB ermittelten Zuschlagssätze werden sowohl in der Kostenträgerzeit- und der Kostenträgerstückrechnung eingesetzt.

Kostenträgerzeit- und -stückrechnung
→ Kap. 3.3–3.4

Mehrstufiger BAB

Zur effektiveren Kostenkontrolle und exakteren Kalkulation bei mehrstufigen Produktionsprozessen werden in der Praxis mehrere Hauptkostenstellen in der Fertigung eingerichtet. Daneben werden der Fertigung besondere Hilfskostenstellen untergeordnet, die ausschließlich Leistungen für die Fertigungsabteilungen erbringen.

Nach der Verteilung der (Primär-)Kostenarten auf alle Kostenstellen folgt die Umlage (Überwälzung) der Kosten der allgemeinen Kostenstellen und der speziellen Hilfskostenstellen auf die Hauptkostenstellen, die die Leistungen empfangen haben.

BEISPIEL: Zweistufiger Produktionsprozess bei der Superbike GmbH (Werte in %)

Kostenstellen / Kostenarten	Verteilungs-grundlage/-schlüssel	Con (0)	Sek (1)	Inst (2)	EDV (3)	Kon (4)	AV (5)	Qu (6)	E (7)	F I (8)	F II (9)	Vw (10)	Vt (11)	Σ
Aufwendungen für Hilfsstoffe	Materialentnahmeschein (MES)	0	0	5	0	2	0	1	0	12	80	0	0	100
Aufwendungen für Betriebsstoffe	Materialentnahmeschein (MES)	0	0	2	0	1	0	1	0	20	76	0	0	100
Energie	kWh	2	2	5	4	4	3	2	9	25	36	3	5	100
Gehälter	Gehaltsliste	siehe BAB, Seite 199												0
Soziale Abgaben	Gehaltsliste	siehe BAB, Seite 199												0
Mieten, Pachten	Eingangsrechnung (ER)	0	0	0	5	5	5	0	5	20	25	10	25	100
Kosten des Geldverkehrs	Liste	0	20	0	0	0	0	0	30	0	0	25	25	100
Büromaterial	Materialentnahmeschein (MES)	4	12	1	12	3	6	2	18	3	3	20	16	100
Reisekosten	Abrechnungen	5	5	0	0	1	1	1	10	0	3	20	54	100
Werbung	Eingangsrechnung (ER)	0	0	0	0	0	0	0	0	0	0	0	100	100
Steuern	u. a. Anlagekartei	0	0	0	0	0	0	0	10	15	45	10	20	100
Kalkulatorische Abschreibungen	Wiederbeschaffung	0	0	0	0	0	0	0	5	45	35	5	10	100
Kalkulatorische Zinsen	betriebsnotwendiges Kapital	0	0	0	0	0	0	0	12	20	40	10	18	100
Kalkulatorische Wagnisse	konkrete Risiken	0	0	0	0	0	0	0	10	20	40	10	20	100
Kalkulatorische Miete	m²	0	0	0	0	0	0	0	5	20	60	6	9	100

Die Verteilungsschlüssel zeigen deutlich, dass die allgemeinen Kostenstellen Leistungen für alle nachgelagerten Kostenstellen erbringen. Die speziellen Hilfskostenstellen der Fertigung (Konstruktion – Kon, Arbeitsvorbereitung – AV, Qualitätssicherung – Qu) geben ausschließlich Leistungen an die Fertigung ab.

Empfangende Kst. / Abgebende Kst.	Verteilungs-grundlage	Con (0)	Sek (1)	Inst (2)	EDV (3)	Kon (4)	AV (5)	Qu (6)	E (7)	F I (8)	F II (9)	Vw (10)	Vt (11)	Σ
Umlage Controlling	Stunden		2	2	5	4	4	4	10	16	20	10	23	100
Umlage Zentralsekretariat	Stunden			1	2	4	3	2	18	10	12	30	18	100
Umlage Instandhaltung	Stunden				5	4	2	6	4	36	32	5	6	100
Umlage EDV	Stunden					8	8	4	14	22	18	14	12	100
Umlage Konstruktion	Stunden									30	70			100
Umlage Arbeitsvorbereitung	Stunden									15	85			100
Umlage Qualitätssicherung	Stunden									20	80			100

Abkürzungen in der Tabelle: Con (Controlling), Sek (Zentralsekretariat), Inst (Instandhaltung), EDV (elektronische Datenverarbeitung), Kon (Konstruktion), AV (Arbeitsvorbereitung), Qu (Qualitätssicherung), E (Einkauf), F I (Fertigung I), F II (Fertigung II), Vw (Verwaltung), Vt (Vertrieb)

BEISPIEL: Mehrstufiger Betriebsabrechnungsbogen und Kostenträgerzeitrechnung der Superbike GmbH (Vollkostenrechnung)

Kostenstellen / Kostenarten	Gesamt in €	Allgemeine Kostenstellen (in €)				Hilfskostenstellen (in €)			Hauptkostenstellen (in €)				
		Controlling	Zentralsekretar.	Instandhaltung	EDV	Konstruktion	Arbeitsvorbereitung	Qualitätssicherung	Einkauf	Fertigung I	Fertigung II	Verwaltung	Vertrieb
		(0)	(1)	(2)	(3)	(4)	(5)	(6)	(7)	(8)	(9)	(10)	(11)
Aufwendungen für Hilfsstoffe	700.000	0	0	35.000	0	14.000	0	7.000	0	84.000	560.000	0	0
Aufwendungen für Betriebsstoffe	171.463	0	0	3.429	0	1.715	0	1.715	0	34.293	130.312	0	0
Energieaufwendungen	27.000	540	540	1.350	1.080	1.080	810	540	2.430	6.750	9.720	810	1.350
Gehälter	891.011	57.500	36.000	11.250	44.500	57.500	139.000	11.250	130.000	14.400	14.400	155.211	220.000
Soziale Abgaben	273.718	17.664	11.059	3.456	13.670	17.664	42.701	3.456	39.936	4.424	4.424	47.681	67.584
Mieten, Pachten	60.000	0	0	0	3.000	3.000	3.000	0	3.000	12.000	15.000	6.000	15.000
Kosten des Geldverkehrs	4.375	0	875	0	0	0	0	0	1.313	0	0	1.094	1.094
Büromaterial	19.217	769	2.306	192	2.306	576	1.153	384	3.459	576	576	3.843	3.075
Reisekosten	22.800	1.140	1.140	0	0	228	228	228	2.280	0	684	4.560	12.312
Werbung	85.500	0	0	0	0	0	0	0	0	0	0	0	85.500
Steuern	127.888	0	0	0	0	0	0	0	12.789	19.183	57.550	12.789	25.578
Kalkulatorische Abschreibungen	180.000	0	0	0	0	0	0	0	9.000	81.000	63.000	9.000	18.000
Kalkulatorische Zinsen	65.371	0	0	0	0	0	0	0	7.844	13.074	26.148	6.537	11.767
Kalkulatorische Wagnisse	132.291	0	0	0	0	0	0	0	13.229	26.458	52.916	13.229	26.458
Kalkulatorische Miete	70.000	0	0	0	0	0	0	0	3.500	14.000	42.000	4.200	6.300
Summe	2.830.632	77.613	51.920	54.677	64.556	95.763	186.892	24.573	228.780	310.158	976.730	264.953	494.017

Empfangende Kst. / Abgebende Kst.	Gesamt in €	Controlling	Zentralsekretar.	Instandhaltung	EDV	Konstruktion	Arbeitsvorbereitung	Qualitätssicherung	Einkauf	Fertigung I	Fertigung II	Verwaltung	Vertrieb
		(0)	(1)	(2)	(3)	(4)	(5)	(6)	(7)	(8)	(9)	(10)	(11)
Summe	2.830.632	77.613	51.920	54.677	64.556	95.763	186.892	24.573	228.780	310.158	976.730	264.953	494.017
Umlage Controlling	77.613	→	1.552	1.552	3.881	3.105	3.105	3.105	7.761	12.418	15.523	7.761	17.851
Kostenstellenkosten			53.472	56.230	68.437	98.868	189.996	27.677	236.541	322.576	992.252	272.714	511.868
Umlage Zentralsekretariat	53.472		→	535	1.069	2.139	1.604	1.069	9.625	5.347	6.417	16.042	9.625
Kostenstellenkosten				56.764	69.506	101.006	191.600	28.747	246.166	327.923	998.669	288.756	521.493
Umlage Instandhaltung	56.764			→	2.838	2.271	1.135	3.406	2.271	20.435	18.165	2.838	3.406
Kostenstellenkosten					72.345	103.277	192.736	32.153	248.437	348.359	1.016.834	291.594	524.898
Umlage EDV	72.345				→	5.788	5.788	2.894	10.128	15.916	13.022	10.128	8.681
Kostenstellenkosten						109.065	198.523	35.047	258.565	364.275	1.029.856	301.722	533.580
Umlage Konstruktion	109.065					→				32.719	76.345		
Umlage AV	198.523						→			29.778	168.745		
Umlage Qual.-Sicherung	35.047							→		7.009	28.037		
Kostenstellenkosten	2.830.632								258.565	433.782	1.302.983	301.722	533.580
Zuschlagsgrundlage	3.977.567								3.500.000	50.806	426.770	6.089.305	6.089.305
GK-Zuschlagssatz									7,3876 %	853,8007 %	305,3127 %	4,9549 %	8,7626 %

AB → Lernsituation 73

3.3 Kostenträgerzeitrechnung

Mithilfe der Kostenträgerzeitrechnung können die Ergebnisse einer Abrechnungsperiode auch je Erzeugnisgruppe (oder je Erzeugnis) sichtbar gemacht werden. Dabei ist es notwendig, die Einzelkosten jeder Erzeugnisgruppe oder jedes Erzeugnisses zu kennen. Die Gemeinkosten werden mit den im BAB ermittelten Zuschlagssätzen dann auf die Erzeugnisse (Kostenträger) verteilt.

Kostenträgerzeitrechnung der Fly Bike Werke GmbH (FBW)	**Zuschlagssatz**	**Gesamt**	**Erzeugnisse**	
			Mountain	**Trekking**
Materialeinzelkosten		272.975,00 €	133.775,00 €	139.200,00 €
+ Materialgemeinkosten laut BAB	13,00 %	35.487,00 €	17.390,87 €	18.096,13 €
= **Materialkosten (MK)**		308.462,00 €	151.165,87 €	157.296,13 €
Fertigungseinzelkosten I		10.613,40 €	4.655,00 €	5.958,40 €
+ Fertigungsgemeinkosten I laut BAB	430,00 %	45.638,00 €	20.016,67 €	25.621,33 €
= **Fertigungskosten I (FK I)**		56.251,40 €	24.671,67 €	31.579,73 €
Fertigungseinzelkosten II		40.219,20 €	18.620,00 €	21.599,20 €
+ Fertigungsgemeinkosten II laut BAB	280,00 %	112.613,50 €	52.135,88 €	60.477,62 €
= **Fertigungskosten II (FK II)**		152.832,70 €	70.755,88 €	82.076,82 €
= **Herstellkosten der Abrechnungsperiode (Erzeugung)**		517.546,10 €	246.593,42 €	270.952,68 €
+ Bestandsminderung unfertige Erzeugnisse		3.925,00 €	0,00 €	3.925,00 €
= **Herstellkosten der Fertigung**		521.471,10 €	246.593,42 €	274.877,68 €
– Bestandsmehrung fertige Erzeugnisse		7.398,00 €	7.398,00 €	0,00 €
= **Herstellkosten des Umsatzes**		514.073,10 €	239.195,42 €	274.877,68 €
+ Verwaltungsgemeinkosten laut BAB	6,50 %	33.414,65 €	15.547,66 €	17.867,00 €
+ Vertriebsgemeinkosten laut BAB	5,50 %	28.274,35 €	13.155,90 €	15.118,45 €
+ Sondereinzelkosten des Vertriebs		10.055,00 €	6.284,00 €	3.771,00 €
= **Selbstkosten des Umsatzes**		585.817,10 €	274.182,98 €	311.634,12 €
Umsatzerlöse		651.636,00 €	400.266,00 €	251.370,00 €
Betriebsergebnis eigene Erzeugnisse		65.818,90 €	126.083,02 €	–60.264,12 €

Hinweis: Die Zuschlagssätze werden hier mit zwei Nachkommastellen angegeben. Das der Berechnung zugrunde liegende Tabellenkalkulationsprogramm rechnet mit mehr Nachkommastellen.

Mit den produzierten Trekkingrädern wurde ein erheblicher Verlust (–60.264,12 €) erzielt, da die Umsatzerlöse (251.370,00 €) die Selbstkosten (311.634,12 €) für dieses Produkt nicht decken. Nur der hohe Gewinn bei den Mountainbikes (+126.083,02 €) ermöglicht für den Abrechnungsmonat ein positives Betriebsergebnis (+65.818,90 €).

3.4 Kostenträgerstückrechnung (Kalkulation)

AB → Lernsituation 74

Lernvideo: Kostenträgerstückrechnung

In der Kostenträgerstückrechnung werden die Selbstkosten je Erzeugnis oder für eine Handelsware ermittelt und auf dieser Kostenbasis deren Verkaufspreise kalkuliert.

3.4.1 Zuschlagskalkulation mit Istkosten

Basis für die Zuschlagskalkulation der FBW GmbH sind die Einzelkosten eines bestimmten Fahrrads und die Gemeinkostenzuschlagssätze aus dem letzten BAB.

Die **Materialeinzelkosten** sind folgender Komponentenliste zu entnehmen:

Modell City *Glide* der FBW GmbH	**Set-Nr.**	**Preise in €**	**Fertigungsstufe**
Rahmen	1050	13,52	1
Gabel, Feder	1550	3,60	
Räder und Schaltung	2050	51,95	2
Antrieb	2250	15,30	
Bremsen	2550	11,45	
Bereifung	3050	10,99	
Beleuchtung	keine	0,00	
Lenkung	5050	12,95	
Ausstattung 1	6050	0,60	
Ausstattung 2	keine	0,00	
Sattel	7050	7,60	
Kleinteileset	8050	2,60	
Abzüge	8550	2,08	
Verpackung 1	9020	1,00	
Verpackung 2	9520	0,14	
Summe Materialeinzelkosten		**133,78**	**Stufe 1 + 2**

Die **Fertigungseinzelkosten (Fertigungslöhne)** werden über Zeitvorgaben und Akkordlohnsätze ermittelt.

Modell City *Glide*	**Fertigungsstufe I[1]**	**Fertigungsstufe II[2]**
Vorgabezeiten	15 Min. je Fahrrad	60 Min. je Fahrrad
Stundenvergütung (15,20 €)	3,80 € je Fahrrad	15,20 € je Fahrrad
zzgl. Personalnebenkosten (22,5 %)	0,86 € je Fahrrad	3,42 € je Fahrrad
Fertigungseinzelkosten	4,66 € je Fahrrad	18,62 € je Fahrrad

[1] vorwiegend automatisierter Rahmen-/Gabelbau einschließlich Lackierung
[2] Endmontage: überwiegend Handarbeit

Berechnung der Fertigungslöhne je Fahrrad:

Fertigungsstufe I:

$$\frac{15{,}20\,€ \cdot 122{,}5 \cdot 15\text{ Min.}}{100 \cdot 60\text{ Min.}} = 4{,}66\,€$$

Fertigungsstufe II:

$$\frac{15{,}20\,€ \cdot 122{,}5 \cdot 60\text{ Min.}}{100 \cdot 60\text{ Min.}} = 18{,}62\,€$$

Die **Sondereinzelkosten des Vertriebs** betragen für dieses Fahrradmodell durchschnittlich 6,48 € je Fahrrad.

Der aktuelle Betriebsabrechnungsbogen zeigt folgende Zuschlagssätze:

Materialgemeinkostenzuschlag	Fertigungsgemeinkostenzuschlag I	Fertigungsgemeinkostenzuschlag II	Verwaltungsgemeinkostenzuschlag	Vertriebsgemeinkostenzuschlag
13,0 %	430,0 %	280,0 %	6,5 %	5,5 %

Berechnung der Gemeinkostenzuschläge in € je Fahrrad

$$\frac{\text{Materialeinzelkosten} \cdot \text{Materialgemeinkostenzuschlagssatz}}{100\,\%} = \frac{133{,}78\,€ \cdot 13{,}0\,\%}{100\,\%} = 17{,}39\,€$$

$$\frac{\text{Fertigungseinzelkosten I} \cdot \text{Fertigungsgemeinkostenzuschlagssatz I}}{100\,\%} = \frac{4{,}66\,€ \cdot 430{,}0\,\%}{100\,\%} = 20{,}04\,€$$

$$\frac{\text{Fertigungseinzelkosten II} \cdot \text{Fertigungsgemeinkostenzuschlagssatz II}}{100\,\%} = \frac{18{,}62\,€ \cdot 280{,}0\,\%}{100\,\%} = 52{,}14\,€$$

$$\frac{\text{Herstellkosten} \cdot \text{Verwaltungsgemeinkostenzuschlagssatz}}{100\,\%} = \frac{246{,}63\,€ \cdot 6{,}5\,\%}{100\,\%} = 16{,}03\,€$$

$$\frac{\text{Herstellkosten} \cdot \text{Vertriebsgemeinkostenzuschlagssatz}}{100\,\%} = \frac{246{,}63\,€ \cdot 5{,}5\,\%}{100\,\%} = 13{,}56\,€$$

In nachfolgender Tabelle können so die Selbstkosten je Fahrrad ermittelt werden.

Zeile	Kostenträgerstückrechnung	Zuschlagssatz	Gesamt (€)
1.	Materialeinzelkosten		133,78
2.	+ Materialgemeinkosten laut BAB	13,0 %	17,39
3.	**= Materialkosten (Zeile 1 + 2)**		151,17
4.	Fertigungseinzelkosten I		4,66
5.	+ Fertigungsgemeinkosten I laut BAB	430,0 %	20,04
6.	**= Fertigungskosten I (Zeile 4 + 5)**		24,70
7.	Fertigungseinzelkosten II		18,62
8.	+ Fertigungsgemeinkosten II laut BAB	280,0 %	52,14
9.	**= Fertigungskosten II (Zeile 7 +8)**		70,76
10.	**= Herstellkosten (Zeile 3 + 6 + 9)**		246,63
11.	+ Verwaltungsgemeinkosten laut BAB	6,5 %	16,03
12.	+ Vertriebsgemeinkosten laut BAB	5,5 %	13,56
13.	+ Sondereinzelkosten des Vertriebs		6,48
14.	**= Selbstkosten des Erzeugnisses (Zeile 10–13)**		282,70

3.4.2 Zuschlagskalkulation mit Normalkosten

Die Kostenträgerstückrechnung in Form der Zuschlagskalkulation mit Istwerten ist immer erst nach Abschluss der Produktion auf Basis der Gemeinkostenzuschlagssätze des letzten Betriebsabrechnungsbogens möglich, in dessen Abrechnungszeitraum die Fahrräder tatsächlich produziert wurden. Diese Gemeinkostenzuschlagssätze haben aber nur für eine Abrechnungsperiode (einen Monat) Gültigkeit. Viele Kostenarten fallen aber in einzelnen Abrechnungsperioden in unterschiedlicher Höhe an. Mögliche Ursachen sind zum Beispiel:

Preisveränderungen	**Verbrauchsveränderungen**	**Beschäftigungsveränderungen**
Energiepreise können sich auch kurzfristig ändern.	Der Energieverbrauch für die Gebäudeheizungen ist auch abhängig von der Außentemperatur.	Je nach Produktionsmenge fallen Aushilfslöhne in unterschiedlicher Höhe an.
Löhne und Gehälter steigen in der Regel jedes Jahr.	In Abhängigkeit von der Produktions- und Absatzmenge sind Lagerflächen (auch Mietflächen) in unterschiedlicher Größe notwendig.	Bei Produktionsrückgängen ohne Personalabbau steigen die personalbezogenen Gemeinkosten (z. B. Gehälter) je Erzeugnis.
Mieten oder Leasinggebühren können je nach Vertrag „angepasst“ werden.	Der Einsatz energieeffizienterer (neuer) Anlagen kann den Energieverbrauch senken.	Bei Produktionsmengen, die nur mit Zusatzvergütungen (Überstundenzuschläge, Nachtarbeit usw.) erzeugt werden können, steigen die Lohnkosten je Stück.

Um für Planungsrechnungen und zukünftige – vor der Produktion – Verkaufspreiskalkulationen (Angebotskalkulationen) zuverlässige Daten zu erhalten, kalkuliert die FBW GmbH vorausschauend mit Normalkosten. Dabei werden Istgemeinkostenzuschlagssätze vergangener Abrechnungsperioden als Durchschnittswerte ermittelt, die bei im Voraus bekannten Kostenveränderungen (z. B. Tariferhöhungen für Löhne und Gehälter) ggf. auch aktualisiert werden können.

Angebotskalkulation als Vor- und Nachkalkulation → Kap. 3.4.4

Für die FBW GmbH hat die Normalkostenrechnung im Vergleich zur Istkostenrechnung für den Abrechnungsmonat Mai 20XX bereits bei der Kostenträgerzeitrechnung nur geringe Abweichungen aufgezeigt. Die Gemeinkostenabweichungen auf Basis der Normalgemeinkostenzuschlagssätze (Durchschnittszuschlagssätze auf Basis der Istgemeinkosten der letzten 5 Abrechnungsperioden) im Vergleich zu den Istgemeinkostenzuschlagssätzen (realisierte Istgemeinkostenzuschlagssätze der letzten Abrechnungsperiode Mai 20XX laut BAB) sind begrenzt.

Kostenträgerzeitrechnung → Kap. 3.3

Zuschlagssätze der FBW GmbH im einstufigen BAB → Kap. 3.2.4

Dabei bleiben für die FBW GmbH die Einzelkosten auf Basis von Verrechnungspreisen (Material) und den gültigen Tariflöhnen (Fertigungslöhne) unverändert.

Kostenabweichungen bei den Gemeinkosten: Normalgemeinkosten – Istgemeinkosten	Kostenüberdeckung → Normalgemeinkosten > Istgemeinkosten Kostenunterdeckung → Normalgemeinkosten < Istgemeinkosten

Bei Kostenüberdeckungen werden dem Kostenträger zu viel Gemeinkosten zugerechnet, bei Kostenunterdeckungen entsprechend zu wenig Gemeinkosten. Für jede Gemeinkostenart wird eine eigene Kostenabweichung ermittelt.

Ermittlung der Normal-Gemeinkostenzuschlagssätze	Ist-Zuschlagssätze der letzten 5 Abrechnungsperioden	Gesamtwert	Durchschnittswert
Normal-Materialgemeinkostenzuschlagssatz	13,8 + 13,5 + 13,8 + 13,4 +13,0	67,5	13,5
Normal-Fertigungsgemeinkostenzuschlagssatz I	435 + 438 + 430 + 432 + 434	2169,0	433,8
Normal-Fertigungsgemeinkostenzuschlagssatz II	270,0 + 272,1 + 282,5 + 275,2 + 275,2	1375,0	275,0
Normal-Verwaltungsgemeinkostenzuschlagssatz	6,2 + 6,7 + 7 + 6,5 + 6,6	33,0	6,6
Normal-Vertriebsgemeinkostenzuschlagssatz	5,4 + 5,2 + 5,7 + 5,4 + 5,3	27,0	5,4

Kostenträgerzeitrechnung Modell City *Glide* Mai	Normalkosten		Istkosten		Kostenüber- oder Kostenunterdeckung €
	Zuschlagssätze	Beträge €	Zuschlagssätze	Beträge €	
Materialeinzelkosten		133.775,00		133.775,00	
+ Normal-Materialgemeinkosten	13,50 %	18.059,63	13,00 %	17.390,87	668,76
= **Materialkosten (MK)**		151.834,63		151.165,87	
Fertigungseinzelkosten I		4.655,00		4.655,00	
+ Normal-Fertigungsgemeinkosten II	433,80 %	20.193,39	430,00 %	20.016,67	176,72
= **Fertigungskosten I (FK I)**		24.848,39		24.671,67	
Fertigungseinzelkosten II		18.620,00		18.620,00	
+ Normal-Fertigungsgemeinkosten II	275,00 %	51.205,00	280,00 %	52.135,88	−930,88
= **Fertigungskosten II (FK II)**		69.825,00		70.755,88	
= **Herstellkosten der Abrechnungsperiode (Erzeugung; MK + FK I + FK II)**		246.508,02		246.593,42	
+/− Bestandsveränderung unfertige Erzeugnisse		0,00		0,00	
= **Herstellkosten der Fertigung**		246.508,02		246.593,42	
− Bestandsmehrung fertige Erzeugnisse		7.398,00		7.398,00	
= **Herstellkosten des Umsatzes**		239.110,02		239.195,42	
+ Normal-Verwaltungsgemeinkosten	6,60 %	15.781,26	6,50 %	15.547,66	233,60
+ Normal-Vertriebsgemeinkosten	5,40 %	12.911,94	5,50 %	13.155,90	−243,96
+ Sondereinzelkosten des Vertriebs		6.284,00		6.284,00	
= **Selbstkosten**		274.087,22		274.182,98	
					−95,76

Hinweis: Die Zuschlagssätze in der Kostenträgerzeitrechnung werden mit zwei Nachkommastellen angegeben. Das der Berechnung zugrunde liegende Tabellenkalkulationsprogramm rechnet mit mehr Nachkommastellen (vgl. Kostenträgerzeitrechnung auf Seite 200).

Angebotskalkulation als Vor- und Nachkalkulation
→ Kap. 3.4.4

Die Differenz aller Gemeinkostenarten ergibt die Gesamtabweichung in Euro, die bei erheblichen Abweichungen die Angebotskalkulation stark verfälschen kann. Negative Ergebnisse für das Unternehmen (Gewinnminderungen) sind dann möglich, da der ursprünglich vereinbarte Kaufpreis unter Berücksichtigung von Preisminderungen (Rabatt, Skonto) mit dem Kunden im Nachhinein nicht mehr zu ändern ist.

Grundsätzlich kann man aus Kostenüber- oder Kostenunterdeckungen nicht ableiten, in welchem Umfang man wirtschaftlich produziert hat, da Durchschnittswerte der Vergangenheit (Normalgemeinkosten) keine Aussagen über eine Wirtschaftlichkeit der Produktion in vergangenen Abrechnungsperioden zulassen. Im schlechtesten Fall vergleicht man nur den „Schlendrian“ (unwirtschaftliche Produktion) vergangener Abrechnungsperioden mit dem „Schlendrian“ der aktuellen Produktion und denkt bei Kostenüberdeckungen, dass jetzt ja alles besser geworden sei.

Zeile	Kostenträgerstückrechnung	mit Normalkosten		mit Istkosten	
		Zuschlags-satz	Beträge €	Zuschlags-satz	Beträge €
1.	Materialeinzelkosten		133,78		133,78
2.	+ Materialgemeinkosten	13,5 %	18,06	13,0 %	17,39
3.	**= Materialkosten (Zeile 1 + 2)**		151,84		151,17
4.	Fertigungseinzelkosten I		4,66		4,66
5.	+ Fertigungsgemeinkosten I	433,8 %	20,22	430,0 %	20,04
6.	**= Fertigungskosten I (Zeile 4 + 5)**		24,88		24,70
7.	Fertigungseinzelkosten II		18,62		18,62
8.	+ Fertigungsgemeinkosten II	275,0 %	51,21	280,0 %	52,14
9.	**= Fertigungskosten II (Zeile 7 + 8)**		69,83		70,76
10.	**= Herstellkosten (Zeile 3 + 6 + 9)**		246,55		246,63
11.	+ Verwaltungsgemeinkosten	6,6 %	16,27	6,5 %	16,03
12.	+ Vertriebsgemeinkosten	5,4 %	13,31	5,5 %	13,56
13.	+ Sondereinzelkosten des Vertriebs		6,00		6,48
14.	**= Selbstkosten des Erzeugnisses (Zeile 10–13)**		282,13		282,70

Für die Fly Bike Werke GmbH beträgt die Gesamtabweichung der Gemeinkosten in diesem Fall je Erzeugnis nur 0,09 €. Größere Abweichungen können bei der nachfolgenden Angebotskalkulation zu erheblichen Nachteilen (Gewinnrückgang, Verluste) führen.

Angebotskalkulation
→ Kap. 3.4.4

3.4.3 Zuschlagskalkulation mit Maschinenstundensätzen

Für Industrieunternehmen mit maschinenintensiver Produktion führt die Zuschlagskalkulation im Bereich der Fertigungskosten mit der Zuschlagsbasis Fertigungslöhne oft zu nicht mehr betriebswirtschaftlich nachvollziehbaren Ergebnissen. Auf eher geringe Fertigungslöhne als Anteil an den Gesamtfertigungskosten sind dann sehr hohe Zuschlagssätze für Fertigungsgemeinkosten zu kalkulieren, die gar nicht in Abhängigkeit von diesen Löhnen entstehen, sondern in einer Abhängigkeit von der in Anspruch genommenen Maschinenlaufzeit stehen. Die Maschinenstundensatzrechnung ist hier die richtige Alternative. Voraussetzung dafür ist die Aufteilung der Fertigungsgemeinkosten (FGK) in maschinen- und lohnabhängige Kosten, z. B.:

Maschinenabhängige FGK	Fertigungslohnabhängige FGK
– kalkulatorische Abschreibungen – kalkulatorische Zinsen – Energiekosten/Betriebsstoffe – Raumkosten – Instandhaltungs- und Wartungskosten – Werkzeugkosten	– Hilfslöhne – Sozialkosten – Kostenumlagen, z. B. für die Kantine und andere personalkostenorientierte Aufwendungen

BEISPIEL: Fertigungsgemeinkosten (FGK)

Ermittlung von Maschinenstundensätzen für die teilautomatisierte Fertigungshauptkostenstelle „ Rahmenbau" in einer Fahrradproduktion: Eingesetzt wird dort ein Fertigungsroboter „Motorman I", der Rohre trennt, biegt und zu Rahmen zusammenschweißt.

Basisdaten:

Anschaffungskosten = 200.000,00 €
Wiederbeschaffungskosten = 240.000,00 €
betriebsindividuelle Nutzungsdauer = 6 Jahre
Flächenverbrauch = 40 m²
innerbetrieblicher Verrechnungssatz je m² Fläche in der Produktionshalle = 50,00 € pro Monat
kalkulatorischer Zinssatz = 6 % pro Jahr
Energieverbrauch: 10 kWh, Preis für die kWh = 0,30 €
Maschinenlaufzeit (geplant je Jahr) = 1850 Stunden bei Ein-Schicht-Betrieb, 37,5 Stunden/Arbeitswoche und geplantem Maschinenstillstand im Umfang von 100 Stunden (Feiertage, Wartung usw.) je Jahr.

Kostenart	Berechnung	Kosten pro Jahr	
kalkulatorische Abschreibungen	$\frac{\text{Wiederbeschaffungskosten}}{\text{betriebsindividuelle Nutzungsdauer}}$	$\frac{240.000,00\,€}{6} =$	40.000,00 €
kalkulatorische Zinsen[1]	$\frac{\text{Anschaffungskosten}}{2} \cdot \text{kalk. Zinssatz}$	$\frac{200.000,00\,€ \cdot 6}{2 \cdot 100} =$	6.000,00 €
Energiekosten	Verbrauch in kWh · Preis je kWh · Maschinenlaufzeit	10 kWh · 0,30 €/kWh · 1 850 =	5.550,00 €
Raumkosten	Flächenbedarf m² · Verrechnungssatz je m² · 12 Monate	40 m² · 50,00 €/m² · 12 =	24.000,00 €
Instandhaltungs- und Wartungskosten	Planwert = 2,5 % der Anschaffungskosten pro Jahr	200.000,00 € · 2,5 % =	5.000,00 €
Werkzeugkosten	Planwert/Jahr		19.350,00 €
Summe pro Jahr			**99.900,00 €**

[1] Die kalkulatorischen Zinsen basieren auf den halben Anschaffungskosten (AK). Denn im Laufe der Nutzungsdauer müssen nur die halben AK verzinst werden, da über die Abschreibungen, die in die Verkaufspreise einfließen, jährlich 1/6 der AK zurückfließen. Also: (Anfangswert 200.000,00 € + Endwert 0,00 €) : 2 = Durchschnittswert 100.000,00 €, der verzinst wird.

$$\text{Maschinenstundensatz} = \frac{\text{Maschinenkosten}}{\text{Maschinenlaufzeit}}$$

Die gesamten Maschinenkosten für den Motorman I betragen damit 99.900,00 € pro Jahr, bezogen auf eine Maschinenstunde also 54,00 € (99.900,00 Gesamtkosten : 1 850 Maschinenstunden) und bezogen auf eine Produktionsminute 0,90 € (54,00 € : 60 Minuten).

Wenn auch in der Fertigungshauptkostenstelle II, Endmontage, ein Fertigungsroboter (Motorman II) eingesetzt wird, kann sich die Kalkulation in diesem Unternehmen für einen Auftrag wie in nachfolgender Tabelle gestalten (Seite 207).

Kalkulationsbasis ist auch hier ein Betriebsabrechnungsbogen. Alle Gemeinkosten werden auf die Hauptkostenstellen, von denen zwei Fertigungskostenstellen als Maschinen definiert sind, verteilt. Für die Fertigung wird nur für die lohnabhängigen Fertigungsgemeinkosten (**Restfertigungsgemeinkosten**) ein Zuschlagssatz auf die Einzelkosten (Fertigungslöhne) ermittelt. Für die beiden Maschinenfertigungskostenstellen wird jeweils ein Maschinenstundensatz berechnet. Für ein Fahrrad, das 6 Minuten Fertigungszeit auf dem Motorman I und 22 Minuten auf dem Motorman II benötigt, können dann Selbstkosten in Höhe von 261,52 € ermittelt werden.

Kosten in €	Materialstelle	Fertigungshauptkostenstellen			Verwaltung	Vertrieb
		Motorman I	Motorman II	Übrige FKSt.		
Gemeinkosten	34.375,00 €	99.900,00 €	222.000,00 €	10.250,00 €	53.570,00 €	40.177,50 €
Einzelkosten	275.000,00 €			20.500,00 €		
Maschinen-stunden		1 850 Stunden	1 850 Stunden			
Maschinen-stundensätze		54,00 € je Stunde	120,00 € je Stunde		669.625,00 €	669.625,00 €
					(Herstellkosten des Umsatzes)	
Zuschlagssätze in %	12,50 %			50,00 %	8,00 %	6,00 %

Kostenträgerzeit- und Kostenträgerstückrechnung	Zeitrechnung	Kalkulation	
Fertigungsmaterial	275.000,00 €		140,00 €
+ Materialgemeinkosten	34.375,00 €	12,50 %	17,50 €
= **Materialkosten (MK)**	**309.375,00 €**		157,50 €
Fertigungslöhne	20.500,00 €		15,00 €
+ Gemeinkosten Motorman I	99.900,00 €	6 Minuten	5,40 €
+ Gemeinkosten Motorman II	222.000,00 €	22 Minuten	44,00 €
+ Restfertigungsgemeinkosten	10.250,00 €	50,00 %	7,50 €
= **Fertigungskosten (FK)**	**352.650,00 €**		71,90 €
= **Herstellkosten der Abrechnungsperiode (Erzeugung; MK + FK)**	**662.025,00 €**		↓
− Mehrbestand unfertige Erzeugnisse	2.000,00 €		↓
+ Minderbestand fertige Erzeugnisse	9.600,00 €		↓
= **Herstellkosten (des Umsatzes)**	**669.625,00 €**		229,40 €
+ Verwaltungsgemeinkosten	53.570,00 €	8,00 %	18,35 €
+ Vertriebsgemeinkosten	40.177,50 €	6,00 %	13,76 €
= **Selbstkosten**	**763.372,50 €**		261,52 €

3.4.4 Angebotskalkulation

Da die Kunden der Fly Bike Werke GmbH über eine längere Periode stabile Preise erwarten, erhalten die Stammkunden regelmäßig Informationen über das aktuelle Sortiment. Bekannt gegebene Preise, Preisnachlässe und Lieferungsbedingungen können von der Fly Bike Werke GmbH in der Regel nicht kurzfristig geändert werden. Völlig anders sieht das allerdings aus, wenn ein Großkunde ein Privat-Label-Fahrradmodell in größerer Stückzahl erwerben möchte, das nach seinen speziellen Kundenwünschen (Art des Rahmens und der Gabel, besondere Farbgebung, bestimmte Ausstattungsmerkmale usw.) erst angefertigt wird.

BEISPIEL: Die MaHro AG will in ihren Cash-and-Carry-Märkten im Sommer 20XX ein spezielles Mountainbike mit Wunschausstattung als Eigenmarke anbieten. Der Kunde erwartet bei einer Abnahmemenge von 1500 Stück „selbstverständlich" seinen Großkundenrabatt in Höhe von 33 % und ein Skonto in Höhe von 3 %. Sondereinzelkosten des Vertriebs fallen für dieses Geschäft nicht an.
Produktionstechnisch kann das Fahrradmodell vollständig im Monat Juli 20XX produziert und bis zum 5. August 20XX ausgeliefert werden. Preisrecherchen auf den Beschaffungsmärkten der FBW GmbH haben ergeben, dass mit Materialeinzelkosten in Höhe von 158,00 € und mit Fertigungslöhnen in Höhe von 6,50 € (Fertigungsstufe I) bzw. 28,50 € (Fertigungsstufe II) zu rechnen ist. Die rechtzeitige Lieferfähigkeit wird von den Materialanbietern garantiert.
Ergebnis: In einer Vorkalkulation mit den derzeit verfügbaren Normalgemeinkostenzuschlagssätzen wird mit einem Angebotspreis in Höhe von 641,52 € kalkuliert (Vorkalkulation) und mit dem Kunden in einem Kaufvertrag fest vereinbart. In der Nachkalkulation ergeben sich allerdings Abweichungen bei Einzel- und Gemeinkosten.

Kalkulationsschema		Vorkalkulation		Nachkalkulation	
		Beträge €	Zuschlagssatz	Beträge €	Zuschlagssatz
1.	Materialeinzelkosten lt. Stückliste	158,00		162,00	
2.	+ Materialgemeinkosten	21,33	13,50 %	22,68	14,00 %
3.	= Materialkosten	179,33		184,68	
4.	Fertigungseinzelkosten Fertigung I lt. Arbeitsplan	6,50		8,12	
5.	+ Fertigungsgemeinkosten Fertigung I (Rahmen und Gabel) laut BAB	28,20	433,80 %	34,75	428,00 %
6.	= Fertigungskosten Fertigung I (Rahmen und Gabel)	34,70		42,87	
7.	Fertigungseinzelkosten Fertigung II lt. Arbeitsplan	28,50		32,20	
8.	+ Fertigungsgemeinkosten Fertigung II (Montage)	78,38	275,00 %	90,16	280,00 %
9.	= Fertigungskosten Fertigung II (Montage)	106,88		122,36	
10.	= Herstellkosten (Material- und Fertigungskosten)	320,91		349,91	
11.	+ Verwaltungsgemeinkosten	21,18	6,60 %	21,69	6,20 %
12.	+ Vertriebsgemeinkosten	17,33	5,40 %	20,29	5,80 %
13.	= Selbstkosten	359,42		391,89	
14.	+ Gewinnzuschlag	57,51	16,00 %	25,04	6,39 %
15.	= Barverkaufspreis	416,93		416,93	
16.	+ Kundenskonto	12,89	3,00 %	12,89	3,00 %
17.	+ Vertriebsprovision	0,00	0,00 %	0,00	0,00 %
18.	= Zielverkaufspreis	429,82		429,82	
19.	+ Kundenrabatt	211,70	33,00 %	211,70	33,00 %
20.	= Listenverkaufspreis (Angebotspreis)	641,52	→	641,52	

So rechnet die Fly Bike Werke GmbH als Verkäufer
Berechnungen bei der Angebotskalkulation von den Selbstkosten zum Angebotspreis (Vorwärtskalkulation):

Kalkulationsschema:

Gewinnzuschlag (auf Hundert): → Zeile 14

100 %-Selbstkosten	100 % = 359,42 €	→ $\frac{359{,}42\,€ \cdot 16\,\%}{100\,\%} = 57{,}51\,€$
16 % Gewinnzuschlag	16 % = x	

Kundenskonto (im Hundert): → Zeile 16

97 % Barverkaufspreis	97 % = 416,93 €	→ $\frac{416{,}93\,€ \cdot 3\,\%}{97\,\%} = 12{,}89\,€$
3 % Kundenskonto	3 % = x	

Kundenrabatt (im Hundert): → Zeile 19

67 % Zielverkaufspreis	67 % = 429,82 €	→ $\frac{429{,}82\,€ \cdot 33\,\%}{67\,\%} = 211{,}70\,€$
33 % Kundenrabatt	33 % = x	

Das Kundenskonto und der Kundenrabatt müssen in einer Im-Hundert-Rechnung auf den Barverkaufspreis aufgeschlagen werden, da der Kunde „seine" Preisnachlässe immer von dem ihm bekannten Wert (Rückwärtskalkulation) in einer Vom-Hundert-Rechnung abziehen darf.

So rechnet die MaHro AG als Käufer
Berechnungen vom Angebotspreis bis zum Barverkaufspreis – der Barverkaufspreis entspricht dem Bareinkaufspreis des Kunden (Rückwärtskalkulation):

Kundenrabatt (vom Hundert): → Zeile 19

100 % Angebotspreis	100 % = 641,52 €	→ $\frac{641{,}52\,€ \cdot 33\,\%}{100\,\%} = 211{,}70\,€$
33 % Kundenrabatt	33 % = x	

Kundenskonto (vom Hundert): → Zeile 16

100 % Zielverkaufspreis	100 % = 429,82 €	→ $\frac{429{,}82\,€ \cdot 3\,\%}{100\,\%} = 12{,}89\,€$
3 % Kundenskonto	3 % = x	

Da der Angebotspreis nach Kaufvertragsabschluss nicht mehr änderbar ist, zahlt die MaHro AG nur den von ihr erwarteten Bareinkaufspreis in Höhe von 416,93 € je Fahrrad – die Kosten- und Gewinnsituation des Verkäufers spielt für sie keine Rolle.

Für die Fly Bike Werke GmbH zeigt sich in der Nachkalkulation auf Basis der realisierten Einzelkosten und der Ist-Gemeinkostenzuschlagssätze des Produktionsmonats Juli, dass der erwartete Gewinn in Höhe von 57,51 € je Fahrrad nicht realisiert werden konnte.

Durch einen Lagerbrand bei einem Lieferanten musste zudem kurzfristig ein neuer Lieferant für Antriebe und Bremsen gefunden werden, der allerdings einmalig nicht zum ursprünglich kalkulierten Preis die benötigte Menge liefern konnte (Preiserhöhung bei den Materialeinzelkosten um 4,00 € je Fahrrad). Bei der Produktion des vom

Kunden MaHro AG gewünschten futuristischen Rahmens (Fertigungsstufe I) und auch bei der Montage der Fremdbauteile an diesen Rahmen (Fertigungsstufe II) stellte man fest, dass die Arbeitspläne (Vorgabezeiten) nicht einzuhalten waren. Der Mehrverbrauch von Fertigungszeiten (und damit der Fertigungslöhne) betrug in Fertigungsstufe I 1,62 € und in Fertigungsstufe II sogar 3,70 € je Fahrrad. Auch die Erhöhung der Gemeinkostenzuschläge für Material bei den Fertigungsgemeinkosten der Fertigungsstufe II sowie bei den Vertriebsgemeinkosten konnte nicht mehr aufgefangen werden. Die FBW GmbH ermittelte nach Produktionsabschluss deshalb Selbstkosten in Höhe von 391,89 € (+ 32,47 €) je Fahrrad. Der Gewinn je Fahrrad beträgt daher nur 25,04 €. Der realisierte Gewinnzuschlag in Prozent beträgt damit:

Barverkaufspreis	416,93 €
− Selbstkosten	391,89 €
= Gewinn	25,04 €

Kalkulationsschema:
→ Zeile 14

Selbstkosten = 100 % → 391,89 € = 100 %
Gewinnzuschlag = x % → 25,04 € = x

$$\rightarrow \frac{25{,}04\,€ \cdot 100\,\%}{391{,}89\,€} = 6{,}39\,\%$$

Kosteneinsparungen in der Produktion im Vergleich zur Vorkalkulation erhöhen den Gewinn je Stück und in Prozent, wenn der Barverkaufspreis beibehalten werden kann.

3.4.5 Divisionskalkulationen

Divisionskalkulationen unterscheiden nicht nach Einzel- und Gemeinkosten. Sie sind deshalb für Unternehmen geeignet, die nur ein Produkt oder gleichartige Erzeugnisse bzw. **Varianten** herstellen.

Varianten
gleicher Ausgangsstoff; geringe Veränderungen bei den erstellten Erzeugnissen, z. B. unterschiedliche Stärken, Farben

Einstufige Divisionskalkulation

BEISPIEL: Die Fly Bike Werke GmbH stellte zu Beginn ihrer Geschäftstätigkeit als Einproduktunternehmen ausschließlich ein Trekkingrad (Modell *Light*) her. Dabei entstanden in einer Abrechnungsperiode bei einer Produktionsmenge von 3 000 Stück folgende Kosten:

Berechnung der Kosten

Fertigungsmaterial (laut Komponentenliste) Menge: 3 000 Stück à 116,00 €	348.000,00 €
+ sonstige Hilfs- und Betriebsstoffe	34.800,00 €
+ Personalkosten	139.200,00 €
+ Abschreibungen	52.200,00 €
+ sonstige Kosten	17.400,00 €
= Herstellkosten der Fertigung	591.600,00 €
= Herstellkosten je Stück (591.600,00 € : 3 000 Stück)	197,20 €

→ Fortsetzung Beispiel Kap. 3.4.5

BEISPIEL: Von diesem Produkt Modell Trekking *Light* wurden in der Abrechnungsperiode 2700 Stück verkauft, sodass die absatzbedingten Verwaltungs- und Vertriebsgemeinkosten nur auf diese Menge bezogen werden dürfen. Diese Kostenarten wurden den Kostenstellen Verwaltung und Vertrieb zugeordnet.

Berechnung Selbstkosten

Herstellkosten der Fertigung für 3 000 Stück	591.600,00 €
− Bestandsmehrung (300 Stück)	59.160,00 €
= Herstellkosten des Umsatzes	532.440,00 €
+ Verwaltungs- und Vertriebsgemeinkosten	88.740,00 €
= Selbstkosten	621.180,00 €
= Selbstkosten je Stück (621.180,00 € : 2 700 Stück)	230,07 €

Mehrstufige Divisionskalkulation

Die mehrstufige Divisionskalkulation wird z. B. bei Massenprodukten angewandt, bei denen Produkte nach unterschiedlichen Produktionsstufen bereits Marktreife erwerben, aber zumindest auch teilweise noch in weiteren Produktionsstufen eingesetzt werden können. Die Produkte nehmen dann ihre bereits entstandenen Kosten aus den Vorstufen in die nächste Stufe mit.

BEISPIEL: Eine Papierfabrik verkauft Rohpapier, beschichtetes Rohpapier und konfektioniertes Papier an verschiedene Abnehmer. Alle Produkte werden auch in drei verschiedenen Produktionsstufen nach Kundenwünschen hergestellt.

Herstellkosten der Produktionsstufe ohne Kosten vorheriger Stufen (Materialeinsatz)				
	Produktionsmenge		**Herstellkosten**	
Stufe I (Rohpapier)		120 000 t		96,0 Mio. €
Stufe II (beschichtetes Rohpapier)		60 000 t		7,2 Mio. €
Stufe III (konfektioniertes Papier)		40 000 t		2,0 Mio. €
Produktionsstufen	**Stufe I**	**Stufe II**	**Stufe III**	**Verkauf**
Stufe I (Rohpapier)				
Herstellkosten in €	96.000.000			
Produktionsmenge in Tonnen	120 000			→ 60 000
Herstellkosten in € nach Stufe I/t	800			
Stufe II (beschichtetes Rohpapier)				
Einsatzmenge aus Stufe I in Tonnen		60 000		→ 20 000
Wert der Einsatzmenge (800,00 €/t)		48.000.000		
Zusätzliche Kosten der Stufe II		7.200.000		
Herstellkosten in € nach Stufe II/t		920		
Stufe III (konfektioniertes Rohpapier)				
Einsatzmenge aus Stufe II in Tonnen			40 000	→ 40 000
Wert der Einsatzmenge (920,00 €/t)			36.800.000	
Zusätzliche Kosten der Stufe III			2.000.000	
Herstellkosten in € nach Stufe III/t			970	

Äquivalenzziffernkalkulation

Gleichartige Erzeugnisse (Varianten), die sich aufgrund des verwendeten Materials und ihrer Herstellung nur unwesentlich unterscheiden, können mithilfe von **Äquivalenzziffern** kalkuliert werden. Diese Wertigkeitsziffern drücken das Kostenverhältnis aus, das sich aus dem unterschiedlichen Verbrauch an Werkstoffen oder der verschiedenen Bearbeitungsintensität der einzelnen Varianten ergibt.

BEISPIEL: Die apv GmbH, ein Kartonagenhersteller und Lieferant der Fly Bike Werke GmbH, verteilt die gesamten Herstellkosten der Kartonagenproduktion mithilfe der Äquivalenzziffernrechnung auf die einzelnen Artikel. Die gesamten Herstellkosten für die angegebene Stülp-Kartonproduktion betragen 55.855,80 €.

Stülp-Kartons				**Material-verbrauch**	**Äquivalenz-ziffer**
Artikel	Länge in cm	Höhe in cm	Dicke in cm	cm^3	Basis: 30401
City (XL)	400,0	120,0	0,5	24 000	1
Trekking (L)	420,0	130,0	0,7	38 220	1,5925
Mountain (M)	380,0	120,0	1,0	45 600	1,9
Rennrad (S)	360,0	120,0	1,2	51 840	2,16
Kid (XS)	300,0	100,0	0,5	15 000	0,625

Das Erzeugnis 30401 (Stülp-Kartons XL für City-Räder) erhält die Äquivalenzziffer 1. Die Wertigkeitszahlen für die vier anderen Erzeugnisse ergeben sich aus dem Verhältnis des Materialverbrauchs (in Kubikzentimetern):

$$\text{Äquivalenzziffer} = \frac{\text{Materialverbrauch eines Artikels}}{\text{Materialverbrauch des Artikels mit der Äquivalenzziffer 1}}$$

- Stülp-Karton Trekking (L):
  38 220 : 24 000 = 1,5925,
  d. h., der Materialverbrauch eines Stülp-Kartons L für Trekkingräder ist 1,5925-mal so groß wie der eines Kartons XL.
- Stülp-Karton Kid (XS):
  15 000 : 24 000 = 0,625,
  d. h., der Materialverbrauch des Stülp-Kartons XS für Kinderräder beträgt nur das 0,625-Fache des Kartons XL.
- Stülp-Karton Rennrad (S):
  51 840 : 24 000 = 2,16,
  d. h., der Materialverbrauch für die Verpackung der Rennräder (S) ist 2,16-mal so groß (aufwendig) wie die Verpackung der City-Räder (XL).
- Stülp-Karton Mountain (M):
  45 600 : 24 000 = 1,9,
  d. h., der Materialverbrauch des Stülp-Kartons M für Mountainbikes ist 1,9-mal so groß wie der eines Kartons XL.

Artikel	Äquivalenzziffern	Produktionsmenge	Verrechnungseinheiten	Herstellkosten insgesamt	Herstellkosten je Stück
City (XL)	1	10 000	10 000	6.300,00 €	0,63 €
Trekking (L)	1,5925	16 000	25 480	16.052,40 €	1,00 €
Mountain (M)	1,9	18 000	34 200	21.546,00 €	1,20 €
Rennrad (S)	2,16	3 000	6 480	4.082,40 €	1,36 €
Kid (XS)	0,625	20 000	12 500	7.875,00 €	0,39 €
			88 660	55.855,80 €	
			1	0,63 €	

Wert je Verrechnungseinheit (VE) $= \frac{\text{Gesamtkosten}}{\text{Anzahl der VE}}$

Herstellkosten je Artikel = Wert je VE · Anzahl der VE

Herstellkosten je Stück $= \frac{\text{Herstellkosten eines Artikels}}{\text{Produktionsmenge des Artikels}}$

Die apv GmbH ermittelt die Herstellkosten der einzelnen Varianten ihrer Artikelgruppe „Stülp-Kartons“ mithilfe der Äquivalenzziffernrechnung. Der Materialverbrauch wird hier als zentrale Verursachungsgröße für die Verteilung der Kosten unterstellt. Spielen auch andere Kostenarten bei der Verursachung der Kosten für die Kostenträger eine Rolle oder ändern sich die Materialverbräuche, sind die Äquivalenzziffern als Verteilungsgröße falsch. Eine regelmäßige Kontrolle der Äquivalenzziffern ist daher notwendig.

ÜBERSICHT: Kostenträgerstückrechnung (Kalkulation)

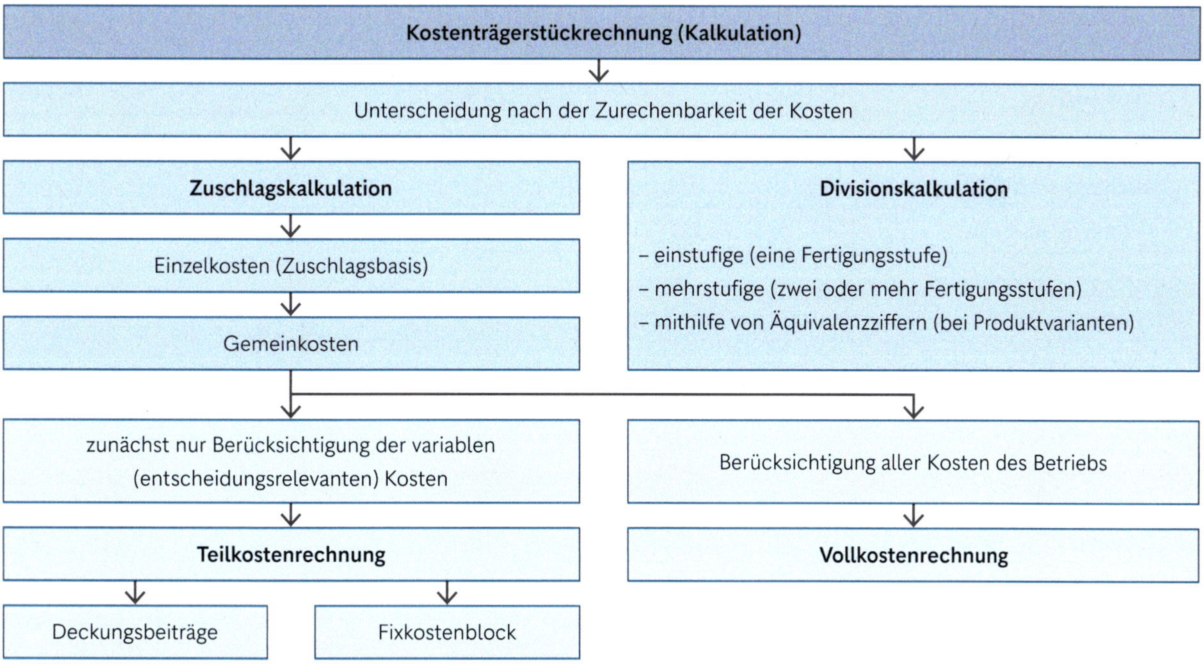

Alles klar?

1 Eine Fahrradmanufaktur, die Mountainbikes und Trekkingräder herstellt, ermittelt in der Betriebsbuchhaltung folgende Werte für eine Abrechnungsperiode:

Kosten	Gesamt	Mountainbikes	Trekkingräder
Einzelkosten			
– Fertigungsmaterial	?	360.000,00 €	330.000,00 €
– Fertigungslöhne	?	128.000,00 €	144.000,00 €
Gemeinkosten lt. BAB			
– MGK	103.500,00 €	?	?
– FGK	680.000,00 €	?	?
– VwGK	140.657,20 €	?	?
– VtGK	210.985,80 €	?	?
Bestandsveränderungen			
– AB fertige Erzeugnisse	?	86.200,00 €	35.340,00 €
– SB fertige Erzeugnisse	?	64.650,00 €	44.175,00 €
Verkaufspreis		323,25 €	406,41 €
Absatz		4 100 Stück	2 970 Stück

SB = Schlussbestand
– AB = Anfangsbestand
Bestandsveränderung (+/–)

Erstellen Sie eine Kostenträgerzeitrechnung und ermitteln Sie
a das Betriebsergebnis,
b die Gemeinkostenzuschlagssätze,
c die Ergebnisse der einzelnen Produkte und je Stück.

2 Ein Industriebetrieb ermittelt folgendes Betriebsergebnis:

Kostenträgerzeitrechnung (zwei Produkte), Kostenträgerstückrechnung

Kostenarten	Beträge in €	Beträge in €
Umsatzerlöse		900.000,00
Bestandserhöhungen		46.350,00
Fertigungsmaterial	278.750,00	
Gemeinkostenmaterial	48.000,00	
Energiekosten	18.000,00	
Kosten für Fremdwasser	2.000,00	
Fertigungslöhne	100.000,00	
Hilfslöhne	20.000,00	
Gehälter	102.000,00	
AG-Anteil Sozialversicherung	20.000,00	
Abschreibungen	54.000,00	
Mietkosten	80.000,00	
Reisekosten	34.000,00	
Versicherungen	16.000,00	
betriebliche Steuern	10.000,00	
	782.750,00	946.350,00

a Erstellen Sie einen einstufigen Betriebsabrechnungsbogen (BAB).
b Ermitteln Sie im Rahmen der Kostenträgerzeitrechnung die Gemeinkostenzuschlagssätze, das gesamte Betriebsergebnis und die von den beiden Kostenträgern erzielten Ergebnisse.
c Prüfen Sie, ob es vielleicht zweckmäßig gewesen wäre, die Produktion eines Erzeugnisses einzustellen.

Kostenstellenrechnung mithilfe des BAB

Verteilungsschlüssel / zu verteilende Kostenarten	Material (1)	Fertigung (2)	Verwaltung (3)	Vertrieb (4)
1. Versicherungen und Mietkosten nach m²	4 000 m²	18 000 m²	2 000 m²	8 000 m²
2. Personalkosten nach Listen:				
– Hilfslöhne	4.000,00 €	10.000,00 €	2.000,00 €	4.000,00 €
– Gehälter	15.300,00 €	25.500,00 €	45.900,00 €	15.300,00 €
– Sozialversicherungen	1.700,00 €	12.000,00 €	4.300,00 €	2.000,00 €
3. Gemeinkostenmaterial nach MES	6.000,00 €	27.000,00 €	3.000,00 €	12.000,00 €
4. Energiekosten nach Zählerständen	13 500 kWh	54 000 kWh	9 000 kWh	13 500 kWh
5. Wasserverbrauch in Kubikmeter	200 m³	600 m³	50 m³	150 m³
6. a) Abschreibungen auf Maschinen	–	40.000,00 €	–	4.000,00 €
b) Abschreibungen auf BGA	2.500,00 €	2.500,00 €	2.500,00 €	2.500,00 €
7. Betriebliche Steuern			10.000,00 €	
8. Reisekosten				34.000,00 €

	Erzeugnis A	Erzeugnis B
Fertigungsmaterial	108.000,00 €	170.750,00 €
Fertigungslöhne	58.000,00 €	42.000,00 €
Umsatzerlöse	500.000,00 €	400.000,00 €
unfertige Erzeugnisse: Eröffnungsbestand	15.420,00 €	10.280,00 €
unfertige Erzeugnisse: Schlussbestand	46.260,00 €	5.490,00 €
fertige Erzeugnisse: Eröffnungsbestand	24.360,00 €	10.150,00 €
fertige Erzeugnisse: Schlussbestand	40.600,00 €	14.210,00 €

3 Ermitteln Sie unter Berücksichtigung einer Bestandsmehrung an fertigen Erzeugnissen in Höhe von 98.125,00 € die Gemeinkostenzuschlagssätze.

Allgemeine Kostenstelle 1	Allgemeine Kostenstelle 2	Allgemeine Kostenstelle 3	Endkostenstellen			
			Material	Fertigung	Verwaltung	Vertrieb
66.000 €	114.500 €	142.500 €	312.000 €	420.000 €	120.000 €	225.000 €
Zuschlagsgrundlage (Einzelkosten):			1.962.500 €	690.625 €	Herstellkosten des Umsatzes	
Verteilungsschlüssel						
Allg. Kostenstelle 1	1	1	3	3	2	2
Allg. Kostenstelle 2	0	1	2	3	2	2
Allg. Kostenstelle 3	0	0	2	4	1	1

4 Für die Kalkulation eines Produkts sind folgende Angaben zu berücksichtigen:

Einzelkosten	**Beträge in €**
Fertigungsmaterial	300,00
Fertigungslöhne	250,00
Zuschlagssätze	**Beträge in %**
Material	5
Fertigung	150
Verwaltung	10
Vertrieb	15
Sondereinzelkosten	**Beträge in €**
der Fertigung	40,00
des Vertriebs	20,00

Berechnen Sie
- a die Materialkosten,
- b die Fertigungskosten,
- c die Herstellkosten,
- d die Selbstkosten.

5 Lösen Sie in Verbindung mit dem unten stehenden Auszug aus einem Kostenträgerblatt die folgenden Aufgaben.
Kostenüberdeckung (+) = N > I
Kostenunterdeckung (–) = N < I

	verrechnete Normalkosten €	**%**	**entstandene Istkosten €**	**%**	**Kostenüber- bzw. Kostenunterdeckung € (+/–)**
Fertigungsmaterial	a) ?		a) ?		
Materialgemeinkosten	6.000,00	12		b) ?	–1.000,00
Materialkosten					
Fertigungslöhne	c) ?		c) ?		
Fertigungsgemeinkosten				175	d) ?
Fertigungskosten					
Herstellungskosten der Rechnungsperiode (Erzeugung)	e) ?		552.000,00		2.600,00
Minderbestand unfertige Erzeugnisse	f) ?		f) ?		
Herstellkosten der Fertigung	g) ?		g) ?		
Mehrbestand fertige Erzeugnisse	18.000,00		18.000,00		
Herstellkosten des Umsatzes	551.000,00				

Berechnen Sie
- a das Fertigungsmaterial,
- b den Zuschlagssatz der Ist-Materialgemeinkosten,
- c die Fertigungslöhne,
- d die Unter- oder Überdeckung,
- e die Herstellkosten der Rechnungsperiode (Normalkosten),
- f den Minderbestand der unfertigen Erzeugnisse,
- g die Herstellkosten der Fertigung (Normalkosten- und Istkostenrechnung).

6 Die Fly Bike Werke GmbH kalkuliert die maschinenabhängigen Fertigungsgemeinkosten auf der Basis von Maschinenstundensätzen.

a Ermitteln Sie den Maschinenstundensatz bei normaler Beschäftigung.

b Ermitteln Sie die Selbstkosten für den Auftrag und für das einzelne Mountainbike.

c Ermitteln Sie den Zielverkaufspreis des Auftrags und des einzelnen Mountainbikes.

d Ermitteln Sie die Umsatzrentabilität für den Fall, dass der Auftrag zum Barverkaufspreis abgewickelt wird.

e Erklären Sie den Unterschied zwischen Gewinnzuschlagssatz und Umsatzrentabilität.

normale Beschäftigung	165 Stunden
maschinenabhängige Fertigungsgemeinkosten	59.400,00 €

7 Zur Kalkulation eines Auftrags über 50 Mountainbikes liegen folgende Daten vor:

Fertigungsmaterial	5.000,00 €
Maschinenstunden	4 Stunden
Fertigungslöhne	400,00 €
Sondereinzelkosten der Fertigung	990,00 €

Zuschlagssätze	
Materialgemeinkosten	9,00 %
Fertigungsgemeinkosten	180,00 %
Verwaltungsgemeinkosten	12,00 %
Vertriebsgemeinkosten	13,00 %
Gewinnzuschlag	11,11 %
Kundenskonto	3,00 %

8 In der Steffes-Brauerei werden vier Sorten Bier hergestellt. Dafür sind in der vergangenen Abrechnungsperiode Herstellkosten in Höhe von insgesamt 41.083.200,00 € angefallen. Aus dem Fertigungsbereich liegen folgende Daten vor:

Biersorten	Stammwürze in %	Produktionsmenge in hl
Ride	6,0	120 000
Dance	8,0	100 000
Wobble	12,0	200 000
Squint XL	14,4	80 000

- Die Sorte Dance erhält die Äquivalenzziffer 1.
- Der absatzbedingte Verwaltungs- und Vertriebsgemeinkostenzuschlagssatz beträgt insgesamt 12,5 %.
- Der Betrieb kalkuliert mit einem Gewinnzuschlagssatz von 20 %.
- Bei einer Abnahme von 500 hl erhalten die Kunden einen Bonus von 10 %.

Ermitteln Sie mithilfe der Äquivalenzziffernrechnung

a die Herstellkosten für jede Sorte in der Abrechnungsperiode,

b die Herstellkosten für jede Sorteneinheit (je hl),

c die Selbstkosten je hl,

d den Barverkaufspreis je hl,

e den Listenverkaufspreis je hl.

Lernvideo: Deckungsbeitragsrechnung

4 Deckungsbeitragsrechnung als Teilkostenrechnung

Ergebnis des Abrechnungsmonats Mai 20XX
→ Kap. 3.3

BEISPIEL: Den Gesellschaftern der Fly Bike Werke GmbH hat das Ergebnis des Abrechnungsmonats Mai 20XX gar nicht gefallen. Der schöne Betriebsgewinn des Mountain-Modells in Höhe von 126.083,02 € wurde doch stark vom Betriebsverlust des Trekking-Modells in Höhe von 60.264,12 € „aufgezehrt", sodass das Gesamtbetriebsergebnis nur noch 65.818,90 € betrug. Eine typische Erkenntnis in derartigen Situationen: „Hätten wir das Trekking-Modell doch besser gar nicht produziert, dann stünden wir doch viel besser da!". Ist das wirklich so?

AB → Lernsituation 75

4.1 Deckungsbeitragsrechnung im Einproduktunternehmen

Die fixen Kosten sind unabhängig von der Produktionsmenge (Beschäftigung). Sie fallen auch bei rückläufigen Produktionsmengen mit den entsprechend rückläufigen Umsatzerlösen immer in derselben Höhe an. Das führt in der Vollkostenrechnung zu steigenden Stückkosten, da der gleichbleibend hohe Fixkostenblock nun auf eine geringere Stückzahl verteilt werden muss. Viele Gemeinkostenarten wie z. B. Mieten, Gehälter oder Abschreibungen sind fixe Kosten.

Die variablen Kosten hingegen sind von der Produktionsmenge abhängig. Sie steigen bei steigenden Absatzmengen und sinken entsprechend bei rückläufigen Produktionsmengen. Dies gilt für die Einzelkosten wie z. B. die Bezugspreise der Werkstoffe, aber auch für einige Gemeinkostenarten wie Verpackungsmaterial, Hilfslöhne usw.

fixe und variable Kosten in Abhängigkeit von der Beschäftigung (Produktionsmenge)

Kostenverläufe in Einproduktunternehmen

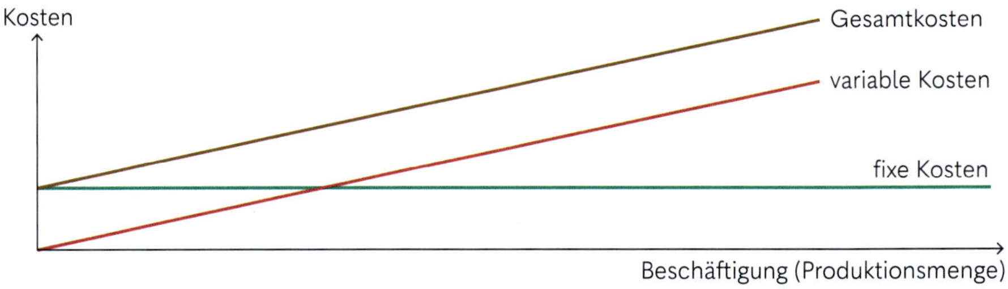

Umsatzerlöse
Absatzmenge · realisierter Barverkaufspreis

Unter **Deckungsbeitrag** versteht man die Differenz zwischen den **Umsatzerlösen** und den variablen Kosten für ein bestimmtes Produkt. Die fixen Kosten bleiben in der Deckungsbeitragsrechnung als Teilkostenrechnung unberücksichtigt. Erzielt ein Produkt einen positiven Deckungsbeitrag, so leistet es damit einen Beitrag zur Deckung der fixen Kosten des Unternehmens. Erst wenn die Summe aller positiven Deckungsbeiträge aller abgesetzten Produkte die Höhe der gesamten Fixkosten überschreitet, erzielt das Unternehmen einen Gewinn.

Deckungsbeitrag = Umsatzerlöse – variable Kosten

BEISPIEL: Zusammenhang zwischen Deckungsbeitrag und Gewinn (ein Zahlenbeispiel)

fixe Kosten	144.000,00 € innerhalb einer Abrechnungsperiode
variable Kosten	42,00 € je Stück
Erlöse	72,00 € je Stück
maximale Absatzmenge	8 000 Stück

Deckungsbeitrag je Stück: Erlöse – variable Kosten = 30,00 €

Deckungsbeitrag und Gewinn bei verschiedenen Produktionsmengen:

maximale Produktionsmenge	8 000 Stück	8 000 Stück
realisierte Produktionsmenge	3 000 Stück	7 000 Stück
Beschäftigungsgrad	37,5 %	87,5 %
Erlöse	216.000,00 €	504.000,00 €
– variable Kosten	126.000,00 €	294.000,00 €
= Deckungsbeitrag	90.000,00 €	210.000,00 €
– fixe Kosten	144.000,00 €	144.000,00 €
= Verlust/Gewinn	– 54.000,00 €	66.000,00 €

Beschäftigungsgrad = $\frac{\text{realisierte Produktionsmenge}}{\text{maximale Produktionsmenge}}$

Obwohl je Stück hier immer ein positiver Deckungsbeitrag erzielt wird, reicht eine Produktionsmenge von 3 000 Stück nicht aus, um einen Gewinn zu erzielen (Verlust 54.000,00 €). Bei einer Produktionsmenge von 7 000 Stück sind die fixen Kosten vollständig gedeckt und darüber hinaus wird noch ein Gewinn in Höhe von 66.000,00 € erzielt.

Da die Vollkostenrechnung die Aufteilung in fixe und variable Kosten nicht kennt, sind Entscheidungen auf ihrer Zahlenbasis gefährlich. Wird z. B. auf Basis der Vollkostenrechnung ein Produkt als „Verlustbringer" aus dem Produktionsprogramm entfernt, kann dies zu Gewinneinbrüchen führen, da dieses Produkt möglicherweise einen positiven Deckungsbeitrag hat und damit zur Deckung der Fixkosten beiträgt. Dieser Betrag würde dem Unternehmen dann aber bei der Fixkostendeckung fehlen.

Break-even-Point

In der **Break-even-Analyse** wird die sogenannte kritische Menge (Break-even-Point oder auch Gewinnschwelle) gesucht. Das ist die Menge, bei der die Gesamterlöse den Gesamtkosten entsprechen. In diesem Fall ist der Gewinn gleich null. Es ist oft von existenzieller Bedeutung für ein Unternehmen, diese Menge zu kennen.

Break-even-Point: Gesamterlöse = **Gesamtkosten**

oder alternativ: $\frac{\text{fixe Kosten}}{\text{Deckungsbeitrag je Stück}}$

Gesamtkosten = fixe + variable Kosten

Rechnerische Ermittlung des Break-even-Points

fixe Kosten	144.000,00 €
variable Kosten/Stück	42,00 €
Erlöse/Stück	72,00 €
Deckungsbeitrag/Stück	30,00 €
Absatzmenge	x
Gesamterlöse	72,00 € · x
variable Kosten	42,00 € · x
Gesamtkosten	42,00 € · x + 144.000,00 €

Berechnung: Gesamterlöse = Gesamtkosten

$$72{,}00\,€ \cdot x = 144.000{,}00\,€ + 42{,}00\,€ \cdot x \quad | - 42{,}00\,€ \cdot x$$

$$30{,}00\,€ \cdot x = 144.000{,}00\,€ \quad |: 30{,}00\,€$$

$$x = 4\,800$$

oder alternativ: $\frac{\text{fixe Kosten}}{\text{Deckungsbeitrag je Stück}} = \frac{144.000{,}00\,€}{30{,}00\,€} = 4\,800$

Der Break-even-Point liegt bei einer Absatzmenge von 4 800 Stück.

Grafische Darstellung des Break-even-Points

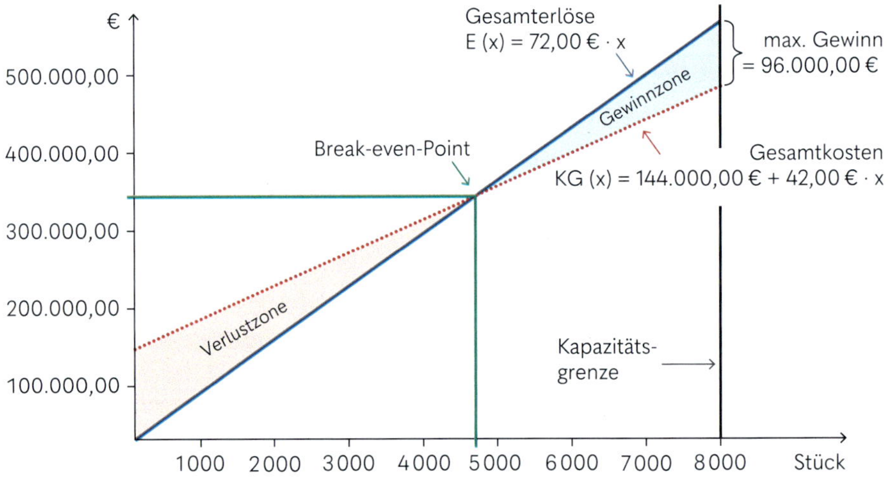

Bei den hier unterstellten linearen (proportionalen) Erlös- und Kostenverläufen zeigt die grafische Darstellung den Break-even-Point als **Schnittpunkt** der Erlös- und der Kostengeraden. Die Gewinnschwelle liegt bei einer Absatzmenge von 4 800 Stück. Hier sind Gesamterlöse und Gesamtkosten genau gleich hoch. Begrenzt werden die Kosten- und die Erlösgerade bei der maximalen Produktionsmenge von 8 000 Stück. Hier liegt auch der maximale Gewinn in Höhe von 96.000,00 €. Bei einer Produktionsmenge zwischen 0 und 4 799 Stück befindet sich das Unternehmen in einer **Verlustzone**: Die Gesamterlöse liegen unter den Gesamtkosten. Die **Gewinnzone** reicht von 4 801 Stück bis zur Maximalmenge.

4.2 Deckungsbeitragsrechnung im Mehrproduktunternehmen

AB → Lernsituation 76

Bei der Frage, ob das Trekking-Modell der FBW GmbH mit negativem Betriebsergebnis in der Vollkostenrechnung aus dem Programm genommen werden sollte, muss der Deckungsbeitrag des Modells an den Gesamtkosten berücksichtigt werden. Hierfür wird jede Kostenart in ihre fixen und variablen Teile aufgespalten. Die Berechnung erfolgt über einen **Variator**, der für den Beschäftigungsgrad im Abrechnungsmonat angibt, wie viel Prozent einer Kostenart als variabel angesehen werden muss.

negatives Betriebsergebnis → Beispiel Kap. 4

Bei sich ändernden Beschäftigungsgraden muss dieser **Variator** immer neu berechnet werden.

Kostenarten	Gesamt €	Variator	fixe Kosten €	variable Kosten €
Aufwendungen für Rohstoffe	34.090,00	100,00 %	0,00	34.090,00
Aufwendungen für Fremdbauteile	238.885,00	100,00 %	0,00	238.885,00
Aufwendungen für Hilfsstoffe	9.305,00	100,00 %	0,00	9.305,00
Aufwendungen für Betriebsstoffe	4.200,00	60,00 %	1.680,00	2.520,00
Verpackungsmaterial	2.503,00	100,00 %	0,00	2.503,00
Energie	12.250,00	40,00 %	7.350,00	4.900,00
Fremdinstandhaltung	15.300,00	20,00 %	12.240,00	3.060,00
Vertriebsprovisionen	10.055,00	100,00 %	0,00	10.055,00
Löhne (Variator gerundet)	46.296,00	89,63 %	4.800,49	41.495,51
Gehälter	84.200,00	0,00 %	84.200,00	0,00
soziale Abgaben (Variator gerundet)	29.361,60	31,80 %	20.025,11	9.336,49
Mieten, Pachten	8.000,00	0,00 %	8.000,00	0,00
Leasing	5.454,50	20,00 %	4.363,60	1.090,90
Aufwendungen für Kommunikation	25.500,00	20,00 %	20.400,00	5.100,00
Versicherungsbeiträge	3.330,00	0,00 %	3.330,00	0,00
Steuern	1.060,00	40,00 %	636,00	424,00
kalkulatorische Abschreibungen	25.000,00	0,00 %	25.000,00	0,00
kalkulatorische Zinsen	22.500,00	0,00 %	22.500,00	0,00
kalkulatorische Wagnisse	12.000,00	0,00 %	12.000,00	0,00
Summen	**589.290,10**		**226.525,20**	**362.764,90**

Auf Basis der Kostenträgerzeitrechnung können die variablen Einzelkosten den jeweiligen Erzeugnissen zugeordnet werden. Die variablen Gemeinkosten müssen separat je Erzeugnis ermittelt werden.

Ermittlung der variablen Kosten je Fahrradmodell	Mountain €	Trekking €	Summe €
Materialeinzelkosten	133.775,00	139.200,00	272.975,00
+ Fertigungslöhne Stufe I	4.655,00	5.958,40	10.613,40
+ Fertigungslöhne Stufe II	18.620,00	21.599,20	40.219,20
+ Sondereinzelkosten des Vertriebs	6.284,00	3.770,55	10.054,55
= variable Einzelkosten	**163.334,00**	**170.528,15**	**333.862,15**
+ variable Gemeinkosten	13.137,61	15.765,14	28.902,75
= Summe variable Kosten	**176.471,61**	**186.293,29**	**362.764,90**

Sind die variablen Kosten jedes Erzeugnisses ermittelt, können die Deckungsbeiträge je Erzeugnis und das Betriebsergebnis berechnet werden:

Ermittlung des Betriebsergebnisses	**Mountain €**	**Trekking €**	**Summe €**
Umsatzerlöse je Fahrradmodell	400.266,00	251.370,00	651.636,00
– Summe variable Kosten je Fahrradmodell	176.471,61	186.293,29	362.764,90
= Deckungsbeitrag je Fahrradmodell	223.794,39	65.076,71	288.871,10
– fixe Kosten			226.525,20
= Betriebsergebnis (ohne Bestandsveränderungen)			62.345,90
+ Bestandsmehrung (Saldo UE + FE)			3.473,00
= Betriebsergebnis (mit Bestandsveränderungen)			65.818,90

UE = unfertige Erzeugnisse
FE = fertige Erzeugnisse

Das laut Vollkostenrechnung als Verlustbringer ausgewiesene Trekkingrad erwirtschaftet einen Deckungsbeitrag in Höhe von 65.076,71 €. Wäre das Trekkingrad nicht produziert und verkauft worden, würde dieser Deckungsbeitrag völlig wegfallen, die fixen Kosten dieser Abrechnungsperiode hätten aber in voller Höhe (226.525,20 €) Bestand. Als Ergebnis müssten die Fly Bike Werke ohne Berücksichtigung von Bestandsveränderungen einen Betriebsverlust ausweisen.

Betriebsverlust ohne Modell Trekking:

DB Mountain	223.794,39 €
– fixe Kosten	226.525,20 €
= Betriebsverlust	– 2.730,81 €

Ergebnisse je Stück (gerundet)	**Mountain**	**Trekking**
hergestellte Fahrräder	1 000 St.	1 200 St.
verkaufte Fahrräder	970 St.	1 200 St.
Umsatzerlös je Fahrrad	412,65 €	209,48 €
– variable Kosten je Stück	176,47 €	155,24 €
= Deckungsbeitrag je Stück	236,18 €	54,24 €

4.3 Preisuntergrenzen

Bei jeder Form der Preisgestaltung muss der Verkäufer vor Einstieg in Preisverhandlungen mit einem Kunden seine Preisuntergrenzen kennen.

Besonders auf Käufermärkten verlangen verhandlungsstarke Großkunden häufig erhebliche Preisnachlässe oder Konkurrenten zwingen einem Unternehmen Preiskämpfe auf. Es ist also wichtig zu wissen, welchen Preis das Unternehmen für seine Produkte mindestens verlangen muss. Diese Frage kann nur in Abhängigkeit vom Zeithorizont beantwortet werden. Die **kurzfristige Preisuntergrenze** liegt in Höhe der variablen Kosten, der Deckungsbeitrag ist dann null. Die zu diesem Preis verkaufte Ware leistet keinen Beitrag zur Deckung der Fixkosten.

Die **kurzfristige Preisuntergrenze** entspricht den variablen Kosten.

Diese Preisuntergrenze sollte nur kurzfristig und für wenige ausgewählte Produkte genutzt werden. Da bei diesem niedrigen Preis kein Beitrag mehr zur Fixkostendeckung entsteht, ist bei zu häufigem Einsatz der Bestand des Unternehmens gefährdet (fehlende Kostendeckung, d. h., die Gesamtkosten übersteigen die Erlöse). Langfristig muss ein Unternehmen alle entstehenden Kosten abdecken. In der Realität wird ein Unternehmen nur im Extremfall zu dieser Preisuntergrenze anbieten.

Die langfristige Preisuntergrenze liegt in Höhe der Selbstkosten. Sie kann dauerhaft genutzt werden, allerdings wird dann kein Gewinn erzielt. In der Realität wird ein Unternehmen jedoch seine Erzeugnisse dauerhaft über der **langfristigen Preisuntergrenze** anbieten müssen. Nur Unternehmen, die auch Gewinn und damit Rentabilität (Eigenkapitalverzinsung) erzielen, haben auf Dauer am Markt Bestand. Grundsätzlich bleibt festzuhalten, dass sowohl die kurzfristige als auch die langfristige Preisuntergrenze eher theoretische Größen mit Orientierungscharakter sind.

Die **langfristige Preisuntergrenze** entspricht den Selbstkosten (variable + anteilige Fixkosten).

In der Regel werden Preise oberhalb dieser Preisgrenzen gewählt. Erst der **Mix aller Preisbildungsvarianten** in Abhängigkeit vom jeweiligen Zeithorizont führt zu einer kaufmännisch sinnvollen Preisbildung und damit zur Erfolgsoptimierung.

Situativ sinnvolle Preispolitik: **Mix** aus
- konkurrenzorientierter,
- nachfrageorientierter,
- kostenorientierter Preispolitik.

LF 9 → Kap. 5

BEISPIEL: Die Fly Bike Werke GmbH hatte vor kurzer Zeit ein Angebot für die MaHro AG über die Lieferung von 1500 Mountainbikes erstellt. In nachfolgender Tabelle werden die Selbstkosten auf Basis der Vollkostenrechnung (alle Einzel- und Gemeinkosten) und die Selbstkosten auf Basis der Teilkostenrechnung (nur Einzel- und variable Gemeinkosten) gegenübergestellt.

Angebot MaHro AG → Kap. 3.4.4

	Kalkulationsschema	Vollkosten		Teilkosten	
		Beträge €	Zuschlagssatz: Gesamtkosten	Beträge €	Zuschlagssatz: nur variable Kosten
1.	Materialeinzelkosten lt. Stückliste	158,00		158,00	
2.	+ Materialgemeinkosten	21,33	13,50 %	2,37	1,50 %
3.	= Materialkosten	179,33		160,37	
4.	Fertigungseinzelkosten Fertigung I lt. Arbeitsplan	6,50		6,50	
5.	+ Fertigungsgemeinkosten Fertigung I (Rahmen und Gabel)	28,20	433,80 %	4,12	63,40 %
6.	= Fertigungskosten Fertigung I (Rahmen und Gabel)	34,70		10,62	
7.	Fertigungseinzelkosten Fertigung II lt. Arbeitsplan	28,50		28,50	
8.	+ Fertigungsgemeinkosten Fertigung II (Montage)	78,38	275,00 %	12,83	45,00 %
9.	= Fertigungskosten Fertigung II (Montage)	106,88		41,33	
10.	= Herstellkosten (Material- und Fertigungskosten)	320,91		212,32	
11.	+ Verwaltungsgemeinkosten	21,18	6,60 %	1,70	0,80 %
12.	+ Vertriebsgemeinkosten	17,33	5,40 %	1,06	0,50 %
13.	= Selbstkosten	359,42		215,08	↓
14.	+ Gewinnzuschlag	57,51	16,00 %	201,85	Deckungsbeitrag
15.	= Barverkaufspreis	416,93		416,93	↑
16.	+ Kundenskonto	12,89	3,00 %	12,89	3,00 %
17.	+ Vertriebsprovision	0,00	0,00 %	0,00	0,00 %
18.	= Zielverkaufspreis	429,82		429,82	
19.	+ Kundenrabatt	211,70	33,00 %	211,70	33,00 %
20.	= Listenverkaufspreis (Angebotspreis)	641,52 →		→ 641,52	

→ Fortsetzung Beispiel Kap. 4.3

Listenverkaufspreis im Rahmen der Vollkostenrechnung → Kap. 3.4.4

BEISPIEL: Auf Basis der Vollkostenrechnung wurde der MaHro AG ein Listenverkaufspreis in Höhe von 641,52 € je Stück zu dessen üblichen Bedingungen (Rabatt, Skonto) angeboten; der Kunde nahm das Angebot an. Preisverhandlungen gab es nicht.

Vielleicht wäre in „echten" Verkaufs- und damit auch Preisverhandlungen mit Hinweis auf Markt- oder Konkurrenzpreise auch ein höherer Preis möglich gewesen. Auf jeden Fall muss der Verkäufer seine Preisuntergrenzen kennen und „im Auge behalten".

Bei einer Kalkulation mit ausschließlich variablen Kosten (Einzelkosten und variablen Gemeinkostenzuschlägen)

- beträgt die **kurzfristige, absolute Preisuntergrenze** (= variable Kosten je Stück) in diesem Fall 215,08 €; sie darf nur im Notfall als Preis verwendet werden.
- Auch die **langfristige Preisuntergrenze** (= Selbstkosten bei Vollkostenrechnung), hier 359,42 €, würde – als Preis verwendet – der FBW GmbH keinen Gewinn ermöglichen; allerdings könnte in diesem Fall noch ein Deckungsbeitrag in Höhe von 144,34 € (359,42 € – 215,08 €) erzielt werden.

4.4 Sortimentsgestaltung im Rahmen der Deckungsbeitragsrechnung

BEISPIEL: Dass man nicht mit jedem Erzeugnis zu jeder Zeit Gewinn erwirtschaften kann, weiß jeder Unternehmer. Die Superbike GmbH macht sich deshalb schon im Sommer 20XX Gedanken über das Zukunftssortiment. Von Brancheninformationsdiensten und auch aus eigenen Zahlen der Vergangenheit ist den Verantwortlichen bekannt, dass die Absatzzahlen von Trekking- und Kinderrädern auf dem Gesamtmarkt rückläufig sind. Insbesondere bei Kinderrädern ist zusätzlich von einem weiteren Preisverfall auszugehen, weil zunehmend Billiganbieter, die im Wesentlichen über Discounter ihre Erzeugnisse (Kartonware) verkaufen, auf diesem Markt aktiv sind.

Beide Erzeugnisgruppen stehen deshalb zur Disposition – sie könnten im nächsten Jahr aus dem Produktionsprogramm gestrichen werden.

Folgende Zahlen für die letzten 12 Abrechnungsmonate liegen der Superbike GmbH vor:

Deckungsbeitragsvergleich Erzeugnisgruppen in €	**Erzeugnisgruppe Trekking**			**Erzeugnisgruppe Kinder**	
Erzeugnis	**201 Mars**	**202 Pluto**	**203 Saturn**	**501 Sonne**	**502 Mond**
Verkauferlös/Stück	175,46	205,59	263,00	114,87	153,53
– variable Kosten/Stück	160,11	180,00	210,00	125,00	130,00
= Deckungsbeitrag/Stück	15,35	25,59	53,00	– 10,13	23,53
Rangfolge nach Stückdeckungsbeitrag	4	2	1	5	3
· Absatzmengen	3600	3780	900	2200	500
= Gesamtdeckungsbeitrag je Erzeugnis	55.260,00	96.730,20	47.700,00	– 22.286,00	11.765,00
Rangfolge nach Gesamtdeckungsbeitrag	2	1	3	5	4

BEISPIEL: Nur das **Kinderrad Sonne** weist einen negativen Stückdeckungsbeitrag (–10,13 €) auf. Das **Kinderrad Mond** weist zwar den drittbesten Deckungsbeitrag je Stück aller Vergleichsräder auf (+23,53 €), rückt aber in der Rangfolge nach dem Gesamtdeckungsbeitrag auf den vorletzten Platz, weil in Relation zum Stückdeckungsbeitrag die Absatzmenge (500 Stück) nicht sehr hoch ist. Trotzdem erscheint bis jetzt ein Verbleib des Kinderrades Mond im Sortiment aus kostenrechnerischer Sicht sinnvoll, da mit ihm ein Deckungsbeitrag von 11.765,00 € erwirtschaftet wird.
Für die endgültige Entscheidung der Geschäftsleitung ist die unten folgende Tabelle „hilfreich". Den Kostenrechnern der Superbike GmbH ist es nämlich gelungen, den Fixkostenblock „aufzuspalten". Einzelne Fixkostenbestandteile konnten verursachungsgerecht einzelnen Erzeugnisgruppen zugeordnet werden.

→ Fortsetzung Beispiel Kap. 4.4

Beispiele für **erzeugnisgruppenfixe Kosten**:
- kalkulatorische Abschreibungen und Zinsen auf Anlagen, die nur für eine Erzeugnisgruppe genutzt werden,
- Gehälter für Angestellte, die nur Arbeitsleistungen für eine Erzeugnisgruppe erbringen,
- Mieten für spezielle Lager usw.

Die Abgrenzung derartiger Fixkostenbestandteile ermöglicht **mehrstufige Deckungsbeitragsanalysen,** die die Entscheidungen sicherer machen.

BEISPIEL: Erzeugnisgruppenfixe Kosten bei der Superbike GmbH

Deckungsbeitragsvergleich Erzeugnisgruppen (EZG) in €	Erzeugnisgruppe (EZG) Trekking			Erzeugnisgruppe (EZG) Kinder	
Erzeugnis	**201 Mars**	**202 Pluto**	**203 Saturn**	**501 Sonne**	**502 Mond**
Verkauferlös/Stück	175,46	205,59	263,00	114,87	153,53
– variable Kosten/Stück	160,11	180,00	210,00	125,00	130,00
= Deckungsbeitrag/Stück	15,35	25,59	53,00	–10,13	23,53
· Absatzmenge	3 600	3 780	900	2 200	500
= Gesamtdeckungsbeiträge	55.260,00	96.730,20	47.700,00	– 22.286,00	11.765,00
– erzeugnisgruppenfixe Kosten	20.194,48			12.194,18	
Gesamtdeckungsbeitrag je EZG	179.495,72			– 22.715,18	

Hier wird deutlich, dass sich die Produktion von Kinderrädern für die Superbike GmbH nicht lohnt. Nach Zuordnung der erzeugnisgruppenfixen Kosten wird der Gesamtdeckungsbeitrag der Erzeugnisgruppe „Kinder" negativ. Aus kostenrechnerischer Sicht, aber auch wegen der Marktdaten (sinkende Absatzzahlen bei sinkenden Marktpreisen) sollte die Erzeugnisgruppe aus dem Sortiment eliminiert werden.

Vor einer Entscheidung zur Produktelimination sind aber noch Informationen aus der Verkaufsabteilung einzuholen und zu bewerten:
- Gibt es negative Reaktionen auf das Gesamtsortiment, wenn bestimmte Erzeugnisse oder gar Erzeugnisgruppen nicht mehr angeboten werden?
- Kaufen die ehemaligen Kunden von Kinderrädern eventuell auch andere Fahrräder nicht mehr bei der Superbike GmbH? Droht also ein Kunden- und damit ein zusätzlicher Umsatzverlust?

→ Fortsetzung Beispiel Kap. 4.4

AB → Lernsituation 75

4.5 Eigenfertigung oder Fremdbezug

BEISPIEL: Mit dem derzeitigen Hauptlieferanten der Fly Bike Werke GmbH für Fahrradsättel gibt es – zumindest zeitweise – Qualitäts- und Lieferprobleme. Ein möglicher neuer Lieferant erscheint „kompetent“; die Einstandspreise für Sättel werden aber mit Sicherheit deutlich steigen. Produktionstechnisch gesehen könnten Sättel in Zukunft auch von der FBW GmbH selbst produziert werden – die Kapazität ist vorhanden. Die FBW GmbH muss entscheiden, ob sie die Komponente Sattel in Zukunft selbst fertigt oder ob sie zugekauft werden soll. Dazu stellt sie die Kosten des Fremdbezugs denen der Eigenfertigung gegenüber.

Fremdbezug			**Eigenfertigung (variable Kosten)**		
Listeneinkaufspreis	8,00 €		Fertigungsmaterial	2,50 €	
– Liefererrabatt	2,00 €	25 %	+ Materialgemeinkosten	0,35 €	14 %
= Zieleinkaufspreis (ZEP)	6,00 €		= Materialkosten	2,85 €	
– Liefererskonto	0,18 €	3 %	Fertigungslöhne	0,80 €	
= Bareinkaufspreis	5,82 €		+ Fertigungsgemeinkosten	0,96 €	120 %
+ Bezugskosten	0,30 €	5 % vom ZEP	= Fertigungskosten	1,76 €	
= Bezugspreis	**6,12 €**		**= Herstellkosten**	**4,61 €**	

Kurzfristige (kurzsichtige) Entscheidung: Die um 1,51 € niedrigeren Kosten scheinen auf den ersten Blick für die Eigenfertigung zu sprechen: 6,12 € – 4,61 € = 1,51 €.

kritische Menge
Gesamtkosten der Eigenfertigung = Gesamtkosten des Fremdbezugs

Strategische Entscheidung: Bezieht man aber den Fixkostenblock bei Eigenfertigung in Höhe von 81.540,00 € ein, hängt die Entscheidung von der sogenannten **kritischen Menge** ab, hier 54 000 Stück. Bei genau 54 000 Stück sind die Gesamtkosten des Fremdbezugs gleich den Gesamtkosten der Eigenfertigung.

Bis 53 999 Stück sollte der Fremdbezug, ab 54 001 Stück die Eigenfertigung bevorzugt werden. Die Fly Bike Werke GmbH prognostiziert den Bedarf im kommenden Geschäftsjahr mit 45 000 Stück. Die kostenrechnerische Entscheidung lautet daher: Fremdbezug.

Kostenvergleich:
Eigenfertigung = fixe Kosten + (variable Herstellungskosten je Stück · Stückzahl)
Fremdbezug = Bezugspreis je Stück · Stückzahl

KF + kv · x = kv · x
81.540 + 4,61 · x = 6,12 · x
81.540 = 1,51x
54 000 = x

Eigenfertigung oder Fremdbezug

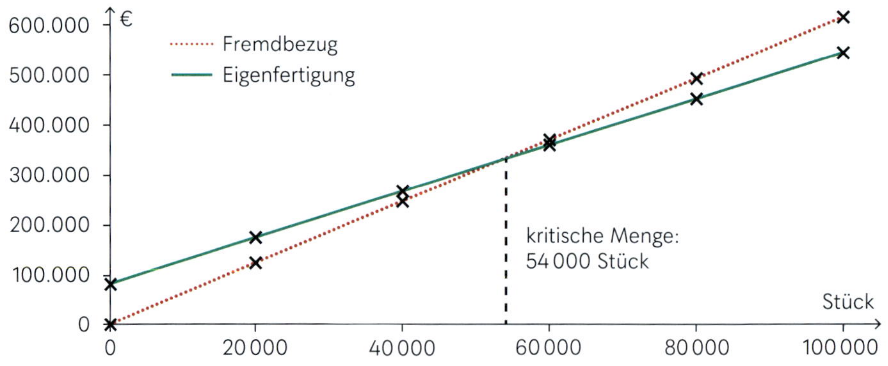

Betriebswirtschaftliche Argumente, die gegen eine rein kostenrechnerische Entscheidung sprechen, können z. B. sein:
- Arbeitsplatzsicherung
- Wahrung von Betriebsgeheimnissen (Know-how)
- Wahrung der Unabhängigkeit
- Nutzung der gut ausgebildeten Arbeitskräfte (die sonst vielleicht abwandern)

Eigenfertigung (make)		oder (or)	Zukauf (buy)	
Vorteile: - Unabhängigkeit von Zulieferern - Ausnutzen eigener Kapazitäten - Eigene Vorstellungen können besser berücksichtigt werden. - Qualitätssicherung - usw.	Nachteile: - evtl. Investitionen sowie Kosten für Wartung und Instandhaltung - Abschreibungen - kalkulatorische Zinsen - Liquidität		Vorteile: - evtl. geringere Kosten (siehe Nachteile „Eigenfertigung") - Teilnahme am/Nutzung des Know-how des Lieferanten - Flexibilität bei großer Stückzahl	Nachteile: Abhängigkeit aufgrund von - Lieferzeitschwankungen - Qualitätsschwankungen - Preisschwankungen - langfristigen Lieferverträgen

4.6 Produktionsprogrammplanung in Engpasssituationen

Produktionsplanung
LF 6 → Kap. 5

Jedes Unternehmen würde gerne alle Produkte, mit denen Gewinne erzielt werden können, jederzeit dann „just in time" produzieren, wenn es dafür Käufer gibt. Bei schwankendem Nachfrageverhalten – wie im Fahrradmarkt üblich – ist das nicht möglich. Zum Beispiel können nicht 40 Prozent einer Jahresabsatzmenge an Fahrrädern im Frühjahr gleichzeitig produziert werden. Übliche Nachfragespitzen können natürlich durch vorher „auf Lager" produzierte Fahrräder befriedigt werden. Nicht immer funktioniert das reibungslos – die Kunden bestellen halt immer so viel, wie sie wollen, und nicht unbedingt so viel, wie auf Lager ist. Zusätzlich problematisch wird es immer dann, wenn bei vorliegenden Aufträgen die Kapazität z. B. durch Maschinenausfälle sinkt. Plötzlich entsteht dann ein **Engpass** und die Produktion muss neu geplant werden.

BEISPIEL: Die Fly Bike Werke GmbH hat im Produktionsmonat September ein derartiges Problem: Zwei Privat-Label-Kunden (MaHro und EGZ) planen für ihr Weihnachtsgeschäft Sonderaktionen für E-Mountainbikes. Nach speziellen Kunden-Konfigurationen müssten die Fahrräder Anfang Oktober ausgeliefert werden – eine Produktion im Monat September ist dafür notwendig. Alle möglichen Aufträge würden einen positiven, aber unterschiedlich hohen Deckungsbeitrag je Fahrrad ermöglichen.

Das Problem (der Engpass) sind bei diesen Aufträgen die automatisierten Rohrschweißanlagen „Motorman I und II“. Beide Anlagen zusammen ermöglichen im Abrechnungsmonat Produktionszeiten von maximal 2 x 170 Stunden, das sind 20 400 Produktionsminuten bei absoluter Vollauslastung (Kapazitätsgrenze). Diese Kapazität reicht für die notwendigen 22 380 Minuten Produktionszeit, die für die Ausführung aller Aufträge notwendig wäre, also nicht aus.

Erste Entscheidungsgröße hinsichtlich der tatsächlichen Produktion könnte der **Deckungsbeitrag je Fahrrad** sein. Fahrräder, deren Rahmen nicht produziert werden können, sind natürlich nicht fertigzustellen und damit nicht absetzbar. Es muss eine Rangfolge für die Produktion (und damit für die Auftragsannahme) erstellt werden.

Rangfolge der Produktion nach Stückdeckungsbeiträgen für die Auftragsmenge:

Aufträge nach Modellen	**Produktionszeit je Rahmen in Minuten**	**Auftragsmenge in Stück**	**notwendige Produktionszeit in Minuten**	**Deckungsbeitrag je Fahrrad**	**Rang nach Deckungsbeitrag je Stück**
Modell PL M1	6,4	600	3 840	72,00 €	2
Modell PL M2	7,6	1 200	9 120	57,00 €	4
Modell PL EG1	8,0	800	6 400	64,00 €	3
Modell PL EG2	12,4	200	2 480	74,40 €	1
Modell PL EG3	4,5	120	540	54,00 €	5
Summen		2 920	22 380		

Rangfolge nach Deckungsbeiträgen der Auftragsmengen:

Aufträge nach Modellen	**Produktionszeit je Rahmen in Minuten**	**Auftragsmenge in Stück**	**notwendige Produktionszeit in Minuten**	**Deckungsbeitrag je Fahrrad**	**Deckungsbeitrag der Auftragsmenge (= Produktionsmenge)**	**Rang nach Deckungsbeitrag der Produktionsmenge**
Modell PL M1	6,4	600	3 840	72,00 €	43.200,00 €	3
Modell PL M2	7,6	1 200	9 120	57,00 €	68.400,00 €	1
Modell PL EG1	8,0	800	6 400	64,00 €	51.200,00 €	2
Modell PL EG2	12,4	200	2 480	74,40 €	14.880,00 €	4
Modell PL EG3	4,5	120	540	54,00 €	6.480,00 €	5
Summen		2 920	22 380		184.160,00 €	

Deckungsbeitrag je Produktionsminute:

Aufträge nach Modellen	Produktionszeit je Rahmen in Minuten	Auftragsmenge in Stück	notwendige Produktionszeit in Minuten	Deckungsbeitrag je Fahrrad	Deckungsbeitrag der Auftragsmenge	Deckungsbeitrag je Produktionsminute	Rang nach Deckungsbeitrag je Produktionsminute
Modell PL M1	6,4	600	3 840	72,00 €	43.200,00 €	11,25 €	2
Modell PL M2	7,6	1 200	9 120	57,00 €	68.400,00 €	7,50 €	4
Modell PL EG1	8,0	800	6 400	64,00 €	51.200,00 €	8,00 €	3
Modell PL EG2	12,4	200	2 480	74,40 €	14.880,00 €	6,00 €	5
Modell PL EG3	4,5	120	540	54,00 €	6.480,00 €	12,00 €	1
Summen		2 920	22 380		184.160,00 €		

Das kostenrechnerisch optimale Produktionsprogramm ergibt sich durch die Rangfolge, die der Engpass vorgibt (maximale Produktionsmenge):

Aufträge nach Modellen	Rang nach Deckungsbeitrag je Produktionsminute	Produktionszeit je Rahmen in Minuten	Auftragsmenge in Stück	notwendige Produktionszeit in Minuten	mögliche Produktionsmenge	verbrauchte Produktionsminuten	Rest-Minuten nach Produktion (Ausgangsbasis 20 400 Minuten)	Deckungsbeitrag der möglichen Produktionsmenge
Modell PL EG3	1	4,5	120	540	120	540	19 860	6.480,00 €
Modell PL M1	2	6,4	600	3 840	600	3 840	16 020	43.200,00 €
Modell PL EG1	3	8,0	800	6 400	800	6 400	9 620	51.200,00 €
Modell PL M2	4	7,6	1 200	9 120	1 200	9 120	500	68.400,00 €
Modell PL EG2	5	12,4	200	2 480	40	496	4	2.976,00 €
Summen			2 920	22 380		20 396		172.256,00 €

Das Modell „PL EG2“ könnte danach maximal mit einer Stückzahl von 40 Fahrrädern produziert werden. Da dies sowohl für die Fly Bike Werke GmbH (zu geringe Produktionsmenge) als auch für den Kunden (Aktionsmodell mit nur 40 verfügbaren Einheiten) nicht akzeptabel sein wird, ist dieser Auftrag abzulehnen.

Das kostenrechnerisch optimale Produktionsprogramm kann also maximal 169.280,00 € (172.256,00 € – 2.976,00 €) erwirtschaften. Jetzt ist die Verkaufsabteilung gefordert: Gelingt es ihr, die noch verfügbaren knapp 500 Produktionsminuten für eine Auftragsmengenerhöhung der Modelle mit einer höheren Rangstufe nach Engpassbetrachtung einzusetzen, kann der Gesamtdeckungsbeitrag noch erhöht werden.

4.7 Entscheidung über die Annahme von Zusatzaufträgen

BEISPIEL: Bei der Fly Bike Werke GmbH sind die Produktionskapazitäten in der Endmontage derzeit schlecht ausgelastet. Da trifft die Anfrage einer Supermarktkette ein. Für eine Sonderaktion möchte man 500 Fahrräder des Modells City *Glide* abnehmen.
Die Disponentin, Marit Glaner, prüft die Materialbestände und Produktionskapazitäten. Genügend vorgefertigte Rahmen und Fremdbauteile wären für diesen Auftrag am Lager. Und den gewünschten Liefertermin könnte man auch einhalten.

Allerdings verlangt der Kunde 50 % Rabatt auf den Listenpreis von 490,00 € je Fahrrad. Dabei liegen allein die variablen Selbstkosten schon bei 220,00 € je Stück. Ein Gewinn wäre bei diesem Preis sicher nicht zu erzielen.
Sollte die Fly Bike Werke GmbH die Anfrage also ablehnen?

Aufträge, bei denen die erzielbaren Verkaufspreise unter den gesamten Selbstkosten liegen, können als **Zusatzaufträge** bezeichnet werden. Obwohl mit solchen Aufträgen für sich allein genommen keine Gewinne erzielt werden können, kann ihre Annahme trotzdem sinnvoll sein. Solange der Verkaufspreis mindestens die variablen Selbstkosten deckt, kann der Auftrag einen positiven (absoluten) Deckungsbeitrag erzielen:

→ Fortsetzung Beispiel Kap. 4.7

BEISPIEL:
Deckungsbeitrag = (50 % von 490,00 € je Stück – 220,00 € je Stück) · 500 Stück
= 12.500,00 €
Der Sonderauftrag über 500 Fahrräder des Modells City *Glide* zum Stückpreis von 245,00 € würde immerhin 12.500,00 € zur Deckung der Fixkosten des Betriebs beitragen. Könnten die freien Produktionskapazitäten nicht auf eine andere – gewinnbringendere – Weise ausgelastet werden, würde die Annahme des Auftrags das Betriebsergebnis verbessern.
Zu bedenken ist allerdings, dass solche Zusatzaufträge mit Preisen unterhalb der Selbstkosten das Preisgefüge im Markt erheblich unter Druck setzen. Große Nachfrager können auf diese Weise ihre Lieferanten gegeneinander ausspielen und einen allgemeinen Preisverfall im Markt hervorrufen, sehr zum Schaden der Lieferanten.

ÜBERSICHT: Entscheidungsbaum der Produktionsprogrammplanung

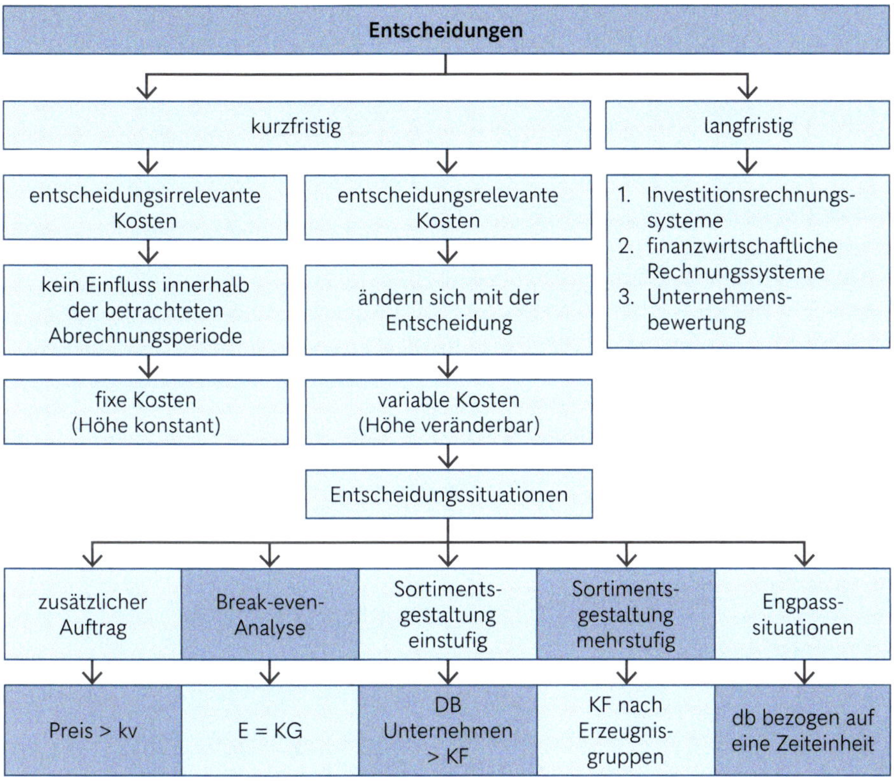

Alles klar?

1 Die Fly Bike Werke GmbH kalkuliert als variable Kosten für das Mountainbike Modell *Unlimited* 360,00 €. Die modellfixen Kosten (das sind fixe Kosten, die ausschließlich für dieses Modell anfallen) belaufen sich auf 9.417,20 €. Wie viele Mountainbikes dieses Typs muss die Fly Bike Werke GmbH bei einem durchschnittlichen Zielverkaufspreis von 595,43 € absetzen, damit das Modell einen Beitrag zur Deckung der gruppenfixen (alle Modelle Mountainbikes) Kosten leistet?

2 In der Produktion eines Jeansherstellers fallen monatlich 24.948,00 € fixe Kosten an. Die variablen Stückkosten betragen 24,70 €, der Verkaufspreis beträgt 44,50 €.

Bestimmen Sie
- a die Erlös-, Gesamtkosten- und Gewinnfunktion,
- b den Break-even-Point (Gewinnschwelle),
- c den monatlichen Gewinn, wenn 1 500 Stück produziert und abgesetzt werden können,
- d den Absatz, um 9.900,00 € Gewinn/Monat zu erzielen.

3 Ein Unternehmen produziert Kugelschreiber:
- Die fixen Kosten betragen 36.000 €,
- die variablen Herstellkosten (kv) 0,50 € je Stück,
- die Kapazitätsgrenze liegt bei 200 000 Stück,
- die Absatzgrenze bei 150 000 Stück,
- der Verkaufspreis der Konkurrenz auf dem Markt für derartige Kugelschreiber beträgt 0,90 €.

Ermitteln Sie
- a KF, KV und KG für 1, 10, 100, 1 000, 10 000 und 100 000 Stück,
- b den möglichen Gewinn/Verlust bei den unter **a** genannten Produktions- bzw. Absatzmengen,
- c kf, kv und kg für 1, 10, 100, 1 000, 10 000 und 100 000 Stück,
- d den Mindestpreis je Kugelschreiber, damit zumindest kein Verlust für das Unternehmen entsteht (Formalziel: Kostendeckung),
- e den Break-even-Point,
- f den Gewinn.
- g Eine Marktanalyse hat ergeben, dass bei einer Preissenkung um 20 % der Absatz um 40 % gesteigert werden könnte. Ermitteln Sie die alternative Gewinnsituation und geben Sie eine Empfehlung.

4 Die Kosten- und Leistungsrechnung eines Industriebetriebs hat folgende Zusammenhänge zwischen Absatz und Kostenentwicklung für ein Erzeugnis ermittelt:

Absatz	Gesamtkosten	Nettoverkaufspreis
10 000 Stück	680.000,00 €	64,00 €/Stück
15 000 Stück	920.000,00 €	

Ermitteln Sie
- a die gesamten fixen und variablen Kosten,
- b die variablen Stückkosten,
- c den Stückdeckungsbeitrag,
- d den Break-even-Point (Gewinnschwelle),
- e den Gewinn bei einem Absatz von 16 000 Stück.

Hinweis:

$$\text{variable Stückkosten} = \frac{\text{Gesamtkostenveränderung in €}}{\text{Absatzveränderung in Stück}}$$

5 Der Versandabteilung eines Industrieunternehmens steht ein Verpackungsautomat mit einer Kapazität von 176 Stunden/Monat zur Verfügung. Das Unternehmen hat folgende weiteren Informationen vorliegen:

	Erzeugnisgruppe 1		**Erzeugnisgruppe 2**	
	Artikel A	**Artikel B**	**Artikel C**	**Artikel D**
Nettoverkaufspreis	80,00 €	75,00 €	72,00 €	150,00 €
variable Stückkosten	60,00 €	67,50 €	63,00 €	120,00 €
Absatz	1 500 Stück	2 400 Stück	1 200 Stück	240 Stück
Verpackungszeit	4 Min.	1 Min.	2 Min.	3 Min.
Fixkosten/Monat	50.000,00 €			

Ermitteln Sie
a die Stückdeckungsbeiträge, die Gesamtdeckungsbeiträge und die engpassbezogenen Deckungsbeiträge,
b das optimale Betriebsergebnis pro Monat unter Berücksichtigung der Kapazität.

6 Ein Industriebetrieb hat im Rahmen der Entscheidung Eigenfertigung oder Fremdbezug nachfolgende Daten ermittelt (der Fixkostenblock beträgt 65.520,00 €):

Fremdbezug	**Eigenfertigung**
– Listeneinkaufspreis 10,00 € – Liefererrabatt 30 % – Liefererskonto 3 % – Bezugskosten 5 % vom Zieleinkaufspreis	– Fertigungsmaterial 3,00 € – Fertigungslöhne 1,00 € – MGK-Zuschlagssatz 20 % – FGK-Zuschlagssatz 150 %

a Aufgrund einer Marktforschung kann die Fly Bike Werke GmbH von einem Bedarf von 60 000 Stück/Jahr ausgehen. Ermitteln und begründen Sie Ihre kostenrechnerische Entscheidung.
b Welche betriebswirtschaftlichen Gründe könnten gegen diese kostenrechnerische Entscheidung sprechen?

7 Die Superbike GmbH produziert die Kinderfahrräder Sonne, Mond und Sterne. Alle Erzeugnisse durchlaufen die gleiche Arbeitsgruppe, die eine Kapazität von 92 400 Minuten im Monat aufweist. Für die Erzeugnisse gelten folgende Daten:

Erzeugnis	**variable Stückkosten (kv) in €**	**Verkaufspreis (p) in €**	**Dauer des Schneidvorgangs je Stück**	**Aufträge (Stück)**	**Fixkosten je Monat (KF) in €**
Sonne	320,00	340,00	4 Minuten	6 000	300.000,00
Mond	230,00	242,50	5 Minuten	7 000	
Sterne	272,00	300,00	7 Minuten	5 250	

Ermitteln Sie
a den absoluten Deckungsbeitrag je Stück des Kinderfahrrads *Sterne* in €
b den niedrigsten Preis in €, zu dem das Kinderfahrrad *Sonne* kurzfristig angeboten werden kann,
c den engpassbezogenen Deckungsbeitrag je Stück des Kinderrads *Sterne* in €,
d die Stückzahl, die von Erzeugnis *Mond* bei der Realisation des gewinnmaximalen Produktionsprogramms hergestellt wird,
e den Gewinn in €, der bei der Realisation des gewinnmaximalen Produktionsprogramms erzielt wird.

AB → Lernsituation 77

Lernvideo: Controlling 1

Controlling (engl. to control) steuern, regeln, kontrollieren

5 Plankostenrechnung als Controllingaufgabe

Das **Controlling** ist ein in die Zukunft gerichtetes Entscheidungs- und Informationsinstrument für die Leitungsebene eines Unternehmens. Es übernimmt Kontroll-, Planungs- und Steuerungsaufgaben in allen Bereichen eines Unternehmens. Controlling umfasst damit alle betrieblichen Grundfunktionen wie Beschaffung, Lagerhaltung, Absatz sowie die Verwaltungsbereiche mit z. B. Personal- und Finanzwesen.

Es wird zwischen operativem und strategischem Controlling unterschieden.

Unternehmensziele im Rahmen des operativen und strategischen Controllings

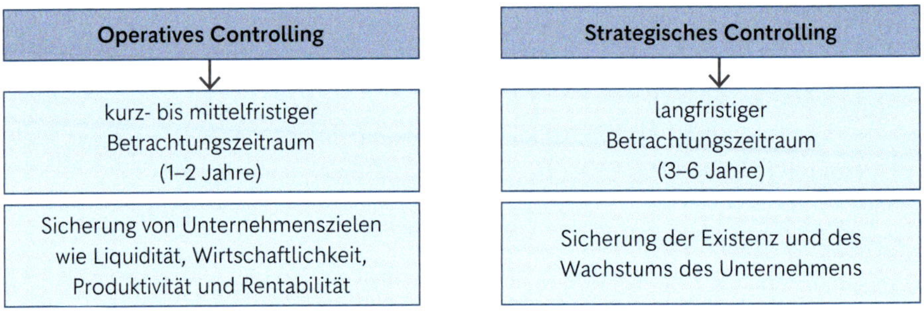

In der **Aufbauorganisation** eines Unternehmens wird das Controlling meistens als Stabsstelle der Unternehmensleitung zugeordnet **(Stabliniensystem)**. Die Mitarbeiter im Controlling haben hier keinerlei Weisungsbefugnisse. Sie informieren und beraten die Unternehmensleitung, die selbst die notwendigen Entscheidungen treffen muss. Die Einordnung des Controllings als Stabsstelle der Unternehmensleitung hat Vor- und Nachteile. Neben einer weitgehenden Unabhängigkeit bewirkt sie in den meisten Fällen die größtmögliche Akzeptanz durch die einzelnen Funktionsbereiche. Wird das Controlling jedoch als Überwachungsinstrument der Unternehmensleitung wahrgenommen, kann das die Informationsbeschaffung und die Durchsetzung von Maßnahmen erschweren. Um dies zu vermeiden, sollten Vertreter aller Funktionsbereiche frühzeitig in die Planungs- und Steuerungsprozesse des Controllings eingebunden werden.

Controlling als Stabsstelle der Unternehmensleitung

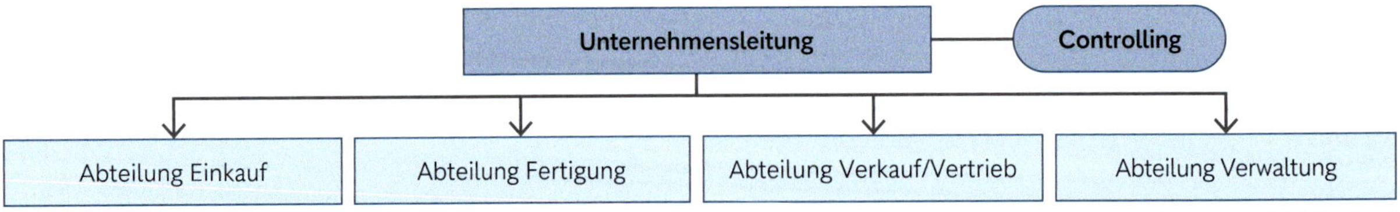

Andere Einordnungen des Controllings im Unternehmen sind ebenfalls möglich. In größeren Unternehmen kann es auch eine gleichberechtigte eigene Controllingabteilung neben den anderen Abteilungen geben. Möglich ist auch eine Angliederung des Controllings als Stabsstelle auf der Ebene des Finanz- und Rechnungswesens.

5.1 Funktionen des Controllings

Vereinfacht zeigt der nachfolgende Regelkreis die Funktionen des Controllings:

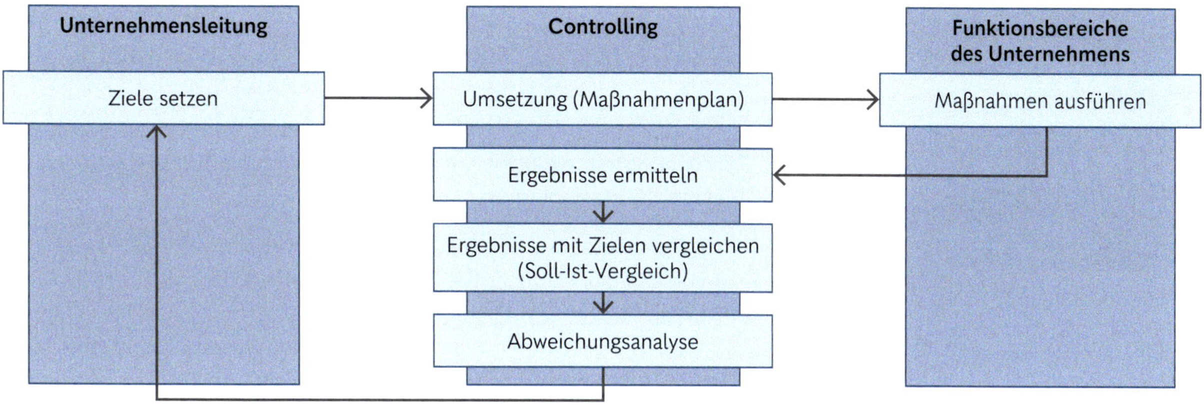

Planungsfunktion

Zum Planungsbereich des Controllings gehört es, die von der Unternehmensleitung festgesetzten Ziele in eine konkrete Maßnahmenplanung umzusetzen. Da in einem Unternehmen verschiedene operative Ziele auch gleichzeitig verfolgt werden können, ist eine entsprechende Vielzahl von zielführenden Maßnahmen zu planen. Zielkonflikte sind auszuschließen oder zu optimieren. Hierfür werden für ein Ziel mögliche zielführende Maßnahmen angegeben.

BEISPIEL: Ein Unternehmen hat sich das Ziel gesetzt, das Betriebsergebnis im Monat Januar um 10 % zu erhöhen. Hierfür müssen nun viele Planwerte (Sollwerte) ermittelt werden:

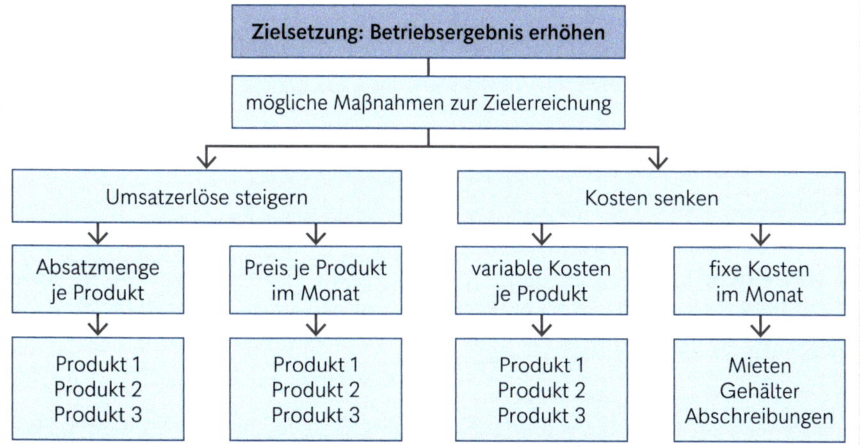

Konkrete Maßnahmen, die diese Zielerreichung unterstützen sollen, müssen in den Planwerten berücksichtigt werden. Mögliche Maßnahmen können z. B. sein:

- Werbeaktionen zur Steigerung der Absatzmenge
- Preiserhöhungen zur Steigerung der Deckungsbeiträge
- Einsatz kostengünstigerer Materialien zur Senkung der variablen Stückkosten
- Personalabbau in der Verwaltung zur Senkung der Fixkosten

Steuerungsfunktion
Die geplanten Maßnahmen werden dann in den betreffenden Funktionsbereichen des Unternehmens ausgeführt und vom Controlling begleitet. Dabei können die Maßnahmen im Zeitablauf angepasst, d. h. je nach Erfolg oder Misserfolg verändert werden:
- Der Absatz oder das Marketing entwickelt eine Werbemaßnahme.
- Der Verkauf erstellt in Zusammenarbeit mit der Kosten- und Leistungsrechnung neue Preislisten.
- Die Abteilung Einkauf ermittelt günstigere Bezugsquellen.
- Die Personalabteilung stellt einen neuen Personalbedarfsplan mit Personalfreisetzungen auf **(Personalbedarfsplanung)**.

Wird der Ziel- und Planungszeitraum auf Quartale, das Halbjahr oder ein Geschäftsjahr erweitert, vervielfachen sich die notwendigen Planwerte. Lohn- und Gehaltserhöhungen, Personalanpassungen, Mietsteigerungen, saisonale Absatzschwankungen usw. müssen zukunftsorientiert in die Planung einbezogen werden. Außerdem muss eine Abstimmung mit anderen Plänen (z. B. Finanzplan, Investitionsplan, Personalplan, Werbeplan) erfolgen.

Kontrollfunktion
Nachdem die geplanten Maßnahmen umgesetzt worden sind, ist zu prüfen, ob sie auch zum gewünschten Erfolg geführt haben. Dazu werden zu den Planwerten (Solldaten) die passenden Istwerte ermittelt. Die Istwerte werden in der Kosten- und Leistungsrechnung auf Basis der Zahlen aus der Finanzbuchhaltung ermittelt. Plan- und Istwerte werden dann in einem Soll-Ist-Vergleich gegenübergestellt und eventuelle Abweichungen in Euro und in Prozent ermittelt.

Dabei reicht es nicht aus, nur die Abweichung von der Zielvorgabe festzustellen. Die **Abweichungsanalyse** dient dazu, Ursachen aufzudecken, die z. B. zu einer Zielunterschreitung geführt haben.

→ Fortsetzung Beispiel Kap. 5.1

BEISPIEL: Statt der angestrebten Verbesserung des Betriebsergebnisses um 10 % konnte im Januar nur eine Steigerung von 5 % realisiert werden. Der Soll-Ist-Vergleich hat ergeben, dass als Planwert für das Produkt Nr. 10534 eine Absatzmenge von 5 000 Stück zum Preis von je 30,00 € vorgegeben war, tatsächlich aber nur 4 200 Stück zu einem Preis von 28,00 € verkauft wurden. Allein durch diese Abweichung sanken die geplanten Umsatzerlöse um 32.400,00 €.

Die Abweichung kann verschiedene Ursachen haben: Minderabsatzmengen, konkurrenzbedingte Preisnachlässe oder gestiegene Bezugspreise für Materialien senken zwangsläufig den geplanten Deckungsbeitrag. Ungeplante Miet- oder Tariferhöhungen (Löhne und Gehälter) lassen das Betriebsergebnis zusätzlich sinken.

Nachdem die Ursachen für den Erfolg oder Misserfolg festgestellt wurden, muss das **Ergebnis der Abweichungsanalyse** die Aufstellung eines neuen Maßnahmenkatalogs sein, der zur Zielerreichung führt. Sind die Korrekturmaßnahmen nicht umsetzbar, müssen die Ziele entsprechend angepasst werden. Unrealistische und damit unerreichbare Zielsetzungen wirken demotivierend auf die Mitarbeiter. Auch hochgesteckte Ziele müssen – wenn auch mit Anstrengungen – erreichbar bleiben.

BEISPIEL: Eine aggressive Preispolitik eines Mitbewerbers hat dazu geführt, dass die Kunden den geplanten Verkaufspreis von 30,00 € für das Produkt 10534 nicht akzeptieren und die Absatzmengen hinter den Planungen zurückbleiben. Als Konsequenz muss das Ziel – die Steigerung des Betriebsergebnisses – reduziert werden.

→ Fortsetzung Beispiel Kap. 5.1

Informationsfunktion

Bereichsübergreifend ist das Controlling für ein **empfängerbezogenes Berichtswesen** verantwortlich, das die Ergebnisse der Planung und der Realisierung regelmäßig und übersichtlich für die jeweilige Empfängergruppe aufbereitet.

Kostenstellenverantwortliche müssen „ihre" Planzahlen genau kennen. Sie erhalten detaillierte, aber i. d. R. nur die für ihre Kostenstelle relevanten Daten. Hinsichtlich der Kosten sind sie zumeist für die Einhaltung eines bestimmten **Budgets** verantwortlich. Für die Leitungsebene sind die Informationen stark zu komprimieren und grafisch aufzubereiten.

BEISPIEL: Ein Diagramm zur Entwicklung des Betriebsergebnisses im Soll-Ist-Vergleich zeigt ein mögliches Problemfeld des Unternehmens schneller als lange Tabellen und Zahlenreihen:

→ Fortsetzung Beispiel Kap. 5.1

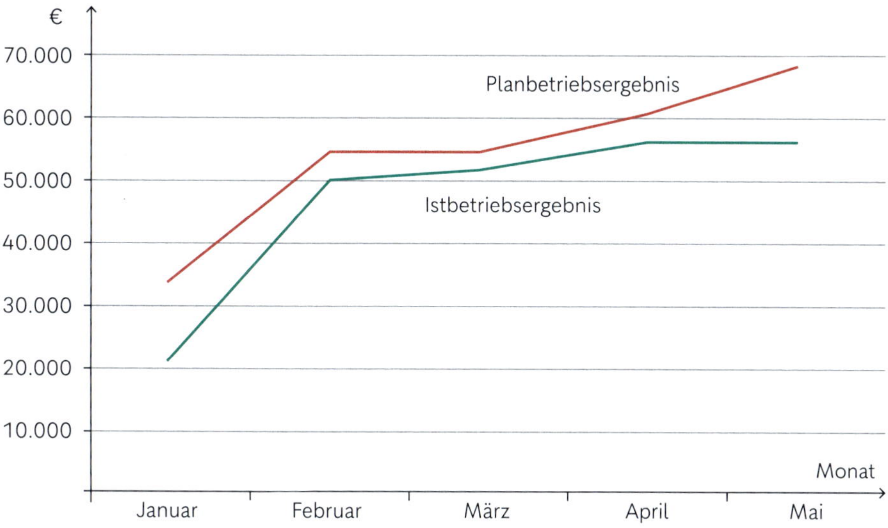

ÜBERSICHT: Funktionen des Controllings

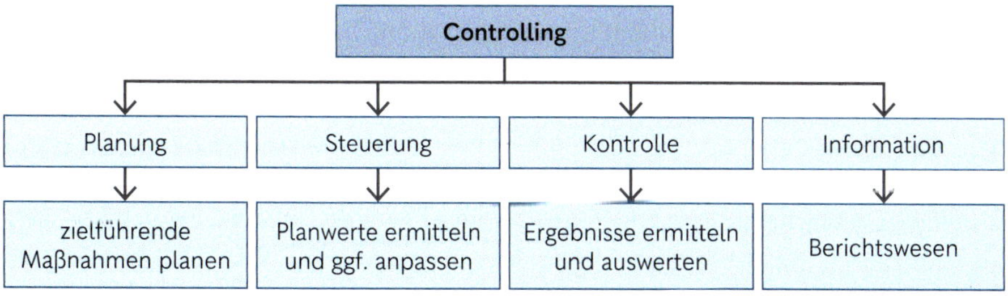

5.2 Controllinginstrumente

In den einzelnen Funktionsbereichen des Unternehmens kommen verschiedene Controllinginstrumente zum Einsatz, die hier beispielhaft dargestellt sind.

Controllinginstrumente in den Funktionsbereichen eines Unternehmens (Beispiele)

Einkauf	Lager/Produktion	Verkauf/Vertrieb	Verwaltung
- Beschaffungsbudget - ABC-Analyse - Bestellkosten - optimale Bestellmenge	- Lagerkostenbudget - Lagerbestände: Mindest-, Melde- und Höchstbestand - Lagerkennzahlen - Ausschussquote - Produktivität - Wirtschaftlichkeit - Mechanisierungsgrad	- Absatzbudget - Umsatzanalysen nach Produkten, Erzeugnisgruppen, Kundengruppen, Regionen usw. - Marktwachstum - Marktanteil - Servicegrad (Lieferbereitschaft) - Reklamationsquote	- Kostenbudget - Personalbudget - Werbebudget - Erfolgs- und Bilanzkennzahlen - Personalstrukturen - Fluktuationsquote - Intensitätskennziffern für Personalkosten, Abschreibungen usw.

Um die ermittelten Daten, Kennzahlen und Kennzahlensysteme sinnvoll beurteilen zu können, werden Vergleichswerte benötigt. Beträgt z. B. die durchschnittliche Lagerdauer für fertige Erzeugnisse in einem Industrieunternehmen 24 Tage, so ist dieser Wert für sich allein noch nicht aussagefähig.

Kennzahlen (Istwerte) können im **Zeitvergleich** mit den Werten vorangegangener Perioden verglichen werden. Diese Vergleiche beinhalten stets das Risiko, dass man „schlechte" Daten mit „schlechteren" vergleicht und so einen vermeintlichen Erfolg ersehen könnte.

Stehen entsprechende Daten von anderen, vergleichbaren Unternehmen zur Verfügung, können deren Istdaten den eigenen Istdaten in einem **Betriebsvergleich** gegenübergestellt werden. Auch hier besteht die Gefahr, dass die Vergleichsdaten des ausgewählten Betriebs nicht genügend aussagefähig sind. Oft ist es aber möglich, von Verbänden oder anderen Institutionen veröffentliche Daten einer ganzen Branche zu Vergleichzwecken heranzuziehen. Solche auf Durchschnittswerten basierenden Daten zeigen den Stand des eigenen Unternehmens im **Branchenvergleich**.

Aussagefähiger sind zumeist Vergleiche mit selbst gesetzten Zielen und dem realisierten Zielerreichungsgrad. Voraussetzung dafür ist die Ermittlung von Plan- und Istwerten mit einem anschließenden Soll-Ist-Vergleich und einer Abweichungsanalyse, die die Ursachen für Zielverfehlungen offenlegt.

Die zur Erreichung der Unternehmensziele notwendigen Maßnahmen werden im Controlling geplant und mit der Unternehmensleitung und Vertretern der Funktionsbereiche (Abteilungsleiter, Kostenstellenverantwortliche) abgestimmt. Für jede zielführende Maßnahme ist ein **Budget** zu erstellen. Das Budget legt die finanziellen Mittel fest, die innerhalb eines bestimmten Zeitraumes für die Zielerreichung zur Verfügung stehen. **Beschaffungsbudgets** begrenzen z. B. wertmäßig die Kaufaktivitäten der Abteilung Einkauf; **Werbebudgets** beschränken den Einsatz von Werbemitteln in der Vertriebsabteilung. **Kostenbudgets** begrenzen die einzelnen Kostenarten für jede Kostenstelle.

5.3 Grundzüge der Plankostenrechnung

Lernvideo: Controlling 2

In der Kosten- und Leistungsrechnung bildet die Plankostenrechnung ein wirksames Controllinginstrument. Geplante Verbrauchsmengen (z. B. Arbeitsstunden, Materialeinsatz) zu geplanten Preisen (z. B. Stundenlöhne, Bezugspreise der Materialien) ergeben die **Plankosten**. Bei der Kostenplanung werden sowohl variable als auch fixe Kosten für unterschiedliche Beschäftigungsgrade berücksichtigt.

Den Plankosten werden dann die **geplanten Erlöse** gegenübergestellt und ein Planbetriebsergebnis ermittelt. Dazu werden Absatzmengen und Verkaufspreise (Nettoverkaufserlöse) geplant. Die geplanten Verkaufspreise sind innerhalb eines Planungszeitraums nicht flexibel. Für vorgegebene Zeiträume erwarten die Kunden feste Preise, die nicht „beliebig" geändert werden können.

Istmengen (tatsächliche Verbrauchsmengen) zu Istpreisen ergeben die **Istkosten**. Durch einen Soll-Ist-Vergleich sind Abweichungsanalysen möglich.

Plan- und Istkosten (Soll-Ist-Vergleich)

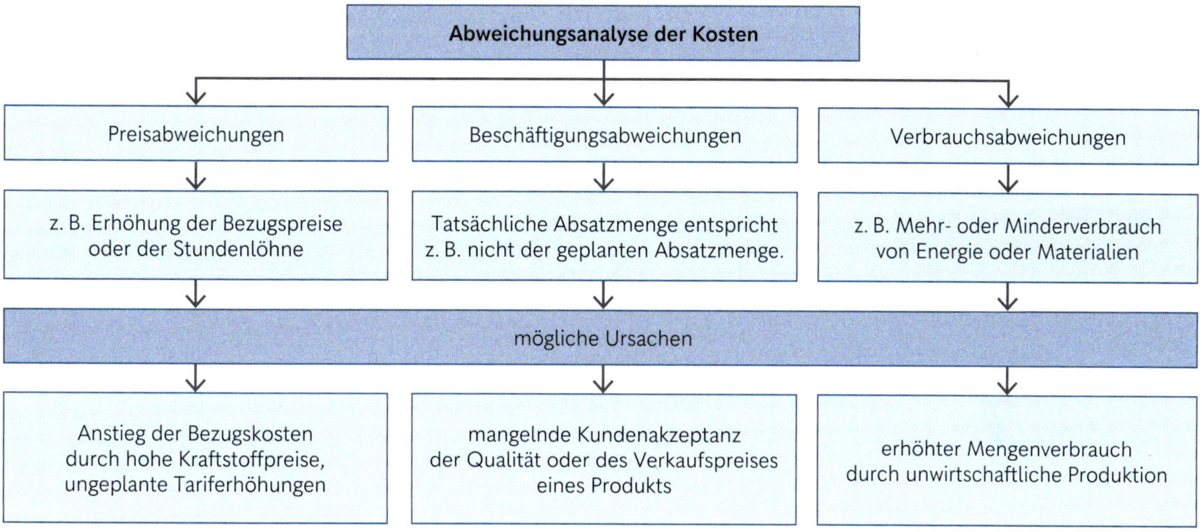

5.3.1 Plankostenartenrechnung

Plan- und Istkosten müssen für jeden Abrechnungszeitraum und für jede Kostenart des Unternehmens ermittelt werden.

BEISPIEL: Für Aushilfslöhne (variable Gemeinkosten) im Lager wurden für den Abrechnungsmonat Juni folgende Kosten geplant und realisiert:

Plankosten	**Istkosten**
Arbeitsaufwand: 120 Stunden	Arbeitsaufwand: 140,00 Stunden
Stundenlohn: 15,00 €	Stundenlohn: 16,00 €
Plankosten: 1.800,00 €	Istkosten: 2.240,00 €

Die Planabweichung im Soll-Ist-Vergleich beträgt 440,00 €. Die Ursache: Zusätzliche notwendige Aushilfen konnten nur zu einem höheren Stundenlohn eingestellt werden.

5.3.2 Plankostenstellenrechnung (Budgetierung)

Das hier näher betrachtete **Kostenbudget** enthält für jede Kostenart und Kostenstelle erwartete Planwerte, die nicht überschritten werden sollten. Für die Einhaltung des Budgets ist der Kostenstellenleiter (Abteilungsleiter) verantwortlich. Nach Ablauf der Abrechnungsperiode werden die Plankosten mit den Istkosten verglichen. Für Abweichungen muss der Kostenstellenleiter Gründe nennen können.

Planbeschäftigung
vorgegebene Produktionsmenge

Für die Kostenstelle Lager wurden alle Kostenarten (fixe und variable Gemeinkosten gemäß BAB) im Monat Juni geplant. Dabei wird von einer **Planbeschäftigung** ausgegangen und ein Kostenbudget vorgegeben. Den Plankosten werden die Istkosten gegenübergestellt und die Abweichungen in Euro und in Prozent ermittelt.

Kostenstelle Lager Soll-Ist-Vergleich für Juni 20XX	**Plankosten**	**Istkosten**	**Abweichungen (in €)**	**Abweichungen (in %)**
Personalkosten	4.680,00 €	5.120,00 €	440,00 €	9,4 %
Mieten, Pachten, Leasing	500,00 €	500,00 €	–	0,0 %
Steuern, Beiträge, Versicherungen	800,00 €	800,00 €	–	0,0 %
Energie, Betriebsstoffe	1.200,00 €	1.400,00 €	200,00 €	16,7 %
Werbe- und Reisekosten	100,00 €	650,00 €	550,00 €	550,0 %
Betriebskosten, Instandhaltung	2.500,00 €	3.200,00 €	700,00 €	28,0 %
allgemeine Verwaltung	90,00 €	55,00 €	– 35,00 €	– 38,9 %
kalkulatorische Abschreibungen	3.024,00 €	3.024,00 €	–	0,0 %
kalkulatorische Zinsen	3.000,00 €	3.000,00 €	–	0,0 %
kalkulatorische Wagnisse	290,00 €	290,00 €	–	0,0 %
Summe	16.184,00 €	18.039,00 €	1.855,00 €	11,5 %

Im Abrechnungszeitraum Januar ist es zu einer Gesamtabweichung in Höhe von 1.855,00 € gekommen. Die Abweichung bei den Personalkosten (440,00 €) ist durch höhere Aushilfslöhne im Lager bedingt. Aber auch die Abweichungen bei den anderen Kostenarten müssen vom Kostenstellenleiter verantwortet werden.

5.3.3 Plankostenträgerrechnung

In der Kostenträgerrechnung erfolgt die Vorkalkulation auf Basis von Plankosten. Dies gilt sowohl für die Einzelkosten als auch für die variablen Gemeinkosten (GK). Am Ende der Abrechnungsperiode muss überprüft werden, ob die tatsächlichen Kosten von den geplanten Kosten abweichen.

Plankalkulation (Vorkalkulation) je Stück		**Istkalkulation (Nachkalkulation) je Stück**	
geplante Einzelkosten	20,00 €	realisierte Einzelkosten	22,00 €
+ geplante variable GK = 20 %	4,00 €	+ realisierte variable GK = 18 %	3,96 €
= geplante variable Selbstkosten	24,00 €	= realisierte variable Selbstkosten	25,96 €
geplanter Verkaufspreis	40,00 €	realisierter Verkaufspreis	38,60 €
– geplante variable Selbstkosten	24,00 €	– realisierte variable Selbstkosten	25,96 €
= geplanter Deckungsbeitrag	**16,00 €**	**= realisierter Deckungsbeitrag**	**12,64 €**

Bei einer Ist-Absatzmenge von 3 780 Stück und einer Planabsatzmenge von 4 000 Stück wird der Gesamtdeckungsbeitrag für dieses Produkt um 16.220,80 € unterschritten. Die Ursachen dieser für das Unternehmen negativen Abweichungen müssen entsprechend untersucht und geklärt werden.

5.3.4 Abweichungsanalyse

Preis-, Beschäftigungs- und Verbrauchsabweichungen lassen sich für ein einzelnes Produkt berechnen und grafisch darstellen, wenn produktbezogene Fixkosten ermittelt werden können. Letztlich werden Verantwortliche für diese Abweichungen gesucht. Dabei können die „Fehler“ in den Planwerten (Planungsfehler) oder in den Ist-Werten (Realisationsfehler) stecken. Da Vertreter aller Funktionsbereiche an den Planungen und natürlich auch an deren Umsetzung beteiligt sind, tragen sie sowohl für Planungs- als auch Realisationsfehler Verantwortung:

- **Preisabweichungen:** Ungeplante Kostenerhöhungen aufgrund gestiegener Einkaufspreise hat zumeist der Einkauf zu verantworten.
- **Beschäftigungsabweichungen:** Ungeplante Mindermengen beim Absatz (oder der Produktion) hat zumeist der Verkauf (oder die Fertigung) zu verantworten.
- **Verbrauchsabweichungen:** Ungeplanter Mehrverbrauch ist von den Verantwortlichen der an der Leistungserbringung beteiligten Kostenstellen (z. B. der Fertigung) zu rechtfertigen.

Soll-Ist-Vergleich mit Abweichungsanalyse für einen bestimmten Artikel

Plankosten		
Planabsatzmenge (Planbeschäftigung)		1 440 Stück
Plankosten bei der Planabsatzmenge		18.000,00 €
Anteil der variablen Kosten an der Planabsatzmenge	60 %	10.800,00 €
variable Kosten je Stück		7,50 €
artikelbezogene Fixkosten		7.200,00 €
Istkosten		
Istabsatzmenge		1 152 Stück
Istkosten bei der Istabsatzmenge mit Preiserhöhung In den Istkosten sind 5 % Preiserhöhungen enthalten, da die Bezugspreise für Fertigungsmaterial unerwartet gestiegen sind.		18.900,00 €
Erlöse		
Isterlöse = Planerlöse		15,00 € je Stück

Aufgrund dieser Daten ist ersichtlich, dass für das betrachtete Produkt die geplante Absatzmenge nicht erreicht werden konnte. Darüber hinaus sind auch die tatsächlichen Gesamtkosten (Istkosten) höher als vorgesehen. Die Ursachen hierfür müssen nun in einer Abweichungsanalyse festgestellt werden.

Für die Abweichungsanalyse ist zunächst der **Plankostenverrechnungssatz** zu ermitteln. Dieser gibt die Plankosten je Stück für die Planabsatzmenge an. Er enthält alle Kosten (fixe und variable Kosten) je Stück. Natürlich hat der Plankostenverrechnungssatz nur dann seine Gültigkeit, wenn die Planbeschäftigung (Absatzmenge) auch tatsächlich erreicht wird. Wird die Absatzmenge verfehlt, ermöglicht er die Ermittlung der Beschäftigungsabweichung.

$$\text{Plankostenverrechnungssatz} = \frac{\text{Plankosten}}{\text{Planabsatzmenge}} = \frac{18.000{,}00\,€}{1\,440\text{ Stück}} = 12{,}50\text{ €/Stück}$$

Die Plankosten je Stück werden dann mit der jeweiligen Absatzmenge multipliziert. Es wird hier für die Abweichungsanalyse unterstellt, dass die Plankosten je Stück immer in der gleichen Höhe anfallen. Als Ergebnis erhalten wir die **Plankostenfunktion**.

verrechnete Plankosten = Plankostenverrechnungssatz · Absatzmenge = $12{,}5 \cdot x$

Die Sollkosten berücksichtigen im Gegensatz zu den verrechneten Plankosten die geplanten fixen Gesamtkosten und die geplanten variablen Kosten je Stück in einer Funktion. Plankosten werden für einen bestimmten Beschäftigungsgrad ermittelt. Die Sollkosten gelten dagegen für flexible Beschäftigungsgrade. Dadurch ermöglichen sie im Vergleich mit den verrechneten Plankosten die Ermittlung der Beschäftigungsabweichung.

Sollkosten = geplante Fixkosten + (geplante variable Stückkosten · Absatzmenge)
= 7.200,00 € + (7,50 € · x)

Kostenanalyse
Die grafische Darstellung der Soll- und Plankostenfunktion zeigt in der Differenz die Beschäftigungsabweichung. Ein Vergleich mit den Istkosten zeigt die Verbrauchs- und die Preisabweichung.

Soll- und Plankostenfunktion

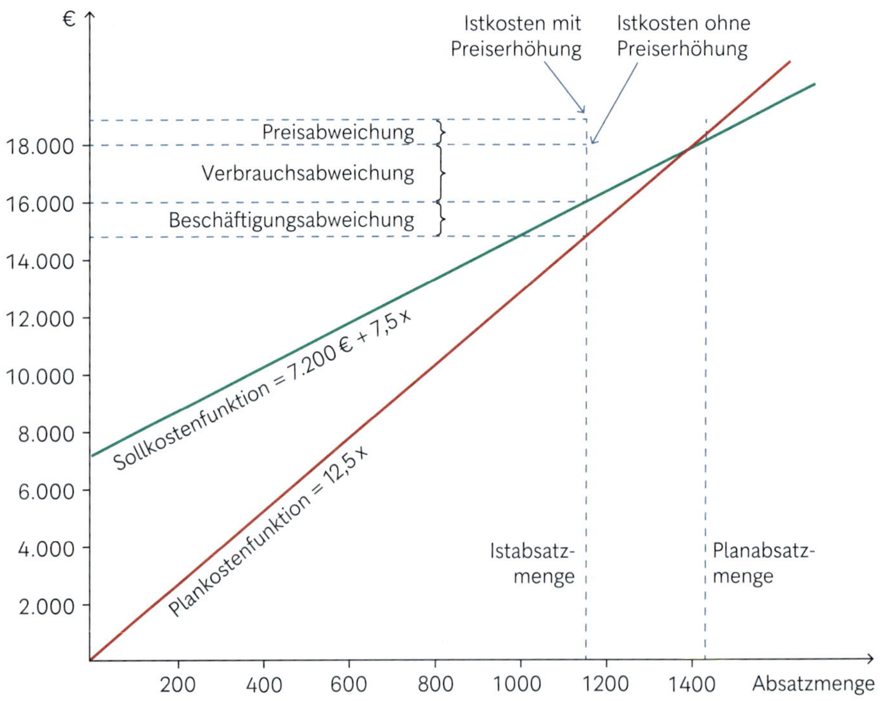

Ermittlung der Gesamtabweichung

Die Gesamtabweichung basiert auf dem Vergleich der Plankosten für die Istabsatzmenge mit den tatsächlich entstandenen Kosten.

	Istkosten		18.900,00 €
–	Plankosten der Istabsatzmenge (verrechnete Plankosten)	12,50 € · 1152 Stück	14.400,00 €
=	Gesamtabweichung		**4.500,00** €

Die Istkosten sind um 4.500,00 € höher als die auf Basis des Plankostenverrechnungssatzes ermittelten Plankosten, wobei der Plankostenverrechnungssatz nur bei Erreichen der Planbeschäftigung Gültigkeit gehabt hätte. Diese Gesamtabweichung ist nun hinsichtlich ihrer Ursachen zu analysieren.

Ermittlung der Preisabweichung

Die Istkosten hätten ohne unerwartete Preiserhöhungen 18.000,00 € betragen. Durch diese Preiserhöhungen sind die Kosten für den betrachteten Artikel um 5 % gestiegen.

%	€
105 %	18.900 €
100 %	? €

$$? € = \frac{18.900,00 \cdot 100\,\%}{105\,\%}$$

	Istkosten mit Preiserhöhung	105 %	18.900,00 €
–	Istkosten ohne Preiserhöhung	100 %	18.000,00 €
=	Preisabweichung		**900,00** €

Die Gesamtkosten für die Istmenge wurden durch die Preiserhöhung um 900,00 € überschritten. Der Einkauf muss diese unerwartete Preiserhöhung begründen können.

Ermittlung der Beschäftigungsabweichung

Die Beschäftigungsabweichung ergibt sich aus der Differenz zwischen Sollkosten und Plankosten bei der Istabsatzmenge.

	Sollkosten der Istabsatzmenge	7.200,00 € + (7,50 € · 1 152 Stück)	15.840,00 €
–	Plankosten der Istabsatzmenge (verrechnete Plankosten)	12,50 € · 1 152 Stück	14.400,00 €
=	Beschäftigungsabweichung		**1.440,00** €

Da die Preisabweichung schon in einem ersten Schritt herausgerechnet wurde, basiert die Differenz in Höhe von 1.440,00 € auf einer zu geringen Produktions- und Absatzmenge. Der Verkauf und/oder die Fertigung müssen diese Abweichungen der Menge erklären können.

Ermittlung der Verbrauchsabweichung

Obwohl die Preisabweichung und die Beschäftigungsabweichung bereits ermittelt wurden, verbleibt eine Abweichung von 2.160,00 €, die als innerbetriebliche Unwirtschaftlichkeit für einen ungeplanten Mehrverbrauch anzusehen ist.

	Istkosten ohne Preiserhöhung		18.000,00 €
–	Sollkosten der Istabsatzmenge	7.200,00 € + (7,50 € · 1 152 Stück)	15.840,00 €
=	Verbrauchsabweichung		**2.160,00** €

Die Verbrauchsabweichung zeigt Unwirtschaftlichkeiten in den Kostenstellen an. Welche Kostenart oder welche Kostenstelle für diesen ungeplanten Mehrverbrauch verantwortlich ist, muss in einer speziellen Kostenarten- und Kostenstellenanalyse ermittelt werden. Die Preis-, Beschäftigungs- und Verbrauchsabweichung ergeben in der Summe die Gesamtabweichung.

Berechnung der Gesamtabweichung

Preisabweichung	900,00 €
+ Beschäftigungsabweichung	1.440,00 €
+ Verbrauchsabweichung	2.160,00 €
= Gesamtabweichung	4.500,00 €

Nachdem die Ursachen für die Kostenabweichungen analysiert und rechnerisch beziffert wurden, sind Maßnahmen zu definieren, mit denen die Planzahlen zukünftig erreicht werden können. Führen die ergriffenen Maßnahmen nicht zu der notwendigen Kostenreduzierung und lassen sich die Erlöse je Stück nicht steigern, so muss der Artikel aus dem Sortiment entfernt werden.

Maßnahmen bei Planabweichungen

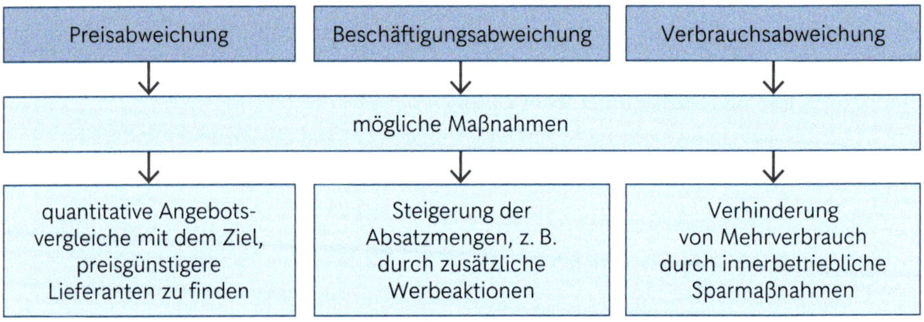

ÜBERSICHT: Plankostenrechnung

Ermittlung der Planbeschäftigung	– Orientierung an Absatzerwartungen und eigenen Kapazitäten – ggf. Beschäftigungsanpassung
Ermittlung der Plankosten und Planerlöse	– Planung der Einzelkosten – Planung der Gemeinkosten – Planung der Zielverkaufspreise und Zahlungskonditionen
Plankostenstellenrechnung	– Verteilung der Plankosten und -erlöse in einem Planbetriebsabrechnungsbogen – Plankostenträgerzeitrechnung → Planbetriebsergebnis
Plankalkulation	Planzuschlagskalkulation auf Teil-/Vollkostenbasis
Nachkalkulation und Deckungsbeitragsrechnung	Soll-Ist-Vergleich und Abweichungsanalyse, bezogen auf Kosten, Erlöse, Deckungsbeitrag

Alles klar?

1 Welche der folgenden Aussagen ist falsch?
Das Controlling
- a ist ein in die Zukunft gerichtetes Entscheidungs- und Informationsinstrument.
- b übernimmt Kontroll-, Planungs-, Informations- und Steuerungsaufgaben.
- c umfasst alle betrieblichen Grundfunktionen.
- d basiert ausschließlich auf den Daten der Finanzbuchhaltung.

2 Bringen Sie den Regelkreis des Controllings in die richtige Reihenfolge, indem Sie die Ziffern 1 (= Beginn) bis 7 (= Ende) zuordnen.
- a Maßnahmenplan umsetzen
- b Abweichungen analysieren
- c Ergebnisse ermitteln
- d Neue Ziele setzen
- e Maßnahmen ausführen
- f Ziele setzen
- g Ergebnisse mit Zielen vergleichen (Soll-Ist-Vergleich)

3 Bringen Sie den Regelkreis des Controllings im nachfolgenden Beispiel in die richtige Reihenfolge, indem Sie die Ziffern 1 (= Beginn) bis 7 (= Ende) zuordnen.
Der Energieverbrauch (Strom) in der Verwaltung ist über einen eigenen Zähler messbar; ein Istverbrauch auf Monatsbasis liegt vor.
- a Alle Beleuchtungskörper werden auf energiesparende LED umgerüstet.
- b Der Energieverbrauchsanteil der Beleuchtung ist zu gering, um das Ziel zu erreichen.
- c Nach der Umrüstung wird der Energieverbrauch nach einem Monat erneut festgestellt.
- d Der Energieverbrauch ist um 5 % gesunken.
- e Alle Beleuchtungskörper sollen auf energiesparende LED umgerüstet werden.
- f Weitere Stromverbraucher in der Verwaltung (z. B. ältere Monitore, Drucker usw.) sollen durch sparsamere Geräte ersetzt werden.
- g Der Energieverbrauch in der Verwaltung soll um 10 % gesenkt werden.

4 Welchen Funktionen des Controllings sind nachfolgende Tätigkeiten zuzuordnen?
1 = Planungsfunktion 3 = Kontrollfunktion
2 = Steuerungsfunktion 4 = Informationsfunktion
- a Kostenstellenverantwortliche erhalten regelmäßig detaillierte Daten, die für ihre eigene Kostenstelle ermittelt wurden.
- b Die geplanten Maßnahmen werden in den Funktionsbereichen ausgeführt.
- c Es werden regelmäßige Soll-Ist-Vergleiche gemacht und ggf. Abweichungen ermittelt.
- d Es werden Maßnahmen geplant, die das Erreichen der Ziele ermöglichen könnten.

5 Ordnen Sie mögliche Controllinginstrumente den Funktionsbereichen zu.
1 = Einkauf 3 = Verkauf
2 = Lager 4 = Allgemeine Verwaltung
- a Fluktuationsquote
- b ABC-Analyse
- c Marktwachstum
- d Umschlagshäufigkeit
- e Mindestbestände
- f optimale Bestellmenge
- g Servicegrad
- h Personalstruktur

6 Um Ergebnisse z. B. auch in Kennzahlen-Systemen beurteilen zu können, sind Vergleichswerte unerlässlich. Mögliche Arten des Vergleichs sind:
1 = Zeitvergleich 3 = Branchenvergleich
2 = Betriebsvergleich 4 = Soll-Ist-Vergleich
Ordnen Sie die nachfolgenden Vergleiche zu.
- a Die durchschnittliche Lagerdauer eines Artikels ist um 10 % im Vergleich zum Vorjahr gesunken.
- b Die realisierte Absatzmenge für einen neuen Artikel im Einführungsmonat ist um 20 % geringer als geplant.
- c Laut dem Jahresabschluss eines Konkurrenzunternehmens ist dort die Eigenkapitalquote um 50 % höher als in unserem Unternehmen.
- d Die in einer Fachzeitschrift für den Papiergroßhandel veröffentlichte durchschnittliche Umsatzrentabilität der Unternehmen liegt 1,5 Prozentpunkte unter der unseres Unternehmens.

7 Werden im Rahmen einer Plankostenrechnung Abweichungen bei den Kosten ermittelt, so basieren diese entweder auf
1 = Preisabweichungen,
2 = Beschäftigungsabweichungen oder
3 = Verbrauchsabweichungen.
Ordnen Sie zu:
a Die Verkaufsmenge einer Erzeugnisgruppe ist um 10 % niedriger als geplant.
b Laut neuem Tarifvertrag steigen die Lohnkosten um 0,7 % mehr als geplant.
c Statt der geplanten 17 000 kWh wurden im Lager 22 000 kWh Stromverbrauch gemessen.

8 Was ist die Formel für die Plankostenfunktion?
a $\frac{\text{Plankosten}}{\text{Planabsatzmenge}}$
b geplante Fixkosten + (geplante variable Stückkosten · Absatzmenge)
c Plankostenverrechnungssatz · Absatzmenge
d $\frac{\text{Absatzmenge}}{\text{Plankosten je Stück}}$

9 Wie wird eine Verbrauchsabweichung ermittelt?
a Istkosten ohne Preiserhöhung
– Istkosten mit Preiserhöhung
b Sollkosten der Istabsatzmenge
– Istkosten ohne Preiserhöung
c Sollkosten der Istabsatzmenge
– Istkosten mit Preiserhöhung
d Plankosten der Istabsatzmenge
– Sollkosten der Istabsatzmenge

10 Mit welcher Maßnahme könnte eine Beschäftigungsabweichung verhindert oder vermindert werden?
a Ausgabe von Büromaterial nur noch auf der Grundlage von Entnahmescheinen, die vom Abteilungsleiter genehmigt wurden
b Investitionsstopp für alle Büroausstattungen
c systematische Lieferantensuche im außereuropäischen Ausland
d kundenbezogene Werbemaßnahmen

11 Für einen Abrechnungszeitraum (Monat) wurden folgende Daten ermittelt (keine Preiserhöhungen):

	Plan	**Ist**
Kosten	160.000,00 €	196.200,00 €
Beschäftigung	2000 Std.	2500 Std.

Kostenart	**Plankosten**	**Variator**
Fertigungsmaterial	60.000,00 €	10
Hilfs- und Betriebsstoffkosten	12.000,00 €	7
Fertigungslöhne	40.000,00 €	10
kalkulatorische Abschreibungen	20.000,00 €	4
Gehälter (Industriemeister)	10.000,00 €	0
Instandhaltungskosten	8.000,00 €	6
kalkulatorische Zinsen	10.000,00 €	0

Ermitteln Sie
a die Plankostenfunktion,
b die Sollkostenfunktion,
c die Plankosten bei Ist-Beschäftigung,
d die Sollkosten bei Ist-Beschäftigung,
e die Beschäftigungsabweichung,
f die Verbrauchsabweichung.

6 Investitionsrechnung

6.1 Investitionsarten

Durch die Verwendung des beschafften Geldkapitals entsteht betriebliches Vermögen. Die Umwandlung von Kapital in Anlagevermögen und Umlaufvermögen wird **Investition** genannt. Darunter fallen alle Maßnahmen, die der Verwendung finanzieller Mittel zur Beschaffung von Sachvermögen, immateriellem Vermögen oder Finanzvermögen dienen. Mögliche Gliederungskriterien von Investitionen:

Investitionsarten

Investitionen

nach den Objekten	nach der Zwecksetzung	nach der Nutzungsdauer	nach dem Zeitpunkt
– Real- bzw. Sachinvestition – Finanzinvestition – immaterielle Investition	– Errichtungsinvestition – Ersatzinvestition – Rationalisierungsinvestition – Erweiterungsinvestition – Sozial- und Sicherheitsinvestition	– kurzfristige Investition – mittelfristige Investition – langfristige Investition	– Gründungsinvestition – laufende Investition

6.2 Investitionsplanung

Vor der Durchführung einer Investition muss geprüft werden, inwieweit diese notwendig ist und welchen wirtschaftlichen Wert sie hat. Hier stellt sich die Frage, ob liquide Mittel im eigenen Unternehmen oder rentabler als Fremdinvestition (= Finanzinvestition) angelegt werden sollen. Charakteristisch für Investitionen ist, dass sie
- zu einer **Kapitalbindung** (kurz- bis langfristig) führen,
- Kosten verursachen (Unterhaltung, Abschreibungen, Zinsen),
- das **Leistungsprofil** eines Unternehmens bestimmen.

All diese Aspekte erfordern von den Unternehmen eine sorgfältige Investitionsplanung, die Antworten auf drei Fragen geben muss:
1. Ist die Durchführung der Investition für das Unternehmen sinnvoll?
2. Welche der möglichen Alternativen ist die vorteilhafteste?
3. In welcher Reihenfolge sind die Investitionen durchzuführen?

Fünf Phasen des Investitionsplanungsprozesses

1. Anregungsphase: Es erfolgt eine möglichst umfassende Beschreibung des Investitionsproblems. Dabei kann die Anregung zu einer Investition aus dem Unternehmen selbst oder von außerhalb des Unternehmens (z. B. von Marktpartnern, von Beratungsunternehmen, vom Gesetzgeber) gekommen sein. Durch die Beschreibung des Investitionsproblems wird erkennbar, worüber eine Entscheidung getroffen werden muss. Um diese Entscheidung fällen zu können, müssen geeignete Bewertungs- und Begrenzungskriterien festgelegt werden, die aus den Unternehmenszielen abzuleiten sind.

2. Suchphase: Mögliche quantitative Bewertungskriterien, die im Rahmen von Investitionsrechenverfahren verwendet werden, sind z. B. Kosten, Gewinn, Rentabilität und Amortisationszeit. Qualitative Bewertungskriterien sind Maßstäbe für die Vorteilhaftigkeit von Investitionen, die nicht quantifiziert werden sollen oder können und in Nutzwertrechnungen verwendet werden. Dies sind z. B. Kundendienst, Kulanz, Zuverlässigkeit und Störanfälligkeit. Begrenzungsfaktoren sind Nebenbedingungen, die unbedingt erfüllt sein müssen, wenn die Investition als zulässig angesehen werden soll. Dies können beispielsweise technische Daten, Lieferzeit oder Unfallverhütungsvorschriften sein.

3. Entscheidungsphase: Die Investitionen oder Investitionsalternativen werden einer Beurteilung unterzogen, wobei die zuvor festgelegten Bewertungs- und Begrenzungskriterien zugrunde gelegt werden. Die Bewertung der Investitionsalternative erfolgt für die quantitativen Bewertungskriterien mithilfe der Investitionsrechenverfahren und für die nicht quantifizierbaren Bewertungskriterien mithilfe der Nutzwertanalyse.

4. Durchführungsphase: Die Investition wird durchgeführt.

5. Kontrollphase: Die Sollgrößen der Planung werden mit den realisierten Istgrößen verglichen, um Abweichungen festzustellen, Anpassungen zu ermöglichen und Erfahrungswerte für künftige Planungen zu gewinnen.

AB → Lernsituation 78

6.3 Investitionsrechenverfahren als Entscheidungshilfe

Investition ist eine Bindung finanzieller Mittel mit dem Ziel einer späteren Freisetzung zusätzlicher Kapitalgewinne.

Investitionsentscheidungen werden vor allem auf der Grundlage von Investitionsrechenverfahren getroffen. Mittels dieser Rechenverfahren soll festgestellt werden, ob ein Investitionsobjekt vorteilhaft ist, die Investition sich also „lohnt". Investitionsrechenverfahren bilden damit eine rationale Grundlage für betriebliche Investitionsentscheidungen.

Statische und dynamische Investitionsrechenverfahren

Investitionsrechenverfahren

Statische Verfahren:
- Kostenvergleichsrechnung
- Gewinnvergleichsrechnung
- Rentabilitätsrechnung
- Amortisationsrechnung

Dynamische Verfahren:
- Kapitalwertmethode
- interne Zinsfußmethode
- dynamische Amortisationsrechnung

} klassische Ansätze

- Endwertmethode
- Marktzinsmethode

} moderne Ansätze

Statische Investitionsrechenverfahren berücksichtigen die unterschiedlichen Zeitpunkte von Zahlungen nicht und betrachten außerdem nur eine Planungsperiode innerhalb des Investitionszeitraums. In der Praxis werden sie regelmäßig zur Auswahl von Investitionsobjekten herangezogen, da sie
- leicht zu handhaben sind,
- an Entscheidungsträger keine hohen mathematischen Anforderungen stellen und
- nur einen verhältnismäßig geringen Aufwand bei der Informationsbeschaffung verlangen.

Im Unterschied zu den statischen Verfahren berücksichtigen die **dynamischen Verfahren** den zeitlichen Anfall von Zahlungen, weshalb mit ihnen die Vorteilhaftigkeit von Investitionsvorhaben wesentlich besser beurteilt werden kann. Allerdings sind sie schwerer zu handhaben, weil sie an die Entscheidungsträger finanzmathematische Anforderungen stellen.

Da die dynamischen Verfahren nicht prüfungsrelevant sind, wird in diesem Lehrwerk auf ihre detaillierte Darstellung verzichtet. Im Folgenden werden lediglich die statischen Verfahren anhand eines Beispiels erläutert. Um die Unterschiede zu verdeutlichen, wird in allen vier Fällen das gleiche Beispiel herangezogen.

BEISPIEL: Die Fahrradteile International GmbH, ein Lieferant der Fly Bike Werke GmbH, plant die Steigerung des Absatzes ihrer hochwertigen Zahnkränze. Zu diesem Zweck will sie einen neuen CNC-gesteuerten Stanzautomaten erwerben.
Zur Auswahl stehen zwei Anlagentypen. Beide weisen die geplante Leistungsfähigkeit (Kapazität) von 100 000 Zahnkränzen pro Jahr auf. Die Anschaffungskosten der Anlage I betragen 70.000,00 € (Maximalkapazität 100 000 Zahnkränze), die der Anlage II 90.000,00 € (Maximalkapazität 120 000 Zahnkränze). Die Nutzungsdauer der Anlage I beträgt nach Angaben des Herstellers bei voller Kapazitätsauslastung 10 Jahre, die der Anlage II wird mit 8 Jahren prognostiziert. Die Anlagen sollen linear abgeschrieben werden, wobei die Fahrradteile International GmbH den Resterlös zum Ende der Nutzungszeit auf 10.000,00 € für Anlage I und auf 20.000,00 € für Anlage II schätzt. Die Wiederbeschaffungskosten werden auf 75.000,00 € für Anlage I und 100.000,00 € für Anlage II veranschlagt. Als Zinssatz, mit dem das gebundene Kapital verzinst werden soll, werden 10 % angesetzt (sogenannter kalkulatorischer Zinssatz).
Als Materialkosten entstehen pro Stanzvorgang 0,25 €/Stück, diese sind für beide Anlagen gleich hoch. Für den Betrieb der Anlagen fallen als variable Energiekosten 0,07 €/Stück für Anlage I und 0,03 €/Stück für Anlage II an. Die durchschnittlichen fixen Wartungskosten pro Jahr können nach den Angaben des Herstellers für Anlage I mit 4.000,00 € und für die Anlage II mit 7.000,00 € veranschlagt werden. Darüber hinaus betragen die variablen Reparaturkosten für Anlage I 0,02 €/Stück und für Anlage II 0,03 €/Stück. Die Personalkosten lassen sich für Anlage I mit 0,15 €/Stück und für Anlage II mit 0,10 €/Stück kalkulieren.
Die Geschäftsleitung der Fahrradteile International GmbH erwartet, dass während der Nutzungsdauer der neuen Maschinen pro Jahr 100 000 Zahnkränze abgesetzt werden können. Der Absatzpreis der Zahnkränze beträgt 0,75 €/Stück.

6.3.1 Kostenvergleichsrechnung

Kosten
→ Kap. 1.1

Mithilfe der Kostenvergleichsrechnung werden die Kosten verschiedener möglicher Investitionsobjekte miteinander verglichen, um die kostengünstigste Alternative zu ermitteln. Bei diesem Verfahren kann die Vorteilhaftigkeit einer Investition also nur im Vergleich zu den bestehenden Alternativen beurteilt werden.

Die **Entscheidungsregel** bei der **Kostenvergleichsrechnung** lautet: „Wähle die Investition, die die geringsten (durchschnittlichen) Kosten verursacht!"

betriebsindividuelle Nutzungsdauer
→ Kap. 1.7.2

→ Fortsetzung Beispiel Kap. 6.3

In den Kostenvergleich sind möglichst alle relevanten Betriebs- und Kapitalkosten einzubeziehen und als jährliche Durchschnittskosten anzusetzen. Ist die geplante Ausbringungsmenge der zu vergleichenden Investitionsobjekte unterschiedlich hoch, muss anstelle des Gesamtkostenvergleichs einer Periode ein Stückkostenvergleich durchgeführt werden.

BEISPIEL: Ermittlung der durchschnittlichen Gesamtkosten pro Periode für die von der Fahrradteile International GmbH geplante Investition:

	Anlage I (in €)	Anlage II (in €)
Anschaffungskosten (AK)	70.000,00	90.000,00
kalkulatorischer Restverkaufserlös = Restwert (RW)[1]	10.000,00	20.000,00
Wiederbeschaffungskosten (WK)	75.000,00	100.000,00
betriebsindivid. Nutzungsdauer (ND)	10 Jahre	8 Jahre
Kostenbestandteile: Kapitalkosten	**Anlage I (in €)**	**Anlage II (in €)**
kalkulatorische Abschreibungen $\frac{(WK - RW)}{ND}$	$\frac{75.000 - 10.000}{10} = 6.500,00$	$\frac{100.000 - 20.000}{8} = 10.000,00$
kalkulatorische Zinsen auf das durchschnittlich gebundene Kapital $[(AK + RW) / 2] \cdot (p / 100)$	$\frac{(70.000 + 10.000)}{2} \cdot 10\,\% = 4.000,00$	$\frac{(90.000 + 20.000)}{2} \cdot 10\,\% = 5.500,00$
weitere fixe Kosten	4.000,00	7.500,00
Summe fixe Kosten/Jahr	14.500,00	23.000,00
Variable Betriebskosten	**Anlage I (in €)**	**Anlage II (in €)**
Materialkosten	$0,25 \cdot 100.000 = 25.000,00$	$0,25 \cdot 100.000 = 25.000,00$
Energiekosten	$0,07 \cdot 100.000 = 7.000,00$	$0,03 \cdot 100.000 = 3.000,00$
variable Reparaturkosten	$0,02 \cdot 100.000 = 2.000,00$	$0,03 \cdot 100.000 = 3.000,00$
variable Personalkosten	$0,15 \cdot 100.000 = 15.000,00$	$0,10 \cdot 100.000 = 10.000,00$
Summe variable Kosten/ Jahr und je Stück	49.000,00 0,49	41.000,00 0,41
Gesamtkosten p. a.	63.500,00	64.000,00

Aufgrund der Kostenvergleichsrechnung müsste sich die Geschäftsleitung der Fahrradteile International GmbH für die Anlage I entscheiden, da deren Gesamtkosten für die geplante Jahreskapazität (100 000 Stück) geringer sind als die der Anlage II.

[1] Restverkaufserlöse, z. B. ein Schrottwert, sind nicht bei allen Investitionen von Bedeutung.
Bei Anlagenvergleichen ohne Restwert ist in allen nachfolgenden Formeln der Restwert wegzulassen.

Die durchschnittliche Abschreibung pro Periode wird ermittelt, indem man von den Wiederbeschaffungskosten den Restwert abzieht und durch die Nutzungsdauer dividiert:

$$\text{kalkulatorische Abschreibung} = \frac{(\text{Wiederbeschaffungskosten} - \text{Restwert})}{\text{Anzahl der Nutzungsjahre}}$$

kalkulatorische Abschreibung
→ Kap. 1.7.2

Die kalkulatorischen Zinsen werden ermittelt, indem man das durchschnittlich gebundene Kapital mit dem kalkulatorischen Zinssatz multipliziert:

$$\text{kalkulatorische Zinsen} = \frac{(\text{Anschaffungskosten} + \text{Restwert})}{2} \cdot \frac{p}{100}$$

kalkulatorische Zinsen
→ Kap. 1.7.2

Sollen zukünftig auch alternative Produktionsmengen mit in die Anlagenauswahlentscheidung einbezogen werden, muss die **kritische Menge** (Kosten der Anlage I = Kosten der Anlage II) berücksichtigt werden. Dabei spielen die fixen Kosten der Anlagen und deren variable Kosten je Stück eine Rolle.

Berechnung der kritischen Menge:

Kosten der Anlage I	= Kosten der Anlage II	
0,49 x + 14.500,00	= 0,41 x + 23.000,00	| – 14.500,00
0,49 x	= 0,41 x + 8.500	| – 0,41 x
0,08 x	= 8.500	
x	= 106 250	

Wäre die Kapazität von Anlage I genauso groß wie die von Anlage II, könnte Anlage II die Stückkosten von Anlage I ab einer Nachfragemenge von 106 251 Stück unterbieten. Allerdings erreicht Anlage I ihre technische Kapazitätsgrenze bereits bei der geplanten Absatzmenge von 100 000 Stück. Die Stückkosten der Anlage I für diese Stückzahl kann Anlage II sogar schon bei einer nachgefragten Menge von 102 223 Stück unterbieten. Die Unternehmensleitung sollte deshalb ihre Absatzmengenplanung auf einen Mehrjahreszeitraum ausweiten.

Da die Erlöse bei der **Kostenvergleichsrechnung** unberücksichtigt bleiben, ist ihre Anwendung nur sinnvoll, wenn die Entscheidung für eine Investitionsalternative rein kostenmäßige Konsequenzen hat und sich nicht auf den Erlös des Unternehmens auswirkt. Die Kostenvergleichsrechnung ist das einfachste Verfahren der Investitionsrechnung.

6.3.2 Gewinnvergleichsrechnung

Die Gewinnvergleichsrechnung stellt eine Erweiterung der Kostenvergleichsrechnung dar, da sie neben den Kosten auch die den Investitionsobjekten zuzurechnenden Erlöse berücksichtigt. Im Gegensatz zur Kostenvergleichsrechnung kann die Gewinnvergleichsrechnung auch zur Beurteilung einer einzelnen Investition herangezogen werden.

Gewinn
→ Kap. 2

Die **Entscheidungsregel** bei der **Gewinnvergleichsrechnung** lautet
- beim Alternativenvergleich: „Wähle die Investition, die den maximalen (durchschnittlichen) Gewinn pro Periode verspricht!"
- bei der Beurteilung eines einzelnen Investitionsobjekts: „Tätige die Investition, wenn der (durchschnittliche) Gewinn größer als null ist!"

→ Fortsetzung Beispiel Kap. 6.3

BEISPIEL: Ermittlung des durchschnittlichen Gewinns pro Periode für die von der Fahrradteile International GmbH geplante Investition:

	Anlage I (in €)	**Anlage II (in €)**
Erlöse p. a.	$0{,}75 \cdot 100.000 = 75.000{,}00$	$0{,}75 \cdot 100.000 = 75.000{,}00$
– Gesamtkosten p. a.	63.500,00	64.000,00
= Gewinn p. a.	11.500,00	11.000,00

Ergebnis nach der Gewinnvergleichsrechnung: Anlage I hat hier bei einer Kapazitätsauslastung von 100 % den höheren Jahresgewinn. Die Geschäftsleitung der Fahrradteile International GmbH sollte aber auch aufgrund der Gewinnvergleichsrechnung ihre Absatzmengenplanung auf einen Mehrjahreszeitraum erweitern.

6.3.3 Rentabilitätsrechnung

Die Rentabilitätsrechnung ist eine Erweiterung der Gewinnvergleichsrechnung, indem sie berücksichtigt, dass der Investitionsgewinn mit unterschiedlichem Kapitaleinsatz erwirtschaftet werden kann. Eingesetztes Kapital und Gewinn werden durch die Rentabilitätsrechnung in Beziehung gebracht:

$$\text{Rentabilität} = \frac{(\text{Gewinn} + \text{kalkulatorische Zinsen}) \cdot 100}{\text{durchschnittlich gebundenes Kapital}}$$

Das durchschnittlich gebundene Kapital wird folgendermaßen berechnet:

$$\text{durchschnittlich gebundenes Kapital} = \frac{\text{Anschaffungskosten} + \text{Restwert}}{2}$$

Zu beachten ist weiterhin, dass die kalkulatorischen Zinsen nicht als Kostenbestandteil wie bei der Kostenvergleichs- und Gewinnvergleichsrechnung berücksichtigt werden, da die zu ermittelnde Rentabilität die Verzinsung des insgesamt eingesetzten Kapitals ausdrückt. Die kalkulatorischen Zinsen sind deshalb zum Gewinn zu addieren.

Die **Entscheidungsregel** bei der **Rentabilitätsrechnung** lautet: „Wähle die Investition mit der maximalen (durchschnittlichen) Rentabilität!"

BEISPIEL: Ermittlung der durchschnittlichen Rentabilität pro Periode für die von der Fahrradteile International GmbH geplante Investition:

	Anlage I (in €)	Anlage II (in €)
Gewinn nach Zinsen	11.500,00	11.000,00
+ kalkulatorische Zinsen	4.000,00	5.500,00
= Gewinn vor Zinsen	15.500,00	16.500,00
durchschnittlich gebundenes Kapital	40.000,00	55.000,00
Rentabilität des durchschn. gebundenen Kapitals	38,75 %	30,0 %

Ergebnis nach der Rentabilitätsberechnung: Die Rentabilität des durchschnittlich gebundenen Kapitals ist bei Anlage I besser, wenn dauerhaft nur die geplante Kapazität von 100 000 Zahnkränzen/Jahr benötigt wird.

→ Fortsetzung Beispiel Kap. 6.3

Rentabilität
LF 1 → Kap. 7.3.1

6.3.4 Amortisationsrechnung

Mithilfe der Amortisationsrechnung ermittelt ein Investor den Zeitraum, in dem das investierte Kapital vollständig in Form von Umsatzerlösen wieder in das Unternehmen zurückgeflossen ist. Je schneller das geschieht – je kürzer also die Kapitalbindung bzw. die Amortisationsdauer ist –, als desto sicherer ist die Rückgewinnung des Kapitals zu beurteilen und desto früher lassen sich neue Investitionen tätigen.

Die **Entscheidungsregel** bei der **Amortisationsrechnung** lautet:
- beim Alternativenvergleich: „Wähle die Investition mit der kürzesten Amortisationszeit!"
- bei der Beurteilung eines einzelnen Investitionsobjekts: „Tätige die Investition, wenn die Amortisationszeit kürzer ist als jene, die vom Investor als maximal zulässig angesehen wird!"

Die Amortisationsdauer in Jahren errechnet sich wie folgt:

$$\text{Amortisationsdauer (in Jahren)} = \frac{\text{Kapitaleinsatz}}{\text{durchschnittlicher Kapitalrückfluss pro Jahr}}$$

Um die Amortisationszeit für verschiedene Investitionsobjekte zu berechnen, muss zunächst der **durchschnittliche Kapitalrückfluss** pro Jahr ermittelt werden. Liegen hierzu keine genaueren Daten vor, so werden näherungsweise der **Jahresgewinn und die Abschreibungen als Kapitalrückfluss** definiert. Kalkulatorische Zinsen werden nur in der Höhe in den Kapitalrückfluss miteinbezogen, wie sie die tatsächlich gezahlten Fremdkapitalzinsen übersteigen. Da im vorliegenden Beispiel über die Finanzierung der Anlagen (und damit die Höhe der Finanzierungskosten) noch keine Entscheidung getroffen wurde, bleiben die kalkulatorischen Zinsen hier unberücksichtigt. Die Formel sieht dann wie folgt aus:

$$\text{Amortisationsdauer (in Jahren)} = \frac{\text{Anschaffungskosten} - \text{Restwert}}{\text{Gewinn} + \text{Abschreibungen}}$$

→ Fortsetzung Beispiel Kap. 6.3

BEISPIEL: Ermittlung der Amortisationsdauer für die von der Fahrradteile International GmbH geplante Investition:

	Anlage I (in €)	**Anlage II (in €)**
Gewinn (bei geplanter Kapazität) + kalkulatorische Abschreibungen	11.500,00 + 6.500,00	11.000,00 + 10.000,00
= durchschnittlicher Kapitalrückfluss	= 18.000,00	= 21.000,00
$\frac{\text{Kapitaleinsatz (AK-RW)}}{\text{durchschnittlicher Kapitalrückfluss}}$	$\frac{60.000,00}{18.000,00}$	$\frac{70.000,00}{21.000,00}$
= Amortisationsdauer	3,33 Jahre	3,33 Jahre

Ergebnis nach der Amortisationsrechnung: Die Armortisationsdauer für beide Anlagen ist gleich. Eine Entscheidung auf dieser Basis (ohne Berücksichtigung der nicht auszahlungswirksamen kalkulatorischen Zinsen) ist hier nicht möglich.
Wie das Beispiel zeigt, kann die Geschäftsleitung der Fahrradteile International GmbH bei der Prüfung der Vorteilhaftigkeit beider Anlagen zu unterschiedlichen Auswahlentscheidungen kommen, je nachdem, welche Nachfrageprognose (benötigte Kapazität) sie zur Entscheidungsfindung heranzieht.

Welches Investitionsrechenverfahren am sinnvollsten ist, muss ein Unternehmen von Fall zu Fall entscheiden. Hat es z. B. zwei Investitionsalternativen mit gleichen Erlösen, Kapitaleinsätzen und Nutzungsdauern zu bewerten, kann es die Kostenvergleichsrechnung heranziehen. Ist dagegen von unterschiedlichen Erlösen auszugehen, ist eine Gewinnvergleichsrechnung durchzuführen. Ergeben sich Unterschiede im Kapitaleinsatz, ist wiederum die Rentabilitätsrechnung und/oder die Amortisationsrechnung anzuwenden.

6.4 Investitionscontrolling

Investitionen binden finanzielle Mittel eines Unternehmens langfristig und in erheblichem Umfang, sodass einmal getroffene Entscheidungen nur schwer oder unter Verlusten rückgängig gemacht werden können. Deshalb ist die Einführung eines Investitionscontrollings von erheblicher Bedeutung für ein Unternehmen. Ungenügend abgesicherte und unwirtschaftliche Investitionen können in jedem Unternehmen vorkommen. Hierzu zählen z. B. Investitionen, die aus Prestige- und Statusüberlegungen heraus erfolgen. Wenn der Controller nicht gegensteuert, entwickeln solche Investitionen eine Eigendynamik. Das Investitionscontrolling hat daher für den Interessenausgleich (z. B. technische Eignung vs. Wirtschaftlichkeit) Sorge zu tragen. Jede Investition ist vorher und nicht erst nachher kritisch zu prüfen und durchzurechnen.

Controlling → Kap. 5

Die Aufgaben des **Investitionscontrollings** bestehen darin, den Investitionsprozess in den Phasen der Planung, Realisierung und Kontrolle zu unterstützen. Darüber hinaus sollte das Investitionscontrolling auch seinerseits Investitionen anregen und über die Investitionsanträge der Fachabteilungen hinaus Vorschläge für Investitions- und Desinvestitionsstrategien unterbreiten.

6.4.1 Strategisches Investitionscontrolling

Das strategische Investitionscontrolling soll die **langfristige Investitionsplanung** eines Unternehmens unterstützen. Dabei sind die Rahmenbedingungen zu berücksichtigen, die die Investitionsvorhaben beeinflussen: Hierzu zählen Umweltveränderungen (z. B. Marktentwicklung), die gesamtwirtschaftliche Entwicklung (z. B. Kapitalkosten) und die strategische Gesamtplanung des Unternehmens. Vor allem aus Wettbewerbs- und Produktlebenszyklus-Analysen können Strategien für Investitionen und Desinvestitionen abgeleitet werden.

Marktforschung
LF 9 → Kap. 2.4

Produktlebenszyklus
LF 9 → Kap. 2.3.1

6.4.2 Operatives Investitionscontrolling

Die Aufgaben des operativen Investitionscontrollings bestehen darin, die Anregungen, die sich aus der strategischen Investitionsplanung und der Investitionskonzeption ergeben, zu prüfen und ggf. umzusetzen. Grundlegend lassen sich folgende Phasen, die i. d. R. ineinander übergehen, unterscheiden:

Planungsphase: Größere Investitionsprojekte (abhängig von der Unternehmensgröße) sollten grundsätzlich im Team geplant werden. Es besteht i. d. R. aus Mitgliedern des beantragenden Fachressorts, ggf. des Marketings, der technischen Abteilung sowie des Investitionscontrollings, dem auch die Leitung bzw. Koordination des Teams zukommt. Zu Beginn des Planungsprozesses werden die Ergebnisse der strategischen Investitionsplanung analysiert. Das Investitionscontrolling hat dabei die Aufgabe, Investitionsüberlegungen anzuregen und das Management des Unternehmens beim Erkennen von Problemen und bei der Suche nach technischen und wirtschaftlichen Alternativlösungen zu unterstützen (**Suchphase**).

In der **Beurteilungsphase** werden die Investitionsalternativen mithilfe der Investitionsrechenverfahren auf qualitative und quantitative Vorteilhaftigkeit hin untersucht. Ziel dieser Phase ist es, die vorteilhafteste Entscheidung für das Unternehmen zu treffen.

Nicht-monetäre Werte werden z. B. mit der **Nutzwertanalyse** untersucht.
LF 2 → Kap. 2.4.2

Realisierungsphase: Insbesondere bei größeren Investitionsprojekten soll das Investitionscontrolling das Management dabei unterstützen, geplante Kostenbudgets und Termine einzuhalten. Zu seinen Aufgaben gehört daher die Berichterstattung über Terminabweichungen, Projektfortschritte und Budgetausnutzung. Eventuelle Abweichungen von den Zielvorgaben müssen untersucht werden, um ggf. Gegenmaßnahmen vorschlagen und einleiten zu können. Sollte es zu einer Änderung der Planvorgaben kommen, muss die Planung revidiert werden.

Kontrollphase: Die eigentliche Kontrollphase beginnt mit der Nutzung des Investitionsobjekts. Erst jetzt sind Aussagen über die tatsächliche Vorteilhaftigkeit möglich. Das Projekt muss durch eine **Wirtschaftlichkeitskontrolle** laufend überwacht werden. Abweichungen von den Vorgaben muss mit Gegenmaßnahmen begegnet werden (z. B. könnte das Investitionsobjekt frühzeitig veräußert werden). Die Wirtschaftlichkeitskontrolle bezieht sich auf die Analyse von Soll-Ist-Abweichungen, Objektergebnissen (z. B. Kosten/Erfolge pro Periode, Rentabilitätsziffern, Kapitalwerte, Annuitäten), möglichen Risikoindikatoren sowie der jeweiligen Einzeldaten und Planvorgaben (z. B. Absatzerwartungen, Planauslastungsgrade, Preis- und Lohnsteigerungsraten, Steuersätze). Das Investitionscontrolling hat aber auch die Möglichkeit, Ersatz- bzw. Erweiterungsinvestitionen anzuregen. Um Abweichungen von den Investitionszielen schon während der Planungs- und Realisierungsphase feststellen zu können, muss eine ständige Kontrolle aller Arbeitsschritte von Anfang an erfolgen.

Wirtschaftlichkeitskontrolle
= Investitionskontrolle

6.5 Qualitative Kriterien der Investitionsplanung

KI
künstliche Intelligenz

Neben den quantitativen Bewertungskriterien der Investitionsplanung müssen vor einer Entscheidung weitere, **qualitative Bewertungskriterien** berücksichtigt werden, vor allem Aspekte der Nachhaltigkeit. Dies gilt insbesondere hinsichtlich des Klima- und Umweltschutzes sowie der Digitalisierung und KI-Lösungen.

Bei **Gebäuden** sind nicht nur der Baupreis je Quadratmeter (Herstellungskosten bzw. Anschaffungskosten) oder die möglichen Mieteinnahmen wichtig. Ökologisches Bauen ist heutzutage angesagt, um der Klimaneutralität näher zu kommen und den CO_2-Ausstoß zu minimieren. Dazu gehören die Auswahl ökologisch einwandfreier Bau- und Dämmstoffe bei möglichst standortnahen Lieferanten, möglichst geringe Flächenversiegelungen, begrünte Dächer (ggf. auch Fassaden), energiesparende Bauausführung (z. B. Dreifachverglasung), in- und externe digitale Vernetzung, der Einsatz von Wärmepumpen (statt z. B. Gasheizungen), Fotovoltaik- und Solaranlagen für die Stromversorgung (auch für zu planende Wallboxen für Elektroautos) und natürlich die Lage (z. B. Anbindung an den ÖPNV). Bei **Fahrzeugen** sind Hybrid- oder Vollelektrofahrzeuge auf ihre Eignung für den zukünftigen Einsatz zu prüfen, statt weiterhin nur auf Fahrzeuge mit Verbrennermotoren zu setzen. Bei **Maschinen und** technischen **Anlagen** ist ebenfalls die Art (z. B. aus erneuerbaren Energien) und die Menge der benötigten Energie von Anfang an für deren Nachhaltigkeit von großer Bedeutung.

Als qualitative Kriterien bei der **Investitionsauswahl** gelten z. B. die folgenden Kriterien als wichtig: Lieferzuverlässigkeit, Liefer- und ggf. Montagezeit, Lieferwege (Reise um die Welt oder aus dem Nachbarort), Garantien, Kulanzverhalten, Erreichbarkeit, nachhaltige Lieferketten und Ruf des Lieferanten (z. B. Unternehmensziele, Management, Personalverantwortung und -entlohnung).

Bei **technischen Anlagen** sind darüber hinaus die verwendeten Materialien (Qualität und Herkunft), Produktionsqualität, Leistungsreserven (auch Erweiterungsmöglichkeiten), Störanfälligkeit, Service (z. B. Wartung und Reparaturen), Dokumentationen, Anleitungen und Einarbeitung des Personals, Recyclingmöglichkeiten der Anlage und auch der damit produzierten Produkte einschließlich deren Verpackung (oder auch der Einsatzmöglichkeit von recycelten Materialien) zu beachten. Natürlich müssen die technischen Anlagen, die in Deutschland betrieben werden, alle rechtlichen Voraussetzungen hinsichtlich der Unfallverhütungs- und Umweltvorschriften erfüllen.

Nutzwertanalyse
LF 2 → Kap. 2.4.2

Investitionsobjekte, bei denen in der Planungsphase keine qualitativen Ausschlusskriterien (z. B. Fahrzeuge/Anlagen mit Dieselmotor oder unzuverlässiger Lieferant) wirksam werden, müssen dann in einer Nutzwertanalyse verglichen werden. Die Planer müssen für ihr Unternehmen individuell die relevanten Kriterien auswählen, beschreiben und im Vergleich bewerten. Die Investition mit dem besten **Gesamtergebnis aus Quantitäts- und Qualitätskriterien** ist auszuwählen und durchzuführen.

6.6 Grenzen der statischen Investitionsrechnung

Statische Investitionsrechenverfahren wie die Kostenvergleichsrechnung, die Gewinnvergleichsrechnung, die Rentabilitätsrechnung und die Amortisationsrechnung betrachten in ihren Berechnungen nur **eine Planperiode**. In der Regel beträgt die Investitionsdauer aber **mehrere Perioden**. Dabei werden die unterschiedlichen Zeitpunkte der Aus- und Einzahlungen nicht individuell bewertet. Eine 1.000,00-€-Einzahlung im ersten Jahr besitzt aber z. B. einen höheren Wert als eine Einzahlung von 1.000,00 €, die erst in sechs Jahren erwartet wird. Allein schon die Inflation entwertet zukünftige Einzahlungen, auch wenn der Betrag gleich hoch bleibt. Hier könnten **dynamische Investitionsrechenverfahren** (z. B. Kapitalwertmethode, interne Zinsfußmethode, dynamische Amortisationsrechnung, Endwertmethode) helfen. Natürlich sind die Ermittlung und die Handhabung der Daten für die gesamte Investitionsdauer schwieriger. Für die Berechnungen selbst sind finanzmathematische Kenntnisse unerlässlich.

Da die **dynamischen Investitionsrechenverfahren** nicht prüfungsrelevant sind, wird hier auf ihre detaillierte Darstellung verzichtet.

Darüber hinaus lassen sich **qualitative Kriterien** der Investitionsplanung, insbesondere Nachhaltigkeitskriterien, nicht immer mit Geldwerten für Investitionsrechenverfahren beziffern, die in die Berechnungen einfließen könnten. Ein Bauobjekt mit ökologisch hochwertigen Materialien ist z. B. teurer als ein konventioneller Bau. Eine reine Kostenvergleichs- oder Gewinnvergleichsrechnung macht aber keinen Sinn, wenn man nachhaltig bauen will. Ebenso ist ein Bauobjekt teurer, wenn alle am Bau Beteiligten Tariflöhne erhalten und nicht nur auf Mindestlohnbasis beschäftigt werden.

Hier müssen die Investitionsrechenverfahren zwangsweise um eine **Nutzwertanalyse** erweitert werden. Die Nutzwertanalyse ist eine Methode, mit der man bei einer Investitionsentscheidung mehrere Zielsetzungen berücksichtigen kann. Das können dann neben rein wirtschaftlichen Daten (z. B. Kosten) auch qualitative Größen (z. B. Nachhaltigkeit) sein. Der Entscheider muss dann festlegen, welche Ziele für ihn von großer oder geringer Bedeutung sind. Wird für jede Investitionsalternative jede Zielsetzung bewertet und werden die Ergebnisse aufaddiert, so ergeben diese Größen den Nutzwert, der als Maß für die Beurteilung der Vorteilhaftigkeit einer Investition angesehen werden kann. Die Investitionsauswahl beschränkt sich dann nicht auf die niedrigsten Kosten oder den höchsten Gewinn, sondern wählt die Alternative, die bei den gewichteten Zielsetzungen die höchste Punktzahl erzielt.

Nutzwertanalyse
LF 2 → Kap. 2.4.2

ÜBERSICHT: Investitionsplanung und Investitionsrechenverfahren

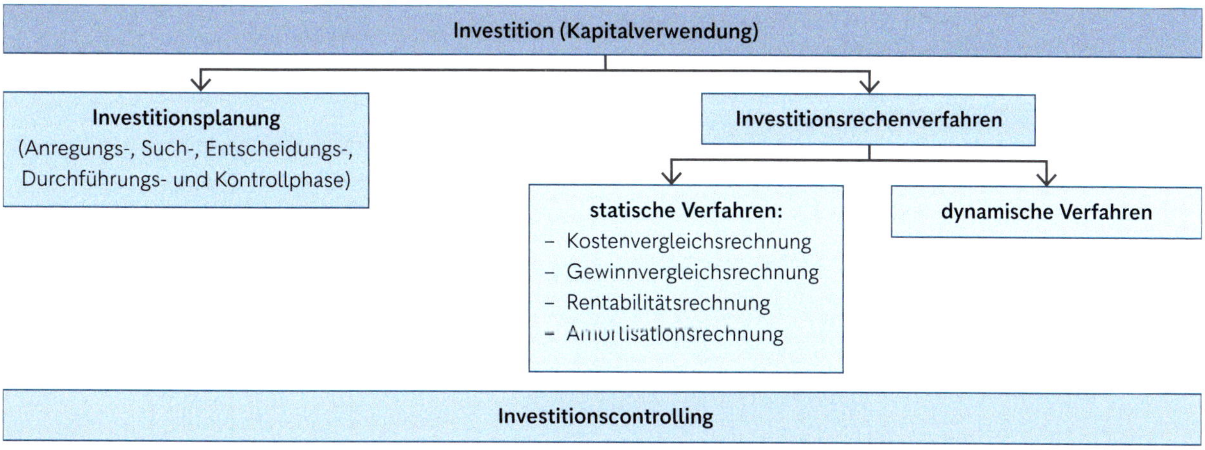

Alles klar?

1 Die Messing GmbH bezog bisher Fertigteile von einem Lieferanten. Im Zuge eines Auftragsbooms weitet sich der Bedarf an Messingprodukten aus. Gleichzeitig fordert der Lieferant statt 20,00 € pro Messingteil 30,00 € (begründet mit den gestiegenen Weltmarktpreisen und den steigenden Löhnen). Das Management der Messing GmbH überlegt auf dieser Grundlage die Eigenfertigung der bisher bezogenen Messingteile. Eine Marktuntersuchung ergibt zwei Möglichkeiten der Eigenfertigung:

- Die erste Möglichkeit wäre ein Vollautomat mit einer Jahreskapazität von 1 150 Teilen, Anschaffungskosten in Höhe von 11.500,00 € und Wiederbeschaffungskosten in Höhe von 13.000,00 €. Die Nutzungsdauer beträgt 10 Jahre (lineare Abschreibung). Außerdem fallen Lohnstückkosten von 0,378 € und Materialstückkosten von 1,13 € an.
- Als zweite Möglichkeit wird ein Halbautomat mit einer Kapazität von 975 Teilen jährlich, einem Preis (Anschaffungskosten) von nur 3.950,00 € und Wiederbeschaffungskosten in Höhe von 4.100,00 € in Betracht gezogen. Die Nutzungsdauer entspricht dem des Vollautomaten. Die Lohnstückkosten würden 4,22 € und die Materialstückkosten würden 1,67 € betragen.

a Stellen Sie im Rahmen einer Kostenvergleichsrechnung fest, welche der Alternativen für das Unternehmen günstiger ist. Berücksichtigen Sie, dass in der Messing GmbH mit einem Kalkulationszinssatz von 9,5 % gerechnet wird.

b Welche Nachteile schränken die Anwendung der Kostenvergleichsrechnung in der Praxis ein? Nennen Sie drei Beispiele.

2 Ein Unternehmen benötigt zwecks Kapazitätserweiterung eine Maschine.

a Es liegt das folgende Angebot vor. Berechnen Sie im Rahmen einer Gewinnvergleichsrechnung den Gewinn/Stück und den Jahresgewinn insgesamt.

Anschaffungskosten:	45.000,00 €
Wiederbeschaffungskosten:	50.000,00 €
Nutzungsdauer:	8 Jahre
jährliche Kapazität:	7 500 Stück
kalkulatorische Zinsen:	2.500,00 €
jährl. Betriebskosten:	30.500,00 €
jährl. Absatzmenge:	7 500 Stück
Umsatzerlös/Stück:	8,00 €

b Verspätet kommt das folgende zweite Angebot hinzu. Vergleichen Sie dieses Angebot mit dem ersten und ermitteln Sie, welches Angebot nach der Gewinnvergleichsrechnung für das Unternehmen günstiger ist.

Anschaffungskosten:	38.000,00 €
Wiederbeschaffungskosten:	43.000,00 €
Nutzungsdauer:	8 Jahre
jährl. Kapazität:	7 500 Stück
kalkulatorische Zinsen:	1.800,00 €
jährl. Betriebskosten:	33.500,00 €

3 Ein Unternehmen stellt von einem Produkt im Jahr 100 000 Stück her. Aufgrund einer Marktanalyse kommt die Unternehmensleitung zu dem Schluss, künftig 200 000 Stück absetzen zu können. Deshalb soll die Kapazität entsprechend erweitert werden. Dabei wird geprüft, ob es vorteilhaft ist, von der bisherigen maschinellen Fertigung zur halbautomatischen Fertigung überzugehen. Dem Vergleich werden folgende Daten zugrunde gelegt:

	Stückzahl	maschinelle Fertigung	halbautomatische Fertigung
Fixkosten		640.000,00 €	1.000.000,00 €
Gesamtkosten	100 000	1.840.000,00 €	2.000.000,00 €
	200 000	3.040.000,00 €	3.000.000,00 €
	300 000	4.240.000,00 €	4.000.000,00 €
	400 000	5.444.000,00 €	5.000.000,00 €

Erreichbarer Stückerlös: 18,50 €

Überprüfen Sie die beiden Fertigungsverfahren,

a wenn das Unternehmen 200 000 Stück absetzt,

b wenn das Unternehmen im Jahresdurchschnitt wider Erwarten nur 140 000 Stück absetzt,

c wenn sich die variablen Kosten wegen Kostenerhöhung auf dem Beschaffungsmarkt für beide Verfahren um 1,00 € je Stück erhöhen (bei einem Absatz von 200 000 Stück zu 18,50 € Stückerlös).

4 Die Messing GmbH plant, für eine neu aufzunehmende Fertigung eine Anlage anzuschaffen, mit der die eingesetzten Finanzmittel die beste Verzinsung erwirtschaften.

	Anlage I	Anlage II
Anschaffungskosten	500.000,00 €	300.000,00 €
Wiederbeschaffungskosten	520.000,00 €	360.000,00 €
Nutzungsdauer	4 Jahre	8 Jahre
kalkulatorischer Zins	8 %	8 %
sonstige Fixkosten	5.500,00 €	800,00 €
variable Kosten je Stück	1,89 €	3,055 €
maximale Kapazität	50 000 Stück	40 000 Stück

a Welche der beiden Anlagen arbeitet bei vollständigem Absatz am kostengünstigsten?

b Wie hoch verzinst sich das durchschnittlich gebundene Kapital bei Einsatz der Anlage I, wie hoch bei Anlage II, wenn sich die maximal mögliche Produktion zu einem Erlös von 5,50 € absetzen lässt?

c Wie hoch verzinst sich das eingesetzte Kapital bei beiden Anlagen, wenn sich 40 000 Stück absetzen lassen?

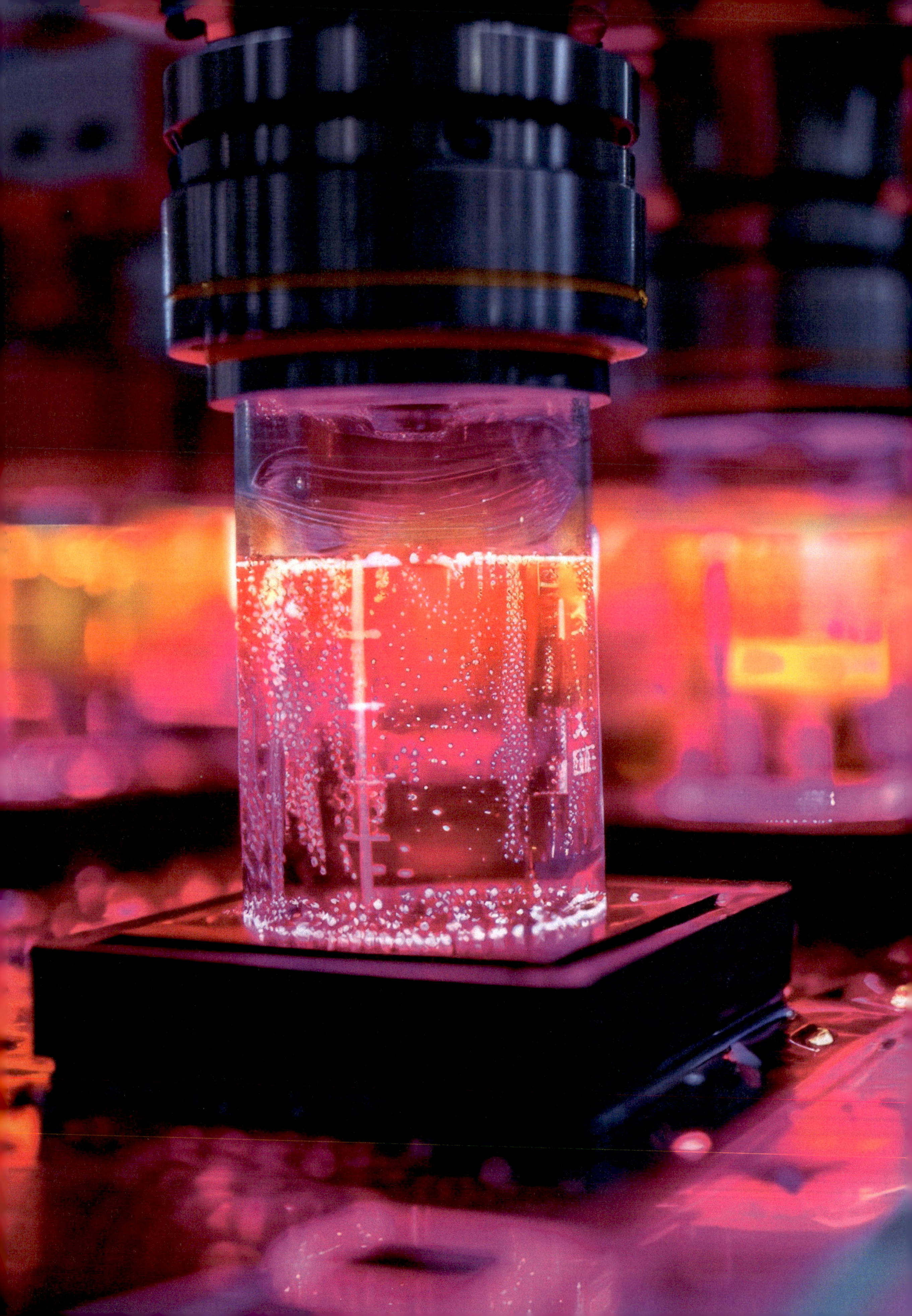

LF 9
Marketingkonzepte planen und umsetzen

1 Einführung in das Marketing

Fahrplan – Marketingkonzept Fly Bike Werke GmbH
1. Markt- und Unternehmenssituation analysieren
2. Marketingziele festlegen
3. Marketingstrategie und Budget „Weg zu den Zielen"
4. Marketingmaßnahmen planen und durchführen
5. Marketingcontrolling

BEISPIEL: Die Auszubildende Jenny Liu räumt gerade das Besprechungszimmer der Fly Bike Werke GmbH auf, in dem die Vertriebsleiterin Regula Gerland heute eine Besprechung mit einem Mitarbeiter der Werbeagentur BE Partners KG hatte. Die Werbeagentur soll für die Fly Bike Werke GmbH ein Marketingkonzept erstellen und umsetzen. Jenny entdeckt den abgebildeten Flip-Chart-Bogen und überlegt, was wohl besprochen wurde.

In früheren Zeiten, als die Nachfrage nach Gütern noch größer war als das Angebot, verkaufte sich vieles von selbst. Heute müssen Unternehmen ihre Leistungen oft auf **gesättigten Märkten** mit **starker Konkurrenz** anbieten. Deshalb muss der Absatzprozess durch ein durchdachtes (Absatz-)**Marketing** unterstützt und gefördert werden. Unter Marketing versteht man alle Maßnahmen, die ein Unternehmen ergreift, um sich Absatzmärkte zu schaffen, zu erhalten und zu vergrößern.

Marketing ist eine Denkweise, die alle unternehmerischen Aktivitäten an den Bedürfnissen der Märkte ausrichtet. Es bezieht sich nicht nur auf den Absatzmarkt (Absatzmarketing), sondern beispielsweise auch auf den Beschaffungsmarkt (Beschaffungsmarketing) oder den Arbeitsmarkt (Personalmarketing). Zur Vereinfachung wird in diesem Lernfeld der Begriff Marketing verwendet, obwohl hier nur Aktivitäten des Absatzmarketings betrachtet werden.

Die Marketingaktivitäten sind dabei konsequent an den Bedürfnissen der Kunden und der Absatzmärkte auszurichten. Marketing beinhaltet damit **Kunden-** und **Wettbewerbsorientierung** zugleich. Im Mittelpunkt aller Marketingmaßnahmen stehen vor allem die Kundinnen und Kunden des Unternehmens. Die wesentlichen Aufgaben des Marketings sind:

- Kunden akquirieren (= **Kundenakquise**)
- Kunden an das Unternehmen binden (= **Kundenbindung**)

Kundenakquise
Kundengewinnung, Kundenwerbung

1.1 Wandel vom Verkäufermarkt zum Käufermarkt

Marketing als betriebliche Funktion entwickelte sich erst gegen Ende des 19. Jahrhunderts, als das Angebot an Waren immer mehr zunahm und in der Folge größer als die Nachfrage wurde. Für Unternehmen entstand das Problem, ihre Waren am Markt „loszuwerden". Vorher waren Unternehmen in der komfortablen Situation, dass einem insgesamt knappen Warenangebot eine große Nachfrage gegenüberstand. Die Güter verkauften sich von selbst und es gab keine Notwendigkeit, den Verkaufsprozess durch Maßnahmen zu unterstützen. Diese Marktsituation, die als **Verkäufermarkt** bezeichnet wird, gibt es heutzutage nur noch sehr selten.

Inzwischen haben auf nahezu allen Märkten die Käuferinnen und Käufer die Wahl zwischen zahlreichen Anbietern und Produkten zu unterschiedlichen Preisen. Da sie somit über die Marktmacht verfügen, nennt man diese Märkte **Käufermärkte**. Die Nachfrager üben durch ihr Marktverhalten – beispielsweise indem sie den günstigsten Anbieter wählen – gewissermaßen Druck auf die anderen Anbieter aus. Diese müssen sich etwas einfallen lassen, um ihre Produkte abzusetzen – sie müssen Marketing betreiben. Der Begriff **Marketing** stammt aus dem Englischen und bedeutet so viel wie **vom Markt her handeln**.

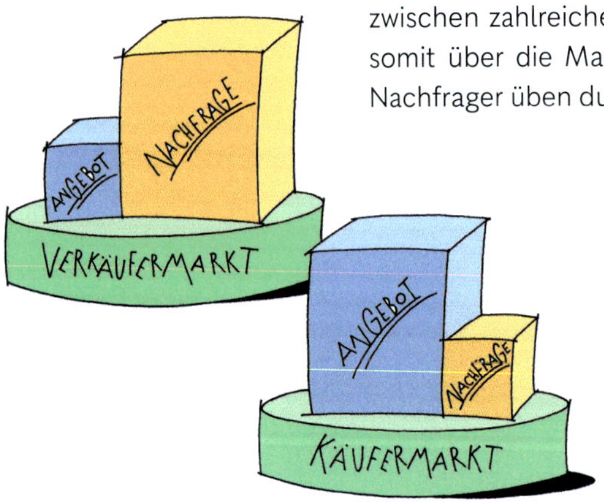

Vom Verkäufer- zum Käufermarkt

Marktsituation „früher“	Marktsituation „heute“
- Verkäufermarkt - Mangel an Material, Maschinen und Arbeitskräften - Nachfrageüberhang: Anbieter können Verkaufsbedingungen diktieren - kaum Wettbewerb - geringe Produktvielfalt - vorwiegend regionale Konkurrenz - hohe Kundentreue (teilweise mangels Konkurrenz)	- Käufermarkt - Mangel an Kunden - Angebotsüberhang: starke Verhandlungsposition der Kunden - starker Wettbewerb, v. a. über den Preis - hohe Produktvielfalt - häufig auch internationale Konkurrenz - Kundenbindung muss durch Marketing vorangetrieben werden

1.2 Marketingkonzept als Kernelement des Marketings

Lernvideo: Marketingkonzept

Je besser Unternehmen ihr Marketing auf den jeweiligen Absatzmarkt abstimmen, umso größer wird der wirtschaftliche Erfolg sein. Zentrales Element hierfür ist ein möglichst passgenaues Marketingkonzept. Zu Beginn der Entwicklung eines Marketingkonzepts im Unternehmen steht die **Erforschung des Absatzmarktes** und der damit einhergehenden **Unternehmenssituation** mithilfe der **Marktforschung**. Auf dieser Grundlage werden **Marketingziele** und darauf aufbauend eine sinnvolle **Marketingstrategie** festgelegt und im Rahmen des sogenannten **Marketingmix** des Unternehmens die Marketingmaßnahmen in den folgenden vier Bereichen (= absatzpolitische Instrumente) geplant:

Markterforschung → Kap. 2

Marketingziele und Marketingstrategien → Kap. 3

- **Produkt- und Sortimentspolitik**: Sie befasst sich mit der Gestaltung der Leistungen oder Produkte eines Unternehmens. (Welche Produkte sollen angeboten werden?)
- **Preis- und Konditionenpolitik**: Sie umfasst die Preisgestaltung für die Produkte sowie die Zahlungskonditionen, z. B. Rabatte oder spätere Zahlungsziele. (Was soll ein Produkt kosten?)
- **Distributionspolitik**: Sie umfasst unter anderem die Vertriebs- und Transportwege. Hier ist z. B. festzulegen, ob die Produkte über eigene Verkaufsstandorte, das Internet oder andere Händler vertrieben werden. (Wie werden die Produkte zum Kunden gebracht?)
- **Kommunikationspolitik**: Sie bestimmt, wie ein Unternehmen auf Produkte aufmerksam macht und mit welchen Mitteln die Kunden zum Kauf animiert werden sollen, z. B. mithilfe der Absatzwerbung.

Produkt- und Sortimentspolitik → Kap. 4

Preis- und Konditionenpolitik → Kap. 5

Distributionspolitik → Kap. 6

Kommunikationspolitik → Kap. 7

Der Begriff „Mix“ weist darauf hin, dass diese vier Bereiche nicht unabhängig voneinander betrachtet werden können, sondern gut aufeinander abgestimmt werden müssen, um optimal ineinandergreifen zu können. Erst das wirkungsvolle Zusammenspiel der vier Marketinginstrumente macht den Marketingerfolg aus. Es gilt das Prinzip „4 · 1 = 5“, d. h., der Marketingmix ist mehr als das bloße Produkt der einzelnen absatzpolitischen Instrumente.

Nachdem der Marketingmix geplant und die Marketingmaßnahmen realisiert wurden, beinhaltet ein vollständiges Marketingkonzept abschließend noch eine **Kontrolle und Beurteilung des Marketingerfolgs**, um Rückschlüsse für zukünftige Marketingkonzepte ziehen zu können.

Marketingkonzept

ÜBERSICHT: Grundlagen des Marketings

Definition	Unter Marketing versteht man alle Maßnahmen, die ein Unternehmen ergreift, um sich Absatzmärkte zu schaffen, zu erhalten und zu vergrößern. Die Marketingaktivitäten sind dabei konsequent an den Bedürfnissen der Kundinnen und Kunden und der Absatzmärkte auszurichten.
Ziele	Kundengewinnung und Kundenbindung
Gründe	– Wandel von Verkäufermärkten (Angebot < Nachfrage) zu Käufermärkten (Angebot > Nachfrage) – zunehmende Konkurrenz – gesättigte Absatzmärkte
Marketingkonzept	1. Marktforschung durchführen: Analyse Absatzmarkt und Unternehmenssituation 2. Marketingziele bestimmen 3. Marketingstrategie festlegen 4. Marketingmix planen und durchführen 5. Marketingerfolg kontrollieren
Marketingmix	Zusammenspiel der einzelnen Marketinginstrumente: – Produkt- und Sortimentspolitik – Preis- und Konditionenpolitik – Kommunikationspolitik – Distributionspolitik

Alles klar?

1 Erläutern Sie den Begriff „Marketing".

2 Begründen Sie, warum Marketing auf einem Käufermarkt wichtiger ist als auf einem Verkäufermarkt.

3 Nehmen Sie kritisch Stellung zu der Behauptung, die Werbung sei das wichtigste Instrument einer marktorientierten Unternehmensführung.

4 Nennen Sie die absatzpolitischen Instrumente des Marketingmix. Ergänzen Sie je ein Beispiel aus Ihrem Ausbildungsbetrieb.

5 Erläutern Sie, was in Bezug auf den Marketingmix mit der Formel „4 · 1 = 5" gemeint ist.

2 Erforschung der Marktsituation

Unternehmen sollten permanent über die Bedingungen und Veränderungen auf ihren Absatzmärkten informiert sein, damit sie den Markt und seine Entwicklung richtig einschätzen können (z. B. über Wünsche und Ansprüche der Kundinnen und Kunden, Akzeptanz für Preise am Markt). Um die Marktsituation zu analysieren, wird **Marktforschung** betrieben. Diese liefert u. a. Erkenntnisse zu unterschiedlichen **Zielgruppen** auf dem Absatzmarkt und ermöglicht den Unternehmen so die Unterteilung des Marktes in verschiedene **Marktsegmente**. Darüber hinaus liefert sie Informationen zur **Wettbewerbssituation** wie auch zur **Position des Unternehmens** und **seiner Produkte** auf dem Markt und somit über die Marktposition eines Unternehmens im Vergleich zur Konkurrenz.

2.1 Marktsegmentierung und Zielgruppen

BEISPIEL: Eine Kundenbefragung der Fly Bike Werke GmbH hat ergeben, dass die Anforderungen der Kunden an ein neues Fahrrad je nach Zielgruppe sehr unterschiedlich ausfallen. Älteren Kunden ist der Komfort beim Fahrradfahren auf langen Strecken besonders wichtig. Die jüngere Zielgruppe legt hingegen sehr viel Wert auf ein „modernes Design" bei Rädern.

Unternehmen können die unterschiedlichen Wünsche und Ansprüche aller Kundinnen und Kunden selten mit einem Produkt erfüllen. Damit sich jeder Kunde in seinen Bedürfnissen optimal angesprochen fühlt (**Kundenorientierung**), nutzen die Unternehmen die sogenannte **Marktsegmentierung**. Hierbei wird der **heterogene** Gesamtmarkt eines Anbieters in mehrere **homogene** Teilmärkte aufgeteilt (segmentiert), sodass verschiedene Käufergruppen gebildet werden.

Dazu legen die Unternehmen verschiedene **Zielgruppen** fest, um die unterschiedlichen Kundengruppen (z. B. ältere oder jüngere Kunden) adressatengerecht über passende Produkte bzw. Dienstleistungen informieren zu können (z. B. Prospekte oder Social-Media-Posts im Rahmen der Kommunikationspolitik). Diese **Bildung homogener Kundengruppen**, die in ihren Bedürfnissen und in ihren erwarteten Reaktionen auf Marketingmaßnahmen vergleichbar sind, erfolgt z. B. anhand folgender relevanter **Zielgruppenmerkmale**:

Kundengruppen: Privatpersonen und Unternehmen

bei **Privatpersonen** als Kunden	bei **Unternehmen** als Kunden
– soziodemografische Merkmale (Alter, Geschlecht, Ausbildungsniveau) – geografische Merkmale (Stadt/Land, Region, Nationalität) – psychografische Merkmale (Lebensstil, Interessen) – verhaltensbezogene Merkmale (Markentreue, Einkaufsstätten)	– Bedeutung der Kunden (z. B. nach Umsatz in A-, B- und C-Kunden) – Rechtsstatus der Kunden (öffentliche oder private Unternehmen) – Dauer der Kundenbeziehung (Bestandskunden, Neukunden) – Kundentreue (kaufen regelmäßig oder unregelmäßig)

Die **Marktsegmentierung** bei Unternehmen als Kunden beruht (anders als bei Privatkunden) häufig nicht auf unterschiedlichen Bedürfnissen. Es geht hier eher um die Wertigkeit des Kunden. Großkunden werden beispielsweise deutlich intensiver betreut als kleinere Kunden. Neukunden werden mit anderen Marketingmaßnahmen bedacht als Bestandskunden und unregelmäßig kaufende Kunden versucht man dahingehend zu beeinflussen, den Lieferanten zukünftig nicht mehr zu wechseln.

heterogen (griech.) verschiedenartig

homogen (griech.) gleichartig

Um sich auf Kunden individuell einstellen zu können, ist die Kenntnis über die Wünsche und Ansprüche der unterschiedlichen Kundentypen also von entscheidender Bedeutung. Somit ist die **Bedarfsforschung** die Grundlage, um die Leistungen des Unternehmens kundenorientiert erbringen zu können.

Bei der Marktsegmentierung ist darauf zu achten, dass
- die **Teilmärkte in sich homogen**, also die Kunden in einem Marktsegment sehr gleichartig sind,
- die einzelnen Teilmärkte **sich** möglichst deutlich **voneinander abgrenzen** und
- **jeder Teilmarkt groß genug ist**, damit sich segmentspezifisches Marketing lohnt.

BEISPIEL: Ein Hauptziel einer Marktforschungsstudie der Fly Bike Werke GmbH ist, das Marktvolumen des Marktsegments „E-Bikes für Jugendliche" zu prognostizieren. Nur wenn dieses Segment als groß genug eingeschätzt wird, würden sich die Investitionen in eine Neuproduktentwicklung und spezielle Werbemaßnahmen für dieses Marktsegment lohnen.

Verschiedene Zielgruppenmerkmale können auch miteinander kombiniert werden, um **Kundentypen** zu beschreiben. Ein bekanntes Beispiel ist die Sinus-Milieu®-Studie, die Menschen mit ähnlichen Lebensauffassungen und Lebensweisen in Bezug auf Arbeit, Familie und Freizeit sowie Konsum zusammenfasst. Das Sinus-Milieu®-Modell wird von der „SINUS Markt- und Sozialforschung GmbH" parallel zu den gesellschaftlichen Veränderungen aktualisiert und dient Unternehmen zur gezielten Produktentwicklung und für das strategische Marketing insgesamt.

Die Sinus-Milieus® in Deutschland 2024

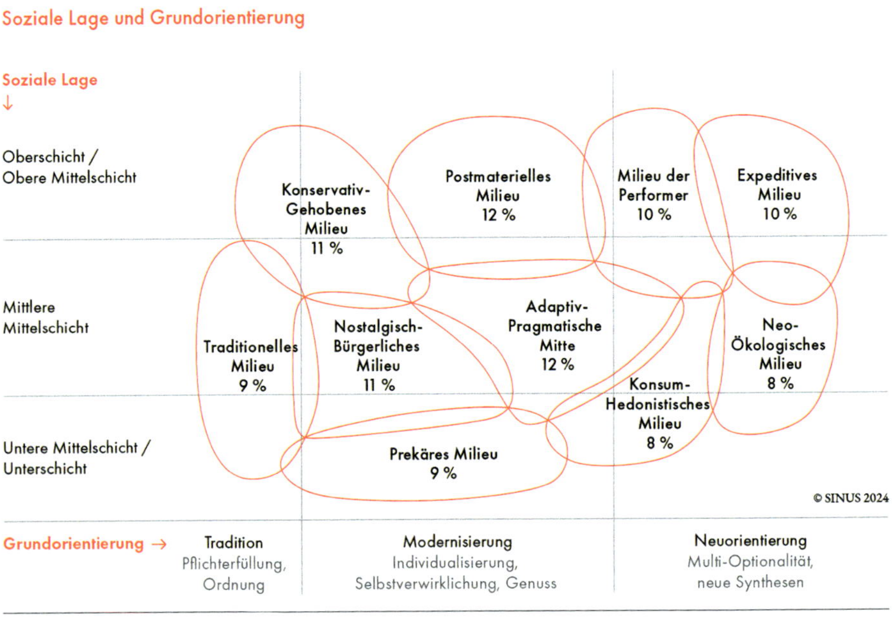

Sinus-Milieus®

Leitmilieus	
Konservativ-Gehobenes Milieu (11 %)	Die alte strukturkonservative Elite: klassische Verantwortungs- und Erfolgsethik sowie Exklusivitäts- und Statusansprüche; Wunsch nach Ordnung und Balance; Selbstbild als Fels in der Brandung postmoderner Beliebigkeit; Erosion der gesellschaftlichen Führungsrolle
Postmaterielles Milieu (12 %)	Engagiert-souveräne Bildungselite mit postmateriellen Wurzeln: Selbstbestimmung und -entfaltung sowie auch Gemeinwohlorientierung; Verfechter von Post-Wachstum, Nachhaltigkeit, diskriminierungsfreien Verhältnissen und Diversität; Selbstbild als gesellschaftliches Korrektiv
Milieu der Performer (10 %)	Die effizienzorientierte und fortschrittsoptimistische Leistungselite: globalökonomisches und liberales Denken; gesamtgesellschaftliche Perspektive auf der Basis von Eigenverantwortung; Selbstbild als Stil- und Konsum-Pioniere; hohe Technik- und Digital-Affinität
Zukunftsmilieus	
Expeditives Milieu (10 %)	Die ambitionierte kreative Bohème: urban, hip, digital, kosmopolitisch und vernetzt; auf der Suche nach neuen Grenzen und unkonventionellen Erfahrungen, Lösungen und Erfolgen; ausgeprägte Selbstdarstellungskompetenz, Selbstbild als postmoderne Elite
Neo-Ökologisches Milieu (8 %)	Die progressiven Realisten: Optimismus und Aufbruchsmentalität bei gleichzeitig ausgeprägtem Problembewusstsein für die planetaren Herausforderungen; Selbstbild als Changemaker und Impulsgeber der globalen Transformation; offen für neue Wertesynthesen: Disruption und Pragmatismus, Erfolg und Nachhaltigkeit, Party und Protest; nachhaltiger Lebensstil ohne Verzichtsideologie
Moderner Mainstream	
Adaptiv-Pragmatische Mitte (12 %)	Der moderne Mainstream: Anpassungs- und Leistungsbereitschaft, Nützlichkeitsdenken, aber auch Wunsch nach Spaß und Unterhaltung; starkes Bedürfnis nach Verankerung und Zugehörigkeit; wachsende Unzufriedenheit und Verunsicherung aufgrund der gesellschaftlichen Entwicklung; Selbstbild als flexible Pragmatiker
Konsum-Hedonistisches Milieu (8 %)	Die auf Konsum und Entertainment fokussierte (untere) Mitte: Spaßhaben im Hier und Jetzt; Selbstbild als cooler Lifestyle-Mainstream; starkes Geltungsbedürfnis; berufliche Anpassung vs. Freizeit-Eskapismus; zunehmend genervt vom Diktat der Nachhaltigkeit und Political Correctness
Prekäres Milieu (9 %)	Die um Orientierung und Teilhabe bemühte Unterschicht: Dazugehören und Anschlusshalten an den Lebensstandard der breiten Mitte – aber Häufung sozialer Benachteiligungen und Ausgrenzungen; Gefühl des Abgehängtseins, Verbitterung und Ressentiments; Selbstbild als robuste Durchbeißer
Traditioneller Mainstream	
Nostalgisch-Bürgerliches Milieu 11 %	Die harmonieorientierte (untere) Mitte: Wunsch nach gesicherten Verhältnissen und einem angemessenen Status; Selbstbild als Mitte der Gesellschaft, aber wachsende Überforderung und Abstiegsängste; gefühlter Verlust gelernter Regeln und Gewissheiten; Sehnsucht nach alten Zeiten
Traditionelles Milieu 9 %	Die Sicherheit und Ordnung liebende ältere Generation: verhaftet in der kleinbürgerlichen Welt bzw. traditionellen Arbeiterkultur; anspruchslose Anpassung an die Notwendigkeiten; steigende Akzeptanz der neuen Nachhaltigkeitsnorm; Selbstbild als rechtschaffene kleine Leute

Quelle: www.sinus-institut.de/sinus-milieus/sinus-milieus-deutschland

Sinus-Milieus®
Die Prozentwerte geben den Anteil des jeweiligen Milieus an der Wohnbevölkerung (ab 14 Jahren) in Deutschland wieder.

AB → Lernsituation 79

2.2 Wettbewerbssituation

BEISPIEL: Gerade telefoniert die Vertriebsleiterin Regula Gerland mit Jan Sales aus der Marketingabteilung, um sich erste Informationen zur Wettbewerbssituation der Fly Bike Werke GmbH zu beschaffen.
Fr. Gerland: Hallo, Herr Sales, ich brauche eine Liste unserer größten Wettbewerber und eine Übersicht darüber, wie die Marktanteile im Moment verteilt sind. Können Sie mir die Informationen bitte zeitnah zusammenstellen?
Hr. Sales: Diese Informationen kann ich Ihnen sicher schnell zusammenstellen. Die Konkurrenzsituation auf dem Fahrradmarkt ist ja recht übersichtlich.
Fr. Gerland: Wir sollten uns danach auch noch einmal zusammensetzen und die Sortimente der wichtigsten Wettbewerber und deren Marketingaktivitäten analysieren.
Hr. Sales: Warum ist das denn wichtig?
Fr. Gerland: Je mehr wir über die Konkurrenz wissen, desto besser können wir unser Marketingkonzept darauf abstimmen. Eventuell finden wir ja sogar noch eine neue Marktnische.

Anbieter müssen nicht nur über die Bedürfnisse ihrer Kunden im Bilde sein, sie sollten sich auch über das Angebot und Verhalten der Konkurrenz informieren. Die Konkurrenzforschung sollte dabei folgende Informationen liefern:

Anzahl der Wettbewerber

Die **Wettbewerbsintensität** auf Märkten hängt entscheidend von der Anzahl der Anbieter (A) ab. Grundsätzlich werden drei Situationen unterschieden:
- **Polypol:** Markt mit **vielen** Anbietern
- **Oligopol:** Markt mit **wenigen** Anbietern
- **Monopol:** Markt mit **einem** Anbieter

griech. Wortstamm:
polys – viele
oligos – wenig
monos – allein

Wenn gleichzeitig auch die Anzahl der Nachfrager (N) betrachtet wird, können neun **Marktformen** unterschieden werden.

Marktformen
Eine scharfe Grenze zwischen „vielen“ und „wenigen“ lässt sich nicht ziehen. Es kommt vielmehr darauf an, ob die entsprechende Marktseite eher polypolistische (die einzelnen Marktteilnehmer haben eher wenig Marktmacht) oder oligopolistische (einzelne Marktteilnehmer haben eher große Marktmacht) Strukturen hat.

Marktformen

Anzahl A/N	viele Anbieter	wenige Anbieter	ein Anbieter
viele Nachfrager	**Polypol** Beispiel: viele Bäckereien – viele Konsumenten	**(Angebots-)Oligopol** Beispiel: wenige Autohersteller – viele Konsumenten	**(Angebots-)Monopol** Beispiel: ein Wasserwerk – viele Konsumenten
wenige Nachfrager	**Nachfrageoligopol** Beispiel: viele Landwirte – wenige Molkereien	**zweiseitiges Oligopol** Beispiel: wenige Anbieter von Kreuzfahrtschiffen – wenige Reedereien	**beschränktes Angebotsmonopol** Beispiel: ein Hersteller eines speziellen Medikamentes – wenige Nachfrager, da seltenes Krankheitsbild
ein Nachfrager	**Nachfragemonopol** Beispiel: viele Straßenbauunternehmen – Staat als einziger Nachfrager	**beschränktes Nachfragemonopol** Beispiel: wenige Hersteller von Polizeiautos – Staat als einziger Nachfrager	**zweiseitiges Monopol** Beispiel: ein Hersteller von Panzern – Bundeswehr als einziger Abnehmer

Im **Polypol** stehen sich sehr viele Anbieter und Nachfrager auf dem Markt gegenüber. Die Polypolsituation gilt aus Sicht der staatlichen Wettbewerbspolitik als Idealfall, da weder Anbieter noch Nachfrager über große Marktmacht verfügen und somit Marktpreise nicht direkt beeinflussen können. Aus Anbietersicht bedeutet ein Polypol, dass man sich mit vielen Wettbewerbern auseinandersetzen und den Markt teilen muss.

Im **(Angebots-)Oligopol** sind nur wenige Anbieter, die jeweils einen hohen Marktanteil besitzen, auf dem Markt tätig. Ein Anbieter wird seine Preise erhöhen, wenn er davon ausgehen kann, dass die anderen Anbieter ihm folgen werden. Die einzelnen Anbieter haben eine große Marktmacht.

BEISPIEL: In einem kleinen Vorort von Oldenburg gibt es zwei Blumenhändler, die sich den Markt für Frischblumen im Ort teilen. Durch die geringe Konkurrenz fällt der Preis für die Nachfrager höher aus (Angebotsoligopol).

Umgekehrt wäre auch eine Situation denkbar, in der in dem Vorort, z. B. auf einem Wochenmarkt, plötzlich viele Anbieter von Blumen relativ wenigen Nachfragern gegenüberstehen. Der Wettbewerb ist deutlich größer und die Blumen erzielen nun Preise, die deutlich niedriger sind (Nachfrageoligopol).

Beim **(Angebots-)Monopol** fällt der Wettbewerb völlig aus, da es nur einen Anbieter gibt. Dieser hat die alleinige Marktmacht und kann – ohne Konkurrenz berücksichtigen zu müssen – Preise festlegen. Durch die Variation des Preises wird lediglich geregelt, wie viel nachgefragt wird.

Marktanteil der Wettbewerber

Auf Märkten gibt es oft „große" und „kleine" Anbieter. Um die Frage nach dem Marktanteil eines Unternehmens beantworten zu können, ist es sinnvoll, zwei wichtige **Marktgrößen** zu kennen.

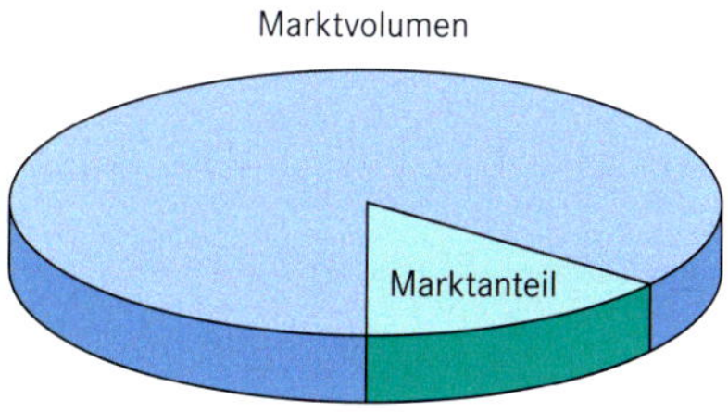

Marktgrößen zur Bestimmung des Marktanteils

Marktgröße	Bedeutung	Beispiel
Marktvolumen	Menge der tatsächlich innerhalb eines Zeitraums auf einem bestimmten Markt verkauften Güter	Im Jahr 20XX wurden in Deutschland insgesamt 1 400 000 E-Bikes abgesetzt.
Marktanteil	(prozentualer) Anteil eines Unternehmens am Marktvolumen $\text{Marktanteil} = \frac{\text{Absatzvolumen} \cdot 100\,\%}{\text{Marktvolumen}}$	Die Fly Bike Werke GmbH hat im selben Jahr 70 000 E-Bikes verkauft. Der Marktanteil des Unternehmens am Markt für E-Bikes beträgt also 5 %.

Neben der Marktform gibt der Marktanteil der auf einem Markt agierenden Unternehmen Auskunft über die **Marktmacht** der einzelnen Anbieter.

Leistungsangebot der Wettbewerber

Um die eigenen Produkte geschickt auf einem Markt positionieren zu können, sollte erforscht werden, welche Angebotspalette bei der Konkurrenz vorhanden ist. Es gilt, die Leistungen der Konkurrenz hinsichtlich Qualität, Eigenschaften, Design, Preis usw. zu erfassen, um die jeweilige Konkurrenzsituation beurteilen zu können.

- gleiche Produkte → **direkte Konkurrenz**
- ähnliche Produkte → **indirekte Konkurrenz**

indirekte Konkurrenz
Konkurrenten bieten Leistungen zur Befriedigung der gleichen Kundenbedürfnisse an. Demzufolge müssen nicht nur die direkten Konkurrenten analysiert werden, sondern auch die Anbieter von **Substitutionsgütern** (Güter, die dieselben oder ähnliche Bedürfnisse erfüllen).

BEISPIEL: Ein Anbieter von Butter muss sich im Rahmen der Konkurrenzforschung sowohl mit direkten Konkurrenten (weitere Anbieter von Butter) als auch mit indirekten Konkurrenten (Anbieter von Margarine) auseinandersetzen.

Verhalten der Wettbewerber

Eigene Marketingkonzepte orientieren sich normalerweise immer auch an den Marketingaktivitäten der Konkurrenz. Entsprechend wichtig ist es, im Rahmen der Konkurrenzforschung permanent auch die derzeitigen Marketingaktivitäten der Wettbewerber zu erforschen. In diesem Zusammenhang werden z. B. folgende Fragestellungen beantwortet:

- Welche Art von **Werbemaßnahmen** (z. B. aggressiv oder zurückhaltend) führt die Konkurrenz durch?
- Welche **Preismaßnahmen** (z. B. Rabatte, Sonderangebote) führt die Konkurrenz durch?
- Welche **Vertriebswege** (z. B. Internet) nutzt die Konkurrenz?
- Welche **Produkte** entwickelt die Konkurrenz?
- Welche **neuen Zielgruppen** erschließt sich die Konkurrenz?

BEISPIEL: Frau Gerland hat von Herrn Sales die Liste mit den Wettbewerbern der Fly Bike Werke GmbH bekommen. Sie hat durch eine Internetrecherche auf den Homepages der Konkurrenten festgestellt, dass einige Fahrradproduzenten inzwischen auch einen Direktvertrieb an den Endverbraucher über einen Onlineshop anbieten. Es ist daher zu überlegen, ob die Fly Bike Werke GmbH diesen Vertriebsweg ebenfalls ausbauen sollte.

2.3 Unternehmenssituation

AB → Lernsituation 79

Zusätzlich zu der Analyse der Absatzmärkte sollte auch die Stellung des Unternehmens und seiner Produkte auf dem Markt analysiert werden. Hierbei helfen die Betrachtung des Produktlebenszyklus, die Portfolio-Analyse und die SWOT-Analyse.

2.3.1 Von der Produkteinführung zur Produktelimination (Produktlebenszyklus)

Lernvideo: Produktlebenszyklus

BEISPIEL: Der letzte Absatzbericht der Fly Bike Werke GmbH weist folgende Verkaufsmengen pro Jahr für vier wichtige Modelle aus:

Jahr / Modell	20X1	20X2	20X3	20X4
Mountainbike *Dispo*	20 500	17 300	10 200	5 600
Trekkingrad *Light*	14 100	20 800	21 000	20 900
City-Rad *Glide*	800	3 400	9 200	18 400
E-Bike *Wind*	0	0	350	600

Das Mountainbike verzeichnet stark rückläufige Absatzzahlen, der Absatz des Trekkingrads stockt auf einem hohen Niveau, das City-Rad weist die stärksten Wachstumsraten auf. Das E-Bike ist erst seit 20X3 auf dem Markt und noch nicht so bekannt.

Kaum ein Produkt hält sich für unbegrenzte Zeit am Markt. Nach der Produkteinführung kaufen die Kunden das neue Produkt für eine gewisse Zeit. Nach Monaten oder Jahren veraltet die Leistung und das Produkt wird weniger nachgefragt, bis es schließlich aufgrund mangelnder Nachfrage vom Markt genommen wird. Es durchläuft einen Produktlebenszyklus. Dieser stellt die Umsatzentwicklung eines Produkts von der Entwicklung über die Einführung bis zur Marktentfernung grafisch in idealtypischer Form dar. Mit den Absatz- und Umsatzzahlen korreliert auch eine bestimmte Erfolgsentwicklung (Gewinn oder Verlust).

Phasen des Produktlebenszyklus

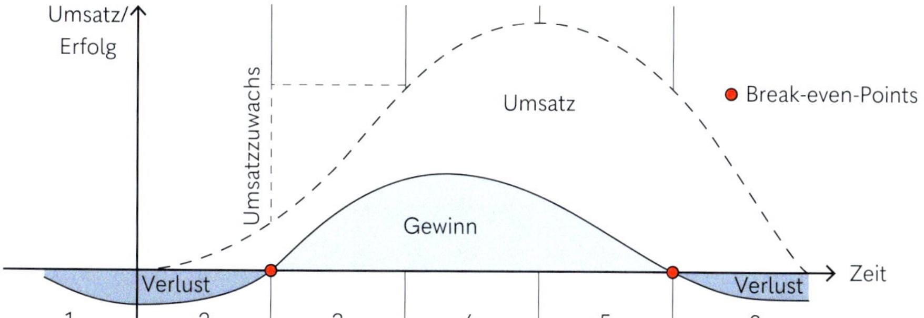

	1	2	3	4	5	6	
	Entwicklung	Einführung	Wachstum	Reife	Sättigung	Niedergang	(Phase)
	–	Innovatoren	Frühe Adaptoren	Frühe Mehrheit	Späte Mehrheit	Nachzügler	(Käufer)

Erläuterungen zu den einzelnen Phasen des Produktlebenszyklus:
- **Entwicklungsphase:** Mit zunehmendem Entwicklungsstand steigen die Kosten. Umsatz wird noch nicht erzielt.
- **Einführungsphase:** Das Produkt ist noch relativ unbekannt und Kunden verhalten sich abwartend („Kinderkrankheiten“ beim Produkt). Die Umsätze steigen nur langsam.
- **Wachstumsphase:** Die Umsatzzuwächse sind enorm. Das Produkt trägt erheblich zum Erfolg des Unternehmens bei. In dieser Phase wird der **Break-even-Point** überschritten. Das Produkt erreicht die Gewinnzone.
- **Reifephase:** Das Produkt etabliert sich am Markt. Der Umsatz steigt auf einem hohen Niveau nur noch langsam bis zum Umsatzmaximum.
- **Sättigungsphase:** Viele Kunden haben bereits das Produkt gekauft, es drängen massiv Konkurrenten mit ähnlichen Produkten auf den Markt. Umsatz und Gewinn gehen stetig zurück.
- **Niedergangsphase:** Der Umsatz sinkt deutlich, der Break-even-Point wird nach unten überschritten. Das Produkt landet in der Verlustzone und wirkt immer stärker erfolgsmindernd.

Break-even-Point
Gewinnschwelle, an der die Erlöse und die Kosten eines Produkts gleich hoch sind
LF 8 → Kap. 4.1

Jede Phase im Produktlebenszyklus erfordert individuelle Maßnahmen, um den Erfolgsbeitrag eines Produkts zu optimieren. In der Realität lassen sich die verschiedenen Phasen selten eindeutig bestimmen. Eine grobe Einschätzung reicht jedoch, um situativ sinnvolle produktpolitische Maßnahmen auszuwählen.

produktpolitische Maßnahmen
→ Kap. 4.1

Zu beachten ist auch, dass die **tatsächlichen Lebenszyklen** der Produkte von dem oben dargestellten modellhaften Idealtypus deutlich abweichen können.

BEISPIEL: In den 1990er-Jahren verkaufte Pepsi® kurzzeitig eine transparente Cola, die durch ihre Reinheit gesund wirken sollte. Die Konsumenten waren aber eher verwirrt, da sie wie Mineralwasser aussah, aber trotzdem wie Pepsi schmeckte. Die Cola floppte und wurde schnell wieder vom Markt genommen.
Sogenannte Fidget-Spinner (Fingerspielzeug für Kinder) fehlten eine Zeit lang in keinem Schulranzen. Der Hype nahm jedoch relativ schnell wieder ab, da andere Modeprodukte auf den Markt kamen und die Aufmerksamkeit der Kids auf sich zogen.

Lebenszyklus eines Flops

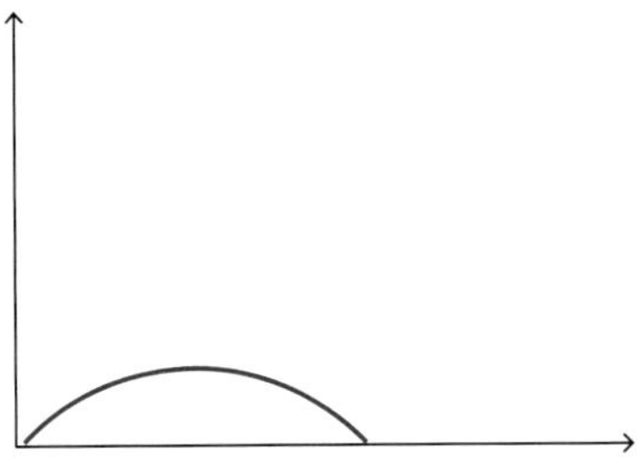

Lebenszyklus eines **gescheiterten Produkts** ohne Wachstum (sog. „Flop“)

Lebenszyklus eines Modeprodukts

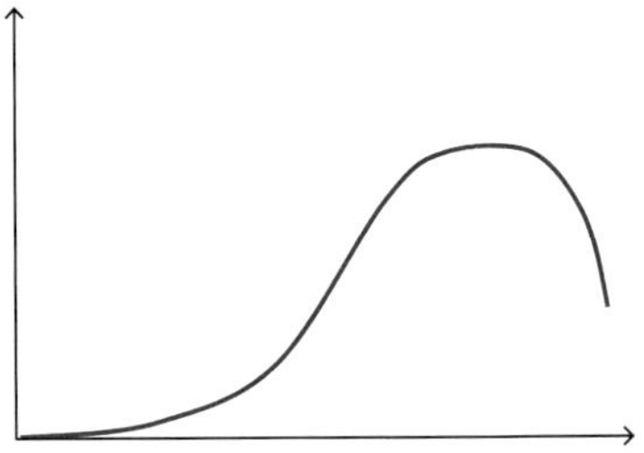

Lebenszyklus eines **Modeprodukts** (schleppendes Wachstum, kurze Sättigungsphase)

2.3.2 Ermittlung von Erfolgsprodukten (Portfolio-Analyse)

BEISPIEL: Umfragen der Fly Bike Werke GmbH ebenso wie Marktforschungsstudien zeigen eine schrittweise Änderung der Kundenwünsche. Das Trekkingrad *Light* war bisher eines der am meisten gefragten Modelle. Das Modell läuft auch noch gut, aber Zuwachsraten sind nicht mehr vorhanden. Das City-Rad *Glide* gehört zu den absoluten Rennern und verzeichnet gemäß aktueller Prognosen auch zukünftig ganz erhebliche Zuwachsraten. Völlig unsicher ist die Geschäftsleitung noch beim neuen E-Bike *Wind*. Kunden reagieren zwar interessiert, aber noch zurückhaltend. Man hofft, dass diese Neuentwicklung die Erwartungen erfüllen wird. Das Mountainbike *Dispo* ist das „Sorgenkind" der Geschäftsleitung. Vor Jahren gehörte es zu den attraktivsten Modellen des Unternehmens. Doch durch ein geändertes Freizeitverhalten und gesteigertes Unfallbewusstsein ist der Absatz stark gesunken.

Ein Unternehmen muss laufend die aktuelle Wettbewerbssituation prüfen und mögliche zukünftige Erfolgsprodukte identifizieren. Dazu nutzen viele Unternehmen die **Portfolio**-Analyse. Bei der Portfolio-Analyse wird das zukünftig zu erwartende **Marktwachstum** dem aktuellen eigenen **relativen Marktanteil** gegenübergestellt, um Chancen und Risiken von Produkten sichtbar zu machen.

Portfolio
Mappe; hier: „Mappe" mit Produkten des Unternehmens

$$\text{Marktwachstum (in \%)} = \frac{\text{zusätzliches Marktvolumen im Planungszeitraum}}{\text{Marktvolumen des Vorjahres}} \cdot 100\,\%$$

$$\text{relativer Marktanteil} = \frac{\text{eigener Marktanteil}}{\text{Marktanteil des größten Konkurrenten}}$$

Relativer Marktanteil
ist der Anteil des eigenen Unternehmens am Markt im Verhältnis zum größten Konkurrenten. Bei einem Marktanteil der Fly Bike Werke GmbH von 5,1 % und einem Marktanteil des stärksten Konkurrenten von 9,8 % ergibt sich 5,1/9,8 = 0,52. Der Konkurrent hat also einen fast doppelt so hohen Marktanteil wie die Fly Bike Werke GmbH.

Das erwartete Marktwachstum ist ein Prognosewert und deshalb mit Unsicherheit verbunden. Je größer das Marktwachstum, desto größer sind auch die Chancen eines Unternehmens, an diesem Wachstum teilzuhaben. Das Marktwachstum ist vom Unternehmen kaum beeinflussbar. Die ermittelten Größen werden in einem Koordinatensystem kombiniert (**Portfoliomatrix**). Dann lässt sich jedes Produkt in einen der Quadranten einordnen.

Portfoliomatrix

Ein Portfolio gilt nach der Portfolio-Analyse dann als Erfolg versprechend, wenn genügend Stars und Cash Cows vorhanden sind, die Nachwuchsprodukte ebenso wie Auslauf- oder Ergänzungsprodukte finanzieren. Insofern muss ein **ausgewogener Produktgruppenmix** vorliegen.

Für jede Produktgruppe lassen sich gezielte Strategien festlegen.
- **Questionmarks:** Produkte beobachten und eventuell fördern.
- **Stars:** Marktanteil halten und Wachstum ausbauen durch Investitionen in Marketinginstrumente.
- **Cash Cows:** Marktanteil halten, Produkterträge abschöpfen (melken).
- **Poor Dogs:** Produkte eventuell vom Markt nehmen.

Zu beachten ist, dass nicht jedes Produkt zwingend jeden Quadranten durchlaufen muss. Flop-Produkte sind z. B. zu Beginn ein „Questionmark". Sie rutschen jedoch aufgrund mangelnder Nachfrage kurz nach ihrer Markteinführung in den Quadranten „Poor Dogs" und werden wieder aus dem Sortiment genommen.

Zwischen der Portfolio-Analyse und dem Produktlebenszyklus bestehen enge Beziehungen. Je nach Zyklusphase sind entsprechende Quadranten aus der Portfoliomatrix relevant. Vorausgesetzt, ein Produkt schafft den Sprung zu einem Star, ergibt sich der Zusammenhang zum Verlauf des Produktlebenszyklus wie in der folgenden Grafik dargestellt.

Produktlebenszyklus
→ Kap. 2.3.1

Portfolio-Analyse und Produktlebenszyklus

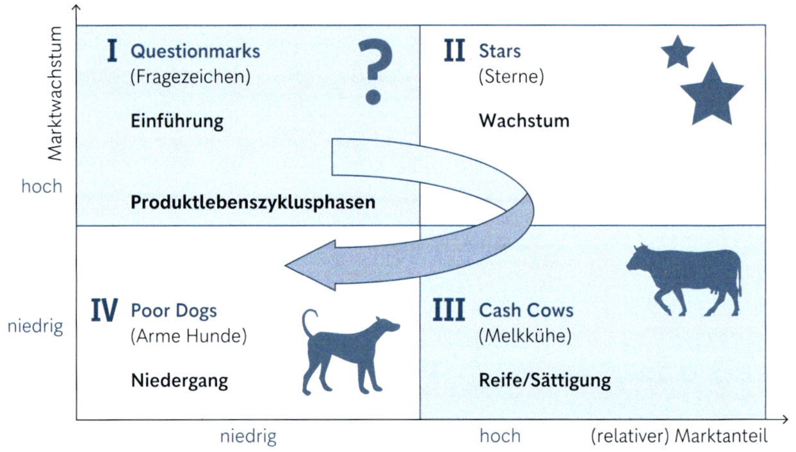

Die Portfolio-Analyse erfordert eine Vielzahl von Daten. Deshalb führen Unternehmen sie selten allein durch. In der Regel ist eine Unternehmensberatung beteiligt, die über Daten zum Markt und zu Wachstumsprognosen verfügt. Die Portfolio-Analyse wurde auch von einer großen amerikanischen Unternehmensberatung, der Boston Consulting Group, entwickelt.

Marktforschung
→ Kap. 2.4

2.3.3 Ermittlung von Marktpotenzialen (SWOT-Analyse)

Um Marktpotenziale zu ermitteln, nutzen Unternehmen häufig die sogenannte **SWOT**-Analyse. Zur Durchführung dieser Potenzial-Analyse sind die **Stärken** („strengths") und die **Schwächen** („weaknesses") eines Anbieters gegenüber den Mitbewerbern, aber auch die sich bietenden **Chancen** („opportunities") und die möglichen **Risiken** („threats") auf den (Teil-)Märkten dieses Unternehmens zu untersuchen.

SWOT (engl. Abk.)
strengths
weakness
opportunities
threats

Mögliche Ergebnisse einer SWOT-Analyse

Stärken (strengths)
- vorhandenes, durch Schutzrechte gesichertes Know-how
- starke Marktstellung durch Alleinstellungsmerkmale
- starkes Markenimage, das Stammkunden bindet
- leistungsstarker und innovativer Mitarbeiterstamm
- ausgereifte Vertriebswege/Logistikkonzepte

Schwächen (weaknesses)
- nicht optimierte Prozesse
- zu hoher Zeitbedarf für Forschung und Entwicklung sowie Markteinführung („Time-to-market" zu lang)
- unzureichende Kapazitäten
- schlechte Kostenstruktur (z. B. zu hohe Fixkostenanteile)
- veraltete Technologien
- keine/zu wenig Neuentwicklungen

Chancen (opportunities)
- steigende Nachfrage nach Produkten aus dem eigenen Geschäftsbereich aufgrund einer verbesserten Wirtschaftslage
- neue Technologien, die Innovationen erleichtern
- staatliche Förderung von Investitionen im eigenen Geschäftsbereich
- Anwachsen der Zielgruppe der eigenen Produkte aufgrund demografischen Wandels
- Markttrends, die den Absatz der eigenen Produkte begünstigen können

Risiken (threats)
- zunehmende Aktivitäten konkurrierender Anbieter
- Handelshemmnisse und bürokratische Hindernisse aufgrund von Maßnahmen des Gesetzgebers
- Markttrends, die den Absatz der eigenen Produkte erschweren können
- Schrumpfen der Zielgruppe der eigenen Produkte aufgrund des demografischen Wandels
- ungünstige konjunkturelle Aussichten

Eine SWOT-Analyse kann sowohl zur Beschreibung der Ist-Situation als auch zur Beurteilung einer geplanten Soll-Situation durchgeführt werden. Die Beurteilung der Stärken und Schwächen des Unternehmens kann sich entweder aus dem Vergleich mit Konkurrenten (sogenanntes „**Benchmarking**") oder der Nutzung allgemeiner betriebswirtschaftlicher Standards ergeben.

Wettbewerbssituation
→ Kap. 2.2

Die SWOT-Analyse liefert dem Unternehmen wertvolle Hinweise sowohl auf bislang ungenutzte Potenziale wie auch auf bestehende oder sich entwickelnde Risiken, die den Einsatz absatzpolitischer Aktivitäten, z. B. Neuentwicklungen von Produkten oder preispolitische Maßnahmen, erfordern oder lohnend erscheinen lassen.

Die Durchführung einer SWOT-Analyse ist kein einmaliger, sondern ein immer wiederkehrender Prozess. Da die Bedingungen auf den Märkten einem stetigen Wandel unterworfen sind, können ehemalige Stärken schnell zu Schwächen werden.

BEISPIEL: Facebook® hat seine einst marktbeherrschende Stellung als Social-Media-Plattform bei der jungen Zielgruppe aufgrund der Schnelllebigkeit von Social-Media-Märkten an TikTok® verloren.

AB → Lernsituation 80

2.4 Marktforschung

BEISPIEL: Frau Gerland und Herr Sales haben über das Thema E-Bikes gesprochen. Nach Branchenprognosen steigt das Marktvolumen weiter. Allerdings werden diese Fahrräder nach Händleraussagen immer noch bevorzugt von Kunden ab einem Alter von 40 Jahren gekauft. Frau Gerland ist unsicher, ob die Fly Bike Werke GmbH zukünftig weitere E-Bike-Modelle für eine jüngere Zielgruppe mit einem trendigen Design entwickeln soll. Herr Sales schlägt vor, zunächst eine Marktforschungsstudie durchzuführen.

Um Informationen über Kundenbedürfnisse, Konkurrenzaktivitäten oder die allgemeine Lage des Unternehmens bzw. seiner Produkte auf dem Absatzmarkt zu bekommen, muss Marktforschung betrieben werden. Unter **Marktforschung** versteht man die systematische, gezielt vorbereitete, auf wissenschaftlichen Methoden basierende Beschaffung, Aufbereitung und Analyse von Informationen zur Beurteilung eines Marktes und zur Beantwortung von Marketingfragen. Beispielsweise benötigt man für die Frage, ob ein Artikel überhaupt entwickelt und hergestellt werden soll, Informationen über dessen voraussichtliche Marktchancen.

Marktforschung
Nicht jede Untersuchung zur Beantwortung von Marketingfragen ist gleich eine Marktforschung. Werden Kundenwünsche eher **spontan, unsystematisch und ohne weiterreichende Vorbereitung** ermittelt, so liegt eher eine **Markterkundung** vor (z. B. spontane Messegespräche, gelegentliche Auswertungen von Vertreterberichten).

2.4.1 Marktbeobachtung – Marktanalyse – Marktprognose

Wird Marktforschung mit dem Ziel betrieben, über Entwicklungen und Veränderungen auf Märkten **ständig** unterrichtet zu sein, spricht man von **Marktbeobachtung**. Sollen Marktdaten dagegen **zu einem bestimmten Zeitpunkt** erhoben werden, handelt es sich um eine **Marktanalyse**. In der Praxis gehen Marktanalyse und Marktbeobachtung oft ineinander über, da ein Unternehmen für seine Entscheidungen sowohl an langfristigen Entwicklungen als auch an aktuellen Informationen interessiert ist. Zudem lassen sich meist nur durch eine Kombination der beiden Forschungsmethoden zuverlässige **Marktprognosen** erstellen, die Aussagen über die **künftige Marktentwicklung** ermöglichen und die Grundlage für Marketingkonzepte bilden.

Methoden der Marktforschung

Marktbeobachtung
regelmäßige Datenerhebung zur Entwicklung eines Marktes über einen längeren Zeitraum

Beispiel: Auf der Suche nach neuen, Erfolg versprechenden Produkten führt die Fly Bike Werke GmbH regelmäßig Händlerbefragungen durch.

Marktanalyse
einmalige Datenerhebung über eine Marktsituation zu einem bestimmten Zeitpunkt

Beispiel: Auf der diesjährigen Fahrradmesse Bike & Style werden interessierte Besucher nach ihren Interessen und Wünschen bezüglich E-Bikes befragt.

sind Grundlage für die →

Marktprognose
Aussagen über die zukünftige Entwicklung von Märkten

Beispiel: Auf der Grundlage der regelmäßigen Händlerbefragungen und der einmaligen Befragung auf der Fachmesse wird das Marktpotenzial von E-Bikes für die Zielgruppe „25 bis 39 Jahre“ als hoch eingestuft.

Bei allen Marktforschungsaktivitäten können Daten mit verschiedenen Erhebungsmethoden der Sekundär- und Primärforschung unter Verwendung unterschiedlicher Informationsquellen gewonnen werden.

2.4.2 Sekundärforschung

Als Erstes versuchen Unternehmen bei einer Marktforschung in der Regel, bereits vorliegendes Datenmaterial zu verwenden, um Informationen zu gewinnen. Greift ein Unternehmen auf solche bereits vorhandenen Daten zurück, spricht man von **Sekundärforschung**. Da die Arbeit überwiegend am Schreibtisch erledigt wird, spricht man auch von „**Schreibtischforschung**" oder „**Desk-Research**".

Üblicherweise wird im Rahmen von Marktforschungsaktivitäten zunächst **Sekundärforschung** betrieben. Nur wenn kein ausreichendes Datenmaterial vorhanden ist, wird (anschließend) eine aufwendigere Primärforschung durchgeführt.
→ Kap. 2.4.3

Die Begriffe gehen darauf zurück, dass bei der Sekundärforschung bereits vorhandene Daten **ein zweites** (bzw. **weiteres**) **Mal genutzt** werden, während sie bei der Primärforschung **erstmalig erhoben** werden.

Innerbetriebliche (betriebsinterne) Informationsquellen
Marktforschung beginnt häufig im eigenen Unternehmen und beruht auf Daten, die in den verschiedenen Abteilungen anfallen und gesammelt werden. Der Zugriff (vom Schreibtisch) auf diese Daten erfolgt häufig über die EDV des Unternehmens. Neben Umsatz- bzw. Absatzstatistiken oder anderen Daten aus dem Rechnungswesen können aber auch Berichte von Reisenden, Mängelrügen von Kunden, Sammlungen von Fachzeitschriften oder die Lagerdatei als Quellen genutzt werden.

BEISPIEL: Regula Gerland von der Fly Bike Werke GmbH hat im Unternehmen bereits vorliegende Fachzeitschriften der letzten Monate gesichtet, um sich über die technischen Entwicklungen bei E-Bikes zu informieren. In diesem Zuge hat sie auch eine Umsatzstatistik des Unternehmens nach Regionen in Deutschland erstellen lassen, um ihre Vermutung zu überprüfen, dass E-Bikes vorrangig in gebirgigen Regionen abgesetzt werden.

desk (engl.) Schreibtisch
to research (engl.) forschen

Außerbetriebliche (betriebsexterne) Informationsquellen
Für Marketingentscheidungen sind häufig zusätzlich Informationen erforderlich, die im Unternehmen nicht vorliegen. Heutzutage ist der Zugriff auf solche außerbetrieblichen Informationsquellen häufig (vom Schreibtisch) über das Internet möglich. Neben Quellen zur Konjunkturforschung (z. B. Statistisches Bundesamt) können die Internetseiten der Konkurrenz und der Branchenverbände sowie Suchmaschinen oder Diskussionsforen im Internet genutzt werden. Weitere Informationsquellen sind Messebesuche, Geschäftspartner (z. B. Lieferanten), Veröffentlichungen der Kammern und Verbände sowie Kataloge, Prospekte und Preislisten der Wettbewerber.

BEISPIEL: Die Vertriebsmitarbeiter der Fly Bike Werke GmbH recherchieren regelmäßig im Internet und sammeln Informationen über Entwicklungen auf dem Fahrradmarkt. Dabei werten sie regelmäßig auch die Homepages der Konkurrenz aus und rufen Informationen zum Fahrradmarkt bei einem Marktforschungsinstitut gegen Bezahlung ab.

2.4.3 Primärforschung

Die Sekundärforschung ist kostengünstig und umfangreiche Daten stehen sofort zur Verfügung. Allerdings sind die gewonnenen Daten häufig nicht aktuell, zu wenig speziell und damit auch weniger aussagekräftig. Zudem bieten sie in der Regel keinen Wettbewerbsvorteil, da sie auch der Konkurrenz zur Verfügung stehen.

Sollen **aktuelle und bisher nicht bekannte Daten** beschafft werden, müssen diese neu und gezielt erhoben werden. Hierbei spricht man dann von einer **Primärforschung** (auch „**Feldforschung**" oder „**Field-Research**" genannt). Die Primärerhebung bietet den Vorteil, dass ihre Ergebnisse bei neuartigen Artikeln genau, spezifisch und aktuell sind. Allerdings ist sie auch zeitaufwendig und kostenintensiv.

Große Unternehmen lassen die aufwendige Primärforschung oftmals von betriebseigenen Marktforschungsabteilungen durchführen, während kleinere und mittelständische Unternehmen in der Regel Marktforschungsinstitute oder Werbeagenturen mit der Datenerhebung beauftragen.

BEISPIEL: Regula Gerland von der Fly Bike Werke GmbH arbeitet bereits seit Jahren mit der Werbeagentur BE Partners KG zusammen. Sie schätzt die Spezialisierung der Mitarbeiterinnen und Mitarbeiter und erteilt regelmäßig komplexe Aufträge von der Marktforschung über die Planung und Umsetzung eines Marketingkonzepts bis zur Erfolgskontrolle.

Im Rahmen einer Primärerhebung muss zunächst eine geeignete **Erhebungsmethode** bestimmt werden, wie z. B. eine Befragung, eine Beobachtung, ein Experiment oder eine Online-Erhebung.

Befragung

Eine Befragung ist die am häufigsten genutzte Erhebungsmethode der Primärforschung. Um sie zielgerichtet und effizient durchführen zu können, müssen zur Vorbereitung einige Überlegungen zum Inhalt, zur Art und zur Durchführung der Befragung angestellt werden:

- **Inhalt der Befragung:** Die Antworten der befragten Personen sollen eine möglichst hohe Aussagekraft hinsichtlich des Marktforschungsgegenstands haben. Es sollten also nur relevante Aspekte abgefragt werden. Unterschieden werden hierbei **Einthemenbefragungen**, die im Zusammenhang mit einer konkreten Fragestellung hilfreich sind, und **Mehrthemenbefragungen** (Omnibusbefragungen), bei denen verschiedene Themen gleichzeitig untersucht werden.
- **Art der Befragten:** Bei den Befragten kann es sich um Privatpersonen (**Konsumentenbefragung**), um (Vertreter von) Unternehmen (**Unternehmensbefragung**) oder um Spezialisten zu einem Thema (**Expertenbefragung**) handeln.
- **Anzahl der Befragten:** Bei einer **Vollerhebung** werden alle Personen befragt, über die eine Aussage getroffen werden soll. Da dies sehr aufwendig und oftmals sogar unmöglich ist, werden normalerweise **Teilerhebungen** durchgeführt. Hierbei wird ein meist zufällig ausgewählter Personenkreis aus der Gesamtgruppe (Grundgesamtheit) befragt.
- **Häufigkeit der Befragung:** Dient die Befragung der einmaligen Marktanalyse, so spricht man von einer **Einmalbefragung**. Sollen jedoch im Sinne einer Marktbeobachtung auch Veränderungen in den Antworten analysiert werden, so sind **Mehrfachbefragungen (Panel)** erforderlich, bei denen die Personen wiederholt befragt werden.
- **Durchführungsform der Befragung:**
  1. Schriftliche Befragungen: Hierbei werden Fragebögen beispielsweise per Post oder E-Mail zugesendet bzw. an die zu befragenden Personen persönlich oder über andere Medien wie Zeitschriften verteilt (**Verteilerbefragung**).
  2. Mündliche Befragungen: Diese können als **persönliche Befragung** in Face-to-face-Interviews oder als **telefonische Befragung** durchgeführt werden.

Im Rahmen der **Teilerhebung** ist zu beachten, dass die befragte Personengruppe repräsentativ (d. h. typisch für die Grundgesamtheit) sein muss.

Bei einem **Panel** wird eine festgelegte Gruppe gleichbleibender Personen (z. B. Händler, bestimmte Haushalte einer Region) über einen längeren Zeitraum regelmäßig befragt. So lassen sich gut Trends und Entwicklungen ermitteln (= **Marktbeobachtung**).

Telefonische Befragungen werden häufig als **Computer Aided Telephone Interview** durchgeführt. Dem Fragenden werden die zu befragenden Personen (z. B. Namen und Telefonnummern) und der Fragebogen vom Computer vorgegeben. Die Antworten werden direkt in den PC eingegeben.

- **Methode der Befragung:** Befragungen werden meistens als **standardisierte Befragungen** bzw. **standardisierte Interviews** durchgeführt, bei denen die Fragen inklusive ihrer Reihenfolge festgelegt sind. Bei mündlichen Befragungen sind aber auch **strukturierte Interviews** möglich, bei denen nur Leitfragen vorgegeben werden. Der Interviewer kann während der Befragung die Reihenfolge variieren und Zusatzfragen stellen. Beim **freien Interview** wird nur das Gesprächsthema festgelegt.

Das **strukturierte Interview** ist auch eine gängige Befragungsmethode im Rahmen von Vorstellungsgesprächen. Weitere Informationen zu Vorstellungsgesprächen finden Sie in LF 12 (Band 3).

BEISPIEL: Die Fly Bike Werke GmbH möchte die Einstellung der Personen zwischen 25 und 39 Jahren in Deutschland zu E-Bikes erfahren. Jan Sales soll für Regula Gerland eine Primärerhebung vorbereiten. Er soll einen Fragebogen mit genau 20 Fragen erstellen, mit dem 250 zufällig ausgewählte Personen zwischen 25 und 39 Jahren auf der Straße nach ihren Meinungen zu E-Bikes befragt werden sollen. Können Sie die Befragungsarten zuordnen?

Sobald die Vorarbeiten zu Art, Inhalt und Durchführung der Befragung geklärt sind, kann der Fragebogen gestaltet werden. Dabei sind u. a. die Menge und Art der Fragen, ihre Reihenfolge sowie deren verständliche und eindeutige Formulierung entscheidend für die Erreichung der Ziele der Befragung.

Damit möglichst viele Personen bereit sind, an der Befragung teilzunehmen, und mit einer möglichst hohen **Antwort- bzw. Rücklaufquote** zu rechnen ist, sollte der **Fragebogen nicht zu lang** sein und **motivierend und interessant gestaltet** sein. Deswegen beginnen Befragungen häufig mit einfach zu beantwortenden Eisbrecherfragen, während persönliche Fragen (z. B. nach dem Alter) am Ende stehen. Fragebögen sind in der Regel in folgender Reihenfolge aufgebaut:

Antwortquote und Rücklaufquote
(engl.: response rate)
Als zusätzlicher Anreiz zur Teilnahme können kleine Geschenke oder eine Verlosung dienen.

Fragearten in Fragebögen

Frageart	Beschreibung	Beispiel
Kontakt- oder Eisbrecherfragen	Fragen, um dem Befragten den Einstieg in die Befragung zu erleichtern	Haben Sie ein Fahrrad? ☐ ja ☐ nein
Sachfragen	Diese Fragen liefern die für das Ziel der Befragung wichtigen Daten. Dabei sollen Fragen zu einem Themengebiet nacheinander folgen, um Gedankensprünge der Teilnehmer zu vermeiden.	Wofür nutzen Sie Ihr Fahrrad? ☐ Freizeit ☐ Fahrt zur Arbeit ☐ Radtouren ☐ Sport ☐ gar nicht
Kontroll- und Plausibilitätsfragen	Diese Fragen dienen zur Überprüfung der gegebenen Antworten, um fehlerhafte Fragebögen auszusortieren. Die Fragen sollen Widersprüche aufdecken, indem abgefragte Themen anders formuliert wieder auftauchen.	Ich finde E-Bikes modern. ☐ ja ☐ nein E-Bikes haben ein „Alte-Leute-Image". ☐ ja ☐ nein
Fragen zur Person	Sie dienen der Erhebung von personenbezogenen Daten des Befragten. Die Fragen stehen am Ende, weil die Befragten dann bereits aufgewärmt und auskunftsfreudiger sind.	Wie lautet Ihr Geburtsdatum?

Bei der Formulierung der Fragen ist unbedingt der **Befragungsgegenstand zu berücksichtigen**, um **aussagekräftige Daten zu ermitteln**. Es sollten also nicht „irgendwelche" Fragen gestellt werden, sondern nur solche, deren Antworten nützlich sind.

BEISPIEL: Jan Sales hat für die Befragung nach der Einstellung der Personen zwischen 25 und 39 Jahren zu E-Bikes unter anderem folgende Frage vorbereitet:
Wie hoch ist Ihr Netto-Monatseinkommen?
☐ < 2.000 € ☐ 2.000–3.000 € ☐ > 3.000 €
Regula Gerland erklärt ihm, dass Fragen nach dem zur Verfügung stehenden Einkommen zwar bei vielen Befragungen eine Rolle spielen. Im vorliegenden Fall wird diese Information aber nicht benötigt, da zunächst nur verschiedene Aspekte der Einstellungen der jungen Leute zu E-Bikes erhoben und eine grundsätzliche Kaufbereitschaft ermittelt werden soll.

Zudem muss bei der Formulierung von Fragen darauf geachtet werden, dass die Antworten nicht aus verschiedenen Gründen unbrauchbar sind, z. B. weil
- der Befragte Worte oder Formulierungen nicht versteht,
- die Frage unklar (z. B. zu vage oder mehrdeutig) formuliert ist,
- eine ehrliche Antwort dem Befragten peinlich sein könnte,
- die Frage bereits eine Antworttendenz vorgibt (Suggestivfrage) oder
- die Fragestellung von dem Befragten nicht beantwortbar ist.

Neben den Fragestellungen muss man sich bei der Fragebogengestaltung auch bereits Gedanken um die **Antwortmöglichkeiten** machen, um als Ergebnis **auswertbare Daten** zu erhalten. Grundsätzlich ist es möglich, Fragen mit und ohne Vorgabe von Antwortmöglichkeiten zu formulieren. Werden **keine möglichen Antworten vorgegeben**, handelt es sich um **offene Fragen**. Fragen **mit vorgegebenen Antwortmöglichkeiten** bezeichnet man als **geschlossene Fragen**. Offene Fragen bieten den Vorteil, dass oft sehr detaillierte und umfangreiche Informationen gesammelt werden können, da die Befragten in ihren Antwortmöglichkeiten nicht eingeschränkt werden. Die Auswertung dieser Daten ist jedoch oftmals sehr schwierig bzw. aufwendig.

BEISPIEL: Jan Sales möchte auch die folgende Frage in den Fragebogen aufnehmen:
Wie viel Geld würden Sie für ein E-Bike ausgeben? ___________ €
Regula Gerland findet die Frage sehr gut. Sie schlägt ihm aber vor, daraus eine geschlossene Frage mit den Antwortmöglichkeiten „weniger als 1.000 €“, „1.001 bis 2.000 €“ und „mehr als 2.000 €“ zu machen.

Aus Gründen der **besseren Auswertbarkeit** werden häufig geschlossene Fragen bevorzugt. Insbesondere, weil die erhobenen Daten dann sehr einfach erfasst werden können und sich anschaulich in Diagrammen darstellen lassen.

Fragetypen bei geschlossenen Fragen

Auswahlfragen		Beispiele
Alternativfragen	Die vorgegebenen Antworten schließen sich gegenseitig aus; es besteht nur eine Auswahlmöglichkeit.	Wie oft fahren Sie Fahrrad? ☐ täglich ☐ mehrmals pro Woche ☐ einmal pro Woche ☐ seltener
Mehrfachauswahlfragen (Selektivfragen)	Aus den vorgegebenen Antworten können mehrere zutreffende gewählt werden.	Wofür nutzen Sie Ihr Fahrrad? (Mehrfachnennungen möglich) ☐ Freizeit ☐ Fahrt zur Arbeit ☐ Sport ☐ Radtouren
Skalenfragen		**Beispiel**
Skalenfragen sind eine Spezialform der Alternativfragen. Auch hier besteht nur eine Antwortmöglichkeit. Durch die Vorgabe einer abgestuften Skala erfragt man mit ihnen subjektive Beurteilungen der befragten Person.		Wie beurteilen Sie das Image von E-Bikes auf einer Skala von 1 bis 5? 1 2 3 4 5 altmodisch ☐ ☐ ☐ ☐ ☐ modern

Eine häufig verwendete Spezialform der **Alternativfrage** ist die **Entscheidungsfrage (Ja-/Nein-Frage)**. Sie hat als Antwortmöglichkeiten ausschließlich „Ja“ und „Nein“.

Skalenfragen werden häufig zur Abfrage von Einstellungen verwendet. Als Skalenpole werden dann oft „lehne voll und ganz ab (= 1)“ und „stimme voll und ganz zu (= 5)“ gewählt.

Die **Durchführung** einer Befragung erscheint auf den ersten Blick sehr einfach zu sein. Tatsächlich sind Befragungen aber besonders anfällig für Fehler und Verfälschungen, besonders mündliche Befragungen. Die häufigsten **Fehlerquellen** sind:
- Der Interviewer formuliert Fragen (unbewusst) um.
- Der Befragte versucht sich gegenüber dem Interviewer positiv darzustellen und verfälscht das Ergebnis.
- Der Interviewer versucht (unbewusst), die Antworten des Befragten zu beeinflussen.

Beobachtung

Bei der Erhebungsmethode der Beobachtung wird das **Verhalten von Personen in bestimmten Situationen** beobachtet, um Informationen zu bestimmten Fragestellungen zu erhalten. Dabei kann es sich um **reale** (z. B. Beobachtung des Kundenverhaltens in einem Supermarkt) oder **simulierte** (z. B. virtuelles Supermarktregal am PC) Situationen handeln. Zudem ist zu unterscheiden zwischen **verdeckten Beobachtungen** (d. h. ohne Wissen der Teilnehmer) und **offenen Beobachtungen**. Es können dabei auch technische Hilfsmittel wie z. B. Videoaufzeichnungen, Hautwiderstandsmessungen („Lügendetektor“), Messungen der Augenbewegungen (Eye-Tracking) oder weitere Aufmerksamkeitsdaten (Attention-Tracking) verwendet werden.

reale Situationen
Feldbeobachtung

simulierte Situationen
Laborbeobachtung

BEISPIEL: Attention-Tracking-Auswertung einer Printanzeige
Eine Printanzeige zeigt groß das Gesicht eines Jungen, außerdem einen Werbespruch und das Logo des werbenden Unternehmens. Beim Attention-Tracking wird gemessen, wann der Blick eines Betrachters der Anzeige wohin wandert, wie viel Aufmerksamkeit er also welchen Teilen der Anzeige widmet. Mithilfe dieser Informationen kann das Unternehmen Werbeanzeigen optimieren.

Experiment (Test)

Bevor Marketingmaßnahmen in der Realität umgesetzt werden, werden sie häufig unter kontrollierten Rahmenbedingungen in einem Experiment getestet. In **Labortests** werden bestimmte Elemente (z. B. Produkteigenschaften, Design, Verpackung) variiert. Die Testteilnehmer (Probanden) werden in ihrem Verhalten beobachtet oder im Anschluss befragt. In einem Test werden die Methoden „Befragung" und/oder „Beobachtung" häufig in Kombination mit dem eigentlichen Experiment durchgeführt.

BEISPIEL: Ein Designer der Fly Bike Werke GmbH erstellt am PC verschiedene Designvarianten eines E-Bikes für jüngere Kunden. Seine Vorschläge übermittelt er an eine Werbeagentur. Dort wird mit zufällig ausgewählten Personen aus der Zielgruppe ein Labortest durchgeführt. Den Testpersonen werden die Designalternativen vorgelegt und durch Beobachtung der Reaktionen und anschließende Befragung soll jenes Design ermittelt werden, das bei der Zielgruppe am besten „ankommt".

Produktlebenszyklus
→ Kap. 2.3.1

Neben simulierten Labortests steht vor einer Produkteinführung eine weitere Möglichkeit zur Verfügung. In **Markttests** (Feldexperimente) werden neue Artikel (Verkaufskonditionen, Verpackungen, Warenplatzierungen) auf einem repräsentativen Teilmarkt (**Testmarkt**) mit einer überschaubaren Anzahl von Marktteilnehmern getestet, um die Absatzchancen des Produkts (bzw. der unterschiedlichen Varianten) auf dem Gesamtmarkt prognostizieren zu können.

Online-Marktforschung

Die Online-Marktforschung ist ein Teilbereich des Onlinemarketings.
→ Kap. 7.5

Als Online-Marktforschung wird die Marktforschung mithilfe von Online-Medien verstanden. Mittlerweile spielt das Internet als „Research Tool" u. a. wegen der kostengünstigen und einfachen Erreichbarkeit großer Personengruppen eine wichtige Rolle. Folgende Methoden der Online-Marktforschung haben sich etabliert:

- **Online-Befragung:** Bei Online-Befragungen handelt es sich um Formen der schriftlichen Befragung. Fragebögen werden beispielsweise durch einen Link in einer E-Mail versendet (**E-Mail-Befragung**), auf einer Homepage bereitgestellt (**Web-Befragung**) oder sind über einen QR-Code am Smartphone abrufbar. Auf die Internetseite mit dem Fragebogen gelangt die befragte Person beispielsweise auch über Verlinkungen auf anderen Internetseiten (Banner, Pop-ups usw.).

Banner und Pop-ups
→ Kap. 7.5.1

- **Online-Panel:** Eine Weiterentwicklung des klassischen Panels ist das Online-Panel. Hierbei wird eine Gruppe von registrierten Personen, die sich bereit erklärt haben, wiederholt an Online-Studien teilzunehmen, regelmäßig über das Internet befragt.
- **Online-Feedbacksysteme:** Kunden-Feedback-Systeme sind schon seit längerer Zeit eine Möglichkeit, Kundenrückmeldungen für Verbesserungen (z. B. in der Produktqualität oder im Service) zu nutzen. Als Online-Variante sind sie heute häufig Bestandteil der Homepage eines Unternehmens.
- **Web- und Social-Media-Monitoring:** Beim **Web-Monitoring** werden grundsätzlich alle **im Internet verfügbaren Spuren von Konsumenten beobachtet**. In Foren, Blogs, sozialen Netzwerken oder Bewertungsportalen werden Konsumentenmeinungen gesichtet, gesammelt und analysiert. Web-Monitoring kann intuitiv (z. B. über Suchbegriffe) oder automatisch mithilfe spezieller Software erfolgen. Besonders interessant für Unternehmen sind soziale Netzwerke, da hier ein reger Austausch stattfindet. Ideen und Meinungen werden geäußert sowie Dienstleistungen und Produkte von Nutzern beschrieben und bewertet. Mit **Social-Media-Monitoring** werden diese Informationen gesammelt und analysiert.

- Durch eine **Unternehmenspräsenz in sozialen Netzwerken** können beispielsweise auch die Anzahl der **Likes** oder **Follower** im Zeitablauf (z. B. auch im Kontext einer erfolgten Werbemaßnahme) betrachtet werden. Auch **Cookies** oder **Apps** tragen zur Gewinnung von Informationen über das Nutzerverhalten bei. Für Unternehmen sind diese aktuellen Informationen über Lebensgewohnheiten, Vorlieben und das Kaufverhalten ihrer (potenziellen) Kunden äußerst wertvoll.

ÜBERSICHT: Analyse des Absatzmarktes

Marktsegmentierung und Zielgruppen	Durch Aufteilung des heterogenen Gesamtmarkts in homogene Teilmärkte werden verschiedene Zielgruppen definiert, die zielgenauer durch Marketingmaßnahmen angesprochen werden können.
Wettbewerbssituation	- Anzahl der Wettbewerber (Monopol, Oligopol, Polypol) - Marktanteile der Wettbewerber - Leistungsangebot der Wettbewerber (direkte und indirekte Konkurrenz) - Verhalten der Wettbewerber

Unternehmenssituation	- **Produktlebenszyklus:** Sechs Phasen, die vor allem durch die Höhe des jeweiligen Umsatzes gekennzeichnet sind: Entwicklung → Einführung → Wachstum → Reife → Sättigung → Niedergang
	- **Portfolio-Analyse:** In Abhängigkeit vom aktuellen relativen Marktanteil eines Produkts und dem erwarteten Marktwachstum werden die Produkte gemäß ihrer Chancen und Risiken in vier Produktgruppen eingeteilt:
	  - Questionmarks (Fragezeichen) sind Nachwuchsprodukte (geringer Marktanteil, hohes Wachstumspotenzial)
	  - Stars (Sterne) sind Spitzenprodukte (hoher Marktanteil, hohes Wachstumspotenzial)
	  - Cash Cows (Melkkühe) sind Basisprodukte (hoher Marktanteil, wenig Wachstumspotenzial)
	  - Poor Dogs (Arme Hunde) sind Auslauf- und Ergänzungsprodukte (niedriger Marktanteil, niedriges Wachstumspotenzial)
	- **SWOT-Analyse**: Potenzial-Analyse zur Ermittlung der Stärken („strengths“) und Schwächen („weaknesses“) eines Unternehmens gegenüber Mitbewerbern sowie Chancen („opportunities“) und Risiken („threats“) auf den Absatzmärkten.

Marktforschung	**Marktanalyse:** einmalige Datenerhebung über eine Marktsituation zu einem bestimmten Zeitpunkt
	Marktbeobachtung: regelmäßige Datenerhebung zur Entwicklung eines Marktes über einen längeren Zeitraum
	Sekundärforschung: Marktforschung aufgrund von bereits vorhandenen Informationen (z. B. Umsatzstatistiken, Lagerdatei, Mängelrügen von Kunden)
	Primärforschung: Erhebung neuer, bislang unbekannter Informationen mithilfe verschiedener Methoden (Befragung, Beobachtung, Experiment, Online-Marktforschung)

Alles klar?

1 Nennen und erläutern Sie jeweils drei Kriterien zur Bestimmung von Zielgruppen
- a bei Privatpersonen als Kunden und
- b bei Unternehmen als Kunden.

2 Erläutern Sie, worauf es bei der Marktsegmentierung ankommt.

3 Beschreiben Sie die Kriterien, nach denen Ihr Ausbildungsbetrieb den Markt segmentiert.

4 Machen Sie drei Vorschläge, in welche Marktsegmente ein großer Fahrradhändler seinen Absatzmarkt einteilen könnte. Berücksichtigen Sie dabei jeweils eines der in der Tabelle auf Seite 265 aufgeführten Zielgruppenmerkmale.

5 Machen Sie einen Vorschlag, in welche Segmente ein Pkw-Produzent seinen Gesamtmarkt aufteilen könnte. Berücksichtigen Sie dabei auch die Sinus-Milieus® und beschreiben Sie die Segmente durch Kombinationen von Zielgruppenmerkmalen.

6 Erarbeiten Sie die Vor- und Nachteile der folgenden Marktformen für die Anbieter und Nachfrager.
- a Polypol
- b (Angebots-)Oligopol
- c (Angebots-)Monopol

7 Recherchieren Sie, ob es in Deutschland Monopole gibt.

8 Nennen Sie für folgende Leistungsangebote direkte und indirekte Konkurrenten.
- a Smartphones der Marke Apple®
- b Energydrinks der Marke Red Bull®
- c E-Bikes der Marke Fly Bike

9 Benennen Sie die wichtigsten Wettbewerber Ihres Ausbildungsbetriebs. Begründen Sie anhand deren Leistungsangebots, ob es sich um direkte oder indirekte Konkurrenz handelt.

10 Nennen und erläutern Sie die verschiedenen Phasen eines Produktlebenszyklus. Zeigen Sie den Zusammenhang zur Portfolio-Analyse.

11 Ordnen Sie den Quadranten der Portfoliomatrix die Phasen des Produktlebenszyklus zu.

12 Beurteilen Sie die folgenden Portfolios.

a

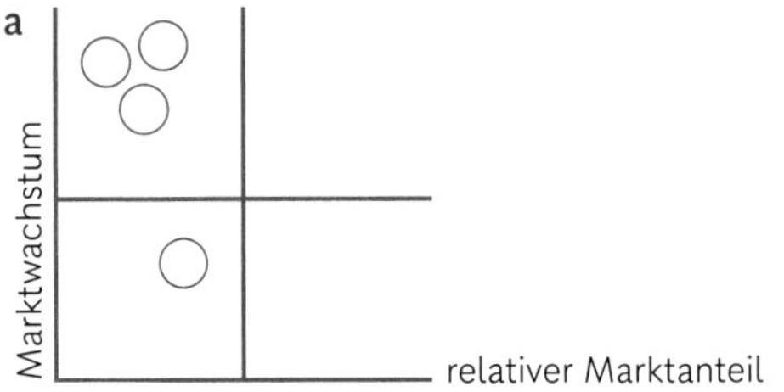

b

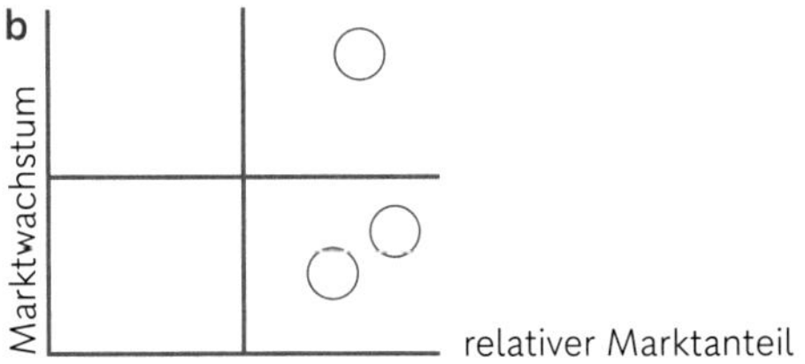

13 Unterscheiden Sie Marktbeobachtung, Marktanalyse, Marktprognose und Markterkundung allgemein und beschreiben Sie jeweils ein Beispiel.

14 Unterscheiden Sie Sekundär- und Primärforschung. Nennen Sie in dem Zuge jeweils drei Informationsquellen bzw. Erhebungsmethoden und stellen Sie die Vorteile der jeweiligen Forschungsmethode gegenüber.

15 Wägen Sie Vor- und Nachteile der schriftlichen und mündlichen Befragungen gegeneinander ab.

16 Erläutern Sie, wie Unternehmen (Ihr Ausbildungsbetrieb) Web-Monitoring und Social-Media-Monitoring für Marktforschung nutzen können.

17 Erläutern Sie,
- a welche Ziele eine Befragung hat.
- b wie bei Befragungen die „Response Rate“ erhöht werden kann.
- c wie mithilfe der Formulierung der Fragen zuverlässige und aussagekräftige Antworten generiert werden können.
- d wie die erhobenen Daten einer Befragung möglichst zeiteffizient ausgewertet werden können.

18 Wägen Sie die Vorteile von offenen und geschlossenen Fragen gegeneinander ab.

3 Marketingziele und Marketingstrategien

AB → Lernsituation 81

Nachdem Unternehmen die Situation auf den Absatzmärkten und damit einhergehend auch die eigene Unternehmenssituation mittels Marktforschung analysiert haben, können die nächsten beiden Schritte zur Entwicklung eines Marketingkonzepts angegangen werden. Dazu muss das Unternehmen zunächst konkrete Marketingziele formulieren, um darauf aufbauend eine schlüssige Marketingstrategie festzulegen.

Entwicklung einer Marketingstrategie

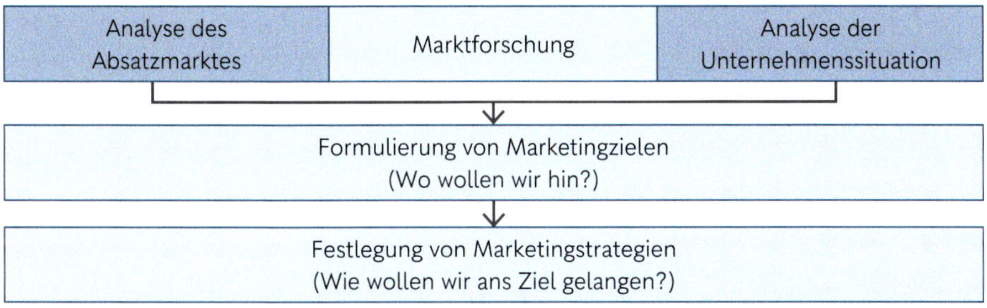

Nur wenn die Ziele klar formuliert sind, kann anschließend die Marketingstrategie, der Weg zur Erreichung der Ziele, bestimmt werden. Steht der Weg fest, müssen danach die verschiedenen Marketinginstrumente im Marketingmix aufeinander abgestimmt werden.

Marketinginstrumente → Kap. 4–7

3.1 Marketingziele

Erfolgreiches Marketing ist in hohem Maße davon abhängig, dass die Marketingmaßnahmen „zielgerichtet“ gestaltet werden. Zu diesem Zweck müssen zunächst konkrete Ziele festgelegt werden, die mithilfe der Marketingmaßnahmen erreicht werden sollen. Diese orientieren sich insbesondere auch an den übergeordneten ökonomischen, ökologischen und sozialen Unternehmenszielen, die das Unternehmen generell verfolgt. Je nachdem, ob ein Ziel zahlenmäßig bestimmt werden kann, unterscheidet man quantitative und qualitative Marketingziele.

Unternehmensziele
LF 1 → Kap. 7.3

3.1.1 Quantitative Marketingziele

Mithilfe der quantitativen Marketingziele soll häufig die **ökonomische (wirtschaftliche) Situation** des Unternehmens verbessert oder gesichert werden. Da die Ziele zahlenmäßig bestimmbar sind, haben quantitative Ziele den Vorteil, dass sie im Rahmen der Beurteilung des Marketingerfolgs gut überprüft werden können. Hierzu gehören z. B.:

- Steigerung der **Absatzmenge** um X Stück
- Steigerung des **Umsatzes** in einer Warengruppe um X %
- Erreichung oder Sicherung eines **Marktanteils** von X %
- Steigerung des **Gewinns** um X %
- **Reduzierung der Kundenreklamationen** um X %
- Gewinnung von X **Neukunden**

Die **quantitativen Ziele** werden häufig auch als ökonomische Ziele bezeichnet. Dies ist insofern etwas irreführend, da auch qualitative Ziele (indirekt) den wirtschaftlichen Erfolg eines Unternehmens steigern sollen.

Um den Erfolg von Marketingmaßnahmen später überprüfen zu können, ist es wichtig, die Ziele konkret zu formulieren.

BEISPIEL: Die Fly Bike Werke GmbH hat in der Produktgruppe „E-Bikes“ zurzeit einen Marktanteil von 5 % in Deutschland. Um die Kosten der bevorstehenden Marketingaktivitäten im Zuge der Einführung einer neuen Modellreihe für eine junge Zielgruppe mindestens zu decken, wird das folgende Marketingziel formuliert: Der Marktanteil in der Produktgruppe E-Bikes in Deutschland soll bis zum Abschluss des Geschäftsjahres 20X3 auf 7 % steigen.

3.1.2 Qualitative Marketingziele

Da die **qualitativen Ziele** auf die Einstellungen bzw. das Verhalten der Konsumenten ausgerichtet sind, werden sie auch als **psychologische Ziele** bezeichnet.

Neben den quantitativen Zielen sind für das Marketing auch qualitative Marketingziele bedeutsam. Mit ihrer Hilfe sollen bei den (potenziellen) Kunden **Präferenzen für das Unternehmen bzw. Produkt** aufgebaut und verstärkt werden. Auch die qualitativen Ziele dienen langfristig jedoch ökonomischen Zwecken wie der Umsatzsteigerung und der Erhöhung des Marktanteils. Es gibt dabei eine Vielzahl an möglichen qualitativen Zielen, z. B.:
- Steigerung des **Bekanntheitsgrads** des Unternehmens oder eines Artikels
- Steigerung der **Kundenzufriedenheit**
- Verbesserung des **Unternehmens- oder Markenimages**
- Verbesserung der **Kundenbindung**

Auch bei den qualitativen Zielen ist eine klare Zielformulierung sinnvoll.

BEISPIEL: Eine Primärerhebung hat ergeben, dass E-Bikes der Fly Bike Werke GmbH in der Zielgruppe der 16- bis 25-Jährigen ein zu starkes „Alte-Leute-Image“ haben. Regula Gerland hält es für erforderlich, dieses Image deutlich zu verbessern, um die Kaufbereitschaft in der Zielgruppe zu erhöhen. Durch ein neues Marketingkonzept soll die Produktgruppe „E-Bike“ der Fly Bike Werke GmbH bei der genannten Zielgruppe ein moderneres Image bekommen.

3.1.3 Zielkonflikte und Zielharmonien

Zielkonflikte und Zielharmonien LF 1 → Kap. 7.3.2

Unternehmen setzen sich in der Regel mehrere Marketingziele, die mehr oder weniger gut zusammenpassen können. Dabei kann es zum einen zu **Zielkonflikten** kommen. Ein Zielkonflikt besteht, wenn das Anstreben eines Ziels die Erreichung eines anderen Ziels beeinträchtigt (konkurrierende Ziele). Beispielsweise könnte man zur Steigerung der Bekanntheit die Werbeaufwendungen erhöhen, was zunächst aber den Gewinn reduzieren würde. Eine Zielharmonie besteht, wenn das Anstreben eines Ziels die Erreichung eines anderen Ziels unterstützt (komplementäre Ziele). **Zielharmonien** erleichtern die Gestaltung eines Marketingkonzepts in der Regel: Eine Reduzierung der Kundenreklamationen würde z. B. auch die Verwirklichung des Ziels „Imageverbesserung“ unterstützen.

3.2 Marketingstrategien

BEISPIEL: Die Auszubildende der Fly Bike Werke GmbH, Jenny Liu, nimmt heute als Protokollantin an einer weiteren Sitzung von Regula Gerland und Jan Sales zur potenziellen Einführung eines E-Bikes für eine jüngere Zielgruppe teil:
Fr. Gerland: Ich denke, die Konkurrenzanalyse zeigt eindeutig, dass die **Strategie der Kostenführerschaft** nicht infrage kommt, insbesondere wegen der asiatischen Wettbewerber.
Hr. Sales: Wir hatten ja am Anfang schon darüber gesprochen, dass ein modernes E-Bike uns im Rahmen einer **Differenzierungsstrategie** helfen könnte.
Fr. Gerland: Genau. Das moderne E-Bike wäre auch zur Erreichung des Marketingziels, den Marktanteil bei E-Bikes auf 7 % zu steigern, die ideale Neuproduktentwicklung.

Nachdem die Marketingziele festgelegt wurden, müssen passende **Marketingstrategien** gewählt werden. Diese legen den grundsätzlichen Weg zur Erreichung der Marketingziele fest. Es handelt sich dabei um generelle und langfristige Verhaltensweisen sowie Entscheidungen, mit denen das Unternehmen erfolgreich sein möchte. Es wird unterschieden zwischen Wettbewerbsstrategien und Wachstumsstrategien.

Marketingstrategien werden auch als Absatzstrategien bezeichnet.

3.2.1 Wettbewerbsstrategien

Auf Käufermärkten wird der Erfolg von Unternehmen auch dadurch bestimmt, wie sie mit der jeweiligen **Wettbewerbssituation** umgehen. Diese wird beeinflusst durch:
- die Rivalität zwischen den **bestehenden Wettbewerbern**
- die Bedrohung durch mögliche **neue** (ausländische) **Konkurrenten**
- die Bedrohung durch (neue) **Substitutionsgüter** und
- die Verhandlungsmacht der Kunden

Käufermarkt
→ Kap. 1.1

Unternehmen müssen eine Entscheidung darüber treffen, wie sie sich ihren Wettbewerbern gegenüber einen Vorteil verschaffen wollen. Dafür stehen ihnen drei grundsätzliche Wettbewerbsstrategien zur Verfügung: Kostenführerschaft, Qualitätsführerschaft und Nische.

1. Strategie der Kostenführerschaft
Die Strategie der Kostenführerschaft ist insbesondere auf Märkten anzustreben, auf denen für die Kunden das Preisargument häufig den Ausschlag gibt (Massenprodukte „von der Stange").

Kostenführerschaft
„Die Strategie, die auf **Masse** setzt."

Mit dieser Strategie möchte ein Unternehmen durch **geringe Kosten** einen Wettbewerbsvorteil erlangen. Diese Strategie macht Unternehmen widerstandsfähig bei intensiven Preiskämpfen, da auch bei niedrigen Preisen noch Gewinn erwirtschaftet werden kann, während die Konkurrenten schon in der Verlustzone sind. Wichtige Voraussetzungen zur Erlangung eines Kostenvorsprungs sind z. B.:
- hohe Absatzmengen, um Kostenvorteile der Massenfertigung zu nutzen
- hoher Marktanteil, möglichst Marktführerschaft
- hohes Kostenbewusstsein und strenge Kostenminimierung (z. B. in Forschung und Entwicklung, im Service, im Vertriebsnetz)

BEISPIEL: Bekannte Unternehmen, die eine Strategie der Kostenführerschaft verfolgen, sind Aldi® und IKEA®.

Differenzierung
„Die Strategie, die auf Klasse setzt."

2. Strategie der Differenzierung (Qualitätsführerschaft)

Die Strategie der Differenzierung schirmt ein Unternehmen gegenüber dem Wettbewerb ab, indem sie Kunden an eine Marke bindet (persönliche Präferenz) und somit ihre Preisempfindlichkeit verringert. Mit dieser Strategie möchte ein Unternehmen seine Produkte oder Dienstleistungen **von der Konkurrenz abheben (differenzieren)**. Es soll ein Leistungsangebot geschaffen werden, das in der Branche von den Kunden als **einzigartig** bzw. besonders angesehen wird. Ziel ist es, höhere Preise (gegenüber der Konkurrenz) durch einen **besonderen Produktnutzen** rechtfertigen zu können.

Differenzierung kann beispielsweise über folgende Bereiche erfolgen:
- eine besondere Qualität oder eine einzigartige Technologie
- ein besonderes (Unternehmens- oder Produkt-)Image
- ein besonderes Design
- besondere Serviceleistungen (z. B. sehr guter Kundendienst)
- ein einprägsamer Markenname

Ein **Patent** ist ein gewerbliches Schutzrecht für eine Erfindung (z. B. ein Produkt oder Verfahren). Die Nutzung der Erfindung kann anderen durch das Patent für einen festgelegten Zeitraum untersagt werden.

Die Herausforderung der Differenzierungsstrategie besteht darin, dass gute Produkte oft nach Markteinführung von Konkurrenten nachgeahmt werden. Auch mögliche **Patente** und andere Schutzrechte können diese Nachahmungen nicht vollständig verhindern.

Produktlebenszyklus
→ Kap. 2.3.1

Die langfristige Sicherstellung einer Qualitätsführerschaft ist gerade bei immer kürzer werdenden **Produktlebenszyklen** eine ständige Herausforderung. Zudem muss der Kunde die Einzigartigkeit eines Produkts auch persönlich erkennen und bereit sein, einen höheren Preis dafür zu bezahlen.

Die Lösung wird von Unternehmen oft in der Etablierung einer Marke mit entsprechend wertigem Image gesehen. Doch das ist ein langfristiger Prozess, denn Vertrauen zu einer **Marke** herzustellen braucht Zeit und erheblichen Marketingaufwand.

Marke (engl.) brand
= Brandzeichen
→ Kap. 4.1.2

BEISPIEL: Apple® ist es mit einer kontinuierlichen Markenpflege, hoher Produktqualität und einzigartigem Design gelungen, sich bei einer kaufkräftigen Zielgruppe erfolgreich am umkämpften Technologiemarkt zu positionieren.

Nischenstrategie
„Die Strategie, die auf eine Nische setzt."

3. Strategie der Fokussierung (Nischenstrategie)

Die Fokussierung auf eine Nische soll dem Unternehmen **in dem gewählten Marktsegment** entweder eine Differenzierung oder eine Kostenführerschaft ermöglichen („Masse oder Klasse innerhalb der gewählten Nische").

Marktsegmentierung und Zielgruppen
→ Kap. 2.1

Mit der Nischenstrategie konzentriert (fokussiert) sich ein Unternehmen auf einen **Teilmarkt (Marktnische)**. Bei dieser Strategie geht es darum, ein bestimmtes Marktsegment zu bevorzugen und alle Marketingmaßnahmen auf die gewählte Marktnische auszurichten. Der Wettbewerbsvorteil dieser Strategie soll dadurch entstehen, dass das Unternehmen seine Marketingmaßnahmen auf die gewählte Zielgruppe konzentriert und diese so wirkungsvoller und effizienter erreichen kann als die Konkurrenz. Nischen können z. B. eine bestimmte Kundengruppe, eine bestimmte Produktart oder ein geografisch abgegrenzter Markt sein.

BEISPIEL: Ein Onlinehändler hat sich auf den Vertrieb von Kaffee spezialisiert.

Nachteile sind allerdings, dass aufgrund fehlender Größenvorteile die Herstellungskosten des Nischenanbieters relativ hoch sind (oft kann dies aber durch hohe Verkaufspreise ausgeglichen werden) und das Umsatzpotenzial begrenzt ist. Außerdem kann die Nischenstrategie riskant sein. Hersteller, die sich auf eine Nische konzentrieren (z. B. Skier), haben keine Ausweichmöglichkeiten, wenn die Nachfrage sinkt oder komplett entfällt. Könnte z. B. aufgrund fehlenden Schnees zukünftig der Skitourismus stark einbrechen, wird die Nachfrage nach Skiern stark abnehmen.

3.2.2 Wachstumsstrategien (Produkt-Markt-Strategien)

Die Marketingziele eines Unternehmens umfassen überwiegend Ziele, die auf **Wachstum** ausgerichtet sind, z. B. Steigerung des Absatzes oder des Marktanteils. Gerade auf umkämpften Märkten müssen immer wieder Wege gesucht werden, um Wachstum zu erreichen. Um bei der Planung von Wachstumsstrategien die Übersicht zu behalten, entwickelte der US-amerikanische Ökonom **Harry Igor Ansoff** die **Produkt-Markt-Matrix**. Dabei werden die Marketingaktivitäten danach ausgerichtet, ob ein Unternehmen auf bestehenden oder neuen Märkten mit vorhandenen oder neu zu entwickelnden Produkten erfolgreich wachsen möchte. In der Produkt-Markt-Matrix werden entsprechend vier Kernstrategien, die sich aus der Kombination von alten und neuen Märkten bzw. Produkten ergeben, dargestellt. Die Matrix gibt einen guten Überblick über die Strategien, allerdings berücksichtigt sie keine weiteren Faktoren, wie z. B. die Konkurrenzsituation.

Harry Igor Ansoff (1918–2002) war ein US-amerikanischer Mathematiker und Wirtschaftswissenschaftler. Er gilt als Begründer des strategischen Managements.

Produkt-Markt-Matrix

		Produkt	
		bestehend	neu
Markt	bestehend	Markt-durchdringung	Produkt-entwicklung
	neu	Markt-ausweitung	Diversifikation

1. Strategie der Marktdurchdringung

Mit den bereits **vorhandenen Produkten** wird der bereits **bestehende Markt** intensiv bearbeitet, um dort **zusätzliche Marktanteile** zu gewinnen. Es wird eine umfassende Ausschöpfung – möglichst Beherrschung – des vorhandenen Marktes angestrebt. Dies erfolgt über eine Steigerung des Absatzes, z. B. durch die Akquise von Neukunden oder durch die Gewinnung von Kunden, die bisher bei der Konkurrenz gekauft haben.

BEISPIEL: Die Fly Bike Werke GmbH arbeitet seit Jahren daran, weitere Fahrradhändler in Deutschland als Kunden zu gewinnen, damit mehr Endkunden beim Fahrradkauf den Hersteller Fly Bike in die engere Wahl nehmen und die Marke auch kaufen.

2. Strategie der Marktausweitung

Ein Unternehmen möchte **neue Märkte** mit den **vorhandenen Produkten** erschließen. Diese Strategie wird häufig durch die Erschließung neuer Zielgruppen verwirklicht. In diesem Fall kommt der **Marktsegmentierung** große Bedeutung zu.

Marktsegmentierung
→ Kap. 2.1

BEISPIEL: Die Fly Bike Werke GmbH hat vor einigen Jahren begonnen, auch im benachbarten Ausland Fahrradhändler zu akquirieren und diese zu beliefern.

3. Strategie der Produktentwicklung

Bei dieser Strategie steht die Entwicklung **neuer Produkte (Innovationen)** für die **bestehenden Märkte** im Vordergrund. Die neuen Produkte können dabei das bisherige Leistungsprogramm ergänzen oder einzelne Produkte ersetzen. Diese Strategie ist insbesondere auf **dynamischen Märkten** angebracht, auf denen sich die Kundenbedürfnisse bzw. Kaufmotive häufig verändern.

BEISPIEL: Die Fly Bike Werke GmbH hat im Jahr 20XX erstmalig ein City-Bike auf den Markt gebracht, das sich in kurzer Zeit in ein Cargobike (Lastenfahrrad) umbauen lässt. Das Lastenfahrrad ermöglicht es vor allem Kunden in Großstädten mit kurzen Wegen und Parkplatznot, ihre Einkäufe darin zu transportieren.

Diversifikation
→ Kap. 4.2.2

4. Strategie der Diversifikation

Durch Diversifikation wird häufig eine generelle Neuorientierung eines Unternehmens erreicht. **Neue Produkte** werden auf **neuen Märkten** angeboten und das Unternehmen erschließt sich damit neuartige Leistungsbereiche. Mit dieser Strategie wird häufig ein Unternehmenswachstum angestrebt.

Zudem stellt sich das Unternehmen insgesamt breiter auf und ist weniger anfällig für Absatzprobleme oder Totalausfälle in einzelnen Produktgruppen oder auf einzelnen Märkten. Das Risiko eines Totalausfalls entsteht beispielsweise, wenn bestimmte Produkte gesetzlich verboten werden (z. B. Heizungen mit fossiler Energiequelle, Autos mit Verbrennungsmotor).

BEISPIEL: Frau Gerland diskutiert mit Herrn Sales darüber, ob die Fly Bike Werke GmbH zukünftig eventuell auch Roller und Rutschautos für Kleinkinder anbieten soll.

Die verschiedenen Wettbewerbs- und Wachstumsstrategien treten nicht immer einzeln und in eindeutiger Form auf. Sehr häufig gibt es betriebsindividuelle Kombinationen. Letztlich müssen häufig **verschiedene Marketingstrategien** so **miteinander kombiniert** werden, dass das Unternehmen langfristig mit seinem Leistungsangebot eine wettbewerbsfähige Position auf einem Markt erlangen und auch beibehalten kann.

ÜBERSICHT: Marketingziele und Marketingstrategien

quantitative Marketingziele	sind zahlenmäßig bestimmbar, z. B.: – Steigerung der Absatzmenge – Steigerung des Umsatzes – Erreichen eines Marktanteils – Steigerung des Gewinns – Reduzierung der Reklamationen – Gewinnung von Neukunden
qualitative Marketingziele	haben zum Ziel, beim Kunden Präferenzen für das Produkt/Unternehmen aufzubauen, z. B. durch: – Erhöhung des Bekanntheitsgrads – Erhöhung der Kundenzufriedenheit – Verbesserung des Images – Erhöhung der Kundenbindung
Wettbewerbsstrategien	– Kostenführerschaft: Wettbewerbsvorteil durch geringe Kosten und die Möglichkeit, günstig anbieten zu können – Differenzierung: Schaffung eines einzigartigen Angebots, um sich von der Konkurrenz abzuheben – Fokussierung: Wettbewerbsvorteil durch Konzentration auf eine Marktnische (z. B. Kundengruppe, Produktart, Region)
Wachstumsstrategien	– Marktdurchdringung: Mit vorhandenen Produkten werden die vorhandenen Märkte intensiver bearbeitet. – Marktausweitung: Mit den vorhandenen Produkten werden zusätzlich neue Märkte erschlossen. – Produktentwicklung: Auf den bestehenden Märkten werden neue Produkte angeboten. – Diversifikation: Mit neuen Produkten werden neue Märkte erschlossen, sodass neue Leistungsbereiche entstehen.

Alles klar?

1 Beschreiben Sie die derzeitigen Marketingziele Ihres Ausbildungsbetriebs. Unterscheiden Sie dabei quantitative und qualitative Ziele.

2 Erläutern Sie die drei Wettbewerbsstrategien allgemein und anhand je eines Beispiels.

3 Beschreiben Sie jeweils ein reales Beispiel für jede der Wachstumsstrategien, das Sie als Konsument bereits kennengelernt haben.

4 Erläutern Sie, welche Wettbewerbsstrategien in folgenden Beispielen vorrangig verfolgt werden.
- a Apple® mit dem iPhone®
- b Motorradhersteller Harley-Davidson®
- c Fluggesellschaft Ryanair®
- d Volkswagen® mit dem Golf®
- e Porsche®
- f Textilhändler für Übergrößen

AB → Lernsituation 82

4 Produkt- und Sortimentspolitik

BEISPIEL: Eine Primärerhebung der Fly Bike Werke GmbH bei ihren Kunden in Form eines Panels hat ergeben, dass sich seit einigen Monaten die Kundenbedürfnisse weg von den Fahrrädern des unteren Preissegments hin zu höherpreisigen Fahrrädern verlagern. Zusätzlich zeichnet sich deutlich der Trend zum Zweitfahrrad ab, das spezielle Kundenwünsche berücksichtigen soll. Diese und andere Informationen haben Auswirkungen auf die Gestaltung der Produkt- und Sortimentspolitik des Unternehmens.

Mithilfe der Produkt- und Sortimentspolitik werden die am Markt angebotenen Leistungen geplant. Dabei geht es sowohl um jedes einzelne Produkt (bzw. jede einzelne Leistung) als auch um das optimale Zusammenspiel aller angebotenen Einzelleistungen (Sortiment).

4.1 Produktpolitik

BEISPIEL: Die Analyse von Google-Suchanfragen und Artikeln in Fahrrad-Blogs zeigt eindeutig, dass die Kunden auf das Design der Fahrräder großen Wert legen. Ebenfalls wichtig sind den Käufern Komfortausstattung wie Sattelpolsterung und Rahmenfederung. Gezielte Kundeninterviews ergeben, dass Kunden die Haltbarkeit und Verkehrssicherheit für völlig selbstverständlich halten.

Bedürfnisse
LF 3 → Kap. 1.1

Kunden erwarten von einem Produkt einen bestimmten **Nutzen**. Sie wollen mit dem Produkt ihre Bedürfnisse befriedigen:
- Der **Grundnutzen** wird durch die Haupteigenschaft des Produkts erzielt. Jedes Produkt bietet einen objektiven Grundnutzen, der ein wesentliches Kundenbedürfnis befriedigt. Fahrräder bieten z. B. Fortbewegungsmöglichkeiten, Bekleidung schützt den Körper vor Kälte oder Nässe, Waschmaschinen liefern saubere Wäsche.
- Der **Zusatznutzen** befriedigt Nebenbedürfnisse des Kunden (z. B. Prestigegewinn). Er bezieht sich auf Produkteigenschaften, die nicht **objektiv** messbar sind und damit **subjektiv** von Kunden sehr unterschiedlich wahrgenommen werden (z. B. Design, Komfort, Markenimage).

Objektivität
strenge Sachlichkeit, Vorurteilslosigkeit

Subjektivität
Gegenteil von Objektivität, persönliche Auffassung, Einseitigkeit

BEISPIEL: Zum Schutz vor Kälte und Nässe ist jede einfache, zweckmäßige Kleidung geeignet. Alle Kunden müssten sich also für die preiswerteste passende Bekleidung entscheiden. Kunden wollen aber hübsche Kleidung oder eine bestimmte Marke, um zusätzliche Bedürfnisse nach Ästhetik, Bequemlichkeit und vielleicht auch Prestigegewinn zu befriedigen.

Consumer-Benefit (engl.)
Nutzenversprechen für den Kunden

Ratio (lat.)
Vernunft

Bei dem für den **Consumer-Benefit** versprochenen Zusatznutzen ist zwischen objektivem und subjektivem Zusatznutzen zu unterscheiden. Ein **objektiver Zusatznutzen** bringt für den Käufer nachweisbare Vorteile. Der niedrige Benzinverbrauch eines Autos ist z. B. ein objektiver Zusatznutzen. Da hierbei an die **Ratio** der Umworbenen appelliert wird, spricht man häufig auch von einem rationalen Zusatznutzen.

Ein **subjektiver Zusatznutzen** wird in der Regel erst durch das Marketing erzeugt, z. B. kann ein Auto einen sozialen Zusatznutzen haben, wenn der Fahrer wegen seines Wagens bewundert wird. Man unterscheidet zwischen emotionalem, sozialem, sensorischem und egoistischem Zusatznutzen.

Subjektiver Zusatznutzen

	Erläuterung	Beispiel
emotionaler Zusatznutzen	spricht die Gefühle der potenziellen Kunden an (positive Emotionen im Zusammenhang mit dem Produkt oder der Produktverwendung)	idyllische Familiensituationen im Zusammenhang mit einem Auto
sensorischer Zusatznutzen	spricht die Sinne der potenziellen Kunden an (positive Sinneserlebnisse im Zusammenhang mit dem Produkt oder der Produktverwendung)	ästhetische, schöne Darstellung eines Autos
sozialer Zusatznutzen	verändert die Stellung des potenziellen Kunden in der Gesellschaft	jemand wird wegen seines Autos bewundert
egoistischer Zusatznutzen	stärkt die Ich-Bestätigung des potenziellen Kunden	ein Auto wird als Prestigeobjekt dargestellt

Handelt es sich bei dem Consumer-Benefit um einen Zusatznutzen, der in dieser Form von keinem anderen Unternehmen geboten wird, so spricht man von einer **USP**. Bei einer echten USP handelt es sich in der Regel immer um einen **objektiven Zusatznutzen**. Ein Automobilhersteller hätte z. B. eine echte USP, wenn er ein Auto anbieten würde, das auf 100 km nur 1 Liter Benzin verbraucht.

USP (engl. Unique Selling Proposition) einzigartiges Verkaufsangebot; häufig auch als **Alleinstellungsmerkmal** bezeichnet

Echte USP sind selten. Unternehmen versuchen deshalb, durch die Werbung den Eindruck von Einzigartigkeit zu vermitteln. In solchen Fällen spricht man von einem **UAP**. Der UAP schafft eine **emotionale Alleinstellung**, keine reale.

UAP (engl. Unique Advertising Proposition) einzigartiges Werbeversprechen

BEISPIELE:
- MUSE (USP): Das Gerät kann während der Meditation in Echtzeit eine Rückmeldung zur Gehirnaktivität geben.
- Coca-Cola (UAP): Es gibt nur eine echte „Coke".

Die Grenzen zwischen Grund- und Zusatznutzen können fließend sein. Speziell durch das Schaffen von Zusatznutzen kann man sich von Mitbewerbern abgrenzen und tendenziell höhere Preise am Markt erzielen (z. B. Markenimage bei Turnschuhen). Unternehmen werden also versuchen, ihre Produkte mit von Kunden gewünschtem Zusatznutzen auszustatten. Die Abgrenzung von Mitbewerbern erfolgt dabei auch im Rahmen der sogenannten **Positionierungsstrategie**.

Consumer-Benefit (Nutzenversprechen)

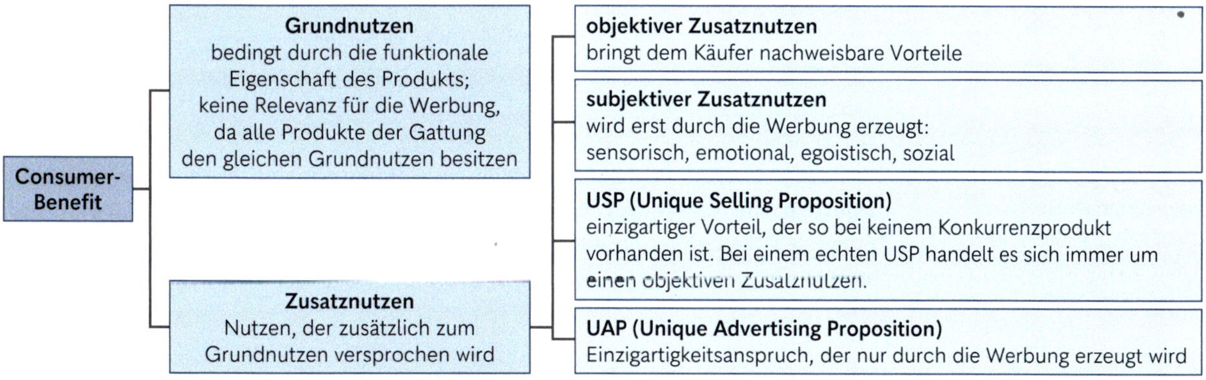

4.1.1 Positionierungsstrategie

Es ist für den Marketingerfolg entscheidend, den Eindruck von Einzigartigkeit zu vermitteln. Das Ziel ist also, sich in der Wahrnehmung der Zielgruppe klar und positiv von anderen Mitbewerbern abzuheben. Dies gilt sowohl für das Unternehmen insgesamt als auch seine Produktpalette oder einzelne Produkte.

Werbeobjekt
Was beworben werden soll, z. B. ein Unternehmen, ein Produkt oder eine Marke.

Um dieses Ziel optimal zu erreichen, nutzen Unternehmen die sogenannte **Positionierung**. Dabei wird für ein bestimmtes **Werbeobjekt** festgestellt,
- wie die Zielgruppe dieses Objekt im Vergleich zu Konkurrenzobjekten in Bezug auf bestimmte Merkmale wahrnimmt **(Ist-Position)** und
- wie die Zielgruppe das Objekt zukünftig wahrnehmen soll **(Ziel-Position)**.

Werbeplanung
→ Kap. 7.1.4

Die Positionierung ist speziell für die **Planung von Kommunikationsmaßnahmen** (z. B. Werbung) wichtig. Mithilfe der Kommunikation versucht das Unternehmen, die Wahrnehmung der Zielgruppe so zu verändern, dass sie der Ziel-Position entspricht.

Die **Ist-Position** ergibt sich aus der Marktforschung, z. B. über Kundenbefragungen.

BEISPIEL: Eine Befragung hat ergeben, dass die Kunden der Fly Bike Werke GmbH speziell den E-Bikes ein „Alte-Leute-Image" zuschreiben.

Bei der Festlegung einer **Ziel-Position** sind folgende Punkte zu beachten:
- Eigenschaften des Positionierungsobjekts: Ist die angestrebte Position für das Objekt **glaubwürdig**?

BEISPIEL: Die Fly Bike Werke GmbH hat das Produktionsprogramm bereits seit Längerem um E-Mountainbikes erweitert. Diese werden hauptsächlich von Männern zwischen 17 und 34 Jahren gekauft. Ein moderneres Image ist damit möglich.

- Eigenschaften und Bedürfnisse der Zielgruppe: Ist die angestrebte Position für die Zielgruppe **attraktiv**?

BEISPIEL: Die neuen E-Mountainbikes wirken modern und leistungsstark. Mit diesem Image wird die Zielgruppe besser angesprochen. Die ältere Zielgruppe wird hingegen nicht abgeschreckt, da selbst für diese Zielgruppe das „Alte-Leute-Image" unattraktiv war.

- Positionen der Konkurrenzobjekte: Ermöglicht die angestrebte Position eine **Alleinstellung**? Ist die angestrebte Position also im Vergleich zu den Konkurrenten besonders?

BEISPIEL: E-Bikes gibt es sehr viele. Ein E-Mountainbike, das einen leistungsstarken Antrieb und ein sehr modernes Image verbindet, stellt dagegen ein Alleinstellungsmerkmal dar.

Zweidimensionale Positionierungsmodelle sind am gängigsten, es können aber auch mehr Dimensionen betrachtet werden.

Die Positionierung wird häufig in einem **zweidimensionalen Positionierungsmodell** dargestellt. Die Achsen des Positionierungsmodells werden dabei mit den Merkmalen bezeichnet, die bei der Positionierung berücksichtigt werden sollen. Allein durch die grafische Abbildung zeigt sich, wo sich „Lücken" oder „Alleinstellungsmerkmale" ergeben.

BEISPIEL: Für die Fly Bike Werke GmbH und ausgewählte Konkurrenten (A bis F) sieht das Positionierungsmodell in Bezug auf E-Mountainbikes wie folgt aus.

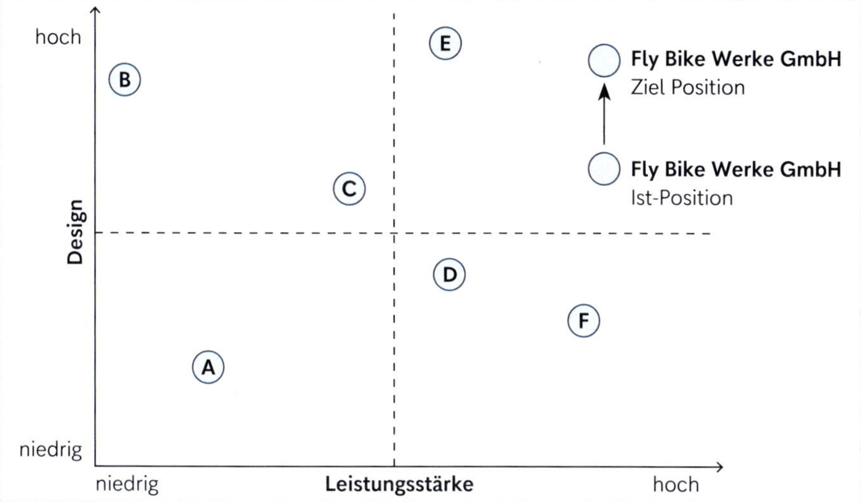

Die Fly Bike Werke GmbH hat bezüglich der Merkmale Leistungsstärke und Design eine Alleinstellung. Das ist positiv zu bewerten. Die Konkurrenten B, C und E erhalten zwar in Bezug auf das Design eine hohe Bewertung, allerdings wird die Leistungsstärke eher gering bzw. mittelmäßig bewertet. Die Fly Bike Werke GmbH kann als Zielposition für die E-Mountainbikes eine Verbesserung hinsichtlich des Designs anstreben.

Insgesamt bietet das Positionierungsmodell ein genaueres Verständnis des Marktes. Die Einschätzung der Konkurrenten lässt Rückschlüsse auf unbesetzte Nischen zu und erlaubt eine gezielte Positionierung des eigenen Produkts. Durch die klare Positionierung kann sich ein Produkt (bzw. eine Marke) von der Konkurrenz abheben und verfügt somit über ein Alleinstellungsmerkmal.

4.1.2 Markenpolitik

Viele Produkte unseres täglichen Konsums sind Markenwaren. Der englische Begriff für **Marke** ist „brand“, genau wie das Brandzeichen, durch das Cowboys ihre Rinder von denen anderer Viehzüchter unterscheiden. Einen ähnlichen Zweck verfolgt der Produzent mit der Markenpolitik seiner Produkte. Er möchte, dass der Verbraucher sein Produkt von den Produkten anderer Anbieter unterscheiden kann.

Marke (engl.) brand = Brandzeichen

Als Konsument hat man heute die Auswahl aus einer fast unüberschaubaren Vielzahl von Produkten. So stehen allein mehrere Dutzend verschiedene Toilettenpapiere, Waschmittel, Autos, Fahrräder und andere Produkte zum Kauf bereit. Hat ein Konsument mit einem Produkt positive Erfahrungen gemacht, spart er sich bei zukünftigen Kaufentscheidungen häufig die Mühe eines Produktvergleichs und bleibt dem Produkt treu. In der Regel ist er bereit, einen höheren Preis dafür zu bezahlen, dass ein **Markenprodukt** Sicherheit über eine gleichbleibende Qualität und ein konstantes Preis-Leistungs-Verhältnis verspricht. Gleichzeitig vermitteln Marken ein Image, das den Käufer in der Beurteilung durch andere positiv erscheinen lässt. Dies stellt einen wichtigen **Zusatznutzen** dar.

Preispolitik
→ Kap. 5

Zusatznutzen
→ Kap. 4.1

Wortmarken

Bildmarken

Wort-Bild-Marken

Beispiele bekannter Markenzeichen-Typen (Playmobil, Puma, BMW)

Damit der Konsument ein Markenprodukt wiedererkennen kann, bedienen sich Produzenten verschiedener Markierungen. Sie begegnen uns als

- Namen (Persil, Starbucks, Nivea),
- Formen (Toblerone, WC-Ente, Odol),
- Zeichen (Nike, McDonald's),
- Farben (Milka, Telekom),
- Buchstabengruppen (C&A, H&M),
- Zahlen (4711, 8x4),
- Bilder (Bildmarken),
- Melodien (Telekom-Tonfolge),
- Slogans („Wohnst du noch oder lebst du schon?")
- oder eine Kombination dieser Varianten.

In das unverwechselbare Vorstellungsbild eines Produkts investieren die Unternehmen viel Geld. Die **Markierung** unterstützt den Produzenten dann aber bei der Kommunikationspolitik, findet Anwendung in der Preispolitik und bietet rechtlichen Schutz (z. B. durch das Markenrecht). Für den Anbieter liegt der Vorteil der Markenpolitik vor allem in der Kundenbindung und der Möglichkeit zur Durchsetzung höherer Preise. Für den Kunden liegt der Vorteil der Markenpolitik in einer hohen Sicherheit bei der Kaufentscheidung sowie im Zusatznutzen.

In der Markenpolitik unterscheidet man **Herstellermarken** (= klassische Markenartikel), bei denen der Produzent über die Markenrechte verfügt, von **Handelsmarken** (z. B. ja!, Rewe, A&P), deren Markenrechte ein Handelsunternehmen innehat.

Wird für ein einzelnes Produkt oder eine einzelne Dienstleistung eine eigene Marke geschaffen, spricht man von einer **Einzelmarke** (auch: Monomarke). Zielsetzung der Einzelmarkenstrategie ist es, unterschiedliche Zielgruppen anzusprechen. Einzelmarken bieten den großen Vorteil, dass bei Imageverlust einer Marke die anderen Marken des Unternehmens nicht in Mitleidenschaft gezogen werden. Außerdem kann man so auch Marken mit völlig unterschiedlichen Stilen und Zielgruppen komplikationsfrei in einem Unternehmen führen. Der Konsumgüterkonzern Procter & Gamble bietet beispielsweise neben Waschmitteln auch Windeln, Rasierer und pflegende Kosmetik an. Ein Nachteil der Einzelmarke ist allerdings, dass jede einzelne mit erheblichem Aufwand aufgebaut und gepflegt werden muss.

Beispiele für Einzelmarken und Markenfamilien bei Procter & Gamble; jede Einzelmarke hat eine eigene Markenpersönlichkeit.

Werden komplette Produktgruppen unter einer einheitlichen Marke gebündelt, handelt es sich um eine **Markenfamilie**. So ist es dem Unternehmen Beiersdorf gelungen, verschiedenen Haut- und Haarpflegeprodukten unter der Markenfamilie „Nivea" ein zentrales Image zu geben (z. B. Nivea Visage, Nivea Sun, Nivea For Men).

Eine **Dachmarke** vereint als „Muttermarke" verschiedene Markenfamilien unter einem Dach. Sie bündelt zum einen die einzelnen Botschaften zu einer Gesamtbotschaft und baut eine Brücke von den Einzelmarken zu einem größeren Ganzen. Häufig ist die Dachmarke identisch mit dem Firmennamen (z. B. Porsche, Henkel). Damit ist die Markenidentität eng verbunden mit der Unternehmensidentität. Führt man ein neues Produkt unter einer Dachmarke oder einer Markenfamilie ein, hat es den Vorteil, dass ein Imagetransfer des alten Markenimages auch auf das neue Produkt möglich ist. Dadurch sind die notwendigen Werbeaufwendungen geringer.

Marken können für Unternehmen einen beträchtlichen Vermögenswert darstellen. Um sie vor Missbrauch zu schützen, kann man sie auf nationaler, europäischer und internationaler Ebene schützen lassen. In Deutschland kann man sie in das **Markenregister** beim Deutschen Patent- und Markenamt (DPMA) eintragen lassen. Für dort registrierte Marken darf das ®-Zeichen (für **registered**) verwendet werden. Eine Pflicht, eingetragene Marken mit diesem Zeichen zu versehen, besteht allerdings nicht.

registered (engl.) eingetragen

Voraussetzungen für einen Markenartikel:
- Markierung/Kennzeichnung (Produkt- und Verpackungsgestaltung, Warenzeichen, Namen)
- Schützbarkeit der Markenrechte (Unterscheidbarkeit von anderen Markierungen)
- Unverwechselbarkeit (Unterschied im Vergleich zu Wettbewerbsangeboten)
- Standardisierung (standardisierte, stets gleichbleibend hohe Qualität)
- Preisstabilität (keine „Verramschung" in Sonderaktionen)
- Erhältlichkeit (weitgehende Verbreitung im gewählten Absatzgebiet)
- Bekanntheit und Anerkennung im Markt (z. B. durch charakteristische Werbung)

4.1.3 Von der Produktidee bis zur Markteinführung

Fünf Stufen bis zur Markteinführung

1. Ideensammlung	Unternehmen suchen, sammeln und entwickeln permanent neue Ideen für Produktinnovationen. Dabei berücksichtigen sie insbesondere die im Rahmen der Marktforschung ermittelten Kundenbedürfnisse im betrachteten Marktsegment.
2. Ideenauswahl	Nicht alle eingehenden Ideen können auch realisiert werden. Das Unternehmen ist daher gezwungen, sich aus der Vielzahl vorhandener Ideen für diejenigen zu entscheiden, die besonders Erfolg versprechend sind.
3. Entwicklung	In eigenen oder betriebsfremden Einrichtungen erfolgt die Entwicklung der ausgewählten Produkte. Dabei müssen die Wünsche der Kunden berücksichtigt werden. Am Ende der Entwicklung steht der Entwurf eines **Prototyps**.
4. Pretest, Nullserie	Durch Primärforschung (Befragung, Beobachtung, Experiment) werden Erkenntnisse darüber gewonnen, ob das entwickelte Produkt den Kundenbedürfnissen von Testpersonen auch wirklich entspricht. Bei produktionsintensiven Produkten (z. B. Autos) wird auch der Produktionsablauf im Rahmen von Nullserien überprüft. Sind die vor der Produkteinführung stattfindenden Pretests erfolgreich, kann die Markteinführung erfolgen.
5. Markteinführung	Das Produkt wird am Markt eingeführt.

Häufig erfolgt die Ideenfindung mithilfe von Kreativitätstechniken LF 2 → Kap. 2.3

Marktforschung → Kap. 2.4

Entscheidungsfindung bei der Ideenauswahl LF 2 → Kap. 2.4

Prototyp (griech.) protos = der Erste; typos = Vorbild

Primärforschung → Kap. 2.4.3

Der Weg eines Produkts bis zur Markteinführung erfolgt im Idealfall in diesen fünf Stufen. Die trichterförmige Grafik verdeutlicht, dass von der Vielzahl der Ideen in der Regel nur wenige Vorschläge tatsächlich realisierbar sind. Eine sorgfältige Auswahl ist deshalb wichtig. Neue Produkte, die vom Kunden nicht angenommen werden (**Flops**), bedeuten für das Unternehmen erhebliche Kosten ohne später über den Verkauf zurückfließende Erträge sowie einen kaum zu behebenden Imageschaden.

Flop
Produkt, das die Marketingziele verfehlt

BEISPIEL: Die Einführung von Kuchenbackmischungen in Japan bescherte einem Unternehmen in Japan vor einiger Zeit ziemliche Verluste. Küchen in Japan sind sehr klein, deshalb haben nur 3 % einen Backofen, sodass das Potenzial zukünftiger Kunden zu gering war, um die Kuchenbackmischungen gewinnbringend zu verkaufen.

4.1.4 Produktpolitische Maßnahmen

BEISPIEL: Regula Gerland schlägt Jan Sales auf Grundlage des letzten Absatzberichts zwei produktpolitische Maßnahmen für die Fly Bike Werke GmbH vor: Für die Produktgruppe „Mountainbikes" sollte schnell ein neues Modell entwickelt werden, das den aktuellen Trend „Sportlichkeit" erfüllt. Für das umsatzstarke Trekkingrad *Light* sollen drei neue Modellvarianten mit zeitgemäßer Farbgestaltung, Smartphonehalterung und Satteltaschen angeboten werden. Sie hofft, dass der Umsatz damit angekurbelt werden kann.

Produktlebenszyklus
→ Kap. 2.3.1

Je nachdem, in welcher Lebenszyklusphase sich ein Produkt befindet, setzen Unternehmen unterschiedliche produktpolitische Maßnahmen ein, um es möglichst lange erfolgreich am Markt zu halten. Sind alle Möglichkeiten ausgeschöpft, wird ein Verlust bringendes Produkt vom Markt genommen. Mögliche produktpolitische Maßnahmen sind die Produktinnovation, die Produktvariation und die Produktelimination.

Strategie der Diversifikation
→ Kap. 4.2.2

Bei der **Produktinnovation** wird ein völlig neues Produkt eingeführt. Möglicherweise löst dieses neue Produkt ein altes ab, das sich in der Niedergangsphase befindet. Produktinnovationen können als **Differenzierung** oder als **Diversifikation** des bestehenden Sortiments realisiert werden.

Differenzierung	**Diversifikation**		
	horizontal	**vertikal**	**diagonal/lateral**
Das neue Produkt stammt aus dem gleichen Bereich wie vorhandene Angebote. Damit bedeutet die Differenzierung eine Ergänzung. (Beispiel: Ein Fahrradhersteller bringt ein neues Mountainbike mit einem neuartigen Design auf den Markt.)	Das neue Produkt entstammt der gleichen Wirtschaftsstufe und Branche, hebt sich jedoch deutlich vom bisherigen Angebot ab. (Beispiel: Ein Fahrradhersteller bietet neuerdings auch E-Scooter an.)	Das neue Produkt repräsentiert eine vor- oder nachgelagerte Wirtschaftsstufe. (Beispiel: Ein Fahrradhersteller betreibt einen Fahrradgroßhandel.)	Das neue Produkt hat keinen Zusammenhang zu den bisherigen Leistungen. (Beispiel: Ein Fahrradhändler bietet auch Energieriegel an.)

Produktvariation: alte Verpackung (oben) und neue Verpackung (unten)

Bei der **Produktvariation** wird ein vorhandenes Produkt z. B. in Form, Farbe, Größe, Geschmack oder Verpackung leicht geändert. Nach den Änderungen lässt sich das Produkt immer noch wiedererkennen (z. B. „jetzt noch besser im Geschmack").

Bei der **Produktelimination** hingegen wird ein wenig erfolgreiches Produkt nicht mehr angeboten. Diese Maßnahme verursacht eine Lücke im vorhandenen Angebot und kommt häufig erst dann in Betracht, wenn neue Produkte entwickelt und marktreif sind. Insofern stehen Produktinnovation und -elimination in enger Beziehung zueinander.

Produktpolitische Maßnahmen bei einem Produkt müssen immer die Auswirkungen auf das gesamte Sortiment eines Unternehmens berücksichtigen. Es wäre z. B. nicht sinnvoll, einen Kaffee-Pad-Automaten, der keinen Gewinn mehr erwirtschaftet, zu eliminieren, wenn mit den passenden Kaffee-Pads ein großer Gewinn erzielt wird. Wird ein Produkt vom Markt genommen, ohne bereits ein Nachfolgeprodukt anbieten zu können, besteht die Gefahr, Kunden an die Wettbewerber zu verlieren.

Im nachfolgenden Schaubild werden die beschriebenen produktpolitischen Maßnahmen jenen Phasen des Produktlebenszyklus zugeordnet, in denen sie typischerweise eingesetzt werden. Diese Zuordnung ist jedoch nur als grober Anhaltspunkt zu verstehen.

Produktlebenszyklus
→ Kap. 2.3.1

Produktspezifische Maßnahmen im Produktlebenszyklus

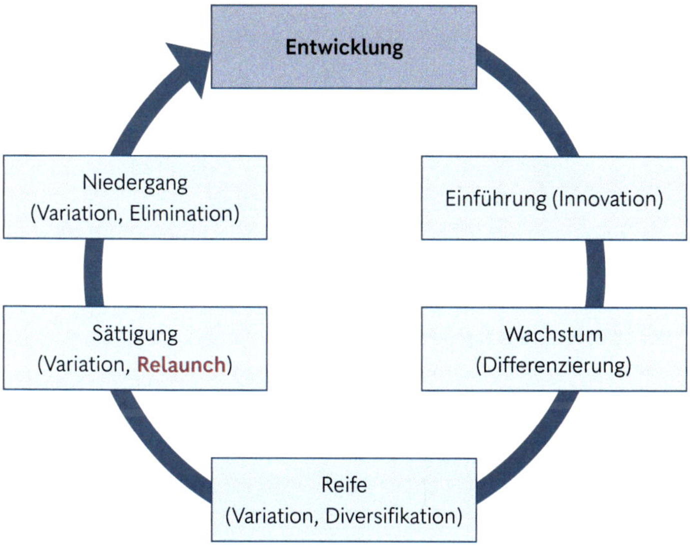

Relaunch (engl.)
Neustart; Sonderfall der Produktvariation, bei dem ein Produkt nach umfassender Umgestaltung neu eingeführt wird

Unternehmen sollten in der Regel darauf achten, immer Produkte in verschiedenen Phasen ihres Produktlebenszyklus im Angebot zu haben. Die Portfolio-Analyse ist in diesem Zusammenhang eine gute Methode, um für mehrere Produkte eines Unternehmens grafisch zu veranschaulichen, welche aktuelle Marktposition die einzelnen Produkte haben und welche möglichen Wachstumschancen sie bieten.

Portfolio-Analyse
→ Kap. 2.3.2

Produktlebenszyklen in Mehrproduktunternehmen

Mehrproduktunternehmen
LF 8 → Kap. 4.2

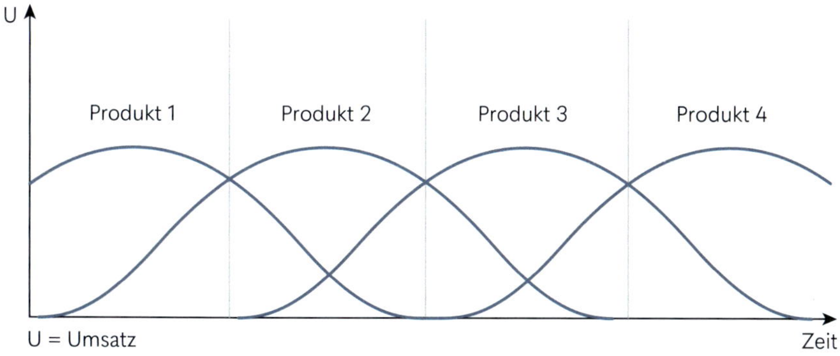

Bei dieser Abfolge von Produktinnovation und -elimination decken die Gewinne des gut eingeführten Produkts die Kosten für die Entwicklung und Einführung des neuen Produkts ab.

4.2 Sortimentspolitik

Die Summe aller von einem Unternehmen angebotenen Leistungen wird **Sortiment** genannt. Bei Industrieunternehmen kann dies auch eine Mischung aus produzierten Erzeugnissen, Handelswaren und Dienstleistungen sein.

4.2.1 Sortimentsbreite und Sortimentstiefe

Das Sortiment kann gerade bei mittelständischen und großen Unternehmen leicht unüberschaubar werden. Deshalb ist es vorteilhaft, das Sortiment zu gliedern:
- Die **Sortimentsbreite** gibt an, wie viele verschiedene Produktgruppen ein Unternehmen anbietet. Hierbei wird zwischen einem **breiten und einem schmalen Sortiment** unterschieden. Besteht das Sortiment aus vielen Produktgruppen, wird es als breites Sortiment bezeichnet, sonst als schmales.
- Die **Sortimentstiefe** informiert über die Anzahl an Varianten innerhalb einer Produktgruppe. Hierbei kann zwischen einem **flachen und einem tiefen Sortiment** unterschieden werden. Bei einer großen Auswahl spricht man von einem tiefen Sortiment, sonst von einem flachen.

BEISPIEL: Die Fly Bike Werke GmbH bietet folgendes Sortiment (Ausschnitt):

Sortimentsbreite:
Anzahl der verschiedenen Produktgruppen →

Sortimentstiefe: Anzahl der Varianten in einer Produktgruppe ↓	**Mountainbike**	**Trekkingrad**	**City-Rad**
	– Herrenmodell	– Herrenmodell	– Damenmodell
	– Damenmodell	– Damenmodell	
		– Kindermodell	
		– Seniorenmodell	

Beim Trekkingrad ist die Sortimentstiefe am größten.

4.2.2 Sortimentspolitische Strategien

Durch die Verbreiterung oder Vertiefung des Sortiments können Unternehmen für Kunden attraktiver werden und sich Wettbewerbsvorteile gegenüber der Konkurrenz erarbeiten. Mögliche Strategien sind:
- **Universalstrategie:** Das Unternehmen hat ein breites, aber relativ flaches Sortiment. Es spricht damit viele Kunden an. Individuelle Wünsche in Bezug auf spezielle Produktvarianten können jedoch nicht befriedigt werden. Die Universalstrategie verfolgt das Prinzip „Von allem etwas". Diese Strategie wird z. B. von großen Supermarktketten verfolgt, die ihren Kunden ein breites Sortiment täglich benötigter Lebensmittel anbieten.
- **Spezialisierungsstrategie:** Ein Unternehmen konzentriert sich mit einem schmalen, aber tiefen Sortiment auf einen bestimmten eingegrenzten Markt. Auf diesem Markt werden praktisch alle denkbaren Produktvarianten angeboten. Die Spezialisierungsstrategie verfolgt das Prinzip: „Weniger Angebot, dafür aber richtig intensiv". Diese Strategie wird von Fachgeschäften verfolgt, die den Kunden nur spezielle Angebote bieten, diese dann aber sehr differenziert (z. B. Süßwarengeschäft, Sportfachgeschäft).

- **Differenzierungsstrategie:** Das Sortiment wird verbreitert um Produkte, die der bisher schon bearbeiteten Branche entstammen. Bei dieser Strategie besteht die Gefahr einer Zersplitterung des Sortiments. Ebenfalls kann es zu „Sortimentskannibalismus" kommen, das heißt, neue Produkte machen vorhandenen, bisher gut laufenden Angeboten unternehmensintern Konkurrenz.

Differenzierung → Kap. 3.2.1

- **Diversifikationsstrategie:** Ein Sortiment wird durch völlig neue Produkte aus ganz anderen Branchen deutlich verändert (z. B. Kaffeehersteller bietet auch Bekleidung an). Diese Strategie zielt auf eine Risikostreuung. Die Strategie ist nur sinnvoll, wenn die unterschiedlichen Branchen sich ergänzen. Insbesondere große Konzerne laufen Gefahr, sich stark zu zergliedern.

Diversifikation → Kap. 3.2.2

Alle Bedürfnisse aller Marktteilnehmer befriedigen? – Der Mythos „Eier legende Wollmilchsau".

Bei zunehmendem Wettbewerb konzentrieren sich auch große Konzerne wieder mehr auf ihr **Kernsortiment**. Hohe Kosten (Lager-, Produktions- und Vertriebskosten) und der oft eher bescheidene Erfolg von umfangreichen Differenzierungs- und Diversifikationsmaßnahmen sind Gründe dafür. In der Regel ist es unmöglich, mit einem Sortiment alle Kunden auf einem Markt gleichzeitig anzusprechen. Daher ist es bei der Gestaltung des Sortiments sinnvoll, sich permanent Gedanken darüber zu machen, welche **Marktsegmente** bearbeitet werden sollen.

BEISPIEL: Ein Autohersteller kann unmöglich ein Auto entwickeln, das es allen Kunden recht macht, z. B. Jungen und Alten, umweltbewussten Benzinsparern und sportlichen Hochgeschwindigkeitsfahrern.

Marktsegmentierung → Kap. 2.1

ÜBERSICHT: Produkt- und Sortimentspolitik

Consumer-Benefit	Während der Grundnutzen durch die Grundfunktionen des Produkts entsteht, wird ein subjektiver Zusatznutzen erst durch Werbung erzeugt.
Positionierungsstrategie	unverwechselbare Positionierung eines Produkts mit dem Ziel, einen einzigartigen Kundennutzen zu erreichen
Markenpolitik	führt dazu, dass Kundinnen und Kunden das Produkt leicht von denen anderer Anbieter unterscheiden können
von der Produktidee zur Markteinführung	– Ideensammlung – Ideenauswahl – Entwicklung – Pretest – Markteinführung

produktpolitische Maßnahmen	– Produktinnovation (neues Produkt)
	  – Produktdifferenzierung (Ergänzung durch neue, zusätzliche Produktvarianten)
	  – Produktdiversifikation (Erweiterung durch neue Produktarten)
	– Produktvariation (bestehendes Produkt wird verändert)
	– Produktelimination (Produkt wird nicht mehr verkauft)

Sortiment	– Breite: Anzahl der Produktgruppen (breit oder schmal) – Tiefe: Anzahl der Sorten je Produktgruppe (tief oder flach)
Sortimentsstrategien	– Universalstrategie – Spezialisierungsstrategie – Differenzierungsstrategie – Diversifikationsstrategie

Alles klar?

1 Erläutern Sie den Unterschied zwischen Grundnutzen und Zusatznutzen.

2 Erläutern Sie für die folgenden Produkte:
- a worin der Grundnutzen besteht,
- b ob das jeweilige Produkt einen objektiven Zusatznutzen hat und
- c welche subjektiven Zusatznutzen mit dem Produkt verbunden sein könnten:

1 Fahrrad
2 Hose
3 Handtasche
4 Auto
5 Smartphone

3 Erläutern Sie den Unterschied zwischen Unique Selling Proposition und Unique Advertising Proposition.

4 Erläutern Sie die Funktionsweise einer Positionierungsstrategie.

5 Begründen Sie, warum „Marken" für ein Unternehmen einen hohen Wert haben.

6 Erläutern Sie, warum es für ein Unternehmen lebensnotwendig sein kann, permanent neue Produkte zu entwickeln und/oder ins Sortiment aufzunehmen.

7 Erläutern Sie den Weg eines Produkts der Fly Bike Werke GmbH von der Idee bis zur Markteinführung.

8 Erläutern Sie
- a Produktinnovation.
- b Produktvariation.
- c Produktelimination.

9 Erläutern Sie anhand von realen Unternehmen
- a breites Sortiment.
- b schmales Sortiment.
- c tiefes Sortiment.
- d flaches Sortiment.

10 Beschreiben Sie, was ein Unternehmen dazu veranlassen könnte, seine Sortimentstiefe zu vergrößern oder zu verkleinern.

11 Entscheiden Sie, welche Sortimentsstrategien
- a ein Lebensmitteleinzelhändler wie z. B. Edeka und
- b das Teehandelskontor Bremen mit seinen bundesweiten Verkaufsstellen verfolgen.

Begründen Sie Ihre Entscheidungen kurz.

12 Ordnen Sie den den Aussagen a bis f die folgenden Begriffe zu:
- Universalstrategie
- Spezialisierungsstrategie
- Differenzierungsstrategie
- Diversifikationsstrategie
- Sortimentsbereinigung

Begründen Sie Ihre Antworten.
- a Ein Spirituosenfachgeschäft bietet über 300 verschiedene Weine an.
- b Ein Einzelhandelsgeschäft wirbt in einem Prospekt für Konserven, Getränke, Zeitschriften, Süßwaren, Kurzwaren und Tiefkühlgerichte.
- c Ein Süßwarenproduzent nimmt zum neuen Jahr drei neue Trüffelsorten in sein Sortiment auf.
- d Aufgrund zurückgehender Umsatzzahlen wird ein Artikel, der über zehn Jahre zum Kernsortiment eines Unternehmens gehörte, nicht mehr angeboten.
- e Ein Kaffeehändler bietet neben Kaffee auch Haushaltsgeräte und Freizeitartikel an.
- f Ein süddeutscher Kfz-Hersteller entwickelt sich durch den Erwerb von Beteiligungen an europäischen und US-amerikanischen Kfz-, Flugzeug- und Raumfahrttechnologieherstellern zum „globalen Technologiekonzern".

5 Preis- und Konditionenpolitik

AB → Lernsituation 83

Die **Preis- und Konditionenpolitik** wird auch unter dem Begriff **Kontrahierungspolitik** zusammengefasst.

BEISPIEL: Rolf Polster, Vertriebsmitarbeiter der Fly Bike Werke GmbH, sitzt nach einer Verkaufsreise mit einer Kollegin aus dem Rechnungswesen zusammen. Er berichtet ganz aufgeregt: „Die Kunden verlangen heute alles, und das am liebsten zum Nulltarif. Sicher, unsere Mitbewerber bieten ja auch gute Waren an. Logischerweise schauen die Kunden dann vor allem auf den Preis. Sonderpreis, Preisnachlass, Rabatt – ich kann es nicht mehr hören! Die Preise, die ihr ermittelt, sind häufig völlig am Markt vorbeikalkuliert."
Die Kollegin hält dagegen: „Ich versteh dich schon. Aber unsere Kalkulationen zeigen doch, welche Preise wir dauerhaft einnehmen müssen, um alle Kosten zu decken und einen angemessenen Gewinn zu erzielen. Außerdem, denk bitte an unser Rennrad *Superfast* – das ist doch der Renner. Laut unserer Kalkulation könnten wir dieses Rad deutlich günstiger verkaufen, aber du wirst es ja immer zu fürstlichen Preisen los."
Rolf Polster schmunzelt: „Tja, da sind wir der Konkurrenz in der Qualität voraus, und wenn es der Kunde zahlt, dann dürfen wir uns das auf keinen Fall entgehen lassen."

Für Kunden weisen viele Produkte des täglichen Lebens eine ähnliche Produktqualität auf – trotz aller Bemühungen der Unternehmen, Produkten im Rahmen der Produktpolitik durch die Markierung oder Gestaltung den Anschein von Einzigartigkeit zu geben. Wenn sich Produkte immer weniger durch Qualität unterscheiden, wird der Preis als Kaufkriterium immer wichtiger. Dies gilt umso mehr, je größer die **Transparenz** über aktuelle Marktpreise ist. Im Rahmen der Preis- und Konditionenpolitik finden alle Überlegungen, Planungen und Entscheidungen statt, die den Preis und weitere Konditionen betreffen.

Transparenz (lat.) transparere = „durchscheinen"; Verfügbarkeit von Informationen über den Markt

Preise und Konditionen festlegen

grundsätzliche Preisstrategie bestimmen → Preise kosten-, nachfrage- und konkurrenzorientiert festlegen → evtl. Preisdifferenzierung durchführen → evtl. zusätzliche Konditionen anbieten

5.1 Preisstrategien

Unter einer Preisstrategie versteht man die generelle und **langfristige Ausrichtung** der Preisgestaltung. Preisstrategien sind damit weitgehend unabhängig von kurzfristigen Entscheidungen des Tagesgeschäfts (z. B. Sonderangeboten).

Penetration (engl.) durchdringen, eindringen

Penetrationsstrategie: Zur Markteinführung wird ein relativ niedriger Preis gewählt, mit dem am Markt möglichst schnell hohe Umsätze erzielt werden können. Der Konkurrenz soll der Marktzutritt erschwert werden. Sobald das Produkt am Markt eine gewisse Bedeutung gewonnen hat, werden die Preise häufig angehoben.

BEISPIEL: Vor einem Jahr hat ein neu gegründeter Fahrradhändler E-Bike-Modelle zu extrem niedrigen Preisen deutlich unter 1.000,00 € angeboten, um sich schnell Marktanteile zu erarbeiten. Inzwischen wurden die Preise der E-Bikes um durchschnittlich 50 % erhöht.

me too (engl.) ich auch

Manchmal entscheiden sich Unternehmen aber, den niedrigen Preis beizubehalten, dann liegt eine **Niedrigpreisstrategie** vor. Ziel dieser Strategie ist die Kostenführerschaft, um auf Märkten mit ständigen Preiskämpfen dauerhaft einen niedrigen Preis anbieten zu können. Innovative Produktentwicklungen sind in dieser preisaggressiven Umgebung bei entsprechend niedrigen Gewinnspannen allerdings kaum möglich. Die gleiche Strategie verfolgen die sogenannten **Me-too**-Hersteller. Diese Nachahmer bringen ein Produkt auf den Markt, das einem innovativen, Erfolg versprechenden Original eines anderen Herstellers gleicht. Dies ist i. d. R. nur möglich, da sie sich Entwicklungskosten sparen. Sie versuchen dadurch, dem Original Marktanteile abzunehmen.

Skimming (engl.) abschöpfen

amortisieren die Kosten durch Erträge wieder einbringen

Skimming-Strategie: In diesem Fall werden die Preise bei der Produkteinführung so hoch angesetzt, dass erhebliche Gewinnspannen „abgeschöpft" werden können. Durch den hohen Gewinn am Anfang werden die Entwicklungskosten für das Produkt schnell **amortisiert**. Dies gelingt besonders bei der Einführung begehrter Neuprodukte (z. B. neue Elektronikgeräte).

BEISPIEL: Die neue Version einer Spielekonsole wird zu einem hohen Preis am Markt eingeführt. Erst wenn alle Käufer, die bereit sind, hohe Preise zu zahlen, „abgeschöpft" sind, wird der Preis gesenkt, um auch Käufergruppen in einem niedrigeren Preissegment anzusprechen.

Wenn Unternehmen beschließen, die Preise dauerhaft hoch zu halten, dann liegt eine **Hochpreisstrategie** vor. Sie wird häufig für bekannte Markenartikel genutzt.

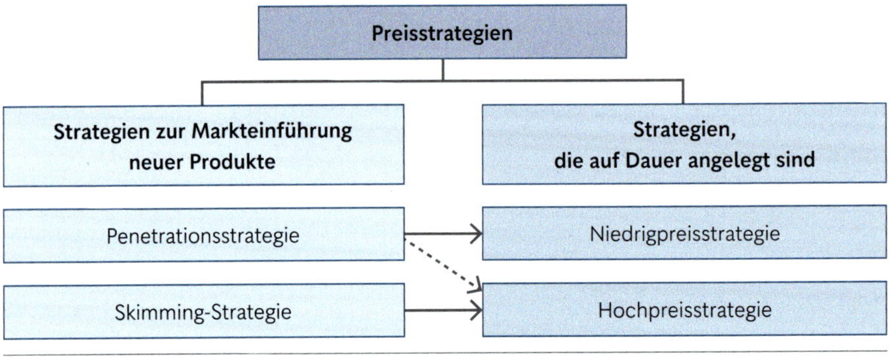

Penetrationsstrategie: Häufig findet nach erfolgreicher Markteinführung ein Wechsel zur Hochpreisstrategie statt.

5.2 Preisgestaltung

Basierend auf der gewählten Preisstrategie und unter Beachtung der Ergebnisse der Marktforschung kann entschieden werden, welcher der folgenden Faktoren für die Preisgestaltung das größte Gewicht hat:

Marktforschung
→ Kap. 2.4

Faktoren der Preisgestaltung

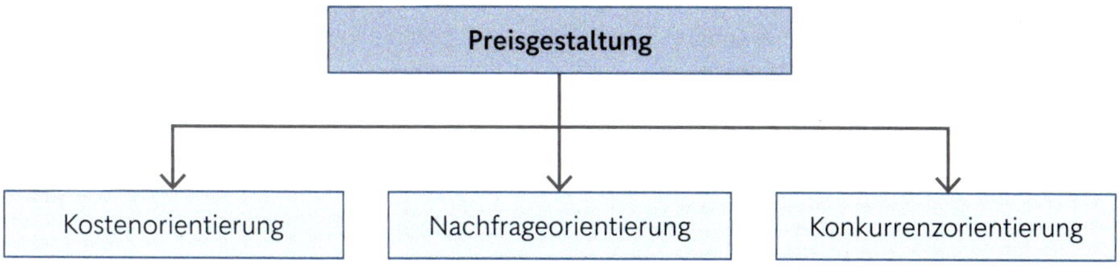

5.2.1 Kostenorientierte Preisgestaltung

Die kostenorientierte Preisgestaltung geht vom Unternehmen aus und basiert auf den anfallenden Kosten. Durch **Zuschlagskalkulation** wird der Verkaufspreis (Angebotspreis) ermittelt. Diese Preisgestaltung folgt dem Prinzip „aus dem Unternehmen heraus in den Markt hinein (from company to market)".

Zuschlagskalkulation
LF 8 → Kap. 3.4

Kostenorientierte Preisgestaltung (from company to market)

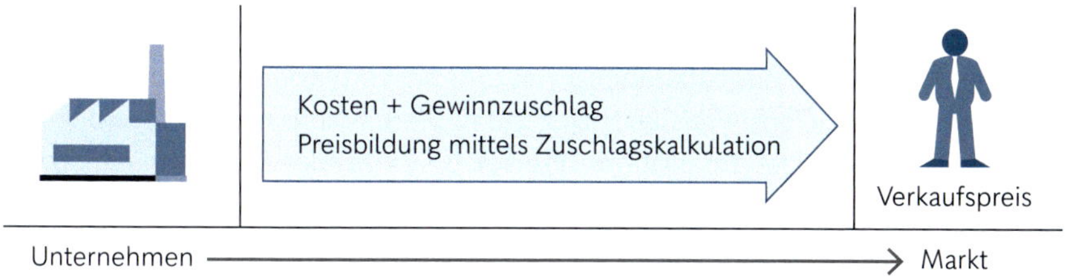

BEISPIEL: Ein Kunde der Fly Bike Werke GmbH bittet um ein Angebot über 400 Stück Sporttextilien bei Selbstabholung. Frau Ganser kalkuliert den Preis auf Basis der aktuell gültigen Kosteninformationen ohne Aufschläge für Kundenskonto und -rabatt. Der Barverkaufspreis des Lieferanten bei Lieferung „frei Haus" beträgt 6,56 €/St.

Die Kalkulationsschemata bei Handelswaren und erstellten Erzeugnissen zur Ermittlung des Barverkaufspreises unterscheiden sich im Bereich der Selbstkosten. Da es sich bei der gewünschten Ware um eine Handelsware handelt, kalkuliert Frau Ganser den Preis mit dem einfachen Schema für Handelswaren auf der folgenden Seite.

Die in der Kalkulation verwendeten **Handlungskosten** sind alle Kosten, die neben den Einstandspreisen der verkauften Waren regelmäßig anfallen. Der Handlungskostenzuschlagssatz wird wie auch die Verwaltungs- und Gemeinkostenzuschlagssätze bei selbst erstellten Erzeugnissen auf Basis der Kostensituation in der Vergangenheit mit einem Betriebsabrechnungsbogen ermittelt. Durch diesen Zuschlag auf die Bezugspreise sollen alle Kosten des Unternehmens gedeckt werden. Der **Gewinnzuschlagssatz** ist das Ergebnis einer Entscheidung auf Basis von Erfahrungswerten in Übereinstimmung mit den Unternehmenszielen (z. B. angemessene Gewinnerzielung).

Ermittlung von Zuschlagssätzen, Betriebsabrechnungsbogen
LF 8 → Kap. 3.2.4

Kalkulationsschema

... für Handelswaren				... für selbst erstellte Produkte
Bareinkaufspreis (Barverkaufspreis des Lieferanten)	400 Stück	2.624,00 €		Fertigungsmaterial
			+	Materialgemeinkosten
			+	Fertigungslöhne
+ Bezugskosten	„frei Haus"	0,00 €	+	Fertigungsgemeinkosten
= Bezugs-/Einstandspreis		2.624,00 €	=	**Herstellkosten der Erzeugung / des Umsatzes**
+ Handlungskostenzuschlag	25 %	625,00 €	+	Verwaltungsgemeinkosten
			+	Vertriebsgemeinkosten
= **Selbstkosten**		**3.280,00 €**	=	**Selbstkosten des Umsatzes**
+ Gewinnzuschlag	15 %	492,00 €	+	Gewinn(-zuschlag)
= **Barverkaufspreis**	400 Stück	**3.772,00 €**	=	**Barverkaufspreis**
			+	Kundenskonto
			=	**Zielverkaufspreis**
			+	Kundenrabatt
			=	**Listenverkaufspreis/Angebotspreis**

Die kostenorientierte Preisgestaltung ist mit erheblichen Problemen verbunden. Der auf Kostenbasis kalkulierte Preis lässt sich auf Käufermärkten mit starker Konkurrenz oftmals nicht durchsetzen (**marktferne Preise**). Bei sinkender Absatzmenge verteilen sich die konstanten **Fixkosten** auf eine kleinere Menge. Man müsste also bei einem Nachfragerückgang die Preise anheben bzw. bei steigender Absatzmenge die Preise senken, was kaufmännisch keinen Sinn machen würde. Möglicherweise sind die Kunden auch bereit, weit mehr als den auf Kostenbasis ermittelten Listenverkaufspreis zu zahlen, z. B. wenn das Produkt ein gewisses Alleinstellungsmerkmal aufweist.

Fixkosten
fallen unabhängig von der Absatzmenge an. Beispiele: Gehälter, Mieten, Abschreibungen.
LF 8 → Kap. 1.5

Mindestens die Selbstkosten müssen über den Preis gedeckt werden. Dadurch ergibt sich die Preisuntergrenze.
LF 8 → Kap. 4.3

Die kostenorientierte Preisgestaltung ist jedoch nicht überflüssig. Sie ermittelt unabhängig vom Markt, welchen Preis das Unternehmen für eine Ware dauerhaft erzielen **müsste**. Sollten Konkurrenzartikel dauerhaft zu deutlich niedrigeren Preisen als dem kostenorientiert kalkulierten Preis angeboten werden, so muss das Unternehmen entweder die Kosten senken oder mittelfristig den Verkauf der Ware einstellen und auf andere Angebote und Märkte umschwenken.

5.2.2 Nachfrageorientierte Preisgestaltung

Käufermarkt
→ Kap. 1.1

Auf Käufermärkten spielen sich die Preise am Markt ein. Das Unternehmen und die Kunden handeln ihre Preisvorstellungen im Zeitablauf mehr oder weniger bewusst aus. Durch Marktforschung wird ermittelt, welchen Preis die meisten Kunden bereit sind, für eine Ware zu zahlen. Der Preis wird damit nicht kalkuliert, sondern vom Markt vorgegeben. Die Preisgestaltung folgt dem Prinzip „Vom Markt in das Unternehmen hinein (from market to company)". Die nachfrageorientierte Preisgestaltung führt insbesondere auf Käufermärkten zu deutlich marktgerechteren Preisen.

Nachfrageorientierte Preisgestaltung (from market to company)

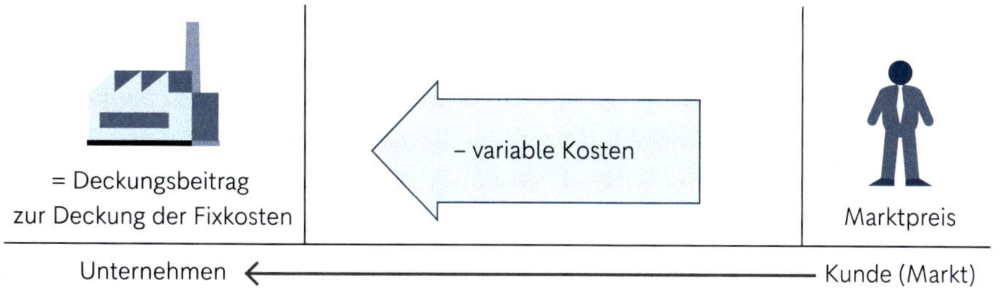

Sollten die Kunden hohe Preise aufgrund eines attraktiven Zusatznutzens akzeptieren, so kann ein Unternehmen deutlich höhere Preise als die nach Kosten kalkulierten Barverkaufspreise realisieren. In diesen Fällen unterstützen diese Produkte andere, die zu einem eher niedrigen Preis verkauft werden (**kalkulatorischer Ausgleich**).

Der **kalkulatorische Ausgleich** wird auch als Mischkalkulation bezeichnet.

Der vom Markt vorgegebene Preis wird jedoch stets anhand eines zu ermittelnden **Deckungsbeitrags** überprüft, der zur Deckung der fixen Kosten zur Verfügung steht. Sind alle Kosten abgedeckt, trägt der darüber hinausgehende Betrag zum Gewinn bei.

Deckungsbeitrag und Preisuntergrenzen
LF 8 → Kap. 4.3

Deckungsbeitrag = Barverkaufspreis – **variable Kosten**

variable Kosten
Sie steigen bzw. sinken mit der Absatzmenge. Beispiele: Wareneinsatz (Bezugspreise der verkauften Waren), Ausgangsfrachten, Versandverpackungen, Vertriebsprovisionen.

BEISPIEL: Ein Kunde möchte das Trekkingrad *Light* der Fly Bike Werke GmbH kaufen. Der Listenverkaufspreis beträgt laut Zuschlagskalkulation 598,50 €. Der Kunde möchte nur 450,00 € für das Fahrrad bezahlen. Die variablen Kosten belaufen sich auf 370,10 €. Frau Ganser prüft den Deckungsbeitrag auf Basis des Marktpreises.

Marktpreis	450,00 €
– variable Kosten	370,10 €
= Deckungsbeitrag	79,90 €

Der vom Kunden gewünschte Preis erzielt einen positiven Deckungsbeitrag.

In der Praxis wird dabei eine **mehrstufige Deckungsbeitragsrechnung** durchgeführt.

Deckungsbeitrag im Mehrproduktunternehmen
LF 8 → Kap. 4.2

BEISPIEL: Mehrstufige Deckungsbeitragsrechnung
(vereinfachte Darstellung mit drei Produkten aus zwei Produktgruppen)

	Produkt A-1	Produkt A-2	Produkt B-1
Umsatz	100.000,00	250.000,00	100.000,00
– variable Kosten	30.000,00	230.000,00	30.000,00
= Deckungsbeitrag (I)	70.000,00	20.000,00	70.000,00
– erzeugnisfixe Kosten	10.000,00	15.000,00	10.000,00
= Deckungsbeitrag (II)	60.000,00	5.000,00	60.000,00
– bereichsfixe Kosten		7.000,00	–
= Deckungsbeitrag (III)		58.000,00	60.000,00
– unternehmensfixe Kosten			32.000,00
= Betriebsergebnis			86.000,00

In der mehrstufigen Deckungsbeitragsrechnung werden nach den variablen Kosten die Fixkosten, die dem Produkt zugeordnet werden können, berücksichtigt. Danach werden die bereichs- und die verbleibenden unternehmensfixen Kosten abgezogen.

Ein Produkt muss langfristig zwingend zu einem Preis verkauft werden, der einen Beitrag zur Fixkostendeckung leistet. Erst wenn die Summe aller positiven Deckungsbeiträge aller verkauften Produkte die Höhe der gesamten Fixkosten übersteigt, erzielt das Unternehmen einen Gewinn. Kann jedoch nur ein bestimmter Preis durchgesetzt werden, versuchen Unternehmen, die Kosten zu senken, bis bei dem „Zielpreis“ Gewinn gemacht werden kann (**Target**-Pricing).

target (engl.) Ziel

5.2.3 Konkurrenzorientierte Preisgestaltung

Zum Markt eines Unternehmens gehören nicht nur die Kunden, sondern auch die Mitbewerber. Das Prinzip der konkurrenzorientierten Preisgestaltung entspricht der nachfrageorientierten Preisgestaltung. Einziger Unterschied ist die Bezugsgruppe: Statt der Kunden ist hier die Konkurrenz Orientierungspunkt für den vom Markt vorgegebenen Preis. Speziell bei hoher Preistransparenz (z. B. über Preisvergleich-Anbieter im Internet) müssen Verkäufer ständig die Preise der Wettbewerber im Blick behalten.

Konkurrenzorientierte Preisgestaltung (from market to company)

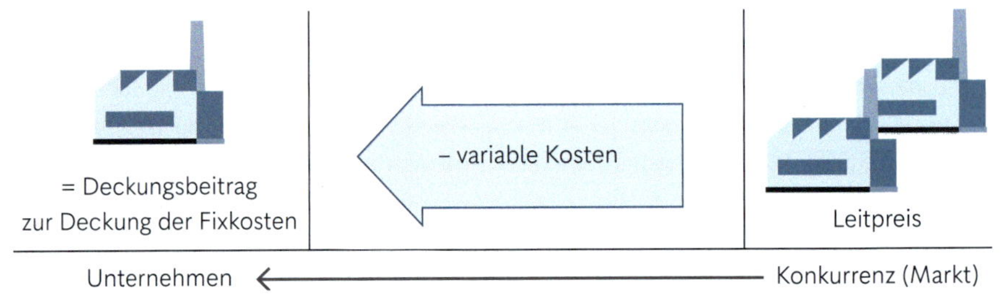

Löst ein Konkurrent einen Preiskampf aus, indem er die Preise der Mitbewerber unterbietet, ziehen andere Konkurrenten mit noch niedrigeren Preisen nach. Solche **Preiskämpfe** bedeuten oft das Ausscheiden von Konkurrenten (Marktbereinigung) und können auch für Verbraucher schädlich sein. Der zunehmende Preisdruck kann nämlich zu weniger ausgereiften und wenig innovativen Produkten führen, da Gewinnspannen für Neuentwicklungen oder Qualitätssicherung fehlen.

Dumping (engl. to dump) wegwerfen, verschleudern

Verkaufspreise, die unter den Selbstkosten eines Unternehmens liegen, werden als **Dumpingpreise** bezeichnet. Kurzfristiges Dumping ist nur dann sinnvoll, wenn in naher Zukunft positive wirtschaftliche Entwicklungen (Umsatz- und Gewinnsteigerungen) wahrscheinlich sind.

5.3 Psychologische Preisfestsetzung

Zusätzlich zur konkurrenz-, nachfrage- oder kostenorientierten Preisbildung werden bei der Bestimmung des Verkaufspreises auch psychologische Aspekte berücksichtigt, um die Kundinnen und Kunden zum Kauf zu bewegen.

Die bekannteste Strategie besteht darin, Preise mit zwei Nachkommastellen so festzulegen, dass sie nur knapp unter der nächsten ganzen Zahl liegen.

BEISPIEL: Ein Artikel für 2,99 € wird (unterbewusst) als deutlich günstiger wahrgenommen als ein Artikel für 3,00 €, obwohl der Unterschied nur einen Cent beträgt.

Ein weiterer „Trick" besteht darin, möglichst kurze Preise zu nutzen. Eine kürzere Zahl wirkt für die Kundinnen und Kunden niedriger als eine längere Zahl.

BEISPIEL: Auf einer Speisekarte in einem Restaurant werden die Preise kurz und knapp dargestellt, also z. B. Spaghetti Carbonara „18 €" statt „18,00 EUR".

Beliebt ist auch die Nutzung riesiger **Rabattschilder** in Geschäften (z. B.: **50 % reduziert**), um die Kundinnen und Kunden zum Kauf zu animieren. Sie suggerieren, dass alle Artikel im Geschäft günstiger als üblich sind, selbst wenn nur ausgewählte Artikel unter die Rabattregelung fallen. Zusätzlich werden alte Preise auch noch plakativ durchgestrichen, um den psychologischen Effekt zu verstärken. Oftmals wird auch ein hoher Rabattsatz (z. B. 50 %) sehr großgeschrieben, sodass ein in wesentlich kleinerer Schrift formulierter Zusatz „bis zu" von den Kunden kaum wahrgenommen wird.

Daneben gibt es weitere psychologische Tricks, um die Kaufentscheidung des Kunden positiv zu beeinflussen, indem z. B. eine besondere Dringlichkeit vermittelt wird. Der Kunde befürchtet, eine Chance zu verpassen, wenn er bei dem Angebot nicht sofort zuschlägt.

BEISPIELE: Gebräuchliche Formulierungen: „Blitzangebot!", „Nur für begrenzte Zeit!", „Nur noch eine Stunde verfügbar!"

Das Gleiche gilt für Angebote, die vermuten lassen, dass der Artikel demnächst nicht mehr verkauft wird oder lieferbar ist. Sie erzeugen beim Kunden das Gefühl der Knappheit und animieren dazu, sofort „zuzuschlagen", bevor es ein anderer tut.

BEISPIELE: Formulierungen wie „Nur noch ein Artikel auf Lager" sind insbesondere im Onlinehandel beliebt, um die Kaufentscheidung des Kunden zu beeinflussen.

Onlinemarketing → Kap. 7.5

5.4 Preiselastizität der Nachfrage

Nachfrageorientierte Preisgestaltung fragt nicht nur nach dem von den Nachfragern akzeptierten Preisniveau, sondern berücksichtigt darüber hinaus auch, wie sensibel Nachfrager auf Preisänderungen reagieren. Die Preiselastizität der Nachfrage gibt in diesem Zusammenhang an, wie stark sich die nachgefragte Menge nach einer Leistung ändert, wenn sich der entsprechende Preis ändert. Die erforderlichen Informationen zur Feststellung der Preiselastizität kommen in der Regel aus der **Marktforschung**.

Marktforschung
→ Kap. 2.4

Zusammenhang zwischen Preis- und Nachfragemenge (normale Güter)

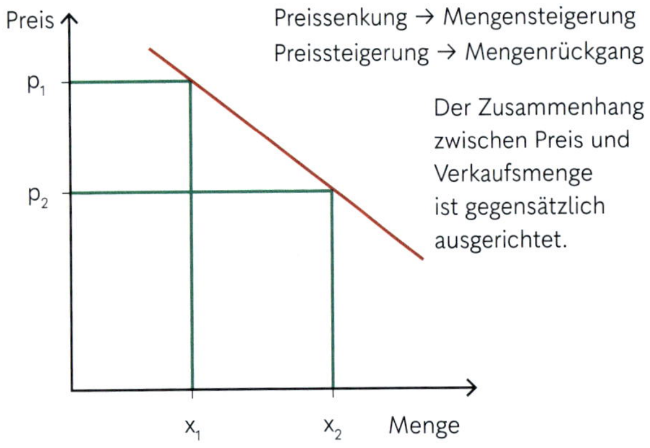

Bei den meisten Gütern ergibt sich zwischen Verkaufsmenge und Verkaufspreis folgender Zusammenhang: Je höher der Preis eines Gutes ist, desto geringer wird normalerweise die Nachfrage nach diesem Gut sein. Umgekehrt sind bei sinkenden Preisen in der Regel mehr Kunden bereit, das Gut zu kaufen. Dieser im Normalfall gegensätzliche **Zusammenhang zwischen Preis- und Nachfragemenge** ist allerdings bei jedem Gut **unterschiedlich stark ausgeprägt**. Die jeweilige Stärke, mit der die Nachfrage (mengenmäßig) auf Preisänderungen reagiert, nennt man Preiselastizität der Nachfrage.

Die Preiselastizität ist demzufolge ein Indikator dafür, wie empfindlich die Kunden auf Preisänderungen reagieren. Je stärker die Änderung der Nachfrage ausfällt, desto größer ist die Preiselastizität dieses Gutes.

5.4.1 Bestimmungsfaktoren der Preiselastizität der Nachfrage

1. Substitutionsmöglichkeiten: Die Preiselastizität der Nachfrage ist umso größer, je mehr Substitutionsmöglichkeiten es für das Gut gibt.

BEISPIEL: Ein Anbieter von Butter muss sich vor einer Preiserhöhung darüber im Klaren sein, dass seine Kunden nicht nur zu den Produkten anderer Butteranbieter, sondern auch zum Substitutionsgut Margarine wechseln könnten.

2. Wichtigkeit des Gutes: Die Preiselastizität ist umso kleiner, je (lebens-)wichtiger das Gut für die Nachfrager ist.

BEISPIEL: Bei Apple® ist man sich darüber bewusst, wie wichtig das iPhone® inzwischen für viele Benutzer geworden ist. In dieser Situation kann das Unternehmen erwarten, dass eine Preiserhöhung beim nächsten Modell keinen großen Nachfragerückgang auslösen wird.

3. Anteil der Ausgaben am Einkommen: Die Preiselastizität ist umso kleiner, je geringer der Anteil der Ausgaben der Nachfrager für dieses Gut ist.

BEISPIEL: Über das Jahr betrachtet geben Haushalte sehr wenig Geld für Salz aus. Aus diesem Grund ist vielen Haushalten der Marktpreis für 500 g Salz nicht bewusst. Eine Preiserhöhung würde wahrscheinlich nur eine geringe Änderung der Nachfrage auslösen.

5.4.2 Berechnung der Preiselastizität der Nachfrage

$$\text{Preiselastizität} = \frac{\text{relative Mengenänderung in \%}}{\text{relative Preisänderung in \%}} = \frac{\frac{\text{neue Menge} - \text{alte Menge}}{\text{alte Menge}}}{\frac{\text{neuer Preis} - \text{alter Preis}}{\text{alter Preis}}}$$

Hinweis: Das Ergebnis der Division wird stets mit –1 multipliziert, um ein positives Ergebnis zu erhalten.

Folgende Preiselastizitäten der Nachfrage werden unterschieden:

Isoelastische Nachfrage

Elastizität = 1 (Zähler = Nenner)
Preisänderung und Mengenreaktion sind gleich groß.

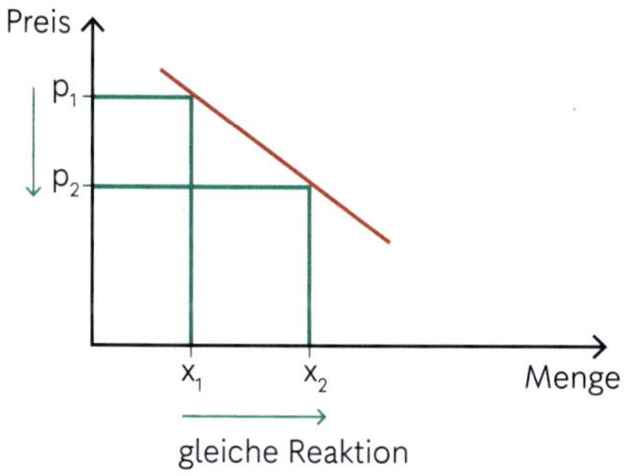

theoretische Größe, in der Realität eher selten

Elastische Nachfrage (empfindliche Reaktion)

Elastizität > 1 (Zähler > Nenner)
Die Mengenreaktion ist stärker als die Preisänderung.

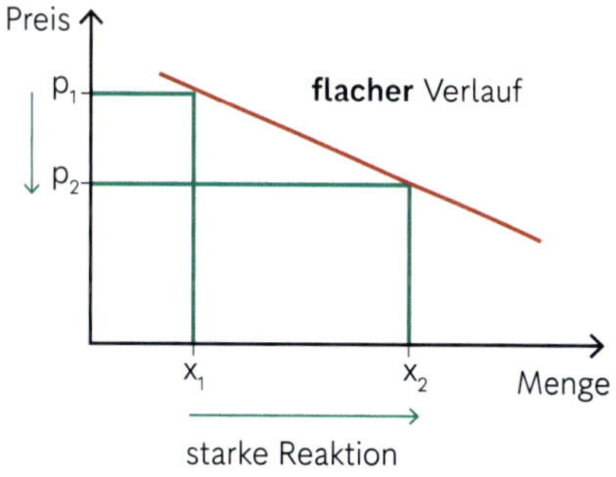

Güter des gehobenen Bedarfs, z. B. Autos, Unterhaltungselektronik

Unelastische Nachfrage (unempfindliche Reaktion)

Elastizität < 1 (Zähler < Nenner)
Die Mengenreaktion ist schwächer als die Preisänderung.

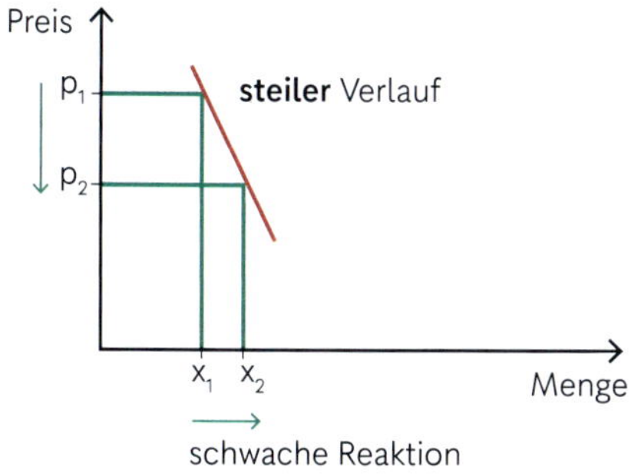

Güter des Grundbedarfs, z. B. Benzin, Grundnahrungsmittel

Vollkommen unelastische Nachfrage (Grenzfall)

Elastizität = 0 (Zähler = 0)
Die Kunden reagieren nicht auf Preisänderungen.

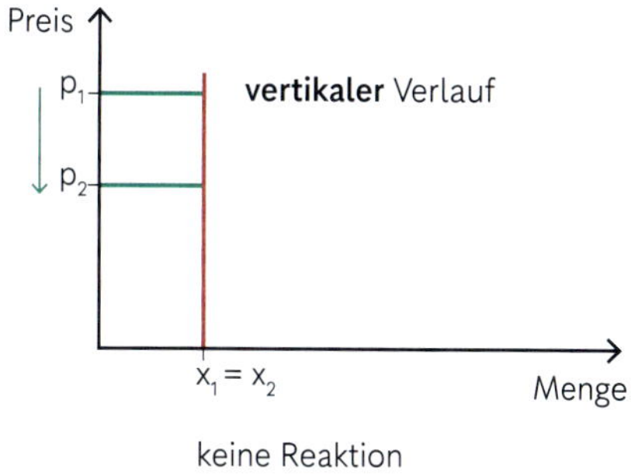

lebensnotwendige Güter, z. B. Medikamente

Die Preiselastizität der Nachfrage eines Gutes ist eine wichtige Information zur Prognose des Kundenverhaltens auf Preisänderungen. Bevor ein Unternehmen seine Preise ändert, sollte ermittelt werden, wie stark die Kunden darauf voraussichtlich reagieren werden. Die Preiselastizität gibt wertvolle Hinweise darauf, wie hoch oder niedrig die Preisanpassung für eine Ware angesetzt werden sollte, um den Umsatz zu optimieren.

Preisgestaltung bei elastischer und unelastischer Nachfrage

elastische Nachfrage E > 1	Folge einer moderaten Preissenkung: relative Mengensteigerung > relative Preissenkung; der Umsatz steigt
unelastische Nachfrage E < 1	Folge einer moderaten Preiserhöhung: relativer Mengenrückgang < relative Preiserhöhung; der Umsatz steigt

5.5 Preisdifferenzierung

Wird die gleiche Leistung zu unterschiedlichen Preisen angeboten, so handelt es sich um eine Preisdifferenzierung. Sie ist nur dann erfolgreich, wenn die **Teilmärkte**, auf denen unterschiedliche Preise angeboten werden sollen, voneinander isoliert werden können. Nur so wird verhindert, dass die Hochpreiskäufer auf die Niedrigpreismärkte ausweichen. Das lässt sich in der Praxis häufig aber nicht realisieren. Dennoch ist die Preisdifferenzierung für viele Unternehmen ein wirksames Instrument der Preispolitik.

Häufig sollen durch die Preisdifferenzierung **neue, zusätzliche Kundengruppen** zum Kauf der Waren bewegt werden, um den Unternehmenserfolg zu erhöhen. Die Preisdifferenzierung kann dabei auf sehr verschiedene Arten realisiert werden. Welche Form konkret gewählt wird, hängt vom Sortiment und der Branche ab.

Arten der Preisdifferenzierung		Beispiel
räumliche Preisdifferenzierung	Eine Leistung wird an verschiedenen Orten zu unterschiedlichen Preisen verkauft.	Die Fly Bike Werke GmbH hat in diesem Jahr begonnen, einige osteuropäische Länder als Absatzmärkte zu gewinnen. Dort werden ausgewählte Räder vertrieben, allerdings zu niedrigeren Verkaufspreisen, da die Kaufkraft in diesen Ländern schwächer ist.
zeitliche Preisdifferenzierung	Eine Leistung wird zu verschiedenen Zeiten zu unterschiedlichen Preisen angeboten.	In der Herbst- und Wintersaison bietet die Fly Bike Werke GmbH fast die gesamte Produktpalette günstiger an als im Frühjahr und Sommer.
personenbezogene Preisdifferenzierung	Je nach Kundengruppe werden für die gleiche Leistung unterschiedliche Preise verlangt.	Die Fly Bike Werke GmbH beliefert Fahrradvermieter an der Nordsee. Man erhofft sich hiervon auch, dass Urlaubsgäste, die mit dem gemieteten Fahrrad zufrieden sind, später einmal das Produkt kaufen. Deswegen bekommen die Fahrradvermieter günstigere Preise.
sachliche Preisdifferenzierung	Gleiche Leistungen werden in unterschiedlicher Aufmachung zu verschiedenen Preisen verkauft.	Bei der Fly Bike Werke GmbH wird zurzeit diskutiert, ob man das Rennrad *Superfast* auch zu einem deutlich günstigeren Preis über Baumärkte vertreiben soll. Man müsste dann mit einem veränderten Design die Marke unkenntlich machen, um das Qualitätsimage des Markenprodukts nicht zu gefährden.

Bei allen Formen der Preisdifferenzierung ist darauf zu achten, dass einzelne Kunden durch die Maßnahmen nicht verärgert werden. Das geschieht z. B., weil sie von der Preisdifferenzierung keine Kenntnis erlangen können (z. B. Verschleierung des Markennamens bei sachlicher Preisdifferenzierung durch „No-Name-Produkte“) oder wenn die Preisdifferenzierung für die Kunden nicht nachvollziehbar ist. Während reduzierte Fahrkartenpreise für Schüler allgemein akzeptiert sind, wäre z. B. ein nach der Attraktivität der Personen gestaffeltes Eintrittsgeld in Schwimmbädern nicht akzeptabel.

digitale Absatzkanäle → Kap. 6.3

Algorithmus
exakte Schrittfolge zur Lösung von Aufgaben

Die zunehmenden technischen Möglichkeiten des Onlinehandels und der Datenerfassung und Datenauswertung in Bezug auf einzelne Kunden führen dazu, dass Preise immer schneller und individueller angepasst werden können. Dieses sogenannte **dynamische Preismanagement** beinhaltet die permanente Preisanpassung für ein Produkt an den aktuellen Marktbedarf aufgrund automatischer computerbasierter **Algorithmen**. Dabei werden Daten wie die Preisgestaltung der Konkurrenten, aktuelles Angebot und Nachfrage und andere externe Faktoren miteinbezogen. Das dynamische Preismanagement ist in Geschäftszweigen wie der Hotellerie, bei Reiseveranstaltern und Fluganbietern sowie im Onlineeinzelhandel übliche Praxis.

5.6 Konditionenpolitik

Unternehmen bieten ihren Kunden **Konditionen** wie **kundenspezifische Rabatte sowie Liefer- und Zahlungsbedingungen** an. Gerade auf Märkten mit nahezu gleichen Preisen bei den Wettbewerbern bieten diese (Sonder-)Konditionen eine Möglichkeit, das eigene Angebot „schmackhaft" zu machen.

Konditionen
Bedingungen

5.6.1 Rabatte

Rabatt (ital.) rabbattere = abschlagen, abziehen; Preisnachlass

Rabatte bieten die Möglichkeit, verschiedenen Kunden unterschiedliche Endpreise anzubieten. Die Tabelle führt die gängigsten Rabattarten auf.

Rabattart	Erläuterung	Beispiel
Mengenrabatt	Der Käufer erhält einen Preisnachlass ab einer bestimmten Bestellmenge. Häufig werden Rabattstaffeln angeboten, um Kunden zum Kauf **größerer Mengen** zu bewegen.	Die Fly Bike Werke GmbH bietet ihren Kunden grundsätzlich folgende Rabattstaffel: 10 % ab 25 Fahrrädern, 15 % ab 50 Fahrrädern, 20 % ab 100 Fahrrädern
Treuerabatt	Diesen Preisnachlass erhalten langjährige Kunden. Er dient also insbesondere zur **Kundenbindung**.	Die Fly Bike Werke GmbH bietet jedes Jahr im Oktober für Stammkunden (mind. 5 Jahre Geschäftsbeziehung) einen Treuerabatt von 10 % an.
Neukundenrabatt (Erstbestellerrabatt)	Zur **Kundengewinnung** wird für Erstbestellungen oder für einen bestimmten Zeitraum ein besonderer Preisnachlass gewährt.	Die Fly Bike Werke GmbH bietet Neukunden in den ersten sechs Monaten nach dem ersten Auftrag einen Neukundenrabatt von 7,5 %.
Naturalrabatt	Der Preisnachlass wird nicht als Geld-, sondern als Warenleistung gewährt. Bei der **Draufgabe** bezahlt der Kunde die gewünschte Menge und bekommt zusätzliche Ware gratis. Bei der **Dreingabe** bezahlt der Kunde nur einen Teil der gewünschten Menge. Der Rest der Ware ist gratis.	Der Fahrradhändler „Radstation" in Frankfurt bietet zu seinem alljährlichen Tag der offenen Tür eine „Familienaktion" an. Beim Kauf von zwei Erwachsenenfahrrädern bekommt man ein Kinderfahrrad als Draufgabe gratis dazu.
Wiederverkäuferrabatt	Dieser Preisnachlass wird **Groß- und Einzelhändlern** von Industriebetrieben gewährt, damit diese auch noch einen angemessenen Gewinn erzielen können.	Die Fly Bike Werke GmbH vertreibt ihre Fahrräder auch in einem hauseigenen Fabrikverkauf. Damit die Unternehmenskunden annähernd mit diesen Preisen mithalten können, wird den Händlern ein Wiederverkäuferrabatt eingeräumt.
Saisonrabatt	Dieser Preisnachlass wird bei **frühzeitigem Bezug von Waren**, die starken Saisonschwankungen unterliegen, gewährt.	Die Fly Bike Werke GmbH bietet in den Monaten Januar und Februar einen Saisonrabatt an, um den Lagerbestand im Winter zu senken.

Eine besondere Rabattart ist der **Bonus**. Hierbei handelt es sich um einen **nachträglichen Preisnachlass** auf den vom Kunden innerhalb einer Periode (z. B. ein Jahr) realisierten Umsatz. Bonus-Vereinbarungen dienen der Kundenbindung.

5.6.2 Lieferbedingungen: Lieferkosten und Lieferzeit

Falls im Kaufvertrag nicht anders vereinbart, trägt der Käufer die **Lieferkosten** (Fracht, Paketgebühren, Transportversicherungen usw.). Es können aber auch kunden- oder auftragsspezifische Spezialvereinbarungen getroffen werden wie die Aufteilung der Kosten zwischen Käufer und Verkäufer oder – für den Kunden besonders reizvoll – die völlige Kostenübernahme durch den Verkäufer (Frei-Haus-Lieferung).

Für Kunden ist häufig auch eine möglichst kurze **Lieferzeit** von großer Bedeutung. Auch wenn dieser Aspekt keine direkten Auswirkungen auf den Endpreis der Ware hat, so wird generell auch die Lieferzeit als Instrument der Konditionenpolitik angesehen.

5.6.3 Zahlungsbedingungen: Zahlungsziel und Skonto

Auch bei der Gestaltung der Zahlungsbedingungen können kundenorientiert besondere Konditionen angeboten werden:

1. Zahlungsziel: Wenn im Kaufvertrag über den Zahlungszeitpunkt keine Vereinbarungen getroffen wurden, muss der Käufer sofort bei Erhalt der Leistung bezahlen (gesetzliche Regelung). Der Verkäufer kann dem Käufer aber auch ein Zahlungsziel anbieten, sodass er **erst zu einem späteren Zeitpunkt bezahlen** muss. Dies ist für Kunden häufig dann reizvoll, wenn ihre Liquidität zum Zeitpunkt der Lieferung noch nicht ausreicht, um die Rechnung zu bezahlen.

2. Skonto: Zusätzlich kann dem Kunden ein Skontoabzug **für die frühzeitige Begleichung der Rechnung** angeboten werden. Dies wird von Kunden als reizvoll empfunden, da es einen weiteren Nachlass (vom Rechnungsbetrag) darstellt. Für den Verkäufer dient das Anbieten von Skonto auch dazu, Kunden zur schnellen Begleichung von Rechnungen zu bewegen, um die eigene Liquidität zu sichern.

BEISPIEL: Die Fly Bike Werke GmbH bietet ihren Kunden grundsätzlich sowohl ein Zahlungsziel von 30 Tagen als auch die Möglichkeit des Skontoabzugs an. Die generelle Vereinbarung im Kaufvertrag und auf der Rechnung lautet: „zahlbar mit 2 % Skonto innerhalb 10 Tagen ab Rechnungsdatum, sonst 30 Tage ohne Abzug“.

ÜBERSICHT: Preis- und Konditionenpolitik

Preisstrategien	kurzfristig: – Penetrationsstrategie – Skimming-Strategie	langfristig: – Niedrigpreisstrategie – Hochpreisstrategie

Preisgestaltung	– Kostenorientierung:
	  – Kalkulation der Preise aufgrund der Kosten
	  – Ziel: Erreichen der Gewinnschwelle E(x) > K(x)
	– Nachfrageorientierung: Preise werden nach der Zahlungsbereitschaft der Kunden festgesetzt
	– Konkurrenzorientierung: Preise richten sich nach den Preisen der Konkurrenz	

psychologische Preis-festsetzung	Preise sollen günstiger oder Waren knapper wirken, als sie tatsächlich sind.	– 2,99 € statt 3,00 € – 18 € statt 18,00 EUR – Rabatte: 50 % – „Nur heute“, „Nur noch wenige Stück verfügbar“
Preiselastizität der Nachfrage	Indikator dafür, wie empfindlich die Kunden auf Preisänderungen reagieren	– isoelastische Nachfrage – elastische Nachfrage – unelastische Nachfrage – vollkommen unelastische Nachfrage
Preis-differenzierung	– zeitlich (z. B. Brötchenpreise kurz vor Ladenschluss) – räumlich (z. B. Benzinpreise direkt an der Autobahn) – personenbezogen (z. B: Schülerticket) – sachlich (z. B. No-name gegenüber Markenware)	
Konditionen-politik	– Rabatte (Mengenrabatt, Treuerabatt, Neukundenrabatt, Naturalrabatt, Wiederverkäuferrabatt, Saisonrabatt) – Bonus – Lieferbedingungen (Lieferkosten und Lieferzeit) – Zahlungsbedingungen (Zahlungsziel und Skonto)	

Alles klar?

1 Erläutern Sie die vier unterschiedlichen Preisstrategien allgemein und anhand jeweils eines realen Beispiels.

2 Im Folgenden werden die Preisstrategien von Anbietern dargestellt. Nennen Sie die jeweils angewendete Strategie.

a Der Hersteller einer neuartigen Spielkonsole verlangt zuerst einen sehr hohen Preis, der dann im Zeitablauf stetig zurückgenommen wird.

b Ein Großhändler von Freizeithemden verkauft bestimmte Hemden eines Herstellers stetig zu einem gleich hohen Preis. Preisveränderungen werden nicht vorgenommen. Sonderangebote werden durch die Auswahl der Einzelhändler bei entsprechenden Vertragsvereinbarungen unterbunden.

c Ein Hersteller von Süßwaren bietet einen neuen Artikel zu einem sehr niedrigen Preis an. Nach einiger Zeit werden die Preise in mehreren kleinen Stufen erhöht.

3 Beschreiben Sie die drei grundsätzlichen Faktoren der Preisgestaltung.

4 Erläutern Sie, was eine Mischkalkulation ist.

5 Die Selbstkosten eines Anbieters betragen für eine Ware 230,00 €. Davon sind 80 % variable Kosten. Sein Barverkaufspreis beträgt zurzeit 320,00 €.

a Ermitteln Sie Gewinn und Deckungsbeitrag des Anbieters je Stück.

b Der Anbieter senkt seinen Preis auf 240,00 €. Ermitteln Sie erneut den Gewinn und den Deckungsbeitrag je Stück.

6 Eine Werbeagentur ermittelte in einer repräsentativen Marktforschungsstudie die Preiselastizität von Zigaretten (E = 0,35) und von Bananen (E = 1,8).

a Begründen Sie die Werte anhand der Bestimmungsfaktoren.

b Beschreiben Sie die Auswirkungen dieser Erkenntnisse auf die Preispolitik.

7 Erläutern Sie anhand von realen Beispielen die verschiedenen Arten der Preisdifferenzierung.

8 Nennen Sie die jeweils passende Form der Preisdifferenzierung zu den folgenden Fällen.

a Ein deutscher Pkw-Hersteller bietet seine Fahrzeuge in Dänemark zu einem um 15 % niedrigeren Verkaufspreis im Vergleich zum Inland an.

b Ein Möbelhändler wirbt mit einem Sonderpreisnachlass für alle Möbel in Höhe von 20 % für einen Sonntagsverkauf an einem bestimmten Tag.

c Für Kinder bis zu sechs Jahren ist der Eintritt in einen Erlebnispark kostenlos.

9 Beschreiben Sie, welche Rabattarten Ihr Ausbildungsbetrieb bereits nutzt. Machen Sie zudem Vorschläge für weitere kundenspezifische Preisnachlässe.

10 Erläutern Sie den Unterschied zwischen Skonto und Rabatt. Erläutern Sie auch, was ein Zahlungsziel ist.

AB → Lernsituation 84

6 Distributionspolitik

BEISPIEL: Die neuen Auszubildenden der Fly Bike Werke GmbH sitzen mit Frau Ganser in der Kantine zusammen. „Es ist schon ganz erstaunlich zu beobachten, wie Fahrräder hergestellt werden", sagt einer der Azubis. „Ich kann verstehen, warum die Kunden die Räder kaufen wollen, aber wie gelangen die Räder denn eigentlich genau zum Kunden?"

Distribution (lat.) Verteilung

Die **Distributionspolitik** befasst sich mit der Frage, wie, durch wen und womit der Kunde die Ware oder Dienstleistung erhält. Alle Maßnahmen, die ein Unternehmen zur Verteilung betrieblicher Leistungen ergreift, werden zur Distributionspolitik gerechnet. Im weiteren Sinne gehört dazu auch die Wahl des geeigneten Verkehrsträgers (z. B. die Bahn), die an dieser Stelle jedoch nicht weiter behandelt wird.

Entscheidungen der Distributionspolitik

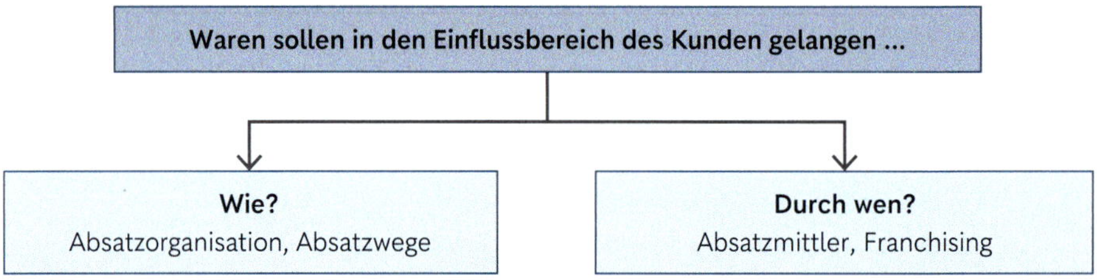

Die **Qualität** der Distributionspolitik hat auch Einfluss auf das Käuferverhalten und die Marktentwicklung. Wird die Kundenzufriedenheit durch eine optimale Organisation der betrieblichen Güterverteilung bestätigt, entwickelt sich das Käuferverhalten positiv. Die Kundenbindung bleibt stark und das Unternehmen kann seine Position auf dem Markt erhalten oder sogar weiter ausbauen.

Einflussfaktoren auf die Distributionspolitik

Einflussfaktoren	Beispiele
warenbezogen	– Erklärungsbedürftigkeit der Ware – Bedarfshäufigkeit beim Kunden – Transportempfindlichkeit
kundenbezogen	– Zahl der potenziellen Kunden – geografische Verteilung der Kunden – Offenheit der Kunden gegenüber verschiedenen Verkaufsmethoden (Direktverkauf, Streckengeschäft)
konkurrenzbezogen	– Zahl der Mitbewerber – Art der Konkurrenzprodukte – Distributionsmethoden der Konkurrenz – Stärken und Schwächen des Angebots gegenüber der Konkurrenz
unternehmensbezogen	– Größe des Unternehmens – Finanzkraft des Unternehmens – Erfahrungen des Unternehmens

6.1 Direkte und indirekte Absatzwege

Der Absatzweg beschreibt, auf welche Weise eine betriebliche Leistung die Kundinnen und Kunden erreicht.

Beim **direkten Absatz** verteilt ein Unternehmen seine Güter mithilfe eigener Absatzorgane direkt an den Konsumenten. Dies kann z. B. durch eigene Filialen oder Reisende gewährleistet werden.

Beim **indirekten Absatz** schaltet ein Unternehmen bei der Verteilung dagegen betriebsfremde Absatzorgane ein. So kann der Großhandel die Waren des Herstellers übernehmen und über den Einzelhandel an den Endverbraucher weitergeben.

Direkter und indirekter Absatz

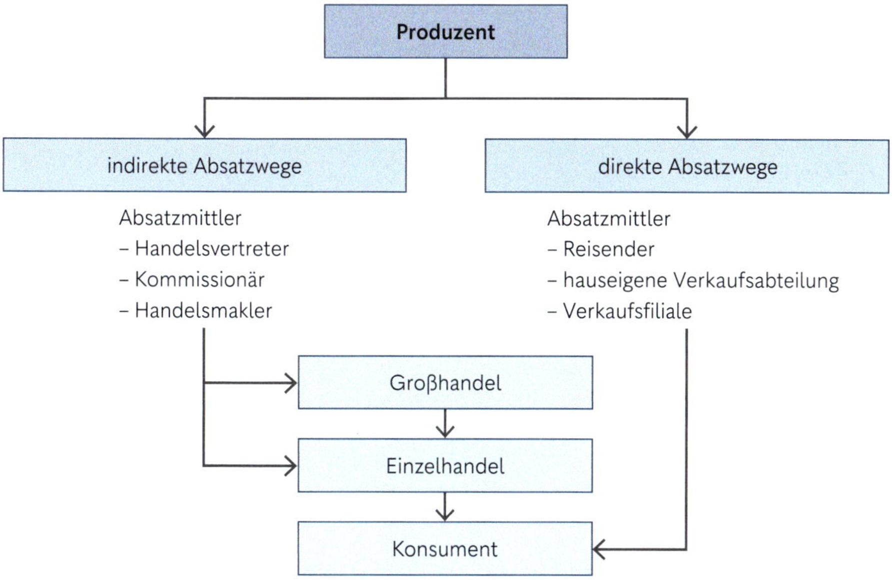

Vorteile der verschiedenen Absatzwege

indirekter Absatz	**direkter Absatz**
Aufgabenteilung bei der Warendistribution; hierdurch Entlastung des Herstellers	direkter Kontakt zum Kunden; Möglichkeit, schnell auf Kundenwünsche und -anregungen zu reagieren
Ausnutzen der Vorteile des Handels (z. B. Präsenz in vielen Orten, intensive Kundenbetreuung)	Einsparung von Kosten für unternehmensfremde Absatzorgane
gezieltes Ausnutzen der Stärken des Handels (Zeitausgleichsfunktion, Raumüberbrückungsfunktion, Sortimentsbildungsfunktion)	Absatzpolitik liegt allein in der Hand des Unternehmens (Preise, Konditionen, Werbung)

E-Commerce durch Onlineshops und Marketplaces
→ Kap. 6.3

Zunehmende Bedeutung für die Distribution hat der Absatz durch Medien. Viele Hersteller betreiben inzwischen direkten Absatz durch eigene Onlineshops oder vertreiben ihre Produkte indirekt über Internet-Händler oder Marketplaces wie Amazon sowie über Teleshopping-Sender im Fernsehen.

Anteile der Vertriebswege für Fahrräder in Deutschland 2023

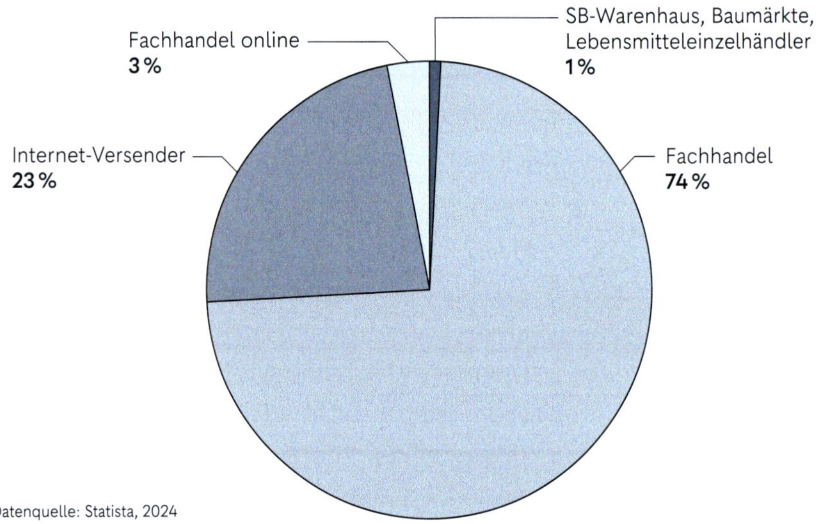

Datenquelle: Statista, 2024

In der Praxis werden Unternehmen die Vor- und Nachteile von direktem und indirektem Absatz gegeneinander abwägen müssen, um für ihren speziellen Fall eine optimale Lösung zu finden. Häufig nutzen Unternehmen auch beide Absatzwege in Kombination, um möglichst kundengerecht die produzierten Leistungen zu verteilen. Wählt ein Unternehmen den indirekten Absatz unter Einschaltung des **Handels**, übernimmt dieser folgende Aufgaben:

Aufgaben des Handels

Zeitausgleich	Raumüberbrückung	Sortimentsbildung
Der Handel kauft Waren. Nicht alle Produkte werden sofort wieder verkauft, der Handel übernimmt die Lagerung.	Der Handel hilft bei der räumlichen Verteilung der Güter.	Der Handel bietet zahlreiche Waren verschiedener Produzenten an. Die Kunden können sich aus einem größeren Sortiment bedienen als beim Verkauf durch den einzelnen Produzenten.

6.2 Gegenüberstellung von Reisendem und Handelsvertreter

Den Außendienst können Reisende oder Handelsvertreter übernehmen.

Der **Reisende** (auch: Handlungsreisende) ist nach § 59 ff. HGB eine Person, die bevollmächtigt wird, für das Unternehmen, in dem sie tätig ist, vermittelnd oder abschließend tätig zu werden.

Der Reisende ist damit ein Angestellter des Unternehmens und ist **weisung**sgebunden. Er ist im Namen und auf Rechnung seines Arbeitgebers tätig. Die Entlohnung erfolgt in der Regel durch ein festes Grundgehalt (Fixum), eine umsatzabhängige Provision und die Erstattung von Spesen.

Lernvideo: Handelsvertreter vs. Reisender

Reisender
→ § 59 ff. HGB

Weisung
bindende Aufforderung eines Vorgesetzten

Reisender (Angestellter mit Abschlussvollmacht)

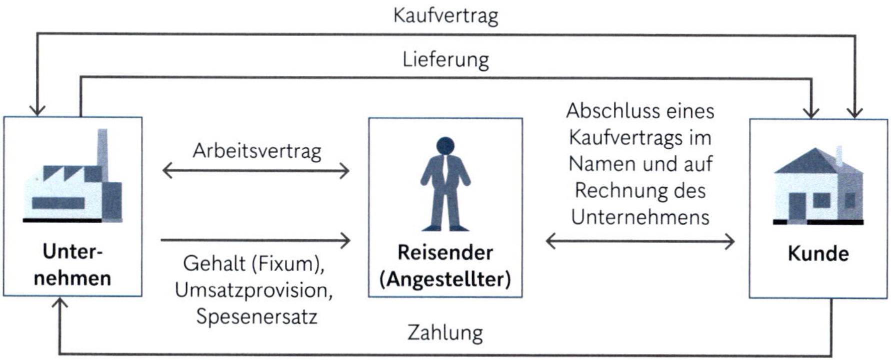

Ein **Handelsvertreter** ist nach § 84 HGB eine Person, die als selbstständiger Gewerbetreibender ständig damit beauftragt ist, für (mehrere) Unternehmen Geschäfte zu vermitteln oder in deren Namen abzuschließen. Er ist in fremdem Namen auf fremde Rechnung tätig.

Handelsvertreter
→ § 84 HGB

Handelsvertreter (selbstständiger Kaufmann mit Abschlussvollmacht)

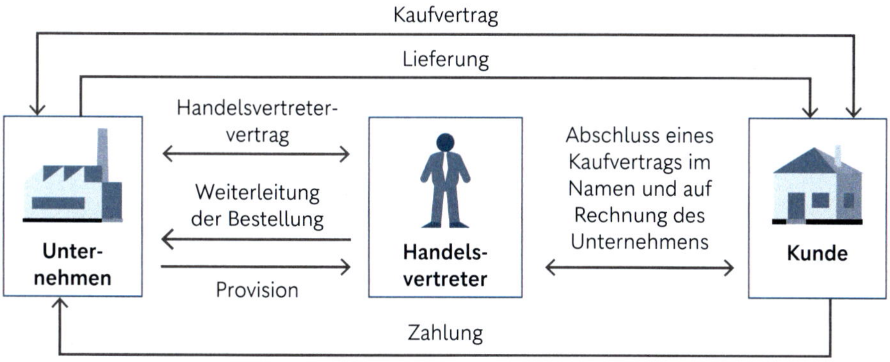

Die Aufgaben des Handelsvertreters überschneiden sich in vielen Fällen mit denen des Reisenden. Der Handelsvertreter ist aber selbstständiger Kaufmann und kann zudem für mehrere Unternehmen tätig werden. Finanziell hat der Handelsvertreter Anspruch auf eine umsatzabhängige Provision.

Absatzmittler

	Reisender	Handelsvertreter
allgemeine Einordnung	direkter Absatz	indirekter Absatz
Stellung zum Arbeitgeber	– unselbstständig – Angestellter im Rahmen eines Arbeits- oder Dienstvertrags – weisungsgebunden	– selbstständiger Kaufmann – Vertreter mit einem Handelsvertretervertrag über einen längeren Zeitraum
Bedeutung	– flexibler Einsatz vor Ort – direkte Nähe zum Kunden	Einsatz vor allem für kleinere Unternehmen, die keinen eigenen Außendienst haben

Die Wahl des geeigneten Absatzmittlers

BEISPIEL: Die Fly Bike Werke GmbH möchte den Vertrieb ihres Cityrads weiter ausbauen. Die Geschäftsleitung prüft deshalb zusammen mit der Controllerin Frau Steffes, ob dafür ein Reisender oder ein Handelsvertreter geeigneter wäre.

Die Wahl des richtigen Absatzmittlers stellt eine zentrale Aufgabe der Distributionspolitik dar. Die Entscheidung wird zunächst auf Basis der jeweils entstehenden Kosten geprüft. Danach kommen zusätzliche qualitative Entscheidungskriterien hinzu (z. B. Kenntnisse des Absatzmittlers, Kundennähe, Flexibilität). Die beiden Alternativen Reisender im Vergleich zum Handelsvertreter stellen sich kostenmäßig wie folgt dar:

Kostenvergleich: Reisender oder Handelsvertreter

	Kosten	Erläuterung
Reisender (R)	monatliches Grundgehalt (Fixum) + umsatzabhängige Provision $K_R = K_{fix} + K_{var}$	Zwar bedeuten die fixen Kosten eine dauernde Belastung für das Unternehmen, dafür ist der Reisende fest angestellt und weisungsgebunden. Der Reisende verkauft ausschließlich die Waren des Unternehmens.
Handelsvertreter (Hv)	umsatzabhängige Provision $K_{Hv} = K_{var}$	Der Handelsvertreter verursacht nur variable Kosten. Dies bewirkt mehr Kostenflexibilität. Der Provisionssatz ist in der Regel höher als beim Reisenden, da der Handelsvertreter kein Grundgehalt erhält. Als selbstständiger Kaufmann kann der Handelsvertreter auch andere Unternehmen vertreten. Er ist nicht weisungsgebunden.

BEISPIEL: Bei der Auswahl zwischen Reisendem und Handelsvertreter hat die Controllerin, Sabrina Steffes, folgende Kostendaten ermittelt (Monatswerte):

Reisender	Handelsvertreter
Grundgehalt: 1.800,00 € pro Monat	6 % vom Monatsumsatz
Provision: 3 % vom Monatsumsatz	

Die Marktforschung zum Cityrad sowie bisherige Verkäufe zeigen, dass mit einem Monatsumsatz von 65.000,00 € zu rechnen ist.

Zeichnet man die Kostendaten von Reisendem und Handelsvertreter in ein Koordinatensystem ein, ergibt sich die nachfolgende Grafik (bezogen auf das Beispiel):

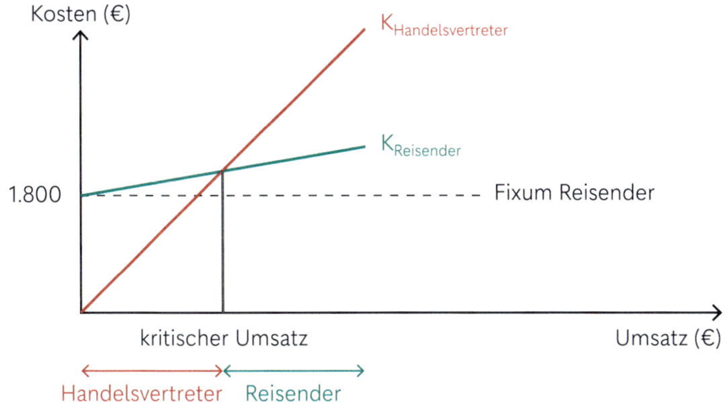

Auswertung:
- Bei einem bestimmten Umsatz **(kritischer Umsatz)** verursachen beide Absatzmittler die gleichen Kosten.
- Liegt der geschätzte Umsatz dauerhaft unterhalb des kritischen Umsatzes, ist der **Handelsvertreter** kostengünstiger.
- Liegt der geschätzte Umsatz dauerhaft oberhalb des kritischen Umsatzes, ist der **Reisende** kostengünstiger.
- Je größer der erzielte Umsatz, desto weniger wirken sich die Fixkosten des Reisenden aus **(Fixkostendegression).**

Abhängigkeit der Kosten von der Beschäftigung
LF 8 → Kap. 1.5

Der **kritische Umsatz** lässt sich auch berechnen. Dazu müssen die Kosten beider Alternativen gleichgesetzt werden.

Reisender (R)		**Handelsvertreter (Hv)**	
Kosten: K_R mit K_{var}	$= K_{fix} + K_{var}$ $= U \cdot p_R$	Kosten: K_{Hv} mit K_{var}	$= K_{var}$ $= U \cdot p_{Hv}$
K_R	$= K_{fix} + (U \cdot p_R)$	K_{Hv}	$= (U \cdot p_{Hv})$
gleichsetzen:	K_R $K_{fix} + (U \cdot p_R)$	$= K_{Hv}$ $= (U \cdot p_{Hv})$	 $\vert -(U \cdot p_R)$
	K_{fix}	$= (U \cdot p_{Hv}) - (U \cdot p_R)$	$\vert$ U ausklammern
	K_{fix}	$= U \cdot (p_{Hv} - p_R)$	$\vert : (p_{Hv} - p_R)$
	$\frac{K_{fix}}{(p_{Hv} - p_R)}$	$= U_{kritisch}$	

Es gilt:
U = Umsatz in €
p = Provisionssatz in %

Für das obige Beispiel lässt sich der kritische Umsatz nun leicht ermitteln:

$$U_{kritisch} = \frac{K_{fix}}{(p_{Hv} - p_R)} = \frac{1.800{,}00\,€}{(6 - 3)} = 60.000{,}00\,€$$

Der geschätzte Umsatz liegt mit 65.000,00 € über dem kritischen Umsatz von 60.000,00 €. Aus Kostensicht sollte daher ein Reisender gewählt werden.

6.3 Digitale Absatzkanäle (Onlineshops und Marketplaces)

Die Kommunikation auf elektronischem Weg via E-Mail oder Internet hat den Unternehmen in den letzten Jahren nie gekannte Möglichkeiten für den Vertrieb ihrer Leistungen beschert. Die Unternehmenskommunikation wurde dadurch regelrecht revolutioniert. So können die Verkaufssortimente in kürzester Zeit allen (potenziellen) Kunden weltweit vorgestellt, Werbeanzeigen per Knopfdruck global geschaltet, Preise und Konditionen verändert und Serviceleistungen angeboten werden.

Die Möglichkeiten der Nutzung der globalen Datennetze hat dadurch sowohl die Geschäftsprozesse innerhalb eines Unternehmens als auch zwischen Unternehmen (Business to Business, B2B) sowie zwischen Unternehmen und Endverbraucher (Business to Consumer, B2C) beschleunigt und optimiert. Die digitalen Absatzkanäle (auch: **Electronic Commerce, kurz E-Commerce**) ermöglichen Geschäftsbeziehungen zwischen Käufern und Verkäufern mithilfe des Internets.

Die Top-10-Onlineshops in Deutschland

Netto-E-Commerce-Umsatz in Deutschland 2023 (in Mio. €)*

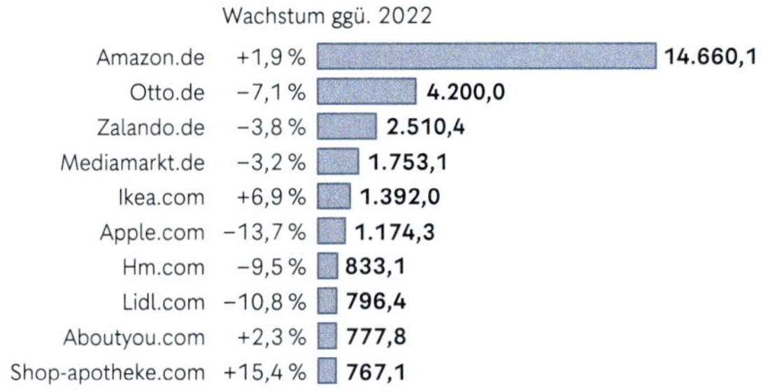

* Werte beruhen auf EHI-Unternehmensbefragung, Unternehmensinformationen und ECDB-Hochrechnungen

Quelle: ECDB/EHI – E-Commerce Markt Deutschland 2024

Onlineshops

Ein potenzieller Käufer kann im Onlineshop eines Verkäufers Waren ansehen, zusätzliche Wareninformationen anfordern, Geschäftsbedingungen einsehen und Waren bestellen. Auch After-Sales-Leistungen wie die Kundenbetreuung oder die Bearbeitung von Reklamationen sind auf elektronischem Weg möglich.

Marketplaces

Neben den Onlineshops einzelner Verkäufer gibt es auch sogenannte Marketplaces. Ein Marketplace ist eine einzige Website, auf der viele verschiedene Verkäufer ihre Produkte zum Verkauf anbieten. Die bekanntesten Marketplaces in Deutschland sind eBay und Amazon. Diese erleichtern den Kunden den Kauf der Waren, da sie auf einer einzigen Website alles finden können, was sie suchen. Zudem müssen sie nicht einzelne Onlineshops auf Vertrauenswürdigkeit prüfen. Die Marketplaces bieten den Kunden neben den umfangreichen Produktangeboten auch einen einfachen und geprüften Kaufprozess sowie eine hohe **Usability**. Von der Bestellung bis zum Versand verläuft die Kaufabwicklung über den Online-Marketplace. Verkäufer können die Bekanntheit des Marketplaces nutzen und brauchen keinen eigenen Onlineshop.

Usability (engl.) Benutzerfreundlichkeit

Vorteile digitaler Absatzkanäle

für den Verkäufer	für den Käufer
– Kundenakquisition kann weltweit und zeitgleich erfolgen. – Kosteneinsparungen, z. B. durch geringeren Personaleinsatz, geringere Mietausgaben – Such- und Informationskosten für die Marktforschung sinken durch Internetrecherche. – größere Absatzmärkte durch globalen Marktzugriff – Möglichkeit der Sammlung von aussagekräftigen Kundendaten	– bequemer Einkauf von zu Hause – Konsumgüter werden preiswerter, weil die Verkäufer Preisvorteile weitergeben können. – Zugriff auf ein riesiges weltweites Warensortiment – Einkaufsmöglichkeit rund um die Uhr

Neben den genannten Vorteilen können Unternehmen anhand der über einzelne Kunden gesammelten Daten (bisherige Bestellungen, Suchanfragen usw.) zukünftig jedem Kunden **individuelle Einkaufsvorschläge** anbieten. Viele E-Commerce-Anbieter blenden außerdem sogenannte **Pack-Shots** ein, die neben einer Abbildung des zuvor angesehenen Produkts den Hinweis enthalten, für welche Produkte sich Kunden, die das gleiche Produkt gekauft haben, ebenfalls interessieren. Hierbei haben Marketplaces gegenüber einzelnen Onlineshops erheblich mehr Möglichkeiten.

Digitale Absatzkanäle sind deshalb nicht nur ein veränderter Distributionsweg. Sie eröffnen auch völlig neue Möglichkeiten, mithilfe der technischen Neuerungen und aufgrund der gesammelten Daten auf Kunden einzugehen.

ÜBERSICHT: Distributionspolitik

Absatzwege	– indirekter Absatz (über betriebsfremde Absatzorgane) – direkter Absatz (über eigene Absatzorgane)
Absatzmittler	– Reisender (direkter Absatz) – Handelsvertreter (indirekter Absatz)
digitale Absatzkanäle	– Onlineshops – Marketplaces

Alles klar?

1 Erläutern Sie, womit sich die Distributionspolitik beschäftigt.

2 Unternehmen haben die Wahl zwischen dem direkten und dem indirekten Absatz. Nennen Sie für die folgenden zwei Fälle jeweils drei Gründe für den direkten bzw. den indirekten Absatz.
- a Hersteller von Pflegeprodukten
- b Hersteller von Maschinenbauteilen

3 Ein Unternehmen steht vor der Entscheidung, Reisende oder Handelsvertreter zu beschäftigen.

Plandaten

Reisender	Handelsvertreter
Fixgehalt: 1.000,00 € bei 13 Monatsgehältern	Umsatzprovision: 9 %
Umsatzprovision: 2 %	keine weiteren Kosten für das Unternehmen
Lohnnebenkosten: 50 %, bezogen auf das Fixgehalt	

Ermitteln Sie:
- a die Kosten eines Reisenden bei einem Jahresumsatz von 400.000,00 €,
- b die Kosten eines Handelsvertreters bei einem Jahresumsatz von 400.000,00 €,
- c den kritischen Umsatz, bei dem die Kosten für einen Reisenden dem eines Handelsvertreters entsprechen.

4 Erläutern Sie den Unterschied zwischen einem Onlineshop und einem Marketplace.

7 Kommunikationspolitik

BEISPIEL: Die Fly Bike Werke GmbH möchte im nächsten Jahr ein neues E-Mountainbike auf den Markt bringen, das mit einem modernen Design vor allem auf die Zielgruppe der Unter-25-Jährigen abzielt. Hierfür soll eine erfolgreiche Werbekampagne entwickelt werden, durch die möglichst viele junge Menschen über die Existenz des neuen Produkts informiert werden. Ziel dieser Werbemaßnahme ist es, bei möglichst vielen von ihnen das Bedürfnis nach einem E-Mountainbike zu wecken. Durch die Herausstellung des Produktnutzens soll vor allem die Kaufentscheidung zugunsten des beworbenen Produkts beeinflusst werden. Darüber hinaus ist geplant, weitere Fachhändler und Onlineshops als Neukunden zu gewinnen, bei denen die junge Zielgruppe bevorzugt ihre E-Bikes kauft.

Ziel der Kommunikationspolitik ist es, (potenzielle) Kunden zu informieren und ihr (Kauf-)Verhalten zu beeinflussen. Viele denken dabei zuerst an die klassische Absatzwerbung. Unternehmen stehen jedoch verschiedene Instrumente zur Verfügung.

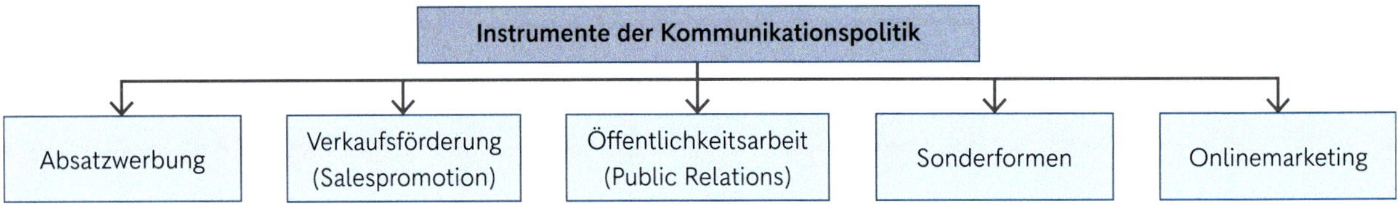

AB → Lernsituation 85

7.1 Absatzwerbung

Unter **Absatzwerbung** (im allgemeinen Sprachgebrauch kurz „Werbung" genannt) versteht man jede Kommunikation, mit der (potenzielle) Nachfrager über Produkte oder eine Dienstleistung informiert werden. Durch Werbung sollen Zielgruppen wirkungsvoll angesprochen und (zum Kauf) animiert werden.

7.1.1 Werbeziele

Marketingziele → Kap. 3.1

Grundsätzlich ist Werbung ein Instrument, um die festgelegten Marketingziele (z. B. Umsatzsteigerung) zu erreichen. Um diese langfristigen Oberziele zu erreichen, müssen durch Werbung drei Unterziele angestrebt werden.

Grund- und Zusatznutzen → Kap. 4.1

1. Bekanntmachen der Leistung: Werbung soll dazu führen, dass möglichst viele potenzielle Käufer aus der festgelegten Zielgruppe das Gut oder die Dienstleistung des Unternehmens kennenlernen. Daneben muss es Werbung auch gelingen, die Zielgruppe über dessen Grund- und Zusatznutzen zu informieren.
2. Wecken von Bedürfnissen: In einer Wohlstandsgesellschaft sind bereits viele Bedürfnisse der Menschen befriedigt. Der Werbung kommt somit zunehmend die Bedeutung zu, neue (schlummernde) Bedürfnisse bei den Kunden zu erzeugen bzw. zu wecken.
3. Beeinflussen der Kaufentscheidung: Die Kunden sollen die Leistung tatsächlich nachfragen. Konkret können dies Bestandskunden sein, die zu einem erneuten Kauf bewegt wurden, oder Neukunden, die man erstmals von einer Leistung überzeugen konnte.

7.1.2 Werbewirkung (AIDA-Prinzip)

Werbung möchte in erster Linie Aufmerksamkeit erregen, um nach Möglichkeit eine Kaufhandlung auszulösen. Deshalb wird im Rahmen der Werbung ein **Grundprinzip moderner Kommunikationspsychologie** genutzt, das diese Zielsetzung weitgehend unterstützt. Erfolgreiche Werbung folgt fast immer den folgenden vier Kommunikationsstufen, die der Kunde durchlaufen soll und die zum Kauf führen sollen:

Die AIDA-Formel

A	Attention	Aufmerksamkeit erregen
I	Interest	Interesse an der Leistung erwecken
D	Desire	Wunsch/Verlangen nach der Leistung wecken
A	Action	(Kauf-)Handlung auslösen

7.1.3 Werbearten

Absatzwerbung lässt sich auf unterschiedliche Weise realisieren. Die Werbearten können anhand der Kriterien Anzahl der Umworbenen bzw. Anzahl der Werbetreibenden unterschieden werden.

Werbearten nach der Anzahl der Umworbenen

1. Massenwerbung: Die Massenwerbung richtet sich gleichzeitig an eine Vielzahl möglicher Kunden und ist daher recht **unpersönlich**. Bei der **gestreuten Massenwerbung (Allgemeinwerbung)** wird ein sehr breiter, nicht abgrenzbarer Teil der Bevölkerung angesprochen (z. B. Fernsehwerbespots oder Plakate). Wendet sich die Massenwerbung hingegen an eine bestimmte Zielgruppe (z. B. eine Berufs- oder Geschlechtsgruppe), so liegt **gezielte Massenwerbung (Gruppenwerbung)** vor (z. B. Kosmetikwerbung in Frauenzeitschriften).

2. Direktwerbung: Mit Direktwerbung werden bestimmte Personen oder Unternehmen durch (Telefon-)Gespräche, **Werbebriefe** oder Werbemails **direkt und persönlich angesprochen**. Durch Direktwerbung entstehen zwar höhere Werbekosten, meist ist aber der wirtschaftliche Erfolg auch größer. Im Vergleich zur Massenwerbung hat die Direktwerbung eine viel **höhere Zielgruppensicherheit** (weniger Streuverlust), weil sie persönlicher wirkt und direkt zugestellt wird.

Werbearten nach der Anzahl der Werbetreibenden

1. Einzelwerbung (Alleinwerbung): Ein Unternehmen wirbt allein. Die Werbung kann sehr gezielt gestaltet und mit dem konkreten Produkt- bzw. Unternehmensnamen versehen werden. Die Kosten müssen jedoch auch allein getragen werden.

2. Verbundwerbung: Wenige (meist zwei) Unternehmen mit einem sich ergänzenden Angebot werben gemeinsam bei Namensnennung. Die Werbenden möchten vom guten Image des jeweiligen Verbundpartners profitieren (z. B. Waschmaschinen- und Waschmittelhersteller).

3. Sammelwerbung: Viele Unternehmen z. B. einer Region werben gemeinsam unter Namensnennung aller beteiligten Unternehmen (z. B. Sammelwerbung an Flughäfen, Bahnhöfen oder am Ortseingang).

Einzelwerbung

Gemeinschaftswerbung

Lernvideo: Werbeplan

4. Gemeinschaftswerbung: Eine ganze Branche wirbt gemeinsam, ohne einzelne Unternehmensnamen zu nennen. Die Werbung wird durch freiwillige Beiträge der Branchenmitglieder finanziert und soll ein positives Bild der Branche vermitteln. Ob die Werbung für das einzelne Unternehmen Erfolg gebracht hat, lässt sich in der Regel nicht zweifelsfrei feststellen.

7.1.4 Werbeplanung

Eine Werbemaßnahme entsteht nicht spontan. Vielmehr wird sie genau geplant und ist mit allen anderen Marketingmaßnahmen im Rahmen des Marketingmix abzustimmen. Die Werbeplanung, also die Erstellung eines Werbeplans, läuft in einer bestimmten Reihenfolge ab.

Ablaufschema Werbeplanung

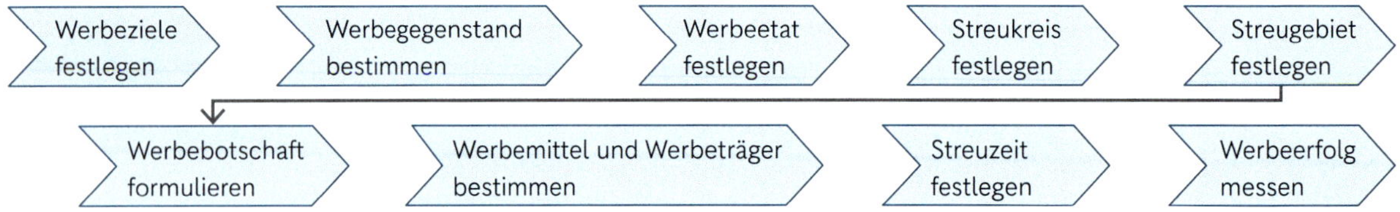

Die Formulierung konkreter (möglichst messbarer) **Werbeziele** ist auch eine wichtige Voraussetzung für die **Werbeerfolgsmessung**. → Kap. 7.1.7

1. Werbeziele festlegen

Zu Beginn der Werbeplanung müssen sich die Verantwortlichen die Frage stellen, warum sie werben wollen, d. h., sie müssen sich über die konkreten **Ziele der Werbemaßnahme** klar werden. Ein Ziel kann z. B. die Einführung eines neuen Artikels oder ein anderes Ziel die Erinnerung an einen bereits vorhandenen Artikel sein.

BEISPIEL: Werbeziel der neuen Werbekampagne der Fly Bike Werke GmbH ist die erfolgreiche Markteinführung eines E-Mountainbikes für junge Leute. Konkret soll mit dem Neuprodukt ein Umsatz von mindestens 750.000,00 € im ersten Jahr erzielt werden.

Der **Werbegegenstand** wird auch als Werbeobjekt bezeichnet.

2. Werbegegenstand bestimmen

Viele Unternehmen vertreiben ein umfangreiches Sortiment. Deshalb muss der Werbegegenstand genau bestimmt werden: Soll ein einzelner Artikel, eine Warengruppe oder das komplette Sortiment beworben werden?

BEISPIEL: Die Werbekampagne der Fly Bike Werke GmbH soll ausschließlich das neue E-Mountainbike aus der Produktgruppe E-Bikes zum Gegenstand haben.

Der **Werbeetat** wird auch als Werbebudget bezeichnet.

3. Werbeetat festlegen

Es muss festgelegt werden, welcher Geldbetrag für die Werbemaßnahme ausgegeben werden darf. Da die Werbeaufwendungen in die Kalkulation der Verkaufspreise einfließen, ist es wichtig, den Werbeetat nicht zu überschreiten. Ansonsten besteht die Gefahr, dass trotz guter Absatzzahlen Verluste entstehen.

BEISPIEL: Die Kostenplanung für das E-Mountainbike hat ergeben, dass zur Einführung des Produkts ein Werbeetat von 200.000,00 € zur Verfügung steht.

4. Streukreis festlegen

Ein Unternehmen muss sich vor der Realisierung einer Werbekampagne überlegen, welchen Personenkreis es umwerben will. So hätte z. B. eine Werbung für ein Herzmedikament bei Kindern wenig Aussicht auf Erfolg. Werbung, die eine falsche Zielgruppe erreicht, bedeutet eine Verschwendung des Werbeetats.

Der **Streukreis** bezieht sich auf einen bestimmten Personenkreis (die Zielgruppe) der Werbung.

BEISPIEL: Die Fly Bike Werke GmbH möchte mit ihrer Werbekampagne möglichst alle Menschen in Deutschland zwischen 15 und 25 Jahren ansprechen.

5. Streugebiet festlegen

Mit dem Streugebiet wird der geografische Raum festgelegt, in dem geworben werden soll. Ein Supermarkt wird seine Waren nicht weit über die Stadtgrenzen hinaus anpreisen wollen und der Autohändler in Kassel ist kaum an einer Werbung in ganz Deutschland interessiert. Es kommt darauf an, den Werberadius an das Produkt und die Werbeziele anzupassen. Teure Streuverluste sind zu vermeiden.

BEISPIEL: Da die Fly Bike Werke GmbH Fahrradhändler in ganz Deutschland mit dem E-Mountainbike beliefern will, wird als Streugebiet „Deutschland" festgelegt.

6. Werbebotschaft bestimmen

Jede Kommunikation enthält eine Information, die der Sender (Verkäufer) dem Empfänger (möglicher Kunde) mitteilen möchte. Der Inhalt einer Werbemaßnahme heißt Werbebotschaft. Beispielsweise soll mit einer Werbebotschaft die Information übermittelt werden, dass Fahrradfahren gesund ist. Im Rahmen der gesamten Werbekampagne wird mit Texten, Bildern, Farben, Symbolen, Produktnamen usw. versucht, diese Botschaft zu übermitteln. Eine besondere Bedeutung haben hierbei **Werbeslogans**, z. B. „Fahrrad fahren hält fit". Häufig helfen professionelle Werbeagenturen dabei, die gewünschten Inhalte wirkungsvoll zu gestalten.

Häufig wird der Begriff **„Werbebotschaft"** mit dem Begriff **„Werbeslogan"** gleichgesetzt. Das ist aber nicht richtig, da ein Werbeslogan nur eines der Stilmittel ist – neben Namen, Bildern, Texten usw. –, mit denen eine Werbebotschaft übermittelt werden kann.

BEISPIEL: Bisher wurde in Werbekampagnen für die E-Bikes der Fly Bike Werke GmbH vor allem die Botschaft übermittelt, dass E-Bikes komfortabel und gesundheitsfördernd sind. Diese Botschaft wurde beispielsweise mit dem Werbeslogan „Ganz gemütlich Frischluft genießen!" und den Produktnamen „Comfort" und „Nordseewind" übermittelt. Um die deutlich jüngere Zielgruppe anzusprechen, schlägt Regula Gerland vor, Slogans wie „No limits – auch wenn dein Akku alle ist" und Werbefotos mit jungen Leuten in ihrer Freizeit zu verwenden. Die Werbebotschaft soll modern, stylish und flexibel daherkommen.

7. Werbemittel und Werbeträger bestimmen

Mit der Wahl der Werbemittel und Werbeträger bestimmt das Unternehmen, auf welche Weise die Informationen an den Kunden vermittelt werden sollen. Transportiert wird die Botschaft mithilfe eines **Werbemittels**, z. B. eines Fernsehspots. Werbemittel enthalten die eigentliche Werbebotschaft und sind gekennzeichnet durch Schrift, Bild oder Sprache. Damit die Werbebotschaft die Kunden erreicht, benötigt man Medien, die die Werbemittel zu ihnen transportieren, sogenannte **Werbeträger**, z. B. Fernsehsender. Werbemittel und Werbeträger müssen zielgruppengerecht aufeinander abgestimmt werden, um eine optimale Werbewirkung zu erzielen. Jedes Werbemittel hängt eng mit einem passenden Werbeträger zusammen.

Diese Auflistung gibt nur einen Ausschnitt des großen Spektrums wieder.

Werbemittel	passende Werbeträger
Fernsehwerbespot	→ TV-Sender, Display in der U-Bahn
Radiowerbespot	→ Radiosender
Kinowerbespot	→ Kinoleinwand
Anzeigen, Beilagen	→ Zeitungen, Zeitschriften
Plakate	→ Plakatwände
Druck auf einer Einkaufstüte	→ Einkaufstüte
Beschriftung	→ Kugelschreiber, Feuerzeuge, Busse
Textildruck	→ T-Shirts, Mützen
Mailing (Massen-Postsendung)	→ Postkarte, Briefpapier
Pop-up	→ Internetseite

Werbemittel: Anzeige

Werbeträger: Fachzeitschrift

BEISPIEL: Eine Werbeagentur hat im letzten Jahr für die Fly Bike Werke GmbH eine Werbeplanung für die Produktgruppe „Mountainbikes“ erstellt. Regula Gerland hat die Anzeigenwerbung noch einmal herausgeholt und überlegt nun, ob sie eine Grundlage für die E-Mountainbike-Werbung sein könnte. Sie beschließt, dass Werbebotschaft und Anzeigenlayout grob passen könnten. Sie glaubt aber nicht, dass die neue Zielgruppe mit dem damaligen Werbeträger, der Fachzeitschrift „Mein Bike“, angesprochen werden kann.

Die Auswahl eines Werbemittels und des dazugehörigen Werbeträgers wird auch stark vom **Streugebiet** beeinflusst.

BEISPIEL: Ein kleiner Handwerksbetrieb, dessen Kunden aus der Region kommen, wird nicht gut beraten sein, einen Fernsehspot als Werbemittel und einen deutschlandweit ausstrahlenden Fernsehsender als Werbeträger zu wählen.

Grundsätzlich gibt es kaum etwas, das nicht als Werbeträger geeignet ist oder genutzt wird. Einzige Bedingung: Der Werbeträger muss von Menschen wahrgenommen werden.

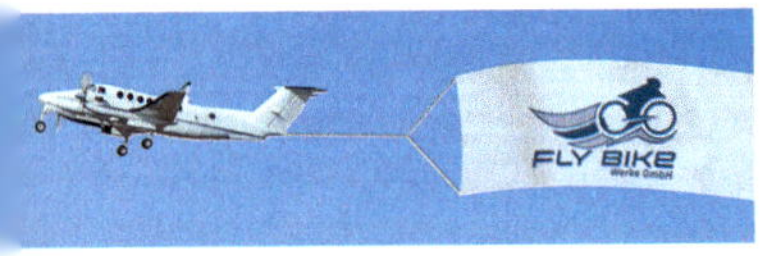

BEISPIEL: Regelmäßig nutzen Unternehmen für ihre Werbung bei großen Outdoorevents, wie z. B. dem Hafengeburtstag in Hamburg, als Werbeträger Flugzeuge, die ein Werbebanner mit einer Werbebotschaft hinter sich herziehen.

8. Streuzeit festlegen

Die Streuzeit gibt an, zu welchem Zeitpunkt und wie lange die Werbung in dem entsprechenden Medium erscheinen soll. Die richtige Wahl des Werbezeitpunkts kann den Werbeerfolg maßgeblich beeinflussen. So hätte es z. B. wenig Sinn, bereits im Juni für Adventskalender zu werben.

BEISPIEL: Da die Marktforschungsstudie der Fly Bike Werke GmbH ergeben hat, dass Fahrräder (auch E-Bikes) vermehrt im Frühjahr und Sommer gekauft werden, wurde als Streuzeit die Periode vom 1. April bis zum 31. August festgelegt.

9. Werbeerfolg messen

Werbung ist erst dann erfolgreich, wenn die festgelegten Werbeziele erreicht werden konnten. Unternehmen sollten dies nach dem Ende der Werbeaktion überprüfen.

Werbeerfolgskontrolle → Kap. 7.1.7

BEISPIEL: Ein Jahr nach Markteinführung wird mit einer Umsatzstatistik des neuen E-Mountainbikes gemessen, ob das Werbeziel (750.000,00 € Umsatz) erreicht wurde.

7.1.5 Werbegrundsätze

AB → Lernsituation 86

Werbung soll Aufmerksamkeit erregen, um dadurch Kaufwiderstände zu reduzieren bzw. Kaufwünsche auszulösen. Um zu verhindern, dass um der Aufmerksamkeit willen übertriebene oder bewusst falsche Aussagen gemacht werden, sollten sich Unternehmen an bestimmte **Grundsätze** halten:

Werbe-grundsätze	Erläuterungen	Beispielhafte Verstöße
Wirksamkeit	Die Werbeplanung muss dazu führen, dass Werbung im Sinne der AIDA-Formel wirkt und die Zielgruppe hinsichtlich der Werbeziele erfolgreich beeinflusst wird.	Die Fly Bike Werke GmbH schaltet für das E-Mountainbike eine altbackene Werbeanzeige in einer Zeitschrift, die vorwiegend von Senioren gelesen wird.
Wahrheit	Werbung soll sachlich und richtig informieren. Sie darf keine falschen Angaben machen. Zwar sollen die Waren im positiven Licht erscheinen, dies darf aber nur im rechtlich einwandfreien Rahmen geschehen.	Die Fly Bike Werke GmbH wirbt damit, dass das E-Mountainbike „zum Nulltarif“ fährt. Tatsächlich verursacht der Strom für das Aufladen der Akkus aber Kosten von durchschnittlich 0,50 € pro 100 km.
Klarheit	Werbung muss klar und leicht verständlich sein. Die Werbeaussagen müssen eindeutig und dürfen nicht missverständlich sein.	In einer Werbung der Fly Bike Werke GmbH heißt es: „Der hyperaktive Vibrationsstabilisator aus VA sorgt für vertikale Speichenstabilität.“
Wirtschaftlichkeit	Die Kosten der Werbung müssen in einem wirtschaftlichen Verhältnis zum Erfolg stehen. Der zusätzliche Erfolg (z. B. Umsatzsteigerung) muss höher sein als die Werbekosten.	Mit den 2,5 Mio. € Werbeaufwendungen für die achtwöchige TV-Werbung zur Primetime konnte mit dem E-Mountainbike ein Umsatz von 800.000,00 € erzielt werden.
gesellschaftliche Akzeptanz	Werbung sollte gesellschaftliche Wertvorstellungen nicht missachten oder Minderheiten zwecks Effekthascherei nicht missbrauchen (Moral).	In einer Anzeige der Fly Bike Werke GmbH liegt ein alter Mann neben einem Fahrrad und wird wiederbelebt. Der Slogan darunter: „Mit einem E-Bike von Fly Bike wäre das nicht passiert.“

Nicht alle Unternehmen halten sich immer an diese Werbegrundsätze. Deshalb hat die Werbebranche freiwillig den **Deutschen Werberat** installiert. Dieser ist ein **Kontrollgremium der Werbewirtschaft**. Er hat Verhaltensregeln entwickelt, die als Leitlinien der Werbung dienen und verbraucherfreundliche Werbung fördern. Er korrigiert Fehlentwicklungen der Werbewirtschaft auf partnerschaftlichem Weg und **unterstützt vorbildliche Werbung**.

Die Internetadresse des **Deutschen Werberats** lautet: **www.werberat.de**.

Jedermann kann Verstöße gegen die Werbegrundsätze dem Deutschen Werberat melden. Juristische Konsequenzen haben die Einsprüche des Werberats jedoch nicht. Zum Schutz von Mitbewerbern und Verbrauchern hat der Gesetzgeber daher ein **Gesetz gegen den unlauteren Wettbewerb (UWG)** erlassen.

AB → Lernsituation 86

Lernvideo:
Grenzen der Werbung

unlauter
nicht ehrlich, nicht fair, nicht legitim

Die Grenze zwischen lauterer und unlauterer Werbung ist häufig nicht einfach zu ziehen. In der Praxis muss diese Frage häufig von Richtern entschieden werden, nachdem Wettbewerber gegen die Werbemaßnahme eines Unternehmens geklagt haben.

7.1.6 Rechtliche Grenzen der Werbung

Das **Gesetz gegen den unlauteren Wettbewerb (UWG)** setzt Werbemaßnahmen rechtliche Grenzen. Wenn Werbung diese Grenzen verletzt, können Unterlassungs- und Schadensersatzansprüche entstehen. Diese Ansprüche können insbesondere von Wettbewerbern geltend gemacht werden, wenn ein Unternehmen sich durch unlauteres oder irreführendes Verhalten einen Wettbewerbsvorsprung verschaffen will.

§ 1 UWG Zweck des Gesetzes
Dieses Gesetz dient dem Schutz der Mitbewerber, der Verbraucher sowie der sonstigen Marktteilnehmer vor unlauteren geschäftlichen Handlungen. Es schützt zugleich das Interesse der Allgemeinheit an einem unverfälschten Wettbewerb.

Das UWG zählt beispielhaft geschäftliche Handlungen auf, die unlauter und somit zu unterlassen sind, damit insbesondere Endverbraucherinnen und Endverbraucher sowie Mitbewerber geschützt werden.

Rechtliche Grenzen der Werbung

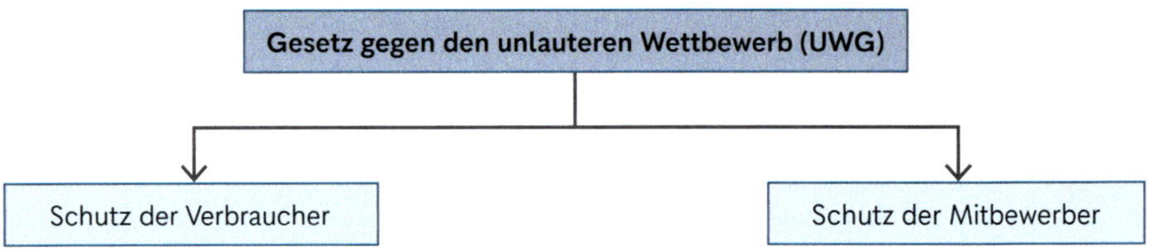

Unlautere und aggressive geschäftliche Handlungen
Gemäß § 3 UWG sind geschäftliche Handlungen unlauter, wenn sie „dazu geeignet sind, das wirtschaftliche Verhalten des Verbrauchers wesentlich zu beeinflussen". Verboten sind zuallererst **unwahre Angaben**. Zudem ist Werbung verboten, die auf den Kunden **psychologischen Druck** ausübt und ihn so in seiner Entscheidungsfreiheit beeinträchtigt. Wer also mit Werbung den Kunden belügt, ängstigt oder bedroht, handelt unlauter. Ebenso verboten sind Werbemaßnahmen, die geeignet sind, die **geschäftliche Unerfahrenheit** von Kindern und Jugendlichen oder bestehende **Zwangslagen** von Verbrauchern auszunutzen.

Eine umfangreiche Auflistung unlauterer Handlungen befindet sich im Anhang des UWG.

BEISPIEL: Dietrich Knollmann nimmt an einer „Kaffeefahrt" zum Restaurant Heideblick in der Lüneburger Heide teil. Im Rahmen einer sechsstündigen Verkaufsveranstaltung wird er aufgefordert, ein „Anti-Aging-Set" mit Kosmetikprodukten für 199,00 € zu erwerben. Als er das Angebot ablehnt, wird er von drei muskulösen Herren sehr deutlich auf das kostenlose Mittagessen hingewiesen.

Unlauter handelt außerdem, wer
- den Werbecharakter einer Wettbewerbshandlung verschleiert (**Schleichwerbung**),
- die Waren, Dienstleistungen, Tätigkeiten oder die geschäftlichen Verhältnisse eines **Mitbewerbers herabsetzt oder verunglimpft**,
- über Wettbewerber Tatsachen verbreitet, die **nicht der Wahrheit entsprechen,** oder
- Mitbewerber gezielt behindert.

Irreführende geschäftliche Handlungen

Eine Werbung ist irreführend, wenn sie bei der Mehrzahl der Verbraucher eine **falsche Vorstellung über eine Ware oder eine Dienstleistung** hervorruft und diese Vorstellung für die Kaufentscheidung ausschlaggebend ist, z. B. Irreführung über

- **den Preis:** Wurde z. B. ein **Mondpreis** nie oder nur für einen sehr kurzen Zeitraum verlangt, so ist die Werbung mit Rabatten auf den hohen Preis nicht zulässig.
- **die Menge:** Bei der **Lockvogelwerbung** werden Kunden mit besonders günstigen Angeboten angelockt. Dann stellt sich heraus, dass das Angebot „ausverkauft" ist. Unzulässig ist, wenn ein Angebot nicht in angemessener Menge zur Verfügung steht. Als angemessen gilt im Regelfall ein Vorrat für zwei Tage.
- **Eigenschaften des Produkts:** Wenn die Werbung bestimmte Eigenschaften des Produkts verspricht (z. B. Testurteil der Stiftung Warentest, Herkunftsangabe, Gütesiegel), die es nicht hat, ist Werbung ebenfalls irreführend.

Bei einem **Mondpreis** (auch: **Rotstiftpreis**) wird absichtlich ein überhöhter Ausgangspreis angegeben, der über dem üblichen Marktpreis liegt.

BEISPIEL: Ein Hersteller von Molkereiprodukten wirbt damit, dass seine Produkte ausschließlich aus gesunder Alpenmilch hergestellt werden. Zudem verwendet er das Bio-Siegel auf seinen Verpackungen. Tatsächlich kommt die Milch aber von Kühen aus Norddeutschland. Da sie außerdem mit „normalem" Tierfutter gefüttert werden, wurde dem Unternehmen das Bio-Siegel von der EU nicht erteilt.

Vergleichende Werbung

Hier werden Waren und Dienstleistungen eines Konkurrenten mit dem eigenen Angebot verglichen. Diese Art der Werbung ist **grundsätzlich zulässig**. Sie ist allerdings **verboten, wenn der Vergleich irreführend, herabsetzend oder verunglimpfend ist**. Es dürfen nur nachprüfbare und typische Wareneigenschaften verglichen werden.

BEISPIEL: O2® warb mit dem **zulässigen** Werbeslogan „Was ist blau und günstiger als die Telekom?", da der Preisvorteil gegenüber dem Wettbewerber Telekom bei einer bestimmten Leistung objektiv nachprüfbar war. Als die Telekom diese Werbung mit dem Werbeslogan „O2 can't do!" kontern wollte, wurde ihr dies als **unzulässig** untersagt, da es sich um eine subjektiv herabsetzende Werbung handelt.

Unzumutbare Belästigung

Von einer unzumutbaren Belästigung ist auszugehen, wenn erkennbar ist, dass der **Empfänger die Werbung bzw. geschäftliche Handlung nicht wünscht**. Dies gilt insbesondere bei einer Direktwerbung durch Telefonautomaten oder per E-Mail (**Spam**), ohne dass eine Einwilligung des Empfängers vorliegt. Für (persönliche) **Anrufe bei Verbrauchern** muss ebenfalls eine ausdrückliche Einwilligung vorliegen; bei Telefonaten mit gewerblichen Kunden ist deren mutmaßliche Einwilligung ausreichend.

Eine Briefkastenwerbung mit Handzetteln ist z. B. unzulässig, wenn auf dem Briefkasten der Hinweis „Bitte keine Werbung" steht.

Eine Werbung per E-Mail ist aber zulässig, wenn der Kunde mit dem Werbenden bereits früher wegen einer ähnlichen Leistung in Kontakt getreten und die Identität des Absenders klar zu erkennen ist.

BEISPIEL: Sophie Fischer hat online Fachbücher bestellt und dabei ihre E-Mail-Adresse angegeben. Der Buchversandhandel darf ihr nun Werbung für Bücher per E-Mail zusenden, sofern Sophie dieser Art der Werbung nicht widersprochen hat.

AB → Lernsituation 87

7.1.7 Werbeerfolgskontrolle

Da jede Werbung Kosten verursacht, sollte geprüft werden, **ob die Werbung tatsächlich zur Erreichung der Werbeziele beigetragen hat**. Das Problem der Werbeerfolgskontrolle besteht darin, dass man nicht genau feststellen kann, ob die durchgeführte Werbung die (alleinige) Ursache für beobachtete Entwicklungen ist oder ob auch andere Faktoren (z. B. Konkurrenz, Konjunktur) einen Einfluss hatten. Es kann nicht ermittelt werden, wie groß z. B. der Umsatz ohne Werbemaßnahmen gewesen wäre. Grundsätzlich werden der ökonomische und der außerökonomische Werbeerfolg kontrolliert.

Ökonomischer Werbeerfolg

Der Werbeerfolg wird anhand von Messgrößen überprüft, die den wirtschaftlichen Erfolg des Unternehmens **direkt** bestimmen. Es wird gemessen, ob die quantitativen Marketingziele erreicht wurden. Diese Werbeerfolgskontrolle beruht in der Regel auf dem Vergleich von **Verkaufszahlen** vor und nach der Werbemaßnahme:

Die **Werberendite** wird auch als **Werbewirtschaftlichkeit** oder **Return on Investment (ROI)** bezeichnet.

Der **Umsatz des Marktes** wird auch als **Marktvolumen** bezeichnet.

Kennzahlen zur Kontrolle des ökonomischen Werbeerfolgs

Kennzahl	Berechnung
Werbeerfolg	Umsatz nach der Werbemaßnahme – Umsatz vor der Werbemaßnahme
Werbegewinn	Werbeerfolg – Werbekosten
Werberendite	$\frac{\text{Werbeerfolg} \cdot 100}{\text{Werbekosten}}$
Veränderung des Marktanteils	Marktanteil nach Werbemaßnahme – Marktanteil vor Werbemaßnahme, wobei gilt: Marktanteil = $\frac{\text{eigener Umsatz} \cdot 100}{\textbf{Umsatz des Marktes}}$

Außerökonomischer Werbeerfolg

Pretest
Messung **vor** Durchführung der Werbemaßnahme
Posttest
Messung **nach** Durchführung der Werbemaßnahme

Auch positive Effekte, die nicht direkt zu höheren Umsätzen oder Gewinnen führen, können gemessen werden. Für die Beurteilung entsprechender Kennziffern wie dem Bekanntheitsgrad eines Produkts werden häufig durch Marktforschung **Pretests** und **Posttests** durchgeführt. Gemessen wird beim außerökonomischen Werbeerfolg vorwiegend die Erreichung psychologischer Ziele einer Werbekampagne, wie z. B. der Aufmerksamkeitsgrad:

$$\text{Aufmerksamkeitsgrad} = \frac{\text{Anzahl der von der Werbung Angesprochenen} \cdot 100}{\text{Anzahl der Umworbenen (Zielgruppe)}}$$

BEISPIEL: Nach dem Versand von 15 500 Coupons wurden im August 2190 Prospekte des neuen E-Mountainbikes angefordert. Der Umsatz stieg in diesem Monat um 28.200,00 €, die Werbekosten betrugen 12.300,00 €. Regula Gerland ermittelt die Wirtschaftlichkeit und den Aufmerksamkeitsgrad der Werbung folgendermaßen.

$$\textbf{Wirtschaftlichkeit} = \frac{28.200\,€ \cdot 100}{12.300\,€} = 229{,}27\,\%$$

$$\textbf{Aufmerksamkeitsgrad} = \frac{2\,190 \cdot 100}{15\,500} = 14{,}13\,\%$$

Sie vergleicht die Werte mit denen früherer Werbemaßnahmen für andere Produkte und ist insbesondere zufrieden mit der Werberendite. Mit 1,00 € Werbekosten wurden 2,29 € zusätzlicher Umsatz erwirtschaftet.

Von hohen Werten bei der Kennzahl „**Wirtschaftlichkeit**" darf man sich nicht täuschen lassen, da sie lediglich die Werbekosten berücksichtigen. Alle anderen Kosten zur Herstellung der Leistung bleiben außen vor. Aussagekraft erlangt die Kennziffer also nur durch den Vergleich mit anderen Werten (branchentypische Werberendite oder eigene frühere Werbemaßnahmen).

Im Onlinemarketing können noch weitere spezifische Kennzahlen hinzukommen. Beispielsweise:

Kennzahl	Erläuterung
Anzahl Seitenaufrufe (Page Impressions)	Gezählt wird, wie häufig einzelne Seiten aufgerufen wurden. Dabei zählt jeder Aufruf, also z. B. auch Reloads.
durchschnittliche Seitenverweildauer (Average Time on Site)	Sie gibt an, wie viele Sekunden durchschnittlich bis zum Aufruf der nächsten Seite vergingen.

Gerade diese Kennzahlen sind jedoch immer **ausführlich zu interpretieren**. Eine längere Verweildauer kann z. B. als Hinweis für einen guten und relevanten Inhalt gewertet werden, allerdings kann es auch ein Indiz für eine schlechte Benutzerführung sein. Kunden wollen z. B. einfach schnell die passende Postleitzahl zu einem bestimmten Ort finden. Eine lange Verweildauer ist dann negativ zu werten. Außerdem muss bei der Datenerhebung darauf geachtet werden, **was genau gemessen wird**. Wird z. B. nur die aktive Nutzungszeit auf der Seite gewertet oder werden auch Zeiten berücksichtigt, in denen die Kunden die Seite einfach im Hintergrund geöffnet lassen?

7.2 Verkaufsförderung (Salespromotion)

AB → Lernsituation 88

BEISPIEL: Die Fly Bike Werke GmbH organisiert jedes Jahr im Frühjahr eine „BikingTour". Auf dieser Promotiontour werden die aktuellen Modelle des Jahres in Sportfachgeschäften und großen Einkaufszentren vorgestellt. Es gibt ein Rahmenprogramm mit Getränken, Gewinntombola und prominenten Radsportlern. Speziell geschulte Mitarbeiterinnen und Mitarbeiter verwickeln dabei Kunden und Passanten in Verkaufsgespräche und bieten Probefahrten auf den verschiedenen Rädern an. Letztlich versuchen sie, möglichst viele Räder im Rahmen der „BikingTour" zu verkaufen.

Im Gegensatz zur Absatzwerbung, die eher langfristig ausgerichtet ist, hat die Verkaufsförderung einen **kurzfristigen Charakter** und ist **zeitlich eng begrenzt**. Besonderes Kennzeichen der Kundenpromotion als wichtigste Art der Verkaufsförderung ist die **möglichst direkte Kommunikation mit dem Kunden**, wobei der schnelle Absatzerfolg gesucht wird. Häufig werden Maßnahmen der Verkaufsförderung durch die Produkthersteller, insbesondere von Markenartikeln, durchgeführt. Aber auch größere Handelsorganisationen und der Einzelhandel greifen auf die verschiedenen Möglichkeiten der Verkaufsförderung zurück.

Je nachdem, wer durch die Aktion angesprochen wird, unterscheidet man drei Arten der Verkaufsförderung:

Kundenpromotion	Händlerpromotion	Mitarbeiterpromotion
Angesprochen werden Kunden bzw. Endverbraucher, um den Absatz kurzfristig zu steigern, z. B.: - Produktvorführungen, Verkostungen - Aktionen mit Prominenten - Gewinnspiele, Gutscheine, Preisausschreiben - Tag der offenen Tür	Am Verkauf beteiligte Personen (Einzelhändler, Verkäufer) erhalten Unterstützungsmaßnahmen, damit sie die Waren bevorzugt empfehlen und verkaufen, z. B.: - Schulungen - Prämiensysteme - Informations- und Werbematerial - Verkaufsdisplays	Zielgruppe ist der eigene Vertrieb wie Außendienstmitarbeiter bzw. Reisende, z. B.: - Schulungen - Prämien - Prospekte

Im Vergleich zu vielen Formen der Absatzwerbung bietet die Verkaufsförderung Vor- und Nachteile.

subtil (lat.)
mit viel Feingefühl

Vorteile der Verkaufsförderung	Nachteile der Verkaufsförderung
- gezielte Kundenauswahl - direkte Ansprache - schnelle Wirkung - **subtile** Form der Beeinflussung durch direkten Kontakt	- geringe Streubreite - nicht bei allen Waren und Zielgruppen einsetzbar - hoher Arbeitsaufwand, hohe Kosten

AB → Lernsituation 88

7.3 Öffentlichkeitsarbeit (Public Relations)

BEISPIEL: Seit vielen Jahren unterstützt die Fly Bike Werke GmbH verschiedene Kindergärten in der Umgebung durch die werbewirksame Schenkung je eines Kinderfahrrads im Rahmen einer Kinderparty. Zu dieser Kinderparty werden Reporter der Lokalpresse eingeladen, die am nächsten Tag in der Tageszeitung über die Veranstaltung berichten.
Am zweiten Mai-Wochenende jedes Jahres veranstaltet die Fly Bike Werke GmbH außerdem einen „Tag der offenen Tür“ mit einem Sicherheitsparcours für Fahrräder. Alle Interessierten können das Werk besichtigen und Fragen zur Produktion stellen. Ein Verkauf findet am „Tag der offenen Tür“ nicht statt.

Unter Öffentlichkeitsarbeit (Public Relations) versteht man Kommunikationsmaßnahmen, die Informationen zur **Imagepflege** des Unternehmens transportieren und nicht direkt auf eine Absatzerhöhung ausgerichtet sind. Diese Art der Kommunikation ist nicht auf bestimmte Warengruppen oder Artikel bezogen. Im Mittelpunkt steht das **Unternehmen als Ganzes**. Die Öffentlichkeitsarbeit hat damit eine eher indirekte Wirkung auf den Unternehmenserfolg. **Maßnahmen der Öffentlichkeitsarbeit** sind z. B.:
- Unterstützung gemeinnütziger Einrichtungen (z. B. Kindergärten, Krankenhäuser)
- Artikel in Zeitungen oder Zeitschriften
- Umweltschutzmaßnahmen
- Betriebsbesichtigungen
- Informationsmaterial für Schulen

„Tue Gutes und sprich darüber!“

Unabhängig von der konkreten Maßnahme soll die Öffentlichkeitsarbeit **bei allen Marktpartnern ein positives Bild vom Unternehmen** bewirken.

7.4 Sonderformen der Kommunikationspolitik

AB → Lernsituation 88

Neben den dargestellten Instrumenten der Kommunikationspolitik gibt es weitere Möglichkeiten, die Unternehmen einsetzen können, um mit den Kunden in Kontakt zu treten. Sie sind insofern besonders, da sie entweder sehr teuer oder nur begrenzt einsetzbar sind.

Beliebteste Branchen im deutschen Fußball-Sponsoring

Anteil der Befragten, die sich am ehesten folgende Branchen für das Klubsponsoring wünschen (in %)

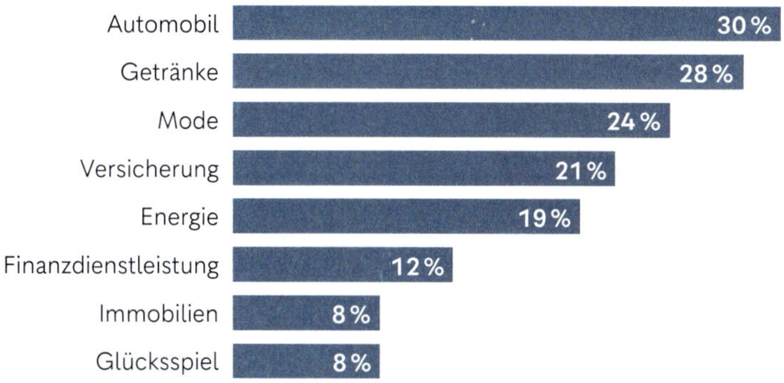

Datenbasis (Juli bis August 2023): 1780 Fußballinteressierte (16 bis 80 Jahre) in Deutschland; Mehrfachantworten möglich

Datenquelle: Statista 2023

Sponsoring (Förderung)

Fördern Unternehmen Veranstaltungen, Organisationen, Gruppen oder einzelne (prominente) Personen, so spricht man von Sponsoring. Unterstützt werden in der Regel **kulturelle, sportliche, soziale oder ökologische Projekte**. Neben der Förderung durch Geldmittel kann der Sponsor (Förderer) auch Sachmittel zur Verfügung stellen. Im Gegensatz zur Öffentlichkeitsarbeit muss der Unterstützte für das Sponsoring eine Gegenleistung erbringen, z. B. den Unternehmensnamen auf dem Trikot tragen.

Direktmarketing

Beim Direktmarketing versucht das Unternehmen, durch die **direkte Ansprache eines möglichen Kunden** sofort auch eine entsprechende Antwort zu erhalten und in den Dialog zu treten. Das traditionelle Direktmarketing beinhaltet eine Vielzahl von Möglichkeiten zur Umsetzung. So ist z. B. **Telefonmarketing über sogenannte Callcenter** ein Mittel, um von potenziellen Kunden im persönlichen Telefongespräch Informationen zu erhalten, auf spezielle Bedürfnisse einzugehen und ggf. auch direkt zu verkaufen. Eine vereinfachte Form des Direktmarketings ist der persönliche **Werbebrief** im Rahmen der Direktwerbung. Die Ziele des Direktmarketings sind eine **persönliche Ansprache** der Kunden und die Minimierung von Streuverlusten.

Direktmarketing erfolgt heutzutage auch im Rahmen des Onlinemarketings.
→ Kap. 7.5

Product-Placement (Produktplatzierung)

Beim Product-Placement werden Produkte in Filmen oder in Fernsehsendungen gezielt wiederholt im Bild gezeigt. Für den Zuschauer soll das Erscheinen des Produkts wie ganz selbstverständlich aussehen. In Wirklichkeit haben Unternehmen jedoch häufig gegen Bezahlung ihr Produkt im Film oder in der Fernsehsendung platziert. Entscheidende Vorteile gegenüber klassischer Werbung sind, dass Product-Placement nicht als Werbung empfunden wird und dass der Zuschauer nicht „wegzappt“.

BEISPIEL: Beim Bezug der Modelvilla finden die Teilnehmerinnen von Germany's Next Topmodel® beispielsweise einen eindeutig von Zalando® bestückten Kleiderschrank vor.

Eventmarketing

Marketingevents sind geplante Ereignisse in Form von Veranstaltungen und Aktionen, die den Adressaten unternehmens- und produktbezogene Inhalte erlebnisorientiert vermitteln sollen. Hintergrund ist die zunehmende Reizüberflutung der Konsumenten durch die klassischen Werbeformen. Geboten werden Veranstaltungen mit verschiedenen Schwerpunkten (z. B. Kultur, Sport, Wirtschaft), auf denen Unternehmen die Kunden aktiv und emotional erreichen.

Ziel des Eventmarketings ist es, ein Unternehmen, ein Produkt oder eine Marke bekannt zu machen. Bei dem Event geht es nicht vordergründig um das Produkt oder Unternehmen, dennoch ist es immer präsent. Der Erlebniswert wird dabei auch durch die Verwendung von Techniken der Inszenierung (Show, Theater) gesteigert.

BEISPIELE: Am Red-Bull-Flugtag stürzen sich die Teilnehmenden passend zum Werbeslogan „Red Bull verleiht Flügel" mit selbst gebauten Fluggeräten eine Rampe über einer Wasserfläche hinunter.

AB → Lernsituation 89

7.5 Onlinemarketing (internetbasierte Kommunikation)

BEISPIEL: Jan Sales aus dem Marketing unterhält sich mit der Auszubildenden Jenny Liu über die Möglichkeiten des Onlinemarketings. Jenny findet, dass die Fly Bike Werke GmbH mehr Werbung über Social Media machen müsste.
Jenny: Wenn ich bedenke, wie viel Zeit meine Freunde und ich bei YouTube und Instagram verbringen. Auf diesen Plattformen müssten wir eigentlich viel mehr aktiv sein, um in Kontakt zu der jüngeren Zielgruppe zu kommen.

Online-Marktforschung → Kap. 2.4.3

Das Internet ist ein sehr dynamischer und schnelllebiger Ort. Entsprechend schnell entwickelt es sich weiter und entstehen auch immer neue Teildisziplinen des Onlinemarketings. Werbetreibende müssen daher mit der Zeit gehen und die ganze Palette des Onlinemarketings nutzen und kombinieren, um erfolgreich im Internet werben zu können. Onlinemarketing zeigt seine Stärken gegenüber klassischen Marketingformen vor allem bei der genauen Zielgruppenansprache und bei der Auswertung von Werbemaßnahmen, da die digitalen Datenströme sehr gut analysiert und für Optimierungen genutzt werden können.

7.5.1 Klassisches Onlinemarketing

Klassische Werbemaßnahmen, wie z. B. Plakate, Fernsehspots oder Werbebriefe, können im Internet vergleichbar, aber kostengünstiger und mit ergänzenden technischen Möglichkeiten umgesetzt werden. Zu diesen Maßnahmen gehören Banner- und E-Mail-Werbung wie auch Pop-ups und weitere Maßnahmen, die durch die neuen Medien erst ermöglicht werden, z. B. Targeting und Suchmaschinenoptimierung.

Banner können in unterschiedlichen Formaten und in unterschiedlichen Ausführungen auftreten. Durch das Anklicken des Banners gelangt der potenzielle Kunde zum Internetauftritt des werbenden Unternehmens. Wegen der großen Bannerflut im Internet schwindet aber der Nutzen dieser Werbeform immer mehr, da der User sie mittlerweile kaum noch wahrnimmt.

Bei **Pop-ups** öffnet sich automatisch ein zusätzliches Fenster, das die eigentliche Webseite überlagert. Diese Pop-ups können Anzeigen oder kleine Werbevideos beinhalten. Allerdings ist inzwischen Software, die diese Pop-up-Werbung unterdrückt, weitverbreitet.

E-Mail-Werbung umfasst jeglichen Kontakt per E-Mail. Mit regelmäßigen Newslettern kann der Kunde an das Unternehmen gebunden werden. Ebenso können einzelne Mailings auf Aktionen oder Neuigkeiten des Unternehmens aufmerksam machen.

Targeting beinhaltet zielgruppengenaue oder sogar individualisierte Marketingmaßnahmen. Wichtigste Voraussetzung ist neben der Zielgruppenbestimmung die technische Möglichkeit, diese Zielpersonen herauszufinden. Hierfür stehen im Internet moderne Technologien zur Verfügung. So können z. B. je nach Region, Tageszeit, verwendetem technischem Gerät oder auch dem bisherigen individuellen Surfverhalten verschiedene Werbeanzeigen geschaltet und somit Streuverluste minimiert werden.

Targeting (engl. to target) Ziel

BEISPIEL: Ein Restaurant lässt seine bezahlte Werbung immer dann einblenden, wenn ein Internetnutzer an einem Gerät (PC oder Smartphone) im Umkreis von 5 km um das Restaurant herum das Suchwort „Restaurant“ in Google® eingibt.

Unter dem Begriff **Suchmaschinenoptimierung** werden alle Maßnahmen zusammengefasst, die das Ziel haben, die eigene Webseite möglichst weit oben in den unbezahlten Ergebnissen der Suchmaschinen (z. B. bei Google®) zu platzieren. Dabei verändern Suchmaschinen häufig die Kriterien, die das sogenannte **Ranking** ergeben, daher ist diese Optimierung ein fortlaufender, nie endender Prozess.

Suchmaschinenoptimierung engl. Search Engine Optimization, SEO

Bei der Suchmaschinenoptimierung wird unter anderem versucht, bestimmte gängige Schlagworte (**Keywords**) in die Texte einzubauen, nach denen häufig gesucht wird. Daneben werden vielfältige weitere bewusste Optimierungen durchgeführt, um das Ranking zu beeinflussen. Zunehmend nehmen auch die mobilen Endgeräte (z. B. Smartphones) einen wichtigen Platz ein. Suchmaschinen listen Seiten niedriger, die nicht darauf angepasst sind. Relevant ist auch, wie viele Seiten auf die gewünschte Webseite verweisen (verlinken). Hier gibt es z. B. Tauschbörsen („Setzt du einen Link, setze ich auch einen.“) zur Linkoptimierung.

Anteil der Nutzer der einzelnen Onlinemarketinginstrumente in Deutschland im Jahr 2023

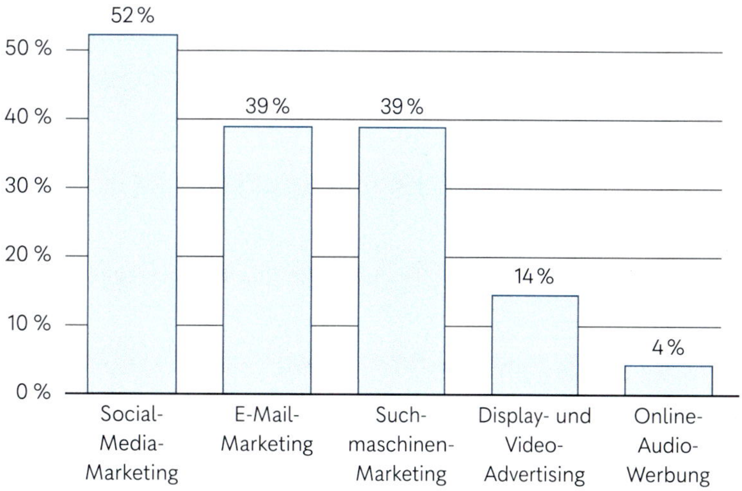

Datenquelle: Statista, 2024

7.5.2 Influencermarketing

Modernes Marketing entwickelt sich vom Massenmarketing zum Beziehungsmarketing. Der Fokus liegt daher nicht mehr nur auf der eingleisigen Kommunikation mit dem Kunden, vielmehr tritt der Werbende in einen gegenseitigen Dialog mit dem Kunden über die sozialen Netzwerke wie Facebook®, YouTube® oder TikTok®. Der Kunde soll Freude am Dialog mit dem Unternehmen haben, seine Meinung äußern, mitreden, Produkte beurteilen und eventuell sogar mitgestalten.

Ein Großteil der deutschen Unternehmen nutzt hierbei **Influencer**, um seine Werbemaßnahmen zu unterstützen. Beim Influencermarketing geht es darum, reichweitenstarke Marken- oder Produktfürsprecher zu gewinnen, die Einfluss darauf ausüben, wie ihre sogenannten **Follower** Marken oder Produkte beurteilen und für welche sie sich entscheiden.

Influencer (engl. to influence) Einfluss; in den sozialen Medien sehr bekannte Person mit großer Gefolgschaft

Follower (engl. to follow) folgen; der Begriff bezeichnet Personen, die bestimmten Inhalten oder Personen in einem Social-Media-Kanal folgen.

Ein Grund für das Interesse der Firmen ist, dass die Reichweite mancher Influencer, z. B. YouTuber oder TikToker, enorm hoch ist, wie Abonnentenzahlen im mehrstelligen Millionenbereich zeigen. Eine Wirkung ist aber schon bei sogenannten **Micro-Influencern** mit bis zu 30 000 Followern gegeben.

BEISPIEL: Die Fly Bike Werke GmbH hat einem Blogger mit einem reichweitenstarken Mountainbike-Blog das neue E-Mountainbike und zugehöriges Informationsmaterial kostenlos zur Verfügung gestellt. Der Blogger hat daraufhin in seinem Blog sehr positiv über das neue E-Mountainbike berichtet. Da er von der gewünschten Zielgruppe als kompetent und glaubwürdig eingeschätzt wird, erhofft sich die Fly Bike Werke GmbH positive Effekte auf die Verkaufszahlen.

7.5.3 Virales Marketing

Virales Marketing wird auch Virusmarketing genannt.

Virales Marketing ist eine Strategie, bei der durch außergewöhnliche Inhalte in kürzester Zeit große Reichweiten erzielt werden. Ziel ist es, dass sich die Inhalte auf Social Media oder in anderen Medien wie von selbst verbreiten. Damit ähnelt virales Marketing in vielen Belangen der altbekannten Mund-zu-Mund-Propaganda.

Beim viralen Marketing ist von entscheidender Bedeutung, wie „ansteckend" (viral) der geteilte Inhalt ist. In der Regel sind Inhalte, die starke Emotionen auslösen, viraler als andere. Besonders effektiv sind Posts von Prominenten oder sonstigen Influencern, da diese mit ihrer eigenen Zielgruppe eine große Zahl an Konsumenten erreichen.

Durch die unkomplizierten Möglichkeiten der Verbreitung solcher Botschaften auf Social-Media-Kanälen kann diese Form des Marketings sehr effektiv sein. Eine exakte Planung einer viralen Marketingkampagne ist aber nicht möglich, da die Verbreitung nicht durch das Unternehmen erfolgt, sondern durch Nutzer sozialer Medien.

7.5.4 Guerillamarketing

Kern des Guerillamarketings ist es, mit geringem Mitteleinsatz eine große Wirkung zu erzielen. Der Begriff **Guerilla** leitet sich dabei von einer speziellen Art der Kriegsführung ab, bei der unerwartete Taktiken von kleinen Gruppen gegenüber einem überlegenen Gegner angewendet werden. Der wichtigste Faktor ist die Überraschung: Eine Guerilla-Werbeaktion erreicht Menschen auf eine Art, mit der sie nicht gerechnet haben. Guerillamarketing ist deshalb überraschend, kreativ und idealerweise spektakulär. Dabei werden auch bestehende Normen gebrochen. Guerillamarketing ist also weniger eine Marketingmethode als vielmehr eine Einstellung.

Vergleicht man Guerillamarketing mit viralem Marketing, so versucht Guerillamarketing, die Aufwände möglichst gering zu halten, während beim viralen Marketing oftmals mit größeren Budgets hantiert wird. Dieser Ansatz ist deshalb vor allem für kleine und mittelständische Unternehmen geeignet, da er zwar ein hohes Maß an Kreativität, dafür aber häufig nur ein geringes Werbebudget erfordert. Mittlerweile ist Guerillamarketing aber auch für große Unternehmen ein Thema, die entsprechend mehr Geld in solche Aktionen investieren.

ÜBERSICHT: Kommunikationspolitik

Werbeziele	– Bekanntmachen der Leistung – Wecken von Bedürfnissen – Beeinflussung der Kaufentscheidung
Werbewirkung	AIDA-Prinzip: Attention → Interest → Desire → Action
Werbearten	– nach der Anzahl der Umworbenen: Massenwerbung, Direktwerbung – nach der Anzahl der Werbetreibenden: Einzelwerbung, Sammelwerbung, Verbundwerbung, Gemeinschaftswerbung
Werbeplanung	Werbeziele festlegen → Werbegegenstand bestimmen → Werbeetat festlegen → Streukreis festlegen → Streugebiet festlegen → Werbebotschaft bestimmen → Werbemittel und Werbeträger bestimmen → Streuzeit festlegen → Werbeerfolg messen
Werbegrundsätze	– Wirksamkeit – Wahrheit – Klarheit – Wirtschaftlichkeit – gesellschaftliche Akzeptanz
rechtliche Grenzen der Werbung	Gesetz gegen den unlauteren Wettbewerb (UWG) verbietet: – unlautere und aggressive geschäftliche Handlungen – irreführende geschäftliche Handlungen – vergleichende Werbung – unzumutbare Belästigung
Werbeerfolgs-kontrolle	– ökonomischer Werbeerfolg (z. B. Umsatzveränderung, Werberendite, Marktanteilsveränderung) – außerökonomischer Werbeerfolg (z. B. Steigerung des Bekanntheitsgrads und Aufmerksamkeitsgrads)
Instrumente des klassischen Marketings	– Absatzwerbung – Verkaufsförderung (Salespromotion): zeitlich eng begrenzte direkte Kommunikation mit dem Kunden – Öffentlichkeitsarbeit (Public Relations): Maßnahmen zur Imagepflege des Unternehmens – Sonderformen wie Product-Placement, Sponsoring, Direktmarketing, Eventmarketing
Instrumente des Onlinemarketings	– klassisch: Banner-Werbung, Pop-ups, E-Mail-Werbung, Targeting, Suchmaschinenoptimierung – Influencermarketing – virales Marketing – Guerillamarketing

Alles klar?

1 Nennen Sie die vier klassischen Instrumente der Kommunikationspolitik.

2 Begründen Sie, warum Unternehmen werben.

3 Erläutern Sie das Wirkungsprinzip von Werbung anhand des Plakats „Abenteuer erleben!“ der Fly Bike Werke GmbH in Kapitel 7.1.2.

4 Sammeln Sie Beispiele für Werbungen und stellen Sie diese in Ihrer Klasse vor. Erläutern Sie die in Ihrem Beispiel angesprochene Zielgruppe und beurteilen Sie, ob es Ihrer Meinung nach gelungen ist, die Zielgruppe gut anzusprechen.

5 Erklären Sie den Zusammenhang zwischen den Begriffen „Werbung“ und „Kommunikationspolitik“.

6 Erläutern Sie die Werbearten nach der Anzahl der Umworbenen allgemein und anhand von jeweils zwei Beispielen.

7 Nennen Sie die einzelnen Schritte einer Werbeplanung und erläutern Sie jeden Schritt in einem bis zwei Sätzen.

8 Erläutern Sie den Zusammenhang zwischen Werbemittel und Werbeträger anhand von zwei Beispielen.

9 Begründen Sie, ob das Plakat „Abenteuer erleben!“ der Fly Bike Werke GmbH in Kap. 7.1.2 die Werbegrundsätze erfüllt.

10 Erläutern Sie zusammenfassend, wovor das UWG wen schützt.

11 Erklären Sie den Unterschied zwischen ökonomischer und außerökonomischer Werbeerfolgskontrolle.

12 Erläutern Sie, was man unter „Public Relations“ und „Salespromotion“ versteht. Definieren Sie diese Begriffe und nennen Sie jeweils drei Möglichkeiten, wie diese Maßnahmen umgesetzt werden könnten.

13 Nennen und erläutern Sie die Möglichkeiten des klassischen Onlinemarketings.

14 Erläutern Sie die wichtigsten Vorteile des Onlinemarketings gegenüber dem traditionellen Marketing.

8 Außenhandelsgeschäfte

AB → Lernsituation 90

8.1 Begriff, Bedeutung und Arten des Außenhandels

Immer, wenn ein inländisches (deutsches) Unternehmen einem ausländischen Wirtschaftssubjekt (Unternehmen, Privathaushalt, Staat) eine Leistung (= Sachgut/Ware oder Dienstleistung) gegen Entgelt liefert, spricht man von einem **Exportgeschäft**. Den Bezug einer Leistung aus dem Ausland gegen Entgelt nennt man entsprechend ein **Importgeschäft**. Zusammen bilden beide den Außenhandel einer Volkswirtschaft.

Der Hamburger Hafen – größter Containerhafen Europas

In Deutschland ansässige Unternehmen exportierten nach Berechnungen des Statistischen Bundesamtes im Jahr 2023 Güter im Gesamtwert von 1.562,4 Mrd. Euro (bei einem durchschnittlichen Wechselkurs von 1,08 US-Dollar pro Euro im Jahr 2023 entsprach das rd. 1.687 Mrd. US-Dollar). In der Rangliste der größten Exporteure der Welt steht Deutschland damit zwar (nur) auf Rang drei hinter China (mit weitem Abstand der amtierende „Exportweltmeister") mit 3,38 Billionen US-Dollar und den USA mit 2,02 Billionen US-Dollar. Berücksichtigt man jedoch die Größe der Bevölkerung oder den Anteil der Exporte an der gesamten Wertschöpfung, wird schnell die außerordentliche Bedeutung des Außenhandels für die deutsche Volkswirtschaft deutlich. 2023 lagen die Exporte pro Kopf der Bevölkerung in Deutschland z. B. bei etwa 21.500 Euro und in den USA bei umgerechnet 5.600 Euro. Dementsprechend sind für viele deutsche Industrieunternehmen die Auslandsmärkte längst bedeutsamer geworden als der heimische Markt. Auch mittelständische Betriebe kommen heute nicht selten auf Exportquoten von über 50 % ihrer Gesamtumsätze. So wird geschätzt, dass in Deutschland nahezu jeder vierte Arbeitsplatz mehr oder minder direkt vom Außenhandel abhängt.

Technologischer Vorsprung bei Forschung und Entwicklung, Spitzenqualität in der Fertigung und relative („komparative") Kostenvorteile durch Automation und die hohe Produktivität der Arbeitnehmer sichern Produkten „Made in Germany" auch im Zeitalter der Globalisierung eine herausragende Stellung auf den Weltmärkten. Absolut gesehen sind deutsche Industrieprodukte zwar häufig teurer als die anderer Anbieter. Relativ zu dem hohen Nutzen, den sie ihrem Käufer stiften, sind sie jedoch preis„wert" und damit wettbewerbsfähig. Dies gilt insbesondere für die Erzeugnisse der Spitzenreiter unter den besonders exportorientierten Industriebranchen: der Automobilindustrie, des Maschinen- und Werkzeugbaus, der elektrotechnischen Industrie sowie der chemischen und pharmazeutischen Industrie.

Der Anteil der deutschen Exporte, die an Kunden innerhalb der EU geliefert wurden, lag 2023 bei 54,2 %, 45,8 % ging an Kunden außerhalb der EU, allen voran den USA und China.

Der Wert der deutschen Importe erreichte 2022 mit 1.505,43 Mrd. Euro einen Rekordwert und ging 2023 auf 1.352,8 Mrd. Euro zurück. In beiden Jahren blieben die Importe deutlich hinter den Exporten zurück. Dieser als **Außenhandels-** oder **Exportüberschuss** bezeichnete positive Saldo von Exporten und Importen ist jedoch nicht frei von Kritik: Zwar sichert er auf der einen Seite ein hohes Beschäftigungsniveau in der exportorientierten Industrie, doch auf der anderen Seite kann er bei weitgehend ausgelasteten Kapazitäten zu einer „importierten" Inflation führen. Außerdem verstärkt er fortwährend die Abhängigkeit der deutschen Volkswirtschaft von den konjunkturellen Schwankungen der Weltwirtschaft.

Da sich Warenausfuhren in andere EU-Länder hinsichtlich ihrer Abwicklung sehr deutlich von Lieferungen an Kunden außerhalb der EU unterscheiden, verwendet man für diese auch unterschiedliche Begriffe:

Art der Warenausfuhr	Begriff gem. Umsatzsteuergesetz	Begriff gem. Außenhandelsstatistik
Warenausfuhr in ein anderes EU-Land	innergemeinschaftliche Lieferung	Intrahandel (Versendung)
Warenausfuhr in ein Nicht-EU-Land	Ausfuhr in ein Drittland	Extrahandel

Liefert ein exportierender Industriebetrieb seine Waren direkt – also ohne Einschaltung eines Zwischenhändlers – an einen Kunden im Ausland, spricht man von einem **direkten Export**, andernfalls spricht man von einem **indirekten Export**. Die indirekte Warenausfuhr über spezialisierte Außenhandelsunternehmen bietet sich vor allem dann an, wenn der exportierende Industriebetrieb wenig Erfahrung im Außenhandel hat oder nur kleinere Mengen verkauft werden.

Die Bezahlung der exportierten Waren kann grundsätzlich in der Währung des deutschen Exporteurs (Euro als **Inlandswährung**), des importierenden Auslandskunden (z. B. Britische Pfund als **Auslandswährung**) oder einer weiteren zuvor vereinbarten Währung (z. B. US-Dollar oder Schweizer Franken als **Drittwährung**) erfolgen.

Verfügt das Land des Importeurs nicht über hinreichende Devisenbestände (Devisen = Buchgeld in einer fremden Währung), um die bezogenen Waren zu bezahlen, wird häufig ein **Kompensationsgeschäft** (Tauschhandel, Bartergeschäft) vereinbart. Dabei wird die gelieferte Ware durch eine Gegenlieferung von anderen Waren bezahlt. So könnten z. B. die Einfuhren von Maschinen und Fahrzeugen in ein Entwicklungsland durch die Lieferung von Rohstoffen vergütet werden. Kritiker dieser Form des Außenhandels bemängeln, dass die Austauschverhältnisse der Güter (Terms of Trade) häufig zu Ungunsten der devisenschwachen (Entwicklungs-)Länder festgesetzt werden.

8.2 Besondere Risiken von Außenhandelsgeschäften

Grundsätzlich ist jeder Kaufvertrag für den Kunden mit einem **Lieferrisiko** (die Lieferung erfolgt zu spät oder in der falschen Art, Menge oder Güte) und für den Lieferanten mit einem **Zahlungsrisiko** (die Zahlung erfolgt verspätet, unvollständig oder gar nicht) verbunden. Aufgrund verschiedener Faktoren sind diese **Erfüllungsrisiken** bei Außenhandelsgeschäften aber deutlich höher als bei Inlandslieferungen.

8.2.1 Risikomanagement bei Außenhandelsgeschäften

Einem Unternehmen stehen drei mögliche Alternativen zur Verfügung, um auf die Erfüllungsrisiken eines Außenhandelsgeschäfts zu reagieren:

Risikomanagement bei Außenhandelsgeschäften

Risikovermeidung – Das Geschäft wird erst gar nicht durchgeführt.

Risikostreuung – Durch Kombination von Geschäften mit unterschiedlichen Risiken wird ein mittleres zu vertretendes Risiko angestrebt (Risiko-Mix).

Risikoabsicherung – Es werden geeignete Maßnahmen zur Ausschaltung oder Verringerung des Risikos ergriffen.

Eine durchgängige Vermeidung sämtlicher Risiken würde einen völligen Verzicht auf die Ertragspotenziale von Außenhandelsgeschäften bedeuten, wodurch die Wettbewerbsfähigkeit des Industriebetriebs in einer globalisierten Weltwirtschaft infrage gestellt wäre. Sich allein auf die Risikostreuung zu verlassen, erscheint wegen der im Vorhinein meist nur ungenau zu quantifizierenden Risiken von Außenhandelsgeschäften ebenfalls kaum vertretbar. Die größte Bedeutung dürfte daher der Risikoabsicherung zukommen.

Maßnahmen zur Risikoabsicherung im Außenhandel → Kap. 8.2.2 – 8.2.7

8.2.2 Abnahme-, Zahlungs- und Lieferrisiken

Wie bei jedem Kaufvertrag muss der Lieferant das Risiko tragen, dass sein Kunde die Ware nicht abnimmt (**Abnahmerisiko**) oder die abgenommene Ware unvollständig oder gar nicht bezahlt (**Zahlungsrisiko**). Bei Exportgeschäften ist dieses Risiko aber wegen der größeren Entfernungen, unterschiedlicher Rechtssysteme und möglicher politischer Risiken deutlich höher als bei Inlandsgeschäften. Die einfachste Maßnahme zur Absicherung dieses Risikos wäre die Vereinbarung von **Vorauskasse** (Vorauszahlung) oder zumindest die Leistung einer erheblichen **Anzahlung** durch den importierenden Kunden. In diesem Fall trüge der Auslandskunde aber das volle **Lieferrisiko**, also die Gefahr, nicht wie vereinbart beliefert zu werden (Mängel in der Art, Menge oder Qualität der Waren).

juristische Risiken → Kap. 8.2.6

politische Risiken → Kap. 8.2.7

Häufig verwendete Mittel zur Absicherung der Abnahme-, Zahlungs- und Lieferrisiken, die den Interessen beider Vertragspartner entsprechen, sind daher die Vereinbarung eines **Dokumenteninkassos** oder eines **Dokumentenakkreditivs**.

Dokumenteninkasso, Dokumentenakkreditiv → Kap. 8.5

8.2.3 Transportrisiken

Schiffshavarie auf See

Da Außenhandelsgeschäfte meist über große Entfernungen und Ländergrenzen hinweg abgewickelt werden, steigt mit der Entfernung auch das Risiko einer Beschädigung oder des Totalverlusts der Waren, z. B. durch Brand, Verkehrsunfälle, Unwetter oder Diebstahl. In einigen Regionen der Weltmeere – vor allem vor der Ostküste Afrikas oder in der Seestraße von Malakka zwischen Malaysia und Sumatra – stellt die Piraterie heute wieder ein ernsthaftes Problem für den Seehandel dar.

Entsprechend wichtig ist für den im Außenhandel aktiven Industriebetrieb die sorgfältige **Auswahl geeigneter Spediteure** und der Abschluss einer **Warentransportversicherung**, um zumindest das finanzielle Risiko durch Transportschäden zu minimieren. Eine **Transportversicherung mit voller Deckung** deckt das Risiko der Beschädigung der Ware durch einen Transportunfall, des Verlusts durch Raub, Diebstahl und Unterschlagung sowie Schäden durch höhere Gewalt. Die Versicherung tritt jedoch nicht ein, wenn der Schaden durch ein Verschulden des Versenders eingetreten ist, z. B., weil die Ware unzureichend verpackt wurde. Daher ist die Ware den Anforderungen des Transports entsprechend sorgfältig zu verpacken.

Die **Versandverpackung** hat im Wesentlichen eine **Schutz**- und eine **Markierungsfunktion**. **Schutzfunktion** bedeutet, dass die Verpackung die Ware während des Transports vor Beschädigung schützen soll.

Da die Transportkosten in der Regel vom Gewicht und/oder vom Volumen des Transportguts abhängen, sollte die Verpackung aus wirtschaftlichen Gründen platzsparend sein und ein möglichst geringes Eigengewicht aufweisen. Sie muss aber auch über eine ausreichende Stabilität verfügen, damit sie die Schutzfunktion erfüllen kann.

Die **Markierung** dient zum einen der Identifikation der Ware, enthält zum anderen aber auch Hinweise zur Behandlung der Ware während des Transports. Die Markierung erfolgt nach festen Regeln. Anzugeben sind:

- Kennziffer oder Kennmarke des Empfängers, z. B. Anfangsbuchstaben der Firma,
- Auftragsnummer, gefolgt von der laufenden Nummer der Packstücke,
- Bestimmungsort und Angabe des Zielorts für den Haupttransport (Bestimmungsort ist hier Boston, der Entladehafen New York),
- bei Einzelgewichten über 1 000 kg das Brutto- und gegebenenfalls auch das Nettogewicht,
- eventuell Abmaße (hängt vom Einfuhrland ab),
- Hinweise auf zerbrechliches oder empfindliches Transportgut,
- Kennzeichnung von gefährlichem Transportgut,
- eventuell Ursprung.

Markierungsbeispiel einer Sendung eines Papiergroßhändlers an die Fun & Celebration Ltd./USA. Es handelt sich um das vierte von insgesamt 50 Packstücken.

8.2.4 Währungsrisiken

Die Wechselkurse von Währungen unterliegen auf den internationalen Devisenmärkten erheblichen, zum Teil auch sehr kurzfristigen Schwankungen (vgl. Grafik). Kann der Exporteur einer Ware die Fakturierung in seiner eigenen (Inlands-)Währung vornehmen, fällt das Risiko eines Wertverlusts der Auslands- gegenüber der Inlandswährung dem Importeur zu. Soll die Bezahlung der gehandelten Ware dagegen in der Währung des Auslandskunden erfolgen, muss der Exporteur ein Währungsrisiko tragen.

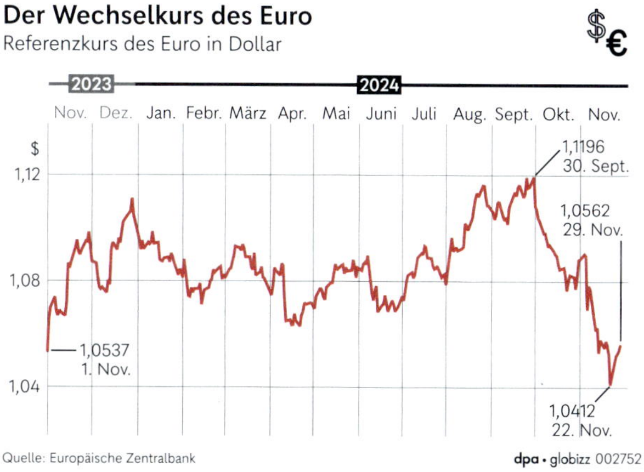

Entwicklung des Euro-Kurses gegenüber dem US-Dollar

Gerade Rohstoffe wie Erze und Rohöl werden auf den internationalen Märkten zudem meist auf Basis des US-Dollars als Drittwährung abgerechnet, egal, in welchem Land die Exporteure und Importeure ihren Geschäftssitz haben. Hier sind beide Vertragspartner den Risiken der Devisenmärkte ausgesetzt.

Zur Absicherung des Wechselkursrisikos empfiehlt sich daher für den/die betroffenen Geschäftspartner der Abschluss eines **Devisentermingeschäfts**. Dabei wird mit einer Bank die Lieferung oder der Ankauf eines bestimmten Geldbetrags in einer bestimmten Auslandswährung zu einem vorab festgelegten Zeitpunkt und Kurs (sogenannter **Terminkurs**) vereinbart, unabhängig vom jeweiligen Tageskurs (sogenannter **Kassakurs**) zum Zeitpunkt der Erfüllung des Termingeschäfts. Zwar berechnet die Bank für die Übernahme des Währungsrisikos einen Aufschlag, den sogenannten **Report** oder **Swap**, doch kann dieser in die Preiskalkulation fest eingerechnet werden.

8.2.5 Qualitätsrisiken

Von der genauen Benennung und gegebenenfalls detaillierten Beschreibung des Kaufgegenstands hängt es ab, ob später die gewünschte Ware geliefert wird und ob im Streitfall Gewährleistungsrechte geltend gemacht werden können. Bei der Charakterisierung des Kaufgegenstands sollte die gewünschte **Qualität** möglichst genau benannt werden. Häufig existieren für einzelne Produktbereiche international standardisierte Qualitätsstufen, die bestimmte Qualitätsniveaus definieren, teilweise werden hier aber auch landestypische Bezeichnungen verwendet. Um Verwechslungen und Irrtümer auszuschließen, sollte bei internationalen Kaufverträgen auf die jeweils richtige Kennzeichnung geachtet werden. Das gilt auch für gängige Typenbezeichnungen der jeweiligen Branche.

Da die Qualität von Naturprodukten je nach Ernte oder Herkunft sehr unterschiedlich sein kann, sind Qualitätsangaben hier besonders wichtig. Fehlen bei Naturprodukten im Kaufvertrag Qualitätsangaben, wird eine **durchschnittliche Qualität** geliefert. Es besteht auch die Möglichkeit, durch die Klausel „Fair Average Quality (FAQ)“ die Lieferung einer Durchschnittsqualität ausdrücklich zu vereinbaren. Wenn technische Artikel exportiert werden, sollten auch mögliche **Nebenpflichten** im Vertrag klar benannt werden. Zu den Nebenpflichten kann z. B. die Bereitstellung von Konstruktionsplänen, Wartungs- und Betriebsanleitungen oder anderen technischen Dokumenten gehören. Enthält der Vertrag hierzu keine Angaben, besteht die Gefahr, dass es bei der Auftragsabwicklung zu Problemen kommt.

Häufig ist es bei landwirtschaftlichen Produkten angeraten, Angaben zur geografischen Herkunft, z. B. der gewünschten Anbauregion, zu machen.

Teepflückerinnen bei der Arbeit

BEISPIEL: Darjeeling-Tee, der nach der Anbauregion im Norden Indiens bezeichnet ist, wird in Abhängigkeit von der Erntezeit wie folgt bezeichnet:

Ernteperiode	Bezeichnung
Mitte März bis Anfang April	First Flush (Flugtee)
Ende April bis Anfang Mai	In Between
Mitte Mai bis Ende Juni	Second Flush
Anfang Juli bis Ende September	Third Flush (Regentee)
Oktober bis Anfang November	Autumnal (Herbsttee)

Die beste Qualität haben First und Second Flush. Das Teeanbaugebiet Darjeeling ist in sieben Unterdistrikte aufgeteilt. Möchte man z. B. nur Tee aus einem bestimmten Distrikt, muss dieser im Kaufvertrag genau bezeichnet werden.

Eventuell kann es auch sinnvoll sein, die gewünschte Qualität über ein Muster zu bestimmen. Hier unterscheidet man:

Kauf laut Muster	Die gewünschte Qualität muss mit dem Muster übereinstimmen.
Kauf laut Typenmuster	Die gewünschte Qualität muss mit dem Typenmuster annähernd übereinstimmen.
Kauf auf Musterungsbefund	Die Parteien legen aufschiebend fest, dass der Verkäufer nach Abschluss des Kaufvertrags ein Muster zu liefern hat. Dieses Muster muss vom Käufer akzeptiert werden, damit der Kaufvertrag wirksam wird. Wenn das Muster den Qualitätsangaben im Kaufvertrag entspricht, kann der Käufer allerdings nicht ablehnen.

Bei der Vereinbarung der zu liefernden **Menge** ist zu berücksichtigen, dass in anderen Ländern eventuell landesspezifische Maßeinheiten existieren.

BEISPIEL: Im metrischen System Deutschlands und der EU entsprechen einer Tonne 1000 kg. In den USA versteht man unter „ton" die sogenannte „short ton", der nur etwa 907 kg entsprechen. Bestellt man bei einem amerikanischen Baumwollhändler „3 tons cotton", werden also ggf. statt der gewünschten 3000 kg Baumwolle nur etwa 2721 kg geliefert. Die Angabe „3 tons à 1000 kg" ist dagegen eindeutig.

Label „Made in Germany" als Qualitätszertifikat im deuschen Außenhandelsgeschäft.

Eine relativ verlässliche Möglichkeit, das mit einem Außenhandelsgeschäft verbundene Qualitätsrisiko abzusichern, ist die Vereinbarung der Vorlage von **amtlichen Qualitätszertifikaten** oder **Ursprungszeugnissen** durch den Exporteur. Ein deutscher Exporteur kann sich z. B. durch die für ihn zuständige Industrie- und Handelskammer bescheinigen lassen, dass die von ihm angebotene und gelieferte Ware auch tatsächlich bestimmten Qualitätsnormen entspricht.

8.2.6 Juristische Risiken

Alle in Deutschland ansässigen Wirtschaftssubjekte müssen sich bei der Gestaltung und Erfüllung ihrer (Kauf-)Verträge der deutschen Rechtsordnung unterwerfen. Von den Regeln der deutschen Gesetzgebung abweichende Vereinbarungen (z. B. AGB, Vertragsstrafen, besondere Erfüllungsorte oder Gerichtsstände usw.) müssen stets ausdrücklich getroffen werden und sind nur in dem durch Gesetze und Rechtsprechung zulässigen Rahmen möglich. Bei Exportgeschäften ist die Situation aber eine ganz andere, da hier (mindestens) zwei möglicherweise sehr unterschiedliche Rechtsordnungen – die des Exporteurs und die des Importeurs – miteinander konkurrieren. Gegebenenfalls kommen noch die Rechtsordnungen der Transitländer, durch die die Waren transportiert werden, hinzu. Zudem herrscht in vielen Ländern dieser Welt nicht annähernd so viel Rechtssicherheit wie in Deutschland. Korruption und die Ineffizienz der Rechtsverfolgung verhindern dort häufig die Durchsetzung eigentlich berechtigter Ansprüche.

Erfüllung von Kaufverträgen
LF 3 → Kap. 2

Das Problem unterschiedlicher und sich gegebenenfalls sogar widersprechender Rechtsnormen kann durch eine **Schiedsvereinbarung** gelöst werden. Dabei verständigen sich die Vertragsparteien darauf, ihren Rechtsstreit vor einem internationalen **Schiedsgericht** zu verhandeln und dessen Entscheidung anzuerkennen.

internationales **Schiedsgericht**, z. B. American Arbitration Association (New York) oder Schiedsgericht der Internationalen Handelskammer (Paris)

8.2.7 Politische Risiken und Handelsbeschränkungen

Außenhandelsgeschäfte sind selten frei von der Einflussnahme durch Regierungen und andere politische Gruppen. Zwar bemüht sich die Welthandelsorganisation WTO (engl. World Trade Organization) seit ihrer Gründung am 15. April 1994 um eine schrittweise Liberalisierung des Welthandels, doch werden Zölle, Importkontingente, Ausfuhrverbote und vielerlei andere Arten von Handelshemmnissen weiterhin gern genutzt, um außen(wirtschafts-)politische Ziele zu erreichen.

Das deutsche Außenwirtschaftsrecht geht von dem Grundsatz aus, dass der Wirtschaftsverkehr mit dem Ausland grundsätzlich frei ist. In § 1 des **Außenwirtschaftsgesetzes (AWG)** wird das klar und eindeutig zum Ausdruck gebracht. Allerdings besteht die Möglichkeit, den Außenwirtschaftsverkehr durch Gesetze und Rechtsvorschriften einzuschränken oder für bestimmte Güter ganz zu verbieten, z. B. bedrohte Tier- und Pflanzenarten.

freier Handel
→ § 1 AWG

Neben den nationalen Beschränkungen auf der Grundlage des Außenwirtschaftsgesetzes, der Außenwirtschaftsverordnung (AWV) und des Kriegswaffenkontrollgesetzes (KrWaffKontrG) gibt es auch noch **internationale Vereinbarungen,** die sich auf die Freizügigkeit des Außenhandels in Deutschland auswirken. Ausfuhrbeschränkungen können sich auf bestimmte Waren und Warengruppen und/oder bestimmte Länder beziehen.

Hiervon können auch solche Güter betroffen sein, die neben einer zivilen eine militärische Nutzung ermöglichen (sogenannte „Dual-Use-Güter"). Güter, die in der sogenannten **Ausfuhrliste (AL)** aufgeführt sind (z. B. Waffen, Munition und anderes Rüstungsmaterial (Dual-Use-Güter), oder Güter, die zur Folter von Menschen eingesetzt werden können), bedürfen stets einer besonderen staatlichen **Ausfuhrgenehmigung**.

Die Ausfuhr von Waffen unterliegt strengen Kontrollen.

Außerdem kann der Sicherheitsrat der Vereinten Nationen (UN) ein vollständiges oder auf bestimmte Waren beschränktes Handelsverbot gegen bestimmte Länder verhängen. Mit einem solchen **Embargo** können Länder belegt werden, denen schwere Verletzungen der Menschenrechte oder die Unterstützung des internationalen Terrorismus vorgeworfen werden.

Durch schwere **politische Konflikte** (Unruhen, Kriege, Terroranschläge) kann die gehandelte Ware beschädigt oder zerstört werden bzw. verloren gehen. Länger dauernde Streiks, z. B. von Hafenarbeitern oder Fluglotsen, können zudem die Auslieferung erheblich verzögern, bei unsachgemäßer Lagerung sogar zum Verderb der Waren führen.

Gemäß der **EG-Anti-Terror-Verordnungen** ist jeder europäische Exporteur verpflichtet zu prüfen, ob sein Kunde eventuell terroristischer Handlungen verdächtig ist und auf entsprechenden Listen der staatlichen Sicherheitsbehörden notiert ist. Unterlässt der Exporteur die Prüfung fahrlässig oder vorsätzlich, drohen ihm zwischen sechs Monaten und fünf Jahren Haft.

Entsprechend wichtig ist es für die am Außenhandel beteiligten Unternehmen, sich fortlaufend über die aktuellen politischen Bedingungen in den jeweiligen Partnerländern zu informieren. Hierzu bieten die Bundesagentur für Außenwirtschaft (bfai), das Bundesamt für Wirtschaft und Ausfuhrkontrolle (BAFA), die Weltbank oder das Auswärtige Amt umfangreiche und aktuelle **Länderanalysen**. Auch die Lektüre von internationalen Wirtschaftszeitschriften wie dem „Economist" oder der „Financial Times" gilt als Pflicht.

Dokumentenakkreditiv
→ Kap. 8.5.2

Neben der Vereinbarung einer Zahlung mittels (bestätigten) **Dokumentenakkreditivs** bieten vor allem staatliche **Exportkreditversicherungen** eine wichtige Möglichkeit, politische Risiken im Außenhandel abzusichern. Da das politische Risiko bei Exportgeschäften mit Kunden in Entwicklungs- oder Schwellenländern häufig für ein einzelnes Unternehmen nicht zu tragen ist, übernimmt hier die Bundesrepublik Deutschland durch den Abschluss eines Kreditversicherungsvertrags über die **Euler Hermes Aktiengesellschaft der Allianz Trade** das Risiko eines Forderungsausfalls. Auf diese Weise soll gleichermaßen die Wettbewerbsfähigkeit der deutschen Exportwirtschaft gestärkt und den Schwellen- und Entwicklungsländern die Möglichkeit gegeben werden, am Welthandel teilzunehmen und z. B. durch den Import von Investitionsgütern die Kapitalausstattung des Landes zu stärken.

8.3 Incoterms® 2020

Zur Vermeidung juristischer Risiken, die sich aus der Unterschiedlichkeit der Rechtssysteme der am Außenhandel beteiligten Länder ergeben, hat die **Internationale Handelskammer (ICC) in Paris** ein System von Standardklauseln entwickelt, die Im- und Exporteure in ihre Kaufverträge übernehmen können. Diese **Incoterms® 2020 (= International Commercial Terms)** regeln sehr exakt die jeweiligen Pflichten des Verkäufers (Exporteurs) und Käufers (Importeurs) – unabhängig von den jeweiligen gesetzlichen Normen. Dazu zählen die Übernahme der entstehenden **Versandkosten** für Transport und Verladung der Ware durch die beteiligten Vertragspartner, die **Vorlage bestimmter Dokumente** oder **Benachrichtigungspflichten.** Weiterhin wird durch die Incoterms® 2020 der **Ort des Gefahrenübergangs** vom Verkäufer auf den Käufer verbindlich geregelt. Des Weiteren wird festgelegt, wer die Warenprüfung durchführen und deren Kosten tragen muss sowie auf welche Weise und auf wessen Kosten die Ware zu verpacken ist. Die Incoterms® 2020 der ICC Paris gehen also wesentlich über die deutschen Frachtklauseln (ab Werk, unfrei, frei dort, frei Haus) hinaus. Grundsätzlich lassen sich die Incoterms® 2020 in vier Gruppen unterteilen:

Frachtklauseln
LF 3 → Kap. 2.5.4

Incoterms® 2020

Gruppe	Zugehörige Klausel(n)	Grundsätzliche Bedeutung (Gemeinsamkeiten)
E-Klausel	EXW	**Abholklausel** Der Exporteur ist verpflichtet, die Ware dem Käufer (bzw. dem beauftragten Frachtführer) am vereinbarten Ort (z. B. Werk des Exporteurs) versandfertig verpackt und gekennzeichnet bereitzustellen. Sämtliche Gefahren und Kosten der Verladung und des Transports sowie die Pflicht zur Ausfuhranmeldung gehen mit der Bereitstellung auf den Käufer über.
F-Klauseln	FCA, FAS, FOB	**Absendeklauseln, bei denen der Käufer den Haupttransport trägt** Der Exporteur ist verpflichtet, die Ware zu verpacken, für die Ausfuhr freizumachen, zu einem bestimmten Ort zu transportieren und sie dort dem Käufer zu übergeben (z. B. im Verschiffungshafen des Exportlandes). Bis zu diesem Ort trägt der Verkäufer die Versandkosten und das Risiko des zufälligen Untergangs. Den Hauptteil der Transportkosten und -gefahren trägt allerdings der Käufer.
C-Klauseln	CPT, CIP, CFR, CIF	**Absendeklauseln, bei denen der Verkäufer den Haupttransport trägt** Die Kosten für den Haupttransport bis zu einem bestimmten Zielort, z. B. dem Bestimmungshafen im Importland, trägt der Verkäufer. Der Gefahrenübergang findet allerdings schon vorher statt, z. B. im Verschiffungshafen. Die Klauseln CFR und CIF eignen sich nur für den Schiffstransport, CPT und CIP für alle Transportarten.
D-Klauseln	DPU, DAP, DDP	**Ankunftsklauseln** Der Verkäufer trägt die gesamten Kosten und die Gefahr bis zu einem festgelegten Bestimmungsort, z. B. bis zum Warenlager des Importeurs. Bei DDP muss der Verkäufer die Ware sowohl für die Ausfuhr als auch für die Einfuhr freimachen (Maximalverpflichtung).

Die E-, F- und D-Klauseln bezeichnet man als **Einpunktklauseln**, da die Kosten und die Gefahr an demselben Punkt (Ort) vom Verkäufer auf den Käufer übergehen. C-Klauseln sind dagegen **Zweipunktklauseln**, da hier die Punkte (Orte) des Transportkostenübergangs und des Risikoübergangs auseinanderfallen.

Der Originaltext der Incoterms® 2020 ist zu beziehen über ICC Germany e. V., www.icc-deutschland.de.

Die im Jahr 1936 erstmalig veröffentlichten Incoterms® wurden im Laufe der Jahre immer wieder den veränderten Bedingungen des Welthandels angepasst. Die elf aktuellen Incoterms® 2020 legen im Einzelnen folgende Kostenübernahmen und Risikoübergänge fest:

Incoterms® 2020

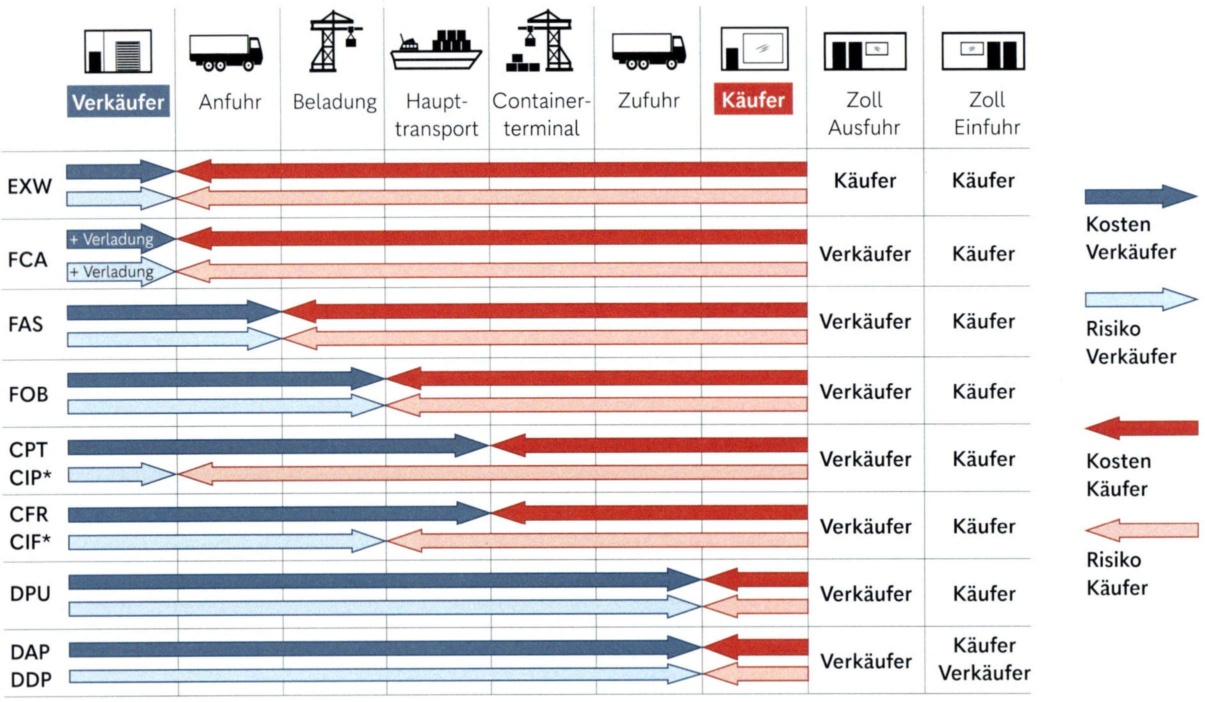

* Bei den Klauseln CIF und CIP muss der Verkäufer eine Transportversicherung zugunsten des Käufers abschließen.

Die Klauseln FAS, FOB, CFR und CIF sind speziell für den Schiffstransport konzipierte Incoterms®. Diese wurden in der aktuellen Fassung den Realitäten in modernen Containerhäfen angepasst: So geht bei den Klauseln FOB, CFR und CIF nunmehr die Gefahr auf den Käufer über, wenn die Ware (im Regelfall der Container) physisch auf dem Schiff abgesetzt wurde. (Der Moment des Überquerens der Seereling spielt demnach keine Rolle mehr.)

Die übrigen sieben Klauseln sind für alle Arten von **multimodalen Transporten**, bei denen mehrere verschiedene Transportmittel innerhalb einer logistischen Kette zum Einsatz kommen, vorgesehen. Soll eine Ware also z. B. mit dem Lkw und/oder der Bahn transportiert werden, bieten sich diese Klauseln an.

Bei den D-Klauseln (= Ankunftsklauseln) ist es sehr wichtig, den Liefer- bzw. Bestimmungsort so genau wie möglich zu benennen, damit hier keine Unklarheiten bestehen.

8.4 Dokumente im Außenhandelsgeschäft

Wird ein Außenhandelsgeschäft innerhalb der Europäischen Wirtschafts- und Währungsunion abgewickelt (Intrahandel), unterscheiden sich die notwendigen Dokumente (Frachtbrief, Lieferschein, Packzettel, Handelsrechnung) kaum von denen eines Inlandsgeschäfts. Zu beachten ist nur, dass die Rechnung stets ohne Umsatzsteuer auszustellen ist.

Intrahandel
→ Kap. 8.1

Bei Außenhandelsgeschäften über die Grenzen der Europäischen Union hinweg (Extrahandel) sind jedoch verschiedenste Transport-, Versicherungs- und Zolldokumente bereitzustellen. Hinzu kommen Dokumente zum Beleg bestimmter Wareneigenschaften.

Extrahandel
→ Kap. 8.1

8.4.1 Transportdokumente

Zu den wichtigsten Transportdokumenten zählt das (See-)**Konnossement** (engl. Bill of Lading, kurz: B/L), mit dem der **Verfrachter** (engl. **Carrier** = Frachtführer eines Seeschiffes) dem **Befrachter** (engl. **Shipper** = Absender der Waren, in der Regel also der Exporteur) die Übernahme („received for shipment“) oder die Verschiffung („shipped by“) einer Sendung verbrieft und deren Auslieferung verspricht.

Das Konnossement hat die Funktion eines Frachtbriefs und ist zugleich ein **Warenwertpapier**. Wird das Konnossement an die „Order“ des Importeurs (engl. „to order consignee“) ausgestellt, kann dieser die Ware beliebig weiterveräußern, ohne sie tatsächlich übergeben zu müssen. Er muss seinem Kunden nur das Orderkonnossement aushändigen, damit dieser neuer Eigentümer der Ware wird. Das Konnossement spielt daher im Zusammenhang mit der Zahlung mittels Inkasso oder Akkreditiv eine wesentliche Rolle.

Dokumenteninkasso
→ Kap. 8.5.1
Dokumentenakkreditiv
→ Kap. 8.5.2

BEISPIEL: Die Fly Bike Werke GmbH möchte von ihrem Lieferanten Tamino Inc. in Japan Bauteile für die Fahrradmontage beziehen. Die Lieferung soll in einem Hochseecontainer von Osaka nach Hamburg erfolgen. Der Verfrachter B&A Containers stellt das auf der folgenden Seite abgebildete Konnossement aus.

Bill of Lading for Combined Transport shipment or Port to Port shipment		
Shipper		**B/L No. 08345-98**
Tamino Inc. 3-77 Oimatsucho, Sakei 590-77 Osaka Japan		 **B&A Containers Europe AG** First Original
Consigned to the order of		
Fly Bike Werke GmbH Rostocker Str. 334 26121 Oldenburg Germany		
Notify Party/Address		**Port of Loading**
Bank 3000 Oldenburg, Oldenburg Tel. +49 441 567-21		Osaka
Vessel and Voy. No.		**Port of Discharge**
Emma Maersk EM 5648Y2		Hamburg
Marks and Nos./Container No.	**Number and kind of Packages; Discription of Goods**	**Gross weight**
BO189345Y	50 boxes bicycle-brakes, -levers and -gears in one 40-feet container	6 550 kg
Shipped on board in apparent good order and condition unless otherwise stated and to be discharged at the aforesaid port of discharge or so near thereto as the vessel may safely get and be always afloat. Weight, measure, marks, numbers, quality, contents and value, if mentioned in the Bill of Lading, are to be considered unknown unless the contrary has been expressly acknowledged and agreed to. The signing to this Bill of Lading is not to be considered as such an agreement. In accepting this Bill of Lading the Merchant expressly accepts and agrees to all the stipulations, exceptions and conditions, on both pages, whether written, printed, stamped or otherwise incorporated as fully as if they were all signed by the Merchant. In witness whereof the Master or the agent has signed the number of original Bills of Lading, stated above, all of this tenor and date, one of which being accomplished the others to be void. One of the Bills of Lading must be surrendered duly endorsed in exchange for the goods or delivery order.		
Freight Payable at		**Place and Date of Issue**
Osaka		Osaka, 20XX-10-23
Number of Original Bs/L		**Signed for the Carrier**
3/three		*Tom Smith*

Neben den genannten Personen weist das Konnossement den **Versandhafen** (engl. Port of Loading = Abladehafen) und den **Empfangshafen** (engl. Port of Discharge = Löschhafen), den **Namen des Schiffs** (engl. Vessel), die Markierung, Bezeichnung und das Bruttogewicht der Sendung aus. Hinzu kommt eine **Meldeadresse** (engl. Notify Address), der die Ankunft der Ware zu avisieren (zu melden) ist.

Der **Ladeschein** (engl. Inland Waterway B/L) entspricht einem Seekonnossement in der Binnenschifffahrt und ist ebenfalls ein Warenwertpapier.

Soll der Warentransport per Luftfracht erfolgen, ist ein **Luftfrachtbrief** (engl. Air Waybill, kurz: AWB) auszustellen. Dabei gelten zumeist die Beförderungsbedingungen der International Air Transport Association (IATA). Ein Luftfrachtbrief besteht aus drei Originalen: das 1. Original (grün) behält die Luftverkehrsgesellschaft zur Rechnungserstellung, das 2. Original (rot) begleitet die Ware bis zum Empfänger und das 3. Original (blau) ist für den Absender als Versandnachweis bestimmt.

Eine **Packliste** (engl. Packing List) ist eine dem Lieferschein ähnliche Auflistung, die exakt angibt, in welchem Packstück („Colli") sich welche Ware befindet. Auf der Packliste ist auch die Markierung des Packstücks, die fortlaufende Nummer sowie das Brutto- und Nettogewicht der einzelnen Packstücke zu vermerken. Sie dient der Kontrolle der Vollständigkeit der Sendung.

Erfolgt der Transport der Waren ausschließlich per Lkw, kommt üblicherweise ein **CMR-Frachtbrief** zum Einsatz (CMR = **C**onvention relative au contract de transport international **m**archandises par **r**oute). Der CMR-Frachtbrief wird vom Versender auf einem standardisierten Vordruck ausgestellt und besteht aus vier Blättern:

- Das 1. Blatt (weiß) wird für die Tarifkontrolle und Frachtprüfung durch den Spediteur benötigt,
- das 2. Blatt (rosa) behält der Absender für seine Unterlagen (1. Original),
- das 3. Blatt (blau) begleitet die Sendung bis zum Empfänger (2. Original),
- das 4. Blatt (grün) behält der Frachtführer (3. Original).

Mithilfe des CMR-Frachtbriefes (1. Original) kann der Exporteur nachweisen, dass er die Ware fristgerecht dem Frachtführer übergeben hat, er kann gegen Vorlage des Frachtbriefes also die Bezahlung verlangen (**Inkassofunktion**).

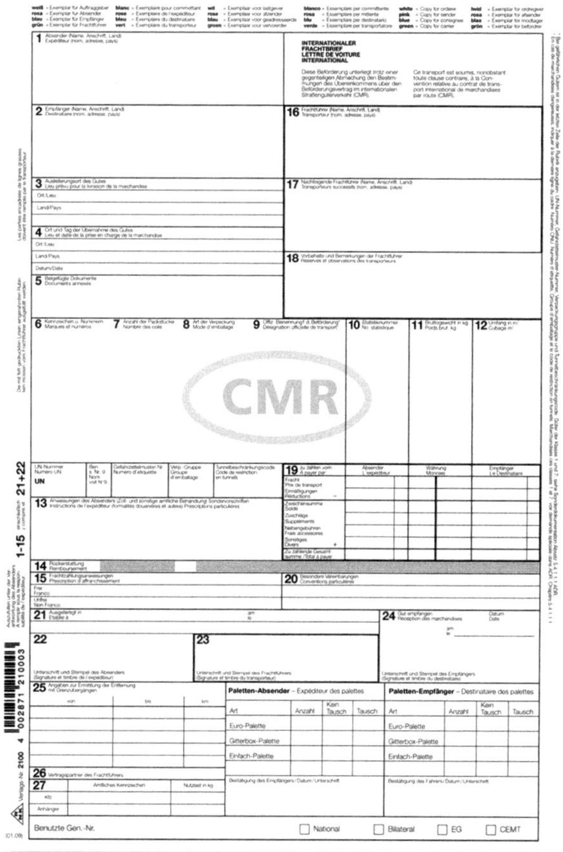

Transportdokument bei Lkw-Transport

8.4.2 Versicherungsdokumente

Versicherungsdokumente belegen den Abschluss eines entsprechenden Versicherungsvertrags. Zu unterscheiden sind die Einzelpolice, die Generalpolice und das Versicherungszertifikat. Die **Einzelpolice** belegt den Abschluss der Transportversicherung für einen bestimmten einzelnen Transport. Mit einer **Generalpolice** hingegen sind sämtliche Transporte des Versicherungsnehmers während der Laufzeit des Versicherungsvertrags versichert.

Soll auch der Empfänger der Ware (Importeur) unmittelbar Ansprüche gegen den Transportversicherer geltend machen können, wenn die Ware auf dem Transport beschädigt wurde, muss der Versender ein **Versicherungszertifikat** (engl. Certificate of Insurance) durch die Versicherungsgesellschaft ausstellen lassen und durch Indossament auf seinen Kunden (den Importeur) übertragen.

8.4.3 Zolldokumente

Außenhandelsgeschäfte im **Intrahandel** – also zwischen Ländern der Europäischen Union – bedürfen im Regelfall keiner Zollpapiere. Hier genügt die **Meldung der Ein- bzw. Ausfuhr von Waren** an das Statistische Amt der Europäischen Union **Eurostat** unter Angabe der Umsatzsteuer-Identifikationsnummern von Ex- und Importeur.

Bei der Ein- und Ausfuhr von Waren aus bzw. in Drittländer (**Extrahandel**) verlangen die Zollbehörden der betroffenen Länder jedoch unterschiedliche Dokumente zur Durchführung der **Ein-** bzw. **Ausfuhrabfertigung** sowie gegebenenfalls für die **Zollanmeldung** und **Verzollung** der Ware, die in der Regel durch das liefernde (exportierende) Unternehmen bereitzustellen sind. Können die geforderten Dokumente nicht vollständig und in der vorgeschriebenen Form, z. B. auf bestimmten Formblättern, vorgelegt werden, verweigern die Zollbehörden unter Umständen die Zollabfertigung.

ERP-System
LF 3 → Kap. 3

Warenausfuhren im Extrahandel mit einem Wert über 1.000 Euro oder einem Gewicht über 1000 kg bedürfen des sogenannten **Ausfuhrbegleitdokuments** (kurz **ABD**). „Zugelassene Ausführer", das sind von den Zollbehörden geprüfte und mit einer Zulassungs- und Zollnummer versehene Unternehmen, können das ABD mithilfe ihres ERP-Systems, z. B. mit dem SAP-Modul ATLAS, generieren und online an die zuständige Ausfuhrzollstelle am Geschäftssitz des Exporteurs schicken. Diese prüft die ABD und „überlässt" sie dem Exporteur, der sie dem beauftragten Spediteur für die Warenausfuhr übergibt. Die Ausgangszollstelle – z. B. im Hamburger Hafen – muss auf dem ABD einen endgültigen **Ausfuhrvermerk** vornehmen und in das ERP-System des Exporteurs (z. B. ATLAS) einspielen. Andernfalls würde die Ware nicht als ausgeführt gelten und wäre umsatzsteuerpflichtig.

Dokumenteninkasso
→ Kap. 8.5.1

Dokumentenakkreditiv
→ Kap. 8.5.2

Grundsätzlich ist bei jedem Exportgeschäft eine **Handelsfaktura** (engl. Commercial Invoice) in mehrfacher Ausfertigung auszustellen. Diese durch den Exporteur zusätzlich gestempelte und unterschriebene Rechnung, die alle Einzelheiten der Warensendung sowie Lieferungs- und Zahlungsbedingungen enthält, dient der Abwicklung einer Inkasso- oder Akkreditivzahlung sowie der Bestimmung des Warenwertes bei der Einfuhr der Ware.

Manchmal verlangen die nationalen Zollbehörden zusätzlich eine nach bestimmten Vorgaben (im Regelfall auf einem bestimmten Formblatt) ausgefertigte Handelsfaktura, die **Zollfaktura** (engl. Customs Invoice), als Grundlage der Einfuhrverzollung.

Häufig ist für die Einfuhr der Ware die Vorlage eines (nicht-präferenziellen) **Ursprungszeugnisses** (engl. Certificate of Origin) vorgeschrieben, z. B. weil dessen Vorlage zur Absicherung des Qualitätsrisikos im Kaufvertrag vereinbart wurde.

Handelpräferenzen
Handelsvorzüge, z. B. in Form niedrigerer Zölle

Die Höhe des beim Import von Waren zu entrichtenden Zolls hängt meist vom jeweiligen Herkunftsland ab (sogenannte **Handelspräferenzen**). Die Gewährung von Präferenzen ist dabei grundsätzlich von der Vorlage eines **schriftlichen Präferenznachweises** abhängig. Die einzelnen Präferenzregelungen unterscheiden zwischen **förmlichen** und **nicht-förmlichen** Präferenznachweisen.

Förmliche Präferenznachweise werden von einer Zollstelle oder zugelassenen Behörde ausgestellt. In der EU handelt es sich hierbei um die **Warenverkehrsbescheinigungen** WVB EUR.1, EUR-MED sowie A.TR oder das Ursprungszeugnis Form A. (Bei Lieferungen in einem Wert bis zu 6.000,00 € kann die WVB auch durch eine Bescheinigung des gemeinschaftlichen Ursprungs der Ware auf der Rechnung ersetzt werden.) **Nicht-förmliche Präferenznachweise** können durch das ausführende Unternehmen selbst ausgefertigt werden.

Darüber hinaus können die Zollbehörden eine Vielzahl weiterer Zolldokumente, z. B. Belege über die Einhaltung bestimmter Verpackungs-, Gesundheits-, Veterinär- oder Hygienevorschriften, einfordern, für deren Beschaffung und Bereitstellung in der Regel der Exporteur verantwortlich ist.

Umfangreiche Informationen zum Thema bietet die Homepage der Zollbehörden: **www.zoll.de**.

8.5 Spezielle Zahlungsmodalitäten von Außenhandelsgeschäften

8.5.1 Dokumenteninkasso

Bei einem Dokumenteninkasso wird eine Bank treuhänderisch in die Zahlungsabwicklung eingebunden. Es handelt sich dabei um eine Art Zug-um-Zug-Geschäft. Der Verkäufer übermittelt der Bank des Käufers – in der Regel über seine eigene Hausbank – Dokumente, die dem Käufer belegen, dass die Ware einem Frachtführer übergeben wurde. Je nach Transportart kann der Käufer die Ware auch nur mithilfe des entsprechenden Frachtdokuments in Empfang nehmen. Die Bank des Käufers verpflichtet sich, die Dokumente nur gegen Zahlung des Kaufpreises bzw. gegen Akzeptierung eines Wechsels an den Käufer auszuhändigen.

Formen des Dokumenteninkassos

Kasse gegen Dokumente Documents against payment, D/P	**Dokumente gegen Akzept** Documents against acceptance, D/A
Die Bank händigt die Dokumente nur gegen Zahlung aus.	Die Bank händigt die Dokumente nur gegen Akzeptierung eines Wechsels aus.

Letztlich bietet das Dokumenteninkasso jedoch keinen Schutz gegen einen Forderungsausfall, wenn der Importeur bei Vorlage der Dokumente (Kasse gegen Dokumente) oder bei Fälligkeit des Wechsels (Dokumente gegen Akzept) zahlungsunfähig ist.

8.5.2 Unwiderrufliches Dokumentenakkreditiv

Das **Dokumentenakkreditiv** ist ein speziell für den Außenhandel entwickeltes Verfahren, bei dem die Bank des Importeurs (unbestätigtes Akkreditiv) oder sogar eine weitere Bank, z. B. die des Exporteurs (bestätigtes Akkreditiv), das abstrakte Versprechen abgibt, einen bestimmten Geldbetrag – im Regelfall an den Exporteur – auszuzahlen, wenn zuvor festgelegte Dokumente ordnungsgemäß vorgelegt wurden.

Dokumente im Außenhandelsgeschäft → Kap. 8.4

BEISPIEL: Die bei dem Lieferanten Tamino Inc. in Japan bestellten Bauteile für die Fahrradmontage haben einen Gesamtwert von 3.925.000,00 YEN (umgerechnet ca. 24.000,00 €). Es wird eine Zahlung mittels unbestätigten Dokumentenakkreditivs vereinbart. Die Lieferung soll per Seefracht CIF von Osaka nach Hamburg erfolgen.

In dieser Situation würde der **Ablauf** der Zahlung mittels Dokumentenakkreditiv folgendermaßen aussehen (siehe auch das Schaubild auf der nächsten Seite):

1. Die Fly Bike Werke GmbH und die Tamino Inc. schließen einen Kaufvertrag.
2. Die Fly Bike Werke GmbH stellt bei ihrer Hausbank, der Bank 3000 Oldenburg, einen Antrag auf Eröffnung eines unbestätigten Akkreditivs in Höhe von 3.925.000,00 YEN. Die Bank 3000 Oldenburg prüft die Bonität ihres Kunden und die mit dem Außenhandelsgeschäft verbundenen Risiken.
3. Die Bank 3000 Oldenburg (= akkreditierende Bank) eröffnet das Dokumentenakkreditiv und teilt dies sowohl ihrem Kunden Fly Bike Werke GmbH als auch der Bank des Lieferanten, der Yamura Bank Ltd. in Osaka, mit.
4. Die Yamura Bank Ltd. (= avisierende Bank) informiert ihren Kunden Tamino Inc. über die Eröffnung des Dokumentenakkreditivs durch die Bank 3000 Oldenburg. (Bei einem bestätigten Dokumentenakkreditiv würde die Yamura Bank nun ebenfalls ein Zahlungsversprechen abgeben.)
5. Der Lieferant Tamino Inc. übergibt die Ware an seinen Spediteur, der für die Verschiffung durch einen Verfrachter sorgt.
6. Der Verfrachter stellt das Seekonnossement aus.
7. Das Seekonnossement wird zusammen mit den übrigen für die Wareneinfuhr in die EU notwendigen und den im Akkreditiv geforderten Dokumenten an die (avisierende) Yamura Bank Ltd. geschickt.
8. Diese leitet die Dokumente an die (akkreditierende) Bank 3000 Oldenburg weiter.
9. Die Bank 3000 Oldenburg prüft die Dokumente auf ihre Vollständigkeit: ob z. B. ein Versicherungszertifikat vorliegt, da CIF vereinbart wurde usw. (Ordnungsgemäße Dokumente bezeichnet man als „clean".) Danach belastet sie das Konto ihres Kunden Fly Bike Werke GmbH mit dem Akkreditivbetrag.
10. Weist das Konto der Fly Bike Werke GmbH die notwendige Deckung auf, erhält sie die Dokumente. (Andernfalls wäre die akkreditierende Bank berechtigt, die Ware selbst zu verkaufen, da sie ja gegenüber der Tamino Inc. zur Zahlung verpflichtet ist.)
11. Die Fly Bike Werke GmbH kann die Dokumente ihrem Spediteur übergeben und diesen mit der Einfuhrabfertigung beim Hamburger Zoll beauftragen, sobald die Ware den Hamburger Hafen erreicht hat.
12. Nach der Überführung in den zollrechtlich freien Verkehr (Einfuhrzoll und Steuern wurden bezahlt) kann der Spediteur die Ware zustellen.
13. Währenddessen – der genaue Zeitpunkt der Zahlung kann variieren und ist im Akkreditiv zu regeln – überweist die Bank 3000 Oldenburg der Yamura Bank Ltd. den Akkreditivbetrag.
14. Die Yamura Bank Ltd. zahlt den Akkreditivbetrag an ihren Kunden aus.

Konnossement
→ Kap. 8.4.1

Für die Eröffnung und Abwicklung des Akkreditivs berechnen die beteiligten Banken Spesen, deren Höhe von den jeweiligen Risiken des Außenhandelsgeschäftes abhängt. Welche der Kaufvertragsparteien welchen Teil dieser (nicht unerheblichen) Kosten tragen muss, ist Verhandlungssache und unbedingt im Kaufvertrag festzuhalten.

Die Abwicklung eines Dokumentenakkreditivs

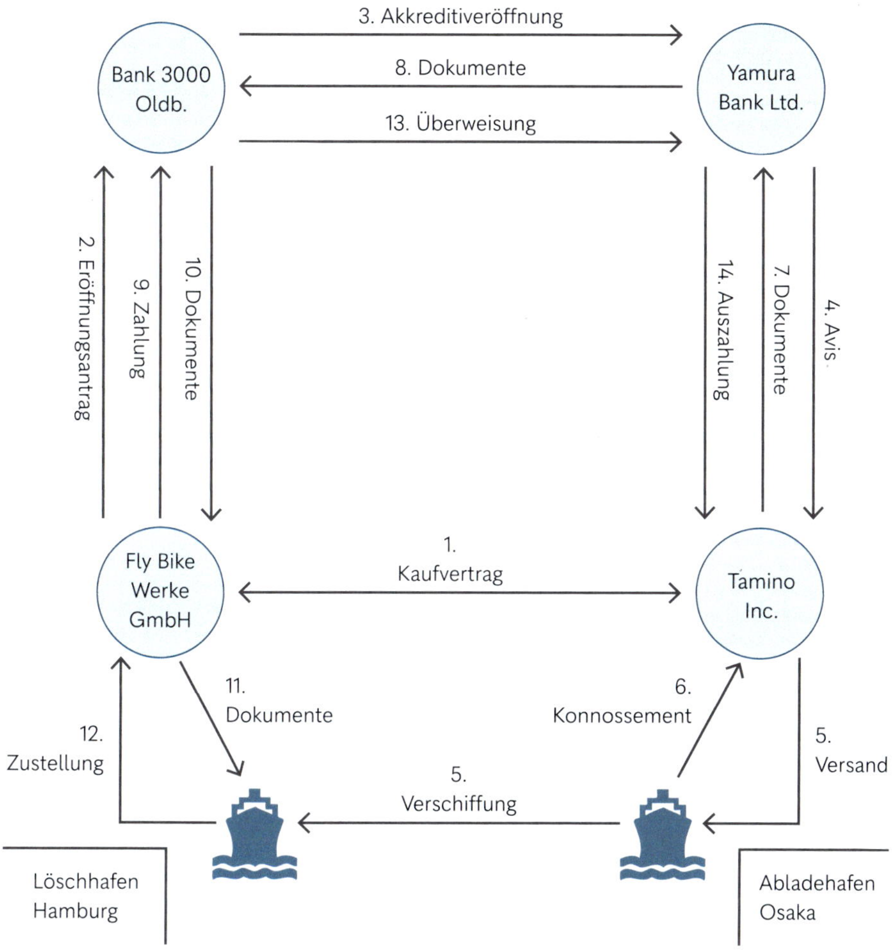

Den verhältnismäßig hohen Bank- und Verwaltungskosten des Akkreditivs steht der Vorteil gegenüber, dass sowohl das Lieferrisiko als auch das Zahlungsrisiko relativ gut abgesichert sind. Der Exporteur erhält den Kaufpreis nur, wenn er die Ware auch tatsächlich zum Versand gebracht hat. Der Importeur wiederum erhält die Ware nur, wenn er auch vollständig bezahlt hat.

BEISPIEL: Die Fly Bike Werke GmbH hat mit ihrer Hausbank bei Eröffnung des Akkreditivs auch gleich ein Devisentermingeschäft über die Lieferung der vereinbarten Akkreditivsumme von 3.925.000,00 YEN zu einem vorher festgelegten Terminkurs abgeschlossen. Auf diese Weise schützt sie sich gegen das Risiko eines Kursanstiegs des YEN in der Zeit zwischen dem Abschluss und der Erfüllung des Kaufvertrags.

ÜBERSICHT: Außenhandelsgeschäfte

Risikomanagement bei Außenhandelsgeschäften	Risikovermeidung	Verzicht auf das Geschäft
	Risikostreuung	Mix von unterschiedlich ausgeprägten Risiken
	Risikoabsicherung	Maßnahmen zur Verringerung des Risikos
Risiken bei Außenhandelsgeschäften	Abnahme-, Zahlungs- und Lieferrisiko	mögliche Absicherung: Dokumenteninkasso oder Dokumentenakkreditiv
	Transportrisiken	mögliche Absicherung: Transportversicherung
	Währungsrisiken	mögliche Absicherung: Devisentermingeschäft
	Qualitätsrisiken	mögliche Absicherung: amtliche Qualitätszertifikate und Ursprungszeugnisse
	juristische Risiken	mögliche Absicherung: Schiedsvereinbarung
	politische Risiken und Handelsbeschränkungen	mögliche Absicherung: Exportkreditversicherung
Incoterms® 2020	Einpunktklauseln	Transportkosten- und Risikoübergang am selben Ort
	Zweipunktklauseln	Transportkosten- und Risikoübergang an verschiedenen Orten
Dokumente im Außenhandelsgeschäft	Transportdokumente	(See-)Konnossement, Ladeschein, Luftfrachtbrief, CMR-Frachtbrief
	Versicherungsdokumente	Einzelpolice, Generalpolice, Versicherungszertifikat
	Zolldokumente	Ausfuhrbegleitdokument, Handelsfaktura, Zollfaktura, Ursprungszeugnis u. a.
spezielle Zahlungsmodalitäten	Dokumenteninkasso	treuhänderische Einbindung einer Bank in die Zahlungsabwicklung
	Dokumentenakkreditiv	Verfahren, bei dem der Akkreditivbetrag durch die Bank des Importeurs (oder sogar des Exporteurs) ausgezahlt wird

Alles klar?

1 Ein Mitarbeiter der Fly Bike Werke GmbH äußert beim Kantinengespräch: „Ich finde, wir sollten auf Außenhandelsgeschäfte komplett verzichten. Das ist doch alles viel zu riskant. Was hat man von Verkäufen, wenn sie einem nur Ärger und am Ende kein Geld einbringen?"
- a Warum hält der Mitarbeiter Außenhandelsgeschäfte für besonders riskant?
- b Nehmen Sie Stellung zu seinem Vorschlag, deswegen auf Außenhandelsgeschäfte zu verzichten.
- c Welche Alternativen zur Risikovermeidung gibt es?

2 Warum ist der hohe Exportüberschuss der Bundesrepublik Deutschland nicht ausschließlich positiv zu beurteilen? Begründen Sie.

3 Was versteht man unter einem „Devisentermingeschäft"?

4 Nennen Sie Beispiele und je eine Absicherungsmöglichkeit
- a für Transportrisiken,
- b für juristische Risiken,
- c für politische Risiken.

5 Warum braucht man für manche Güter eine besondere staatliche Ausfuhrgenehmigung?

6 Im Außenhandelsgeschäft spielen die Incoterms® 2020 eine wichtige Rolle.
- a Warum hat die Internationale Handelskammer (ICC) dieses System von Standardklauseln entwickelt?
- b Was wird durch die Incoterms® 2020 geregelt?

7 Was für ein Transportdokument benötigt man bei einem Transport
- a per Seeschifffahrt,
- b per Binnenschifffahrt,
- c per Luftfracht,
- d per Lkw?

8 Neben den Transportdokumenten gibt es verschiedene Versicherungsdokumente.
- a Erläutern Sie den Unterschied zwischen einer Einzelpolice und einer Generalpolice.
- b Wer kann auf der Grundlage eines Versicherungszertifikats Ansprüche gegen den Transportversicherer geltend machen?

9 Hinsichtlich der Zolldokumente gibt es große Unterschiede zwischen Intra- und Extrahandel.
- a Was versteht man unter „Intrahandel" und „Extrahandel"?
- b In welcher Hinsicht unterscheiden Intra- und Extrahandel sich bei den Zolldokumenten?
- c Nennen Sie Beispiele für Zolldokumente.

10 Im Falle der Zahlungsunfähigkeit des Importeurs bietet das Dokumentenakkreditiv dem Exporteur einen besseren Schutz als das Dokumenteninkasso. Erläutern Sie die Gründe.

Stichwortverzeichnis

Bildquellenverzeichnis

Cornelsen Verlag GmbH/Joachim Gottwald: S. 172, 262, 301, 303, 308
Cornelsen Verlag GmbH/PER Medien und Marketing: S. 17, 38, 52, 53, 54, 55, 56, 68, 73, 78, 79, 89, 107, 112, 129, 134, 140, 146, 165, 167, 213, 220, 264, 275, 285, 289, 295, 299, 316, 319, 321, 322, 335, 337, 338, 342, 350
Cornelsen Verlag GmbH/Vitaledesign: S. 21, 22, 23, 25, 26, 27, 29, 31, 32, 36, 37, 40, 41, 42, 44, 45, 46, 49, 56, 57, 58, 63, 64, 74, 79, 83, 89, 90, 96, 163, 191, 234, 235, 272, 273, 274, 275, 293, 305, 307, 308, 317, 343, 357
Cornelsen Verlag GmbH/Zweiband: S. 310, 311, 331

Cover: stock.adobe.com/xiaoliangge | **S. 12:** stock.adobe.com/Sippung | **S. 14 (ob.):** dpa Picture-Alliance/Bildagentur-online | **S. 14 (un.):** stock.adobe.com/Nataliya Hora | **S. 15 (ob.):** Shutterstock.com/Andrey Suslov | **S. 15 (un.):** stock.adobe.com/Summit Art Creations | **S. 16:** stock.adobe.com/Oranee | **S. 18:** Shutterstock.com/Stock 4you | **S. 19 (ob.):** dpa Picture-Alliance/dpa/dpa-infografik GmbH | **S. 19 (un.):** Shutterstock.com/PeopleImages.com - Yuri A | **S. 23:** Shutterstock.com/PeopleImages.com - Yuri A | **S. 28:** stock.adobe.com/NDABCREATIVITY | **S. 30:** Shutterstock.com/stefan-photozemun | **S. 31:** Shutterstock.com/poramet panjaroen | **S. 34 (ob.):** stock.adobe.com/Andreas Gruhl | **S. 34 (un.):** stock.adobe.com/Gina Sanders | **S. 35 (ob. li.):** stock.adobe.com/WoGi | **S. 35 (ob. re.):** stock.adobe.com/famwa | **S. 35 (mi.):** Bergmoser + Höller Verlag AG, Aachen| **S. 56:** mauritius images/Stockphoto-graf/Alamy/Alamy Stock Photos | **S. 63:** Datafox GmbH | **S. 71 (1, 2, 3, 4, 6):** Anima Berten | **S. 71 (5):** stock.adobe.com/DODO HAWE | **S. 72 (1, 2, 3, 4, 5, 6, 8):** Anima Berten | **S. 72 (7):** stock.adobe.com/Kateryna Kordubailo | **S. 75 (li.):** mauritius images/mauritius history/All mauritius images History | **S. 75 (re.):** mauritius images/Jochen Eckel | **S. 76:** stock.adobe.com/Animaflora PicsStock | **S. 80:** stock.adobe.com/Sashkin | **S. 85:** stock.adobe.com/dima_pics | **S. 88:** stock.adobe.com/Rüdiger Jahnke | **S. 93 (ob.):** mauritius images/Bildagentur-online/McPhoto-Richter/Alamy/Alamy Stock Photos | **S. 93 (un.):** dpa Picture-Alliance/dpa Themendienst/Robert Guenther | **S. 97:** stock.adobe.com/Gorodenkoff | **S. 98:** dpa Picture-Alliance/dieKLEINERT | **S. 99:** Shutterstock.com/Freedomz | **S. 102:** stock.adobe.com/Hanzala | **S. 104:** Shutterstock.com/FOTOGRIN | **S. 105:** stock.adobe.com/Fxquadro | **S. 109:** mauritius images/CNCCRAY/Alamy/Alamy Stock Photos | **S. 110:** stock.adobe.com/Icons-Studio | **S. 115:** Shutterstock.com/paulista | **S. 116:** Shutterstock.com/Akintevs | **S. 117 (ob.):** dpa Picture-Alliance/Keystone/Jochen Zick | **S. 117 (un.):** Shutterstock.com/August Phunitiphat | **S. 118 (1):** stock.adobe.com/thebigland/thebigland45 | **S. 118 (2):** Shutterstock.com/Baloncici | **S. 118 (3):** Shutterstock.com/Pixza Studio | **S. 118 (4):** stock.adobe.com/Anastasiia | **S. 118 (5):** stock.adobe.com/Thanthara | **S. 119 (EAN):** Shutterstock.com/Atstock Productions | **S. 119 (QR):** Cornelsen/Inhouse | **S. 119 (RFID):** stock.adobe.com/Fotoldee | **S. 119 (un.):** stock.adobe.com/Alexej | **S. 120 (1):** Shutterstock.com/Rattanapon Ninlapoom | **S. 120 (2):** stock.adobe.com/Pixelwolf2 | **S. 120 (3):** Shutterstock.com/Vectorpocket | **S. 120 (un.):** stock.adobe.com/Björn Wylezich | **S. 122 (ob.):** Shutterstock.com/Halfpoint | **S. 122 (un.):** Shutterstock.com/Roman Vyshnikov | **S. 123:** stock.adobe.com/Anta | **S. 126:** stock.adobe.com/Bacho Foto | **S. 127:** stock.adobe.com/fotofabrika | **S. 131:** stock.adobe.com/a_medvedkov | **S. 138:** stock.adobe.com/phaisarnwong2517 | **S. 140:** stock.adobe.com/Ronald Rampsch | **S. 141:** Shutterstock.com/Hryshchyshen Serhii | **S. 142:** stock.adobe.com/bernardbodo | **S. 143:** Shutterstock.com/anutr tosirikul | **S. 145 (li.):** stock.adobe.com/chesky | **S. 145 (re.):** mauritius images/Zoonar GmbH/Alamy | **S. 150 (1):** Shutterstock.com/Yuri Samsonov | **S. 150 (2):** stock.adobe.com/Sebastian Luenenstrass/Sauerlandpics | **S. 150 (3):** dpa Picture-Alliance/picturedesk.com/www.picturedesk.com/Karl Schöndorfer | **S. 151 (ob.):** Shutterstock.com/corlaffra | **S. 151 (un.):** stock.adobe.com/Kara | **S. 153:** stock.adobe.com/infinity | **S. 154 (ob.):** stock.adobe.com/M. Perfectti | **S. 154 (un.):** stock.adobe.com/tibanna79 | **S. 155:** stock.adobe.com/Quality Stock Arts | **S. 156 (ob.):** stock.adobe.com/Animaflora PicsStock | **S. 156 (un.):** dpa Picture-Alliance/Zoonar | **S. 157:** dpa Picture-Alliance/Zoonar | **S. 160:** stock.adobe.com/Raitalinn | **S. 162:** stock.adobe.com/Wasan | **S. 182:** stock.adobe.com/KirKam | **S. 189:** stock.adobe.com/Alterfalter | **S. 206:** stock.adobe.com/Manganese | **S. 225:** Shutterstock.com/New Africa | **S. 230 (li.):** stock.adobe.com/AZIZAH | **S. 230 (re.):** stock.adobe.com/Kateryna Kordubailo | **S. 236:** stock.adobe.com/Stasique | **S. 249:** Shutterstock.com/FiledIMAGE | **S. 256:** stock.adobe.com/Martin Debus | **S. 260:** stock.adobe.com/aicandy | **S. 266:** SINUS Markt- und Sozialforschung GmbH | **S. 270:** Shutterstock.com/carballo | **S. 278:** stock.adobe.com/cirquedesprit | **S. 280 (li.):** stock.adobe.com/SimpLine | **S. 280 (re.):** Shutterstock.com/Prostock-studio | **S. 286:** stock.adobe.com/autofocus67 | **S. 292:** stock.adobe.com/ramonespelt | **S. 294:** Shutterstock.com/Daxiao Productions | **S. 296 (Wortmarken):** Horst Brandstätter Group/ PLAYMOBIL | **S. 296 (Bildmarken):** PUMA SE | **S. 296 (Wort-Bild-Marken):** BMW AG | **S. 296 (Markenfamilie):** Procter & Gamble | **S. 298:** Whiskas/Mars Inc. | **S. 309:** mauritius images/Rupert Oberhäuser | **S. 310 (un.):** stock.adobe.com/Sea Wave | **S. 317:** stock.adobe.com/industrieblick | **S. 318:** action press/TESCHNER, ANKE | **S. 325 (ob.):** Shutterstock.com/Daniel Chetroni | **S. 325 (un.):** stockadobe.com/ARochau | **S. 326:** stock.adobe.com/Dewald (Bild links); adobe/ARochau (Bild rechts) | **S. 328 (ob.):** adobestock.com/ARochau | **S. 328 (mi.):** shutterstock.com/stockfoto-graf (Bild oben); adobestock.com/ARochau (Bild unten) | **S. 328 (un.):** Shutterstock/Lina Mo | **S. 331 (mi.):** Europäische Kommission für Landwirtschaft und ländliche Entwicklung | **S. 331 (un.):** stock.adobe.com/Mark | **S. 333:** Imago Stock & People GmbH/MiS | **S. 334:** stock.adobe.com/Milos Tasic | **S. 338:** picture alliance/dpa/dpa-infografik GmbH | **S. 341:** stock.adobe.com/M. Johannsen | **S. 342:** dpa Picture-Alliance/dpa/dpa-infografik GmbH | **S. 344 (ob.):** stock.adobe.com/AdKrieger | **S. 344 (mi.):** stock.adobe.com/koya979 | **S. 345:** dpa Picture-Alliance/dpa/dpa-infografik GmbH | **S. 346 (ob.):** Shutterstock.com/Rawpixel.com | **S. 346 (un.):** Shutterstock.com/Lukas Kurka | **S. 347:** stock.adobe.com/Sergey | **S. 348 (ob.):** stock.adobe.com/zef art | **S. 348 (un.):** stock.adobe.com/spinetta | **S. 351 (ob. li.):** stock.adobe.com/worldwide_stock | **S. 351 (ob. re.):** stock.adobe.com/Yellow Boat | **S. 351 (un. re.):** stock.adobe.com/Mapics | **S. 352:** Shutterstock.com/Trostinka_25 | **S. 353:** RNK Verlag - eine Marke der Roth GmbH, Lichtentanne / Gewerbestraße 9 | **S. 354:** Shutterstock.com/Thor Jorgen Udvang | **S. 356 (ob.):** Shutterstock.com/Owlie Productions | **S. 356 (un.):** Shutterstock.com/sattahipbeach |

Übersicht über die Lernvideos

Lernfeld	Seite	Titel
6	23	Produktions- und Absatzprogramm
6	77	Produktionstypen
7	123	Eigen- und Fremdlager
7	129	Lagerkennzahlen
7	142	Eigen- und Fremdtransport 1
7	142	Eigen- und Fremdtransport 2
8	189	Vollkostenrechnung
8	201	Kostenträgerstückrechnung
8	218	Deckungsbeitragsrechnung
8	234	Controlling 1
8	239	Controlling 2
9	263	Marketingkonzept
9	271	Produktlebenszyklus
9	319	Handelsvertreter vs. Reisender
9	326	Werbeplan
9	330	Grenzen der Werbung

Diese Videos finden Sie auch in der **Cornelsen Lernen App**.
In der App finden Sie außerdem einen Methodentrainer, der eine Übersicht über verschiedene Lern- und Arbeitsmethoden enthält.
Weitere Informationen zur App finden Sie auf **www.cornelsen.de**.
Suchen Sie nach **Cornelsen Lernen App**.